Guy de Maupassant

Novellen

Herausgegeben von Christel Gersch

IV

Guy de Maupassant
Novellen 1884

Deutsch von
Christel Gersch

Aufbau-Verlag

Aus dem Französischen übersetzt

Maupassant, Novellen
ISBN 3-351-00616-0
Bd. 4
ISBN 3-351-00206-8

1. Auflage 1986

Einbandgestaltung Eva Haak
Lichtsatz INTERDRUCK Graphischer Großbetrieb Leipzig – III/18/97
Druck und Binden LVZ-Druckerei »Hermann Duncker«,
Leipzig III/18/138
Printed in the German Democratic Republic
Lizenznummer 301. 120/178/86
Bestellnummer 613 225 2
01550

Ober, ein Bock!

Warum ich an dem Abend jene Bierstube betrat? Ich weiß es nicht. Es war kalt. Feiner Regen, wäßriger Staub umflirrte die Gaslaternen mit durchsichtigem Dunst, glasierte die Trottoirs, auf die schräg das Licht der Schaufenster fiel, das feuchten Schmutz und die bespritzten Füße der Passanten beschien.

Ich wollte nirgends hin. Ich ging eine Runde nach dem Abendessen, vorbei am Crédit Lyonnais, durch die Rue Vivienne, noch andere Straßen. Auf einmal sah ich die große, halbvolle Kneipe. Ohne jeden Grund trat ich ein. Durst hatte ich keinen.

Mit einem flüchtigen Blick suchte ich einen Platz, wo ich nicht zu beengt säße, und ließ mich neben einem Mann nieder, der mir alt schien und eine billige Tonpfeife, schwarz wie Kohle, rauchte. Sechs bis acht Glasteller waren vor ihm auf dem Tisch gestapelt und bezeugten die Anzahl der Bock, die er bereits getrunken hatte. Ich achtete auf meinen Nachbarn weiter nicht. Mit einem Streifblick hatte ich den Biertrinker erkannt, einen der Stammkunden, die morgens kommen, wenn geöffnet wird, und abends gehen, wenn das Lokal schließt. Er war schmuddelig, auf der Schädeldecke kahl, aber seitlich fielen ihm lange fettige Haare, Pfeffer und Salz, auf den Rockkragen. Seine zu weiten Kleider schienen einer Zeit zu entstammen, als er Bauch hatte. Man ahnte, daß die Hose nicht saß und daß der Mann keine zehn Schritte tun konnte, ohne das schlottrige Kleidungsstück hochzuziehen und zurechtzurücken. Ob er eine Weste trug? Der bloße Gedanke an seine Stiefel und das, was sie umschlossen, machte mich schaudern. Die zerfransten Manschetten waren an den Rändern schwarz wie seine Fingernägel.

Kaum hatte ich mich neben ihn gesetzt, redete mich der Mensch mit ruhiger Stimme an: »Geht es dir gut?«

Mit einem Ruck wandte ich mich um und musterte ihn.

»Erkennst du mich nicht?« fuhr er fort.

»Nein!«

»Des Barrets.«

Ich war sprachlos. Es war Jean des Barrets, mein ehemaliger Schulkamerad.

Ich drückte ihm die Hand, dermaßen verdattert, daß ich nichts sagen konnte.

Endlich stotterte ich: »Und dir, wie geht's dir?«

Er antwortete sanftmütig: »Mir, wie's eben geht.«

Er schwieg. Ich wollte höflich sein, suchte eine Floskel: »Und ... was machst du so?«

Resigniert versetzte er: »Du siehst doch.«

Ich fühlte, wie ich rot wurde. Ich beharrte: »Aber alle Tage?«

Er antwortete, indem er dichte Tabakwolken blies: »Alle Tage dasselbe.«

Dann klopfte er mit einem herumliegenden Soustück auf den Marmortisch und rief: »Ober, zwei Bock!«

Eine entfernte Stimme wiederholte: »Zwei Bock nach vier!« Eine andere, noch entferntere Stimme schrillte: »Kriegste!« Dann schoß ein Mann in weißer Schürze mit zwei Bier heran, daß gelbe Tropfen auf den sandigen Fußboden schwappten.

Des Barrets leerte sein Glas in einem Zug und stellte

es auf den Tisch, während er den Schaum aus seinem Schnurrbart schlürfte.

Dann fragte er: »Und, was gibt's Neues?«

Ich wußte nicht, was ich ihm Neues sagen sollte, wirklich nicht. Ich brummte: »Ah, nichts, mein Alter. Ich bin Geschäftsmann.«

Er fragte mit seiner gleichbleibenden Stimme: »Und ... macht dir das Spaß?«

»Nein, aber was soll sein? Irgendwas muß man doch tun!«

»Warum?«

»Na ... um sich zu betätigen.«

»Wozu soll das gut sein? Ich, ich mache nichts, wie du siehst, nie. Wenn man kein Geld hat, verstehe ich, daß man arbeitet. Aber wenn man das Seine zum Leben hat, ist es unnötig. Wozu arbeiten? Tust du das für dich oder wegen der andern? Wenn du's für dich tust, weil du Spaß dran hast – na gut; tust du es wegen der andern, bist du ein Dummkopf.«

Dann legte er seine Pfeife auf den Marmor, rief wieder: »Ober, ein Bock!« und fuhr fort: »Reden macht durstig. Ich bin's nicht gewohnt. Ja, ich, ich mache nichts, ich laß mich gehen, ich werde alt. Wenn ich mal sterbe, hab ich nichts zu bereuen. Keine Erinnerung als die Kneipe hier. Keine Frau, keine Kinder, keine Sorgen, keinen Kummer, nichts. Und das ist gut so.«

Er leerte das Glas, das man ihm gebracht hatte, fuhr sich mit der Zunge über die Lippen und nahm wieder die Pfeife.

Ich betrachtete ihn verblüfft.

»Du hast doch aber nicht immer so gelebt?« fragte ich.

»Mit Verlaub, immer, seit der Penne.«

»Das ist doch kein Leben, mein Lieber. Das ist doch furchtbar. Gib's zu, du tust irgend etwas, hast ein Stekkenpferd, hast Freunde!«

»Nein. Ich stehe mittags auf, komme hierher, esse, trinke mein Bock, warte, bis es Abend ist, esse, trinke mein Bock; dann gehe ich gegen halb zwei nach Hause schlafen, weil geschlossen wird. Das stört mich am meisten. In zehn Jahren habe ich sechs Jahre auf der Bank hier in meiner Ecke verbracht; und den Rest in meinem Bett, nie woanders. Manchmal plaudere ich mit den Stammgästen.«

»Aber als du damals nach Paris kamst, was hast du da gemacht?«

»Da hab ich Jura studiert ... im Café de Médicis.«

»Und danach?«

»Danach ... hab ich das Ufer gewechselt und bin hierher gekommen.«

»Wozu hast du dir die Mühe gemacht?«

»Was soll sein, man kann nicht sein ganzes Leben im Quartier Latin hocken. Die Studenten machen zuviel Lärm. Jetzt ziehe ich nicht mehr um. – Ober, ein Bock!«

Ich glaubte, er mache sich über mich lustig.

»Sag mal offen«, insistierte ich, »hast du vielleicht irgendeinen großen Kummer gehabt, eine hoffnungslose Liebe etwa? Bestimmt hat das Schicksal dich geschlagen? Wie alt bist du?«

»Ich, dreiunddreißig. Aber ich sehe mindestens wie fünfundvierzig aus.«

Ich blickte ihn an. Sein faltiges, ungepflegtes Gesicht hatte fast etwas Greisenhaftes. Über der Schädelhaut von zweifelhafter Reinlichkeit sträubten sich vereinzelte dünne Strähnen. Er hatte buschige Brauen, einen starken Schnauzer und einen dichten Backenbart. Jäh, ohne zu wissen warum, hatte ich die Vision eines Trogs voll schwärzlichem Wasser, worin dieses ganze Haar gewaschen worden wäre.

Ich sagte: »Du siehst tatsächlich älter aus, als du bist. Du mußt Schweres durchgemacht haben.«

»Nein, wirklich nicht«, sagte er. »Ich sehe alt aus, weil ich nie an die Luft gehe. Nichts macht den Menschen so kaputt wie das Kaffeehausleben.«

Ich konnte es nicht glauben: »Vielleicht hast du ausschweifend gelebt? Man ist doch nicht kahl wie du, ohne viel geliebt zu haben?«

Er schüttelte ruhig den Kopf, und kleine weiße Schuppen rieselten ihm aus den schütteren Haaren über den Rücken: »Nein, ich bin immer enthaltsam gewesen.« Und die Augen nach der Lampe hebend, die uns den Kopf wärmte: »Kahl bin ich wegen dem Gaslicht da. Es schadet den Haaren. – Ober, ein Bock! – Hast du keinen Durst?«

»Nein, danke. Aber du interessierst mich wahrhaftig. Seit wann bist du so mutlos? Das ist nicht normal, das ist nicht natürlich. Dahinter steckt doch etwas.«

»Ja, das rührt aus meiner Kindheit her. Ich habe einmal einen Schock bekommen, als ich klein war; seitdem steh ich auf Schwarz bis ans Ende.«

»Was war denn damals?«

»Willst du's wissen, hör zu.

Du wirst dich an das Schloß erinnern, wo ich aufgewachsen bin, du warst doch fünf-, sechsmal in den Ferien da? Du weißt, das große graue Gebäude mit dem großen Park darum, und die langen Eichenalleen, die sich nach den vier Himmelsrichtungen öffnen! Du erinnerst dich sicher auch an meinen Vater und meine Mutter, zeremoniös, feierlich und streng alle beide.

Meine Mutter betete ich an, meinen Vater hab ich gefürchtet; aber vor beiden hatte ich hohe Achtung, ohnehin gewöhnt, daß sich alle vor ihnen verneigten. In der Umgegend waren sie der Herr Graf und die Frau Gräfin; und sogar unsere Nachbarn, die Tannemares, die Ravalets, die Brennevilles, bezeigten meinen Eltern größten Respekt.

Dreizehn war ich damals. Ich war munter, mit allem zufrieden, wie man es in dem Alter ist, ganz von Lebensfreude erfüllt.

Ende September nun, wenige Tage bevor ich zurückmußte ins Internat, als ich im Buschwerk des Parks Wolf spielte und durch Laub und Geäst strolchte, sah ich beim Überqueren eines Wegs Papa und Mama daherkommen.

Ich sehe das, als wär es gestern gewesen. Es war starker Wind an dem Tag. Die ganzen Reihen hin bogen sich die Bäume unter den Böen, ächzten, als ob sie aufschrien, so dumpf und tief wie Wälder im Sturm.

Die abgerissenen, schon gelben Blätter flatterten auf wie Vogelschwärme, wirbelten, sanken, dann stoben sie über die Allee wie rasches Getier.

Es ging auf den Abend. Im Dickicht war es finster. Daß der Wind und die Äste so brausten, brachte mich außer Rand und Band, ich galoppierte kreuz und quer wie ein Verrückter und heulte wie ein Wolf.

Kaum daß ich meine Eltern erblickt hatte, pirschte ich sie an, um sie zu überraschen, als wäre ich wirklich so ein wilder Schleicher.

Doch ein paar Schritte vor ihnen hielt ich angstgepackt inne. Mein Vater schrie in furchtbarem Zorn:

›Deine Mutter ist dumm; und im übrigen geht es gar nicht um deine Mutter, sondern um dich. Ich sage dir, ich brauche das Geld, und ich meine, du hast zu unterschreiben.‹

Mama antwortete mit fester Stimme:

›Ich unterschreibe nicht. Das ist Jeans Vermögen. Ich halte es für ihn zusammen und erlaube nicht, daß du auch das noch mit deinen Huren und Dienstmädchen verschleuderst, wie du es mit deinem Erbe getan hast.‹

Da schnellte Papa, zitternd vor Wut, herum, griff seine Frau am Hals und schlug ihr mit der andern Hand, aus aller Kraft, mitten ins Gesicht.

Mamas Hut fiel herunter, ihre Haare lösten sich auf; sie versuchte, sich gegen die Schläge zu wehren, aber vergeblich. Und Papa schlug, schlug auf sie ein wie ein Besessener. Sie rollte an die Erde, ihr Gesicht mit den Armen deckend. Da stieß er sie auf den Rücken herum, riß ihr die Hände weg, damit er weiter schlagen konnte.

Was mich betrifft, mein Lieber, mir war, als sei das Ende der Welt gekommen, als seien die ewigen Gesetze gestürzt. Ich empfand eine Erschütterung, wie man sie vor übernatürlichen Dingen hat, vor unmenschlichen Katastrophen, vor einem Unheil, das nie mehr gutzumachen ist. Mein Kindergemüt erstarrte in Entsetzen. Und ich fing an zu schreien, ohne zu wissen warum, vor namenlosem Schrecken, vor unfaßlichem Schmerz, vor Ohnmacht. Mein Vater hörte es, er drehte sich um, erblickte mich; da richtete er sich auf und kam auf mich zu. Ich glaubte, er wolle mich umbringen, und floh wie ein gehetztes Tier immer geradeaus vor mich hin in den Wald.

Ich mag eine Stunde, vielleicht zwei gerannt sein, ich weiß es nicht. Es war finster geworden, ich fiel ins Gras und blieb da liegen, von Sinnen, angstverzehrt, ausgehöhlt von einem Gram, der ein Kinderherz ein für allemal brechen kann. Ich fror, vielleicht hatte ich Hunger. Es tagte. Ich getraute mich nicht mehr aufzustehen noch zu gehen noch umzukehren noch weiterzuflüchten, weil ich fürchtete, auf meinen Vater zu treffen, den ich nie wiedersehen wollte.

Vielleicht wäre ich vor Elend und Hunger unter meinem Baum krepiert, wenn nicht der Waldhüter mich entdeckt und gewaltsam zurückgebracht hätte.

Ich fand meine Eltern mit ihrem üblichen Aussehen. Meine Mutter sagte lediglich: ›Wie hast du mich geängstigt, du dummer Junge, ich konnte die ganze Nacht nicht schlafen.‹ Ich gab keine Antwort, ich fing nur an zu weinen. Mein Vater sagte kein einziges Wort.

Acht Tage darauf fuhr ich ins Internat.

Tja, mein Lieber, es war aus mit mir. Ich hatte das andere Gesicht der Dinge gesehen, das böse; das gute habe ich seitdem nicht mehr bemerkt. Was mag in meinem Gemüt vorgegangen sein? Durch welches seltsame Phänomen sind meine Vorstellungen verkehrt worden? Ich weiß es nicht. Aber nichts hat mich mehr interessieren, nichts mehr verlocken können, keine Liebe zu irgend jemand, kein Wunsch, kein Ehrgeiz, keine Hoffnung. Und immer noch sehe ich meine arme Mutter auf dem Weg an der Erde liegen und meinen Vater auf sie einschlagen. – Mama ist ein paar Jahre später gestorben. Mein Vater lebt noch. Ich habe ihn nicht wiedergesehen. – Ober, ein Bock! ...«

Man brachte ihm ein Bock, er schlürfte es in einem Zug. Aber weil er zitterte, als er seine Pfeife aufnahm, zerbrach er sie. Er machte eine verzweifelte Gebärde und sagte: »Ah! siehst du, das ist ein echter Kummer, so was! Es dauert einen Monat, bis ich eine neue eingeraucht habe.«

Und er schickte durch den großen Raum, der jetzt voll von Qualm und Zechern war, seinen ewigen Ruf: »Ober, ein Bock! – und eine neue Pfeife!«

Der Alte

Die milde Herbstsonne fiel über die Buchen am Graben hinweg in den Bauernhof. Unterm Gras, das die Kühe geschoren hatten, war die Erde regensatt, sank mit glucksendem Geräusch unter den Füßen ein; und die schwer tragenden Apfelbäume streuten ihre hellgrünen Früchte ins dunkle Wiesengrün.

Vier junge Färsen, in einer Reihe angepflockt, grasten und brüllten dann und wann nach dem Hause hin; das Federvieh tummelte sich bunt auf dem Misthaufen vor dem Stall und kratzte, scharrte, kakelte, während die beiden Hähne immerfort krähten und Würmer für ihre Hennen suchten, die sie mit eifrigem Töckern riefen.

Das hölzerne Gatter ging auf; ein Mann, vielleicht vierzig Jahre alt, kam mit langen, langsamen Schritten herein, schwer vom Gewicht der großen Holzpantinen, die mit Stroh ausgelegt waren. Die zu langen Arme baumelten an seinem Körper herunter. Als er sich dem Bauernhaus näherte, wedelte unter einem großen Birnbaum, neben dem Faß, das ihm als Hütte diente, ein gelber Hund mit dem Schwanz, dann begann er zum Zeichen der Freude zu kläffen. Der Mann rief: »Kusch, Finot!«

Der Hund verstummte.

Eine Bäuerin trat aus dem Haus. Ihr flacher, breiter, knochiger Körper zeichnete sich unter einem wollenen

Spenzer ab, der die Taille einzwängte. Ein grauer, zu kurzer Rock fiel ihr bis in die halben Waden, die in blauen Strümpfen steckten, und auch sie trug Holzpantinen voll Stroh. Eine vergilbte weiße Haube bedeckte das dünne, am Schädel klebende Haar, und ihr braunes Gesicht, mager, häßlich, zahnlos, zeigte den stumpfen Ausdruck, den man oft auf Bauerngesichtern sieht.

Der Mann fragte: »Wie isses?«

Die Frau antwortete: »Der Herr Pfarrer sagt, es geht zu Ende, er kommt nich über die Nacht.«

Beide traten ins Haus.

Sie gingen durch die Küche in die niedrige, finstere Kammer, die ein Fenster, vor dem ein Fetzen normannischer Kattun hing, kaum erhellte. Die schweren Deckenbalken, altersdunkel, schwarz und verräuchert, zogen sich von Wand zu Wand, trugen die dünnen Planken des Oberbodens, wo Tag und Nacht scharenweis die Ratten tanzten.

Der bucklige, feuchte Fußboden aus gestampfter Erde sah aus wie gefettet, und im Hintergrund bildete das Bett einen weißlichen Fleck. Ein gleichmäßiges rauhes Geräusch, ein harter Atem, röchelnd, pfeifend, gurgelnd wie eine kaputte Pumpe, ging von dem dämmrigen Lager aus, wo ein Greis im Sterben lag, der Vater der Bäuerin.

Der Mann und die Frau traten heran und betrachteten den Sterbenden mit ihrem stillen, ergebenen Blick.

Der Schwiegersohn sagte: »Diesmal isses aus; er macht's nich mal mehr bis Nacht.«

Die Bäuerin sagte: »Das geht nu seit Mittag, daß er so gluckert.«

Dann schwiegen sie. Der Vater hatte die Augen geschlossen, das erdfarbene Gesicht war so trocken, daß es aussah wie Holz. Sein Atem drang scholkend und hart aus dem halboffenen Mund, und die Decke von grauer

Leinwand hob sich bei jedem Atemzug über seiner Brust.

Nach langem Schweigen sagte der Schwiegersohn:

»Könn' ihn bloß lassen. Tun kann man nichts. Es is bloß ungelegen wegen dem Raps, wo 's Wetter gut is, der muß morgen verzogen werden.«

Der Gedanke beunruhigte seine Frau sichtlich. Sie überlegte einige Augenblicke, dann sagte sie:

»Wo er nu hinübergeht, wird er vor Sonnabend nich beerdigt; da hast du noch morgen für den Raps.«

Der Bauer sann nach; er sagte:

»Ja, aber morgen, wo ich einladen muß für die Beerdigung, da brauch ich wohl gute fünf, sechs Stunden, bis ich von Tourville bis Manetot bei allen rum bin.«

Die Frau, nachdem sie wieder drei bis vier Minuten überlegt hatte, sagte:

»Es is noch nich drei, da kannst doch die Runde heut anfangen und alle bei Tourville rum abgehen. Kannst schon immer sagen, daß er hinüber is, wo er's doch bis Aufstehn nich mehr macht.«

Der Mann blieb einige Augenblicke sprachlos, erwog die Folgen und Vorteile dieses Vorschlags. Endlich erklärte er:

»Ja, denn geh ich wohl.«

Er wollte hinaus; aber er kam zurück und sagte nach einigem Zögern:

»Wo du keine Arbeit hast, schüttelst Äpfel zum Bakken, und dann machst vier Dutzend Wickel für alle, zur Beerdigung, weil man muß sich auch stärken. Zündest den Ofen an mit dem Reisig, was unterm Schuppen is, bei der Presse. Das is trocken.«

Und er ging aus der Kammer in die Küche, öffnete den Schrank, nahm ein Sechspfundbrot heraus, schnitt sich sorgsam eine Scheibe ab, sammelte in der hohlen Hand die Krümel, die auf das Bord gefallen waren, und warf sie sich in den Mund, damit nichts umkam. Dann holte er mit der Messerspitze ein bißchen gesalzene Butter aus dem braunen Steintopf, strich sie auf sein Brot und begann zu essen, langsam, wie er alles tat.

Und er überquerte wieder den Hof, beschwichtigte den Hund, der aufs neue kläffte, ging auf den Weg am Graben entlang und entfernte sich in Richtung Tourville.

Allein nun, machte sich die Frau ans Werk. Sie deckte den Mehlkasten auf und bereitete den Wickelteig. Sie knetete ihn lange, walkte ihn durch und durch, rollte ihn, drückte und schlug ihn. Dann machte sie daraus eine dicke gelbweiße Kugel, die sie auf einer Tischecke ruhen ließ.

Nun ging sie die Äpfel holen, und um nicht mit der Stange den Baum zu beschädigen, kletterte sie mit Hilfe eines Schemels hinein. Sorglich wählte sie die Früchte aus, nahm nur die reifen und häufte sie in ihre Schürze.

Vom Weg her rief eine Stimme: »Ho-he! Madame Chicot!«

Sie drehte sich um. Es war ein Nachbar, Meister Osime Favet, der Bürgermeister, der seine Felder düngen fuhr und mit baumelnden Beinen auf dem Mistkarren saß. Sie drehte sich um und rief zurück:

»Was steht zu Diensten, Meister Osime?«

»Was is denn nu mitm Vater?«

Sie rief: »Er is so gut wie hinüber. Sonnabend is die Beerdigung, um sieben Uhr, weil's eilt mitm Raps.«

Der Nachbar rief zurück: »Is gemacht. Alles Gute! Bleiben Sie gesund.«

Sie antwortete auf seine Höflichkeit: »Besten Dank, und Sie auch.«

Dann pflückte sie weiter ihre Äpfel.

Sowie sie ins Haus zurückkam, ging sie zu ihrem Vater in der Erwartung, ihn tot zu finden. Aber schon in der Kammertür hörte sie sein lautes, gleichtöniges Röcheln, und da sie es für unnötig hielt, erst bis zu seinem Bett zu gehen, und keine Zeit vertun wollte, fing sie an, die Apfelwickel zu formen.

Sie hüllte die Früchte eine nach der andern in ein dünnes Teigblatt und reihte sie an der Tischkante auf. Als sie achtundvierzig Kugeln fertig hatte, je zum Dutzend gelegt, eins vor dem andern, meinte sie, sie sollte nun das Abendessen bereiten, und hakte überm Feuer ihren Kessel ein, um die Kartoffeln zu kochen; denn sie hatte sich überlegt, daß es unnütz wäre, jetzt schon den Ofen anzufeuern, da sie noch den ganzen nächsten Tag für die Vorbereitungen hatte.

Gegen fünf Uhr kam ihr Mann zurück. Noch auf der Schwelle fragte er: »Isses vorbei?«

Sie antwortete: »Noch nich; er gluckert noch.«

Sie gingen nachsehen. Der Alte lag in genau der gleichen Verfassung da. Sein rauher Atem ging regelmäßig wie ein Uhrwerk, nicht schneller, nicht langsamer. Er kehrte Sekunde um Sekunde wieder, den Ton ein wenig variierend, je nachdem ob die Luft in seine Brust eindrang oder austrat.

Sein Schwiegersohn betrachtete ihn, dann sagte er: »Er wird verlöschen, daß man's nich merkt, wie 'n Licht.«

Sie kehrten in die Küche zurück und begannen, ohne zu reden, mit dem Abendessen. Als die Suppe gegessen war, aßen sie noch ein Butterbrot; dann, sowie die Teller gespült waren, gingen sie wieder in die Kammer, wo der Sterbende lag.

Die Frau, die eine kleine Lampe mit qualmendem Docht hielt, führte sie dem Vater vors Gesicht. Hätte er nicht geatmet, man hätte ihn für tot gehalten, wahr und wahrhaftig.

Das Bett der Eheleute stand am andern Ende der Kammer in einer Art Nische. Sie legten sich ohne ein Wort nieder, löschten die Lampe, schlossen die Augen; und bald begleiteten zwei ungleiche Schnarchweisen, eine tiefer, eine höher, das ununterbrochene Röcheln des Sterbenden.

Auf dem Oberboden tanzten die Ratten.

Mit dem ersten Morgengrauen erwachte der Mann. Sein Schwiegervater lebte noch. Beunruhigt über den Widerstand des Alten, rüttelte er seine Frau.

»Sag mal, Phémie, er will und will nich zu Ende kommen. Was tätst du'n machen jetzt?«

Er wußte, sie fände Rat.

Sie antwortete: »Er kommt nich übern Tag heute, sicher nich. Da braucht man keine Bange haben. Der Bürgermeister wird schon nich gegen sein, daß er trotzdem morgen beerdigt wird, wo sie's ja auch gemacht haben beim alten Renard, der grad in der Aussaat gestorben is.«

Ihre Worte leuchteten ihm ein, und er ging los aufs Feld. Seine Frau buk die Apfelwickel, dann besorgte sie alle Arbeiten in Haus und Hof.

Zu Mittag war der Alte noch nicht tot. Die Leute, die für den Tag zum Rapsverziehen gemietet waren, kamen im Trupp den Alten ansehen, der nicht sterben wollte. Jeder sagte sein Wort, dann gingen sie wieder aufs Feld.

Um sechs Uhr, bei der Heimkehr vom Feld, atmete der Vater immer noch. Sein Schwiegersohn bekam es allmählich mit der Angst.

»Was tätst du'n nu jetzt machen, sag du, Phémie?«

Sie wußte auch nicht, was tun. Sie gingen zum Bürgermeister. Er versprach, ein Auge zuzudrücken und die Beerdigung am nächsten Morgen zu genehmigen. Der Gesundheitsbeamte, den sie auch aufsuchten, verpflichtete sich, Meister Chicot zu Gefallen den Totenschein vorzudatieren. Mann und Frau kehrten beruhigt heim.

Sie legten sich nieder, schliefen ein wie letzte Nacht und mischten ihren geräuschvollen Atem mit dem schwächeren Atem des Alten.

Als sie erwachten, war er noch nicht gestorben.

Nun waren sie niedergeschmettert. Sie blieben am Kopfende des Vaters stehen, betrachteten ihn voller Argwohn, als spiele er ihnen einen bösen Streich, als wolle er sie hereinlegen, sie zum besten haben, und besonders nahmen sie ihm übel, daß sie seinetwegen so viel Zeit vergeuden mußten.

Der Schwiegersohn fragte: »Was machen wir denn nu jetzt?«

Sie wußte es nicht, sie antwortete: »Es is schon ein Ärger, das!«

Jetzt konnte man alle die Eingeladenen doch nicht mehr benachrichtigen, die gleich zur vollen Stunde eintreffen mußten. Sie beschlossen, sie zu erwarten und ihnen die Sache zu erklären.

Gegen zehn vor sieben erschienen die ersten. Die Frauen in Schwarz, große Schleier überm Kopf, kamen mit traurigen Mienen heran. Die Männer, beengt in ihren Tuchröcken, schritten unbefangener, je paarweise aus und redeten über ihre Geschäfte.

Die verstörten Chicots empfingen sie in großer Betrübnis; und auf einen Schlag, im selben Augenblick, als sie die erste Gruppe ansprachen, brachen alle beide in Tränen aus. Sie erklärten, was geschehen war, schilderten ihre Verlegenheit, boten Stühle an, eilten hin und her, entschuldigten sich, wollten beweisen, daß es jeder genauso gemacht hätte wie sie, redeten ohne Pause, so geschwätzig auf einmal, daß niemand ihnen erwidern konnte.

Sie gingen von einem zum andern: »Man hätt's nich gedacht; wer hätt denn denken können, daß er's so lange macht!«

Die Trauergäste lauschten ratlos, ein wenig enttäuscht, wie Leute, die um eine erwartete Feier betrogen werden, wußten nicht, was tun, blieben sitzen oder stehen. Einige wollten wieder gehen. Meister Chicot hielt sie zurück:

»Ihr werdet doch einen Happen essen. Haben doch Apfelwickel gemacht; die müßt ihr schon kosten.«

Bei dem Vorschlag hellten sich die Gesichter auf. Man begann leise zu plaudern. Nach und nach füllte sich der Hof; die Erstgekommenen erzählten den später Eintreffenden die Neuigkeit. Es wurde geflüstert, der Gedanke an die Apfelwickel erfreute alle.

Die Frauen traten ins Haus, um den Sterbenden zu betrachten. Sie bekreuzigten sich vor dem Bett, murmelten ein Gebet, gingen wieder hinaus. Die Männer, weniger begierig auf das Schauspiel, warfen einen kurzen Blick durchs Fenster, das man geöffnet hatte.

Madame Chicot erklärte das Sterben:

»Nu sind es zwei Tage, daß er so is, nich mehr, nich weniger, nich lauter, nich leiser. Hört sich bald an wie 'ne Pumpe, die kein Wasser mehr gibt, nich?«

Als alle den Sterbenden gesehen hatten, dachte man an den Imbiß; aber da sie zu viele waren, um in der Küche Platz zu finden, wurde der Tisch vors Haus getragen. Die vier Dutzend Apfelwickel, so golden und appetitlich auf zwei großen Tellern aufgehäuft, zogen aller Augen an. Jeder streckte den Arm aus, sich sein Teil zu holen, aus Furcht, es könnten nicht genug dasein. Aber es blieben vier übrig.

Meister Chicot sagte mit vollem Mund: »Wenn er uns säh, der Vater, das tät ihm leid. Er hat sie so gern gegessen bei Lebzeiten.«

Ein dicker, jovialer Bauer erklärte: »Ja, er ißt nu keine mehr. Jetzt sind wir dran.«

Weit entfernt, die Gäste traurig zu stimmen, schien diese Überlegung sie zu vergnügen. Ja, jetzt waren sie dran, Apfelwickel zu essen.

Madame Chicot, voll Verzweiflung über die Kosten, stieg unaufhörlich in den Keller, Apfelwein holen. Immerzu wurden die Kannen reihum gereicht und geleert. Jetzt wurde gelacht, laut geredet, man begann zu schreien, wie es bei großen Essen zugeht.

Plötzlich erschien am Fenster eine alte Bäuerin, die in neugiervoller Angst vor dem, was ihr selber nahe bevorstand, bei dem Sterbenden geblieben war, und schrie mit hoher Stimme:

»Er is hinüber! Er is hinüber!«

Alles verstummte. Lebhaft erhoben sich die Frauen, um gucken zu gehen.

Er war tot, wahrhaftig. Er hatte aufgehört zu röcheln. Die Männer sahen sich an, senkten die Augen, wenig behaglich in ihrer Haut. Man hatte den Mund voll Kuchen. Der Alte hatte seinen Augenblick schlecht gewählt.

Die Chicots weinten nun nicht mehr. Es war vorbei, jetzt waren sie ruhig. Sie sagten zu jedem:

»Ich hab ja gewußt, daß es nich mehr lang gehen konnt. Wenn er sich bloß schon die Nacht hätt entschließen können, das hätt nich die ganze Wirtschaft gemacht.«

Gleichviel, es war vorüber. Er würde am Montag begraben werden, das war alles, und man würde aus dem Anlaß noch einmal Apfelwickel essen.

Die Gäste gingen, plauderten über den Vorfall, alles in allem zufrieden, daß sie das erlebt, und auch, daß sie einen Imbiß genossen hatten.

Und als Mann und Frau wieder allein sich gegenüberstanden, sagte sie mit angstverzerrtem Gesicht:

»Nu muß man noch mal vier Dutzend Wickel machen! Wenn er sich bloß schon die Nacht hätt entschließen können!«

Und schicksalsergebener antwortete der Mann:

»Ja, alle Tage könnt man das nich.«

Die Taufe

Vor der Haustür der Ferme warteten die festlich gekleideten Männer. Die Maiensonne strahlte auf die erblühten Apfelbäume, die, rund wie übergroße Blumensträuße, ein weißrosiges, duftendes Blütendach über den ganzen Hof breiteten. Immerzu streuten sie rings um sich den Schnee der Blättchen, die wirbelnd und kreiselnd ins hohe Gras niedersanken, aus dem die Butterblumen wie Flammen und die Mohnblumen wie Blutstropfen leuchteten.

Eine Sau mit riesigem Bauch und geschwellten Zitzen döste am Rande des Dunghaufens; um sie wimmelte eine Ferkelschar mit ihren wie Schnurenden geringelten Schwänzen.

Auf einmal ertönte fern, hinter den Bäumen der Gehöfte, die Kirchenglocke. Die metallene Stimme entließ ihren schwachen Ruf in den fröhlichen Himmel. Schwalben schossen wie Pfeile durch den blauen Äther, den die stillen, hohen Buchen rahmten. Manchmal zog Stallgeruch um, in den sich die zuckrige Süße der Apfelblüten mengte.

Einer der Männer draußen wandte sich zum Hause und rief:

»Los, los, Mélina, das läutet schon!«

Er mochte an dreißig Jahre alt sein. Es war ein hochgewachsener Bauer, den die langwierigen Feldarbeiten noch nicht gebeugt und nicht verbildet hatten. Sein Vater, ein knorriger Alter wie ein Eichenstumpf, mit knotigen Händen und verkrümmten Beinen, meinte:

»Die Weiber werden doch nie fertig.«

Die beiden jüngeren Söhne des Alten lachten, und einer sagte zu dem älteren Bruder, der als erster gerufen hatte:

»Geh sie holen, Polyte. Sonst kommen sie vor Mittag nicht.«

Und der junge Mann trat in sein Wohnhaus.

Eine Schar Enten, die vor den Bauern angehalten hatten, fingen flügelschlagend zu quaken an; dann zogen sie in ihrem langsamen Watschelgang zum Weiher.

Da erschien in der offengebliebenen Haustür eine dicke Frau mit einem zwei Monate alten Kind auf den Armen. Die weißen Bänder der hohen Haube fielen auf ihren Rücken, über ein glührotes Umschlagtuch, und der Säugling, in weißes Linnen gehüllt, ruhte auf dem gewölbten Bauch der Wärterin.

Nun trat auch die Mutter, groß, kräftig, kaum achtzehn Jahre, frisch und strahlend am Arm ihres Mannes heraus. Danach kamen beide Großmütter, welk wie alte Äpfel, mit sichtlicher Müdigkeit im Kreuz, das die geduldigen, harten Arbeiten seit so langem verzerrt und verdreht hatten. Eine von beiden war Witwe; sie hakte sich beim Großvater ein, der vor der Tür stehengeblieben war, dann traten sie an die Spitze des Zuges, hinter das Kind und die Amme. Und hinter ihnen machte sich die übrige Familie auf den Weg. Die Jungen hatten Papiertüten mit Bonbons.

Fern bimmelte ohne Unterlaß die kleine Glocke, rief aus aller Kraft das erwartete zarte Wickelkind herbei. Die Dorfjungen kletterten auf die Grabenwälle; Leute erschienen an den Gattern; Mägde blieben zwischen zwei vollen Milcheimern stehen, die sie zu Boden setzten, um den Taufzug anzuschauen.

Und triumphierend trug die Wärterin ihr lebendiges Bündel, hatte acht, die Pfützen im Hohlweg zwischen den baumbepflanzten Böschungen zu meiden. Und die Alten folgten mit Feierlichkeit, tippelten aber ein bißchen verquer wegen des Alters und der Schmerzen; und die Jungen hätten am liebsten getanzt und äugelten nach den Mädchen, die zum Sehen gekommen waren; und der Vater und die Mutter schritten würdevoll, ernsthafter hinter dem Kinde drein, das später im Leben an ihre Stelle treten, ihren Namen im Lande fortsetzen sollte, den Namen Dentu, der im Kanton guten Klang hatte.

Sie gelangten auf die Ebene hinaus und nahmen den Weg querfeldein, um den langen Bogen, den die Landstraße machte, abzuschneiden.

Jetzt war die Kirche mit ihrem spitzen Glockenturm schon zu sehen. Eine Öffnung querte ihn genau unter dem Schieferdach, und darin bewegte sich etwas, schwenkte eilig hin und her, auf und ab hinter der schmalen Luke. Es war die Glocke, die immerfort läutete und das Neugeborene zum erstenmal in das Gotteshaus rief.

Ein Hund hatte sich ihnen angeschlossen. Sie warfen ihm Süßigkeiten zu, und er sprang allen um die Füße.

Die Kirchentür stand offen. Der Priester, ein Bursche mit rotem Haar, stark und mager, auch ein Dentu, der Onkel des Kleinen, ein weiterer Bruder des Vaters, wartete vor dem Altar. Den Riten gemäß taufte er seinen Neffen Prosper-César, der zu weinen anfing, als er das symbolische Salz schmecken sollte.

Nach der Feierlichkeit wartete die Familie vor dem Portal, bis der Priester seinen Überwurf abgelegt hatte; dann machten sich alle auf den Heimweg. Jetzt wurde rascher ausgeschritten, denn man hatte das Essen im Sinn. Das ganze kleine Volk des Dorfes lief hinterdrein, und jedesmal wenn eine Handvoll Zuckerwerk ausgestreut wurde, gab es ein wütendes Gerangel, Kämpfe Leib an Leib, ausgerissene Haare; und der Hund stürzte sich auch noch mitten in den Haufen, um nach Bonbons zu haschen, am Schwanz, an den Ohren, an den Pfoten gezerrt, aber noch hartnäckiger als die Buben.

Die ein wenig ermüdete Wärterin sagte zu dem Abbé neben ihr: »Sagen Sie, Herr Pfarrer, ob's Ihnen was ausmacht, mir einen Augenblick Ihren Neffen abzunehmen, daß ich mich strecken kann? Ich hab so was wie einen Krampf in den Eingeweiden.«

Der Priester nahm das Kind, dessen weißes Kleid einen grellen weißen Fleck auf die schwarze Soutane setzte, und küßte es, ganz verlegen mit der leichten Bürde – wußte nicht, wie er sie fassen, wie er sie legen sollte. Alle fingen an zu lachen. Eine der Großmütter fragte herüber:

»Na, tut dir's nicht leid, Abbé, daß du nie so was Kleines kriegst?«

Der Priester antwortete nicht. Er griff in weiten Schritten aus, den Blick immer auf dem Säugling mit den blauen Augen, dem er die runden Bäckchen am liebsten noch einmal geküßt hätte. Es hielt ihn nicht mehr, wieder hob er das kleine Wesen an sein Gesicht und küßte es lange.

Der Vater rief: »He, Pfarrer, wenn du eins willst – brauchst es bloß zu sagen.«

Und es fielen Scherze, wie auf dem Lande gescherzt wird.

Sowie alles bei Tisch saß, brach die täppische bäuerliche Fröhlichkeit aus wie ein Sturm. Die beiden jüngeren Söhne wollten auch bald heiraten; ihre Bräute waren da, nur zu der Festmahlzeit; und die Tafelrunde fand kein Ende, Anspielungen auf alle kommenden Geschlechter loszulassen, die diese Ehen versprachen.

Es waren grobe, kräftig gesalzene Witze; die errötenden Mädchen kicherten, und die Männer krümmten sich. Sie schlugen mit der Faust auf den Tisch, stießen Schreie aus. Bei Vater und Großvater versiegten die Anzüglichkeiten nicht. Die Mutter lächelte; die alten Frauen nahmen teil an der Freude und warfen derbe Worte dazwischen.

Der Pfarrer, der diese bäuerlichen Ausschweifungen gewohnt war, saß still neben der Wärterin, kitzelte mit dem Finger den kleinen Mund seines Neffen, damit er lache. Der Anblick dieses Kindes verwunderte ihn, wie es schien, so als hätte er noch nie eines gesehen. Er betrachtete es mit versonnener Aufmerksamkeit, mit einem grüblerischen Ernst, einer tief in ihm erwachten Zärtlichkeit, wie er sie nicht kannte, einer sonderbaren, innigen und ein wenig traurigen Zärtlichkeit für dieses zerbrechliche kleine Wesen, das der Sohn seines Bruders war.

Er hörte nichts, er sah nichts, er schaute auf das Kind. Gerne hätte er es auf seinen Schoß genommen, denn in der Brust und im Herzen bewahrte er das süße Gefühl von vorhin, als er es auf dem Heimweg von der Kirche getragen hatte. Er verharrte ergriffen vor dieser Menschenlarve wie vor einem unfaßlichen Wunder, über das er noch niemals nachgedacht hatte, dem erhabenen und heiligen Wunder der Fleischwerdung einer neuen Seele, dem großen Mysterium des anbrechenden Lebens, der erwachenden Liebe, des sich fortpflanzenden Geschlechts, der stetig weiterschreitenden Menschheit.

Die Wärterin aß mit rotem Gesicht, blanken Augen, aber durch den Kleinen behindert, der sie der Tafel fernhielt.

»Geben Sie ihn mir, ich habe keinen Hunger«, sagte der Abbé.

Und er nahm das Kind. Nun verschwand alles, versank alles um ihn her; und seine Augen hingen nur mehr an dem rosigen, pausbäckigen Gesichtchen; und allmählich fühlte er durch Wickeltücher und Soutane die Wärme des kleinen Körpers in den Beinen, sie drang in ihn wie eine sehr leichte, sehr gute, sehr keusche Liebkosung, eine köstliche Liebkosung, die ihm Tränen in die Augen trieb.

Das Lärmen der Tafelnden wurde schrecklich. Das Kind, von dem Geschrei aufgestört, fing an zu weinen.

Eine Stimme rief: »Na los, Abbé, gib ihm die Brust.«

Und das explodierende Gelächter erschütterte den Raum. Aber die Mutter war aufgesprungen; sie nahm ihren Sohn und trug ihn in die Kammer nebenan. Nach ein paar Minuten kam sie wieder und verkündete, daß er in seiner Wiege friedlich schlafe.

Und das Festmahl ging weiter. Männer und Weiber verschwanden ab und zu auf den Hof, dann setzten sie sich wieder zum Essen. Fleisch, Gemüse, Zider und Wein, von den Mündern verschlungen, blähten die Bäuche, entzündeten Feuer in den Augen, Übermut in den Seelen.

Es dämmerte, als der Kaffee aufgetragen wurde. Seit langem war der Priester verschwunden, ohne daß seine Abwesenheit jemandem auffiel.

Schließlich erhob sich die junge Mutter, um zu sehen, ob der Kleine noch schlafe. Es war unterdes dunkel geworden. Sie trat auf Zehenspitzen in die Kammer und tastete sich mit den Händen vor, um an kein Möbel zu stoßen. Doch ein seltsames Geräusch ließ sie innehalten; und sie lief erschrocken hinaus, gewiß, daß sie jemanden gehört hatte. Tiefblaß, zitternd kam sie und berichtete davon. Alle Männer fuhren polternd, betrunken und drohend in die Höhe; und der Vater stürzte, eine Lampe in der Hand, voran.

Neben der Wiege kniete der Priester und schluchzte, die Stirn auf dem Kissen, darauf der Kopf des Kindes ruhte.

Coco

In der ganzen Umgegend hieß die Lucassche Ferme die »Métairie«. Niemand hätte zu sagen vermocht, warum. Mutmaßlich verbanden die Bauern mit dem Begriff »Métairie« die Vorstellung von Reichtum und Pracht, denn unstreitig war dieser Hof der größte, üppigste und ordentlichste im Land.

Das weitläufige Gehöft mit fünf stolzen Baumreihen darum, die gedrungenen und empfindlichen Apfelbäume gegen den rauhen Wind der Ebene zu schützen, umschloß lange ziegelgedeckte Lagergebäude für Futter und Korn, gediegene, aus Flint gebaute Stallungen, Pferdeställe für dreißig Pferde und ein Wohnhaus aus rotem Backstein, das wie ein kleines Schloß aussah.

Die Dunghaufen waren säuberlich gehalten; die Wachhunde wohnten in Hütten, Scharen von Federvieh trippelten durchs hohe Gras.

Jeden Mittag nahmen fünfzehn Personen, Herren, Knechte und Mägde, Platz um den langen Küchentisch, darauf in einer großen Fayenceschüssel mit blauen Blumen die Suppe dampfte.

Die Tiere – Pferde, Kühe, Schweine, Schafe – waren fett, gepflegt und reinlich; und Meister Lucas, ein großer, Bauch ansetzender Mann, machte tags dreimal die Runde, wachte über alles und dachte an alles.

Aus Barmherzigkeit wurde hinten in einem Pferdestall ein ganz alter Schimmel gehalten, den die Bäuerin bis zu seinem natürlichen Tod füttern wollte, weil sie selbst ihn aufgezogen und immer gehegt hatte und weil sich Erinnerungen an ihn banden.

Ein fünfzehnjähriger Stallknecht namens Isidore Duval, Sidore gerufen, hatte den Invaliden zu versorgen, teilte ihm winters sein Maß Hafer und Heu aus und mußte ihn sommers viermal am Tag auf dem Wiesenhang umsetzen, damit er stets reichlich frisches Gras habe.

Das nahezu gelähmte Tier konnte die schweren, über den Hufen geschwollenen Füße mit den dicken Knien kaum mehr aufheben. Sein Fell, das nicht mehr gestriegelt wurde, mutete wie weißes Haar an, und sehr lange Wimpern gaben seinen Augen ein trauriges Aussehen.

Wenn Sidore es hinausführte, mußte er an der Leine zerren, so langsam ging das Tier; und gekrümmt und keuchend, verfluchte es der Junge, verwünschte sich selber, daß er die alte Schindmähre zu hüten hatte.

Die Leute vom Hof, die den Zorn des Stallburschen gegen Coco kannten, machten sich lustig und redeten dauernd von Sidores Liebling, um den Jungen zu ärgern. Seine Kameraden witzelten über ihn. Im Dorf wurde er Coco-Sidore genannt.

Der Junge wütete, und sein Wunsch, sich an dem Pferd zu rächen, wurde immer heftiger. Es war ein magerer Knabe, staksig, sehr unsauber, mit einem dichten Schopf struppiger roter Haare. Er wirkte blöde, redete stottrig, unter unsäglichen Mühen, als könnten sich in seinem beschränkten Kopf keine Ideen bilden.

Längst schon wunderte er sich, daß man Coco am Leben ließ, entrüstete sich, daß für das unnütze Vieh gutes Futter vergeudet wurde. Da es zu keiner Arbeit mehr taugte, dünkte es ihn ungerecht, das Tier zu ernähren; es erschien ihm empörend, an den gliederlahmen Klepper noch Hafer zu verschwenden, guten Hafer, der so teuer war. Und oft sparte er, entgegen den Weisungen von Meister Lucas, am Futter für das Pferd, schüttete ihm nur das halbe Maß ein, geizte mit seiner Streu und seinem Heu. Und Haß wuchs in seinem verworrenen kindlichen Sinn, der Haß des habsüchtigen, des tückischen Bauern, wild, roh und feige.

Wieder kam der Sommer, wieder mußte er das Tier auf der Weide »umsetzen« gehen. Das war weit. Mit jedem Morgen stapfte der Junge wütender in seinem schwerfälligen Schritt durchs Korn. Die Männer, die auf den Feldern arbeiteten, riefen ihm scherzend zu:

»He, Sidore, daß du mir auch schöne Grüße bestellst an Coco.«

Er gab keine Antwort, brach aber im Vorbeigehn eine Rute aus einer Hecke, und als er den Pflock des alten Pferdes versetzt hatte, ließ er es weiter grasen; dann schlich er sich verräterisch an und peitschte ihm die Hessen. Das Tier versuchte auszuweichen, auszuschlagen und stolperte, um die Schläge zu meiden, an seiner Leine immer rundum wie in einer ausweglosen Manege. Und der Bursche peitschte es voller Wut, indem er erbittert, mit zornig zusammengebissenen Zähnen, hinter ihm herlief.

Dann zog er langsam, ohne sich umzudrehen, davon; das Pferd mit den vorstehenden Rippen, atemlos von dem Trab, blickte ihm aus seinen greisen Augen nach. Und es senkte den hageren weißen Kopf erst wieder ins Gras, als es den blauen Kittel des Jungen in der Ferne verschwinden sah.

Da die Nächte warm wurden, ließ man Coco nun ganz draußen, weit draußen am Wiesenhang hinterm Wald. Nur Sidore ging und sah nach ihm.

Jetzt fand der Junge neuen Spaß daran, das Tier mit

Steinen zu bewerfen. Er setzte sich zehn Schritt von ihm auf eine Böschung und vertrödelte eine halbe Stunde, indem er von Mal zu Mal einen scharfen Kiesel nach dem Klepper schoß, der, vor seinem Feind angekettet, stehenblieb und starr nach ihm blickte, nicht mehr zu fressen wagte, ehe der andere nicht fort war.

Und eingewurzelt im Sinn des Stallknechts blieb der Gedanke: Wozu ein Pferd ernähren, das zu nichts mehr taugt? Er fand, die elende Mähre bestehle die anderen ums Futter, stehle das Gut der Menschen, das Gut des Herrgotts, bestehle sogar auch ihn, Sidore, der arbeiten mußte.

Allmählich verkürzte er nun mit jedem Tag das Weiderund, das er dem Schimmel gab, wenn er das Holz umsteckte, daran die Leine geknotet war.

Das Tier hungerte, magerte ab, verfiel. Zu schwach, seine Fesseln zu zerreißen, streckte es den Kopf nach dem hohen Gras, das so grün, so nahe vor ihm leuchtete und das es roch, ohne es erreichen zu können.

Aber eines Morgens hatte Sidore eine Idee: Coco gar nicht mehr umzusetzen. Er war es satt, so weit zu laufen wegen dem Gerippe.

Gleichwohl kam er, seine Rache auszukosten. Das unruhige Tier beobachtete ihn. Er schlug es an diesem Tag nicht. Die Hände in den Taschen, lief er um es herum. Er machte sogar Miene, seinen Platz zu wechseln, befestigte den Pflock aber an genau derselben Stelle und machte sich, entzückt von seiner Erfindung, davon.

Als das Pferd ihn fortgehen sah, wieherte es, um ihn zurückzurufen; doch der Junge begann zu rennen, ließ es allein, ganz allein in dem kleinen Tal, fest angebunden und ohne einen Grashalm in Reichweite seiner Kiefer.

Ausgehungert, suchte es die fetten Blätter zu erlangen, an die es mit den Enden seiner Nüstern rührte. Es setzte sich auf die Hinterbeine, reckte den Hals, streckte die großen speichelnden Lippen. Umsonst. Den ganzen Tag erschöpfte sich das alte Tier in vergeblichen, in erbitterten Versuchen. Der Hunger zehrte es aus, der durch den Anblick all der grünen Nahrung, die rings bis an den Horizont sproß, noch grausamer wurde.

An dem Tag kam der Junge überhaupt nicht wieder. Er strolchte durch die Wälder und suchte Vogelnester.

Anderntags erschien er. Coco hatte sich entkräftet niedergelegt. Es rappelte sich auf, als es den Jungen kommen sah, und wartete, daß es endlich umgesetzt würde.

Aber der kleine Bauer bückte sich nicht einmal nach dem Holz im Wiesenboden. Er näherte sich, blinzte nach dem Tier, schmiß ihm einen Klumpen Erde ins Maul, die an dem weißen Fell zerbröckelte, und trabte pfeifend davon.

Das Pferd blieb stehen, solange es ihn noch sehen konnte; dann, wohl spürend, daß seine Versuche, das nahe Gras zu erreichen, vergebens blieben, ließ es sich wieder auf die Flanke nieder und schloß die Augen.

Am nächsten Tag blieb Sidore aus.

Als er tags darauf zu dem noch immer liegenden Tier kam, sah er, daß es tot war.

Da blieb er stehen, gaffte es an, befriedigt über sein Werk und zugleich erstaunt, daß es schon zu Ende war. Er stieß den toten Leib mit dem Fuß, hob einen Huf an, dann ließ er ihn fallen, setzte sich drauf und saß so, ins Gras stierend und ohne etwas zu denken.

Er kehrte nach dem Hof zurück, sagte aber nichts von dem Vorfall, weil er die Stunden, da er sonst ausgegangen war, den Platz des Pferdes zu wechseln, noch herumstreunen wollte.

Am nächsten Tag ging er nachsehen. Raben flatterten auf bei seinem Kommen. Unzählige Fliegen wimmelten über dem Kadaver und surrten in der Runde.

Als er zurückkam, meldete er, was geschehen war. Das Tier war so alt, daß keiner sich wunderte. Der Bauer sagte zwei Knechten:

»Nehmt eure Schaufeln und macht ihm eine Grube, wo es liegt.«

Und die Männer verscharrten das Pferd an demselben Platz, wo es verhungert war.

Und das Gras sproß kraftvoll, saftig und drall, genährt von dem armen Leib.

Misti

Erinnerungen eines Junggesellen

EINMAL hatte ich eine kuriose kleine Frau zur Geliebten. Sie war verheiratet, wohlverstanden, denn vor Huren hege ich eine heilige Abscheu. Welches Vergnügen hätte man denn auch an einer Frau, der das doppelt Unziemliche eignet, sowohl niemandem wie jedermann zu gehören? Und überdies, von jeglicher Moral abgesehen, begreife ich die Liebe nicht als Broterwerb. Davor ekelt mich ein wenig. Ich weiß, das ist eine Schwäche, und bekenne mich dazu.

Für einen Junggesellen liegt der vornehmliche Reiz, eine verheiratete Frau zur Geliebten zu nehmen, darin, daß sie ihm ein Heim gibt, ein angenehmes, liebenswertes Heim, wo alle einen umsorgen und verwöhnen, von dem Ehemann bis zu den Bediensteten. Man findet alle Freuden vereinigt, Liebe, Freundschaft, Elternschaft sogar, Tisch und Bett, eben alles, was das Glück des Lebens ausmacht, mit dem zusätzlichen und unschätzbaren Vorteil, die Familie von Zeit zu Zeit wechseln zu können, nacheinander in allen Gesellschaftsschichten heimisch zu werden, sommers auf dem Land bei einem Handwerker, der einem ein Zimmer in seinem Haus abmietet, winters bei einem Bürger oder gar beim Adel, falls man Ehrgeiz hat.

Ich habe eine weitere Schwäche, nämlich die Ehemänner meiner Geliebten zu lieben. Ich muß gestehen, daß gewisse gemeine oder grobianische Gatten mir ihre Frauen verleiden, so entzückend sie immer sein mögen. Aber wenn der Ehegemahl Witz und Charme hat, verliebe ich mich unvermeidlich ganz wahnsinnig. Und wenn ich mit seiner Frau breche, trage ich Sorge, nicht auch mit ihm zu brechen. Derweise habe ich mir meine besten Freunde erworben; und so manches Mal fand ich Gelegenheit, die unstreitige Überlegenheit des Männchens über das Weibchen im Menschengeschlecht festzustellen. Letzteres bereitet einem alle möglichen Unannehmlichkeiten, macht einem Szenen, Vorwürfe etc.; ersteres, das doch mindestens das gleiche Klagerecht hätte, behandelt einen im Gegenteil, als wäre man die gute Vorsehung seines Hauses.

Nun denn, ich hatte eine kuriose kleine Frau zur Geliebten, brünett, wechselhaft, kapriziös, gläubig, abergläubisch, fromm wie ein Mönch, aber reizend! Besonders hatte sie eine Art zu küssen, die ich noch bei keiner anderen gefunden habe! ... doch ist dies nicht der Ort ... Und eine weiche Haut! Allein ihre Hände zu fassen bereitete mir unendliches Vergnügen ... Und ein Paar Augen ... Ihr Blick glitt über einen hin wie eine langsame, lockende Liebkosung ohne Ende. Oft legte ich meinen Kopf auf ihre Knie; und dann blieben wir ohne Bewegung, sie über mich geneigt mit dem leisen, rätselvollen und so verwirrenden Lächeln, wie es nur Frauen haben; und ich, die Augen nach ihr erhoben, empfing gleich einem sacht und köstlich in mein Herz sich ergießenden Zaubertrunk ihren hellblauen Blick, hell wie randvoll Liebessehnen, blau wie ein Himmelreich voll Lust.

Ihr Mann blieb als Inspektor eines großen öffentlichen Dienstes oft aushäusig, so daß wir die Abende für uns hatten. Bald verbrachte ich sie bei ihr, auf ihrem Diwan, die Stirn auf ihrem einen Bein, während auf ihrem anderen ein großer schwarzer Kater, Misti mit Namen, schlief, den sie überaus liebte. Unsere Finger trafen sich über dem nervösen Rücken des Tieres und umschmeichelten sich in seinem seidigen Fell. An meiner Wange fühlte ich die warme, in ewigem Schnurren bebende Flanke, und manchmal traf eine ausgestreckte Pfote meinen Mund oder mein Augenlid, und fünf scharfe Krallen kratzten mir die Augen, wurden aber sogleich wieder eingezogen.

Bald gingen wir aus und trieben, was sie unsere Eskapaden nannte, die freilich recht unschuldig waren. Wir fuhren nach einer Vorstadtwirtschaft hinaus und aßen dort zu Abend, oder zogen, nachdem wir bei ihr oder mir gespeist hatten, durch die Kneipen wie verkleidete Studenten.

Wir betraten die volkstümlichen Kaschemmen und suchten uns in der verräucherten Gaststube ganz hinten auf wackligen Stühlen an einem alten Holztisch Platz. Ein beiziger Qualm, darin der Bratfischgeruch vom Abendessen hing, erfüllte den Raum; Männer im Werktagskittel krakeelten beim Branntwein; und der erstaunte Ober stellte zweimal Kirschen in Schnaps vor uns hin.

Zitternd, furchtsam und entzückt, fältelte sie ihren schwarzen Schleier, schob ihn bis über die Nasenspitze hinauf und nippte an dem Glas mit dem Vergnügen, wie es einen bei einer himmlischen Schurkerei durchglüht. Jede geschlürfte Kirsche schenkte ihr das Gefühl des Verbotenen, jeder Schluck des rauhen Getränks rieselte in sie nieder als ein so erlesener wie verruchter Genuß.

Dann flüsterte sie: »Gehen wir«, und wir brachen auf. Mit gesenktem Kopf und raschen Schrittchen schlängelte sie sich zwischen den Zechern hindurch, die unmutig nach ihr blickten; und wenn wir uns wieder auf der Straße befanden, stieß sie einen tiefen Seufzer aus, als wären wir einer schrecklichen Gefahr entronnen.

Manchmal fragte sie mich erschaudernd: »Wenn man mich an diesen Orten beschimpfen würde, was tätest du dann?« Todsicher gab ich zur Antwort: »Natürlich würde ich dich verteidigen!« Und sie drückte selig meinen Arm, vermutlich in dem unklaren Wunsche, beschimpft und verteidigt zu werden, zu sehen, wie Männer, und wären es solche, sich mit mir um sie prügelten!

Eines Abends, als wir in einer Spelunke auf dem Montmartre waren, sahen wir ein zerlumptes altes Weib mit einem schmuddligen Kartenspiel in der Hand eintreten. Eine Dame erspähend, steuerte die Alte auf uns zu und erbot sich, meiner Gefährtin wahrzusagen. Emma, die in ihrer Seele sämtliche Glaubensarten vereinigte, erschauerte vor Begierde und Furcht und bot der Gevatterin neben sich Platz.

Die uralte, verhutzelte Frau, mit rot geränderten Augen und völlig zahnlosem Mund, breitete ihre schmierigen Karten vor uns auf den Tisch. Sie häufte Stöße, sammelte sie ein, legte neue aus, wobei sie unverständliche Worte murmelte. Emma war blaß geworden und lauschte mit angehaltenem Atem vor Neugier und Bangen.

Nun fing die Hexe zu reden an. Sie prophezeite ihr lauter Unbestimmtes: Glück und Kinder, einen blonden jungen Mann, eine Reise, Geld, einen Prozeß, einen braunhaarigen Herrn, die Rückkehr einer Person, einen Erfolg, einen Tod. Die Prophezeiung des Todes traf die kleine Frau: wessen Tod? wann? wie?

»Was das angeht«, antwortete die Alte, »dazu haben die Karten nicht Kraft genug, dazu müßten Sie morgen zu mir nach Hause kommen. Dann sag ich's Ihnen aus dem Kaffeesatz, der nie trügt.«

Ängstlich bat mich Emma: »Sag, gehen wir morgen dahin? Oh, bitte, sag ja! Du kannst dir gar nicht vorstellen, wie mich das sonst quält.«

Ich lachte: »Wenn du willst, gehen wir hin, mein Liebling.« Und die Alte nannte uns ihre Adresse.

Sie wohnte im sechsten Stock eines fürchterlichen Hauses hinter den Buttes-Chaumont. Bereits am nächsten Tage waren wir dort.

Ihre Stube, eine Bodenkammer mit zwei Stühlen und einem Bett, war mit sonderbaren Dingen vollgestopft, mit Kräutern, die bündelweise an Nägeln hingen, mit ausgetrockneten Tieren, Gläsern und Flaschen voll verschiedenfarbiger Flüssigkeiten. Auf dem Tisch blinzte eine ausgestopfte schwarze Katze aus Glasaugen, als wäre sie der Dämon der unheimlichen Klause.

Schwach vor Aufregung, setzte sich Emma, und schon rief sie aus: »Oh! sieh doch, Liebling, wie sehr dies Tier meinem Misti gleichsieht.« Und sie erklärte der Alten, daß sie einen ganz gleich aussehenden Kater besitze, aber ganz und gar gleich!

Die Hexe antwortete ernst: »Wenn Sie einen Mann lieben, dürfen Sie den Kater nicht behalten.«

»Warum?« fragte Emma erschrocken. Die Alte setzte sich vertraulich neben sie und nahm ihre Hand: »Er war das Unglück meines Lebens.«

Meine Freundin wollte alles wissen. Sie drängte sich an die Gevatterin, fragte sie aus, bettelte: eine solche Gläubigkeit machte sie zu Schwestern in Herz und Sinn. Schließlich ließ sich die Frau herbei:

»Diesen Kater da«, begann sie, »habe ich geliebt wie einen Bruder. Ich war jung damals und stand ganz allein; ich war Hausschneiderin. Ich hatte nur ihn, Mouton. Ein Mieter hatte ihn mir geschenkt. Er war klug wie ein Kind und dabei sehr lieb, und er vergötterte mich, meine liebe Dame, er vergötterte mich mehr als einen Fetisch. Den ganzen Tag hat er auf meinem Schoß geschnurrt, und die ganze Nacht auf meinem Kopfkissen; ich fühlte sein Herz schlagen, verstehen Sie.

Nun geschah es aber, daß ich eine Bekanntschaft machte; ein schöner Junge, der in einem Wäschegeschäft arbeitete. Es dauerte wohl an drei Monate, ohne daß ich ihm irgendwas genehmigt hätte. Aber Sie wissen, wie das ist, einmal wird man schwach, das passiert jedem; und ich hatte ihn ja liebgewonnen. Er war so nett, so nett; und so gut. Er wollte, daß wir zusammenziehen beide, aus Sparsamkeit. Kurz, ich erlaubte ihm, eines Abends zu mir zu kommen. Nicht daß ich die Sache unbedingt wollte, o nein! aber ich freute mich, daß wir beide eine Stunde beisammen sein würden.

Zuerst ist er sehr schicklich gewesen. Er sagte mir so schöne Sachen, daß mir das Herz hüpfte. Aber dann hat er mich geküßt, Madame, geküßt, wie man küßt, wenn man sich liebt. Und ich, ich hab die Augen zugemacht und war ganz ergriffen und starr vor Glück. Aber plötzlich fühle ich, wie er sich losreißt, und dann schreit er, schreit, wie ich es nie vergessen werde. Ich mache die Augen auf und sehe: Mouton war ihm ins Gesicht gesprungen und riß ihm mit den Krallen die Haut herunter, als wär sie ein morscher Lumpen. Und das Blut strömte, Madame, wie der Regen!

Ich will meinen Kater packen, aber er krallte sich fest und fledderte weiter; und er biß mich, so außer sich war er. Endlich krieg ich ihn zu fassen und werf ihn zum Fenster hinaus, das offenstand, weil Sommer war.

Wie ich meinem armen Freund dann das Gesicht wusch, sah ich, daß ihm die Augen ausgekratzt waren, seine beiden Augen!

Er hat in ein Spital gemußt. Nach einem Jahr ist er vor Kummer gestorben. Ich habe ihn bei mir behalten und ihn ernähren wollen, aber er hat es nicht gewollt. Es war, als ob er mich seitdem haßte.

Und Mouton, der hatte sich bei dem Sturz das Rückgrat gebrochen. Der Concierge hat den Leichnam aufgehoben. Ich hab ihn ausstopfen lassen, denn ich hatte ja trotzdem Anhänglichkeit für ihn. Wenn er das gemacht hat, hat er mich doch geliebt, ist es nicht so?«

Die Alte verstummte und streichelte das tote Tier, dessen Hülle über dem Drahtskelett zitterte.

Vor Mitgefühl hatte Emma den prophezeiten Tod vergessen. Oder zumindest sprach sie nicht mehr davon; und nachdem sie der Alten fünf Francs gegeben hatte, gingen wir.

Da anderntags ihr Mann eintraf, war ich ein paar Tage nicht bei ihr.

Als ich wiederkam, wunderte ich mich, daß ich Misti nirgends sah. Ich fragte, wo er sei.

Sie wurde rot und antwortete: »Ich habe ihn verschenkt. Ich hatte keine Ruhe.« – »Keine Ruhe? Keine Ruhe? Weshalb?«

Sie küßte mich lange, und ganz leise flüsterte sie: »Ich hatte Angst um deine Augen, mein Liebling.«

Ein Feigling

In der Gesellschaft nannte man ihn den »schönen Signoles«. Vicomte Gontran-Joseph de Signoles war sein Name.

Als alleiniger Herr eines hinreichenden Vermögens machte er Figur, wie man sagt. Er hatte Chic und hatte Schneid, wußte zu reden, daß man ihm Esprit zutrauen mochte, besaß eine gewisse eingeborene Anmut und eine Miene voller Noblesse und Stolz: der Schnurrbart verwegen, das Auge sanft, wie es den Frauen gefällt.

Er war gefragt in den Salons, beim Walzer begehrt, und flößte den Männern jene lächelnde Feindseligkeit ein, die man Leuten energischen Aussehens entgegenbringt. Man sagte ihm einige Liebesaffären nach, die einem Junggesellen einen gewissen Nimbus zu schaffen vermögen. Er lebte heiter, friedlich, in dem vollständigsten moralischen Wohlgefühl. Man wußte, daß er gut mit dem Säbel und besser noch mit der Pistole traf.

»Wenn ich mich einmal schlage«, sagte er, »wähle ich Pistolen. Mit dieser Waffe töte ich unfehlbar meinen Mann.«

Eines Abends nun, als er zwei ihm befreundete junge Frauen, übrigens von ihren Gatten eskortiert, ins Theater begleitet hatte, führte er sie nach der Vorstellung zu einem Eis bei Tortoni. Sie waren seit kurzer Weile dort, als er bemerkte, wie ein Herr von einem benachbarten

Tisch eine der Damen beharrlich anstarrte. Peinlich berührt, beunruhigt, senkte sie den Kopf.

Schließlich fragte sie ihren Gatten:

»Der Mann dort fixiert mich. Ich kenne ihn nicht; kennst du ihn?«

Der Ehemann, der nichts gesehen hatte, blickte auf, erklärte aber: »Nein, durchaus nicht.«

Halb lächelnd, halb ärgerlich sagte die junge Frau: »Ein lästiger Mensch, er verdirbt mir mein Eis.«

Der Ehemann zuckte die Schultern: »Ach was! Gib nicht darauf acht. Wenn man sich mit allen Flegeln, die man trifft, befassen wollte, fände man kein Ende.«

Aber der Vicomte war hochgeschnellt. Er konnte nicht zulassen, daß dieser Unbekannte einer Dame das Eis verderbe, das er gespendet hatte. Auf ihn zielte die Beleidigung, denn um seinetwillen hatten die Freunde das Café betreten. Die Sache betraf also einzig ihn.

Er trat auf den Mann zu und sagte:

»Sie haben eine Art, nach den Damen zu blicken, die ich nicht dulden kann, Monsieur. Ich bitte Sie, Ihre Beharrlichkeit gefälligst einzustellen.«

»Sie, lassen Sie mich in Frieden!« entgegnete der andere.

Mit zusammengebissenen Zähnen erklärte der Vicomte:

»Hüten Sie sich, Monsieur, zwingen Sie mich nicht, das Maß zu überschreiten.«

Der Herr erwiderte nur ein Wort, ein Gossenwort, das von einem Ende des Cafés zum andern hallte und sämtliche Gäste wie durch eine Sprungfeder in plötzliche Bewegung brachte. Alle den Rücken Kehrenden fuhren herum; alle übrigen reckten die Köpfe; die drei Kellner wirbelten auf den Absätzen wie Kreisel; die zwei Damen am Buffet schossen in die Höhe und schwenkten mit dem ganzen Rumpf seitüber, als wären sie zwei Automaten, die der gleichen Mechanik gehorchen.

Große Stille war eingetreten. Dann plötzlich tönte ein scharfer Knall durch die Luft. Der Vicomte hatte seinen Widersacher geohrfeigt. Alles stand auf, um sich einzumischen. Karten wurden gewechselt.

Als der Vicomte nach Hause kam, durchmaß er eine Zeitlang mit langen, lebhaften Schritten sein Zimmer. Er war zu aufgeregt, um irgend etwas zu denken. Durch seinen Sinn schwirrte einzig die Vorstellung: »ein Duell«, ohne daß die Idee noch irgendeine Empfindung in ihm auslöste. Er hatte getan, was er tun mußte; er hatte sich verhalten, wie es seine Pflicht war. Man würde darüber reden, man würde ihm beipflichten, würde ihn beglückwünschen. Mit lauter Stimme, wie man in großen Gemütsbewegungen spricht, wiederholte er nur immer:

»Was für ein Vieh, dieser Kerl!«

Dann setzte er sich und begann nachzudenken. Gleich morgen früh mußte er Sekundanten finden. Wen sollte er wählen? Er ging die höchstgestellten und berühmtesten seiner Bekannten durch. Schließlich entschied er sich für den Marquis de La Tour-Noire und den Oberst Bourdin, einen hohen Adligen und einen Militär – vortrefflich. Ihre Namen würden in den Zeitungen Eindruck machen. Er merkte, daß er Durst hatte, und trank Schluck für Schluck drei Glas Wasser; dann schritt er wieder auf und ab. Er fühlte sich voller Tatkraft. Wenn er sich kaltblütig, zu allem entschlossen zeigte und strenge, gefährliche Bedingungen stellte, wenn er ein ernstes, todernstes Duell forderte, würde sein Gegner vermutlich zurückschrecken und sich entschuldigen.

Wieder nahm er die Karte, die er aus der Tasche gezogen und auf seinen Tisch geworfen, und las sie, wie er sie im Café bereits im Fluge gelesen hatte, und dann im Fiaker wieder, auf der Heimfahrt, im Schein einer jeden

Gaslaterne: »Georges Lamil, Rue Moncey 51.« Nichts weiter.

Er musterte die aufgereihten Buchstaben, die ihm ein Geheimnis dünkten, voll eines dunklen Sinns: Georges Lamil? Wer war der Mann? Was war er? Warum hatte er diese Frau so angestarrt? War es nicht unerhört, daß ein Unbekannter einem das Leben so auf einen Schlag verhunzen konnte, nur weil es ihm beliebte, die Augen unverfroren auf eine Frau zu richten? Und abermals sagte der Vicomte laut:

»Was für ein Vieh!«

Dann blieb er ohne Bewegung stehen und stierte sinnend weiter auf die Karte. Zorn quoll in ihm hoch gegen das Stück Papier, haßvoller Zorn, in den sich ein seltsames Unbehagen mischte. Idiotisch, diese Geschichte! Er griff ein offenes Messer und stieß es mitten in den gedruckten Namen, als erdolche er den Mann.

Also schlagen mußte er sich! Sollte er Degen oder Pistolen wählen? denn er betrachtete sich selbstverständlich als den Beleidigten. Auf Degen riskierte er weniger; auf Pistolen wiederum hatte er die Chance, daß sein Gegner zurückschreckte. Ein Degen-Duell fällt selten tödlich aus, weil beiderseitige Umsicht die Kombattanten hindert, sich so nahe en garde zu halten, daß eine Spitze tief eindringt. Auf Pistolen riskierte er ernstlich sein Leben, doch konnte er sich auch mit allen Ehren aus der Affäre ziehen, ohne daß es überhaupt zum Treffen kam.

»Man muß fest entschlossen sein«, sagte er. »Dann bekommt er es mit der Angst.«

Bei dem Klang seiner Stimme schrak er zusammen und blickte um sich. Er fühlte sich übererregt. Er trank noch ein Glas Wasser, dann entkleidete er sich, legte sich zu Bett, blies sein Licht aus und schloß die Augen.

Er sagte sich: ›Morgen habe ich den ganzen Tag Zeit,

alles einzuleiten. Schlafen wir erst einmal, damit wir ruhig werden.‹

Ihm war sehr warm in seinem Bettzeug, doch einzuschlafen gelang ihm nicht. Er wälzte und wälzte sich, lag fünf Minuten auf dem Rücken, dann drehte er sich auf die linke Seite, dann rollte er sich auf die rechte.

Wieder hatte er Durst. Er stand auf und trank. Ein beunruhigender Gedanke ergriff ihn:

›Sollte ich etwa Angst bekommen?‹

Warum fing sein Herz bei jedem bekannten Geräusch seines Zimmers zu hämmern an? Wenn vor dem Schlagen der Wanduhr die hochdrehende Feder schnarrte, durchfuhr es ihn, und er mußte den Mund auftun, um erst ein paar Sekunden durchzuatmen, so bedrängt war ihm zumute.

Er begann, die Möglichkeit vor sich selber zu erwägen: ›Sollte ich Angst haben?‹

Nein, bestimmt hatte er keine Angst, da er ja entschlossen war, aufs Ganze zu gehen, da er den unbedingten Willen hatte, sich zu schlagen und nicht zu zittern. Aber er fühlte sich so tief aufgewühlt, daß er sich fragte:

›Ob man Angst haben kann, ohne daß man es will?‹

Und dieser Zweifel, diese Unruhe, dieser Schrecken hakte sich in ihm fest; wenn nun eine stärkere Macht als sein Wille ihn gebieterisch, ihn unwiderstehlich beherrschte, was geschähe dann? Ja, was konnte dann geschehen? Selbstverständlich würde er auf dem Gelände antreten, weil er es wollte. Aber wenn er zitterte? Wenn er das Bewußtsein verlöre? Und er dachte an seine Position, seinen Ruf, seinen Namen.

Und plötzlich erfaßte ihn das sonderbare Bedürfnis, aufzustehen und sich im Spiegel zu betrachten. Er zündete die Kerze an. Als er sein Gesicht in dem glatten Glas gewahrte, erkannte er sich kaum wieder. Seine

Augen kamen ihm riesig vor; und bleich war er; ja, er war bleich, sehr bleich.

Er blieb vor dem Spiegel stehen. Er streckte die Zunge heraus, als wollte er seinen Gesundheitszustand prüfen, und plötzlich durchfuhr ihn der Gedanke:

›Übermorgen um diese Zeit bin ich vielleicht schon tot.‹

Und wieder begann sein Herz wie wild zu jagen.

›Übermorgen um diese Zeit bin ich vielleicht schon tot. Die Person vor mir, dieses Ich, das ich hier im Spiegel sehe, wird nicht mehr sein. Aber wieso! ich bin, ich sehe mich, ich fühle, daß ich lebe, und in vierundzwanzig Stunden sollte ich da in dem Bett tot liegen, mit geschlossenen Augen, kalt, leblos, ausgelöscht?‹

Er drehte sich um nach seinem Lager und sah sich ganz deutlich dort auf dem Rücken liegen, in denselben Tüchern, aus denen er eben aufgestanden war. Er hatte das hohle Gesicht, das Tote haben, und jene schlaffen Hände, die sich nie mehr rühren werden.

Er bekam Angst vor seinem Bett, und um es nicht mehr zu sehen, ging er ins andere Zimmer hinüber. Mechanisch nahm er eine Zigarre, zündete sie an und begann wieder umherzuwandern. Ihn fror; er trat zur Klingel, um seinen Kammerdiener zu wecken; die Hand schon nach dem Klingelband erhoben, hielt er inne:

›Der Mann wird merken, daß ich Angst habe.‹

Und er läutete nicht, sondern machte selbst Feuer. Seine Hände zitterten leicht, zuckten nervös, wenn sie die Gegenstände berührten. Sein Verstand trübte sich; sein wirres Denken wurde flüchtig, sturzhaft bis zum Schmerz; seinen Sinn befiel eine Benommenheit, als hätte er getrunken.

Und unaufhörlich fragte er sich: ›Was soll ich machen? Was soll aus mir werden?‹

Sein ganzer Körper vibrierte unter stoßweisem

Schlottern; wieder stand er auf, lief ans Fenster, riß die Vorhänge auf.

Es wurde Tag, ein Sommertag. Der rosige Himmel färbte die Stadt, die Dächer und Mauern rosig. Eine große Flut zärtlichen Lichtes lag wie eine Liebkosung der aufgehenden Sonne über der erwachten Welt; und mit dem Licht zog jähe freudige Hoffnung ihm ins Herz. War er verrückt, daß er sich so von der Furcht hatte niederreißen lassen, bevor noch irgend etwas entschieden war, bevor seine Zeugen diesen Georges Lamil gesprochen hatten, bevor er wußte, ob er sich überhaupt würde duellieren müssen?

Er machte Toilette, kleidete sich an und verließ gefestigten Schrittes das Haus.

Unterwegs wiederholte er sich: ›Ich muß entschlossen sein, fest entschlossen. Ich muß beweisen, daß ich keine Angst habe.‹

Die Sekundanten, der Marquis und der Oberst, stellten sich ihm zur Verfügung, und nachdem sie ihm energisch die Hand geschüttelt hatten, erörterten sie die Bedingungen.

Der Oberst fragte:

»Wollen Sie ein ernsthaftes Duell?«

»Völlig ernsthaft«, antwortete der Vicomte.

Der Marquis fragte:

»Bleiben Sie bei Pistolen?«

»Ja.«

»Überlassen Sie uns die Regelung des übrigen?«

Der Vicomte gebot mit trockener, abgehackter Stimme:

»Zwanzig Schritt, nach Kommando, die Waffe heben, nicht senken. Feuerwechsel bis zu ernstlicher Verletzung.«

Befriedigt schloß der Oberst: »Das sind ausgezeichnete Bedingungen. Sie schießen gut, Sie haben alle Chancen.«

Und sie brachen auf. Der Vicomte fuhr nach Hause, um sie dort zu erwarten. Seine Erregung, eine Zeitlang beschwichtigt, wuchs nun von Minute zu Minute. Er fühlte, wie seine Arme, seine Beine, seine Brust etwas wie ein Kribbeln, ein anhaltendes Schüttern durchlief; es hielt ihn an keinem Platz, nicht im Sitzen, nicht im Stehen. Im Mund hatte er nicht die Spur mehr von Speichel, und alle Augenblicke machte er mit der Zunge ein schnalzendes Geräusch, als müsse er sie vom Gaumen lösen.

Er wollte frühstücken, konnte aber nichts essen. Da kam ihm der Einfall zu trinken, um sich Mut einzuflößen, und er ließ eine Karaffe Rum bringen, von der er nacheinander sechs kleine Gläser hinuntergoß.

Eine Hitze gleich einem Feuerbrand durchwallte ihn, und sofort wurde seine Seele taub. Er dachte: ›Jetzt habe ich das Richtige getroffen. Jetzt geht es mir gut.‹

Aber eine Stunde später war die Karaffe leer, und sein Erregungszustand stieg ins Unerträgliche. Er verspürte ein irrwitziges Bedürfnis, sich am Boden zu wälzen, zu schreien, zu beißen. Es wurde Abend.

Als die Klingel ertönte, würgte es ihn so, daß er keine Kraft aufzustehen fand, um seine Sekundanten zu empfangen.

Er scheute sich sogar, mit ihnen zu sprechen, ihnen guten Tag zu sagen, ein einziges Wort zu reden, aus Furcht, seine veränderte Stimme könnte ihn verraten.

Der Oberst teilte mit:

»Es ist alles zu Ihren Bedingungen festgelegt. Ihr Gegner forderte anfangs die Vorrechte des Beleidigten, doch gab er fast umgehend nach und hat alles akzeptiert. Seine Sekundanten sind zwei Militärs.«

»Danke«, sagte der Vicomte.

Der Marquis versetzte:

»Entschuldigen Sie, wenn wir Sie gleich wieder verlassen, aber wir müssen uns noch um tausend Dinge kümmern. Ein guter Arzt ist vonnöten, da der Kampf erst nach ernstlicher Verletzung eingestellt wird, und Sie wissen, daß Kugeln kein Scherz sind. Man muß einen Ort in der Nähe eines Hauses bestimmen, wohin der Verwundete gebracht werden könnte, falls erforderlich, etc.; kurz, wir haben noch zwei, drei Stunden zu tun.«

»Danke«, sagte der Vicomte zum zweitenmal.

Der Oberst fragte:

»Geht es Ihnen gut? Sind Sie ruhig?«

»Ja, ganz ruhig, danke.«

Beide Männer empfahlen sich.

Als er sich neuerdings allein fühlte, wurde ihm zumute, als sollte er wahnsinnig werden. Nachdem sein Diener die Lampen angezündet hatte, setzte er sich an den Tisch, um Briefe zu schreiben. Als er oben auf einem Blatt stehen hatte: »Dies ist mein Testament ...«, fuhr er mit einem Ruck auf und lief davon, da er sich außerstande sah, seiner Gedanken Herr zu werden, einen Entschluß zu fassen, zu entscheiden, was immer es sei.

So, schlagen würde er sich also! Nichts war mehr rückgängig zu machen. Was geschah denn aber in ihm? Er wollte sich schlagen, er hatte den Vorsatz, hatte den unumstößlichen Entschluß; und zugleich fühlte er, daß er trotz aller Anstrengung seines Geistes und aller Anspannung seines Willens nicht einmal die nötige Kraft aufbringen würde, sich zum Ort des Treffens zu begeben. Er versuchte, sich den Kampf vorzustellen, seine eigene Haltung und die Haltung seines Gegners.

Von Zeit zu Zeit schlugen die Zähne in seinem Mund mit kleinem trockenem Laut aufeinander. Er wollte lesen und nahm sich den »Codex des Duells« von Châteauvillard vor. Dann fragte er sich:

›Hat mein Gegner an Schießen teilgenommen? Ist er bekannt? Ist er klassifiziert? Wie kann man das erfahren?‹

Ihm fiel das Buch des Baron de Vaux über Pistolenschützen ein, und er ging es von Anfang bis Ende durch. Georges Lamil wurde nicht erwähnt. Aber wenn der Mann kein Schütze war, hätte er doch nicht augenblicklich die gefährliche Waffe und die tödlichen Bedingungen akzeptiert?

Beiläufig öffnete er den Gastinne-Renette-Kasten, der auf einem Tischchen stand, und nahm eine der Pistolen heraus, dann stellte er sich wie zum Schießen auf, hob den Arm. Doch er zitterte von Kopf bis Fuß, und der Lauf wackelte in alle Richtungen.

Da sagte er sich: ›Das ist unmöglich. So kann ich mich nicht schlagen.‹

Er betrachtete das kleine schwarze Loch am Ende des Laufes, das tiefe, todspeiende Loch, er dachte an die Entehrung, an das Tuscheln in den Zirkeln, das Lachen in den Salons, die Verachtung der Frauen, die Anspielungen in den Zeitungen, die Beschimpfungen, die jeder Feigling ihm anwerfen könnte.

Er betrachtete immerfort die Waffe, und als er den Hahn spannte, sah er darunter plötzlich eine Patronenkappe wie eine kleine rote Flamme blinken. Die Pistole war durch Zufall, aus Vergeßlichkeit, geladen weggelegt worden. Und er empfand darüber eine verworrene, unerklärliche Freude.

Wenn er vor dem anderen nicht die noble, gleichmütige Haltung hätte, die dazugehörte, wäre er für immer erledigt. Er wäre mit dem Mal der Schande befleckt und gezeichnet, ausgestoßen aus der Gesellschaft! Und diese kaltblütige Gelassenheit würde er nicht haben, er wußte es, er fühlte es. Trotzdem war er doch tapfer, da er sich ja schlagen wollte … Er war tapfer, weil … – Der Gedanke vollendete sich in seinem Hirn nicht mehr; den Mund weit öffnend, stieß er sich den Pistolenlauf bis in den Schlund und drückte auf den Abzug …

Als sein Kammerdiener, durch die Detonation gerufen, herbeieilte, fand er ihn tot am Boden. Ein Blutstrahl hatte das weiße Blatt auf dem Tisch bespritzt und einen großen roten Fleck unter die vier Worte gebreitet:

»Dies ist mein Testament.«

Rose

Die beiden jungen Frauen ruhen unter einer Blütenschicht wie begraben. Sie sind allein in dem übergroßen Landauer voller Blumen wie ein riesiger Korb. Die Vorderbank besetzen zwei Flechtschalen aus weißem Satin mit Nizza-Veilchen, und auf dem Bärenfell über den Knien häufen sich, mit Seidenschleifen umwunden, Rosen, Mimosen, Levkojen, Margeriten, Pfingstrosen und Orangenblüten, als wollten sie die zerbrechlichen Körper erdrücken, denn aus dem farbenprangenden, duftenden Lager sehen nur Schultern, Arme und der Ansatz der Mieder hervor, deren eines blau, das andere lila ist.

Die Peitsche des Kutschers ist mit Anemonen umflochten, die Zügel der Pferde sind mit Senfblüten besteckt, die Räderspeichen mit Reseda umkleidet; und an Stelle der Laternen runden sich zwei mächtige Blütenbüsche wie die seltsamen Augen des fahrenden Blumenungetiers.

Der Landauer rollt in scharfem Trab über die Landstraße und die Rue d'Antibes, vor, hinter, neben sich eine Fülle anderer girlandengezierter Gefährte voller Frauen, die in einem Veilchenmeer versinken. Denn es ist Blumenfest in Cannes.

Man gelangt auf den Boulevard de la Foncière, wo die Schlacht statthat. Über die ganze lange Allee gleitet auf und ab die Doppelreihe der geschmückten Kutschen wie ein endloses Schleifenband. Von einer zur anderen bewirft man sich mit Blumen. Sie schwirren wie Kugeln durch die Luft, treffen in frische Gesichter, überschlagen sich und fallen in den Staub, wo ein Heer Straßenjungen sie aufliest.

Eine dichte, auf den Trottoirs sich drängende Menge, am Rand gehalten von Gendarmen zu Pferde, die brutal vorüberschnellen und die zu neugierigen Fußgänger beiseite stoßen, damit die Gemeinen sich ja nicht unter die Reichen mischen, schaut lärmend und friedlich zu.

In den Wagen ruft man einander, erkennt sich, beschießt sich mit Rosen. Ein Gefährt voll schöner Frauen, rot wie die Teufel angekleidet, zieht aller Blicke auf sich. Ein Herr, der den Porträts Heinrichs IV. gleichsieht, schleudert mit fröhlichem Schwung ein Riesenbukett, das er an einem Gummiband hält. Vor dem drohenden Anprall schützen die Frauen ihre Augen, und die Männer senken den Kopf, aber das anmutige Geschoß beschreibt geschwinde und fügsam eine Kurve und kehrt zu seinem Herrn zurück, der es gleich wieder nach anderen Gesichtern wirft.

Die beiden jungen Frauen feuern mit vollen Händen ihr Arsenal leer und empfangen einen Hagel von Sträußen; nach einer Stunde Bataille dann ein wenig ermüdet, gebieten sie dem Kutscher, die Straße am Golf Juan, am Meer entlang, zu fahren.

Die Sonne verschwindet hinter dem Esterel und zeichnet die gezackte Silhouette des langen Gebirgszuges schwarz in das feurige Abendrot. Das ruhige Meer dehnt sich blau und hell bis an den Horizont, wo es mit dem Himmel verschmilzt, und das mitten im Golf ankernde Geschwader gleicht einer Herde urzeitlicher Tiere, die träg auf dem Wasser liegen, apokalyptische Tiere, mit Panzern und Buckeln, und mit schwanken

Masten wie mit Federn besteckt, und mit Augen, die aufleuchten, wenn es dunkelt.

Wohlig versonnen schauen die jungen Frauen, in das schwere Pelzwerk gelehnt. Schließlich sagt die eine:

»Was für wunderbare Abende es gibt, wo alles gut scheint, nicht wahr, Margot?«

»Ja, es ist schön. Aber immer fehlt etwas«, sagt die andere.

»Was denn? Ich fühle mich vollkommen glücklich. Ich habe keinen Wunsch.«

»Doch. Du denkst nur nicht dran. Wie groß das Behagen auch sei, das unseren Körper durchströmt, immer ersehnen wir etwas mehr ... etwas fürs Herz.«

Und die andere lächelt:

»Ein wenig Liebe, meinst du?«

»Ja.«

Sie schwiegen, blickten vor sich hin, dann murmelte die Marguerite Genannte: »Ohne das kommt mir das Leben unerträglich vor. Ich brauche es, geliebt zu werden, und sei es von einem Hund. Übrigens sind wir alle so, du magst sagen, was du willst, Simone.«

»Oh, nein, meine Beste. Eher will ich überhaupt nicht geliebt werden als von irgendwem. Glaubst du, es wäre mir zum Beispiel angenehm, ich würde geliebt von ... von ...«

Auf der Suche, von wem sie wohl geliebt werden könnte, überflog sie mit den Augen die weite Landschaft, blieb, nachdem sie den Horizont durchstreift hatte, an den zwei blitzenden Metallknöpfen im Rücken des Kutschers haften und ergänzte lachend: »... von meinem Kutscher?«

Madame Margot lächelte kaum merklich und sagte mit verhaltener Stimme:

»Du darfst mir glauben, daß es sehr amüsant ist, von einem Domestiken geliebt zu werden. Mir ist das zwei-, dreimal passiert. Sie rollen so komisch die Augen, daß es zum Totlachen ist. Natürlich zeigt man sich um so strenger, je verliebter sie sind, und eines Tages setzt man sie unter dem erstbesten Vorwand an die Luft, denn man machte sich ja lächerlich, wenn jemand es bemerken würde.«

Madame Simone blickte geradeaus vor sich hin, dann erwiderte sie:

»Nein, wirklich, ein Lakaienherz würde mir nicht genügen. Aber erzähl doch, wie es dir auffiel, daß sie dich liebten.«

»Es fiel mir, wie bei anderen Männern, dadurch auf, daß sie sich blödsinnig benahmen.«

»Ich finde die anderen nicht so dumm, wenn sie sich in mich verlieben.«

»Aber idiotisch, meine Liebe! unfähig zu plaudern, zu antworten, was es auch sei zu begreifen.«

»Und was hast du daran gefunden, daß ein Domestik dich liebte? Warst du ... gerührt ... geschmeichelt?«

»Gerührt? nein. Geschmeichelt – ja, ein wenig. Man fühlt sich immer geschmeichelt durch die Liebe eines Mannes, was er auch sei.«

»Oh, ich bitte dich, Margot!«

»Doch, mein Kind. Warte, ich will dir ein sonderbares Abenteuer erzählen, das mir begegnet ist. Du wirst sehen, wie sonderbar und verworren ist, was in solchem Fall in uns vorgeht.

Im Herbst vor vier Jahren suchte ich eine Kammerfrau. Ich hatte mehrere nacheinander ausprobiert, fünf oder sechs, die aber zu nichts Geschick hatten, und gab die Hoffnung fast auf, eine zu finden, als ich in den kleinen Annoncen einer Zeitung las, daß ein im Nähen, Sticken, Frisieren begabtes junges Mädchen eine Stelle suche und beste Referenzen vorweisen könne. Es spreche außerdem Englisch.

Ich schrieb an die angeführte Adresse, und anderntags sprach besagte Person bei mir vor. Sie war ziemlich groß, schmal, ein wenig blaß, und wirkte sehr schüchtern. Sie hatte schöne schwarze Augen, einen wunderbaren Teint, sie gefiel mir auf den ersten Blick. Ich bat um ihre Zertifikate: sie legte mir ein englisches vor, denn sie kam, wie sie sagte, aus dem Haus einer Lady Rymwell, wo sie zehn Jahre gedient hatte.

Das Zeugnis bescheinigte, daß das Mädchen aus freiem Willen gegangen sei, um nach Frankreich zurückzukehren, und daß ihr während ihrer langen Dienstjahre nichts vorzuwerfen gewesen sei als ein wenig ›französische Koketterie‹.

Die schamhafte Wendung des englischen Satzes belustigte mich nur, ich stellte die Zofe umgehend ein.

Sie begann noch am selben Tag bei mir, sie hieß Rose.

Nach einem Monat war ich hingerissen von ihr.

Sie war ein Fund, eine Perle, ein Wunder.

Sie konnte mit unendlichem Geschmack frisieren; sie garnierte die Spitzen eines Hutes besser als die beste Modistin und konnte sogar Kleider nähen.

Ich war verblüfft über ihre Fähigkeiten. Noch nie war ich so gut bedient worden.

Kleidete sie mich an, geschah es flink, mit einer erstaunlichen Leichtigkeit. Nie spürte ich ihre Finger an der Haut, denn nichts ist mir so zuwider wie eine Berührung von Dienerhand. Bald gewöhnte ich mich an die äußerste Faulheit, so angenehm war es, mich von den Füßen bis zum Kopf, vom Hemd bis zu den Handschuhen von diesem großen schüchternen Mädchen ankleiden zu lassen, das immer leicht errötete und niemals schwatzte. Kam ich aus dem Bad, frottierte und massierte sie mich, während ich dösend auf meinem Diwan lag; wahrhaftig, ich betrachtete sie eher als eine Freundin von niedrigerem Stand denn als simple Bediente.

Eines Morgens nun verlangte mein Concierge mit geheimnisvoller Miene, mich zu sprechen. Verwundert ließ ich ihn eintreten. Es war ein sehr zuverlässiger Mann, früherer Soldat, ehemalige Ordonnanz meines Mannes.

Ihn schien zu drücken, was er vorzubringen hatte. Endlich kam es:

›Madame, unten ist der Polizeikommissar unseres Viertels.‹

›Was will er?‹ fragte ich schroff.

›Er will eine Hausdurchsuchung machen.‹

Unbestritten ist die Polizei nützlich, aber ich verabscheue sie. Ich finde, sie betreibt kein nobles Gewerbe. Und ebenso ärgerlich wie verletzt, antwortete ich:

›Wozu eine Hausdurchsuchung? Aus welchem Grund? Er wird nicht eingelassen.‹

›Er behauptet, hier verstecke sich ein Verbrecher‹, erklärte der Concierge.

Nun bekam ich es mit der Angst und befahl, den Polizeikommissar heraufzuführen, um mir Aufklärung zu schaffen. Es war ein recht wohlerzogener Mann, der sogar die Ehrenlegion hatte. Er entschuldigte sich, bat um Vergebung, dann bekräftigte er, daß ich unter meinen Dienstleuten einen Sträfling hätte.

Ich war empört; ich antwortete, daß ich für die gesamte Dienerschaft des Hauses geradestünde, und ging jeden einzelnen durch:

›Der Concierge, Pierre Courtin, ehemaliger Soldat.‹

›Der ist es nicht.‹

›Der Kutscher François Pingau, ein Bauernsohn aus der Champagne, von einem Pachthof meines Vaters.‹

›Der ist es nicht.‹

›Der Stallbursche, auch aus der Champagne, ebenfalls ein Sohn von Bauern, die ich kenne, dann der Lakai, den Sie soeben sahen.‹

›Die sind es nicht.‹

›Dann müssen Sie wohl einsehen, Monsieur, daß Sie sich täuschen.‹

›Mit Verlaub, Madame, ich bin sicher, daß ich mich nicht täusche. Und da es sich um einen gefährlichen Verbrecher handelt, wollen Sie doch freundlichst Ihre ganze Dienerschaft anweisen, hier vor Ihnen und mir zu erscheinen.‹

Anfangs widersetzte ich mich, dann gab ich nach und ließ all meine Leute heraufkommen, Männer wie Frauen.

Der Kommissar musterte sie mit einem Blick und erklärte:

›Das sind nicht alle.‹

›Verzeihung, Monsieur, es bleibt lediglich meine Zofe, ein junges Mädchen, das Sie wohl kaum mit einem Sträfling verwechseln können.‹

›Kann ich sie trotzdem sehen?‹ fragte er.

›Selbstverständlich.‹

Ich klingelte nach Rose, die sofort erschien. Kaum war sie eingetreten, gab der Kommissar ein Zeichen, und zwei Männer, die ich bisher nicht gesehen hatte, weil sie hinter der Tür versteckt waren, stürzten sich auf sie, ergriffen sie und fesselten ihre Hände mit Stricken.

Ich schrie auf vor Zorn, wollte mich dazwischenwerfen und sie verteidigen. Der Kommissar hielt mich zurück:

›Dieses Mädchen, Madame, ist ein Mann namens Jean-Nicolas Lecapet, 1879 zum Tode verurteilt wegen Mordes nach vorausgegangener Vergewaltigung. Seine Strafe wurde in lebenslänglichen Kerker umgewandelt. Er ist vor vier Monaten entflohen. Seitdem suchen wir ihn.‹

Ich war wie vor den Kopf geschlagen. Ich wollte es nicht glauben. Der Kommissar fuhr lachend fort:

›Ich kann Ihnen nur einen Beweis geben. Sein rechter Arm ist tätowiert.‹ Der Ärmel wurde aufgestreift. Es war die Wahrheit. Mit einer gewissen Geschmacklosigkeit setzte der Polizeimann hinzu: ›Was die übrigen Beweise betrifft, die überlassen Sie besser uns.‹

So verhaftete man meine Zofe!

Und glaubst du es wohl – was in mir vorherrschte, war nicht der Zorn, so hintergangen, betrogen und lächerlich gemacht worden zu sein; es war nicht die Scham, daß ich mich von diesem Mann so hatte ankleiden, auskleiden und berühren lassen … sondern eine … eine tiefe Demütigung … die Demütigung des Weibes. Verstehst du?«

»Nein, nicht so recht.«

»Überlege doch … Der Bursche war verurteilt worden … wegen Vergewaltigung … nun ja! ich mußte … an die andere denken, die er vergewaltigt hatte … und das … das demütigte mich … das war es … Verstehst du jetzt?«

Und Madame Simone antwortete nicht. Sie blickte sonderbar versunken auf die glänzenden Livreeknöpfe vor sich mit jenem Sphinxenlächeln, das Frauen manchmal haben.

Der Empfehler

Nie hätte er sich ein so hohes Glück zu erträumen vermocht! Als Sohn eines Gerichtsvollziehers aus der Provinz war Jean Marin, wie viele andere, zum Jurastudium ins Quartier Latin gezogen. In den verschiedenen Kneipen, wo er nacheinander emsig verkehrte, war er etlichen wortreichen Studenten freund geworden, die die Politik verteufelten, indem sie ein Bier nach dem anderen schluckten. Er hing ihnen voll Bewunderung an den Lippen und folgte ihnen beharrlich von Kneipe zu Kneipe, bezahlte sogar ihre Rechnungen mit, wenn er Geld hatte.

Dann wurde er Anwalt und vertrat Rechtsfälle, die er verlor. Eines Morgens jedoch erfuhr er aus den Zeitungen, daß einer seiner einstigen Kameraden aus dem Quartier zum Abgeordneten gewählt worden war.

Wieder spielte er den getreuen Hund, den Freund, der die Fron übernimmt, dem man die Laufereien aufhalst, nach dem man schicken kann, wenn man ihn braucht, und vor dem man sich in nichts Zwang antut. Da geschah es aber durch parlamentarischen Zufall, daß der Abgeordnete Minister wurde, und ein halbes Jahr darauf war Jean Marin Conseiller im Staatsrat.

Als erstes wurde er von einem solchen Stolz befallen, daß er darüber fast den Kopf verlor. Er wandelte durch die Straßen aus reiner Freude, sich zu zeigen, so als ob man seine Position allein bei seinem Anblick hätte erraten müssen. Er fand stets einen Weg, jedem Händler, dessen Laden er betrat, jedem Zeitungsverkäufer, sogar jedem Droschkenkutscher bei den nichtigsten Anlässen zu sagen: »Ich als Conseiller im Staatsrat ...«

Sodann empfand er natürlich, gleichsam als seiner Würde gebührend, als eine berufliche Notwendigkeit, als eine Pflicht des mächtigen und großmütigen Mannes, das gebieterische Bedürfnis zu protegieren. Er bot jedem, bei jeder Gelegenheit, mit unerschöpflicher Großmut, seinen Beistand an.

Traf er auf den Boulevards eine bekannte Gestalt, ging er mit entzückter Miene auf denjenigen zu, faßte seine beiden Hände, erkundigte sich nach der Gesundheit und erklärte, ohne die Antwort abzuwarten:

»Sie wissen, ich als Conseiller stehe Ihnen jederzeit zu Diensten. Wenn ich Ihnen in irgendeiner Sache behilflich sein kann, verfügen Sie über mich, ohne sich zu scheuen. In meiner Position hat man einen langen Arm.«

Dann betrat er mit dem neugewonnenen Freund ein Café und bat sich Feder, Tinte und ein Blatt Schreibpapier aus – »nur eins, Herr Ober, ich will einen Empfehlungsbrief schreiben.«

Und er schrieb zehn, zwanzig, fünfzig Empfehlungsbriefe am Tag. Er schrieb sie im Café Américain, bei Bignon, bei Tortoni, in der Maison-Dorée, im Café Riche, bei Helder, im Café Anglais, im Napolitain, überall, überall. Er schrieb an sämtliche Amtsträger der Republik, von den Friedensrichtern bis zu den Ministern. Und er war glücklich, vollkommen glücklich.

Eines Morgens nun, als er aus seinem Haus trat, um sich in den Rat zu begeben, fing es zu regnen an. Er zögerte, ob er nicht einen Fiaker nehmen sollte, doch er nahm keinen und schritt zu Fuß durch die Straßen.

Der Guß wurde gewaltig, überschwemmte die Trottoirs, überflutete die Fahrbahnen. Monsieur Marin war genötigt, unter einem Haustor Schutz zu suchen. Dort stand bereits ein alter Priester, ein alter Priester in weißem Haar. Ehe er Conseiller wurde, hatte Monsieur Marin die Geistlichkeit durchaus nicht geliebt. Jetzt aber, seit ein Kardinal in einer schwierigen Angelegenheit ihn höflich um Rat ersucht hatte, behandelte er sie mit Respekt. Der Regen fiel in Strömen und zwang die beiden Männer, sich bis zur Loge des Concierge zu flüchten, um Kotspritzer zu vermeiden. Monsieur Marin, den es stets zu reden juckte, um sich in Geltung zu setzen, erklärte:

»Das ist ja ein ganz abscheuliches Wetter, Herr Abbé.«

Der alte Priester verneigte sich:

»Oh, ja, Monsieur, es ist sehr unangenehm, wenn man nur ein paar Tage in Paris ist.«

»Ah, Sie sind aus der Provinz?«

»Ja, Monsieur, ich bin nur kurz hier.«

»Ja, das ist wirklich sehr unangenehm, wenn die wenigen Tage in der Hauptstadt noch verregnet sind. Wir Staatsbeamten, die wir das ganze Jahr hier sind, bedenken das gar nicht.«

Der Abbé antwortete nicht. Er blickte nach der Straße, wo es nun minder dicht schüttete. Und in plötzlichem Entschluß hob er seine Soutane, wie Frauen ihre Kleider raffen, wenn sie einen Rinnstein überschreiten.

Als Monsieur Marin ihn gehen sah, rief er:

»Sie werden ganz durchweichen, Herr Abbé. Warten Sie doch ein paar Augenblicke, es hört ja bald auf.«

Der Mann hielt unschlüssig inne, dann sagte er:

»Es ist nur, weil ich es eilig habe. Ich habe eine dringliche Unterredung.«

Monsieur Marin war untröstlich.

»Aber Sie werden doch naß bis auf die Haut. Darf man fragen, in welches Viertel Sie müssen?«

Der Priester schien zu zögern, dann sagte er:

»Ich muß in die Nähe des Palais-Royal.«

»In dem Falle kann ich Ihnen, Herr Abbé, wenn Sie erlauben, den Schutz meines Regenschirms anbieten. Ich gehe in den Staatsrat. Ich bin dort nämlich Conseiller.«

Der alte Priester hob die Nase und blickte ihm ins Gesicht, dann erklärte er: »Ich danke Ihnen sehr, Monsieur, ich nehme mit Freuden an.«

Da hakte Monsieur Marin ihn unter und zog ihn mit sich fort. Er lenkte ihn, bewachte ihn, beriet ihn:

»Geben Sie acht auf den Rinnstein, Herr Abbé. Vor allem seien Sie auf der Hut vor den Wagenrädern; sie bespritzen einen manchmal von Kopf bis Fuß. Und achten Sie auf die Schirme der Vorübergehenden. Für die Augen gibt es nichts Gefährlicheres als diese Fischbeinspitzen. Besonders die Frauen sind ja unerträglich; sie passen auf gar nichts auf und stoßen einem ihre Sonnen- oder Regenschirme immer mitten ins Gesicht. Und nie machen sie einem Platz. Man könnte meinen, die Stadt gehöre ihnen. Sie nehmen die Trottoirs wie die Straßen ein. Wenn Sie mich fragen, ich finde, ihre Erziehung ist in höchstem Maße vernachlässigt.«

Und Monsieur Marin fing an zu lachen.

Der Priester antwortete nicht. Er ging ein wenig gebeugt, wählte bedachtsam die Stellen, wohin er die Füße setzte, um weder sein Schuhwerk noch seine Soutane zu beschmutzen.

Monsieur Marin fuhr fort:

»Sie kommen sicher nach Paris, um ein wenig Abwechslung zu suchen?«

»Nein, ich komme in einer Angelegenheit«, antwortete der Mann.

»Ah! in einer wichtigen Angelegenheit? Dürfte ich etwa fragen, um was es sich handelt? Wenn ich Ihnen von Nutzen sein kann, stehe ich gern zu Ihrer Verfügung.«

Der Geistliche wirkte verlegen. Er druckste:

»Oh, es ist eine kleine persönliche Sache. Eine kleine Differenz mit ... mit meinem Bischof. Das würde Sie nicht interessieren. Es ist eine ... eine interne Angelegenheit ... in ... in ... kirchlichen Fragen.«

Monsieur Marin ereiferte sich.

»Aber gerade solche Dinge regelt ja der Staatsrat. Machen Sie ruhig von meinem Angebot Gebrauch.«

»Ja, Monsieur, zum Staatsrat will ich auch. Sie sind überaus gütig. Ich will Monsieur Lerepère und Monsieur Savon aufsuchen, und vielleicht auch Monsieur Petitpas.«

Monsieur Marin blieb stehen.

»Aber das sind meine Freunde, Herr Abbé, meine besten Freunde, ausgezeichnete Kollegen, liebenswürdige Leute. Ich werde Sie allen dreien empfehlen, warm empfehlen, verlassen Sie sich darauf.«

Der Priester dankte, überschlug sich in Entschuldigungen, stammelte tausend Dankesworte.

Monsieur Marin war entzückt.

»Ah! Sie dürfen sich rühmen, großes Glück zu haben, Herr Abbé. Sie werden sehen, Sie werden sehen, daß Ihre Angelegenheit, dank mir, wie geschmiert läuft.«

Sie kamen zum Staatsrat. Monsieur Marin hieß den Priester mit in sein Arbeitszimmer hinaufsteigen, bot ihm Platz, rückte ihn ans Feuer; dann setzte er sich an seinen Tisch und begann zu schreiben:

»Mein lieber Kollege, erlauben Sie, daß ich Ihnen auf das wärmste einen hochachtbaren Geistlichen empfehle, einen der würdigsten und verdienstvollsten Männer, Herrn Abbé ...«

Er unterbrach sich und fragte:

»Ihren Namen, bitte?«

»Abbé Ceinture.«

Monsieur Marin fuhr zu schreiben fort:

»... Herrn Abbé Ceinture, der in einer kleinen Angelegenheit, die er Ihnen darlegen wird, Ihrer gütigen Dienste bedarf.

Ich bin beglückt über diesen Anlaß, der mir gestattet, Ihnen, mein lieber Kollege ...«

Und er schloß mit den üblichen Floskeln.

Als er die drei Briefe verfaßt hatte, überreichte er sie seinem Schützling, der sich nach einer Unzahl von Beteuerungen empfahl.

Monsieur Marin erfüllte seine Pflichten, ging nach Hause, verbrachte den Tag in aller Seelenruhe, schlief friedlich, stand zufrieden auf und ließ sich die Zeitungen bringen.

Die erste, die er aufschlug, war ein radikales Blatt. Er las:

»Unsere Geistlichkeit und unsere Staatsbeamten.

Wir fänden kein Ende, wollten wir die Vergehen der Geistlichkeit auflisten. Ein gewisser Abbé Ceinture, überführt, gegen die bestehende Regierung konspiriert zu haben, unwürdiger Handlungen angeklagt, die wir nicht einmal benennen wollen, überdies im Verdacht, ein als schlichter Priester verkappter ehemaliger Jesuit zu sein, von seinem Bischof abgesetzt aus Gründen, die man nicht zu gestehen wagt, wie behauptet wird, und nach Paris gerufen, um über seine Aufführung Rechenschaft zu geben, hat einen glühenden Verteidiger in Conseiller Marin gefunden, der sich nicht scheute, diesem Missetäter in der Soutane die dringlichsten Empfehlungsbriefe für alle seine Kollegen republikanischen Staatsbeamten auszustellen.

Wir unterbreiten das unqualifizierbare Verhalten dieses Conseiller der Aufmerksamkeit des Ministers …«

Monsieur Marin fuhr mit einem Ruck in die Höhe, kleidete sich an, eilte zu seinem Kollegen Petitpas, der ihn mit den Worten empfing:

»Na, hören Sie, Sie müssen wohl verrückt sein, mir diesen alten Verschwörer zu empfehlen.«

Und Monsieur Marin stotterte betreten:

»Aber nein … ich bitte Sie … ich bin betrogen worden … Er sah so ehrlich aus … er hat mich hereingelegt … er hat mich schändlich überlistet. Ich bitte Sie, lassen Sie ihn streng, sehr streng bestrafen. Ich werde schreiben. Sagen Sie mir, an wen ich schreiben soll, damit er gebührend verurteilt wird. Ich werde den Generalprokurator und den Erzbischof von Paris aufsuchen, ja, den Erzbischof …«

Und geschwind an den Schreibtisch von Monsieur Petitpas rückend, schrieb er:

»Monseigneur, ich habe die Ehre, Eurer Eminenz zur Kenntnis zu bringen, daß ich das Opfer der Lügen und Intrigen eines gewissen Abbé Ceinture geworden bin, der meine Gutgläubigkeit mißbrauchte.

Von den Versicherungen dieses Geistlichen getäuscht, konnte ich ……………………………………

…………………………………………………………………………………….«

Und nachdem er den Brief unterzeichnet und gesiegelt hatte, wandte er sich seinem Kollegen zu und erklärte:

»Wirklich, mein lieber Kollege, lassen Sie sich das zur Warnung dienen, niemals jemanden zu empfehlen.«

Der Regenschirm

Madame Oreille war eine sparsame Frau. Sie kannte den Wert eines Sou und gebot über ein Arsenal strenger Grundsätze, wie das Geld zu mehren sei. Ihrer Wirtschafterin fiel es bestimmt nicht leicht, sich einen Scherbelpfennig abzuzweigen, und Monsieur Oreille erhielt sein Taschengeld nur gegen größten Widerstand. Dabei hatten sie ihr gutes Auskommen und keine Kinder; aber es bereitete Madame Oreille echtes Leiden, wenn sie die blanken Geldstücke aus dem Haus rollen sah. Es gab ihr einen Stich ins Herz; und jedesmal wenn sie eine größere, eine unumgängliche Ausgabe hatte machen müssen, schlief sie nachts darauf sehr schlecht.

Oreille sagte seiner Frau immer wieder: »Du könntest ruhig eine offenere Hand haben, wir zehren unser Einkommen im Leben nicht auf.«

Aber sie antwortete: »Wer weiß, was kommt. Besser, man hat mehr als zuwenig.«

Sie war eine kleine Frau, vierzig Jahre alt, quirlig, vertrocknet, reinlich und leicht erregbar.

Alle Weile beklagte sich ihr Mann über Entbehrungen, die sie ihm abverlangte. Einige drückten ihn besonders hart, weil sie seine Eitelkeit antasteten.

Er war Hauptschreiber im Kriegsministerium und blieb es lediglich, weil seine Frau es wollte, nur damit die ungenutzten Zinseinkünfte des Hauses weiter wuchsen.

So kam er denn seit zwei Jahren mit demselben geflickten Regenschirm ins Büro, über den seine Kollegen dauernd lachten. Ihrer Hänseleien endlich satt, verlangte er, daß Madame Oreille ihm einen neuen Schirm kaufe. Sie nahm einen zu acht Francs fünfzig, den Reklameartikel eines großen Warenhauses. Als die anderen Beamten das zu Tausenden in Paris ausgestreute Ding erblickten, gab es neues Gewitzel, und Oreille schämte sich fürchterlich. Der Schirm taugte nichts. Binnen drei Monaten war er hin, und das Gelächter griff auf das ganze Ministerium über. Es wurde sogar ein Spottlied drauf gemacht, das man von morgens bis abends, von unten bis oben durch das riesige Gebäude hörte.

Erbittert befahl Oreille seiner Frau, ihm eine neue Musspritze herzuschaffen, aus reiner Seide, für zwanzig Francs, und ihm zum Beleg die Rechnung vorzuweisen.

Sie kaufte ihm einen für achtzehn Francs, und als sie ihn, rot vor Aufregung, ihrem Mann überreichte, erklärte sie:

»Der muß aber wenigstens fünf Jahre halten.«

Der siegreiche Oreille feierte einen echten Erfolg im Büro.

Als er abends nach Hause kam, warf seine Frau einen besorgten Blick auf den Schirm und sagte:

»Du darfst ihn aber nicht so zugebunden stehenlassen, sonst bricht die Seide. Du mußt schon besser achtgeben, so bald kaufe ich dir keinen neuen.«

Sie nahm ihn, löste das Gummiband und spannte ihn auf. Aber sie erstarrte vor Schreck. Mitten in der Seide war ein rundes Loch, so groß wie ein Centimestück, das Brandloch einer Zigarre!

»Was ist das?« stammelte sie.

Ruhig, ohne hinzuschauen, fragte ihr Mann:

»Wer, was? Was meinst du?«

Jetzt würgte sie der Zorn; sie konnte kaum mehr reden:

»Du … du … du hast … du hast deinen … deinen Schirm verbrannt. Ja, bist du … bist du … bist du denn verrückt geworden?! … Willst du uns ruinieren?!«

Er spürte, wie er blaß wurde, und drehte sich um:

»Was sagst du?«

»Ich sage, du hast deinen Schirm verbrannt. Da! …«

Und sie stürzte auf ihn los, als ob sie ihn prügeln wollte, und hielt ihm grimmig die kreisrunde kleine Brandstelle unter die Nase.

Fassungslos über den Schaden, stotterte er:

»Was, was … was ist das? Ich weiß von nichts! Ich habe nichts gemacht, nichts, ich schwöre es dir. Wie soll ich wissen, woher der Schirm das hat?«

Nun keifte sie:

»Ich wette, du hast Faxen gemacht in deinem Büro, hast den Clown gespielt, hast ihn überall vorführen müssen.«

Er antwortete:

»Ich habe ihn ein einziges Mal aufgespannt, um den anderen zu zeigen, wie schön er ist. Das ist alles. Ich schwöre es dir.«

Aber sie stampfte mit den Füßen vor Wut und machte ihm eine der ehelichen Szenen, die einen friedlichen Mann den häuslichen Herd mehr fürchten lassen als ein Schlachtfeld, wo es Kugeln regnet.

Sie setzte einen Flicken auf, ein Stück Seide von dem alten Schirm, der eine andere Farbe hatte; und demütig zog Oreille anderntags mit dem ausgebesserten Utensil davon. Er stellte es in seinen Schrank und gedachte seiner sowenig wie sonst einer bösen Erinnerung.

Doch kaum war er abends daheim, als seine Frau ihm den Schirm aus den Händen riß, ihn aufspannte, um seinen Zustand zu begutachten, und vor einem irreparablen Unheil erstarrte. Er war mit kleinen Löchern übersät, die augenscheinlich von Verbrennungen herrührten, so als hätte jemand glühende Pfeifenasche darüber ausgeschüttet. Der Schirm war hin, rettungslos.

Sie stand davor, ohne ein Wort zu sagen, zu entrüstet, als daß ein Laut aus ihrer Kehle drang. Auch er stellte das Übel fest, wie vor den Kopf geschlagen, hilflos, entsetzt.

Dann blickten sie sich an; dann senkte er die Augen; dann bekam er das kaputte Ding ins Gesicht geschleudert; dann fand sie die Sprache wieder und schrie in fesselloser Wut:

»Du Schuft du, du Schuft du! Das hast du mit Absicht gemacht! Aber das wirst du mir büßen! Du kriegst keinen mehr …«

Und die Szene ging wieder los. Nach einer Stunde Ungewitter kam er endlich zu Wort. Er schwor, daß er das nicht verstehe; daß das nur durch eine Unvorsichtigkeit oder aus Niedertracht geschehen sein könne.

Ein Klingeln erlöste ihn. Es war ein Freund, der zum Abendessen geladen war.

Madame Oreille unterbreitete ihm den Fall. Einen neuen Schirm kaufen, nein, damit sei es aus, ihr Mann bekomme nun keinen mehr.

Der Freund gab zu bedenken:

»Dann verdirbt er seine Kleider, Madame, die sicher weit teurer sind.«

Die immer noch wütende kleine Frau gab zur Antwort:

»Dann soll er den Küchenschirm nehmen, einen neuen seidenen kriegt er von mir nicht.«

Bei der Vorstellung empörte sich Oreille:

»Dann reiche ich meine Entlassung ein! Ich gehe doch nicht mit einem Küchenschirm ins Ministerium.«

»Lassen Sie den hier neu beziehen, das ist nicht so teuer«, riet der Freund.

Madame Oreille stotterte aufgebracht:

»Das Neubeziehen kostet wenigstens acht Francs. Acht Francs und achtzehn, das macht sechsundzwanzig! Sechsundzwanzig Francs für einen Regenschirm, nein, das ist ja hirnverbrannt! das ist ja Wahnsinn!«

Der Freund, ein armer Kleinbürger, hatte eine Eingebung:

»Lassen Sie ihn sich von der Versicherung bezahlen. Die Gesellschaften kommen für verbrannte Sachen auf, sofern der Schaden in Ihrer Wohnung entstanden ist.«

Sein Rat machte die kleine Frau augenblicklich stumm; und nach einer Minute Überlegung sagte sie zu ihrem Mann:

»Dann gehst du morgen auf dem Weg ins Ministerium erst zur Maternelle, zeigst deinen Schirm vor und verlangst Schadensersatz.«

Monsieur Oreille fuhr hoch.

»Nie im Leben tue ich das! Dann sind eben achtzehn Francs futsch und Schluß. Daran sterben wir nicht.«

Und am nächsten Tag ging er mit einem Stock aus. Es war zum Glück schönes Wetter.

Allein daheim, konnte sich Madame Oreille über die verlorenen achtzehn Francs nicht trösten. Sie hatte den Schirm vor sich auf dem Eßtisch liegen und umkreiste ihn, ohne zu einem Entschluß zu gelangen.

Der Gedanke an die Versicherung ließ sie nicht los, aber zugleich hatte sie Angst, sich den spöttischen Blikken der Herren, die sie dort empfangen würden, zu stellen, denn vor Leuten war sie schüchtern, errötete und wurde beklommen, wenn sie Fremde ansprechen mußte.

Dennoch schmerzte sie die Einbuße von achtzehn Francs wie eine Wunde. Sie wollte nicht mehr daran denken, aber unaufhörlich fraß in ihr der Gram über diesen Verlust. Bloß, was sollte sie machen? Die Stunden vergingen, sie kam zu nichts. Doch auf einmal, wie Hasenfüße kühn werden, faßte sie den Entschluß: Ich gehe, und dann werden wir sehen!

Aber sie mußte den Schirm erst so präparieren, daß die Verderbnis vollständig und der Fall leicht zu vertreten war. Sie nahm ein Zündholz vom Kamin und brannte zwischen den Fischbeinstäben ein handbreites Loch in den Stoff; dann rollte sie vorsichtig zusammen, was von der Seide übrig war, befestigte das Gummiband, warf sich in Schultertuch und Hut und lief eiligen Fußes nach der Rue de Rivoli, wo sich das Versicherungsbüro befand.

Je näher sie aber dem Hause kam, desto langsamer wurden ihre Schritte. Was sollte sie sagen? Was würde man ihr antworten?

Sie zählte die Hausnummern ab. Noch achtundzwanzig hatte sie vor sich. Sehr gut! so blieb noch Zeit zum Überlegen. Sie wurde immer langsamer. Plötzlich schrak sie zusammen. Da war die Tür, über der in goldenen Lettern glänzte: »La Maternelle, Feuerversicherungsgesellschaft.« Schon! Angstvoll, verschämt hielt sie eine Sekunde inne, dann ging sie weiter, kam wieder zurück, ging wieder vorbei, kam wieder zurück.

Schließlich sagte sie sich: Gehen muß ich; also, besser gleich als zu spät.

Aber als sie das Haus betrat, fühlte sie ihr Herz klopfen.

Sie kam in einen großen Saal mit Schaltern ringsherum; und hinter jedem Schalter sah man einen Männerkopf, dessen Körper von einem Gitter verdeckt war.

Ein Herr mit Papieren unterm Arm erschien. Sie sprach ihn mit kleiner, scheuer Stimme an:

»Verzeihen Sie, Monsieur, könnten Sie mir sagen, wohin man sich wenden muß, um verbrannte Sachen bezahlt zu bekommen?«

Er antwortete mit hallendem Klang:
»Erster Stock links, im Schadensbüro.«
Dieses Wort schüchterte sie noch mehr ein; und am liebsten wäre sie davongelaufen, hätte gar nichts gesagt, hätte ihre achtzehn Francs hingeopfert. Aber bei dem Gedanken an die Summe kehrte ihr ein klein wenig Mut zurück, und sie stieg kurzatmig hinan, auf jeder Stufe verschnaufend.
Im ersten Stock gewahrte sie eine Tür, sie klopfte. Eine helle Stimme rief: »Herein!«
Sie trat ein und sah sich in einem großen Raum, wo drei feierliche, ordengezierte Herren im Gespräch standen.
Einer davon fragte:
»Sie wünschen, Madame?«
Sie fand ihre Worte nicht mehr und stammelte:
»Ich komme ... ich komme ... wegen ... wegen einem Schaden.«
Höflich wies ihr der Herr einen Stuhl.
»Wollen Sie bitte Platz nehmen, ich stehe Ihnen in einer Minute zur Verfügung.«
Und wieder den beiden Herren zugewandt, führte er die Verhandlung fort:
»Meine Herren, unsere Gesellschaft sieht sich nicht verpflichtet, Ihnen mehr als vierhunderttausend Francs zu zahlen. Ihre Forderung über die hunderttausend Francs, die Sie uns zusätzlich abverlangen, können wir nicht gelten lassen. Die Nachprüfung hat immerhin ergeben ...«
Einer der beiden anderen unterbrach ihn:
»Das genügt, Monsieur, darüber wird das Gericht entscheiden. Somit ziehen wir uns zurück.«
Und nach etlichen zeremoniösen Verbeugungen verließen sie den Raum.
Oh! wenn sie sich getraut hätte, mit zu verschwinden,

sie hätte es getan; sie wäre auf und davon gelaufen, hätte auf alles verzichtet! Aber konnte sie denn noch? Der Herr kam auf sie zu und verneigte sich:

»Was steht zu Ihren Diensten, Madame?«

Mühsam brachte sie heraus:

»Ich komme wegen ... wegen dem hier.«

Der Direktor senkte die Augen mit unverhohlenem Staunen auf den Gegenstand, den sie ihm darbot.

Mit zitternden Händen versuchte sie, das Gummiband zu lösen. Nach einigen Müheaufwendungen gelang es, und jäh entbreitete sie das zerlumpte Schirmskelett.

»Der sieht ja sehr mitgenommen aus«, sagte der Mann in mitleidigem Ton.

Sie erklärte unter Zögern:

»Er hat mich zwanzig Francs gekostet.«

Er staunte:

»Wahrhaftig! So viel?«

»Ja, es war beste Qualität. Ich wollte, daß Sie seinen Zustand feststellen.«

»Sehr schön; ich sehe. Sehr schön. Aber ich begreife nicht, inwiefern mich das angehen könnte.«

Unruhe befiel sie. Vielleicht bezahlte die Gesellschaft gar nicht für kleine Sachen, und sie sagte:

»Aber ... er ist verbrannt ...«

Der Herr leugnete es nicht:

»Ja, ja, ich sehe.«

Sie saß mit offenem Mund und wußte nicht weiter; dann plötzlich fiel ihr ein, was sie vergessen hatte, und sie erklärte überstürzt:

»Ich bin Madame Oreille. Wir sind bei der Maternelle versichert; und ich komme um Schadensersatz.«

Aus Furcht vor einer endgültigen Ablehnung beeilte sie sich hinzuzufügen:

»Es reicht mir, wenn Sie ihn neu beziehen lassen.«

Der Direktor erklärte verwirrt:

»Aber … Madame … wir sind keine Regenschirmfirma. Wir können uns hier nicht mit solchen Reparaturen befassen.«

Die kleine Frau fühlte ihr Herz wieder lotrecht. Hier galt es zu kämpfen. Also kämpfte sie! Sie fürchtete nichts mehr; sie sagte:

»Ich verlange doch bloß das Geld für die Reparatur. Machen lasse ich sie schon selber.«

Der Herr blickte unsicher:

»Aber, Madame, das ist wirklich sehr wenig. In so geringfügigen Schadensfällen fordert man bei uns nie Ersatz. Sagen Sie selbst, wir können doch nicht für die Taschentücher, die Handschuhe, die Besen, Pantoffeln und all die Kleinigkeiten aufkommen, die tagtäglich der Gier der Flammen zum Opfer fallen.«

Sie wurde rot vor aufwallendem Zorn:

»Aber, Monsieur, wir hatten im vergangenen Dezember einen Kaminbrand, der uns für mindestens fünfhundert Francs Schaden angerichtet hat. Damals hat Monsieur Oreille von der Gesellschaft nichts verlangt; also ist es doch nur gerecht, wenn Sie mir heute meinen Schirm bezahlen.«

Der Direktor erriet die Lüge und sagte lächelnd:

»Sie werden zugeben, Madame, daß es verwundert, wenn Monsieur Oreille, der für einen Schaden von fünfhundert Francs keinen Ersatz gefordert hat, nun eine Summe von fünf oder sechs Francs für einen Regenschirm verlangt.«

Sie ließ sich nicht irremachen und erwiderte:

»Verzeihung, Monsieur, der Schaden von fünfhundert Francs betraf die Brieftasche von Monsieur Oreille, während der Schaden von achtzehn Francs das Geld von Madame Oreille betrifft, was nicht dasselbe ist.«

Er sah, daß er sie nicht loswerden und nur seine Zeit vergeuden würde, so ergab er sich:

»Wollen Sie mir also schildern, wie der Unfall passiert ist?«

Sie fühlte ihren Sieg und begann:

»Also das war so, Monsieur: ich habe in meinem Vorsaal so ein Bronzeding, wo man die Regenschirme und Stöcke reinstellt. Neulich, wie ich nach Hause kam, stellte ich den hier da rein. Nun müssen Sie wissen, daß genau oben drüber ein Brettchen ist, wo die Kerzen und Zündhölzer liegen. Ich strecke die Hand aus und nehme vier Zündhölzer. Ich reiße eins an; es geht aus. Ich nehme noch eins; es brennt und verlischt gleich wieder. Ich reiße ein drittes an; es geht auch aus.«

Der Direktor unterbrach sie, um eine witzige Bemerkung einzuflechten:

»Dann waren es wohl Monopolhölzer?«

Sie verstand den Witz nicht und fuhr fort:

»Kann sein. Jedenfalls riß ich das vierte an und entzündete meine Kerze; dann ging ich in mein Zimmer und legte mich schlafen. Aber nach einer Viertelstunde war mir doch, als ob es brenzlig riecht. Ich habe immer Angst vor Feuer. Oh! wenn wir mal einen Brand haben, ist es bestimmt nicht meine Schuld! Vor allem seit dem Kaminbrand, von dem ich Ihnen erzählt habe, lebe ich ja nicht mehr! Ich stehe also wieder auf, ich gehe raus, gucke, schnüffele überall rum wie ein Jagdhund, und auf einmal merke ich, daß mein Regenschirm brennt. Sicherlich kam das, weil ein Zündholz da reingefallen ist. Und Sie sehen ja, wie ihn das zugerichtet hat ...«

Der Direktor hatte sich in sein Los geschickt; er fragte: »Wie hoch schätzen Sie den Verlust?«

Sie stockte, wagte keine Summe festzusetzen. Dann sagte sie voll Großmut:

»Lassen Sie ihn selbst reparieren, ich vertraue Ihnen.«

Er weigerte sich:

»Nein, Madame, das kann ich nicht. Sagen Sie mir, wieviel Sie verlangen.«

»Na ... ich glaube ... daß ... ach, wissen Sie, Monsieur, ich will ja an Ihnen nicht verdienen ... wir machen das so: Ich bringe meinen Schirm zu einem Fabrikanten, der ihn mit guter Seide, mit dauerhafter Seide bezieht, und bringe Ihnen die Rechnung. Ist Ihnen das recht?«

»Vollkommen, Madame; so machen wir es. Hier ein Wort für die Kasse, damit Ihnen der Betrag ausgezahlt wird.«

Und er reichte Madame Oreille einen Schein, den sie einsteckte; dann stand sie auf und ging dankend hinaus, eilte sich fortzukommen, aus Furcht, er könnte seine Meinung noch ändern.

Dann lief sie munter die Straße auf der Suche nach einem Schirmhändler ab, der sie elegant dünkte. Als sie einen reich aussehenden Laden gefunden hatte, trat sie ein und sagte mit furchtloser Stimme:

»Der Regenschirm hier ist mit Seide zu beziehen, mit sehr guter Seide. Nehmen Sie vom Besten, was Sie haben. Mir kommt es nicht auf den Preis an.«

Idyll

Der Zug nach Marseille hatte Genua verlassen und rollte entlang der Wellenlinie des felsigen Gestades wie eine Eisenschlange zwischen Meer und Gebirge dahin, kroch über Strände aus gelbem Sand, den die kleinen Wellen mit Silberlitzen säumten, und schlüpfte in schwarze Tunnelschlünde wie ein Tier in seinen Bau.

Im letzten Wagen saßen eine dicke Frau und ein junger Mann einander stumm gegenüber, streiften sich nur gelegentlich mit einem Blick. Sie mochte fünfundzwanzig sein und schaute von ihrem Fensterplatz ins Land. Es war eine derbe Bäuerin aus dem Piemont, schwarzäugig, mit großem Busen und fleischigem Gesicht. Sie hatte mehrere Bündel unter der Holzbank verstaut, auf dem Schoß hielt sie einen Korb.

Er war vielleicht zwanzig, mager, wetterbraun, mit der geschwärzten Haut der Männer, die unter starker Sonne die Erde beackern. Neben ihm in einem Tuch seine ganze Habe: ein Paar Schuhe, ein Hemd, eine Hose, eine Jacke. Auch er hatte etwas unter die Bank geschoben: eine Schaufel und eine Kreuzhacke, zusammengeknotet mit einer Schnur. Er ging nach Frankreich auf Arbeitsuche.

Die emporsteigende Sonne übergoß die Küste mit ihrem Feuerregen; es war Ende Mai, und köstliche Gerüche schwirrten zu den niedergelassenen Fenstern herein in die Abteile. Die blühenden Orangen- und Zitronenbäume sandten ihre zuckrigen Düfte, so schwer, so stark, so betäubend, in den reinen Himmel und mischten sie dem Atem der Rosen bei, die überall wucherten wie Gras, entlang der Bahnstrecke, in den üppigen Gärten, vor den Haustüren wie auf freiem Feld.

Denn die Rosen sind zu Hause an dieser Küste! Sie erfüllen das Land mit ihrem mächtigen und leichten Arom, machen die Luft zu einer Leckerei, mundiger als Wein und ebenso berauschend.

Der Zug fuhr langsam, wie wenn er gern in diesem Paradies, in dieser trägen Süße verweilte. Alle Augenblicke hielt er auf kleinen Bahnhöfen, vor ein paar weißen Häusern, dann zog er nach langem Pfeifen gemächlich weiter seine Bahn. Niemand stieg zu. Es war, als läge die ganze Welt in Schlaf, als könne sie sich nicht ermannen, sich an diesem heißen Frühlingsmorgen vom Fleck zu rühren.

Der dicken Frau fielen immer öfter die Augen zu, dann plötzlich, wenn ihr der Korb fast vom Schoße rutschte, schrak sie auf. Sie faßte ihn mit rascher Gebärde, schaute ein paar Minuten hinaus, dann sanken ihr von neuem die Lider. Schweißtropfen perlten auf ihrer Stirn, und sie atmete schwer, als bedränge sie ein Leiden.

Der junge Mann hatte den Kopf gesenkt und schlief den starken Schlaf des Landmanns.

Auf einmal, bei der Ausfahrt von einem kleinen Bahnhof, erwachte die Bäuerin, packte aus ihrem Korb ein Stück Brot, hartgekochte Eier, eine kleine Flasche Wein und Pflaumen aus, schöne rote Pflaumen, und fing zu essen an.

Plötzlich war auch der junge Mann aufgewacht und sah ihr zu, verfolgte jeden Bissen von ihrem Schoß bis zum Mund. Er saß still mit gekreuzten Armen, starren Augen, hohlen Wangen, geschlossenem Mund.

Sie aß, wie eine dicke, gefräßige Frau ißt, nahm alle Augenblicke einen Schluck Wein, um die Eier hinunterzudrücken, und hielt jeweils inne, um kurz zu verschnaufen.

Sie putzte alles weg, das Brot, die Eier, die Pflaumen, den Wein. Und als sie ihre Mahlzeit beendet hatte, schloß der junge Mann wieder die Augen. Da ihr nun ein wenig eng wurde, lockerte sie ihr Mieder, und abermals blickte der Mann nach ihr.

Sie scherte sich nicht darum, sondern knöpfte ihr Kleid weiter auf; unter dem Gewicht ihrer Brüste klaffte der Stoff und ließ zwischen beiden, durch den wachsenden Spalt, ein Stück weiße Wäsche und ein wenig Haut blinken.

Als sie sich bequemer fühlte, sagte sie auf italienisch: »Es ist so heiß, daß man kaum atmen kann.«

Der junge Mann sagte in derselben Mundart und mit der gleichen Aussprache: »Ja, es ist schönes Wetter zum Reisen.«

Sie fragte: »Sind Sie auch aus dem Piemont?«

»Ich bin aus Asti.«

»Ich aus Casale.«

Sie waren Landsleute. Sie fingen an zu plaudern.

Sie sagten sich die ewigen Alltäglichkeiten, die Leute aus dem Volk immer wiederholen und die ihrem langsamen, beschränkten Geist genügen. Sie sprachen von daheim. Sie hatten gemeinsame Bekannte. Sie führten Namen auf, wurden sich mit jeder neuen Person, die sie beide kannten, mehr freund. Die Wörter mit ihren klangvollen Endungen und ihrem italienischen Singsang sprangen hurtig und gedrängt aus ihren Mündern. Dann erkundigten sie sich einer über den anderen.

Sie war verheiratet, hatte schon drei Kinder, die sie in der Obhut ihrer Schwester gelassen hatte, denn sie hatte eine Stelle als Amme gefunden, eine gute Stelle bei einer französischen Dame in Marseille.

Dorthin wollte auch er, um Arbeit zu suchen. Er hatte gehört, dort fände er eine, denn es würde viel gebaut.

Dann schwiegen sie.

Die Hitze wurde grimmig, prasselte auf das Wagendach. Eine Staubwolke wirbelte hinter dem Zug, quoll ins Innere, und die Düfte der Orangenblüten und Rosen verdichteten sich, wurden immer zudringlicher, immer schwerer.

Die beiden Reisegefährten sanken aufs neue in Schlaf.

Beinahe gleichzeitig öffneten sie die Augen. Die Sonne senkte sich zum Meer herab, bestrahlte sein blaues Tuch mit einer Schütte Glanz. Die frischere Luft war leichter.

Die Amme japste, bei offenstehendem Mieder, die Backen schlaff, die Augen trübe; und mit gepreßter Stimme sagte sie:

»Ich habe seit gestern nicht die Brust gegeben; jetzt ist mir schwarz vor Augen, als ob ich ohnmächtig werde.«

Er antwortete nichts, was hätte er sagen sollen. »Wenn man soviel Milch hat wie ich«, fuhr sie fort, »muß man dreimal am Tag die Brust geben, sonst macht es einen kaputt. Das ist so, als ob mir ein großes Gewicht aufs Herz drückt, ein Gewicht, daß ich keine Luft mehr kriege und mir die Glieder wie Blei werden. Es ist schlimm, wenn man soviel Milch hat.«

»Ja«, sagte er, »das ist schlimm, das muß Sie kaputtmachen.«

Sie sah tatsächlich krank aus, ganz verzagt und verfallen. »Man braucht bloß ein bißchen draufzudrücken«, murmelte sie, »dann fließt die Milch wie eine Quelle. Das ist richtig komisch. Man sollt's nicht glauben. In Casale sind alle Nachbarn gekommen und wollten es sehen.«

»Ach«, sagte er, »wirklich?«

»Ja, wirklich. Ich würde es Ihnen ja auch zeigen, aber das hilft mir nichts. Dabei kommt nicht genug heraus.«

Und sie verstummte.

Der Zug hielt. An einer Schranke stand eine Frau mit einem kleinen Kind auf dem Arm, das weinte. Sie war dürr und zerlumpt.

Die Amme blickte nach ihr. Mitleidig sagte sie: »Wenn ich die sehe, wie gut ich der tun könnte. Und wie das Kleine mich erleichtern könnte. Wissen Sie, ich bin nicht reich, sonst würde ich nicht wegfahren von zu Hause und von meinen Leuten und von meinem Allerkleinsten und in Stellung gehen; aber ich würde noch fünf Francs drauflegen, wenn ich das Kind da bloß zehn Minuten haben und ihm die Brust geben könnte. Dann hätte es Ruhe, und ich erst! Ich wäre wie neu geboren.«

Wieder schwieg sie. Dann strich sie sich abermals mit der glühenden Hand über die Stirn, von der der Schweiß rann. Und sie klagte: »Ich halte es nicht mehr aus. Mir ist, als ob ich sterbe.« Und abwesend knöpfte sie ihr Kleid ganz auf.

Riesig, prall trat die rechte Brust mit ihrer braunen Beere hervor, und die arme Frau wimmerte: »Oh, mein Gott! mein Gott! Was soll ich bloß machen?«

Der Zug war wieder angefahren und setzte die Reise durch die Blumen fort, die ihre betörenden Abenddüfte verströmten. Manchmal lag ein Fischerboot wie im Schlummer auf dem blauen Meer und spiegelte sich mit seinem reglosen weißen Segel im Wasser, als wäre dort kopfunter ein zweiter Kahn.

Verlegen stammelte der junge Mann: »Aber ... Madame ... könnte ich ... könnte ich Sie nicht erleichtern?«

Mit brüchiger Stimme antwortete sie: »Wenn Sie wollen, ja! Sie würden mir einen großen Dienst erweisen. Ich kann nicht mehr, ich kann nicht mehr.«

Er kniete vor ihr hin, und sie beugte sich zu ihm nieder, führte mit Ammenhänden den dunklen Hügel ihrer Brust an seinen Mund. Als sie sie in beide Hände nahm, um sie dem Mann darzubieten, quoll ein Tropfen Milch aus der Kuppe. Rasch schlürfte er ihn weg, indem er die schwere Zitze wie eine Frucht mit seinen Lippen faßte. Und gierig und gleichmäßig fing er zu saugen an.

Er hatte der Frau beide Arme um den Leib geschlungen, um sie zu sich heranzuziehen; er trank in langen Zügen, und sein Hals bewegte sich wie bei einem Kind.

Auf einmal sagte sie: »Nun ist es genug mit dieser, jetzt die andere.«

Und gehorsam nahm er die andere.

Sie hatte dem jungen Mann beide Hände auf den Rükken gelegt, und jetzt schöpfte sie Atem voller Kraft, voller Glück, schlürfte die gemischten Blütendüfte aus der frischen Luft, die der Fahrtwind in den Wagen wehte.

»Wie gut das hier riecht!« sagte sie.

Er antwortete nicht, er trank weiter an der fleischigen Quelle und hielt die Augen geschlossen, als schmecke er so besser.

Aber sie löste ihn milde von sich ab.

»Nun ist es genug. Jetzt ist mir wohler. Jetzt fühle ich meine Seele wieder im Leib.«

Er war aufgestanden und wischte sich mit dem Handrücken den Mund.

Und während sie die beiden lebendigen Rundflaschen wieder in ihr Kleid schob, sagte sie:

»Sie haben mir wunderbar wohlgetan. Vielen Dank auch, Monsieur.«

Und er antwortete in dankbarem Ton:

»Oh, ich danke Ihnen, Madame; ich hatte seit zwei Tagen nichts gegessen!«

Das Halsband

Sie war eines der entzückenden Mädchen, die wie durch einen Mißgriff des Schicksals in einer Beamtenfamilie geboren wurden. Sie hatte keine Mitgift, keine Möglichkeiten, nichts, um je von einem reichen und vornehmen Mann erkannt, geliebt und geheiratet zu werden, und ließ sich einem kleinen Beamten des Ministeriums für Öffentliche Bildung antrauen.

Sie trug sich schlicht aus Mangel, war aber darüber unglücklich wie eine Deklassierte; denn Frauen haben nicht Herkunft, nicht Kaste – ihre Schönheit, ihre Anmut, ihr Zauber stehen für ihre Familie und Geburt. Ihr natürliches Feingefühl, ihr Instinkt für Eleganz, ihre geistige Geschmeidigkeit sind ihre einzige Rangordnung und machen ein Mädchen aus dem Volk der höchsten Dame gleich.

Sie litt unaufhörlich, weil sie sich für alles Feine und allen Luxus geschaffen fühlte. Sie litt unter der Ärmlichkeit ihrer Wohnung, unter den kahlen Wänden, den abgeschabten Sitzen, den häßlichen Stoffen. All jene Dinge, die eine andere Frau ihres Standes nicht einmal bemerkt hätte, peinigten und empörten sie. Der Anblick der kleinen Bretonin, die ihren bescheidenen Haushalt besorgte, erweckte untröstliches Sehnen und verzweifelte Wunschbilder in ihr. Sie träumte von lautlosen Vorzimmern, im Licht hoher Bronzekandelaber und mit Orientgeweben ausgeschlagen, wo in ausladenden Sesseln zwei lange Lakaien mit Kniehosen in der dichten Wärme eines Gußeisenofens dösten. Sie träumte von weiten Salons mit antiken Seidentapeten, zartgliedrigen Möbeln und unschätzbaren kleinen Kostbarkeiten darauf; von koketten kleinen Salons, erschaffen für eine Fünf-Uhr-Plauderei mit den intimsten Freunden, mit bekannten und geschätzten Männern, um deren Aufmerksamkeit alle Frauen eifersüchtig werben.

Wenn sie sich zum Essen an den runden Tisch mit dem drei Tage alten Tischtuch setzte und gegenüber ihr Mann die Terrine aufdeckte und mit freudiger Miene ausrief: »Ah! Eintopf! was kann man sich Besseres wünschen ...«, träumte sie von erlesenen Diners, blinkendem Silber, Tapisserien, welche die Wände mit altertümlichen Gestalten und phantastischen Vögeln in einem Märchenhain bevölkern; träumte von köstlichen Gerichten auf wundervollem Geschirr, von geflüsterten Galanterien, die man mit dem Lächeln einer Sphinx anhört, während man das rosige Fleisch einer Bachforelle oder ein Haselhuhnkeulchen auf der Zunge zerdrückt.

Sie besaß keine Toiletten, keine Juwelen, nichts. Und doch ging ihr nichts darüber; sie fühlte sich dazu geboren. Wie gerne hätte sie verführerisch sein mögen, bewundert, beneidet und umworben.

Sie hatte eine reiche Freundin, eine Kameradin von der Klosterschule her, aber sie mochte sie nicht mehr besuchen, so sehr litt sie nachher zu Haus. Und sie weinte ganze Tage vor Kummer, vor Begehren, vor Verzweiflung und Trostlosigkeit.

Eines Abends nun kam ihr Mann mit strahlender Miene heim und hielt einen großen Umschlag in der Hand.

»Sieh mal«, sagte er, »hier ist etwas für dich.«

Eilig riß sie das Kuvert auf und zog eine gedruckte Karte hervor mit den Worten:

»Der Minister für Öffentliche Bildung und Madame Georges Ramponneau geben sich die Ehre, Monsieur und Madame Loisel am Montag, dem 18. Januar, zum Ball im Hause des Ministeriums einzuladen.«

Anstatt begeistert zu sein, wie ihr Mann es erhofft hatte, warf sie die Einladung unmutig auf den Tisch und murmelte:

»Was soll ich damit?«

»Aber, mein Liebling, ich dachte, du würdest dich freuen. Nie kommst du in Gesellschaft, und dies ist doch eine Gelegenheit, eine so schöne! Es hat mich unsägliche Mühe gekostet, die Karte zu ergattern. Alle wollen dorthin; die Einladungen sind sehr begehrt, und die Beamten bekommen nicht viele. Dort kannst du die ganze Welt der Offiziellen sehen.«

Sie blickte ihn aufgebracht an:

»Und was soll ich anziehen, um da hinzugehen?«

Daran hatte er nicht gedacht.

»Na, das Kleid, mit dem du ins Theater gehst«, stotterte er, »mir gefällt es sehr gut ...«

Er verstummte betroffen, bestürzt, als er sah, daß seine Frau weinte. Zwei dicke Tränen rannen ihr von den Augenwinkeln langsam zu den Mundwinkeln nieder.

»Was hast du? was hast du?« fragte er hilflos.

Aber mit heftigem Schlucken hatte sie ihren Gram bezwungen und antwortete ruhig, während sie ihre nassen Wangen trocknete:

»Nichts. Ich habe nur keine Balltoilette und kann darum nicht zu dem Fest gehen. Gib deine Karte einem Kollegen, dessen Frau besser ausgestattet ist als ich.«

Er war untröstlich.

»Warte, Mathilde«, sagte er, »was würde denn eine angemessene Toilette kosten, die du auch noch zu anderen Gelegenheiten tragen könntest, etwas ganz Einfaches?«

Sie überlegte einige Sekunden, überschlug die Kosten und bedachte zugleich, welche Summe sie erbitten konnte, ohne sich eine sofortige Abfuhr und den entsetzten Aufschrei des sparsamen Beamten zuzuziehen. Schließlich antwortete sie zögernd:

»Ich weiß nicht genau, aber ich glaube, mit vierhundert Francs müßte ich hinkommen.«

Er war leicht erblaßt, denn gerade diese Summe hatte er beiseite gelegt, um sich eine Flinte zu kaufen und im kommenden Sommer in der Ebene von Nanterre kleine Jagdausflüge mit ein paar Freunden zu unternehmen, die dort sonntags Lerchen zu schießen pflegten.

Dennoch sagte er:

»Gut. Du sollst die vierhundert Francs haben. Aber sieh zu, daß es ein schönes Kleid wird.«

Der Festtag nahte heran, und Madame Loisel war traurig, unruhig, bedrückt. Dabei war das Ballkleid fertig. Eines Abends fragte ihr Mann:

»Was hast du? Du bist so komisch seit drei Tagen.«

Und sie antwortete:

»Es bekümmert mich, daß ich keinen Schmuck, keinen einzigen Stein, nichts habe, was ich anlegen könnte. Ich werde aussehen wie die Armut selber. Am liebsten ginge ich gar nicht auf das Fest.«

Er riet:

»Steck dir natürliche Blumen an. Zu dieser Jahreszeit ist das sehr chic. Für zehn Francs bekommst du zwei oder drei prachtvolle Rosen.«

Sie war nicht überzeugt.

»Nein ... nichts ist so demütigend wie unter lauter reichen Frauen arm dazustehen.«

Doch ihr Mann rief aus:

»Dummchen du! Geh zu deiner Freundin, Madame Forestier, und bitte sie, dir einen Schmuck zu leihen. Das kannst du tun, ihr kennt euch lange genug.«

Sie stieß einen Freudenschrei aus:

»Du hast recht. Daran hatte ich nicht gedacht.«

Anderntags besuchte sie ihre Freundin und schilderte ihre Bedrängnis.

Madame Forestier trat an ihren Spiegelschrank, holte eine große Schatulle heraus, brachte sie, öffnete sie und sagte zu Madame Loisel: »Such dir aus, meine Liebe.«

Zuerst sah sie Armbänder, dann eine Perlenkette, dann ein venezianisches Kreuz, Gold und Steine in wunderbarer Arbeit. Sie probierte die Schmuckstücke vor dem Spiegel, zauderte, konnte sich nicht entschließen, sich von einem zu trennen, es zurückzulegen. Und immer fragte sie:

»Hast du nicht noch etwas anderes?«

»Aber ja. Such nur. Ich weiß ja nicht, was dir gefällt.«

Auf einmal entdeckte sie in einem Etui aus schwarzem Satin ein herrliches Brillantenhalsband; und ihr Herz klopfte vor ungezähmter Begierde. Ihre Hände zitterten, als sie es aufnahm. Sie befestigte es um ihren Hals, auf ihrem hochgeschlossenen Kleid, und erstarrte in Verzückung vor sich selber.

Dann fragte sie zögernd und ängstlich:

»Könntest du mir das leihen, nur das eine hier?«

»Aber selbstverständlich.«

Sie sprang ihrer Freundin an den Hals, küßte sie überglücklich und huschte davon mit ihrem Schatz.

Der Festabend kam. Madame Loisel hatte Erfolg. Sie war schöner als alle anderen, elegant, anmutig, strahlend und toll vor Freude. Alle Männer blickten nach ihr, erfragten ihren Namen, wünschten ihr vorgestellt zu werden. Alle Attachés des Kabinetts wollten mit ihr tanzen. Der Minister bemerkte sie.

Sie tanzte berauscht, hingerissen, taumelig vor Seligkeit, dachte nichts mehr in diesem Triumph ihrer Schönheit, dem Glanz ihres Erfolgs, schwebte wie in einer Glückswolke aus all den Huldigungen, all der Bewunderung, all dem Begehren, das sie erweckte, aus diesem so vollkommenen Sieg, wie ein Frauenherz ihn nur ersehnen kann.

Gegen vier Uhr morgens ging sie. Ihr Mann schlief seit Mitternacht in einem verlassenen kleinen Salon mit drei anderen Herren, deren Frauen sich sehr vergnügten.

Er legte ihr die bescheidenen Alltagsgewänder um die Schultern, die er für den Heimweg mitgebracht hatte und deren Ärmlichkeit der Eleganz des Ballkleides spottete. Sie empfand es und wollte hastig fort, um von den anderen Frauen, die sich in reiche Pelze hüllten, nicht gesehen zu werden.

Loisel hielt sie zurück: »Warte hier, sonst erkältest du dich draußen. Ich hole einen Fiaker.«

Aber sie hörte nicht und eilte die Treppe hinunter. Auf der Straße war kein Wagen zu finden, und sie liefen suchend umher, riefen Kutscher an, die sie vorüberfahren sahen.

Sie liefen bis zur Seine, verzweifelt, kälteschlotternd. Endlich trafen sie am Quai auf einen der alten Mietkästen, die in Paris erst bei einbrechendem Dunkel auftauchen, als schämten sie sich tags ihrer Schäbigkeit.

Er fuhr sie bis vor die Haustür, Rue des Martyrs, und traurig stiegen sie nach ihrer Wohnung hinan. Für sie war alles vorbei. Und er dachte daran, daß er um zehn Uhr im Ministerium sein mußte.

Vor dem Spiegel warf sie die Hüllen von den Schultern, um sich noch einmal in ihrem Glanz zu sehen. Doch plötzlich stieß sie einen Schrei aus. Sie hatte das Halsband nicht mehr!

Schon halb entkleidet, fragte ihr Mann:

»Was hast du?«

Entsetzt wandte sie sich um.

»Das ... das ... das Halsband von Madame Forestier, ich habe es verloren.«

Bestürzt fuhr er hoch:

»Was! ... wieso! ... Das kann doch nicht sein!«

Und sie durchsuchten die Falten des Kleides, die Falten des Überwurfs, die Taschen, alles. Sie fanden es nicht.

»Bist du sicher, daß du es noch hattest, als du vom Ball weggingst?« fragte er.

»Ja, ich habe es im Vestibül des Ministeriums noch berührt.«

»Aber wenn du es auf der Straße verloren hättest, hätten wir es fallen hören. Du mußt es in der Droschke verloren haben.«

»Ja. Das wird es sein. Hast du dir die Nummer gemerkt?«

»Nein. Weißt du sie?«

»Nein.«

Niedergeschmettert blickten sie sich an. Schließlich stieg Loisel wieder in seine Kleider.

»Ich werde die Strecke absuchen, die wir zu Fuß gegangen sind«, sagte er, »vielleicht finde ich es.«

Und er ging. Niedergeschmettert blieb sie in ihrem Ballkleid auf einem Stuhl in der Kälte hocken, ohne die Kraft, sich schlafen zu legen, außerstande zu denken.

Gegen sieben Uhr kam ihr Mann zurück. Er hatte nichts gefunden.

Er ging zur Polizeipräfektur, zu den Zeitungen, um eine Belohnung auszusetzen, zu den kleinen Fuhrgesellschaften, überallhin, wo eine Spur Hoffnung ihn hintrieb.

Sie wartete den ganzen Tag in derselben Verstörtheit ob des grausamen Unheils.

Am Abend kam Loisel mit ausgehöhltem, fahlem Gesicht nach Hause; er hatte nichts erreicht.

»Du mußt deiner Freundin schreiben«, sagte er, »daß du den Verschluß der Kette zerbrochen hast und reparieren läßt. Damit gewinnen wir Zeit, uns umzutun.«

Sie schrieb unter seinem Diktat.

Nach einer Woche hatten sie alle Hoffnung verloren.

Und um fünf Jahre gealtert, erklärte Loisel:

»Wir müssen uns damit abfinden, den Schmuck zu ersetzen.«

Anderntags nahmen sie das Kästchen, worin er gelegen, und begaben sich zu dem Juwelier, dessen Name darin eingeprägt war. Er forschte in seinen Büchern:

»Der Schmuck stammt nicht von mir, Madame; ich werde wohl nur das Etui geliefert haben.«

Nun wanderten sie von Juwelier zu Juwelier, suchten nach der Erinnerung ein Halsband, das dem anderen glich, einer so krank wie der andere vor Gram und Herzensnot.

In einem Laden des Palais-Royal fanden sie eine Diamantschnur, die der verlorenen ganz gleich schien. Sie kostete vierzigtausend Francs. Man wollte sie ihnen für sechsunddreißigtausend ablassen.

So baten sie den Juwelier, ihnen das Halsband drei Tage zurückzulegen. Und sie bedingten sich aus, daß er es für vierunddreißigtausend Francs zurücknähme, falls das verlorene sich bis Ende Februar noch einfände.

Loisel besaß achtzehntausend Francs, die sein Vater ihm hinterlassen hatte. Das übrige mußte er borgen.

Er lieh tausend Francs bei dem einen, fünfhundert Francs bei dem andern, fünf Louisdor hier, drei Louisdor dort. Er schrieb Schuldscheine aus, ging ruinöse Verpflichtungen ein, bekam es mit Wucherern, mit allen Sorten von Geldverleihern zu tun. Er belastete seine ganze verbleibende Existenz, setzte seine Unterschrift ohne irgendeine Sicherheit, daß er in Ehren dazu würde stehen können; und voll Schrecken vor den zukünftigen Nöten, vor dem schwarzen Elend, das über ihn hereinbrechen würde, vor der Aussicht auf all die gegenständlichen Entbehrungen und all die seelischen Qualen, ging er und breitete dem Händler die sechsunddreißigtausend Francs für das neue Halsband auf den Zahltisch.

Als Madame Loisel ihrer Freundin den Schmuck übergab, sagte diese verärgert:

»Du hättest mir die Kette auch eher wiederbringen können, vielleicht hätte ich sie gebraucht.«

Sie öffnete das Kästchen nicht, wie Madame Loisel befürchtet hatte. Wäre sie den Ersatz gewahr geworden, was hätte sie gedacht? was gesagt? Hätte sie nicht gemeint, sie sei eine Diebin?

Madame Loisel erlernte das bittere Leben der Armen. Sie schickte sich übrigens mit einem Schlage, mit heldischem Mut darein. Die furchtbare Schuld mußte bezahlt werden. Sie würde bezahlen. Das Hausmädchen wurde entlassen; sie gaben die Wohnung auf, mieteten eine Mansarde unterm Dach.

Sie verrichtete den groben Hausputz, die verabscheuten Küchenarbeiten. Sie wusch das Geschirr, zerscheuerte ihre rosigen Nägel an fettigen Töpfen und Tiegelböden. Sie seifte die schmutzige Wäsche, Hemden und Putztücher, die sie auf eine Leine zum Trocknen hängte; sie brachte allmorgendlich den Abfall auf die Straße und trug, auf jedem Stockwerk verschnaufend, das Wasser hinauf. Und wie eine Frau aus dem Volk gekleidet, ging sie mit ihrem Korb am Arm zum Gemüsehändler, zum Krämer, zum Schlachter, handelte trotz allem Gekeif den Preis herunter, geizte mit jedem Sou ihres kargen Geldes.

Jeden Monat waren Schuldscheine abzuzahlen, andere zu verlängern, Aufschübe zu schinden.

Der Mann führte nach Feierabend einem Händler die Kontenbücher, und oft machte er nachts noch Abschriften für fünf Sous den Bogen.

Und dieses Leben dauerte zehn Jahre.

Nach zehn Jahren hatten sie alles bezahlt, alles, samt den Wucheraufschlägen und den hoch angehäuften Zinsen.

Madame Loisel sah jetzt aus wie eine alte Frau. Sie war korpulent und hart und derb geworden, wie arme Haushaltungen es mit sich bringen. Mit ungepflegten Haaren, verrutschten Röcken, roten Händen redete sie laut, schrubbte mit reichlich Wasser die Dielen. Aber manchmal, wenn ihr Mann im Büro war, setzte sie sich ans Fenster und sann jenem Festabend von damals nach, jenem Ball, als sie so schön gewesen und so gefeiert worden war.

Was wäre geschehen, wenn sie das Halsband nicht verloren hätte? Wer weiß? wer weiß? Wie sonderbar das Leben ist, wie wechselhaft! Wie wenig braucht es, einen zugrunde zu richten oder emporzutragen!

Eines Sonntags nun machte sie einen Rundgang über die Champs-Elysées, um von den Plackereien der Woche auszuspannen, da erblickte sie plötzlich eine Frau, die ein Kind an der Hand führte. Es war Madame Forestier, noch immer jung, noch immer schön, noch immer verführerisch.

Madame Loisel wurde aufgeregt. Sollte sie sie ansprechen? Doch, gewiß. Und jetzt, da sie bezahlt hatte, wollte sie ihr alles sagen. Warum nicht?

Sie trat auf sie zu.

»Guten Tag, Jeanne.«

Die andere erkannte sie nicht, wunderte sich nur, daß diese Frau sie so vertraulich ansprach.

»Aber … Madame!« stammelte sie, »… ich weiß nicht … Sie müssen sich irren.«

»Nein. Ich bin Mathilde Loisel.«

Die Freundin stieß einen Schrei aus.

»Oh! … meine arme Mathilde, wie hast du dich verändert! …«

»Ja, ich mußte ziemlich harte Zeiten durchstehen, seit ich dich zum letztenmal sah; und allerhand Nöte … deinetwegen! …«

»Meinetwegen … Wie das?«

»Entsinnst du dich noch der Diamantschnur, die du mir geliehen hattest, damit ich zum Ball des Ministeriums gehen konnte?«

»Ja, und?«

»Und: ich habe sie verloren.«

»Wie! du hast sie mir doch aber zurückgebracht?«

»Es war eine andere, die ganz gleich aussah. Und zehn Jahre haben wir sie abgezahlt. Du kannst dir vorstellen, daß uns das nicht leichtgefallen ist, da wir nichts besaßen … Aber nun ist es geschafft, und ich bin mächtig froh.«

Madame Forestier war stehengeblieben.

»Du sagst, du hast eine Diamantschnur gekauft, um meine zu ersetzen?«

»Ja. Du hast es gar nicht gemerkt, was? Sie sah wirklich fast genauso aus.«

Und sie lächelte in stolzer, tiefer Freude.

Erschüttert faßte Madame Forestier ihre Hände.

»Oh! meine arme Mathilde! Meine war doch nicht echt. Sie war höchstens fünfhundert Francs wert! …«

Ein Verkauf

Brument (Césaire-Isidore) und Cornu (Prosper-Napoléon) haben sich vor dem Schwurgericht von Seine-Inférieure wegen Mordversuchs durch Ertränken an Frau Brument, rechtmäßiger Ehefrau des ersteren, zu verantworten.

Beide Angeklagten sitzen nebeneinander auf der bekannten Bank. Es sind zwei Bauern. Der erste ist klein, dick, mit kurzen Armen, kurzen Beinen und einem runden, roten, pickligen Kopf, der ihm unmittelbar auf dem ebenso runden, ebenso kurzen Rumpf, ohne erkennbaren Hals, aufsitzt. Er ist Schweinezüchter und wohnt in Cacheville-la-Goupil, Kanton Criquetot.

Cornu (Prosper-Napoléon) ist mittelgroß, dürr, mit überlangen Armen. Er trägt den Kopf schief, hat verschobene Kiefer und schielt. Ein blauer, hemdlanger Kittel fällt ihm bis auf die Knie, und die spärlichen gelben Haare, die an seinem Schädel kleben, geben ihm ein verbrauchtes, schmieriges, fürchterlich ramponiertes Aussehen. Er trägt den Spitznamen »der Pfarrer«, weil er alle Kirchengesänge auf das vollkommenste nachahmen kann, sogar mit den Bässen des Schlangenhorns. Diesem Talent verdankt seine Schenke – denn er ist Schankwirt in Criquetot – einen großen Kundenkreis, der »Cornus Messe« der Messe des Herrn vorzieht.

Frau Brument, auf der Zeugenbank, ist eine hagere

Bäuerin, die aussieht, als ob sie immer schläft. Sie sitzt unbeweglich da, die Hände im Schoß gefaltet, mit stierem Blick, stumpfsinniger Miene.

Der Gerichtspräsident führt die Vernehmung fort:

»Nun, Frau Brument, die Männer kamen also in Ihr Haus und tauchten Sie in ein Faß voll Wasser. Schildern Sie uns im einzelnen, wie es dazu kam. Stehen Sie auf.«

Sie steht auf. Sie ist lang wie ein Mast mit ihrer Haube, die ihr aufsitzt wie ein weißer Topf. Sie redet mit schleppender Stimme:

»Bohnen hab ich ausgepalt. Da sind sie reingekommen beide. Ich denk: ›Was haben die vor? Die sind nich wie sonst, die sind so schmalitzig.‹ Die haben mich so von schräg beguckt, vor allem Cornu, wo er schielt. Ich seh die nich gern zusammen, weil daß die zwei Tunichtgute in Gesellschaft sind. Ich frag: ›Was wollt ihr von mir?‹ Die sagen keinen Ton. Na, hab ich so 'n Mißtrauen gekriegt ...«

Der Angeklagte Brument platzt ihr ins Wort mit der Erklärung: »Ich war besoffen.«

Darauf Cornu mit tiefer Stimme wie ein Orgelpunkt zu seinem Kompagnon: »Sag, daß wir beide besoffen waren, und es is nich gelogen.«

DER PRÄSIDENT *streng*: Sie wollen sagen, daß Sie volltrunken waren?

BRUMENT: Keine Frage.

CORNU: Das kann jedem passieren.

DER PRÄSIDENT *zu dem Opfer*: Setzen Sie Ihre Schilderung fort, Frau Brument.

»Also Brument sagt zu mir: ›Willst dir hundert Sous verdienen?‹ Sag ich: ›Ja‹, weil hundert Sous, die findt einer nich unterm Pferdeschwanz. Da sagt er: ›Sperr die Augen auf und mach wie ich.‹ Und denn geht er und holt das große Faß, was unter der Traufe aufm Hof steht; und denn kippt er das aus, und denn rollert er das in meine Küche rein, und denn stellt er das in die Mitte, und denn sagt er: ›Geh Wasser holen, bis es voll is.‹

Na, bin ich zum Teich gegangen mit zwei Eimer und hab Wasser geholt, und denn noch Wasser und noch, eine geschlagene Stunde, weil daß das Faß groß is wie eine Kelterbütte, mit Verlaub, Euer Ehren.

Währenddem trinken Brument und Cornu eine Lage, und denn noch eine Lage, und denn noch eine Lage. Die schlucken sich einen, daß ich sag: ›Voll, das seid ihr, voller noch wie das Faß.‹ Und Brument sagt: ›Mach dir kein Kopf, geh deinen Weg, du kommst nachher dran, jedem sein Teil.‹ Ich hör nich drauf, was der redet, wo er besoffen war.

Wie das Faß nu glatt voll is, sag ich: ›So, is gemacht.‹

Und denn hat Cornu mir hundert Sous gegeben. Nich Brument, Cornu; weil daß Cornu mir die gegeben hat. Und Brument sagt: ›Willst dir noch hundert Sous verdienen?‹ Sag ich: ›Ja‹, wo unsereins nich gewöhnt is an solche Geschenke. Da sagt er mir: ›Zieh dich aus.‹

›Ausziehn soll ich mich?‹

›Ja‹, sagt er.

›Bis wo soll ich mich ausziehn?‹

›Wenn dich das stört‹, sagt er, ›laß das Hemd an, uns stört es nich.‹

Hundert Sous, das sind hundert Sous, na hab ich mich ausgezogen, aber mich ausziehn vor den zwei Taugenichtsen, das paßte mir nich. Ich leg die Haube ab, und denn mein Spenzer noch, und denn mein Rock, und denn meine Klotzen. Da sagt Brument: ›Kannst die Strümpfe auch anlassen, wir sind nich so.‹

Und Cornu sagt ihm nach: ›Wir sind nich so.‹

Da bin ich nu quasiment wie unsere Urmutter Eva. Und da stehen die auf, was sich nich hat gradehalten können, so besoffen waren sie, mit Verlaub, Euer Ehren.

Ich denk: Was führen die im Schilde?

Und Brument sagt: ›Wolln wir?‹

Cornu sagt: ›Los!‹

Und da nehmen die mich, Brument beim Kopf und Cornu bei die Beine, wie daß einer so'n Pack Wäsche nimmt. Na hab ich losgebrüllt.

Und Brument sagt: ›Halt 's Maul, Alte.‹

Und denn heben die mich hoch bis über ihre Köpfe, und denn stecken die mich rein in das Faß, was voll Wasser war, wo ich die Starre krieg im Blut und eine Vereisung rein bis in die Gedärme.

Und Brument fragt: ›Reicht das?‹

Cornu sagt: ›Das reicht.‹

Brument sagt: ›Der Kopf is nich drin, das zählt.‹

Sagt Cornu: ›Steck den Kopf rein.‹

Und denn hat mich Brument aufn Kopf gedrückt, wie daß er mich quasiment hat ersäufen gewollt, und is mir das Wasser in die Nase geschossen und hab ich schon das Paradies gesehen. Und denn hat er gedrückt und gedrückt. Und ich weggewesen.

Und denn hat er's mit der Angst gekriegt, da hat er mich rausgezogen und hat gesagt: ›Geh schnell dich trocknen, altes Reff.‹

Na, ich nu weggerannt zum Herrn Pfarrer hin, wo er mir ein Rock gegeben hat von seiner Wirtschafterin, weil ich in Natur war, und denn hat er Meister Chicot geholt, den Flurwächter, und der is denn nach Criquetot hin, die Gendarmen holen, was mich denn nach Hause gebracht haben.

Da waren Brument und Cornu, die sich gedroschen haben wie die Böcke.

Brument hat gebrüllt: ›Is nich wahr, ich sag dir, das is wenigstens ein Kubik. Das kannst du mit mir nich machen.‹

Cornu hat gebrüllt: ›Vier Eimer, das is noch kein halber Kubik. Da kannst du gar nichts gegen sagen, das is so.‹

Na, hat der Brigadier ihnen die Hand ans Fell gelegt. Weiter hab ich denn nichts.«

Sie setzte sich. Das Publikum lachte. Die Geschworenen sahen sich verdattert an. Der Präsident sagte:

»Angeklagter Cornu, Sie scheinen der Anstifter dieses schändlichen Anschlags gewesen zu sein. Erklären Sie Ihre Handlungsweise!«

Und Cornu stand auf:

»Euer Ehren, ich war besoffen.«

Der Präsident erwiderte ernst:

»Das weiß ich. Fahren Sie fort!«

»Mach ich. Also, Brument kommt in meine Wirtschaft so gegen neun und läßt sich zwei Schnäpse bringen und sagt: ›Einen für dich, Cornu.‹ Und ich setz mich zu ihm und trink, und aus Höflichkeit biet ich ihm auch einen an. Da hat er wieder spendiert und ich auch, bis daß wir von Schnaps zu Schnaps auf Mittag gestrichen waren.

Da fängt Brument an zu weinen; das rührt mich. Und ich frag ihn, was er hat. Er sagt: ›Ich brauch bis Donnerstag tausend Francs!‹ Na, da werd ich kalt, Sie verstehen. Und er schlägt mir auf Teufel komm raus vor: ›Ich verkauf dir meine Frau.‹

Ich war besoffen, und ich bin Witwer. Sie verstehen, so was bewegt einen Mann. Ich kannt sie ja nich, seine Frau; aber eine Frau ist eine Frau, is nich wahr? Ich frag ihn: ›Für wieviel verkaufst du sie mir?‹

Er überlegt, oder er tut bloß so. Wenn man besoffen is, is man nich klar, und er antwortet mir: ›Ich verkauf sie dir nach Kubik.‹

Ich, ich nich gestaunt, weil, ich war genauso besoffen wie er, und Kubik, das kennt einer in meinem Gewerbe. Das macht tausend Liter, das paßte mir.

Blieb noch der Preis auszuhandeln. Alles hängt ab von der Qualität. Ich sag ihm: ›Wieviel der Kubik?‹

›Zweitausend Francs‹, sagt er.

Ich hoch wie 'n Hase, und denn überleg ich: eine Frau, das kann nich mehr machen wie dreihundert Liter. Trotzdem sag ich: ›Das ist zu teuer!‹

Er sagt: ›Billiger mach ich's nich, da hätt ich Verlust.‹

Sie verstehen: der handelt nicht umsonst mit Schweinen, der kennt sein Geschäft. Aber wenn er Schnur is, der Speckhändler, bin ich Bindfaden, wo ich mein Geschäft auch versteh. Hahahaha! Also sag ich: ›Wenn sie neu wär, will ich nichts gesagt haben; aber sie is schon gebraucht, stimmt's? also wird's billiger. Ich geb dir fünfzehnhundert Francs den Kubik, nich einen Sou drüber. Is dir recht?‹

›Is recht‹, sagt er, ›schlag ein!‹

Ich schlag ein, und wir beide los, untergehakt, man muß sich beistehen im Leben.

Aber ein Bedenken kommt mir: ›Wie willst du sie auslitern, ohne daß du Liter draus machst?‹

Da erklärt er mir seine Idee, was nicht leichtfiel, weil daß er besoffen war. Er sagt mir: ›Ich nehm ein Faß. Das füll ich glatt mit Wasser. Ich steck sie rein. Alles, was rausläuft an Wasser, das messen wir, das macht die Rechnung.‹

Ich sag ihm: ›Gesehn, gemacht. Aber das Wasser, was rausläuft, das fließt weg; wie willst du das messen?‹

Da nennt er mich Holzkopf und erklärt mir, daß man das Faß bloß wieder vollmachen muß, wenn seine Frau raus is: ›Alles, was man wieder reingießen muß an Wasser, das gibt das Maß. Ich vermute, zehn Eimer: das macht einen Kubik.‹ Der is gar nich so dumm, auch wenn er betrunken is, der Kujon!

Kurz, wir zu ihm hin, und ich seh mir die Seinige an. Also, was eine schöne Frau is, eine schöne Frau isse nich. Das kann jeder sehen, wo sie da sitzt. Ich sag mir: ›Ich bin reingelegt, aber is egal, es gilt; schön oder nich schön, der

Gebrauch ist trotzdem derselbe.‹ Is nich wahr, Euer Ehren? Und dann stell ich fest, sie is mager wie 'ne Stange. Ich sag mir: ›Die macht keine vierhundert Liter.‹ Ich kenn mich aus, wo ich mit Flüssigkeiten umgeh.

Wie wir's gemacht haben, das hat sie gesagt. Ich hab ihr noch die Strümpfe und das Hemd angelassen auf meine Kosten.

Wie das geschafft war, is sie weggerannt. Ich sag: ›Aufpassen, Brument! die macht sich dünn!‹

Er sagt: ›Keine Bange, die krieg ich allemal wieder. Die muß ja schlafen kommen. Wir messen jezt das Defizit.‹

Und wir gemessen: keine vier Eimer. Hahahaha!«

Der Angeklagte fängt so anhaltend an zu lachen, daß ein Gendarm ihm auf den Rücken klopfen muß, damit er sich beruhigt. Dann fährt er fort:

»Kurz, Brument erklärt: ›Denn wird gar nichts daraus, das is nich genug.‹ Ich brüll los, er brüllt los, ich überbrüll ihn, er kloppt, ich klopp zurück. Das dauert so lange wie das Jüngste Gericht, weil, wir waren besoffen.

Auf einmal: Gendarmen! Die schnappen uns, nehmen uns hoch, und ab ins Gefängnis. Ich verlang Schadenersatz.«

Er setzte sich.

Brument bestätigte die Aussagen seines Komplizen als wahrheitsgetreu in allen Punkten. Betroffen zog sich das Gericht zur Beratung zurück.

Nach einer Stunde erschien es wieder und entließ die Angeklagten nach gestrengen Vorhaltungen über die Heiligkeit der Ehe und mit einer sehr genauen Festlegung, wo Handelsgeschäfte ihre Grenze hätten.

Brument machte sich in Gesellschaft seiner Gattin auf den Weg nach dem ehelichen Heim.

Cornu kehrte zurück in seine Schenke.

Mutter Sauvage

I

In Virelogne war ich fünfzehn Jahre nicht gewesen. Im Herbst fuhr ich zur Jagd dorthin, zu meinem Freund Serval, der sein Schloß, das von den Preußen zerstört worden war, endlich wieder aufgebaut hatte.

Ich liebte diese Landschaft unendlich. Es gibt köstliche Erdenwinkel, die für unsere Augen einen sinnlichen Zauber haben. Man liebt sie mit einer körperlichen Liebe. All jene, denen die Erde Verführung ist, hegen zärtliche Erinnerungen an gewisse oft gesehene Quellen, Wälder, Teiche, Hügel, die sie bewegten wie ein glückliches Ereignis. Manchmal kehren unsere Gedanken sogar heim nach einem Waldstück, oder einem Uferstreifen, oder einem blütenbeschneiten Obstgarten, die man nur einmal, an einem heiteren Tage sah, die aber im Herzen haftengeblieben sind wie das Bild einer Frau in hellen, durchschimmernden Kleidern, der man an einem Frühlingsmorgen auf der Straße begegnete und die uns in Fleisch und Seele ein ungestilltes, unvergeßliches Verlangen hinterließ, ein Gefühl, als hätte man das Glück berührt.

In Virelogne liebte ich die ganze Flur mit ihren verstreuten kleinen Hainen, ihren Bächen, die den Boden durchströmen wie Adern, die der Erde das Blut zuführen. Da fischte man Krebse, Forellen und Aale! Göttliches Glück! An manchen Stellen konnte man baden, und oft fand man Bekassinen in dem hohen Gras, das am Rande der schmalen Wasserläufe sproß.

Ich ging leicht dahin wie eine Ziege und sah meine beiden Hunde vor mir stöbern. Serval durchstreifte hundert Meter zu meiner Rechten ein Luzernenfeld. Ich bog um das Buschwerk, das die Waldgrenze von Saudres bildet, und erblickte die Ruine einer Kate.

Plötzlich fiel mir ein, wie ich sie beim letztenmal, 1869, gesehen hatte, reinlich, mit Wein überwachsen und Hühnern vor der Tür. Was gibt es Traurigeres als ein gestorbenes Haus? sein düster aufragendes, zerfallendes Skelett?

Ich entsann mich auch, wie eine Frau mir dadrinnen, an einem Tag großer Strapazen, ein Glas Wein geboten und Serval mich damals über die Bewohner unterrichtet hatte. Der Vater, ein alter Wilderer, war von den Gendarmen erschossen worden. Der Sohn, den ich früher einmal gesehen, ein großer, hagerer Bursche, galt als ebenso ungezähmter Wildräuber. Sie wurden die Sauvages genannt.

War dies der Name der Familie oder ein Spitzname?

Ich rief Serval. Er kam in seinem langen Waidmannsschritt heran.

Ich fragte ihn: »Was ist aus den Leuten dort geworden?«

Und er erzählte mir die Geschichte.

II

Als der Krieg begann, meldete sich der junge Sauvage, dreiunddreißig damals, als Freiwilliger und ließ die Mutter allein zu Haus. Bedauert wurde sie nicht groß, die Alte, weil sie Geld hatte, das wußte man.

Sie blieb also ganz allein in dem Haus, das so weit abseits vom Dorf, am Waldsaum lag. Angst hatte sie übrigens keine, denn sie war vom selben Schlag wie ihre Männer, eine rauhe Alte, hoch und hager, die nicht oft lachte und mit der man keinen Scherz trieb. Freilich lachen Landfrauen ohnehin selten. Das ist Männersache! Ihr Gemüt ist traurig und beschränkt, weil ihr Leben eintönig, ohne Lichtblicke dahingeht. Der Bauer erwirbt sein bißchen lärmende Fröhlichkeit in der Schenke, aber seine Gefährtin bleibt immer ernst und streng. Ihre Gesichtsmuskeln haben die Bewegungen des Lachens nicht gelernt.

Mutter Sauvage führte in der Hütte, die bald vom Schnee eingedeckt war, ihr Leben wie je. Einmal die Woche kam sie ins Dorf, holte Brot und ein Stückchen Fleisch; dann kehrte sie zurück in ihre Kate. Da von Wölfen gemunkelt wurde, ging sie mit der Flinte auf dem Rücken aus, der Flinte ihres Sohnes, einem rostigen Ding mit abgegriffenem Kolben; und es war ein merkwürdiges Bild, wie die alte Sauvage leicht gekrümmt, mit langen Schritten durch den Schnee stapfte, den Waffenlauf über der schwarzen Haube, die ihr Gesicht rahmte und ihre weißen Haare umschloß, die nie jemand gesehen hatte.

Eines Tages kamen die Preußen. Sie wurden je nach Vermögen und Möglichkeiten auf die Einwohner verteilt. Die Alte, um deren Wohlstand man wußte, erhielt vier.

Es waren vier dicke, hellhäutige Burschen mit blondem Bart und blauen Augen, feist, trotz den Strapazen, die sie schon durchlitten hatten, und gutmütig, obschon in erobertem Land. Sie betrugen sich gegen die bejahrte Frau mit aller Zuvorkommenheit, ersparten ihr Mühen und Ausgaben, soviel sie konnten. Des Morgens sah man sie alle vier in Hemdsärmeln rund um den Brunnen beim Waschen, wie sie in dem harten Schneelicht ihr weißrosiges Fleisch der Nordländer mit viel Wasser bespritzten, während Mutter Sauvage aus und ein lief und die Suppe zubereitete. Man sah, wie sie ihr die Küche putzten, die Fliesen scheuerten, Holz hackten, Kartoffeln schälten, Wäsche wuschen, alle Hausarbeiten verrichteten wie vier gute Söhne bei ihrer Mutter.

Sie aber dachte unablässig an den ihren, die Alte, an ihren langen Hageren mit der Hakennase, den braunen Augen, dem kräftigen Schnurrbart, der über seinen Lippen ein Würstchen aus schwarzem Haar bildete. Jeden Tag fragte sie die an ihrem Herd einquartierten Soldaten:

»Wissen Sie, wo das dreiundzwanzigste französische Marschregiment hingekommen ist? Da ist mein Junge bei.«

Sie antworteten: »Nein, nicht sehen, nicht wissen.« Und da sie ihren Gram und ihre Ängste begriffen, weil auch sie in der Ferne Mütter hatten, erwiesen sie ihr tausend kleine Fürsorglichkeiten. Sie mochte sie übrigens gut leiden, ihre vier Feinde; denn unter Bauern gibt es kaum patriotischen Haß; der steht den höheren Klassen an. Die Demütigen, die am meisten draufzahlen, weil sie arm sind, und die jede neue Last noch tiefer beugt; die man zu Massen tötet; die das wahre Kanonenfutter sind, weil sie nur nach Zahlen gelten; kurz, die am grausamsten unter den bitteren Plagen des Krieges leiden, weil sie die Schwächsten und am wenigsten Widerstandsfähigen sind, begreifen nicht viel von all dem kampflüsternen Eifer, dem reizbaren Ehrenpunkt und den vorgeblichen politischen Verstrickungen, die zwei Völker binnen sechs Monaten erschöpfen, das siegreiche wie das besiegte.

Redete man im Dorf über die Deutschen von Mutter Sauvage, so hieß es: »Die vier haben ihr Dach gefunden.«

Eines Morgens nun, als die Alte allein zu Haus war, sah sie von weitem einen Mann über die Ebene auf ihre Hütte zukommen. Bald erkannte sie, daß es der Briefträger war. Er überreichte ihr ein gefaltetes Papier, und sie nahm die Brille, die sie zum Nähen brauchte, aus dem Futteral; dann las sie:

»Madame Sauvage, hiermit teile ich Ihnen eine traurige Nachricht mit. Ihr Sohn Victor ist gestern von einer Kanonenkugel getötet worden, welche ihn richtig in zwei Teile geschnitten hat. Ich war ganz dicht dabei, weil wir zusammen in der Kompanie waren und er gesagt hat, ich soll Sie gleich am selben Tag benachrichtigen, wenn ihm ein Unglück zustößt.

Ich habe die Uhr aus seiner Tasche genommen, um sie Ihnen zu bringen, wenn der Krieg aus ist.

Ich grüße Sie vielmals.

Césaire Rivot,
Soldat 2. Klasse im 23. Marschregiment.«

Der Brief war vor drei Wochen datiert.

Sie weinte nicht. Sie blieb still sitzen, so getroffen, betäubt, daß sie noch keinen Schmerz fühlte. Sie dachte: So, jetzt ist Victor also tot. Dann stiegen ihr allmählich die Tränen in die Augen, und das Leid befiel ihr Herz. Eine nach der anderen kamen die Vorstellungen über sie, furchtbar, qualvoll. Sie würde ihn nie mehr umarmen, ihren Jungen, ihren Großen, nie mehr! Die Gendarmen hatten seinen Vater erschossen, die Preußen hatten ihren Sohn umgebracht ... entzweigeschnitten mit einer Kanonenkugel. Und ihr war, als sähe sie es vor sich, das Grauenvolle: seinen stürzenden Kopf, mit noch offenen Augen, während er an einer Spitze seines dikken Schnurrbarts kaute, wie er es tat in den Stunden des Zorns.

Was mochten sie mit seinem Körper gemacht haben,

nachher? Wenn sie ihr das Kind wenigstens wiedergebracht hätten, wie sie ihr den Mann gebracht hatten mit seiner Kugel mitten in der Stirn!

Aber sie hörte Stimmengeräusch. Es waren ihre Preußen, die vom Dorf zurückkamen. Schnell versteckte sie den Brief in der Tasche und empfing sie ruhig, mit ihrem üblichen Gesicht, denn es blieb Zeit genug, ihre Augen zu trocknen.

Lachend kamen sie alle vier, begeistert, denn sie brachten einen schönen Hasen mit, gestohlen vermutlich, und sie bedeuteten der Alten durch Zeichen, daß es etwas Gutes zu essen geben würde.

Sie machte sich gleich an die Arbeit, die Mahlzeit anzurichten; als es aber galt, den Hasen zu töten, versagte ihr der Mut. Dabei war es gewiß nicht ihr erster! Einer der Soldaten erlegte ihn mit einem Faustschlag hinter die Ohren.

Als das Tier tot war, zog sie das Fell von dem roten Körper; aber beim Anblick des Blutes, das sie unter den Händen hatte, das ihre Hände überzog, des warmen Blutes, das sie an ihrer Haut erkalten und gerinnen fühlte, geriet sie von Kopf bis Fuß ins Zittern; und immerzu sah sie ihren Großen, entzweigerissen und ebenso rot wie das noch zuckende Tier.

Sie setzte sich zu Tisch mit ihren Preußen, konnte aber nichts essen, keinen einzigen Bissen. Sie schlangen den Hasen weg, ohne sich um sie zu kümmern. Sie betrachtete sie verstohlen, ohne zu reden, eine Idee ausbrütend, aber mit so unbewegtem Gesicht, daß sie nichts merkten.

Auf einmal sagte sie: »Ich weiß noch gar nicht, wie Sie heißen, und wir sind schon einen Monat zusammen.« Nicht ohne Mühe verstanden sie, was sie wollte, und nannten ihre Namen. Das genügte ihr nicht; sie ließ sie sich auf ein Stück Papier schreiben, samt den Anschriften ihrer Familien; dann setzte sie wieder die Brille auf ihre große Nase, begutachtete die fremdartige Schrift, faltete das Blatt und steckte es in die Tasche zu dem Brief, der ihr den Tod ihres Sohnes gemeldet hatte.

Nachdem die Mahlzeit beendet war, sagte sie zu den Männern:

»Ich werde was tun für Sie.«

Und sie begann Heu auf den Dachboden zu schleppen, wo sie schliefen.

Sie wunderten sich darüber; doch sie erklärte ihnen, daß sie es dann wärmer hätten; und sie halfen ihr. Sie stapelten die Heubunde bis unters Strohdach und bauten sich so eine große Kammer mit vier warmen, duftenden Wänden, wo sie herrlich schlafen würden.

Beim Abendessen beunruhigte sich einer, als er Mutter Sauvage wiederum nichts essen sah. Sie behauptete, daß sie Krämpfe habe. Dann entfachte sie ein gutes Feuer, um es warm zu haben, und die vier Deutschen stiegen auf der Leiter, die sie allabendlich benutzten, nach ihrem Boden hinauf.

Sowie die Klappe geschlossen war, zog die Alte die Leiter weg, dann öffnete sie lautlos die Tür zum Hof und trug Strohbunde herein, die sie in ihrer Küche aufschichtete. Sie ging barfuß durch den Schnee, so leise, daß sie nicht zu hören war. Von Zeit zu Zeit lauschte sie auf das laute, unregelmäßige Schnarchen der vier Soldaten.

Als sie ihre Vorbereitungen hinreichend befand, stopfte sie ein Bund ins Feuer, und als es angebrannt war, verstreute sie es auf die übrigen, dann ging sie hinaus und schaute.

In wenigen Sekunden erleuchtete ungestüme Helle das ganze Hausinnere, dann wurde es ein entsetzlicher Glutherd, ein gigantischer Feuerofen, dessen Licht durch das kleine Fenster sprang und ein grelles Viereck auf den Schnee warf.

Dann ertönte vom First ein großer Schrei, dann das Schrillen menschlichen Wehgeheuls, herzzerreißender Hilferufe aus Todesangst und Schrecken. Dann, als die Zwischendecke einstürzte, schlug ein Feuerwirbel in den Dachboden, durchstieß das Strohdach, stieg wie eine riesige Fackel zum Himmel; und die ganze Kate brannte.

Von drinnen war nichts mehr zu hören als das Knistern der Flammen, das Krachen der Mauern, das Niederbrechen der Balken. Plötzlich stürzte das Dach in sich zusammen, und das glühende Gerippe des Hauses sprühte aus einer Rauchwolke einen großen Helmbusch Funken in die Luft.

Die von dem Feuer erhellte weiße Ebene glänzte wie ein silberrotes Tuch.

Fern begann eine Glocke zu läuten.

Die alte Sauvage blieb vor dem zerstörten Haus mit der Flinte ihres Sohnes stehen, aus Furcht, daß einer der Männer entweichen könnte.

Als sie sah, daß es zu Ende war, warf sie die Waffe in die Glut. Eine Detonation schallte.

Leute kamen, Bauern, Preußen.

Man fand die Frau auf einem Baumstumpf hocken, ruhig und befriedigt.

Ein deutscher Offizier, der französisch sprach wie ein Sohn des Landes, fragte:

»Wo sind Ihre Soldaten?«

Sie streckte den mageren Arm nach der roten, erlöschenden Brandstätte und antwortete mit lauter Stimme:

»Dadrin!«

Man drängte sich um sie zusammen. Der Preuße fragte:

»Wie ist das Feuer entstanden?«

Sie sagte:

»Das hab ich gelegt.«

Man glaubte ihr nicht, meinte, das Unglück habe sie plötzlich um den Verstand gebracht. Wie aber alle sie umringten und anhörten, sagte sie die Dinge von Anfang bis Ende, von der Ankunft des Briefes bis zum letzten Schrei der in ihrem Haus verbrannten Männer. Sie ließ keine Einzelheit aus von alldem, was sie empfunden und getan hatte.

Als sie geendet hatte, zog sie aus ihrer Tasche zwei Stücke Papier hervor, und um sie beim letzten Feuerschein auseinanderzukennen, setzte sie wieder die Brille auf, dann sagte sie, das eine vorzeigend: »Das hier ist Victors Tod.« Und das andere zeigend, erklärte sie mit einer Kopfbewegung nach der roten Ruine: »Das da sind ihre Namen, damit Sie denen nach Hause schreiben!« Ruhig gab sie das weiße Blatt dem Offizier, der sie bei den Schultern hielt, und fuhr fort:

»Schreiben Sie, wie das gekommen ist, und sagen Sie ihren Familien, daß ich das war, Victoire Simon, die Sauvage! Nicht vergessen!«

Der Offizier rief deutsche Befehle. Sie wurde ergriffen, vor die noch warme Mauer ihres Hauses geführt. Dann nahmen eilig zwölf Männer zwanzig Meter von ihr Aufstellung. Sie rührte sich nicht. Sie hatte verstanden; sie wartete.

Ein Befehl ertönte, dem augenblicklich eine lange Detonation folgte. Ein verspäteter Schuß hallte den anderen nach.

Die Alte fiel nicht. Sie sackte in sich zusammen, als hätte man ihr die Beine weggemäht.

Der preußische Offizier trat heran. Sie war fast entzweigeschnitten, ihre krampfhaft geschlossene Hand hielt den blutigen Brief.

Mein Freund Serval setzte hinzu:

»Mein Schloß hier im Dorf haben die Deutschen als Repressalie zerstört.«

Ich aber dachte an die Mütter der vier sanftmütigen Jungen, die dadrinnen verbrannt waren; und an das grausige Heldentum der anderen Mutter, die man an dieser Mauer erschossen hatte.

Und ich hob einen kleinen Stein auf, der noch schwarz war von dem Brand.

Der Bettler

Er hatte bessere Tage gekannt, trotz seinem Elend und seinem Siechtum. Als er fünfzehn war, hatte eine Kutsche auf der Überlandstraße bei Varville ihm beide Beine zerschmettert. Seit der Zeit schleppte er sich bettelnd an den Wegen hin, über die Höfe der Fermen, schaukelnd zwischen seinen Krücken, die ihm die Schultern in Ohrenhöhe hinaufgetrieben hatten. Sein Kopf lag wie in einer Bergschlucht.

Als Findelkind von dem Pfarrer von Les Billettes am Abend vor Allerseelen aus dem Straßengraben gelesen und darum Nicolas Toussaint getauft, aufgezogen aus Barmherzigkeit, jeglicher Ausbildung fern, verkrüppelt, nachdem er ein paar Gläser Branntwein getrunken, die ihm der Bäcker des Dorfes spendierte, um sich einen Spaß zu machen, und seitdem Landstreicher, verstand er nicht mehr als die Hand hinzustrecken.

Früher hatte die Baronin d'Avary ihm eine Art Hundehütte voll Stroh neben dem Hühnerstall der zum Schloß gehörigen Ferme zum Schlafen überlassen: und in Hungerszeiten war er gewiß, immer ein Stück Brot und ein Glas Zider in der Küche zu finden. Oft erhielt er damals obendrein ein paar Sous, welche die alte Dame ihm von der Freitreppe oder von den Fenstern ihres Zimmers herab zuwarf. Jetzt war sie tot.

In den Dörfern gab man ihm kaum mehr etwas; man

kannte ihn zu lange; man war seiner satt durch die vierzig Jahre, die man seinen zerlumpten und verkrüppelten Körper auf den Stelzen von Hütte zu Hütte schlenkern sah. Fortgehen wollte er aber nicht, weil er von der Erde nicht mehr als diesen Winkel, diese drei, vier Flecken kannte, wo sein elendes Leben verstrichen war. Er hatte seinem Bettlerreich Grenzen gezogen, und nie hätte er die Marken überschritten, die zu überschreiten er nicht gewohnt war.

Er wußte nicht, ob die Welt hinter den Bäumen, die seine Sicht seit je begrenzt hatten, weiterging. Er fragte es sich nicht. Und wenn die Bauern, überdrüssig, ihn schon wieder an ihrem Feldrain oder an dem Graben um ihr Gehöft zu finden, schrien: »Was gehst du nicht in die anderen Dörfer, statt immer hier bloß rumzustockern?«, antwortete er nicht und machte sich in unklar aufsteigender Furcht vor der Fremde davon, der verworrenen Furcht des Armen vor tausenderlei, vor neuen Gesichtern, vor Beschimpfungen, vor den argwöhnischen Blikken von Menschen, die ihn nicht kannten, und vor den Gendarmen, die stets zu zweit über Land gingen und vor denen er aus Instinkt ins Gebüsch oder hinter Steinhaufen flüchtete.

Sah er sie von weitem in der Sonne blitzen, geriet er plötzlich in eine verwunderliche Hurtigkeit wie ein lichtscheues Tier, das ein Schlupfloch sucht. Er sprang von den Krücken, ließ sich fallen wie ein Sack und rollte sich zur Kugel, machte sich ganz klein, unsichtbar, duckte sich wie ein Hase in der Grube, die braunen Lumpen dem Erdboden gleich.

Dabei hatte er es nie mit ihnen zu tun bekommen. Das lag ihm so im Blut, wie wenn er die Furcht und die List von seinen Eltern, die er doch nie gekannt, ererbt hätte.

Er hatte kein Zuhause, keine Bleibe, kein Dach, keinen Schutz. Im Sommer schlief er überall, im Winter schlüpfte er mit bemerkenswerter Geschicklichkeit in Scheunen oder Ställe. Stets entwischte er, ehe man seine Anwesenheit gewahr geworden. Er kannte die Löcher, durch die man in die Gebäude gelangte; und da seine Arme durch das Handhaben der Krücken erstaunlich kräftig waren, schwang er sich einzig auf den Händen bis in die Futterböden hinauf und blieb dort manchmal vier, fünf Tage, ohne sich zu rühren, sofern er auf seiner Bettelrunde hinreichende Vorräte gesammelt hatte.

Er lebte mitten unter den Menschen wie ein Waldtier, kannte niemand, liebte niemand, erregte bei den Bauern nur gleichgültige Verachtung und resignierte Feindseligkeit. Man hatte ihn »Cloche« getauft, weil er zwischen den beiden Holzstöcken baumelte wie eine Glocke zwischen ihren Trägerbalken.

Seit zwei Tagen hatte er nichts gegessen. Niemand gab ihm mehr etwas. Man wollte ihn einfach nicht mehr. Wenn die Bäuerinnen ihn von weitem kommen sahen, schrien sie ihm von der Haustür zu: »Willst du gleich verschwinden, Lump! Hab ich dir nicht erst vor drei Tagen ein Stück Brot gegeben!«

Und er drehte ab auf seinen Stümpfen und pilgerte zum Nachbarhaus, wo man ihn auf gleiche Weise empfing.

»Man kann doch den Tagedieb nicht das ganze Jahr ernähren!«

Gleichwohl hatte der Tagedieb alle Tage Hunger.

Er war durch Saint-Hilaire, Varville, Les Billettes gezogen, ohne einen Centime oder eine alte Kruste zu ernten. Ihm blieb nur noch die Hoffnung auf Tournolles; doch bis dorthin waren es zwei Meilen auf der Landstraße, und er fühlte sich so matt, daß er sich kaum mehr fortschleppen konnte, denn sein Bauch war ebenso leer wie seine Taschen.

Dennoch machte er sich auf den Weg.

Es war Dezember, kalter Wind fegte über die Felder, pfiff im kahlen Geäst; und die Wolken stoben am niedrigen, düsteren Himmel wer weiß wohin. Langsam kämpfte er sich vorwärts, setzte mühselig die Stöcke einen nach dem anderen, indem er sich mit dem Bein, das ihm verblieb, auf dem verwachsenen, lappenumwikkelten Fuß abstieß.

Von Zeit zu Zeit hockte er sich auf die Böschung und ruhte ein paar Minuten. Der Hunger drückte auf seine wirre, schwerfällige Seele. Er hatte nur eines im Sinn: essen, wußte aber nicht wie.

Drei Stunden quälte er sich mit dem langen Weg; als er endlich die Bäume des Dorfes erblickte, beschleunigte er sein Humpeln.

Der erste Bauer, den er traf und um ein Almosen bat, herrschte ihn an: »Bist du wieder da, alter Kunde! Wird man dich denn nie mehr los?«

Und Cloche zottelte weiter. Von Tür zu Tür wurde er barsch angefahren und weggeschickt, ohne daß man ihm etwas gab. Trotzdem setzte er seine Runde geduldig und hartnäckig fort. Er erhielt keinen einzigen Sou.

Nun klapperte er die Gehöfte ab, auf matschigen, schlammigen Wegen, derart erschöpft, daß er kaum noch die Krücken anheben konnte. Überall wurde er abgewiesen. Es war einer der kalten und trüben Tage, da die Herzen sich verengen, die Gemüter grämlich sind, die Seelen sich verdüstern und keine Hand sich zum Geben noch zur Hilfeleistung rührt.

Als er bei allen Häusern gewesen war, die er kannte, verkroch er sich in einem Grabenwinkel an Meister Chiquets Hof. Er schirrte sich los, wie die Leute sagten, um auszudrücken, wie er sich von den hohen Krücken fallen ließ, indem er mit den Händen daran niederrutschte. Und lange verharrte er still, vom Hunger gepeinigt, aber zu marode, um sein unfaßliches Elend überhaupt zu begreifen.

Mit jenem unbestimmten Vertrauen, das unausrottbar in uns lebt, wartete er auf irgend etwas. Er wartete im Grabenloch dieses Hofes, in dem eisigen Wind, auf die mysteriöse Hilfe, die man sich immer vom Himmel oder von den Menschen erhofft, ohne sich zu fragen, wie, warum noch durch wen sie kommen sollte. Eine Schar schwarzer Hühner trippelte unweit, um ihr Futter in der Erde zu suchen, die alles Leben ernährt. Hin und wieder pickten sie mit dem Schnabel ein Korn oder ein winziges Insekt, dann setzten sie ihre langwierige, aber gewisse Lese fort.

Cloche schaute ihnen zu, ohne etwas zu denken; dann kam, mehr in seinen Bauch als in seinen Kopf, eher das Gefühl als der Gedanke, daß so ein Tier sich gut essen ließe, wenn man es auf trockenem Holzfeuer briet.

Die Ahnung, daß er einen Diebstahl begehen könnte, streifte ihn nicht einmal. Er langte nach einem Stein in Reichweite seiner Hand, und da er geschickt war, tötete er mit einem Wurf das ihm nächste Huhn. Das Tier fiel flügelschlagend auf die Seite. Die anderen entflohen schaukelnd auf ihren dünnen Beinen, und Cloche schwang sich von neuem auf seine Krücken und setzte sich nach seiner Beute in ähnliche Bewegung wie die Hühner.

Als er bei dem kleinen schwarzen Körper mit dem rotgefleckten Kopf anlangte, erhielt er einen furchtbaren Schlag in den Rücken, daß er die Stöcke fahrenließ und zehn Schritte weit zu Boden geschleudert wurde. Und Meister Chiquet, der sich erbittert auf den Räuber stürzte, schlug wie ein Besessener, schlug, wie ein bestohlener Bauer schlägt, mit Fäusten und Füßen auf den Körper des Siechen ein, der sich nicht verteidigen konnte.

Die Leute vom Hof eilten herzu und droschen mit

ihrem Herrn gemeinsam den Bettler zusammen. Als sie es müde waren, hoben sie ihn auf, zerrten ihn mit und schlossen ihn im Holzschuppen ein, während einer die Gendarmen holte.

Cloche blieb halb tot, blutend und vor Hunger am Verenden, in einer Ecke liegen. Es wurde Abend, es wurde Nacht, es wurde Morgen. Noch immer hatte er nichts gegessen.

Gegen Mittag kamen die Gendarmen und öffneten vorsichtig, auf Widerstand gefaßt, die Tür, denn Meister Chiquet hatte behauptet, er sei von dem Landstreicher angegriffen worden und habe sich nur mit Not zur Wehr gesetzt.

Der Brigadier schrie: »Aufstehen, los!«

Aber Cloche konnte sich nicht mehr rühren, er versuchte zwar, sich auf seine Stöcke zu hieven, aber er konnte nicht. Man glaubte, dies sei eine List, sei der böse Wille des Übeltäters, und die zwei Bewaffneten rissen ihn unter Knüffen hoch und stellten ihn gewaltsam auf die Krücken.

Angst hatte ihn gepackt, die eingeborene Angst vor den Uniformierten, die Angst des Wildes vor dem Jäger, der Maus vor der Katze.

Und mit übermenschlicher Anstrengung schaffte er es, sich aufrecht zu halten.

»Vorwärts!« befahl der Brigadier. Er humpelte los. Das ganze Personal des Hofes schaute seinem Abgang zu. Die Frauen zeigten ihm die Faust; die Männer höhnten, beschimpften ihn: endlich hatte man ihn geschnappt! Vorbei die Plage.

Er entfernte sich zwischen seinen zwei Wächtern. Er fand die verzweifelte Kraft, sich noch bis Abend fortzuschleppen, fühllos, stumpf, nicht einmal mehr wissend, wie ihm geschah, zu verschreckt, um irgend etwas zu begreifen.

Die Leute, die den Zug sahen, blieben gaffend stehen, und die Bauern knurrten: »Das wird so ein Dieb sein!«

Gegen Dunkelwerden trafen sie in der Kreisstadt ein. Nie war er bis hierher gelangt. Er konnte sich nicht ausmalen, was vor sich ging, noch was kommen könnte. All die schrecklichen, unerwarteten Dinge, die Gesichter, die anderen Häuser bestürzten ihn.

Er sagte kein Wort, da er nichts zu sagen wußte, denn er verstand nichts mehr. Überdies hatte er seit den vielen Jahren, die er mit niemandem redete, den Gebrauch der Sprache fast verloren; auch war sein Denken zu ungeordnet, um sich in Worten auszudrücken.

Man sperrte ihn in das Ortsgefängnis. Die Gendarmen dachten nicht daran, daß er das Bedürfnis zu essen haben könnte, und ließen ihn so bis zum nächsten Tag.

Doch als man ihn am frühen Morgen zum Verhör holen kam, fand man ihn tot am Boden. So eine Überraschung!

Begegnung

Es war ein Zufall, schierer Zufall. Baron d'Etraille war es müde geworden zu stehen, und da an diesem Festabend alle Räumlichkeiten der Prinzessin geöffnet waren, ging er zu dem stillen und nach Verlassen der hell erleuchteten Salons fast finsteren Schlafzimmer.

Er suchte einen Platz, wo er schlafen könnte, denn sicher würde seine Frau vor Morgen nicht aufbrechen wollen. Von der Tür schon sah er das breite Bett in Azur und Goldblumen mitten in dem großen Raum wie einen Katafalk stehen, darin man die Liebe begraben hatte, denn die Prinzessin war nicht mehr jung. Eine große helle Fläche dahinter erweckte den Eindruck eines Sees, den man von einem hochgelegenen Fenster sieht. Es war der riesige, verschwiegene Spiegel mit dunklen Draperien davor, die manchmal niedergelassen wurden, die man oft aufgezogen hatte; und es war, als schaue der Spiegel zur Bettstatt, seiner Komplizin, nieder, als habe er wehmütige Erinnerungen wie jene Schlösser, wo die Geister Gestorbener umgehen, und es müßten an seiner leeren Fläche nun gleich die zauberischen Formen nackter Frauenhüften und die süßen Gebärden umschlingender Arme aufgleiten.

Lächelnd, leicht angerührt, hatte der Baron an der Schwelle dieses Gemaches der Liebe innegehalten. Doch plötzlich zeigte sich etwas im Spiegel, wie wenn die beschworenen Gespenster ihm erscheinen wollten. Ein Mann und eine Frau hatten sich von einem niedrigen, im Dunkel stehenden Diwan erhoben. Und das schimmernde Kristall spiegelte ihre Gestalten, wie sie sich auf die Lippen küßten, bevor sie sich trennten.

Der Baron erkannte seine Frau und den Marquis de Cervigné. Er machte kehrt und entfernte sich, gefaßt, Herr seiner selbst; und er wartete ab, bis es tagte, um mit der Baronin heimzukehren; an Schlafen dachte er indes nicht mehr.

Sowie er mit ihr allein war, sagte er:

»Madame, ich sah Sie vorhin im Schlafzimmer der Prinzessin de Raynes. Ich muß mich weiter nicht erklären. Ich mag weder Vorwürfe noch Heftigkeiten noch die übrigen Lächerlichkeiten. Da wir solche Dinge also vermeiden wollen, trennen wir uns ab jetzt ohne Aufsehn. Ich werde Leute beauftragen, Ihre Situation meinen Weisungen gemäß zu regeln. Es steht Ihnen frei, sich nach Belieben einzurichten, denn Sie leben fortan nicht mehr unter meinem Dach; doch da Sie weiterhin meinen Namen tragen, warne ich Sie vor jeglicher Art Skandal, weil ich mich dann gezwungen sähe, streng zu verfahren.«

Sie wollte sprechen; er verhinderte es und zog sich mit kurzer Verneigung zurück.

Was er fühlte, war eher trauriges Erstaunen als Unglück. Er hatte sie in den ersten Zeiten ihrer Ehe sehr geliebt. Nach und nach war diese Glut erloschen, und jetzt hatte er oft Kapricen, sei es in der Theaterwelt, sei es in der Gesellschaft; nichtsdestoweniger hatte er der Baronin eine gewisse Vorliebe bewahrt.

Sie war sehr jung, knapp vierundzwanzig, klein, eigentümlich blond und mager, allzu mager; eine Pariser Puppe, zierlich, verwöhnt, elegant, kokett, ziemlich geistreich, die mehr Charme als Schönheit besaß. Seinem Bruder sagte er im Vertrauen über sie: »Meine Frau ist bezaubernd, aufreizend, nur ... es bleibt einem nichts in der Hand. Sie gleicht einem schäumenden Glas Champagner. Ist man schließlich an den Grund gelangt, war es zwar gut, aber doch zuwenig.«

Erregt und tausenderlei überdenkend, schritt er kreuz und quer durch sein Zimmer. Für Momente wallte Zorn in ihm auf, er fühlte brutale Gelüste, dem Marquis die Knochen zu brechen oder ihn im Club zu ohrfeigen. Dann stellte er fest, daß das geschmacklos wäre, daß man über ihn und nicht über den anderen lachen würde und daß solche Empörungen mehr einer verletzten Eitelkeit als seinem gequälten Herzen entsprangen. Er legte sich zu Bett, schlief aber nicht.

Tage später erfuhr man in Paris, Baron und Baronin d'Etraille hätten sich wegen Unvereinbarkeit der Charaktere freundschaftlich getrennt. Man argwöhnte nichts, tuschelte nicht und war nicht erstaunt.

Um indes Begegnungen zu meiden, die ihm peinlich gewesen wären, reiste der Baron ein ganzes Jahr, verbrachte den darauffolgenden Sommer in Badeorten am Meer, den Herbst auf Jagden, und kam erst zum Winter wieder nach Paris. Kein einziges Mal sah er seine Frau.

Er erfuhr, daß nichts über sie geredet wurde. Wenigstens trug sie acht, den Schein zu wahren. Mehr verlangte er nicht.

Da er sich langweilte, reiste er abermals, dann restaurierte er sein Schloß in Villebosc, was zwei Jahre in Anspruch nahm, dann empfing er dort Freunde, was ihn mindestens fünfzehn Monate beschäftigte; dann bezog er, der abgenutzten Vergnügen satt, wieder sein Palais in der Rue de Lille, genau sechs Jahre nach der Trennung.

Fünfundvierzig war er jetzt, hatte reichlich weiße Haare, einen Ansatz von Bauch und die Melancholie der

Leute, die einmal schön, umworben, geliebt waren und nun mit jedem Tag mehr verfallen.

Einen Monat wieder in Paris, erkältete er sich auf der Heimkehr vom Club und begann zu husten. Sein Arzt empfahl, den restlichen Winter in Nizza zu verbringen.

Eines Montagabends also bestieg er den Schnellzug.

Da er sich verspätet hatte, traf er gerade erst ein, als der Zug anfuhr. Er fand einen freien Platz in einem Coupé. Auf der Polsterbank gegenüber hatte sich bereits eine Person eingerichtet, so dicht in Pelze und Überwürfe gehüllt, daß er nicht einmal erkennen konnte, ob es ein Mann oder eine Frau war. Nichts zeigte sich als ein langes Paket Kleidungsstücke. Als der Baron sah, daß er mehr nicht erfahren würde, machte auch er es sich bequem, setzte seine Reisekappe auf, entfaltete seine Dekken, rollte sich hinein, streckte sich lang und entschlief.

Er erwachte erst bei Morgenröte, und sofort blickte er nach seinem Reisegefährten. Der hatte sich die ganze Nacht nicht von der Stelle gerührt und schien noch in tiefem Schlaf.

Monsieur d'Etraille nutzte den Umstand, seine Morgentoilette zu machen, Bart und Haar zu bürsten, sein Äußeres wiederherzustellen, das die Nacht so böse, so böse verändert, wenn man ein gewisses Alter erreicht.

Ein großer Dichter hat gesagt:

Quand on est jeune on a des matins triomphants!

In der Jugend ist jedes Erwachen ein Fest – mit frischer Haut, blanken Augen, vor Lebenssaft schimmerndem Haar.

Wenn das Alter beginnt, wird das Erwachen kläglich: trüb die Augen, die Backen rot und verquollen, der Mund teigig, Haar und Bart aus der Form, die Züge abgelebt, erschöpft, verbraucht.

Der Baron hatte sein Reisenecessaire geöffnet und

ordnete mit etlichen Bürstenstrichen sein Aussehn. Dann wartete er.

Der Zug pfiff, hielt an. Der Reisegefährte bewegte sich. Offenbar war er erwacht. Dann ging die Fahrt weiter. Jetzt fiel ein Sonnenstrahl schräg ins Abteil und traf genau auf den Schläfer, der sich neuerdings regte, ein paarmal mit dem Kopf hochstieß wie ein Küken, das aus seiner Schale bricht, und unbekümmert sein Gesicht zeigte.

Es war eine junge Frau, blond, morgenfrisch, sehr hübsch und üppig. Sie setzte sich auf.

Der Baron schaute verblüfft. Er wußte nicht, was er glauben sollte. Denn wahrhaftig, er hätte schwören mögen, daß ... daß dies seine Frau war, aber außerordentlich verwandelt ... zu ihrem Vorteil verwandelt, voller, oh! voller, so wie er selbst, nur zum Besseren.

Sie blickte ihn gelassen an, schien ihn nicht zu erkennen, befreite sich seelenruhig von ihren Hüllen.

Sie hatte das Selbstvertrauen der in sich ruhenden Frau, die unverschämte Sorglosigkeit der in voller Schönheit, in voller Frische Erwachten.

Der Baron verlor wirklich den Kopf.

War das seine Frau? Oder eine andere, die ihr wie eine Schwester glich? Nach den sechs Jahren, die er sie nicht gesehen, konnte er sich täuschen.

Sie gähnte. Er erkannte ihre Geste. Doch aufs neue wandte sie sich ihm zu und musterte ihn mit einem ruhigen, gleichgültigen Blick, einem Blick, der von nichts weiß, dann schaute sie hinaus in die Landschaft.

Er war aufs höchste erregt, furchtbar ratlos. Hartnäkkig betrachtete er sie von der Seite, wartete.

Aber ja, es war seine Frau, zum Donner! Wie hatte er zögern können? Es gab doch nicht zwei mit solch einer Nase? Tausend Erinnerungen kehrten ihm wieder, Erinnerungen an Zärtlichkeiten, an kleine Besonderheiten ihres Körpers, an einen Leberfleck auf der Hüfte und dem darüber auf dem Rücken. Wie oft hatte er beide geküßt! Er fühlte, wie das alte Prickeln ihn erfaßte, er fand den Geruch ihrer Haut wieder, ihr Lächeln, wenn sie ihm die Arme um die Schultern schlang, die süßen Schwingungen ihrer Stimme, all ihre reizenden Schelmereien.

Aber wie verändert, verschönt sie war: sie war es und war doch nicht mehr sie. Er fand sie reifer, fertiger, mehr Weib, verführerischer, begehrenswerter, wunderbar begehrenswert.

Diese fremde Frau also, diese Unbekannte, die er durch Zufall in einem Zugabteil getroffen hatte, war sein, gehörte ihm nach dem Gesetz. Er brauchte nur zu sagen: »Ich will.«

Früher hatte er in ihren Armen geschlafen, in ihrer Liebe gelebt. Jetzt fand er sie so verändert wieder, daß er sie kaum erkannte. Es war eine andere und war zugleich sie: es war eine andere, geboren, ausgeformt, gewachsen, seit er sie verlassen hatte; und es war auch sie, die er besessen hatte, deren Gebaren er gewandelt fand, die einstigen Züge ausgeprägter, das Lächeln weniger niedlich, die Gesten sicherer. Es waren zwei Frauen in einer, in der ein groß Teil von neuem Unbekannten mit einem groß Teil geliebter Erinnerung verschmolz. Es war etwas Eigenes, Verwirrendes, Aufregendes, etwas wie ein Liebesgeheimnis, ein köstliches Verwechslungsspiel. Es war seine Frau in neuer Gestalt, in einem neuen Leib, den seine Lippen noch nicht geküßt hatten.

Und er dachte, daß innerhalb sechs Jahren tatsächlich alles in uns sich erneuert. Einzig der Umriß bleibt erkennbar, und manchmal verschwindet auch der.

Blut, Haar, Haut, alles bildet sich neu. Und wenn man sich lange nicht gesehen hat, findet man ein ganz anderes Wesen vor, obschon es das gleiche ist und denselben Namen trägt.

Und auch das Herz kann sich verändern, auch die Vorstellungen wechseln, erneuern sich, so daß wir in vierzig Lebensjahren, durch langsame, andauernde Wandlungen, vier oder fünf völlig neue, andere Wesen werden können.

Er grübelte, aufgewühlt bis in die Seele. Auf einmal kam ihm der Gedanke an den Abend, als er sie im Schlafzimmer der Prinzessin überrascht hatte. Keine Wut regte sich in ihm. Er hatte nicht dieselbe Frau vor sich, die magere, lebhafte kleine Puppe von damals.

Was sollte er tun? Wie mit ihr reden? Was ihr sagen? Ob sie ihn wiedererkannt hatte?

Der Zug hielt von neuem. Er stand auf, verneigte sich und sagte: »Berthe, benötigen Sie etwas? Ich könnte Ihnen ...«

Sie betrachtete ihn von den Füßen bis zum Kopf und antwortete ohne Erstaunen, ohne Verlegenheit, ohne Zorn, mit ungerührtem Gleichmut: »Nein – nichts – danke.«

Er stieg aus und lief ein paar Schritte über den Bahnsteig, um sich zu schütteln, wie wenn er nach einem Sturz seine Sinne wieder fassen müsse. Was sollte er jetzt tun? In ein anderes Abteil steigen? Das sähe nach Flucht aus. Sich galant, bemüht zeigen? Es sähe aus, als wollte er sich entschuldigen. Den Gebieter spielen? Es wäre Rüpelmanier, und außerdem hatte er dazu wahrlich kein Recht mehr.

Er stieg ein und nahm wieder Platz.

Auch sie hatte in seiner Abwesenheit rasch Toilette gemacht. Sie saß jetzt in die Polster gelehnt, gelassen und strahlend schön.

Er wandte sich ihr zu und sagte: »Meine liebe Berthe, da ein so sonderbarer Zufall uns nach sechs Jahren Trennung hier zusammenführt, einer Trennung ohne Heftigkeiten, sollten wir uns nicht weiter wie zwei unversöhnliche Feinde ansehen. Wir sitzen uns gegenüber. Gut oder nicht gut. Ich werde nicht weichen. Ist es da nicht besser, bis zum Ende unserer Reise zu plaudern wie … wie … wie Freunde?«

Ruhig antwortete sie: »Wie Sie wünschen.«

Da blieb er wortkarg, wußte nicht, was er sagen sollte. Dann erkühnte er sich, rückte näher, setzte sich auf den mittleren Sessel und fuhr mit galanter Stimme fort: »Ich sehe, man muß Ihnen den Hof machen, sei es. Übrigens ist es mir ein Vergnügen, denn Sie sehen bezaubernd aus. Sie können sich nicht vorstellen, wie sehr Sie in den sechs Jahren gewonnen haben. Ich weiß keine Frau, die mir je ein so köstliches Gefühl eingab wie Sie vorhin, als ich Sie aus Ihren Pelzen auftauchen sah. Wahrhaftig, ich hätte eine solche Veränderung nicht für möglich gehalten …«

Ohne den Kopf zu bewegen und ohne ihn anzusehen, erwiderte sie: »Ich kann Ihnen nicht das gleiche sagen, denn Sie haben sehr verloren.«

Er wurde rot, verunsichert und befangen, dann lächelte er resigniert: »Sie sind hart.«

Sie wandte sich ihm zu: »Warum? Ich stelle nur fest. Sie haben nicht die Absicht, mir Ihre Liebe zu erklären, nicht wahr? Also ist es absolut gleichgültig, ob ich Ihr Aussehen gut oder schlecht finde. Aber ich begreife, daß dieses Thema Ihnen peinlich ist. Sprechen wir von anderem. Was haben Sie gemacht, seit ich Sie nicht gesehen habe?«

Seine Haltung war untergraben, er stammelte: »Ich? ich war auf Reisen, habe gejagt, bin gealtert, wie Sie sehen. Und Sie?«

Heiter erklärte sie: »Ich, ich habe den Schein gewahrt, wie Sie es befahlen.«

Ein scharfes Wort schnellte ihm auf die Lippen. Er sagte es nicht, sondern nahm die Hand seiner Frau und küßte sie: »Und ich danke Ihnen dafür.«

Sie war überrascht. Er war wirklich enorm, nie aus der Fassung zu bringen.

»Da Sie in meine erste Bitte eingewilligt haben«, fuhr er fort, »wollen wir jetzt ohne Bitterkeit plaudern?«

Sie machte eine verächtliche kleine Geste: »Bitterkeit? die empfinde ich nicht. Sie sind mir vollständig fremd. Ich versuche lediglich, eine schwierige Unterhaltung zu beleben.«

Er sah sie weiter an, angezogen trotz ihrer Schroffheit, von brutalem Begehren durchpulst, einem herrischen Begehren.

Sie, durchaus spürend, daß sie ihn verletzt hatte, ließ nicht ab: »Wie alt sind Sie jetzt? Ich meinte, Sie wären jünger, als Sie aussehen.«

Er wurde blaß: »Ich bin fünfundvierzig.« Dann setzte er hinzu: »Ich vergaß, mich nach der Prinzessin de Raynes zu erkundigen. Sehen Sie sie immer noch?«

Sie warf ihm einen haßvollen Blick zu: »Ja, immer noch. Es geht ihr sehr gut – danke.«

Und sie saßen Seite an Seite mit hämmernden Herzen, bis in die Seele aufgewühlt. Plötzlich erklärte er: »Meine liebe Berthe, ich habe meine Meinung geändert. Sie sind meine Frau, und ich halte dafür, daß Sie heute noch unter mein Dach zurückkehren. Ich finde, Sie haben an Schönheit und Charakter gewonnen, ich nehme Sie wieder. Ich bin Ihr Gatte, es ist mein Recht.«

Sie war sprachlos und blickte ihm in die Augen, um hinter seine Gedanken zu kommen. Sein Gesicht blieb unbewegt, undurchdringlich, entschlossen.

Sie antwortete: »Es tut mir leid, aber ich habe Verbindlichkeiten.«

Er lächelte: »Wie unangenehm für Sie. Das Gesetz gibt mir die Macht. Ich werde sie gebrauchen.«

Der Zug fuhr in Marseille ein; er pfiff, verlangsamte die Fahrt. Die Baronin erhob sich, rollte ungerührt ihre

Decken ein, dann wandte sie sich zu ihrem Mann: »Mein lieber Raymond, mißbrauchen Sie eine Begegnung nicht, die ich vorbereitet habe. Ich wollte, Ihrem Rat getreu, eine Vorsichtsmaßnahme treffen, um weder von Ihnen noch von der Gesellschaft etwas befürchten zu müssen, was auch geschehe. Sie gehen nach Nizza, nicht wahr?«

»Ich gehe dorthin, wo Sie hingehen.«

»Keineswegs. Hören Sie mich an, und ich versichere Sie, daß Sie mich in Frieden lassen werden. Gleich jetzt auf dem Bahnsteig werden Sie die Prinzessin de Raynes und die Comtesse Henriot erblicken, die mich samt ihren Gatten erwarten. Ich wollte, daß man uns zusammen sieht, Sie und mich, und daß man erfahre, daß wir die Nacht allein hier in diesem Coupé verbracht haben. Seien Sie unbesorgt. Die Damen werden es überall erzählen, so unfaßlich wird es ihnen sein.

Ich sagte eben, daß ich Ihren Empfehlungen gemäß sorglich den Schein gewahrt habe, von weiterem war keine Rede, nicht wahr? Nun, ich habe diese Begegnung herbeigeführt, um darin fortzufahren. Sie befahlen mir, einen Skandal unbedingt zu meiden, ich meide ihn, mein Lieber ... denn ich fürchte ... ich fürchte ...«

Sie wartete, bis der Zug vollständig hielt, und während eine Schar Freunde an ihre Wagentür stürzte und sie öffnete, vollendete sie:

»Ich fürchte, ich bin schwanger.«

Die Prinzessin breitete ihr die Arme entgegen. Die Baronin sagte, indem sie auf den überrumpelten Baron wies, der zu erraten suchte, was die Wahrheit sei:

»Erkennen Sie Raymond nicht wieder? Allerdings hat er sich sehr verändert. Er war so gütig, mich zu begleiten, damit ich nicht allein reisen mußte. Manchmal machen wir solche kleinen Extratouren als gute Freunde, die nicht zusammen leben können. Aber hier trennen wir uns. Er hat schon wieder genug von mir.«

Sie reichte ihm die Hand, die er mechanisch nahm. Dann sprang sie auf den Bahnsteig mitten unter die Wartenden.

Der Baron schloß barsch die Tür, zu erregt, um ein Wort zu sagen oder einen Entschluß zu fassen. Er hörte die Stimme seiner Frau und ihr munteres Lachen sich entfernen.

Er sah sie nie wieder.

Hatte sie gelogen? Hatte sie die Wahrheit gesagt? Er hat es nie erfahren.

Das Glück

Es war zur Teezeit, ehe die Lampen kamen. Die Villa lag hoch über der See; die entschwundene Sonne hatte den Himmel ganz rosig und goldbestäubt hinterlassen; und das Mittelmeer, ohne eine Riefelung, ohne einen Schauer, noch im Glanz des sterbenden Tages, glich einer riesigen Tafel aus poliertem Metall.

Weithin, zur Rechten, zackten die Bergzüge ihre schwarze Silhouette in den erbleichenden Purpur des Abendrots.

Man sprach über die Liebe, erörterte das uralte Thema, käute Dinge wieder, die schon viele Male gesagt worden sind.

Die sanfte Melancholie der Dämmerung dehnte die Reden, rührte die Seelen an; und es war, als erfülle das unaufhörlich wiederkehrende, bald von einer dunklen Männerstimme, bald von einer helleren Frauenstimme gesagte Wort »Liebe« den kleinen Salon, schwirre wie ein Vogel auf und nieder, schwebe über allem wie ein Geist.

Kann man mehrere Jahre denselben Menschen lieben?

»Ja«, behaupteten die einen.

»Nein«, beteuerten die anderen.

Man trennte die Fälle, zog Grenzlinien, zitierte Beispiele; und alle, Männer wie Frauen, aufsteigender und aufrührender Erinnerungen voll, die sie nicht anführen konnten, die sich aber auf ihre Lippen drängten, wirkten erregt und sprachen über dieses Alltägliche und Allerhöchste, das zärtliche und geheimnisvolle Einvernehmen zweier Wesen, mit tiefer Bewegung und glühender Anteilnahme.

Aber plötzlich rief einer, der die Augen unverwandt in die Weite richtete:

»Oh! sehen Sie dort, was ist das?«

Fern am Horizont tauchte verschwommen eine große, graue Masse aus dem Meer.

Die Frauen waren aufgesprungen und schauten verständnislos nach der überraschenden Erscheinung, die sie noch nie gesehen hatten.

Einer sagte:

»Das ist Korsika! So zeigt es sich zwei-, dreimal im Jahr unter gewissen außergewöhnlichen atmosphärischen Bedingungen, wenn die Luft vollkommen klar ist und es nicht hinter Nebeln und Wasserdünsten verborgen liegt, die sonst die Fernen verschleiern.«

Man meinte sogar die Grate zu erkennen, den Schnee auf den Gipfeln zu sehen. Und alle waren verwundert, verwirrt, fast erschrocken vor diesem jähen Phantombild, vor diesem dem Meer entstiegenen Schemen. Wer weiß, ob solch seltsame Visionen nicht jene hatten, die über die unerforschten Weltmeere segelten wie Columbus.

Da sagte ein alter Herr, der bislang zu allem geschwiegen hatte:

»Sehen Sie, auf dieser Insel, die vor uns aufsteigt, als wolle sie selber uns Antwort geben auf das, was wir vorhin sprachen, und die mir ein seltsames Erlebnis heraufruft, habe ich ein wunderbares Beispiel einer beständigen, einer unbegreiflich glücklichen Liebe gesehen.

Hören Sie:

Ich bereiste Korsika vor fünf Jahren. Diese wilde Insel ist uns ja fremder und ferner als Amerika, obwohl man sie von Frankreichs Küsten bisweilen sieht wie heute.

Stellen Sie sich die Welt noch im Chaos vor, einen Sturm von Gebirgen, die enge Klüfte trennen, an deren Grund Sturzwasser brausen; keine Ebene, sondern unmäßige Wogen aus Granit und riesige Erdwellen, bedeckt mit Macchien oder hohen Wäldern aus Kastanien und Pinien. Es ist ein jungfräuliches Land, unkultiviert und wüst, obwohl man dann und wann eine Ansiedlung gleich einem Haufen Felsbrocken auf einem Berggipfel erkennt. Keine Kultur, keine Industrie, keine Kunst. Nie trifft man auf ein Stück bearbeitetes Holz, einen behauenen Stein, nie auf ein Zeugnis des kindlichen oder verfeinerten Geschmacks der Vorfahren für anmutige und schöne Dinge. Gerade das setzt in diesem so prachtvollen wie rauhen Land am meisten in Erstaunen: der altüberkommene Gleichmut gegen das Entdecken verführerischer Formen, das man Kunst nennt.

Italien, wo ein jeder Palast, voller Meisterwerke, selber ein Meisterwerk ist, wo Marmor, Holz, Bronze, Eisen, Metalle, Steine das menschliche Genie bezeugen, wo selbst die geringsten altertümlichen Gegenstände, die sich in alten Häusern finden, das göttliche Walten der Anmut bekunden, ist uns allen die heilige Heimat, die man liebt, weil sie uns die Anstrengung, die Größe, die Macht und den Triumph der schöpferischen Intelligenz vor Augen führt.

Und ihm gegenüber ist das wilde Korsika geblieben wie in den ersten Zeiten. Dort lebt der Mensch in einem grobschlächtigen Haus, gleichgültig gegen alles, was nicht unmittelbar seine Existenz oder seine Familienzwistigkeiten betrifft. Und er hat die Fehler und Vorzüge der unkultivierten Rassen bewahrt, ist gewalttätig, unbewußt blutdürstig, zugleich aber gastfreundlich, großmütig, ergeben, naiv, er öffnet dem Fremdling seine Tür und schenkt ihm für das mindeste Zeichen von Zuneigung seine treue Freundschaft.

Seit einem Monat wanderte ich denn über die herrlich schöne Insel in dem Gefühl, am Ende der Welt zu sein. Keine Herbergen, keine Schenken, keine Straßen. Auf Maultierpfaden gelangt man zu den Flecken, die sich an eine Gebirgsflanke hoch über einem zerklüfteten Abgrund klammern, aus dem man abends das andauernde Tosen des Wildbachs heraufsteigen hört. Man klopft an eine Haustür. Man bittet um Unterkunft für die Nacht und Speise und Trank bis zum nächsten Morgen. Und man setzt sich an den bescheidenen Tisch, und man schläft unter dem bescheidenen Dach; und anderntags drückt man die dargebotene Hand seines Wirtes, der einen bis an die Dorfgrenze geleitet.

Eines Abends nun, nach zehn Stunden Fußmarsch, gelangte ich zu einer ganz vereinzelt liegenden Behausung am Grunde eines kleinen engen Tals, das eine Meile weiter zum Meer niederstürzt. Die beiden jähen Berghänge, überzogen mit Macchien, Geröll und hohen Bäumen, umschlossen die jammervoll traurige Schlucht wie zwei düstere Mauern.

Rings um die strohgedeckte Hütte ein paar Weinstöcke, ein kleiner Garten und etwas weiter einige große Kastanienbäume, also das Nötige zum Leben, ein Vermögen in dem armen Land.

Die Frau, die mich empfing, war alt, streng und ausnahmsweise reinlich. Der Mann erhob sich zu meiner Begrüßung von seinem Binsenstuhl, dann setzte er sich wortlos. Seine Gefährtin sagte:

›Entschuldigen Sie ihn; er ist jetzt taub. Er ist zweiundachtzig.‹

Sie sprach französisch wie eine Französin. Das wunderte mich.

›Sind Sie nicht von Korsika?‹ fragte ich.

Sie antwortete: ›Nein; wir sind vom Festland. Aber wir leben hier seit fünfzig Jahren.‹

Ein Gefühl von Beklemmung, von Angst ergriff mich bei der Vorstellung, fünfzig Jahre in solcher Düsternis zu verbringen, fern allen Städten, wo Menschen leben. Ein alter Schäfer trat ein, und man versammelte sich zu dem einzigen Abendgericht, einer dicken Suppe aus Kartoffeln, Speck und Kohl.

Nach der kurzen Mahlzeit trat ich vors Haus und setzte mich, das Herz von der Schwermut der trübseligen Landschaft eingesponnen, niedergedrückt von dem Jammer, der den Reisenden abends an manchen trostlosen Orten beschleicht. Es ist einem, als müsse alles enden, das Sein und das All. Jäh wird man der Verlorenheit des Lebens inne, und wie vereinzelt alle sind, wie nichtig alles; man fühlt die schwarze Einsamkeit des Herzens, das sich in Träumen und Selbstbetrug wiegt bis zum Tod.

Die alte Frau gesellte sich zu mir, und aus der Neugierde, die auch die resigniertesten Seelen nicht verläßt, fragte sie mich:

›Sie kommen wohl aus Frankreich?‹

›Ja, ich reise zu meinem Vergnügen.‹

›Sind Sie vielleicht aus Paris?‹

›Nein, ich bin aus Nancy.‹

Eine außergewöhnliche Erregung schien sie zu befallen. Wie ich es sah oder vielmehr spürte, weiß ich nicht.

Langsam wiederholte sie:

›Aus Nancy sind Sie?‹

Der Mann trat unter die Tür, teilnahmslos, wie es Taube sind.

›Das tut nichts‹, sagte sie. ›Er hört nicht.‹

Und nach einer Weile:

›Dann kennen Sie Leute in Nancy?‹

›Freilich, fast alle.‹

›Die Familie Sainte-Allaize?‹

›Ja, sehr gut; es waren Freunde meines Vaters.‹

›Wie heißen Sie?‹

Ich nannte meinen Namen. Sie starrte mich an, dann sagte sie mit der verhaltenen Stimme, die aus Erinnerungen steigt:

›Ja, ja, ich entsinne mich gut. Und die Brisemares, was ist aus denen geworden?‹

›Sie sind alle tot.‹

›Ach! Und die Sirmonts, kennen Sie die?‹

›Ja, der letzte ist General.‹

Da sagte sie, bebend vor Erregung, vor Erschütterung, aus weiß ich welchem verworrenen, mächtigen und heiligen Gefühl, aus weiß ich welchem Drang, sich zu bekennen, alles herauszusagen, von den Dingen zu sprechen, die sie so lange am Grund ihres Herzens verschlossen gehalten, und von den Menschen, deren Name ihre Seele aufwühlte:

›Ja, Henri de Sirmont. Ich weiß. Das ist mein Bruder.‹

Überrascht hob ich die Augen nach ihr. Und auf einmal kehrte die Erinnerung mir wieder:

Es hatte im lothringischen Adel einst einen großen Skandal gegeben. Ein junges Mädchen, schön und reich, Suzanne de Sirmont, war von einem Unteroffizier des Husarenregiments, das ihr Vater befehligte, entführt worden.

Er war ein schöner Bursche, ein Bauernsohn, aber schmuck in seinem blauen Dolman, dieser Husar, der die Tochter seines Obersten betört hatte. Sie muß ihn bemerkt und sich in ihn verliebt haben, wenn sie die Schwadronen defilieren sah. Aber wie sie mit ihm gesprochen hatte? wie sie sich hatten treffen und verständigen können? wie sie gewagt hatte, ihm zu gestehen, daß sie ihn liebte? Man hat es nie erfahren.

Niemand hatte etwas geahnt, niemandem war etwas aufgefallen. Eines Abends, nachdem der Soldat seine Dienstzeit beendet hatte, verschwand er mit ihr. Sie wurden gesucht, man entdeckte keine Spur von ihnen. Nie erhielt jemand eine Nachricht, man glaubte sie tot.

Und ich fand sie so in diesem finsteren Tal wieder.

Nun sagte ich:

›Ja, ich erinnere mich gut. Sie sind Mademoiselle Suzanne.‹

Sie nickte stumm, Tränen rollten aus ihren Augen. Dann wies sie mit einem Blick nach dem Greis, der still auf der Schwelle der Hütte stand, und sagte:

›Das ist er.‹

Und ich begriff, daß sie ihn immer noch liebte, daß sie ihn immer noch mit ihren betörten Augen sah.

Ich fragte:

›Sind Sie wenigstens glücklich geworden?‹

Sie antwortete mit einer Stimme, die aus dem Herzen kam:

›O ja, sehr glücklich! Er hat mich sehr glücklich gemacht. Ich habe es nie bereut.‹

Ich betrachtete sie, traurig, staunend, tief verwundert vor solcher Macht der Liebe! Dieses reiche Mädchen war diesem Mann, diesem Bauern gefolgt. Sie war selbst eine Bäuerin geworden. Sie hatte sich an ein Leben ohne Reize, ohne Luxus, ohne jegliche Verfeinerungen gewöhnt, sie hatte sich seinen schlichten Gewohnheiten angepaßt. Und sie liebte ihn immer noch. Sie war eine einfache Frau in Haube und Leinenrock geworden. Sie aß aus einer irdenen Schüssel, von einem Holztisch, auf einem Binsenstuhl, einen Eintopf aus Kohl und Kartoffeln mit Speck. Sie schlief auf einem Strohsack an seiner Seite.

Nie hatte sie an anderes gedacht als an ihn! Nichts hatte sie vermißt, weder Schmuck noch Stoffe, noch Eleganz, noch Polstersitze, noch die duftende Wärme bespannter Zimmer, noch die Daunenweiche, worein der Leib sich zur Ruhe hüllt. Nie hatte sie anderes gebraucht als ihn; wenn er nur da war, begehrte sie nichts mehr.

Ganz jung hatte sie ihr Leben und die Gesellschaft und alle die aufgegeben, die sie aufgezogen und geliebt hatten. Sie war allein mit ihm in diese wilde Schlucht gekommen. Und er war alles für sie gewesen, alles, was man ersehnt, alles, was man sich erträumt, alles, was man unaufhörlich erwartet, alles, worauf man endlos hofft. Er hatte ihr Dasein von Anfang bis Ende mit Glück erfüllt.

Sie hätte nicht glücklicher sein können.

Und die ganze Nacht, während ich dem rauhen Atem des alten Soldaten lauschte, der auf seiner Pritsche neben ihr schlief, die ihm von so weit gefolgt war, grübelte ich nach über dieses sonderbare und schlichte Schicksal, über dieses so vollkommene und aus so wenig bestehende Glück.

Und bei Sonnenaufgang machte ich mich davon, nachdem ich den beiden alten Gatten die Hand gedrückt hatte.«

Der Erzähler verstummte. Eine Frau sagte:

»Sie hatte ein zu ärmliches Ideal, zu simple Bedürfnisse, zu geringe Forderungen. Sie kann nur dumm gewesen sein.«

Gedehnt sagte eine andere:

»Was tut das! sie ist glücklich geworden.«

Und fern am Horizont versank Korsika im Dämmer, tauchte langsam ins Meer zurück, löschte das mächtige Schattenbild, in dem es erschienen war, als hätte es selber die Geschichte der demütigen Liebenden erzählen wollen, die sein Gestade barg.

Adieu

Die beiden Freunde hatten zu Abend gespeist. Vom Fenster des Cafés sahen sie den Boulevard voller Menschen. Sie spürten die lauen Lüfte, die in milden Sommernächten Paris durchweben, daß die Passanten die Nase heben und einen die Lust überkommt, auf und davon zu laufen, wegzufahren, irgendwohin unter Bäume, und man von mondbeglänzten Flüssen träumt, von Glühwürmchen und Nachtigallen.

Der eine, Henri Simon, sagte mit einem tiefen Seufzer:

»Ah, ich werde alt! Es ist ein Jammer. Früher hatte ich an solchen Abenden den Teufel im Leib. Heute empfinde ich nur mehr Wehmut. Schnell geht das Leben!«

Er war schon dicklich, fünfundvierzig vielleicht, und ziemlich kahl.

Der andere, Pierre Garnier, um weniges älter, aber schlanker, lebhafter, versetzte:

»Ich, mein Lieber, bin gealtert, ohne es im mindesten gewahr zu werden. Immer war ich munter, tatkräftig, voll Energie und was dazugehört. Tja, da man sich täglich im Spiegel sieht, merkt man nicht, wie das Alter sein Werk verrichtet, denn es geht langsam und gleichmäßig vor und wandelt das Aussehn so sacht, daß einem Veränderungen kaum auffallen. Nur deshalb sterben wir ja nicht vor Gram nach bloß zwei-, dreijährigem Verfall.

Denn wir selber erkennen ihn nicht. Um ihn sich vor Augen zu führen, dürfte man ein halbes Jahr sein Gesicht nicht sehen – oh! der Schlag dann!

Aber die Frauen, mein Lieber, wie ich sie bedauere, die Armen. Ihr ganzes Glück, ihre ganze Macht, ihr ganzes Leben liegt in ihrer Schönheit, und die dauert zehn Jahre.

Ja, ich bin gealtert, ohne es zu spüren, ich wähnte mich fast noch ein Jüngling, als ich nahe an fünfzig war. Durch keine Krankheiten eingeschränkt, lebte ich froh und zufrieden.

Enthüllt wurde mir mein Niedergang auf ganz einfache, schreckliche Weise; an sechs Monate danach war ich verstört ... dann habe ich mich abgefunden.

Ich hatte mich oft verliebt wie alle Männer, aber einmal ganz besonders.

Ich war ihr vor rund zwölf Jahren, nicht lange nach dem Krieg, am Meer, in Etretat, begegnet. Es gibt nichts Reizenderes als diesen Strand des Vormittags zur Badezeit. Er ist klein, wie ein Hufeisen gerundet, von den hohen weißen Kreidemauern geschützt, die eigentümliche Öffnungen, Tore genannt, durchbrechen: gewaltig das eine, das seinen Riesenfuß ins Meer hinausstreckt, gegenüber gedrungen und rund das andere. Die Frauenschar sammelt sich auf der schmalen Kieselzunge und überzieht sie mit dem leuchtenden Flor ihrer hellen Toiletten in der hohen Felsrahmung. Die Sonne fällt steil auf die Strandhänge, auf die Sonnenschirme aller Tönungen, auf das grünlich-blaue Meer; und alles ist heiter, bezaubernd, den Augen ein Fest. Man setzt sich ganz nah ans Wasser und schaut den Badenden zu. In einen Flanellmantel drapiert, kommen sie herunter und werfen ihn mit hübscher Bewegung hinter sich, wenn sie an die Schaumborte der kurzen Wellen gelangen; und sie treten mit kleinen raschen Schritten, die manchmal ein wohliger Kälteschauer, ein kurzes Atemstocken verhält, ins Meer.

Nur wenige widerstehen der Versuchung zu baden. Und dabei begutachtet man sie von der Ferse bis zur Brust. Besonders wie sie sich hinauswagen, das verrät die Schwachen, obschon das Meerwasser erschlafftem Fleisch überaus guttun soll.

Gleich als ich die junge Frau zum erstenmal so erblickte, war ich entzückt und hingerissen. Sie hielt durch, sie hielt stand. Und dann gibt es Gesichter, deren Zauber einen jäh bezwingt, einen auf den ersten Blick überwältigt. Es ist, als fände man die Frau, die zu lieben man geboren wurde. So war mein Gefühl, so traf es mich.

Ich ließ mich vorstellen und war bald gefangen, wie ich es nie gewesen. Sie verheerte mein Herz. Es ist furchtbar und köstlich, der Herrschaft einer Frau so zu erliegen. Es ist nahezu eine Qual und gleichzeitig ein unfaßliches Glück. Ihr Blick, ihr Lächeln, ihre Nackenhärchen, wenn die Brise hineinblies, all die kleinen Linien ihres Gesichts, die mindesten Bewegungen ihrer Züge betörten mich, wühlten mich auf, machten mich toll. Sie hatte mich mit ihrer ganzen Person in Besitz genommen, mit ihren Gesten, ihrem Gebaren; sogar ihre Kleider behexten mich. Es rührte mich, wenn ich ihren Schleier auf einem Möbel, ihre hingeworfenen Handschuhe auf einem Sessel liegen sah. Ihre Toiletten schienen mir unnachahmlich. Keine trug Hüte wie sie.

Sie war verheiratet, aber der Gatte kam alle Sonnabende und reiste montags wieder ab Im übrigen blieb er mir gleichgültig. Ich war überhaupt nicht eifersüchtig, ich weiß nicht warum, nie war ein Wesen von geringerer Bedeutung in meinem Leben, beanspruchte weniger meine Aufmerksamkeit als dieser Mann.

Wie liebte ich sie! Und wie schön, wie anmutig, wie jung sie war! Sie war die Jugend, die Eleganz, die Frische selbst. Nie hatte ich mit solcher Macht empfunden, welch hübsches, zierliches, vornehmes, feinfühliges Wesen aus Grazie und Lieblichkeit eine Frau ist. Nie hatte ich begriffen, welch wunderbare Schönheit in einer Wangenkurve liegt, in einer Lippenbewegung, in den runden Faltungen eines kleinen Ohrs, in der Form dieses dummen Organs, das man Nase nennt.

Das dauerte drei Monate, dann reiste ich, das Herz vor Verzweiflung gebrochen, nach Amerika. Aber das Denken an sie blieb siegreich in mir. Sie besaß mich von ferne, wie sie mich von nah besessen hatte. Jahre vergingen. Ich hatte sie nicht vergessen. Ihr berückendes Bild blieb mir vor Augen und im Herzen. Und meine Zärtlichkeit blieb ihr treu, eine stille Zärtlichkeit jetzt, etwas wie die geliebte Erinnerung an das Schönste und Verführerischste, was mir im Leben begegnet war.

Wie wenig sind zwölf Jahre im Leben eines Mannes! Man spürt nicht, wie sie vergehen! Sie verrinnen eins nach dem anderen, gelinde und rasch, langsam und eilig, ein jedes ist lang und so bald zu Ende! Und sie reihen sich so pünktlich aneinander, sie hinterlassen so wenige Spuren, sie erlöschen so gänzlich, daß, blickt man sich um nach der verlorenen Zeit, man nichts mehr erkennt und nicht begreift, wie es sein kann, daß man alt geworden ist.

Mir schien es wahrhaftig, als trennten mich kaum ein paar Monate von den seligen Zeiten am Strand von Etretat.

Im vergangenen Frühling fuhr ich nach Maisons-Laffitte zu einem Essen mit Freunden.

Kurz bevor der Zug abfuhr, stieg eine dicke Dame in mein Abteil, und mit ihr vier kleine Mädchen. Ich warf kaum einen Blick nach dieser sehr breiten, sehr runden Glucke mit dem Vollmondgesicht, das ein Schleifenhut rahmte.

Sie schnaufte stark, außer Atem nach hastigem Laufen. Und die Kinder fingen zu plappern an. Ich schlug meine Zeitung auf und las.

Wir hatten Asnières hinter uns, als meine Nachbarin mich plötzlich ansprach:

›Verzeihen Sie, Monsieur, sind Sie nicht Monsieur Garnier?‹

›Ja, Madame.‹

Da lachte sie, zufrieden, brav und doch ein wenig traurig.

›Erkennen Sie mich nicht?‹

Ich zögerte. Mir war tatsächlich, als hätte ich dieses Gesicht schon irgendwo gesehen; aber wo? wann? Ich antwortete:

›Ja … und nein … Ich kenne Sie sicher, finde aber Ihren Namen nicht.‹

Sie errötete leicht:

›Julie Lefèvre.‹

Nie hat mich eine solche Erschütterung getroffen! Binnen einer Sekunde war es, als sei für mich alles aus. Ich fühlte nur, wie ein Schleier vor meinen Augen zerriß und daß ich nun furchtbare und schmerzliche Dinge erkennen müsse.

Das war sie? diese dicke, gewöhnliche Frau war sie? Und die vier Töchter hatte sie ausgebrütet, seit ich sie nicht gesehen hatte! Und die kleinen Wesen erstaunten mich ebenso wie ihre Mutter. Sie waren aus ihr hervorgegangen; sie waren selber schon groß, hatten im Leben Platz genommen. Und sie, sie zählte nicht mehr, dieses Wunder an koketter, zarter Lieblichkeit. Gestern noch, meinte ich, hatte ich sie gesehen – und fand sie so wieder! War das möglich? Ein reißender Schmerz preßte mein Herz zusammen, und eine Empörung gegen die Natur, eine sinnlose Entrüstung gegen solch brutales, schändliches Zerstörungswerk.

Ich starrte sie fassungslos an. Dann ergriff ich ihre Hand, und Tränen stiegen mir in die Augen. Ich beweinte ihre Jugend, ich beweinte ihren Tod. Denn die ich gekannt hatte, war nicht diese dicke Frau.

Auch sie war bewegt.

›Ich habe mich sehr verändert, nicht wahr?‹ stammelte sie. ›Aber was wollen Sie, alles vergeht. Sie sehen, ich bin Mutter geworden, nichts als Mutter, eine gute Mutter. Das übrige, adieu, das ist vorbei. Oh! ich habe mir wohl gedacht, daß Sie mich nicht wiedererkennen würden, wenn wir uns je begegneten. Übrigens haben auch Sie sich verändert; ich brauchte einige Zeit, ehe ich sicher war, daß ich mich nicht täuschte. Sie sind ganz weiß geworden. Bedenken Sie: es ist zwölf Jahre her! Zwölf Jahre! Meine älteste Tochter ist schon zehn.‹

Ich betrachtete das Kind. Und ich fand etwas von dem früheren Liebreiz der Mutter in ihm wieder, aber undeutlich noch, kaum geformt, ein Entwurf fürs Künftige. Und das Leben erschien mir schnell wie ein fahrender Zug.

Wir kamen nach Maisons-Laffitte. Ich küßte meiner alten Freundin die Hand. Ich hatte ihr nichts zu sagen vermocht als scheußliche Banalitäten. Ich war zu erschüttert zum Reden.

Abends, allein zu Hause dann, betrachtete ich mich lange im Spiegel, sehr lange. Und schließlich entsann ich mich, wie ich einmal war, sah in Gedanken meinen braunen Schnurrbart und meine schwarzen Augen, und den jungen Ausdruck meines Gesichts. Nun war ich alt. Adieu.«

Einsamkeit

Es war nach einem Diner unter Männern. Wir waren sehr lustig gewesen. Einer, ein alter Freund, fragte mich:

»Kommst du noch mit die Champs-Elysées hinauf?«

Und so gingen wir, schritten langsam über die breite Promenade unter den noch kaum belaubten Bäumen hin. Kein Laut war zu hören, nur das wirre, anhaltende Geräusch der großen Stadt. Frischer Wind strich uns über die Gesichter, und die Legion der Sterne bestreute den schwarzen Himmel mit goldenem Puder.

»Ich weiß nicht, warum«, sagte mein Gefährte, »nachts atme ich hier freier als irgendwo sonst. Mir wird, als spanne sich mein Denken weiter aus. Mein Geist hat Erleuchtungen, die eine Sekunde glauben machen, man werde nun das göttliche Geheimnis der Dinge entdekken. Dann schließt sich das Fenster. Es ist vorbei.«

Ab und zu sahen wir zwei Schatten an den Gebüschen hingleiten; wir kamen an einer Bank vorüber, wo zwei beieinander Sitzende zu einem schwarzen Flecken verschmolzen.

Mein Begleiter murmelte:

»Arme Menschen! Nicht daß sie mir Ekel einflößten, nein, nur unendliches Mitleid. Von allen Mysterien des menschlichen Lebens habe ich das eine durchschaut: die große Qual unseres Daseins rührt daher, daß wir ewig allein sind, und all unser Mühen, all unser Tun zielt einzig dahin, unsere Einsamkeit zu fliehen. Die Liebenden auf den Parkbänken da suchen wie wir, wie alle Kreatur, ihre Vereinzelung aufzuheben, und wäre es für eine Minute; aber sie bleiben allein, werden immer allein bleiben; so wie wir.

Man wird dessen mehr oder minder inne, das ist alles.

Seit einiger Zeit quäle ich mich damit, die furchtbare Einsamkeit, in der ich lebe, begriffen, erkundet zu haben, und weiß, daß nichts sie endigen kann, nichts, verstehst du! Was immer wir anstreben, was immer wir tun, wie mächtig der Aufschwung unserer Herzen, der Anruf unserer Lippen, unserer Umarmung auch sei – wir sind jeder allein.

Ich habe dich heute abend zu diesem Spaziergang mitgelotst, um nicht nach Hause zu müssen, weil ich jetzt unter der Einsamkeit meiner Wohnung abscheulich leide. Was mir das hilft? Ich rede zu dir, du hörst mir zu, und doch sind wir jeder allein, Seite an Seite, aber allein. Verstehst du mich?

Selig sind, die geistig arm sind, sagt die Schrift. Sie haben die Illusion vom Glück. Sie empfinden unser einsames Elend nicht, sie irren nicht, wie ich, durchs Leben ohne andere Berührung als die der Ellbogen, ohne andere Freude als die egoistische Genugtuung, unsere ewige Vereinzelung zu begreifen, zu beobachten, zu erkennen und unter dieser Kenntnis ohne Ende zu leiden.

Du findest mich ein bißchen verrückt, wie?

Höre. Seit ich die Einsamkeit meines Seins einmal empfunden habe, ist mir, als geriete ich mit jedem Tag tiefer in eine dunkle unterirdische Höhle, deren Begrenzung ich nicht finde, deren Ende ich nicht kenne und die vielleicht kein Ende hat! Ich gehe ohne jemand neben mir, ohne jemand um mich, ohne einen Lebenden, der dieselbe Reise macht. Diese Höhle ist das Leben. Manchmal höre ich Geräusche, Stimmen, Schreie … tastend gehe ich auf die wirren Laute zu. Doch weiß ich nie genau, woher sie kommen; nie treffe ich auf jemand, nie begegne ich einer anderen Hand in dem Dunkel, das mich umgibt. Verstehst du mich?

Einige Menschen haben dieses grausige Leiden gekannt. Musset schrie auf:

> Wer kommt? Wer ruft mich? Niemand.
> Ich bin allein. – Die Stunde schlägt.
> O Einsamkeit! – O Ohnmacht!

Aber ihn quälte der Zweifel nur vorübergehend, bei ihm war es keine endgültige Gewißheit wie bei mir. Er war ein Dichter; er bevölkerte das Leben mit Phantomen, mit Träumen. Er war nie wirklich allein. – Ich bin allein!

Schrieb nicht Gustave Flaubert – einer der großen Unglücklichen dieser Welt, weil er einer der großen Hellsichtigen war – an eine Freundin den verzweifelten Satz: ›Wir leben alle in einer Wüste. Niemand begreift den andern.‹

Ja, niemand begreift den andern, was immer man denke, sage, versuche. Weiß die Erde, was in den Gestirnen dort vorgeht, die gleich feurigen Samenkörnern in den Raum gestreut sind, so weit von uns, daß wir nur die Helle von einigen wenigen sehen, während das unzählige Heer der übrigen sich im Unendlichen verliert, so dicht, daß sie womöglich ein Ganzes bilden, wie die Moleküle eines Körpers?

Nun, mehr weiß kein Mensch, was in einem anderen Menschen vorgeht. Wir sind einer vom anderen weiter entfernt als diese Gestirne, einsamer vor allem, weil das Denken sich unergründlich verbirgt.

Kennst du etwas Schrecklicheres als dieses ständige

Berühren von Wesen, die wir nicht erkennen können! Wir lieben, als wären wir zusammengeschmiedet, ganz eng, und strecken die Arme aus, ohne daß wir uns erreichen können. Ein schmerzliches Bedürfnis nach Vereinigung quält uns, aber alle unsere Anstrengungen bleiben fruchtlos, unsere Umarmungen ohnmächtig, unsere Zärtlichkeiten vergebens. Wenn wir uns vermischen wollen, bewirken unsere Triebe zum anderen nur, daß wir uns aneinander reiben.

Nie fühle ich mich einsamer, als wenn ich mein Herz einem Freund ausliefere, denn ich erkenne die unüberwindliche Schranke dann noch deutlicher. Da ist dieser Mensch; ich sehe seine klaren Augen auf mir ruhen! aber die Seele dahinter kenne ich nicht. Er hört mir zu. Was denkt er? Ja, was denkt er? Verstehst du diese Qual? Vielleicht haßt er mich? oder verachtet mich? oder macht sich über mich lustig? Er erwägt, was ich sage, er beurteilt mich, verhöhnt, verdammt mich, hält mich für mittelmäßig oder dumm. Wie kann ich erfahren, was er denkt? Wie kann ich wissen, ob er mich liebt, wie ich ihn liebe? und was in dem kleinen runden Kopf sich bewegt? Welches Geheimnis ist das Denken eines anderen Wesens, das verschwiegene, das freie Denken, das wir weder erkennen noch lenken noch beherrschen noch überwinden können!

Und ich, sosehr ich mich ganz hingeben, alle Tore meiner Seele öffnen will – ich kann es nicht. Am Grunde, tief am Grunde bleibt jener Ort des Ich, zu dem niemand vordringen kann. Niemand kann ihn entdecken, niemand ihn betreten, weil niemand mir gleicht, weil niemand den andern begreift.

Verstehst du mich wenigstens in diesem Augenblick? Nein, du hältst mich für verrückt! du horchst mich aus, bist auf der Hut vor mir! Du fragst dich: Was hat er nur heute abend? Aber solltest du dieses mein Leiden eines

Tages erfassen, wirklich erfassen, komm dann wenigstens und sage mir: Ich habe dich verstanden! und du wirst mich glücklich machen, und wäre es eine Sekunde.

Doch am meisten werde ich meiner Einsamkeit durch die Frauen gewahr.

Elend und Jammer! Wie habe ich durch sie gelitten, weil sie mir oft, mehr als Männer, die Illusion gaben, nicht allein zu sein!

Tritt man ein in die Liebe, ist es, als weite sich unser Sein. Übermenschliche Beseligung durchströmt uns! Weißt du, warum? Weißt du, woher dieses Gefühl unendlichen Glücks rührt? Einzig aus der Einbildung, nicht mehr allein zu sein. Die Vereinzelung, die Verlassenheit des menschlichen Wesens scheint zu enden. Welch ein Irrtum!

Die Frau, von dem ewigen Bedürfnis nach Liebe, das unser einsames Herz verzehrt, noch mehr umgetrieben als wir, ist die große Lüge des Traums.

Du kennst die köstlichen Stunden in Gemeinschaft dieses langhaarigen Wesens mit den zauberischen Zügen, dessen Blick uns betört. Welcher Taumel verwirrt unseren Geist! Welche Illusion trägt uns empor!

Sie und ich, gleich werden wir eins sein, meinen wir. Aber dieses ›gleich‹ geschieht nie, und nach Wochen der Erwartung, der Hoffnung und der trügerischen Freude finde ich mich plötzlich eines Tages einsamer wieder, als ich es vorher war.

Nach jedem Kuß, jeder Umarmung wird die Verlassenheit größer. Und wie schmerzlich, wie furchtbar sie ist!

Schrieb nicht der Dichter Sully Prudhomme:

> Les caresses ne sont que d'inquiets transports,
> Infructueux essais du pauvre amour qui tente
> L'impossible union des âmes par les corps …

Und dann Lebewohl. Es ist aus. Kaum daß man die Frau wiedererkennt, die einen Moment des Lebens alles für uns war und deren geheimes und vermutlich banales Denken wir nie kennengelernt haben!

Gerade in den Stunden, da wir in geheimnisvollem Gleichklang der Seelen, einer vollständigen Verschmelzung der Begierden und aller Strebungen, uns bis in die Tiefe ihrer Seele hinabgestiegen wähnten, enthüllte uns manchmal ein Wort, ein einziges Wort, unseren Irrtum, erhellte uns, wie ein Blitz in der Nacht, die schwarze Kluft zwischen uns.

Und gleichwohl ist es noch das Beste, was es auf der Welt gibt, einen Abend bei einer Frau, die man liebt, zu verbringen, ohne zu reden, fast vollkommen glücklich einzig in dem Gefühl ihrer Nähe. Verlangen wir nicht mehr, denn nie können zwei Wesen eins sein.

Was mich angeht, ich halte meine Seele jetzt verschlossen. Ich sage niemandem mehr, was ich glaube, was ich denke, was ich liebe. Da ich mich zu gräßlicher Einsamkeit verurteilt weiß, betrachte ich die Dinge, ohne meine Ansicht je zu äußern. Was kümmern mich Meinungen, Zwistigkeiten, Freuden, Überzeugungen! Da ich nichts davon mit jemand anderem teilen kann, bleibt mir alles gleich. Was ich denke, sieht niemand. Auf die üblichen Fragen habe ich nichtige Phrasen parat, oder ein beipflichtendes Lächeln, wenn ich mir nicht einmal die Mühe geben mag zu reden. Verstehst du mich?«

Wir waren die lange Allee bis zum Arc de Triomphe hinangegangen, dann zur Place de la Concorde zurückgekehrt, denn er hatte all das sehr langsam ausgeführt, nebst manch anderem noch, dessen ich mich nicht mehr entsinne.

Plötzlich blieb er stehen und wies mit gestrecktem

Arm nach dem granitenen Obelisken, der sein schlankes ägyptisches Profil aus dem Pariser Pflaster zu den Sternen erhob, dem Denkmal im Exil, das an den Flanken die Geschichte seines Landes in fremden Schriftzeichen eingegraben trägt, und mein Freund rief:

»Da, wir sind alle wie dieser Stein.«

Hiermit verließ er mich, ohne ein Wort hinzuzufügen.

War er betrunken? War er verrückt? War er weise? Noch weiß ich es nicht. Einmal scheint mir, er hatte recht; ein andermal, er hatte seinen Humor verloren.

Die Erbschaft

I

Obwohl es noch nicht zehn Uhr war, strömten die Beamten aus allen Enden von Paris wie eine Flutwelle dem hohen Portal des Marineministeriums zu, denn es ging auf Neujahr, eine Zeit des vorzüglichen Diensteifers und der Beförderungen. Der Lärm eiliger Schritte hallte durch das labyrinthisch verwinkelte Gebäude, die unentwirrbaren Korridore, davon unzählige Türen zu den Büros führten.

Ein jeder begab sich in seinen Käfig, drückte dem bereits eingelangten Kollegen die Hand, legte das Jackett ab, schlüpfte in den alten Arbeitskittel und setzte sich an seinen Tisch, wo ein Stapel Papiere seiner harrten. Dann wurde in den benachbarten Büros gefragt, was es Neues gebe. Vor allem erkundigte man sich, ob der Chef da sei, ob er gute Laune habe, ob die Tagespost umfangreich sei.

Der Verantwortliche der »allgemeinen Ausrüstung«, Monsieur César Cachelin, ehemaliger Unteroffizier der Marineinfanterie, auf Grund langer Dienstjahre zum Hauptregistrator avanciert, trug sämtliche Eingänge, die der Kanzleidiener brachte, in ein großes Buch ein. Ihm gegenüber saß mit seitlich verdrehtem Oberkörper, schiefem Auge – der ängstlich steifen Haltung des akkuraten Kopisten – Vater Savon, der Expedient, ein trotteliger Alter, der im ganzen Ministerium für seine ehelichen Mißgeschicke berühmt war, und mühte sich, eine Depesche des Chefs mit langsamer Hand ins reine zu übertragen.

Monsieur Cachelin, ein dicker Mann, dem die kurzen weißen Haare als Bürste vom Schädel standen, redete laut vor sich hin, während er seine Tagespflicht erfüllte: »Zweiunddreißig Depeschen aus Toulon. Der eine Hafen macht uns so viel zu schaffen wie die vier anderen zusammen.« Dann stellte er dem alten Savon die gleiche Frage, die er ihm jeden Morgen stellte: »Na, Vater Savon, wie geht es Ihrer Frau Gemahlin?«

Ohne die Feder abzusetzen, antwortete der Alte: »Sie wissen doch, Monsieur Cachelin, daß dieses Thema mir überaus peinlich ist.«

Und der Hauptregistrator lachte, wie er alle Tage lachte, wenn er die gleiche Antwort zu hören bekam.

Die Tür ging auf, und herein trat Monsieur Maze, ein schöner, mit übertriebener Eleganz gekleideter brünetter Bursche, der sich deklassiert fühlte, da sein Äußeres und seine Manieren ihn über seine Stellung erhaben dünkten. Er trug dicke Ringe, eine dicke Uhrkette, ein Monokel aus bloßem Chic, denn zur Arbeit tat er es weg, und ließ mit Vorliebe seine Handgelenke spielen, um die mit dicken, glänzenden Knöpfen gezierten Manschetten recht ins Bild zu setzen.

Noch in der Tür fragte er: »Viel Arbeit heute?« Monsieur Cachelin antwortete: »Wieder mal Toulon. Man merkt, daß Neujahr kommt; sie wissen vor Arbeitseifer nicht wohin.«

Doch ein anderer Beamter, der Spaßvogel und Schöngeist Pitolet, erschien ebenfalls und fragte lachend: »Ach, und wir hier, hat uns etwa nicht das Fieber gepackt?«

Er zog seine Uhr und verkündete: »Sieben Minuten vor zehn, und die ganze Mannschaft auf Posten! Alle

Achtung! wie nennen Sie das? Und ich wette, Seine Hochwohlgeboren Monsieur Lesable sind bereits um neun gekommen, zur selben Minute wie unser erlauchter Chef.«

Der Hauptregistrator hörte auf zu lachen, steckte die Feder hinters Ohr und stützte sich auf das Pult: »Oh, der! ja wenn der nicht steigt, liegt es bestimmt nicht an seinem Fleiß.«

Und Monsieur Pitolet, der sich auf die Tischkante setzte und mit dem Bein wippte, erwiderte: »Natürlich steigt er, Papa Cachelin, verlassen Sie sich drauf. Ich wette zwanzig Francs gegen einen Sou: es dauert keine zehn Jahre, bis er Chef ist.«

Monsieur Maze, der sich eine Zigarette drehte, während er seine Lenden am Feuer wärmte, warf ein: »Verdammt! Wenn Sie mich fragen, ich bliebe lieber mein ganzes Leben auf zweitausendvier, als mich so abzuschinden wie er.«

Pitolet schwenkte auf dem Absatz herum und spöttelte: »Was nicht hindert, mein Teurer, daß Sie heute, am 20. Dezember, gleichfalls vor zehn Uhr zur Stelle sind.«

Doch der andere zuckte gleichmütig die Schultern: »Mein Gott! man will ja nicht, daß einem alle über den Buckel klettern! Wenn Sie sämtlichst hier bei Morgenrot antreten, kann ich schwerlich ausbleiben, auch wenn ich Ihre Beflissenheit beklage. Darum nenne ich den Chef noch lange nicht ›lieber Meister‹, wie Lesable es tut, oder gehe abends um halb sieben und nehme noch Arbeit mit nach Hause. Immerhin habe ich gesellschaftliche Verpflichtungen und weiß mit meiner Zeit Besseres anzufangen.«

Monsieur Cachelin hatte mit den Eintragungen aufgehört und starrte grübelnd vor sich hin.

Schließlich fragte er: »Meinen Sie, daß er dies Jahr befördert wird?«

Pitolet schrie auf: »Na sicher wird er das, aber zehn gegen eins! Der liebedienert doch nicht umsonst so!«

Und man kam auf die ewige Frage der Beförderungen und Aufbesserungen, die den großen Bienenstock der Bürokraten seit einem Monat vom Erdgeschoß bis unters Dach in Wallung hielt.

Man überschlug die Aussichten, mutmaßte Ziffern, erwog Ernennungen, entrüstete sich im voraus über die zu erwartenden Ungerechtigkeiten. Endlos wurden die Erörterungen vom Vortag aufgegriffen und anderntags unabänderlich mit denselben Begründungen, denselben Beweisen, denselben Worten weitergeführt.

Wieder trat ein Beamter ein, klein, blaß, kränklich: Monsieur Boissel, der wie in einem Roman von Dumas lebte. Alles wurde ihm zum außerordentlichen Abenteuer, und jeden Morgen erzählte er seinem Zimmerkollegen Pitolet, was ihm am vergangenen Abend Seltsames begegnet war, welche Dramen er in seinem Haus vermutete, was für Schreie er von der Straße gehört, so daß er nachts um drei Uhr zwanzig das Fenster öffnen mußte. Tagtäglich hatte er sich zwischen Streithähne geworfen, durchgehende Pferde aufgehalten, Frauen aus Gefahr gerettet, und obschon von beklagenswerter körperlicher Schwäche, wußte er unaufhörlich, langatmig und selbstüberzeugt von Heldentaten zu berichten, die er mit seinen starken Armen vollbracht habe.

Sowie er begriff, daß von Lesable die Rede war, erklärte er: »Irgendwann sage ich dem Schnösel mal ganz hart die Meinung; und sollte er es je wagen, mich zu überrunden, schüttele ich ihn dermaßen durch, daß ihm fürs nächste Mal die Lust vergeht.«

Maze, der weiterrauchte, lachte auf. »Damit fangen Sie am besten heute an«, sagte er, »denn ich weiß aus sicherer Quelle, daß Sie dies Jahr beiseite stehn müssen, um Lesable den Vortritt zu lassen.«

Boissel hob die Hand: »Ich schwöre Ihnen, wenn ...«

Noch einmal war die Tür aufgegangen, und ein zierlicher junger Mann mit Favoris wie ein Marineoffizier oder Advokat, einem sehr hohen, steifen Kragen, überstürzter Redeweise, so als habe er nie Zeit, alles auszusprechen, was er zu sagen hatte, schnellte mit beschäftigter Miene herein. Er verteilte Händedrücke als einer, der keine Zeit zu vertrödeln hat, und wandte sich an den Hauptregistrator:

»Mein lieber Cachelin, wollen Sie mir die Akte Chapelou geben, Seilgarn, Toulon, A. T. V. 1875?«

Der Beamte stand auf, langte nach einem Aktenordner über seinem Kopf, löste einen Stoß Akten in blauem Umschlag heraus und überreichte ihn: »Hier, Monsieur Lesable; Sie wissen sicher, daß der Chef diesem Dossier gestern drei Schriftstücke entnommen hat?«

»Ja. Ich habe sie, danke.«

Und eilig verließ der junge Mann den Raum.

Kaum war er fort, sagte Maze: »Das ist Schneid, was? Man sollte meinen, er ist bereits Chef.«

Und Pitolet erwiderte: »Geduld! Geduld! er wird es vor uns allen.«

Monsieur Cachelin hatte nicht mehr weitergeschrieben. Er sah aus, als beschäftige ihn eine Idee. Seine Worte klangen fragend: »Eine schöne Zukunft hat der Junge!«

Und Maze knurrte verächtlich: »Für einen, der das Ministerium als Karriere ansieht – ja; für andere ist das ohne Belang.«

Pitolet unterbrach ihn: »Sie würden lieber Botschafter werden?«

Maze winkte ungeduldig ab: »Um mich geht es nicht. Ich pfeife darauf! Das ändert nichts daran, daß die Stellung eines Bürochefs in der Gesellschaft nie groß was bedeutet.«

Vater Savon, der Expedient, hatte im Schreiben nicht ausgesetzt. Doch seit ein paar Augenblicken tauchte er die Feder andauernd ins Tintenfaß und strich sie hartnäckig an einem wassergetränkten Schwamm daneben ab, ohne daß er einen Buchstaben zustande brachte. Die schwarze Flüssigkeit perlte an der Metallspitze nieder und fiel in runden Klecksen auf das Papier. Erschrocken und tief bekümmert betrachtete der gute Mann seine Abschrift, die er nun von vorn anfangen mußte, wie so viele in letzter Zeit, und sagte mit leiser, trauriger Stimme:

»Schon wieder verdorbene Tinte!«

Schallendes Gelächter brach aus allen Mündern. Cachelin erschütterte den Tisch mit seinem Bauch; Maze bog sich, als wollte er rückwärts in den Kamin kriechen; Pitolet trampelte mit den Füßen, hustete, schlenkerte die rechte Hand, als ob sie naß wäre, und sogar Boissel prustete zum Ersticken, obwohl er die Dinge im allgemeinen eher tragisch als komisch nahm.

Aber der alte Savon wischte seine Feder nun am Rockschoß ab und sagte: »Da gibt es nichts zu lachen. Immer muß ich meine ganze Arbeit zwei-, dreimal machen.«

Er zog einen frischen Bogen aus seiner Mappe, legte das Linienblatt unter und begann von vorn: »Sehr geehrter Herr Minister und werter Kollege ...« Jetzt hielt die Feder die Tinte und zog reinlich Buchstaben für Buchstaben. Und der Alte nahm seine schiefe Haltung wieder ein und führte die Abschrift fort.

Die anderen hatten nicht aufgehört zu lachen. Sie schnappten nach Luft. Denn seit einem halben Jahr spielten sie dem Alten denselben Streich, ohne daß er etwas merkte. Das Spiel bestand darin, ihm ein wenig Öl auf den feuchten Schwamm zu tropfen, an dem er seine Federn abstrich. Wurde der Stahl nun fettig, nahm er die Tinte nicht an; und der Schreiber wunderte und betrübte sich Stunden um Stunden, probierte ganze Schachteln Federn und ganze Flaschen Tinte durch und befand schließlich, was heutzutage an Büromaterial geliefert werde, sei alles Schund.

Daraufhin wurde die Hatz bis zum Äußersten getrieben. Man mischte dem Alten Schießpulver in den Tabak, goß Drogen in die Wasserkaraffe, von der er ab und zu ein Glas trank, und hatte ihm eingeredet, seit der Commune seien die meisten Dinge des täglichen Bedarfs verdorben, weil die Sozialisten der Regierung eins auswischen und eine Revolution anzetteln wollten.

Seitdem hatte er einen schrecklichen Haß auf die Anarchisten, wähnte sie überall auf der Lauer, überall im Hinterhalt, und hegte schaudernde Angst vor einem geheimnisvollen, gefährlichen Fremden.

Doch im Korridor erscholl jähes Klingeln. Man kannte es, dieses wütende Klingeln des Chefs, Monsieur Torchebeuf; und ein jeder stürzte zur Tür, seine Klause aufzusuchen.

Cachelin trug weiter ein, dann legte er abermals die Feder hin und stützte den Kopf nachdenklich in beide Hände.

Er brütete über einer Idee, die ihn seit einiger Zeit bewegte. Als ehemaliger Unteroffizier der Marineinfanterie, nach drei Verwundungen – einer in Senegal, zweien in Cochinchina – verabschiedet und durch außerordentliche Begünstigung im Ministerium angestellt, hatte er durch die langen Jahre in niederster Stellung allerhand Elend, Härten und Zurücksetzungen hinnehmen müssen; darum betrachtete er die Autorität, die amtliche Autorität, als das Schönste der Welt. Ein Bürochef war für ihn ein besonderes Wesen, das in einer höheren Sphäre lebte; und ein Beamter, von dem er sagen hörte: »Der hat es heraus, der kommt schnell hoch«, erschien ihm als ein Mensch anderer Artung, anderer Natur als er selber.

So empfand er für seinen Kollegen Lesable eine Hochachtung, die an Verehrung grenzte, und nährte den stillen, den hartnäckigen Wunsch, ihn mit seiner Tochter zu verheiraten.

Sie würde eines Tages reich sein, sehr reich. Das war im ganzen Ministerium bekannt, denn seine Schwester, Mademoiselle Cachelin, besaß eine Million, eine runde Million, flüssig, solide angelegt, durch Liebe erworben, hieß es, aber durch späte Frömmigkeit geläutert.

Das alte Mädchen hatte sich aus dem galanten Leben mit fünfhunderttausend Francs zurückgezogen und diese dank erbitterter Sparsamkeit und mehr als bescheidenen Lebensgewohnheiten in achtzehn Jahren reichlich verdoppelt. Seit langem wohnte sie mit ihrem Bruder zusammen, der mit seiner kleinen Tochter Coralie Witwer geworden war, doch steuerte sie zu den Haushaltsausgaben nur spärlichst bei, hortete und mehrte ihr Gold und tröstete Cachelin immer wieder: »Laß man, das ist ja alles mal für deine Tochter; aber verheirate sie bald, ich will meine Großneffen noch erleben. Sie wird mir schon die Freude machen, daß ich ein Kind unseres Blutes umarmen kann.«

Das wußte man im Amt, und es fehlte nicht an Bewerbern. Man redete, daß sogar Maze, der schöne Maze, der Löwe des Büros, Vater Cachelin mit unverkennbarer Absicht umschmeichele. Aber der alte Sergeant, ein Fuchs, den es unter allen Himmelsstrichen umgetrieben hatte, wollte einen Mann mit Zukunft, einen, der Chef werden und durch sein Ansehen auch ihn erhöhen würde, ihn, César, den alten Unteroffizier. Lesable machte seine Sache bewundernswert, und seit langem suchte Cachelin einen Weg, ihn in sein Haus zu locken.

Auf einmal straffte er sich und rieb sich die Hände. Er hatte es.

Er kannte die Schwäche jedes einzelnen. Lesable

konnte man nur bei seiner Eitelkeit packen, seiner Berufseitelkeit. Er würde um seine Fürsprache ersuchen, so wie man zu einem Senator oder Abgeordneten, einer hohen Persönlichkeit geht.

Cachelin hatte seit fünf Jahren keine Aufbesserung erhalten und war sich ziemlich sicher, dies Jahr dranzukommen. Er brauchte also bloß zu tun, als schulde er sie Lesable, und ihn zum Dank dafür nach Hause zum Essen einzuladen.

Kaum war sein Plan gefaßt, ging er an die Ausführung. Er langte aus dem Schrank seinen Straßenrock, warf den alten ab, nahm alle Eingänge, die den Bereich seines Kollegen betrafen, und begab sich nach dem Büro, das Lesable aus besonderer Gunst, auf Grund seines überragenden Eifers und der Wichtigkeit seiner Befugnisse ganz allein innehatte.

Der junge Mann schrieb an einem großen Tisch, inmitten aufgeschlagener Aktendeckel und verstreuter Papiere, die mit roter oder blauer Tinte beziffert waren.

Als er den Registrator eintreten sah, fragte er in vertraulichem Ton, der eine gewisse Wertschätzung verriet: »Nun, mein Lieber, bringen Sie mir viel Arbeit?«

»Ja, nicht wenig. Und außerdem möchte ich Sie sprechen.«

»Setzen Sie sich, mein Freund, ich höre.«

Cachelin setzte sich, hüstelte, nahm verlegene Miene an und begann mit unsicherer Stimme: »Was mich herführt, ist dies, Monsieur Lesable, ich will keine langen Umschweife machen, ich will offen reden wie ein alter Soldat: Ich möchte Sie um einen Gefallen bitten.«

»Welchen?«

»Mit zwei Worten: Ich bin darauf angewiesen, daß ich dies Jahr meine Beförderung bekomme. Aber da ich niemand weiß, der sich für mich einsetzen könnte, habe ich an Sie gedacht.«

Lesable errötete leicht, erstaunt und befriedigt, voll stolzer Verwirrung, gleichwohl antwortete er:

»Aber ich habe hier nichts zu sagen, mein Freund. Ich bin viel weniger als Sie, der Sie jetzt sicher Oberregistrator werden. Ich kann nichts für Sie ausrichten. Glauben Sie mir ...«

Cachelin fiel ihm sogleich respektvoll ins Wort: »Tralala, Sie haben das Ohr des Chefs: und wenn Sie bei ihm ein gutes Wort für mich einlegen, komme ich durch. Bedenken Sie, daß ich in achtzehn Monaten in den Ruhestand treten kann, und wenn ich am ersten Januar nichts bekomme, habe ich dann fünfhundert Francs weniger im Jahr. Natürlich weiß ich, daß alle denken: Cachelin hat's nicht nötig, seine Schwester hat eine Million. Sicher hat meine Schwester eine Million, aber sie läßt ihre Million hecken und rückt nichts heraus. Freilich soll alles für meine Tochter bleiben, ja; aber meine Tochter und ich sind zweierlei. Was habe ich davon, wenn meine Tochter und mein Schwiegersohn Kutsche fahren und ich nichts zu beißen habe. Sie verstehen die Lage, nicht wahr?«

Lesable bekräftigte: »Richtig, sehr richtig, was Sie da sagen. Ihr Schwiegersohn könnte Ihnen ungebührlich begegnen. Und überhaupt ist man am besten dran, wenn man niemandem etwas danken muß. Nun ja, ich verspreche Ihnen, mein Möglichstes zu tun, ich werde mit dem Chef reden, werde ihm den Fall darlegen, werde drauf zurückkommen, falls nötig, verlassen Sie sich auf mich!«

Cachelin erhob sich, faßte beide Hände seines Kollegen, drückte und schüttelte sie militärisch und stammelte: »Danke, danke, glauben Sie mir, wenn ich je Gelegenheit finden sollte ... wenn ich je ...« Er vollendete seine Rede nicht, weil er nicht wußte, wie er den Satz beschließen sollte, und ging, daß sein rhythmischer Soldatenschritt durch den Korridor hallte.

Doch hörte er von weitem ein gereiztes Klingeln und setzte sich in Trab, denn er hatte den Klang erkannt. Es war der Chef, Monsieur Torchebeuf, der nach seinem Registrator verlangte.

Acht Tage später fand Cachelin des Morgens einen versiegelten Brief auf seinem Schreibtisch, in welchem stand:

»Mein lieber Kollege, ich freue mich, Ihnen mitteilen zu können, daß der Minister auf Vorschlag unseres Direktors und unseres Chefs gestern Ihre Beförderung zum Oberregistrator unterzeichnet hat. Morgen erhalten Sie die amtliche Bestätigung. Bis dahin wissen Sie von nichts, nicht wahr?

Herzlich,
Lesable«

Sofort lief César ins Büro seines jungen Kollegen, dankte ihm, entschuldigte sich, versicherte ihn seiner Ergebenheit, überschlug sich vor Dankesbekundungen.

Tatsächlich war anderntags zu erfahren, daß die Herren Lesable und Cachelin befördert worden seien. Die übrigen Beamten mußten ein besseres Jahr abwarten und erhielten zur Entschädigung eine Gratifikation, die zwischen hundertfünfzig und dreihundert Francs schwankte.

Monsieur Boissel erklärte, er werde Lesable nächstens um Mitternacht an einer Straßenecke abpassen und ihn derart verprügeln, daß er auf dem Platz liegenbleibe. Die anderen schwiegen.

Am folgenden Montag begab sich Cachelin, gleich nachdem er eingetroffen war, zum Büro seines Gönners und trat feierlich, mit zeremoniösem Ton ein: »Ich hoffe, Sie erweisen mir die Ehre, aus Anlaß des Dreikönigsfestes bei uns zu speisen. Den Tag mögen Sie selbst aussuchen.«

Der junge Mann hob ein wenig überrascht den Kopf und blickte dem Kollegen fest in die Augen; dann antwortete er, ohne den Blick abzuwenden, weil er die Gedanken des anderen lesen wollte: »Aber, mein Lieber, ich … all meine Abende sind bis auf weiteres besetzt.«

Cachelin beharrte in jovialem Ton: »Aber ich bitte Sie, Sie werden uns doch nicht enttäuschen wollen und ablehnen nach dem großen Dienst, den Sie mir erwiesen haben. Ich bitte Sie im Namen meiner Familie wie in meinem eigenen.«

Verdattert zögerte Lesable. Er hatte verstanden, wußte aber nicht, was er antworten sollte, da er keine Zeit gehabt hatte, nachzudenken und das Für und Wider zu erwägen. Schließlich dachte er: Es verpflichtet zu nichts, wenn ich einmal dort esse; und mit befriedigter Miene nahm er für den kommenden Samstag an. Lächelnd setzte er hinzu: »Damit ich am nächsten Morgen nicht zu früh aufstehen muß.«

II

Monsieur Cachelin wohnte am oberen Ende der Rue Rochechouart, von der Terrasse seiner kleinen Wohnung im fünften Stock sah man ganz Paris. Er hatte drei Zimmer, eins für seine Schwester, eins für seine Tochter, eins für sich; das Speisezimmer diente zugleich als Salon.

Die ganze Woche hindurch war er mit den Vorbereitungen für das Diner beschäftigt. Lange wurde über die Speisenfolge beraten, weil es ein bürgerliches, aber auch vornehmes Essen werden sollte. Man einigte sich auf: eine Kraftbrühe mit Ei, Vorspeisen, Krabben und Würstchen, einen Hummer, ein gutes Hähnchen, zarte grüne Erbsen, Gänseleberpastete, Salat, Eis und Früchte.

Die Gänseleberpastete wurde beim Schlachter der Nachbarschaft bestellt, mit dem nachdrücklichen Hinweis, sie in erster Güte zu liefern. Die Schüssel kostete immerhin drei Francs fünfzig. Was den Wein betraf, hielt sich Cachelin an den Weinhändler um die Ecke, der ihm den roten, den er sonst zu trinken pflegte, literweise heranschaffte. An ein großes Haus wollte er sich nicht wenden, mit der Begründung: »Die kleinen Händler haben wenig Gelegenheit, ihre feinen Weine abzusetzen. Also lagern sie lange im Keller und müssen vorzüglich sein.«

Am Samstag kam er so früh wie möglich heim, um sich zu vergewissern, ob alles vorbereitet sei. Die Bonne, die ihm öffnete, war röter als eine Tomate, denn seit Mittag feuerte sie den Herd aus Furcht, er könnte nicht rechtzeitig heiß sein, und hatte ihr Gesicht so den ganzen Tag geröstet; die Aufregung trug das ihre bei.

Er ging ins Speisezimmer, um alles zu überprüfen. In dem kleinen Raum bildete der runde Tisch einen großen weißen Fleck unter dem grellen Licht der grün beschirmten Lampe.

Neben den vier Tellern, mit einer Serviette darauf, die Mademoiselle Cachelin, seine Schwester, zur Bischofsmütze gefaltet hatte, lagen Neusilberbestecke, davor standen Gläser, je ein großes und ein kleines. César fand das als Blickfang ungenügend und rief: »Charlotte!«

Die linke Tür ging auf, und eine kleine Alte trat ein. Sie war zehn Jahre älter als ihr Bruder und hatte ein schmales Gesicht, das ein Kranz weißer Wickellöckchen umrahmte. Ihre dünne Stimme schien zu schwach für den kleinen, krummen Körper, und sie bewegte sich müde, mit ein wenig schleppendem Schritt.

In ihrer Jugend hatte es von ihr geheißen: »Welch allerliebstes Geschöpf!«

Jetzt war sie eine dürre Greisin, sehr reinlich aus alter

Gewohnheit, eigensinnig, starrköpfig, engstirnig, kleinlich und leicht erregbar. Seit sie sehr fromm geworden war, hatte sie die Abenteuer ihrer verflossenen Zeiten völlig vergessen.

»Was willst du?« fragte sie.

Er antwortete: »Ich finde, die zwei Gläser sehen nach nichts aus. Ob man nicht Champagner reichen sollte … Das kostet höchstens noch drei, vier Francs, und man könnte Flöten mit dazustellen. Das ganze Zimmer würde gewinnen.«

Mademoiselle Charlotte erwiderte: »Ich weiß nicht, wozu das auch noch. Aber du bezahlst ja, was geht das mich an.«

Er zauderte, versuchte sich selbst zu überreden: »Glaub mir, es würde gleich besser aussehen. Und dann zum Königskuchen, das belebt doch.« Der Grund überzeugte ihn. Er nahm seinen Hut und eilte noch einmal die Treppe hinunter; nach fünf Minuten kam er mit einer Flasche wieder, die um den Bauch, auf einem breiten, mit riesigen Wappen geschmückten weißen Schild die Aufschrift trug: »Grand vin mousseux de Champagne du comte de Chatel-Rénovau.«

Und Cachelin erklärte: »Der kostet nur drei Francs, scheint aber ganz was Feines zu sein.«

Er nahm selber die Flöten aus dem Schrank und stellte sie an die Plätze.

Die rechte Tür ging auf, und seine Tochter trat ein. Sie war groß, rund und rosig, ein schönes, kräftiges Mädchen mit kastanienfarbenen Haaren und blauen Augen. Ein schlichtes Kleid umschloß ihre biegsame, mollige Taille; ihre volle, fast männliche Stimme hatte jene tiefen Töne, die die Nerven vibrieren machen. »Gott! Champagner! wie schön!« rief sie aus und klatschte kindlich in die Hände.

Ihr Vater sagte: »Und daß du mir recht nett bist zu

dem Herrn, der mir so einen großen Dienst erwiesen hat.«

Sie fing ein kleines klingendes Lachen an, das erkennen ließ: Ich weiß.

Die Glocke im Vorsaal ertönte, Türen wurden geöffnet und geschlossen. Lesable erschien. Er kam in schwarzem Frack, weißer Krawatte und weißen Handschuhen. Er machte Eindruck. Cachelin stürzte verlegen und entzückt auf ihn zu: »Aber mein Lieber, wir bleiben doch ganz unter uns; Sie sehen ja, ich bin im Jackett.«

Der junge Mann antwortete: »Ich weiß, Sie hatten es gesagt, aber ich habe die Gewohnheit, abends nie ohne meinen Frack auszugehen.« Er grüßte, den Klappzylinder unterm Arm, eine Blume im Knopfloch. César stellte vor: »Meine Schwester, Mademoiselle Charlotte – meine Tochter Coralie, die wir in der Familie Cora nennen.«

Alle verneigten sich. Cachelin fuhr fort: »Wir haben keinen Salon. Wir sind ein bißchen beengt, aber man gewöhnt sich dran.« Lesable erwiderte: »Es ist doch reizend!«

Dann nahm man ihm seinen Hut ab, den er bei sich behalten wollte. Und er entledigte sich auch gleich der Handschuhe.

Man hatte längs den Wänden Platz genommen; man betrachtete sich von weitem, über den Eßtisch hinweg, und sagte nichts mehr. Cachelin fragte: »Ist der Chef noch lange geblieben? Ich bin zeitig gegangen, um den Damen zu helfen.«

Lesable antwortete in lockerem Ton: »Nein. Wir sind gemeinsam gegangen, weil wir die Segeltuchfrage für Brest zu bereden hatten. Das ist eine überaus schwierige Angelegenheit, die uns noch manches Kopfzerbrechen bereiten wird.«

Cachelin meinte seine Schwester aufklären zu müssen und sagte, zu ihr gewandt: »Es gibt keine schwierige

Frage im Büro, die nicht Monsieur Lesable übergeben wird. Man kann wirklich sagen, daß er der zweite Chef ist.«

Die Alte verneigte sich und erklärte höflich: »Oh! ich weiß, daß der Herr große Fähigkeiten besitzt.«

Die Bonne stieß mit dem Knie die Tür auf und hielt mit beiden Händen eine große Suppenterrine in die Luft. Der Hausherr rief: »Auf zu Tische! Setzen Sie sich dorthin, Monsieur Lesable, zwischen meine Schwester und meine Tochter. Ich denke, die Damen machen Ihnen keine Angst.« Und das Diner begann.

Lesable gab sich liebenswürdig, dabei eine Spur selbstgefällig, beinahe herablassend, und betrachtete verstohlen das junge Mädchen, voll Staunen über ihre Frische, ihre schöne appetitliche Gesundheit. Mademoiselle Charlotte stürzte sich in Unkosten, da sie die Absichten ihres Bruders kannte, und förderte die nichtige Unterhaltung über Gemeinplätze jedweder Art nach Kräften. Cachelin strahlte, redete laut, scherzte, kredenzte den eine Stunde zuvor bei seinem Eckenhändler gekauften Wein: »Ein Gläschen Burgunder, Monsieur Lesable. Ich will nicht sagen, daß er von einem besonderen Weinberg stammt, aber er ist gut, hat Lagerung, und daß er rein ist, dafür kann ich Ihnen bürgen. Wir haben ihn von Freunden, die dort leben.«

Das junge Mädchen sagte nichts; ein wenig rot, ein wenig scheu und befangen saß sie neben dem Mann, dessen Gedanken sie erriet.

Als der Hummer aufgetragen wurde, erklärte César: »Na, mit *der* Majestät will ich gerne Bekanntschaft schließen.« Und Lesable erzählte lächelnd, daß ein Schriftsteller den Hummer den »Kardinal der Meere« genannt habe, da er offenbar nicht wußte, daß das Tier schwarz ist, bevor es gekocht wird. Cachelin lachte schallend und wiederholte: »Hahaha! so ein Witz.« Doch Mademoiselle

Charlotte war ernst geworden und erboste sich: »Ich begreife nicht, was für ein Zusammenhang da bestehen soll. Der Mann hatte doch vollständig fehlgegriffen. Ich verstehe wirklich jeden Spaß, jeden, aber ich lasse nicht zu, daß man in meinem Beisein mit der Geistlichkeit Spott treibt.«

Der junge Mann, der das alte Mädchen für sich einnehmen wollte, nützte die Gelegenheit, sein katholisches Glaubensbekenntnis abzulegen. Er sprach von geschmacklosen Leuten, die sich erlaubten, frivol mit den großen Wahrheiten umzuspringen. Und er schloß: »Ich für mein Teil achte und ehre die Religion meiner Väter, darin bin ich erzogen, und dabei bleibe ich bis zum Tod.«

Cachelin lachte nicht mehr. Er rollte Brotkügelchen, brummelte: »Richtig, sehr richtig.« Und um das Thema zu wechseln, das ihn langweilte, kam er durch einen Gedankensprung, wie er allen eigen ist, die täglich die gleiche Arbeit verrichten, auf die Frage: »Der schöne Maze muß ja geschäumt haben, daß er nicht gestiegen ist, was?«

Lesable lächelte: »Was wollen Sie? jedem nach seinem Verdienst!« Und nun wurde über das Ministerium gesprochen, was alle begeisterte, denn beide Frauen kannten die Beamten nahezu so gut wie Cachelin selber, weil sie ihn allabendlich von ihnen reden hörten. Mademoiselle Charlotte nahm den meisten Anteil an Boissel, wegen der Abenteuer, die er erzählte, und wegen seines romantischen Gemüts; Mademoiselle Cora interessierte sich insgeheim für den schönen Maze. Dabei hatten beide die Männer noch nie gesehen.

Lesable sprach in überlegenem Ton über sie, ungefähr wie ein Minister, der sein Personal einschätzt.

Man lauschte ihm: »Maze fehlt es durchaus nicht an gewissen Fähigkeiten; aber wer vorankommen will, muß mehr leisten als er. Er liebt Geselligkeiten, Vergnügungen. All das lenkt seinen Geist ständig ab. Er wird es nie weit bringen, und aus eigenem Verschulden. Vielleicht kann er es dank seinen Beziehungen bis zum stellvertretenden Abteilungsleiter schaffen, aber mehr nicht. Und Pitolet, nun, er formuliert gut, das muß man ihm lassen, hat eine elegante Form, das will ich nicht leugnen, aber es steckt nichts dahinter. Bei ihm ist alles Oberfläche. Man könnte ihn nie an die Spitze eines wichtigen Amtes stellen, aber unter einem intelligenten Chef könnte er nützlich sein, wenn man ihm vorschreibt, was zu tun ist.«

Mademoiselle Charlotte fragte: »Und Monsieur Boissel?«

Lesable zuckte die Achseln: »Ein armer Tor, ein armer Tor. Er sieht nichts in den wirklichen Maßen. Er bildet sich Geschichten ein, zum Einschlafen. Für uns ist er eine Null.«

Cachelin grinste breit und rief: »Aber der Beste ist Vater Savon.« Und alle lachten.

Dann kam man aufs Theater und auf die Stücke des Jahres zu sprechen. Lesable urteilte mit gleicher Entschiedenheit über die dramatische Literatur, teilte die Autoren säuberlich in Klassen ein, benannte die Stärken und Schwächen eines jeden mit der üblichen Selbstsicherheit von Menschen, die sich auf jedem Felde unfehlbar dünken.

Der Braten war verzehrt. Nun deckte César mit einer gezierten Umständlichkeit, die den Inhalt erhöhen sollte, die Pastetenschüssel auf. »Ich weiß nicht«, sagte er, »ob diese Pastete gelungen ist. Aber im allgemeinen sind sie vorzüglich. Wir bekommen sie immer von einem Vetter aus Straßburg.«

Und jeder aß mit andächtiger Langsamkeit die Fleischspeise aus der gelben Steingutschüssel.

Als das Eis kam, gab es ein Unglück. Eine Soße, eine Suppe, ein heller Brei schwamm in der Glasschale. Die kleine Bonne hatte den Konditorjungen, der schon um sieben Uhr gekommen war, gebeten, es gleich selber aus der Form zu nehmen, weil sie nicht wußte, wie man das macht.

Der untröstliche Cachelin wollte es zurückschicken, doch beruhigte er sich bei dem Gedanken an den Königskuchen, den er mit einer Geheimniskrämerei aufschnitt, als sei darin wer weiß was versteckt. Aller Augen hingen an dem symbolischen Gebäck, und einer reichte es dem anderen mit der Empfehlung, die Augen zu schließen, wenn er sein Stück nahm.

Wer würde die Bohne haben? Ein törichtes Lächeln irrte über die Lippen. Monsieur Lesable stieß ein überraschtes kleines »Ah!« aus und zeigte zwischen Daumen und Zeigefinger eine dicke, weiße, noch teigumschlossene Bohne. Und Cachelin fing an zu klatschen und rief: »Wählen Sie die Königin! wählen Sie die Königin!«

Der König zauderte kurz. Ob es nicht ein kluger Schachzug wäre, Mademoiselle Charlotte zu küren? Sie wäre geschmeichelt, gewonnen, erobert! Dann bedachte er, daß man ihn ja wegen Mademoiselle Cora eingeladen hatte und daß er als Holzkopf dastehen würde, wenn er die Tante nähme. So wandte er sich seiner jungen Nachbarin zu und bot ihr die Hülsenfrucht als königliches Zeichen: »Mademoiselle, erlauben Sie, daß ich sie Ihnen antrage?« Und sie blickten sich zum erstenmal in die Gesichter. Sie sagte: »Danke, Monsieur!« und nahm das Unterpfand der Erhöhung entgegen.

Er dachte: Sie ist wirklich ein hübsches Mädchen. Was für prachtvolle Augen sie hat! Und sie ist keine Zierpuppe, wahrhaftig nicht!

Ein Knall ließ die beiden Frauen zusammenfahren: Cachelin hatte den Champagner entkorkt, der mit Ungestüm aus der Flasche aufs Tischtuch sprudelte. Nun wurden die Gläser mit Schaum gefüllt, und der Gastgeber stellte fest: »Der hat Qualität, das sieht man!« Als Lesable aber trinken wollte, um sein Glas vor neuem Überlauf zu bewahren, schrie César: »Der König trinkt! der König trinkt! der König trinkt!« Und Mademoiselle Charlotte krähte, auch angeheitert, mit schriller Stimme: »Der König trinkt! der König trinkt!«

Lesable leerte sein Glas in einem Zug und stellte es auf den Tisch: »Sie sehen, ich stehe meinen Mann!« Dann wandte er sich an Fräulein Cora: »Nun Sie, Mademoiselle!«

Sie wollte trinken, aber als alle schrien: »Die Königin trinkt! die Königin trinkt!«, errötete sie, kicherte und stellte ihr Glas wieder hin.

Die Mahlzeit ging voller Fröhlichkeit zu Ende, der König bemühte sich emsig und galant um die Königin. Als auch die Liköre getrunken waren, verkündete Cachelin: »Jetzt lassen wir abräumen, damit Platz wird. Wenn es nicht regnet, können wir ein Weilchen auf die Terrasse gehen.« Ihm lag daran, seine Aussicht vorzuführen, obwohl es Nacht war.

So wurde die Glastür geöffnet. Feuchte Luft drang herein. Draußen war es warm wie im April; und alle nahmen die Stufe, die das Speisezimmer von dem breiten Balkon trennte. Von der großen Stadt sah man nichts als den hellen Schein, der darüber lag wie der Lichtreif, den man den Heiligen auf die Stirn setzt. Hier und da war die Helligkeit stärker, und Cachelin fing an zu erklären: »Sehen Sie, was dort hinten so strahlt, ist das Eden. Da, das ist die Linie der Boulevards. Wie deutlich man sie erkennt, nicht wahr? Bei Tage hat man hier die herrlichste Aussicht. Sie können reisen, so weit Sie wollen, etwas Schöneres finden Sie nicht!«

Lesable hatte sich auf das eiserne Geländer neben

Cora aufgestützt, die stumm und verloren ins Dunkel starrte, auf einmal von einer melancholischen Wehmut durchdrungen, wie sie manchmal die Seele ergreift. Mademoiselle Charlotte ging aus Furcht vor der Feuchtigkeit zurück ins Speisezimmer. Cachelin fuhr fort zu reden und mit ausgestrecktem Arm in die Richtungen zu zeigen, wo sich der Invalidendom, das Trocadéro, der große Triumphbogen befanden.

Halblaut fragte Lesable: »Und Sie, Mademoiselle Cora, sehen Sie Paris gerne von hier oben?«

Sie schrak leicht zusammen, als hätte er sie geweckt, und antwortete: »Ich? ... ja, abends hauptsächlich. Ich denke, was sich wohl alles da unter uns abspielen mag. Wie viele glückliche Menschen es wohl gibt und wieviel unglückliche in all den vielen Häusern! Wenn man da hineinsehen könnte, was man alles erfahren würde!«

Er hatte sich ihr genähert, bis ihre Ellbogen und Schultern sich berührten: »Wenn der Mond scheint, muß es märchenhaft sein!«

Sie murmelte: »Doch, wirklich. Wie ein Stich von Gustave Doré. Wie schön es sein müßte, über den Dächern zu spazieren!«

Da befragte er sie nach ihren Vorlieben, ihren Träumen, ihren Freuden. Und sie antwortete ohne Scheu, als bedachtes Mädchen, vernünftig, nicht versponnener als gut ist. Er fand sie sehr verständig und sagte sich, daß es süß sein müßte, den Arm um diese runde, feste Taille zu legen und lange, mit kleinen langsamen Küssen, wie man sehr guten Branntwein in kleinen Schlucken trinkt, diese frische Wange zu küssen, dicht neben dem Ohr, das vom Lampenschein beleuchtet wurde. Er fühlte sich angezogen, erregt durch die Nähe der Frau, das Verlangen nach dem reifen, jungfräulichen Körper, die Lokkung des unberührten Mädchens. Ihm schien, daß er Stunden so bleiben könnte, Nächte, Wochen, immer, aufgestützt neben ihr, sie nur neben sich zu fühlen, ganz im Bann ihrer Berührung. Und etwas wie ein poetisches Empfinden erhob sein Herz angesichts des großen, vor ihm hingebreiteten Paris, das im Lichterschein sein nächtliches Leben, sein Leben der Vergnügungen und Ausschweifungen lebte. Ihm war, als beherrsche er die Riesenstadt, als schwebe er über ihr; und er stellte sich vor, wie köstlich es wäre, jeden Abend sich hier neben einer Frau aufzustützen und sich zu lieben, sich die Lippen zu küssen, sich zu umschlingen hoch über der weiten Stadt, über all den Lieben, die sie umschloß, über all den gemeinen Befriedigungen, all den gewöhnlichen Begierden, so nahe den Sternen.

Es gibt Nächte, in denen selbst die nüchternsten Seelen zu träumen anfangen, als ob ihnen Flügel wüchsen. Vielleicht war er ein wenig berauscht.

Cachelin, der gegangen war, seine Pfeife zu holen, kam wieder, und während er sie anzündete, sagte er: »Ich weiß, daß Sie nicht rauchen, darum biete ich Ihnen keine Zigaretten an. Aber es gibt nichts Schöneres, als hier eine durchzuziehen. Wenn ich unten wohnen müßte, ich käme um. Wir könnten es haben, denn das Haus gehört meiner Schwester, dies und die beiden nebenan, das linke und das rechte. Die bringen ihr ganz hübsch was ein. Dabei haben sie damals gar nicht viel gekostet ...« Und er rief ins Zimmer hinein: »Wieviel hast du seinerzeit für die Grundstücke hier bezahlt, Charlotte?«

Da begann die hohe Stimme des alten Mädchens zu reden. Lesable verstand nur Bruchstücke: »... achtzehnhundertdreiundsechzig ... fünfunddreißig Francs ... später gebaut ... drei Häuser ... ein Bankier ... weiterverkauft für mindestens fünfhunderttausend Francs ...«

Sie sprach bereitwillig über ihr Vermögen, wie ein alter Soldat seine Feldzüge erzählt. Sie berichtete über ihre Käufe, über die Angebote, die man ihr seither gemacht hatte, den Wertzuwachs etc.

Lesable horchte auf, drehte sich um, lehnte sich nun mit dem Rücken an das Terrassengeländer. Da er aber doch nur Brocken der Erklärung auffing, ließ er seine junge Nachbarin plötzlich stehen und ging hinein, um alles zu hören; er setzte sich neben Mademoiselle Charlotte und unterhielt sich mit ihr lange über die vermutlichen Mieterhöhungen und darüber, was gut angelegtes Geld – in Wertpapieren oder Grundbesitz – einbringen kann.

Er ging um Mitternacht mit dem Versprechen wiederzukommen.

Einen Monat später war im ganzen Ministerium nur von Jacques-Léopold Lesables Hochzeit mit Mademoiselle Céleste-Coralie Cachelin die Rede.

III

Das junge Paar bezog auf dem gleichen Flur wie Cachelin und Mademoiselle Charlotte eine ganz gleiche Wohnung, deren Mieter man ausgewiesen hatte.

Nur eines beunruhigte Lesables Geist: die Tante hatte Cora die Erbschaft nicht durch einen rechtsgültigen Akt zusichern wollen. Sie hatte indes eingewilligt, »vor Gott« zu schwören, daß sie ihr Testament gemacht und beim Notar, Maître Belhomme, hinterlegt habe. Dazu hatte sie versprochen, daß ihrer Nichte das ganze Vermögen zufallen werde, unter einer Bedingung freilich. Bedrängt, diese Bedingung zu enthüllen, hatte sie die Erklärung verweigert, aber mit einem wohlwollenden kleinen Lächeln noch einmal geschworen, daß diese leicht zu erfüllen sei.

Vor diesen Beteuerungen und dem Starrsinn der alten

Betschwester hatte Lesable kapituliert, und weil das junge Mädchen ihm sehr gefiel, hatte das Verlangen seine Bedenken besiegt, und er hatte sich den beharrlichen Bemühungen Cachelins ergeben.

Jetzt war er glücklich, wiewohl immer von Zweifeln angefochten. Und er liebte seine Frau, die seine Erwartungen in nichts enttäuscht hatte. Sein Leben lief ruhig und gleichmäßig dahin. An sein neues Dasein als Ehemann hatte er sich übrigens in ein paar Wochen gewöhnt, und bald zeigte er sich wieder als der vollendete Beamte von früher.

Das Jahr verrann. Es kam Neujahr. Zu seiner großen Enttäuschung erhielt er nicht die Beförderung, mit der er gerechnet hatte. Nur Maze und Pitolet stiegen eine Stufe höher; und Boissel äußerte vertraulich zu Cachelin, daß er seinen beiden Kollegen an einem der nächsten Abende, wenn sie heimgingen, gegenüber dem großen Portal vor aller Augen eine Tracht Prügel zu verpassen gedenke. Er tat nichts dergleichen.

Acht Tage schlief Lesable nicht vor Herzensgram, daß er trotz seiner Emsigkeit nicht höher gestiegen war. Dabei bewältigte er eine Heidenarbeit; er vertrat unbegrenzt den stellvertretenden Chef, Monsieur Rabot, der neun Monate des Jahres im Hospital Val-de-Grâce krank lag; er kam jeden Morgen um halb neun, ging jeden Abend um halb sieben, was wollte man mehr? Wenn man ihm für solche Mühe und Anstrengung keinen Dank wußte, könnte er es ja machen wie alle anderen. Jedem nach seinem Verdienst. Wie hatte Monsieur Torchebeuf, der wie ein Vater zu ihm war, ihn denn opfern können? Darüber mußte er Klarheit haben. Er würde den Chef aufsuchen und sich mit ihm aussprechen.

So klopfte er eines Montagmorgens vor dem Eintreffen der anderen an die Tür des Mächtigen.

Eine scharfe Stimme rief: »Herein!« Er trat ein.

Hinter einem großen, mit Papierkram beladenen Tisch saß ganz klein, mit einem dicken Kopf, der auf der Schreibunterlage aufzuliegen schien, Monsieur Torchebeuf und schrieb. Als er seinen bevorzugten Angestellten erblickte, sagte er: »Guten Tag, Lesable, wie geht es Ihnen?«

Der junge Mann antwortete: »Guten Tag, lieber Meister, sehr gut, und Ihnen?«

Der Chef hörte auf zu schreiben und ließ seinen Sessel herumschwenken. Sein winziger, dürrer Körper, der in einem schwarzen Gehrock stak, sah in dem großen Sitz mit der ledernen Rücklehne verschwindend aus. Die Rosette eines Offiziers der Ehrenlegion leuchtete riesig, grell, auch tausendmal zu groß für ihren Träger, gleich einem Stück glühender Kohle auf der schmalen Brust, die unter dem mächtigen Schädel erdrückt wurde, so als hätte das ganze Individuum sich nach oben hinaus entwickelt wie ein Pilz.

Das Kinn war spitz, die Wangen hohl, die Augen quollen vor, die übermäßige Stirn bedeckten zurückgekämmte weiße Haare.

»Setzen Sie sich, mein Freund«, sagte Monsieur Torchebeuf, »was führt Sie zu mir?«

Zu allen übrigen Beamten gab er sich militärisch rauh, denn er empfand sich als Kapitän an Bord und das Ministerium als ein großes Schiff, das Admiralsschiff aller französischen Flotteneinheiten.

Ein wenig aufgeregt, ein wenig blaß, stammelte Lesable: »Lieber Meister, ich möchte Sie fragen, ob ich in irgend etwas nachlässig war?«

»Aber nein, mein Lieber, warum stellen Sie mir die Frage?«

»Weil es mich ein wenig überraschte, daß ich dies Jahr keine Beförderung erhielt wie in den letzten Jahren. Erlauben Sie, daß ich mich ganz erkläre, lieber Meister, und vergeben Sie meine Kühnheit. Ich weiß, daß ich Ihnen außerordentliche Gunst und unerhoffte Bevorzugungen verdanke. Ich weiß, daß Beförderungen im allgemeinen nur alle zwei oder drei Jahre verliehen werden; aber gestatten Sie mir auch zu bemerken, daß ich dem Amt annähernd viermal soviel leiste wie sonst ein Kollege und wenigstens doppelt so lange arbeite. Würde man also auf die Waagschale legen, was meine Anstrengungen an Arbeit und was sie an Lohn erbringen, fände sich gewiß, daß dieser weit unter jener liegt.«

Er hatte seine Rede sorgfältig vorbereitet und hielt sie für ausgezeichnet.

Monsieur Torchebeuf suchte sich zu einer Erwiderung zu fassen. Schließlich sagte er in leicht abgekühltem Ton: »Obwohl es im Prinzip nicht zulässig ist, daß solche Dinge zwischen Chef und Untergebenem besprochen werden, will ich Ihnen in Anbetracht Ihrer sehr verdienstvollen Leistungen für diesmal gern Rede stehen.

Ich habe Sie wie in den vergangenen Jahren zur Beförderung vorgeschlagen. Aber der Direktor hat Ihren Namen gestrichen mit der Begründung, daß Ihre Heirat Ihnen eine schöne Zukunft sichert, mehr als Wohlstand, ein Vermögen, wie es Ihre bescheidenen Kollegen nie erreichen. Ist es letztlich nicht gerecht, die Lebenslage des einzelnen mit zu berücksichtigen? Sie werden einmal reich, sehr reich. Dreihundert Francs mehr im Jahr bedeuten für Sie nichts, während eine so kleine Erhöhung in der Tasche der anderen viel zählt. Das, mein Freund, ist der Grund, weshalb Sie dies Jahr hintangeblieben sind.«

Betreten und verärgert zog sich Lesable zurück.

Beim Abendessen war er unleidlich zu seiner Frau. Sie war gewöhnlich heiter und ziemlich ausgeglichen, aber eigensinnig und gab nie nach, wenn sie etwas wollte. Sie hatte für ihn nicht mehr den sinnlichen Reiz der ersten Zeiten, und obwohl er sie immer wieder begehrte, denn sie war blühend und hübsch, empfand er für Augenblicke jene dem Widerwillen so nahe Enttäuschung, die das Zusammenleben zweier Wesen bald mit sich bringt. Die tausend alltäglichen oder grotesken Dinge des Daseins, die vernachlässigten Toiletten am Morgen, sein abgetragener Hausrock aus billiger Wolle, ihr verwaschener Morgenmantel, denn man war nicht reich, und auch all die in einem armen Haushalt zu nahe gesehenen notwendigen Verrichtungen nahmen der Ehe den Glanz, ließen die poetische Blume welken, die den Brautleuten von fern so lockend erscheint.

Auch Tante Charlotte verleidete ihm seine vier Wände, denn sie war ständig da; sie mischte sich in alles ein, wollte alles bestimmen, machte zu allem Bemerkungen, und da man fürchterliche Angst hatte, sie zu verletzen, ließ man alles über sich ergehen, doch mit anwachsender heimlicher Erbitterung.

Mit ihrem schleppenden Greisenschritt strich sie durch die Wohnung, und ihre dünne Stimme sagte ohne Unterlaß: »Ihr müßt aber dies; ihr müßt aber das.«

Wenn die beiden Eheleute sich einmal allein fanden, stöhnte Lesable verzweifelt auf: »Deine Tante wird unerträglich. Ich halte sie nicht mehr aus, verstehst du? Ich ertrage sie nicht mehr!« Und Cora antwortete gelassen: »Was kann ich daran ändern?«

Dann entrüstete er sich: »Oh, wie entsetzlich, eine solche Familie zu haben!«

Und sie erwiderte ebenso ruhig: »Ja, die Familie ist entsetzlich, aber die Erbschaft ist gut, nicht wahr? Also spiel nicht den Narren. Du hast genausoviel Grund wie ich, Tante Charlotte zu schonen.«

Und er schwieg, weil er keine Antwort wußte.

Die Tante lag ihnen jetzt dauernd mit ihrem Wunsch

nach einem Kind in den Ohren. Sie schob Lesable in die Ecken und flüsterte ihm ins Gesicht: »Teurer Neffe, ich lege Wert darauf, daß Sie vor meinem Tod Vater werden. Ich will meinen Erben sehen. Sie können mir nicht einreden, daß Cora nicht geschaffen wäre, Mutter zu werden. Man braucht sie nur anzusehen. Wenn man sich verheiratet, mein Herr Neffe, dann um eine Familie zu gründen, um Nachkommen zu zeugen. Unsere heilige Mutter Kirche verurteilt unfruchtbare Ehen. Natürlich weiß ich, daß ihr nicht reich seid und daß ein Kind etwas kostet. Aber wenn ich tot bin, habt ihr alles. Ich will einen kleinen Lesable, ich will, verstehen Sie?«

Als ihr Wunsch nach fünfzehn Ehemonaten sich noch nicht erfüllt hatte, kamen ihr Zweifel, und sie wurde drängend, und ganz leise gab sie Cora praktische Ratschläge als Frau, die sich in diesen Dingen früher gut auskannte und sich ihrer bei Gelegenheit noch zu entsinnen weiß.

Eines Morgens aber konnte sie nicht aufstehen, weil sie sich unwohl fühlte. Da sie noch nie krank gewesen war, klopfte Cachelin ganz aufgeregt an die Tür seines Schwiegersohns: »Laufen Sie schnell den Doktor Barbette holen, und sagen Sie dem Chef, daß ich unter diesen Umständen heute nicht ins Büro komme.«

Lesable verbrachte einen bangen Tag, außerstande zu arbeiten, die Anliegen zu durchschauen und zu klären. Überrascht fragte ihn Monsieur Torchebeuf: »Sind Sie heute nicht bei der Sache, Monsieur Lesable?« Und der nervöse Lesable antwortete: »Ich bin sehr müde, lieber Meister, ich habe die ganze Nacht bei unserer Tante gewacht; ihr Zustand ist sehr ernst.«

Aber der Chef versetzte frostig: »Monsieur Cachelin ist ja bei ihr, das sollte genügen. Ich kann mein Amt nicht wegen persönlicher Angelegenheiten meiner Beamten in Unordnung geraten lassen.«

Lesable hatte seine Uhr vor sich auf den Tisch gelegt und wartete mit fieberhafter Ungeduld, daß es bald fünf werde. Sowie die große Uhr im großen Hof zu schlagen begann, stürzte er davon, verließ zum erstenmal pünktlich das Büro.

Er nahm sogar eine Droschke nach Hause, so unruhig war er, und eilte im Laufschritt die Treppe hinan.

Die Bonne öffnete. »Wie geht es ihr?« flüsterte er.

»Schlecht, hat der Arzt gesagt.«

Ihm klopfte das Herz vor Erregung: »Ah, wirklich!«

Sollte sie etwa sterben?

Er wagte jetzt nicht, das Zimmer der Kranken zu betreten, und ließ Cachelin rufen, der bei ihr wachte.

Sein Schwiegervater erschien auch gleich, indem er behutsam die Tür aufklinkte. Er hatte seinen Hausrock an und die griechische Mütze auf, wie wenn er abends am Feuer saß, und flüsterte: »Es geht ihr schlecht, sehr schlecht. Seit vier Uhr ist sie ohne Bewußtsein, heute nachmittag hat sie die Letzte Ölung bekommen.«

Lesable wurde es schwach in den Beinen, und er mußte sich setzen.

»Wo ist meine Frau?«

»Bei ihr.«

»Was sagt der Doktor genau?«

»Er sagt, es ist ein Anfall. Sie kann sich wieder erholen, aber sie kann auch sterben diese Nacht.«

»Brauchen Sie mich? Wenn Sie mich nicht brauchen, möchte ich lieber nicht hineingehen. Es wäre mir schmerzlich, sie in diesem Zustand zu sehen.«

»Nein. Gehen Sie zu sich hinüber. Wenn es etwas Neues gibt, lasse ich Sie sofort rufen.«

Und Lesable ging in seine Wohnung. Sie schien ihm verändert, größer, heller. Aber es hielt ihn an keinem Platz, und er trat hinaus auf den Balkon.

Es waren die letzten Julitage, voll stand die Sonnenscheibe hinter den beiden Türmen des Trocadéro und ergoß vor ihrem Niedergang einen Feuerregen über das endlose Volk der Dächer.

Der Himmelsraum, glutrot am unteren Rand, war höher hinauf von mattem Gold, dann hatte er gelbe Tönungen, dann grüne, hellichte grüne, dann ging er zu Häupten in Blau über, in ein reines, frisches Blau.

Die Schwalben schossen wie Pfeile, kaum zu sehen, und zeichneten das gebogene, flüchtige Zeichen ihrer Schwingen in den Purpurhimmel. Und über der unendlichen Häusermasse, über dem fernen Land schwebte eine rosenfarbene Wolke, ein goldener Dunst, in den die Kirchturmspitzen, all die schlanken Firste sich aufschwangen wie in einer Apotheose. Der Triumphbogen am Etoile erhob sich riesig und schwarz gegen den Feuerbrand des Horizonts, und die Kuppel des Invalidendoms sah aus wie eine zweite, vom Firmament auf das Bauwerk gefallene Sonne.

Lesable umspannte mit beiden Händen das eiserne Geländer, trank die Luft wie Wein und empfand eine Lust zu springen, zu schreien, ungebärdig zu tollen, eine so tiefe, frohlockende Freude hatte ihn überwältigt. Das Leben erschien ihm strahlend, die Zukunft voller Glück! Was würde er tun? Und er träumte.

Ein Geräusch hinter ihm ließ ihn zusammenschrekken. Es war seine Frau. Sie hatte rote Augen, verquollene Wangen und sah sehr müde aus. Sie bot ihm die Stirn zum Kuß, dann sagte sie: »Wir essen bei Papa drüben, damit wir in ihrer Nähe sind. Die Bonne bleibt an ihrem Bett, während wir essen.«

Und er folgte ihr in die benachbarte Wohnung.

Cachelin saß schon bei Tische in Erwartung seiner Tochter und des Schwiegersohns. Kaltes Huhn, Kartoffelsalat und Erdbeerkompott standen auf der Anrichte, die Suppe dampfte auf den Tellern.

Sie setzten sich. »Das sind Tage«, sagte Cachelin, »so was möchte man nicht oft erleben. Das ist kein Vergnügen.« Er sprach in gleichmütigem Ton, mit einem Anflug von Genugtuung im Gesicht. Und er begann mit großem Appetit zu futtern, fand das Huhn ausgezeichnet und den Kartoffelsalat wunderbar erfrischend.

Lesable hingegen war der Magen wie zugeschnürt, die Seele ruhelos; er konnte kaum essen, immer lauschte er gespannt nach dem Nebenzimmer, wo es still blieb, als sei dort kein Mensch. Auch Cora hatte keinen Hunger, sie war erregt, weinerlich, wischte sich von Zeit zu Zeit die Augen mit einem Serviettenzipfel.

Cachelin fragte: »Was hat der Chef gesagt?«

Und Lesable berichtete bis in jede Einzelheit, denn sein Schwiegervater wollte alles bis ins kleinste wissen, ließ es sich wiederholen, fragte nach, bis er alles erfahren hatte, als wäre er ein Jahr nicht im Ministerium gewesen.

»Das muß ja ein Aufsehen gegeben haben, als sich herumsprach, daß sie krank ist, was?« Und er dachte an seine glanzvolle Wiederkehr, wenn sie gestorben wäre, an die Gesichter der Kollegen; gleichwohl, wie aus schlechtem Gewissen, setzte er hinzu: »Nicht, daß ich unserer Guten etwas Böses wünsche! Gott weiß, daß ich sie lange behalten möchte, aber trotzdem, die Wirkung möcht ich sehen! Vater Savon wird darüber die Commune vergessen.«

Man begann mit den Erdbeeren, als die Tür des Krankenzimmers halb aufging. Die Erschütterung war so groß, daß die Essenden alle drei auf einen Schlag zitternd in die Höhe schossen.

Die kleine Bonne erschien mit ihrer gleichmäßig stillen, stumpfen Miene. Leise sagte sie: »Sie atmet nicht mehr.«

Und Cachelin schleuderte seine Serviette auf den Teller, stürzte los wie ein Verrückter; Cora folgte ihm klopfenden Herzens; Lesable aber blieb an der Tür stehen und spähte von weitem nach der fahlen Fläche, die das Bett in dem erloschenen Tageslicht bot. Er sah den Rükken seines Schwiegervaters, der sich prüfend über das Lager beugte und sich nicht rührte; und plötzlich hörte er dessen Stimme, die ihm von weither zu kommen schien, aus großer Ferne, vom Ende der Welt, eine Stimme, wie es sie in Träumen gibt, wenn einem wunderliche Dinge verkündet werden. Sie sprach: »Es ist vorbei! man hört nichts mehr.« Er sah seine Frau auf die Knie fallen, die Stirn im Laken bergen und schluchzen. Da entschloß er sich einzutreten, und weil Cachelin sich erhoben hatte, erkannte er auf dem hellen Kopfkissen das Gesicht von Tante Charlotte mit den geschlossenen Augen, so hohl, so streng, so bleich, daß sie wie eine Wachsfigur aussah.

Angstvoll fragte er: »Ist es vorbei?«

Cachelin, der auch auf seine Schwester blickte, wandte sich ihm zu, und sie sahen sich an. »Ja«, antwortete er und wollte seinem Gesicht einen untröstlichen Ausdruck abzwingen, aber beide Männer hatten sich auf einen Blick durchschaut, und ohne zu wissen warum, instinktiv reichten sie sich die Hände, wie um einer dem anderen dafür zu danken, was sie füreinander getan hatten.

Dann begannen sie unverzüglich mit all den Tätigkeiten, die ein Todesfall erfordert.

Lesable erbot sich, den Arzt zu holen und so schnell wie möglich die dringlichsten Wege zu erledigen.

Er nahm seinen Hut und lief die Treppe hinunter, hatte es eilig, auf die Straße zu kommen, allein zu sein, aufzuatmen, nachzudenken, sein Glück für sich zu genießen.

Als die Besorgungen beendet waren, lief er, statt nach

Hause zu gehen, auf den Boulevard, getrieben von dem Bedürfnis, Menschen zu sehen, sich ins Gedränge zu mischen, in das glückliche Leben dieses Abends. Am liebsten hätte er den Passanten zugeschrien: Ich habe fünfzigtausend Livres Rente! Die Hände in den Taschen, blieb er vor den Schaufenstern stehen und sah sich reiche Stoffe, Schmuckwaren, Luxusmöbel mit dem vergnügten Gedanken an: Das kann ich mir jetzt leisten.

Auf einmal kam er an einen Laden mit Trauerzubehör, und jäh fuhr es ihm durch den Kopf: Wenn sie nun gar nicht tot wäre? Wenn sie sich nur getäuscht hätten?

Und schnell kehrte er nach seiner Wohnung um, ohne den Zweifel loszuwerden.

Kaum eingetreten, fragte er: »War der Doktor da?«

Cachelin antwortete: »Ja. Er hat den Tod bestätigt und den Totenschein ausgefüllt.«

Sie gingen wieder in das Zimmer der Toten. Cora weinte noch in einem Lehnstuhl. Es war jetzt ein sanftes Weinen, ohne Schmerz, ohne Kummer fast, leichte Frauentränen.

Sowie die Bonne aus der Wohnung war, flüsterte Cachelin: »Jetzt, wo sie schlafen geht, können wir nachsehen, ob in den Möbeln etwas versteckt ist.«

Und die beiden Männer machten sich ans Werk. Sie leerten die Schubladen, durchwühlten die Taschen, entfalteten die nichtigsten Papiere. Bis Mitternacht hatten sie nichts Interessantes gefunden. Cora war eingenickt und schnarchte leise und regelmäßig. César fragte: »Müssen wir bis morgen früh hierbleiben?« Der verdatterte Lesable hielt es für schicklich. Der Schwiegervater ergab sich. »Dann holen wir uns aber Sessel«, sagte er, und sie gingen die beiden Polsterstühle der jungen Leute holen.

Eine Stunde später schliefen die drei Verwandten, jeder in seiner Weise schnarchend, bei der zu ewiger Reglosigkeit erkalteten Leiche.

Sie erwachten bei Tagesanbruch, als die kleine Bonne ins Zimmer trat. Cachelin gestand ohne weiteres, indem er sich die Lider rieb: »Vor einer halben Stunde ungefähr muß ich doch ein bißchen eingenickt sein.«

Aber Lesable, der sich sofort wieder in der Hand hatte, erklärte: »Ich habe es bemerkt. Ich war keine Sekunde abwesend; ich hatte nur die Augen zugemacht, um sie auszuruhen.«

Cora ging in ihre Wohnung hinüber.

Da fragte Lesable mit scheinbarem Gleichmut:

»Wann wollen wir zu dem Notar gehen und das Testament einsehen?«

»Aber ... heute vormittag, wenn Sie wollen.«

»Muß Cora mitkommen?«

»Das wäre wohl besser, letztlich ist sie ja die Erbin.«

»Dann sage ich ihr Bescheid, daß sie sich fertigmacht.«

Und Lesable eilte in seinem federnden Schritt hinaus.

Das Büro von Maître Belhomme hatte eben geöffnet, als Cachelin, Lesable und seine Frau sich in großer Trauer, mit untröstlichen Gesichtern einstellten.

Der Notar empfing sie sofort und bat sie, Platz zu nehmen. Cachelin ergriff das Wort: »Monsieur, Sie kennen mich: ich bin der Bruder von Mademoiselle Charlotte Cachelin. Dies sind meine Tochter und mein Schwiegersohn. Meine arme Schwester ist gestern gestorben; wir werden sie morgen beisetzen. Da sie ihr Testament bei Ihnen hinterlegt hat, kommen wir, um Sie zu fragen, ob sie vielleicht eine Verfügung hinsichtlich ihrer Bestattung getroffen hat oder ob Sie uns sonst eine Mitteilung zu machen haben.«

Der Notar öffnete eine Lade, entnahm ihr einen Umschlag, riß ihn auf, zog das Papier heraus und verkündete: »Hier, Monsieur, ist eine Zweitschrift des Testaments, das ich Ihnen jetzt sofort zur Kenntnis bringen darf.

Die andere, völlig gleichlautende Ausfertigung muß in meinen Händen verbleiben.« Und er verlas:

»Ich, unterzeichnete Victorine-Charlotte Cachelin, lege hiermit meinen letzten Willen nieder:

Ich hinterlasse mein gesamtes Vermögen, insgesamt etwa eine Million hundertzwanzigtausend Francs, den Kindern, die aus der Ehe meiner Nichte Céleste-Coralie Cachelin geboren werden, unter Nutznießung der Zinseinkünfte durch die Eltern, bis das älteste Kind die Volljährigkeit erlangt hat.

Die folgenden Bestimmungen regeln die Höhe des Anteils eines jeden Kindes und des den Eltern bis an ihr Lebensende verbleibenden Teils.

Für den Fall, daß mein Tod eintritt, bevor meine Nichte einen Erben geboren hat, verbleibt mein ganzes Vermögen für drei Jahre in den Händen meines Anwalts, damit meinem oben ausgedrückten Willen entsprochen werden kann, sofern in dieser Frist ein Kind geboren wird.

Für den Fall aber, daß Coralie nach dem Beschluß des Himmels binnen drei Jahren nach meinem Tod keinen Erben zur Welt bringt, wird mein Vermögen unter Aufsicht meines Anwalts an die Armen und an wohltätige Einrichtungen gemäß beigefügter Liste verteilt.«

Es folgte eine endlose Reihe von Gemeindenamen, Ziffern, Anweisungen und Empfehlungen.

Dann legte Maître Belhomme das Papier höflich in die Hände von Cachelin, der vor Bestürzung fassungslos war.

Der Anwalt fühlte sich genötigt, einige Erklärungen hinzuzufügen: »Als Mademoiselle Cachelin mir die Ehre erwies«, begann er, »und mich zum erstenmal mit ihrem

Vorsatz, in diesem Sinne zu verfügen, bekannt machte, gab sie ihrem unbedingten Wunsch, einen Erben ihres Geschlechts zu haben, Ausdruck. Sie setzte all meinen Einwänden ihren immer bestimmteren Willen entgegen, der sich übrigens auf das religiöse Gefühl stützte, daß jede unfruchtbare Ehe ein Zeichen des himmlischen Fluchs sei. Ich habe ihre Gesinnung in nichts ändern können. Glauben Sie mir bitte, daß ich dies lebhaft bedaure.« Dann schloß er mit einem Lächeln zu Cora hin: »Doch zweifle ich nicht, daß sich das Desideratum der Verblichenen recht bald erfüllen wird.«

Und die drei Verwandten gingen, zu erschrocken, um irgendeinen Gedanken zu fassen.

Sie kehrten nach ihrer Wohnung zurück, einer neben dem anderen, stumm, beschämt und wütend, als ob sie sich gegenseitig bestohlen hätten. Sogar Coras ganze Trauer war auf einmal verflogen, da die Undankbarkeit der Tante sie der Pflicht, die Verblichene zu beweinen, enthob. Schließlich sagte Lesable, dessen blasse Lippen vor Erbitterung dünn waren, zu seinem Schwiegervater: »Geben Sie mir doch mal das Schriftstück, daß ich de visu Kenntnis nehme.« Cachelin reichte ihm das Papier, und der junge Mann begann zu lesen. Er war auf dem Gehsteig stehengeblieben und durchforschte, angerempelt von den Passanten, die Zeilen mit seinem scharfsichtigen, geübten Auge. Die beiden anderen warteten stumm zwei Schritte weiter.

Dann gab er das Testament mit der Erklärung zurück: »Da ist nichts zu machen. Sie hat uns hübsch übers Ohr gehauen!«

Cachelin, den das Scheitern seiner Hoffnungen gereizt machte, fuhr ihn an: »Ihr hättet euch ja bloß ein Kind anzuschaffen brauchen, verdammt! Ihr wußtet doch, daß sie schon lange eins wollte.«

Lesable zuckte wortlos die Achseln.

Als sie heimkamen, fanden sie eine Reihe Leute vor, die auf sie warteten, Leute, deren Gewerbe sich mit dem Tod befaßt. Lesable ging in seine Wohnung, wollte von nichts mehr wissen, und César schnauzte alle an, schrie, man solle ihn in Ruhe lassen, verlangte, man solle so schnell wie möglich mit alledem fertig werden, es daure viel zu lange, bis man ihn von der Leiche befreie.

Cora hatte sich in ihr Zimmer eingeschlossen und ließ nichts von sich hören. Cachelin aber klopfte nach einer Stunde an die Tür seines Schwiegersohns. »Ich komme, mein lieber Léopold«, sagte er, »weil ich Ihnen einige Überlegungen unterbreiten möchte, denn schließlich muß man sich doch verständigen. Meine Meinung ist, daß wir trotzdem ein gebührliches Begräbnis machen, damit im Ministerium nicht erst Verdacht entsteht. Über die Kosten werden wir uns schon einigen. Außerdem ist bis jetzt noch nichts verloren. Ihr seid noch nicht lange verheiratet, und es müßte schon ausgesprochenes Unglück sein, wenn Ihr keine Kinder bekämt. Ihr müßt euch bloß Mühe geben, das ist alles. Kommen wir zum Nächstliegenden: Übernehmen Sie es, nachher beim Ministerium vorbeizugehen? Ich schreibe jetzt die Adressen für die Todesanzeigen.«

Lesable räumte voll Bitternis ein, daß sein Schwiegervater recht habe, und sie setzten sich an die beiden Enden eines langen Tisches, um die schwarzgeränderten Karten auszuschreiben.

Dann speisten sie zu Mittag. Cora erschien, gleichmütig, als ob all das sie nicht betroffen hätte, und aß viel, weil sie am Vortag gefastet hatte.

Nach der Mahlzeit verschwand sie wieder in ihrem Zimmer. Lesable fuhr zum Ministerium, Cachelin ließ sich auf seinem Balkon nieder und rauchte, rittlings auf einem Stuhl, seine Pfeife. Die heiße Sonne des Sommertages brannte senkrecht auf die Mannigfalt der Dächer, und einige mit Glas besetzte lohten wie Feuer und warfen grelle Strahlen, die der Blick nicht ertrug.

Cachelin, in Hemdsärmeln, äugte mit zwinkernden Lidern durch das Lichtgeglitzer nach den grünen Höhen hinaus, so weit, so weit hinter der großen Stadt und der staubigen Vorstadt. Er dachte daran, wie die Seine so breit, geruhsam und frisch am Fuße jener Hügel unter Bäumen dahinströmte und wie mächtig viel besser man es dort im Grünen hätte, den Bauch im Grase, ganz dicht am Ufer, so daß man ins Wasser spucken könnte, statt hier auf dem glühenden Bleidach der Terrasse zu hokken. Und drückendes Unbehagen, quälende Grübelei befielen ihn, das schmerzliche Gefühl ihres Unglücks, dieses unerwarteten Unglücks, das um so bitterer und grausamer war, je länger und lebhafter man die Hoffnung genährt hatte; und wie man es in großen Wirrsalen tut, wenn die Gedanken einem keine Ruhe lassen, sprach er laut vor sich hin: »Miststück!«

Hinter sich, aus dem Zimmer, hörte er das Werkeln der Bestattungsbeamten und das anhaltende Geräusch des Hammers, der den Sarg vernagelte. Seit dem Besuch beim Notar hatte er seine Schwester nicht mehr angesehen.

Allmählich aber drangen die Wärme, die Heiterkeit, der helle Zauber des Hochsommertages ihm ins Fleisch und in die Seele, und er fand, daß doch noch kein Grund zum Verzweifeln war. Warum sollte seine Tochter kein Kind bekommen? Sie war noch keine zwei Jahre verheiratet! Der Schwiegersohn wirkte kräftig, wohlbeschaffen und gesund, wenn auch klein. Sie würden schon ein Kind zustande bringen, Herrgottnochmal! Ach was, sie mußten!

Lesable war unbemerkt ins Ministerium gelangt und hatte sich in sein Büro gestohlen. Auf dem Tisch fand er einen Zettel mit den Worten: »Der Chef will Sie sprechen.« Zuerst machte er eine unmutige Geste der Auflehnung gegen diesen Despotismus, der wieder auf ihm lasten würde, dann aber stach ihn die heiße Begier hochzukommen. Er würde selber Chef werden, und schnell; er würde noch weit höher steigen.

Ohne den Stadtrock abzulegen, begab er sich zu Monsieur Torchebeuf. Er stellte sich mit der betrübten Miene ein, die man bei traurigen Anlässen annimmt, und hatte sogar etwas mehr im Gesicht, die Spur wirklichen, tiefen Grams, die ungewollte Niedergeschlagenheit, die sich durch schwere Widrigkeiten den Zügen einprägt.

Das große, wie stets über Papiere gebeugte Schädelrund des Chefs richtete sich auf, und er herrschte ihn an: »Ich habe Sie den ganzen Morgen gebraucht. Warum sind Sie nicht gekommen?« Lesable antwortete: »Lieber Meister, uns hat das Unglück getroffen, Mademoiselle Cachelin zu verlieren, und ich möchte Sie bitten, morgen dem Begräbnis beizuwohnen.«

Das Gesicht von Monsieur Torchebeuf hellte sich augenblicklich auf. Und mit einem Unterton von Respekt antwortete er: »Das ist etwas anderes, mein lieber Freund. Ich danke Ihnen und gebe Ihnen frei, denn Sie werden ja viel zu tun haben.«

Doch Lesable wollte zeigen, wie pflichtbewußt er war: »Danke, lieber Meister, es ist alles erledigt, und ich gedenke bis zur üblichen Zeit dazubleiben.«

Damit ging er wieder in sein Zimmer.

Die Nachricht hatte sich schnell herumgesprochen, und aus allen Büros eilte man herbei, um ihm eher Glückwünsche als Beileid zu bekunden und um zu sehen, wie er sich benahm. Er ließ die Reden und Blicke mit schicksalsergebener Maske und einem Takt über sich ergehen, der alle erstaunte. »Er macht es sehr gut«, sagten die einen, und die anderen setzten hinzu: »Na wennschon, im Grunde muß er ungeheuer froh sein.«

Kühner als die anderen, fragte Maze in seiner losen weltmännischen Art: »Wissen Sie schon, wie hoch das Vermögen ist?«

Lesable antwortete in vollkommen unbeteiligtem Ton: »Nein, nicht genau. Das Testament spricht von etwa zwölfhunderttausend Francs. Ich weiß das, weil der Anwalt uns sofort gewisse Klauseln hinsichtlich der Bestattung mitzuteilen hatte.«

Nach der allgemeinen Ansicht würde Lesable nicht im Ministerium bleiben. Mit sechzigtausend Livres Rente spielt man nicht mehr den Papierkratzer. Man ist jemand; man kann werden, was man will. Die einen meinten, er habe den Staatsrat im Auge, andere, er denke an einen Abgeordnetensitz. Der Chef rechnete mit seinem Kündigungsgesuch, um es dem Direktor zu übermitteln.

Das ganze Ministerium kam zu der Trauerfeier, die man armselig fand. Doch lief das Gerücht um, Mademoiselle Cachelin habe es selbst so gewollt. Es habe so im Testament gestanden.

Anderntags nahm Cachelin seinen Dienst wieder auf, und Lesable war nach einer Woche Unpäßlichkeit auch wieder da, ein wenig blasser, aber beflissen und emsig wie vorher. Es war, als hätte sich in ihrem Dasein nichts verändert. Man bemerkte nur, daß beide auffällig dicke Zigarren rauchten und über Zinsen, Eisenbahnen, große Gelder redeten wie Männer, die etwas in der Tasche haben, und nach einiger Zeit war zu erfahren, daß sie in der Pariser Umgebung ein Grundstück gemietet hatten, um dort den Sommer zu beschließen.

Die Meinung war: Sie sind geizig wie die Alte; das wird in der Familie liegen; gleich und gleich gesellt sich gern; aber Chic hat es nicht, mit einem solchen Vermögen im Ministerium zu bleiben.

Nach einiger Zeit dachte niemand mehr darüber nach. Sie waren abgehakt, verurteilt.

IV

Während der Beerdigung von Tante Charlotte dachte Lesable an die Million, und in seinem wütenden Groll, der desto grimmiger an ihm fraß, als er ihn geheimhalten mußte, verübelte er aller Welt sein erbärmliches Mißgeschick.

Auch fragte er sich: Warum habe ich nach den zwei Jahren, die ich verheiratet bin, noch keine Kinder? Und vor Angst, daß seine Ehe unfruchtbar bleiben könnte, fing sein Herz wild zu klopfen an.

Und wie ein Junge, der nach dem glänzenden Preis hoch oben an der Spitze des Klettermastes schaut und sich schwört, mit Energie und Willen dort hinanzuklimmen, alle Kraft und Beharrlichkeit aufzubieten, die es dazu braucht, faßte Lesable den verzweifelten Entschluß, Vater zu werden. So viele andere sind es, warum sollte ausgerechnet er es nicht werden können? Vielleicht hatte er irgend etwas verabsäumt oder war zu unerfahren oder aus völliger Gleichgültigkeit zu lasch gewesen? Da er bislang nie den unbedingten Wunsch empfunden hatte, einen Erben zu hinterlassen, hatte er dieses Ergebnis nie mit Vorbedacht angestrebt. Fortan würde er alle angestrengte Mühe daransetzen; er würde nichts unversucht lassen, dann mußte es ihm gelingen, weil er es wollte.

Aber als er nach Hause kam, fühlte er sich elend und mußte sich ins Bett legen. Die Enttäuschung war zu hart gewesen, er erlag dem Rückschlag.

Der Arzt hielt seinen Zustand für so ernst, daß er ihm strenge Bettruhe und danach noch ziemlich lange Schonung verordnete.

Man befürchtete ein Nervenfieber.

Indes war er nach acht Tagen wieder auf und leistete weiter seinen Dienst im Ministerium.

Aber er hielt sich noch immer für leidend und wagte nicht, sich dem Ehebett zu nahen. Er zitterte und zagte wie ein General, der eine Schlacht liefern soll, eine Schlacht, die über seine Zukunft entscheidet. Abend für Abend vertröstete er sich auf morgen, hoffte immer, der nächste Tag werde ihm eine jener Stunden voller Gesundheit, Wohlbehagen und Tatenlust bescheren, da man sich zu allem imstande fühlt. Jeden Augenblick tastete er nach seinem Puls, fand ihn zu matt oder zu heftig und schluckte Kräftigungsmittel, aß rohes Fleisch, unternahm abends, ehe er nach Hause ging, lange stärkende Läufe.

Da er sich nicht wie gewünscht erholte, kam er auf den Einfall, die heiße Jahreszeit in der Pariser Umgebung zu verbringen. Und bald war er überzeugt, daß die freie Landluft sein Temperament grundlegend verändern würde. In seinem Fall mußte das Land entscheidende, wundertätige Wirkungen haben. Er beruhigte sich mit der Gewißheit, daß der Erfolg nahe bevorstehe, und sagte seinem Schwiegervater immer wieder mit einem Unterton in der Stimme: »Wenn wir erst auf dem Lande sind, wird es mir besser gehen, und alles wird gut.«

Das bloße Wort »auf dem Lande« gewann für ihn die Bedeutung einer Zauberformel.

So mieteten sie in dem Dorf Bezons ein kleines Haus und übersiedelten alle drei dorthin. Die Männer zogen allmorgendlich zu Fuß über die Ebene nach dem Bahnhof Colombes und kamen abends zu Fuß wieder.

Cora genoß es entzückt, so nah an dem sanften Strom zu leben, setzte sich ans Ufer, pflückte Blumen und brachte dicke Sträuße zartheller, zitternder Gräser nach Haus.

Jeden Abend spazierten sie zu dritt am Fluß entlang bis zum Wehr von La Morue und tranken in den »Linden« eine Flasche Bier. Der vor dem langen Pfahlwerk gestaute Strom drängte durch die Spalte, stürzte, brodelte, schäumte hundert Meter in der Breite; das Tosen des Wasserfalls erschütterte den Erdboden, und die Luft war voll eines feinen, feuchten Dunstes, der ringsum den Geruch zerstäubten Wassers und die Würze aufgewühlten Schlamms verbreitete.

Es wurde dunkel. Weit weg zeigte ein großer Lichtschein, wo Paris lag, und veranlaßte Cachelin allabendlich zu dem Ausruf: »Ha! was für eine Stadt!« Von Zeit zu Zeit war wie Donnergrollen ein Zug zu hören, der über die eiserne Brücke am Ende der Insel brauste und nach links oder nach rechts entschwand, Paris oder dem Meer zu.

Langsam gingen sie zurück, sahen den Mond aufgehen, setzten sich an eine Böschung, um lange zu schauen, wie sein weiches gelbes Licht auf den Strom fiel und mit dem Wasser zu fließen schien und von der Strömung gewellt und gekräuselt wurde wie feuriger Moiré. Frösche stießen ihre kurzen Glockentöne aus den Wiesen. Rufe von Nachtvögeln hallten durch die Luft. Und manchmal glitt ein großer stummer Schatten über den Fluß und trübte seinen still leuchtenden Lauf. Ein Kahn von Fischdieben war es, die plötzlich ihr Netz auswarfen und in dem großen, dunklen Gewirk ihren Fang glitzernder, zappelnder Gründlinge lautlos in ihrem Fahrzeug entführten wie einen Schatz, den sie aus dem Wasser geborgen hatten, einen lebenden Schatz silberner Fische.

Cora stützte sich zärtlich bewegt auf den Arm ihres Mannes, dessen Absichten sie erraten hatte, ohne daß darüber gesprochen worden war. Sie erlebten gleichsam eine neue Brautzeit, ein zweites Erwarten der großen Umarmung. Manchmal küßte er flüchtig unterm Ansatz ihres Ohres, dort, wo der Nacken beginnt, jenen reizenden Winkel zarten Fleisches, über dem die ersten Härchen sich kräuseln. Sie erwiderte mit einem Händedruck; und sie begehrten sich, aber verweigerten einander noch, getrieben und gebannt von einer stärkeren Macht, dem Geisterbild der Million.

Durch die Hoffnung, die er um sich spürte, beruhigt, lebte Cachelin vergnügt, trank tüchtig, aß viel und erlag in der Dämmerung aufsteigenden poetischen Wallungen, jener Rührseligkeit, die selbst den Hartgesottensten vor gewissen Bildern überkommt: wenn das Licht tropfengleich im Gezweige spielt, wenn über fernen Höhen die Sonne untergeht und purpurnen Widerschein auf den Strom gießt. Und er erklärte: »Vor so was glaube ich für mein Teil an Gott. Da zwickt es mich hier«, dabei zeigte er auf seine Magengrube, »und mir wird ganz weich zumute, so ganz sonderbar. Es ist, als ob mich einer in ein Bad getaucht hätte, das mir die Tränen in die Augen treibt.«

Unterdessen ging es Lesable besser; auf einmal empfand er eine Lebenslust, wie er sie lange nicht mehr kannte, wäre am liebsten umhergerannt wie ein Füllen, hätte sich im Grase wälzen und Jubel ausstoßen mögen.

Er hielt die Zeit für gekommen. Es wurde eine wahre Hochzeitsnacht.

Dann hatten sie einen Honigmond voller Liebesfreuden und Hoffnungen.

Dann stellten sie fest, daß ihre Versuche fruchtlos blieben und ihre Zuversicht vergeblich war.

Welche Verzweiflung, welches Desaster! Doch Lesable ließ den Mut nicht sinken, er verlangte sich übermenschliche Anstrengungen ab. Seine Frau, von demselben Wunsch bewegt und in derselben Furcht zitternd, zudem kräftiger als er, ergab sich bereitwillig seinen Bemühungen, lockte seine Küsse, fachte seine schwindende Glut immer aufs neue an.

In den ersten Oktobertagen zogen sie zurück nach Paris.

Das Leben wurde hart. Rasch hatten sie unfreundliche Worte auf den Lippen; und Cachelin, der die Lage witterte, stichelte mit giftigem Spott und groben Soldatensprüchen.

Und unablässig verfolgte sie ein Gedanke, zehrte sie aus, schärfte die gegenseitigen Gehässigkeiten: die unerreichbare Erbschaft. Cora führte jetzt das große Wort und rüffelte ihren Mann. Sie behandelte ihn als kleinen Jungen, als Rotznase, als nichtigen Menschen. Und Cachelin wiederholte bei jedem Abendessen: »Wenn ich reich gewesen wäre, ich hätte mir viele Kinder angeschafft … Wenn man arm ist, muß man an sich halten.« Und an seine Tochter gewandt, setzte er hinzu: »Du bist bestimmt genauso wie ich, aber na ja …« Und er warf einen bedeutungsvollen Blick, den er mit verächtlichem Schulterzucken begleitete, nach seinem Schwiegersohn.

Lesable erwiderte nichts; er spielte den überlegenen Mann, der in eine Familie von Pack geraten ist. Im Ministerium fand man, daß er schlecht aussehe. Sogar der Chef fragte ihn eines Tages: »Sind Sie etwa krank? Sie kommen mir so verändert vor.«

Er antwortete: »Aber nein, lieber Meister. Vielleicht bin ich erschöpft. Sie wissen, ich habe in letzter Zeit viel gearbeitet.«

Er rechnete fest damit, am Jahresende befördert zu werden, und hatte in dieser Hoffnung das emsige Leben eines Musterbeamten wieder aufgenommen.

Er erhielt nur eine unbedeutende Gratifikation, niedriger als alle anderen. Sein Schwiegervater Cachelin ging leer aus.

Ins Herz getroffen, begab sich Lesable abermals zu seinem Chef und nannte ihn erstmalig »Monsieur«.

»Wozu, Monsieur, entfalte ich solchen Fleiß, wenn ich dafür keine Früchte ernte?«

Der große Kopf von Monsieur Torchebeuf legte sich in beleidigte Falten: »Ich sagte Ihnen bereits einmal, Monsieur Lesable, daß ich derlei Erörterungen zwischen uns nicht dulde. Ich wiederhole Ihnen, daß ich Ihren Anspruch für unzulässig erachte, wenn ich Ihre gegenwärtige Vermögenslage mit der Armut Ihrer Kollegen vergleiche ...«

Lesable konnte nicht an sich halten: »Aber ich habe doch nichts, Monsieur! Unsere Tante hat ihr Vermögen unserem ersten Kind verschrieben. Mein Schwiegervater und ich, wir leben von unserem Gehalt ...«

Zunächst überrascht, entgegnete der Chef: »Wenn Sie auch heute noch nichts haben, werden Sie doch jedenfalls in nächster Zukunft reich. Das läuft auf dasselbe hinaus.«

Und schwerer durch die verlorene Beförderung als die unerreichbare Erbschaft geschlagen, zog sich Lesable zurück.

Als Cachelin einige Tage darauf eben im Büro eingetroffen war, trat mit einem Lächeln der schöne Maze herein, dann erschien mit blitzenden Augen Pitolet, dann stieß Boissel die Tür auf und nahte sich mit flackriger Spöttermiene, indem er den anderen Blicke des Einverständnisses zuwarf. Vater Savon saß wie immer über einer Kopie, die Tonpfeife im Mundwinkel, beide Füße auf der Stange seines hohen Stuhls wie ein Schuljunge.

Keiner sagte ein Wort. Man schien auf etwas zu warten, und Cachelin registrierte laut redend die Posteingänge wie gewöhnlich: »Toulon. Lieferungen für die Offiziersmesse der ›Richelieu‹. – Lorient. Taucheranzüge für die ›Desaix‹. – Brest. Versuche mit englischem Segeltuch.«

Lesable erschien. Er holte jetzt jeden Morgen selbst

die ihn betreffenden Schriftstücke ab, denn sein Schwiegervater nahm sich nicht mehr die Mühe, sie ihm durch den Kanzleidiener zu schicken.

Während er die Papiere durchforschte, die sich auf dem Schreibtisch des Registrators stapelten, beobachtete ihn Maze händereibend von der Seite, und Pitolet, der sich eine Zigarette drehte, hatte kleine Lachfalten um die Lippen, Zeichen einer Vergnügtheit, die sich kaum mehr beherrschen kann. Er wandte sich an den Expedienten: »Sagen Sie, Papa Savon, Sie haben doch mancherlei mitgemacht in Ihrem Leben, nicht wahr?«

Der Alte merkte, daß man einmal mehr sich über ihn mokieren und von seiner Frau anfangen wollte, und antwortete nicht.

Pitolet fuhr fort: »Immerhin sind Sie hinter das Geheimnis gekommen, wie man Kinder macht. Sie haben doch etliche, oder nicht?«

Der gute Mann hob den Kopf: »Monsieur Pitolet, Sie wissen, daß ich diese Scherze nicht liebe. Es war Unglück genug, mit einer unwürdigen Frau verheiratet zu sein. Nachdem ich den Beweis ihrer Untreue hatte, habe ich mich von ihr getrennt.«

Maze fragte, ohne zu lachen, in lässigem Ton: »Den Beweis erhielten Sie mehrfach, nicht wahr?«

Und Vater Savon antwortete ernst: »Das ist richtig, Monsieur.«

Nun fing Pitolet wieder an: »Trotzdem sind Sie Vater mehrerer Kinder, drei oder vier, wie ich hörte?«

Der Alte lief rot an und stammelte: »Sie legen es darauf an, mich zu kränken, Monsieur Pitolet, aber das wird Ihnen nicht gelingen. Ja, meine Frau hat drei Kinder. Ich darf annehmen, daß das erste von mir ist, die beiden anderen erkenne ich nicht an.«

Pitolet fuhr fort: »Tatsächlich, alle sagen, daß das erste von Ihnen ist. Das genügt doch. Es ist sehr schön, ein

Kind zu haben, sehr schön, und ein großes Glück. Ich wette, Lesable wäre sehr entzückt, wenn er eins zustande brächte, ein einziges, so wie Sie.«

Cachelin hatte aufgehört zu registrieren. Er lachte nicht, obwohl Vater Savon die übliche begossene Miene machte und er sonst nie versäumte, seinen ganzen Vorrat billiger Anzüglichkeiten über dessen eheliche Mißgeschicke zu erschöpfen.

Lesable hatte seine Papiere beisammen; aber er fühlte zu deutlich, daß die Angriffe auf ihn zielten, so blieb er aus Stolz und suchte, verwirrt und gereizt, herauszufinden, wer sein Geheimnis preisgegeben haben mochte. Dann fiel ihm ein, was er dem Chef gesagt hatte, und er begriff, daß er augenblicklich alle Energie aufbieten mußte, wenn er nicht fortan dem ganzen Ministerium als Zielscheibe dienen wollte.

Boissel lief grinsend immer hin und her. Mit verrosteter Stimme schnarrte er wie ein Straßenhändler: »Das Geheimrezept, wie man Kinder macht: zehn Centimes, zwei Sous! Kaufen Sie das von Monsieur Savon enthüllte Geheimrezept, wie man Kinder macht, samt vielen erschrecklichen Einzelheiten!«

Alle fingen an zu lachen, außer Lesable und seinem Schwiegervater. Und Pitolet ging auf den Registrator zu: »Was haben Sie denn, Cachelin? Wo ist denn Ihre alte Heiterkeit geblieben? Anscheinend finden Sie es nicht komisch, daß Papa Savon ein Kind von seiner Frau hat. Für mich ist das ein Spaß, ein großer Spaß. Das bringt nicht jeder fertig!«

Lesable kramte weiter in den Papieren, tat, als ob er lese und nichts höre; aber er war fahl geworden.

Boissel fuhr in demselben Eckensteherton fort: »Über die Nützlichkeit von Erben, wenn man Erbschaften ergattern will: zehn Centimes, zwei Sous, kaufen Sie!«

Da wandte sich Maze, der diese Art Witze läppisch

fand, direkt an Lesable, dem er persönlich verübelte, daß er ihm die am Herzensgrund gehegte Hoffnung auf das große Vermögen geraubt hatte: »Was ist denn mit Ihnen, Lesable, Sie sehen so blaß aus?«

Lesable hob den Kopf und blickte seinem Kollegen offen ins Gesicht. Er zögerte kurz, mit bebenden Lippen, suchte nach einem verletzenden Bonmot, aber da ihm nichts einfiel, antwortete er: »Nichts habe ich. Ich staune nur, wieviel Witz Sie entfalten.«

Maze, der mit dem Rücken zum Fenster stand, hob mit beiden Händen seine Rockschöße und erwiderte lachend: »Man tut, was man kann, mein Lieber. Uns geht es wie Ihnen, es gelingt nicht immer ...«

Schallendes Gelächter schnitt ihm das Wort ab. Vater Savon stutzte, begriff ungefähr, daß es nicht mehr um ihn ging, daß man nicht mehr auf seine Kosten lachte, und schaute mit aufgesperrtem Mund, die Feder in der Luft. Cachelin aber wartete nur darauf, mit Fäusten über den ersten herzufallen, der ihm den Anlaß böte.

Lesable stammelte: »Ich verstehe nicht. Was ist mir nicht gelungen?«

Der schöne Maze ließ den einen Rockschoß fallen, um seinen Schnurrbart zu zwirbeln, und erwiderte liebenswürdig: »Ich weiß, Ihnen gelingt gewöhnlich alles, was Sie in Angriff nehmen. Darum habe ich kein Recht, von Ihnen zu sprechen. Außerdem ging es um die Kinder von Papa Savon und nicht um Ihre, weil Sie gar keine haben. Aber da Ihnen alles gelingt, was Sie wollen, ist es offensichtlich, daß Sie keine Kinder haben, weil Sie keine wollen.«

Scharf fragte Lesable: »Was geht Sie das an?«

Bei diesem herausfordernden Ton erhob auch Maze die Stimme: »Na, sagen Sie, was fällt Ihnen ein? Seien Sie gefälligst höflich, oder Sie lernen mich kennen!«

Doch Lesable bebte vor Zorn und verlor die Beherrschung: »Monsieur Maze, ich bin kein solcher Geck und kein solcher Schönling wie Sie. Ich ersuche Sie, künftig nie mehr das Wort an mich zu richten. Mich kümmern weder Sie noch Ihresgleichen.« Und mit einem verächtlichen Blick streifte er Pitolet und Boissel.

Maze hatte plötzlich begriffen, daß wahre Stärke in Ruhe und Ironie besteht; doch in seiner ganzen Eitelkeit verletzt, wollte er den Gegner ins Herz treffen, und so versetzte er in gönnerhaftem Ton, dem Ton des wohlmeinenden Ratgebers, mit Wut in den Augen: »Mein lieber Lesable, Sie überschreiten die Grenzen. Natürlich verstehe ich Ihren Verdruß; es ist schon ärgerlich, ein Vermögen zu verlieren, und um so wenig, wegen einer so läppischen Kleinigkeit ... Wenn Sie wollen, erweise ich Ihnen den Dienst gratis, aus alter Freundschaft: das ist Sache von fünf Minuten ...«

Er sprach noch, da traf ihn mitten auf die Brust das Tintenfaß von Vater Savon, das Lesable geschleudert hatte. Ein Schwall Tinte spritzte über sein Gesicht, verwandelte ihn mit verblüffender Geschwindigkeit in einen Neger. Die weißen Augen rollend, die Hand zum Schlag erhoben, stürzte er vor. Cachelin aber deckte den Schwiegersohn, indem er den langen Maze mit einem Griff um den Leib festhielt und schubsend, schüttelnd und mit Schlägen traktierend gegen die Wand stieß. Mit grimmiger Anstrengung befreite sich Maze, riß die Tür auf, schrie den beiden Männern zu: »Sie werden von mir hören!« und verschwand.

Pitolet und Boissel folgten ihm. Boissel erklärte, er habe lediglich an sich gehalten aus Furcht, jemanden umzubringen, wenn er sich in den Kampf gemengt hätte.

In seinem Büro nun versuchte Maze, sich zu säubern, doch es wollte nicht gelingen; er war mit tiefvioletter Tinte eingefärbt, die für echt und unlöslich gilt. Wütend und untröstlich stand er vor seinem Spiegel und rubbelte mit einem zusammengedrehten Handtuch wie wild sein Gesicht. Er erreichte nur ein noch kräftigeres, rot getöntes Schwarz, weil ihm das Blut in die Haut schoß.

Boissel und Pitolet waren hinterhergekommen und erteilten ihm Ratschläge. Der eine meinte, er solle sich das Gesicht mit reinem Olivenöl abreiben; der andere sagte, Ammoniak wäre besser. Der Kanzleidiener wurde in die Apotheke nach einem Mittel geschickt. Er kam mit einer gelben Flüssigkeit und einem Bimsstein wieder. Beides half nicht.

Entmutigt setzte sich Maze und befand: »Bleibt noch die Ehrenfrage zu klären. Wollen Sie meine Sekundanten sein und Monsieur Lesable entweder zu einer hinreichenden Entschuldigung oder zur Genugtuung mit der Waffe auffordern?«

Beide sagten zu, und es wurde beraten, welcher Weg einzuschlagen sei. Sie hatten keine Ahnung, wie man sich in solchen Affären verhält, wollten es aber nicht zugeben, und in dem vorherrschenden Wunsch, nur ja korrekt zu sein, äußerten sie schüchterne und weit auseinanderstrebende Ansichten. Sie beschlossen, einen Fregattenkapitän zu fragen, der zum Ministerium abgestellt war, um die Kohlenversorgung zu leiten. Er wußte auch nicht mehr als sie. Nach einigem Überlegen riet er nichtsdestoweniger, sie sollten Monsieur Lesable aufsuchen und bitten, daß er sie mit zweien seiner Freunde in Verbindung setze.

Unterwegs zum Büro ihres Kollegen, hielt Boissel plötzlich inne: »Wäre es nicht vordringlich, Handschuhe anzulegen?«

Pitolet zögerte. »Ja, vielleicht«, sagte er. Aber um sich Handschuhe zu beschaffen, hätten sie aus dem Hause gemußt, und mit dem Chef war nicht zu spaßen. Also wurde der Laufbursche zu einem Händler geschickt, ein Sortiment zu holen. Lange hielten sie sich bei der Farbwahl auf. Boissel wollte schwarze; Pitolet fand die Farbe dem Anlaß nicht angemessen. Sie nahmen violette.

Als Lesable die beiden Behandschuhten feierlich eintreten sah, hob er den Kopf und fragte schroff: »Was wollen Sie?«

Pitolet antwortete: »Monsieur, wir sind von unserem Freund Maze beauftragt, Sie wegen der Tätlichkeiten, zu welchen Sie sich gegen ihn hinreißen ließen, entweder um Entschuldigung oder um Genugtuung mittels Waffen zu ersuchen.«

Aber Lesable schrie erbittert: »Ach! erst beleidigt er mich, und nun getraut er sich noch, mich herauszufordern? Sagen Sie ihm, ich verachte ihn; ich verachte ihn, was er auch tun oder sagen mag.«

Boissel trat in tragischer Pose vor: »Dann zwingen Sie uns, Monsieur, in den Zeitungen einen Bericht zu veröffentlichen, der Ihnen sehr unangenehm sein dürfte.«

Boshaft setzte Pitolet hinzu: »Und der Ihrer Ehre und Ihrem künftigen Fortkommen ernstlich schaden könnte.«

Niedergeschmettert blickte Lesable sie an. Was tun? Er mußte Zeit gewinnen: »Meine Herren, Sie hören meine Antwort in zehn Minuten. Wollen Sie bitte in Monsieur Pitolets Büro warten?«

Kaum war er allein, ließ er die Augen ratsuchend, schutzsuchend um sich irren.

Ein Duell! Er sollte ein Duell bestehen!

Er bebte vor Schrecken als friedlicher Mensch, der nie an eine solche Möglichkeit gedacht hatte, der nicht im mindesten auf solche Gefahren, solche Aufregungen gefaßt war, der seinen Mut nie im Hinblick auf ein so ungeheuerliches Ereignis gestählt hatte. Er wollte aufstehen und fiel mit klopfendem Herzen, weichen Knien zurück auf den Sitz. Sein Zorn wie seine Kraft waren völlig dahin. Aber der Gedanke an die Meinung im Ministerium und an das Aufsehen, das die Geschichte in den Büros erwecken würde, belebte seinen versagenden Stolz, und da er nicht wußte, was er tun sollte, ging er zum Chef, um dessen Ansicht einzuholen.

Monsieur Torchebeuf war überrascht und ratlos. Weshalb ein bewaffnetes Treffen sein müsse, sah er nicht ein; und er dachte, daß dies alles nur wieder sein Amt durcheinanderbringen würde. »Ich kann Ihnen dazu nichts sagen«, wiederholte er. »Das ist ein Ehrenhandel, der mich nichts angeht. Soll ich Ihnen ein paar Zeilen für Kapitän Bouc schreiben? Er ist auf dem Gebiet ein kompetenter Mann und kann Sie leiten.«

Lesable nahm an und begab sich zu dem Kapitän, der sogar bereit war, sein Sekundant zu sein; als zweiten wählte er einen stellvertretenden Abteilungschef.

Boissel und Pitolet, immer noch in Handschuhen, erwarteten die Beauftragten. Sie hatten aus einem benachbarten Büro zwei Stühle entliehen, damit vier Sitze zur Verfügung standen.

Man grüßte sich ernst, nahm die Plätze ein. Pitolet ergriff das Wort und legte den Fall dar. Nachdem der Kapitän alles angehört hatte, sagte er: »Die Sache sieht böse aus, scheint mir aber nicht ausweglos; alles hängt von den beiderseitigen Gesinnungen ab.« Er war ein verschmitzter alter Seemann, der sich amüsierte.

Und eine lange Verhandlung begann; nacheinander wurden vier Brieffassungen entworfen, da die Entschuldigungen gegenseitig zu erfolgen hatten. Sofern Monsieur Maze einbekannte, er habe ursprünglich nicht die Absicht gehabt, Monsieur Lesable zu beleidigen, würde dieser bereitwillig zugestehen, daß er unrecht tat, das Tintenfaß zu werfen, und sich für seine unbeherrschte Heftigkeit entschuldigen.

Damit gingen die vier Unterhändler zu ihren Klienten.

Aufgeregt durch die Aussicht auf das mögliche Duell, wiewohl er sich erhoffte, daß sein Gegner zurückweichen werde, saß Maze an seinem Tisch und betrachtete bald die eine, bald die andere Backe in dem kleinen runden Zinnspiegel, den er wie alle Beamten in der Schublade hatte, um abends vor dem Nachhausegehen Bart, Frisur und Krawatte zu überprüfen.

Er las die Briefe, die ihm vorgelegt wurden, und äußerte mit sichtlicher Befriedigung: »Das erscheint mir durchaus ehrenhaft. Ich bin bereit zu unterschreiben.«

Auch Lesable hatte die Fassung seiner Vertreter widerspruchslos angenommen und erklärt: »Wenn Sie dieser Meinung sind, kann ich Ihnen nur beipflichten.«

Und die vier Unterhändler traten erneut zusammen. Die Briefe wurden ausgetauscht; man grüßte sich würdevoll und ging nach bereinigtem Zwischenfall auseinander.

Unterdes herrschte in den Büros Höchstspannung. Die Beamten fragten einer den anderen, wie es stehe, liefen von Tür zu Tür, sprachen sich auf den Korridoren an.

Als bekannt wurde, daß der Handel ausgestanden war, gab es allgemeine Enttäuschung. Einer sagte: »Trotzdem macht das Lesable noch kein Kind.« Und das Wort lief um wie ein Lauffeuer. Ein Beamter reimte ein Lied darauf.

Doch nachdem alles abgeschlossen schien, erhob sich ein Problem, das Boissel zur Sprache brachte: Wie sollten die beiden Widersacher sich verhalten, wenn sie sich nun gegenüberträten? Sollten sie sich grüßen? Sollten sie tun, als ob sie sich nicht kennen? Es wurde beschlossen, daß sie sich wie zufällig im Büro des Chefs begegnen und in Gegenwart von Monsieur Torchebeuf einige Höflichkeiten tauschen sollten.

Sofort wurde die Zeremonie vollzogen; und Maze, der sich eine Droschke bestellt hatte, fuhr nach Hause, um seine Haut zu säubern.

Lesable und Cachelin gingen gemeinsam heim, ohne ein Wort zu reden, einer gegen den anderen aufgebracht, als hätte das Geschehene von dem einen oder anderen abgehangen. Kaum in seiner Wohnung, schmiß Lesable seinen Hut auf die Kommode und schrie seine Frau an:

»Ich habe es satt. Jetzt habe ich deinetwegen ein Duell am Hals!«

Überrascht, schon gereizt, sah sie ihn an: »Ein Duell, warum?«

»Weil Maze mich beleidigt hat – deinetwegen!«

Sie kam näher: »Meinetwegen? Wieso?«

Er warf sich wütend in einen Sessel: »Er hat mich beschimpft … weiter brauche ich dir nichts zu sagen.«

Aber sie ließ nicht ab: »Ich erwarte, daß du mir wiederholst, was er über mich gesagt hat.«

Lesable wurde rot, dann stotterte er: »Er hat gesagt … er hat gesagt … Es ging um deine Unfruchtbarkeit.«

Sie zuckte zusammen; dann packte sie die Wut, die väterliche Grobheit brach durch ihre weibliche Natur, und sie platzte: »Ich! … Ich wäre unfruchtbar, ich? Was weiß denn der davon? Unfruchtbar bei dir, ja, weil du kein Mann bist! Aber wenn ich jemand anderen geheiratet hätte, egal wen, verstehst du, dann hätte ich Kinder. Ha! das mußt du mir gerade sagen! Es kommt mich sehr teuer zu stehen, daß ich einen Waschlappen wie dich geheiratet habe! … Und was hast du dem Lumpen geantwortet?«

Erschrocken vor diesem Ungewitter, stammelte Lesable: »Ich … habe ihn geohrfeigt!«

Sie musterte ihn erstaunt: »Und was hat er da gemacht?«

»Er hat mir seine Sekundanten geschickt. So!«

Jetzt gewann die Geschichte für sie neues Interesse, und wie alle Frauen von dramatischen Abenteuern angezogen, fragte sie auf einmal besänftigt und mit einer gewissen Achtung vor dem Mann, der sein Leben dransetzen wollte: »Wann schlagt ihr euch?«

Ruhig antwortete er: »Wir schlagen uns nicht; der Fall ist durch die Sekundanten geschlichtet worden. Maze hat sich bei mir entschuldigt.«

Sie musterte ihn, außer sich vor Verachtung: »Ach! man hat mich vor dir beschimpft, du hast es zugelassen und denkst überhaupt nicht daran, dich zu schlagen! Es fehlte bloß noch, daß du obendrein ein Feigling bist!«

Er lehnte sich auf: »Ich befehle dir zu schweigen. Ich weiß besser als du, was meine Ehre verlangt. Hier ist der Brief von Monsieur Maze. Da, lies und sieh selber.«

Sie nahm das Blatt, überflog es, erriet alles und spottete: »Ach, du hast auch einen Brief geschrieben? Ihr hattet einer vor dem anderen Angst? Oh! was seid ihr Männer für Memmen! Wenn wir an eurer Stelle wären ... Schließlich hat man mich, deine Frau, beleidigt, und du begnügst dich mit so was! Da wundert es mich nicht, daß du kein Kind zustande bringst. Das paßt eins zum andern. Du bist bei Frauen wie bei Männern ... genau derselbe Schlappschwanz. Ach, hab ich mir einen schönen Hanswurst ausgesucht!«

Sie hatte plötzlich Cachelins Stimme und Gesten, die vulgären Gesten des alten Landsers und den Tonfall eines Mannes.

Die Hände in die Hüften gestemmt, hochgewachsen, stark und kräftig, mit voller Brust, rotem Gesicht, mit tiefer, bebender Stimme, Blut in den frischen Schönmädchenwangen, stand sie und blickte auf den kleinen, blassen Mann herab, der da ein wenig kahl schon, bartlos, mit seinen kurzen Anwaltsfavoris vor ihr saß. Sie hätte ihn erwürgen, ihn zermalmen mögen.

Und sie wiederholte: »Du bist zu nichts imstande, zu gar nichts. Sogar als Beamter läßt du dir alle über den Buckel klettern!«

Die Tür ging auf; angelockt von dem Stimmenlärm, erschien Cachelin. »Was ist los?« fragte er.

Sie drehte sich um: »Ich sage dem Hanswurst da die Meinung!«

Und als Lesable die Augen hob, erkannte er ihrer beider Ähnlichkeit. Ihm war, wie wenn ein Schleier falle und ihm zeige, wie sie waren, Vater und Tochter, dasselbe Blut, dasselbe gemeine, grobe Geschlecht. Er sah sich verloren, verdammt, zwischen diesen beiden zu leben, auf immer.

Cachelin sagte: »Wenn wenigstens die Scheidung möglich wäre. Es ist kein Spaß, mit einem Kapaun verheiratet zu sein.«

Zitternd vor Wut, schoß Lesable in die Höhe. Er marschierte auf seinen Schwiegervater los: »Hinaus hier! ... Hinaus! ... Sie sind in meiner Wohnung, verstehen Sie ... Ich werfe Sie hinaus ...« Und er griff von der Kommode eine Flasche Beruhigungsmittel, die er wie eine Keule schwang.

Eingeschüchtert drückte sich Cachelin rückwärts hinaus. »Was hat ihn denn jetzt gebissen?« knurrte er.

Aber Lesables Zorn war damit nicht beschwichtigt; das war zuviel. Er wandte sich zu seiner Frau, die ihn, etwas verwundert über seine Heftigkeit, ansah, und schrie, nachdem er die Flasche hingestellt hatte: »Und du ... und du ...« Aber als er weiter nichts zu sagen fand, weil er keine Gründe hatte, blieb er mit zerfallenem Gesicht, verzerrter Stimme vor ihr stehen.

Sie lachte.

Dieses Lachen, das ihn abermals beschimpfte, brachte ihn zum Äußersten, er stürzte sich auf sie, packte sie mit der linken Hand an der Kehle und ohrfeigte sie wütend mit der rechten. Starr vor Schreck, wich sie zurück. Sie stieß ans Bett und warf sich rücklings darauf. Er ließ sie nicht los, er schlug weiter. Plötzlich erhob er sich außer Atem, erschöpft; und auf einmal beschämt über seine Roheit, stammelte er: »So … so … das kommt davon.«

Aber sie rührte sich nicht, als ob er sie erschlagen hätte. Sie lag am Bettrand, beide Hände überm Gesicht. Er näherte sich verlegen, fragte sich, was nun geschehen werde, wartete, daß sie ihr Gesicht aufdecke, damit er sähe, was in ihr vorging. Nach einigen Minuten steigender Angst murmelte er: »Cora! höre, Cora!« Sie antwortete nicht und rührte sich nicht. Was hatte sie? Was war mit ihr? Was hatte sie vor?

Da seine Wut vorüber, ebenso schnell verraucht wie aufgelodert war, kam er sich abscheulich vor, fast wie ein Verbrecher. Er hatte eine Frau geschlagen, seine Frau, er, der besonnene und überlegene Mann, der wohlerzogene Mann, der immer vernünftige. Vor Scham und Reue hätte er am liebsten um Verzeihung gebeten, sich auf die Knie geworfen und die geschlagene rote Wange geküßt. Mit der Fingerspitze berührte er sacht ihre eine Hand. Sie schien es nicht zu fühlen. Er streichelte, liebkoste sie, wie man einen gescholtenen Hund liebkost. Sie blieb regungslos. Wieder bat er: »Cora, höre doch, Cora, es tut mir leid, höre.« Sie lag wie tot. Da versuchte er, ihre Hand aufzuheben. Sie ließ sich leicht ablösen, und ein offenes Auge sah ihn an, starr, beunruhigend, beklemmend.

Wieder sprach er: »Höre, Cora, ich habe mich vom Zorn hinreißen lassen. Dein Vater hat mich so weit gebracht. So beleidigt man keinen Mann.«

Sie gab keine Antwort, als hätte sie nicht gehört. Er wußte nicht mehr, was er sagen, was er tun sollte. Er küßte sie dicht am Ohr, und als er sich aufrichtete, sah er eine Träne in ihrem Augenwinkel, eine dicke Träne, die quoll und schnell über die Wange rann; und das Augenlid flackerte, klappte auf und zu.

Zerknirscht, gerührt breitete er die Arme und legte sich über seine Frau; er schob ihre andere Hand mit den Lippen beiseite, und während er ihr ganzes Gesicht abküßte, bat er: »Meine arme Cora, verzeih mir doch, verzeih mir.«

Sie weinte lautlos, ohne Schluchzen, weiter, wie man in tiefem Kummer weint.

Er preßte sie an sich, liebkoste sie, murmelte ihr alle zärtlichen Worte ins Ohr, die er nur finden konnte. Aber sie blieb fühllos. Doch hörte sie auf zu weinen. Lange verharrten sie so umschlungen.

Es wurde Abend, Dunkel erfüllte das kleine Zimmer; und als der Raum ganz schwarz war, erkühnte er sich und erbat auf eine Weise Vergebung, daß ihre Hoffnungen neu auflebten.

Als sie aufgestanden waren, hatte er seine übliche Stimme wieder und sah aus, als ob nichts geschehen wäre. Sie hingegen schien erweicht, sprach in sanfterem Ton als sonst, betrachtete ihren Mann mit unterwürfigen, fast zärtlichen Augen, wie wenn die unerwartete Züchtigung ihre Nerven entspannt und ihr Herz gelöst hätte. Ruhig sagte er: »Dein Vater wird sich drüben langweilen so allein; du solltest ihn holen. Es ist ohnehin Essenszeit.« Sie ging hinaus.

Es war tatsächlich sieben Uhr, und die kleine Bonne kündete die Suppe an; dann erschien friedlich und lächelnd Cachelin mit seiner Tochter. Sie setzten sich zu Tisch und plauderten an diesem Abend herzlicher, als sie es seit langem getan, wie wenn für alle etwas Glückliches geschehen wäre.

V

Doch ihre immer wieder genährten, immer wieder erneuerten Hoffnungen schlugen immer wieder fehl. Daß ihre Erwartungen trotz der Beharrlichkeit Lesables und dem guten Willen seiner Gefährtin von Monat zu Monat enttäuscht wurden, trieb sie in fiebernde Ängste. Unaufhörlich warf einer dem anderen den Mißerfolg vor, und der verzweifelte, abgemagerte und erschöpfte Gatte hatte vornehmlich unter der Grobheit Cachelins zu leiden, der ihn in diesem häuslichen Krieg nur noch »Monsieur Gockel« nannte, in Erinnerung vermutlich an jenen Tag, als er für das Wort Kapaun beinahe eine Flasche ins Gesicht bekommen hätte.

Seine Tochter und er, aus Instinkt einig und durch den beständigen Gedanken an das große, so nahe und unerreichbare Vermögen erbittert, konnten sich nicht genugtun, den Ohnmächtigen, von dem ihr Unglück kam, zu demütigen und zu quälen.

Allabendlich wiederholte Cora bei Tisch: »Wir haben nichts Besonderes zu essen. Es könnte anders sein, wenn wir reich wären. Meine Schuld ist es nicht.«

Wenn Lesable zum Dienst ging, rief sie aus ihrem Zimmer: »Nimm deinen Regenschirm mit, damit du mir nicht schmutzig wie ein Droschkenrad nach Hause kommst. Schließlich ist es nicht meine Schuld, daß du immer noch den Papierkratzer spielen mußt.«

Wenn sie selber ausging, unterließ sie nie den Ausruf: »Wenn ich bloß einen anderen Mann geheiratet hätte – dann könnte ich im eigenen Wagen fahren!«

Zu jeder Stunde, bei jeder Gelegenheit dachte sie daran, piekte ihren Mann mit einem Vorwurf, stachelte ihn mit einer Kränkung, gab ihm die ganze Schuld, machte ihn allein für den Verlust des Geldes verantwortlich, das sie hätte besitzen können.

Eines Abends endlich verlor er abermals die Geduld und schrie: »Ach, Himmel nochmal! hörst du denn nie auf? Es ist doch deine Schuld, wenn wir kein Kind haben, deine allein, verstehst du, denn ich, ich habe eins …« Er log, aber alles war ihm lieber als dieser ewige Vorwurf und die Schande, als impotent dazustehen.

Sie sah ihn erstaunt an, suchte die Wahrheit in seinen Augen; dann hatte sie verstanden. »Du willst ein Kind haben, du?« sagte sie verächtlich.

Frech antwortete er: »Ja, ein uneheliches, ich lasse es in Asnières aufziehen.«

»Das sehen wir uns morgen an«, versetzte sie ruhig, »ich möchte doch wissen, was für ein Kind das ist.«

Er wurde rot bis zu den Ohren. »Wie du willst«, stotterte er.

Am nächsten Morgen stand sie früh um sieben Uhr auf, und als er sich wunderte: »Ja, gehen wir heute nicht dein Kind besuchen? Du hast es mir gestern abend versprochen. Oder hast du heute etwa keins mehr?«

Er schoß aus dem Bett: »Wir werden nicht mein Kind, sondern einen Arzt besuchen; der wird dir sagen, was mit dir los ist.« Ihrer Sache sicher, antwortete sie: »Mir soll es nur recht sein.«

Cachelin übernahm es, im Ministerium auszurichten, daß sein Schwiegersohn erkrankt sei; und das Ehepaar Lesable läutete auf den Rat eines benachbarten Apothekers um Punkt ein Uhr an der Tür von Doktor Lefilleul, Autor mehrerer Werke über Fortpflanzungsprobleme.

Sie betraten einen weißen, karg möblierten Salon mit Goldleisten, der trotz der zahlreichen Stühle kahl und unwirtlich anmutete. Sie nahmen Platz. Lesable war aufgeregt, beklommen, auch vor Scham. Als sie an die Reihe kamen, betraten sie einen Raum wie ein Büro, wo ein kleiner dicker Mann sie kühl und förmlich empfing.

Er wartete, daß sie ihr Anliegen vortrügen; doch Lesable, rot bis zu den Ohren, brachte nichts heraus. So übernahm es seine Frau zu reden, mit ruhiger Stimme, für ihr Ziel zu allem entschlossen: »Monsieur, wir wenden uns an Sie, weil wir keine Kinder bekommen, denn davon hängt ein großes Vermögen für uns ab.«

Die Konsultation war langwierig, sehr genau und peinlich. Nur Cora schien sich nicht zu genieren, sondern ergab sich als Frau, die ein höheres Interesse beseelt, der aufmerksamen Untersuchung des Arztes.

Nachdem der Praktiker beide Gatten fast eine Stunde examiniert hatte, sprach er sich dennoch nicht eindeutig aus.

»Ich kann nichts Anormales, nichts Organisches feststellen«, sagte er. »Aber der Fall ist gar nicht selten. Mit den Körpern ist es wie mit den Charakteren. Wie viele Ehen sehen wir uneins wegen Unverträglichkeit der Gemütsart; so erstaunt es nicht, daß andere wegen körperlicher Unverträglichkeit unfruchtbar sind. Madame scheint mir ausnehmend gut für die Mutterschaft konstituiert. Monsieur, obschon kein Anzeichen regelwidriger Körperbildung vorliegt, wirkt geschwächt, vielleicht gerade infolge seines übermäßigen Wunsches, Vater zu werden. Wollen Sie mir erlauben, Sie abzuhorchen?«

Beunruhigt zog Lesable die Weste aus, und der Doktor preßte das Ohr lange an Brustkorb und Rücken des Beamten, dann klopfte er ihn beharrlich vom Magen bis zum Hals und von den Nieren bis zum Nacken ab.

Er stellte im Herzrhythmus eine leichte Unregelmäßigkeit und für die Lunge sogar eine Bedrohung fest.

»Sie müssen sich schonen, Monsieur, sorgsam schonen. Das ist Anämie, Sie sind überanstrengt, das ist alles. Diese bislang unbedeutenden Erscheinungen könnten binnen kurzem unheilbar werden.«

Lesable wurde blaß vor Angst und bat um Behandlungsmaßregeln. Man verordnete ihm eine komplizierte

Diät: Eisen, rohes Fleisch, täglich Fleischbrühe, Sport, Ruhe und im Sommer Aufenthalt auf dem Lande. Dann gab ihnen der Doktor Ratschläge für die Zeit, da es ihm besser ginge. Er nannte ihnen erprobte Praktiken, die in gleichliegenden Fällen oft zum Erfolg geführt hätten.

Die Konsultation kostete vierzig Francs.

Als sie auf der Straße waren, sagte Cora voll dumpfem Zorn und in Hinsicht der Zukunft: »Na, habe ich ein Glück!«

Er gab keine Antwort. Er ging, von Befürchtungen verzehrt, vor sich hin, wiederholte in Gedanken jedes Wort des Doktors. Hatte der ihn nicht etwa getäuscht? Hielt er ihn nicht schon für verloren? Er dachte an keine Erbschaft und kein Kind mehr! Es ging um sein Leben!

Ihm war, als höre er Pfeifen in seiner Lunge, und sein Herz klopfte beschleunigt. Als sie durch die Tuilerien gingen, kam ihn eine Schwäche an, und er wollte sich setzen. Seine Frau blieb aufgebracht neben ihm stehen, um ihn zu demütigen, und musterte ihn von oben bis unten mit verachtungsvollem Mitleid. Er japste nach Luft, übertrieb die Atemlosigkeit, die von seiner Erregung herrührte, hielt die Finger der Linken um das rechte Handgelenk und zählte die Schläge der Arterie.

Trippelnd vor Ungeduld fragte Cora: »Bist du bald fertig mit dem Theater? Wann bist du endlich soweit?« Er erhob sich, wie Opfer sich erheben, und sprach den übrigen Weg kein Wort.

Als Cachelin das Ergebnis der Untersuchung erfuhr, konnte er seine Wut nicht bändigen. »Da sitzen wir ja schön in der Patsche! Schöner ging es nicht!« schimpfte er. Und er betrachtete seinen Schwiegersohn mit Augen, als ob er ihn fressen wolle.

Lesable hörte nichts, verstand nichts, dachte nur mehr an seine Gesundheit, an sein bedrohtes Leben. Mochten sie schreien, Vater und Tochter, sie steckten nicht in seiner Haut, und seine Haut, die gedachte er zu behalten.

Auf seinem Tisch häuften sich Flaschen vom Apotheker; zu jeder Mahlzeit nahm er unter dem Lächeln seiner Frau und dem schallenden Lachen seines Schwiegervaters seine Medikamente. Alle Augenblicke betrachtete er sich im Spiegel, alle Weile legte er die Hand aufs Herz, um die Schläge zu überprüfen, und ließ sich ein Bett in einer dunklen Kammer, die als Garderobe diente, aufstellen, damit er nicht mehr in fleischliche Berührung mit Cora geriet.

Er empfand für sie jetzt einen angstvollen Haß, gemischt aus Verachtung und Ekel. Überhaupt erschienen ihm alle Frauen als Ungeheuer, als gefährliche Tiere, nur dazu da, die Männer umzubringen; und des Testamentes von Tante Charlotte gedachte er nur mehr wie eines Unfalls, der ihn fast das Leben gekostet hätte.

Wieder verrannen Monate. Es blieb nur noch ein Jahr bis zum Ablauf der Frist.

Cachelin hatte im Speisezimmer einen riesigen Kalender aufgehängt, an dem er jeden Morgen einen Tag löschte, und der Ingrimm seiner Ohnmacht, die Verzweiflung, Woche um Woche zu fühlen, wie dieses Vermögen ihm entwich, die Wut zu denken, daß er immer weiter im Büro fronen und danach bis zu seinem Tod mit einer Rente von zweitausend Francs leben sollte, trieben ihn zu Reden von einer Heftigkeit, die ums Haar in Tätlichkeiten ausgeartet wären.

Er konnte Lesable nicht ansehen, ohne daß er in dem wütenden Verlangen erbebte, ihn zu schlagen, ihn zu Boden zu schleudern, mit Füßen zu treten. Er haßte ihn mit wild brodelndem Haß. Jedesmal, wenn er ihn zur Tür hereintreten sah, war ihm, als dringe ein Dieb bei ihm ein, der ihn um ein heiliges Gut, ein Familienerbe beraube. Er haßte ihn mehr, als wenn er sein Todfeind gewesen wäre, und verachtete ihn zugleich wegen seiner Schwäche, seiner Feigheit vor allem, seit er aus Sorge um seine Gesundheit aufgehört hatte, der gemeinsamen Hoffnung zu dienen.

Tatsächlich lebte Lesable ebenso getrennt von seiner Frau, wie wenn kein Band sie je verbunden hätte. Er kam nicht in ihre Nähe, berührte sie nicht mehr, mied sogar ihren Blick, gleichermaßen aus Scham wie aus Angst.

Jeden Tag fragte Cachelin: »Na, hat dein Mann sich besonnen?«

»Nein, Papa«, antwortete sie.

Jeden Abend bei Tisch fanden peinliche Szenen statt. Cachelin wiederholte unaufhörlich: »Wenn ein Mann kein Mann ist, sollte er besser verschwinden und einem anderen Platz machen.«

Und Cora setzte hinzu: »Es gibt eben Menschen, die bloß unnütz und immer im Wege sind. Ich möchte wissen, was sie auf Erden zu suchen haben, wenn sie nichts können, als allen zur Last zu fallen.«

Lesable trank seine Arzneien und antwortete nicht. Eines Tages schließlich schrie sein Schwiegervater ihm zu: »Hören Sie mal, Sie, wenn Sie sich jetzt, wo es Ihnen besser geht, nicht endlich ein anderes Benehmen zulegen, weiß ich, was meine Tochter macht! ...«

Der Schwiegersohn hob im Vorgefühl einer neuen Schmähung fragend die Augen. Cachelin fuhr fort: »Sie nimmt sich einen anderen, zum Donner! Und Sie können von großem Glück sagen, wenn das nicht längst passiert ist. Wer einen Versager wie Sie geheiratet hat, dem ist alles erlaubt.«

Kreidebleich erwiderte Lesable: »Ich hindere sie nicht, Ihren guten Rat zu befolgen.«

Cora schlug die Augen nieder. Und Cachelin, der unklar spürte, daß er zu weit gegangen war, blickte verlegen vor sich hin.

VI

Im Ministerium zeigten sich beide Männer in gütlichem Einvernehmen. Es war wie ein stilles Übereinkommen zwischen ihnen, den Kollegen ihre häuslichen Kämpfe zu verbergen. Sie nannten sich »mein lieber Cachelin«, »mein lieber Lesable«, taten sogar, als scherzten sie miteinander, als wären sie glücklich und zufrieden mit ihrem gemeinsamen Leben.

Lesable und Maze hingegen erwiesen einer dem anderen die zeremoniöse Höflichkeit von Widersachern, die sich beinahe geschlagen hätten. Der Schauder, den sie beide vor dem umgangenen Duell verspürt hatten, erzeugte eine übertriebene Höflichkeit zwischen ihnen, eine betonte Wertschätzung und, vielleicht aus wirrer Furcht vor neuen Komplikationen, den heimlichen Wunsch nach Annäherung. Man beobachtete und billigte ihr Verhalten als eines von Weltmännern, die einen Ehrenhandel miteinander hatten.

Sie grüßten sich auf großen Abstand mit strenger Feierlichkeit, mit weitem, unbedingt würdevollem Schwenken des Hutes.

Sie sprachen nicht miteinander, weil keiner von beiden den Anfang machen wollte oder zu machen wagte.

Eines Tages aber, als Lesable vom Chef dringend verlangt wurde, lief er, um seinen Eifer zu beweisen, und stieß an der Flurecke mit voller Wucht gegen einen Beamten, der ihm entgegenkam. Es war Maze. Alle beide wichen zurück, und Lesable fragte voll verwirrter und höflicher Beflissenheit: »Habe ich Ihnen auch nicht weh getan, Monsieur?«

»Durchaus nicht, Monsieur«, entgegnete der andere.

Seitdem hielten sie es für ziemlich, jedesmal ein paar Worte zu wechseln, wenn sie sich begegneten. Damit begann ein Wetteifer in Zuvorkommenheiten füreinander, dem bald eine gewisse Zugeneigtheit erwuchs, dann eine durch Zurückhaltung noch gemäßigte Zutraulichkeit: zwei Männer, die sich verkannt hatten, deren Elan aber noch ein gewisses furchtsames Zögern lähmt; doch schließlich stellte sich durch mannigfache Freundlichkeiten und Besuche von Raum zu Raum Kameradschaft her.

Oft plauderten sie nun im Büro des Registrators, wenn sie sich nach Neuigkeiten erkundigten. Lesable hatte seinen Dünkel des aufstiegssicheren Beamten abgelegt. Maze spielte nicht mehr den überlegenen Weltmann; und Cachelin mischte sich voll sichtlichem Gefallen an ihrer Freundschaft in die Unterhaltung. So manches Mal, wenn der schöne Schreiber in seinem straffen Wuchs, den Türrahmen mit der Stirne streifend, davonging, murmelte er mit einem Blick auf seinen Schwiegersohn: »Der ist wenigstens ein Kerl!«

Eines Morgens, als sie zu viert dort beisammen waren, denn Vater Savon ließ nie von seiner Abschreiberei, brach der Stuhl des Expedienten, den zweifellos irgendein Spaßmacher angesägt hatte, unter ihm zusammen, und der gute Mann fiel mit Schreckensschreien aufs Parkett.

Die drei anderen stürzten herzu. Der Registrator schob das Attentat den Kommunarden zu, und Maze wollte um jeden Preis die verletzte Stelle sehen. Cachelin und er versuchten sogar, den Alten auszuziehen, um ihn zu verbinden, wie sie sagten. Aber er widersetzte sich verzweifelt und beteuerte, daß ihm nichts fehle.

Als die Aufregung sich gelegt hatte, rief Cachelin plötzlich aus: »Wissen Sie was, Monsieur Maze, wenn ich uns hier so schön beisammen sehe, finde ich, Sie sollten Sonntag abend zu uns zum Essen kommen. Sie würden uns allen eine Freude machen, meinem Schwiegersohn, mir und meiner Tochter, die Sie dem Namen nach gut kennt, denn bei uns wird oft übers Büro geredet. Na, versprochen, ja?«

Lesable schloß sich gedämpfter der Einladung seines Schwiegervaters an: »Ja, kommen Sie nur, es ist uns ein Vergnügen.«

Maze lächelte verlegen, zögerte, der vielen umlaufenden Gerüchte eingedenk.

Cachelin drängte: »Also, abgemacht?«

»Nun gut, ja, ich komme.«

Als ihr Vater zu Hause verkündete: »Weißt du was, Monsieur Maze kommt nächsten Sonntag zu uns zum Essen«, stammelte Cora überrascht: »Monsieur Maze? – Nanu!«

Und sie wurde rot bis unter die Haare, ohne zu wissen warum. Sie hatte so oft von ihm reden hören, von seinem Gebaren, seinen Erfolgen – denn er galt im Ministerium als Frauenheld, als unwiderstehlich –, daß der Wunsch, ihn kennenzulernen, seit langem in ihr glomm.

»Du wirst sehen«, fuhr Cachelin händereibend fort, »er ist ein toller Bursche und ein schöner Mann, groß wie ein Karabinier – nicht so einer wie dein Mann da!«

Sie antwortete nicht, beklommen, als hätte man ihr ansehen können, daß sie von ihm geträumt hatte.

Dieses Essen wurde mit ebensoviel Sorgfalt vorbereitet wie das für Lesable damals. Cachelin erörterte die Gerichte, wollte, daß alles gut gerate, und wirkte vergnügt, als wäre eine uneingestandene, noch undeutliche Zuversicht in seinem Herzen erwacht, als habe ein heimliches, aber zuverlässiges Vorgefühl ihn beruhigt.

Den ganzen Sonntag überwachte er emsig die Vorbereitungen, während Lesable einen dringlichen Fall bearbeitete, den er vortags aus dem Büro mit nach Hause gebracht hatte. Es war die erste Novemberwoche, und der Jahreswechsel stand bevor.

Um sieben Uhr traf Maze voll guter Laune ein. Er betrat die Wohnung, als gehöre er dorthin, und überreichte Cora mit einem Kompliment einen großen Rosenstrauß. In dem familiären Ton des weltläufigen Mannes setzte er hinzu: »Mir ist, als ob ich Sie ein wenig kenne, Madame, als hätte ich Sie sogar als kleines Mädchen schon gekannt, denn so viele Jahre erzählt mir Ihr Vater bereits von Ihnen.«

Als Cachelin die Blumen erblickte, rief er: »Na, das ist wenigstens vornehm!« Und seiner Tochter fiel ein, daß Lesable, als er sich vorstellte, ihr keine mitgebracht hatte. Der schöne Schreiber schien entzückt, lachte gutmütig wie ein Kind, das zum erstenmal zu alten Freunden kommt, und warf Cora zarte Galanterien zu, die ihre Wangen färbten.

Er fand sie sehr begehrenswert. Sie fand ihn sehr verführerisch. Als er gegangen war, meinte Cachelin: »Ein prima Kerl, und ein Schlawiner! Ich glaube, der wickelt alle Frauen ein.«

Cora, die weniger weitherzig dachte, gestand gleichwohl, sie finde ihn »liebenswürdig und gar nicht so angeberisch, wie ich glaubte«.

Lesable, der weniger schlaff und trübe wirkte als sonst, räumte ein, daß er ihn in der ersten Zeit »unterschätzt« habe.

Maze kam wieder, anfangs zurückhaltend, dann öfter. Er gefiel allen. Man lockte ihn an, man hegte ihn. Cora bereitete ihm Gerichte, die er liebte. Und die drei Männer wurden bald so vertraut, daß sie kaum mehr ohneeinander auskamen. Der neue Freund führte die Familie ins Theater, in Logen, die er von den Zeitungen bekam.

In der Nacht kehrte man zu Fuß durch die dichtbelebten Straßen zur Haustür des Ehepaars Lesable zurück. Maze und Cora gingen voraus, im gleichen Schritt, Hüfte an Hüfte, in gleicher Bewegung, gleichem Rhythmus schwingend, wie zwei Wesen, die geschaffen sind, Seite an Seite durchs Leben zu gehen. Sie sprachen halblaut, denn sie verstanden sich wunderbar, und lachten leise auf; und zuweilen drehte sich die junge Frau um und warf einen Blick nach ihrem Mann und ihrem Vater.

Cachelin betrachtete sie mit wohlwollenden Augen und äußerte oft, ohne zu bedenken, daß er zu seinem Schwiegersohn sprach: »Sie nehmen sich wirklich gut aus, die beiden, es macht Freude, sie beisammen zu sehen.« Lesable antwortete ruhig: »Sie sind fast gleich groß«, und da er voll Glück verspürte, daß sein Herz weniger hastig klopfte, daß er weniger japste, wenn er schnell lief, und daß er insgesamt munterer war, ließ er den Groll gegen seinen Schwiegervater, der überdies seit einigem sein böses Gespött eingestellt hatte, allgemach verlöschen.

Zum Jahreswechsel wurde er Hauptschreiber. Er empfand darüber so unbändige Freude, daß er seine Frau zum erstenmal seit sechs Monaten küßte, als er nach Hause kam. Sie schien ganz sprachlos, peinlich berührt, als hätte er etwas Ungehöriges getan, und blickte nach Maze, der gekommen war, um ihr zum neuen Jahr seine Glückwünsche darzubringen. Auch Maze wirkte verlegen und wandte sich zum Fenster, als wolle er nichts sehen.

Bald aber wurde Cachelin wieder reizbar und übellaunig und stichelte seinen Schwiegersohn aufs neue mit bösen Worten. Sogar Maze attackierte er gelegentlich, als verarge er auch ihm, daß der Tag der über sie verhängten Katastrophe mit jeder Minute unabwendbar herankam.

Allein Cora wirkte vollkommen ruhig, vollkommen glücklich, vollkommen froh. Es war, als habe sie das immer näher rückende bedrohliche Datum vergessen.

Es wurde März. Jegliche Hoffnung schien verloren,

denn am zwanzigsten Juli war Tante Charlotte drei Jahre tot.

Ein zeitiger Frühling ließ die Erde keimen; und Maze schlug seinen Freunden vor, am Sonntag einen Ausflug zu machen und in den Gebüschen am Seine-Ufer Veilchen zu pflücken.

Sie fuhren mit einem Morgenzug und stiegen in Maisons-Laffitte aus. Noch streiften winterliche Schauer durchs kahle Geäst, aber das neugesprossene blanke Gras war schon mit weißen und blauen Blumen gefleckt; und die Obstbäume an den Hängen, die ihre mageren knospenden Arme reckten, sahen aus wie mit Rosengirlanden überzogen.

Schwerfällig, trübe und schlammig nach den letzten Regenfällen wälzte sich die Seine zwischen ihren vom winterlichen Hochwasser ausgehöhlten Ufern, und das ganze Land, wassersatt wie nach einem Bade, verströmte mildfeuchte würzige Gerüche unter der Wärme der ersten Sonnentage.

Man irrte im Park umher. Cachelin zerhieb Erdklumpen mit seinem Stock, trübselig, niedergeschlagener als sonst, denn noch bitterer kam ihn an diesem Tage ihr bald nun vollständiges Unglück an. Lesable, auch unleidlich, fürchtete, sich die Füße im Gras naß zu machen, während seine Frau und Maze auf Blumensuche gingen. Cora wirkte seit einigen Tagen leidend, abgespannt und blaß.

Nicht lange, und sie war müde und wollte essen gehen. Sie erreichten ein kleines Restaurant bei einer alten, verfallenen Mühle; und bald wurde ihnen unter der Laube, auf dem mit zwei Servietten gedeckten Holztisch, dicht am Wasser, das traditionelle Mahl der Pariser Ausflügler aufgetragen.

Sie hatten die gebratenen Gründlinge geknuspert, das Rindfleisch mit Kartoffeln gekaut, und die Salatschüssel voll grüner Blätter ging herum, als Cora sich plötzlich erhob und, ihre Serviette mit beiden Händen vor dem Munde, zum Ufer lief.

Beunruhigt fragte Lesable: »Was hat sie denn?« Maze blickte verwirrt, errötete, stammelte: »Ich ... ich weiß nicht ... eben ging es ihr noch gut!« Und Cachelin verharrte aufgestört, die Gabel mit einem Salatblatt in der Luft.

Er stand auf, schaute nach seiner Tochter aus. Als er sich vorbeugte, sah er ihren Kopf gegen einen Baum gelehnt, krank. Eine rasche Mutmaßung schlug ihm in die Kniekehlen, und er fiel auf seinen Sitz zurück, erschrokkene Blicke nach den beiden Männern werfend, die jetzt einer so verlegen wie der andere aussahen. Er forschte mit bangen Blicken in ihren Gesichtern, traute sich nicht mehr zu reden, kopflos vor Angst und Hoffen.

Eine Viertelstunde verging in tiefem Schweigen. Und Cora erschien, ein wenig fahl, mit schleppendem Schritt. Niemand forschte sie aus; jeder schien ein glückliches Ereignis zu ahnen, das peinlich zu sagen war, das zu wissen man brennend wünschte und zu erfahren fürchtete. Nur Cachelin fragte: »Geht es dir besser?« Sie antwortete: »Ja, danke, es war nichts weiter. Aber laßt uns zeitiger nach Hause fahren, ich habe ein bißchen Migräne.«

Und beim Aufbruch nahm sie den Arm ihres Mannes, wie um etwas Geheimnisvolles anzukündigen, das sie noch nicht zu gestehen wagte.

Man trennte sich am Bahnhof Saint-Lazare. Maze schützte eine Angelegenheit vor, deren er sich eben entsinne, und ging nach Grüßen und Händedrücken davon.

Kaum war Cachelin mit seiner Tochter und seinem Schwiegersohn allein, fragte er: »Was hattest du denn beim Essen?«

Aber Cora antwortete nicht gleich, dann nach einigem Zögern: »Ach nichts, mir war nur ein bißchen übel.«

Sie ging in trägem Schritt, ein Lächeln auf den Lippen. Vor Unbehagen, zerrissenem Sinn, von verworrenen, widersprüchlichen Vorstellungen bestürmt, voller Luxusbegierden, stummem Zorn, uneingestandener Scham, eifersüchtiger Feigheit, tat Lesable wie der Schläfer, der morgens die Augen zusammenkneift vor dem Lichtstrahl, der durch die Gardinen fällt und sein Bett mit einem blendenden Streifen schneidet.

Zu Hause sprach er sofort von einer Arbeit, die er zu beendigen habe, und schloß sich ein.

Da legte Cachelin seiner Tochter beide Hände auf die Schultern: »Du bist schwanger, was?«

Sie stammelte: »Ja, ich glaube. Seit zwei Monaten.«

Sie hatte noch nicht ausgeredet, als er vor Jubel in die Höhe sprang; dann begann er um sie herum einen fessellosen Cancan zu tanzen, eine Erinnerung aus seinen Garnisonstagen. Er hob die Beine, hopste trotz seinem Bauch, daß das ganze Zimmer wackelte. Die Möbel schwankten, die Gläser stießen im Buffet aneinander, der Kronleuchter schaukelte und zitterte wie eine Schiffslaterne.

Dann nahm er seine geliebte Tochter in die Arme und küßte sie stürmisch; dann gab er ihr einen zärtlichen kleinen Klaps auf den Bauch: »Ah! na endlich! Hast du es deinem Mann schon gesagt?«

Auf einmal verschüchtert, murmelte sie: »Nein ... noch nicht ... ich ... ich wollte noch warten.«

Aber Cachelin rief: »Laß man, laß. Es ist dir peinlich. Warte, ich werde es ihm sagen!«

Und er stürzte in die Wohnung seines Schwiegersohns. Als Lesable, der nichts tat, ihn eintreten sah, fuhr er zusammen. Aber der Alte ließ ihm keine Zeit zur Besinnung: »Wissen Sie, daß Ihre Frau schwanger ist?«

Der Gatte erstarrte, verlor die Haltung, auf seinen Backen bildeten sich rote Flecke.

»Was? Wie? Cora, sagen Sie?«

»Ich sage, sie ist schwanger, verstehen Sie? Haben wir ein Glück!«

Und in seiner Freude faßte er Lesables Hände, drückte sie, schüttelte sie, als wolle er ihm gratulieren, ihm danken: »Ah, endlich, endlich!« wiederholte er. »Es ist soweit! Es ist soweit! Verstehen Sie doch, das Geld gehört uns!« Und völlig außer sich, drückte er ihn in seine Arme.

»Über eine Million, denken Sie, über eine Million!« schrie er. Wieder tanzte er los, dann plötzlich: »Aber so kommen Sie doch, sie wartet auf Sie, kommen Sie, Sie müssen sie küssen!« Damit faßte er ihn um die Mitte, schleppte ihn mit sich fort und stieß ihn wie eine Kugel in das Zimmer, wo Cora unruhig horchend stehengeblieben war.

Sowie sie ihren Mann erblickte, wich sie zurück, stokkend vor jäher Erregung. Bleich und gequält hielt er vor ihr inne. Er sah aus wie ein Richter, sie wie eine Schuldige.

Endlich sagte er: »Ich höre, du bist schwanger?«

Mit zitternder Stimme erwiderte sie: »Es sieht so aus.«

Aber Cachelin faßte beide beim Nacken, drückte sie Nase an Nase und schrie: »Nun küßt euch doch, Himmelherrgottnochmal! Ihr habt allen Grund!«

Und als er sie losgelassen hatte, erklärte er, übersprudelnd vor närrischer Freude: »Endlich ist es geschafft! Wissen Sie was, Léopold, da kaufen wir uns gleich ein Grundstück auf dem Lande. Dann können Sie erst mal Ihre Gesundheit wiederherstellen.«

Bei dem Gedanken erzitterte Lesable. Sein Schwiegervater fuhr fort: »Und dann laden wir Monsieur Torchebeuf mit seiner Dame ein, und da der stellvertretende Chef am Ende ist, können Sie seine Nachfolge übernehmen. Das ist ein Aufstieg!«

Lesable sah alles vor sich, wie Cachelin es sagte; er sah sich selber, wie er vor einem hübschen weißen Landhaus am Fluß den Chef empfing. Er hatte eine Drillichweste an und einen Panamahut auf dem Kopfe.

Etwas Süßes zog ihm ins Herz bei dieser Vorstellung, etwas Warmes und Gutes durchflutete ihn, und er fühlte sich leichter und schon gesünder.

Er lächelte, noch ohne zu antworten.

Trunken vor Hoffnungen und Zukunftsträumen, spann Cachelin weiter: »Wer weiß? Vielleicht gewinnen wir Einfluß im Land. Vielleicht werden Sie Abgeordneter. Auf alle Fälle können wir die Gesellschaft des Ortes empfangen und uns feine Sachen leisten. Sie kaufen sich ein kleines Pferd und einen Korbwagen und fahren jeden Tag zum Bahnhof.«

Bilder von Luxus, von Eleganz und Wohlbehagen erwachten in Lesables Sinn. Der Gedanke, daß er selbst einen hübschen Wagen fahren würde wie jene reichen Leute, die er so oft beneidet hatte, setzte den Punkt auf seine Befriedigung. Er konnte nicht umhin zu sagen: »Ah, das ja! das ist wunderbar, wirklich.«

Als Cora ihn gewonnen sah, lächelte auch sie, gerührt und dankbar; und Cachelin, der keine Hindernisse mehr kannte, beschloß: »Heute abend essen wir im Restaurant. Verdammt, wir müssen uns doch eine kleine Feier gönnen!«

Sie waren alle drei ein wenig beschwipst, als sie heimgingen, und Lesable, der doppelt sah und dem alles im Kopfe tanzte, fand seine finstere Kammer nicht. Er legte sich, sei es aus Versehen, sei es aus Vergeßlichkeit, in das noch leere eheliche Bett. Und die ganze Nacht war ihm, als schwanke sein Lager wie ein Schiff, rolle und schlingere, hart am Kentern. Er war sogar ein wenig seekrank.

Er wunderte sich sehr, als er beim Erwachen Cora in seinen Armen fand.

Sie öffnete die Augen, lächelte und küßte ihn voll jäh aufwallender Dankbarkeit und Liebe. Dann sagte sie mit der süßen Stimme, die Frauen bei ihren Schelmereien annehmen: »Wenn du ganz nett sein willst, gehst du nachher nicht ins Ministerium. Du brauchst doch jetzt nicht mehr so genau zu sein, weil wir bald sehr reich werden. Dann könnten wir heute noch mal aufs Land fahren, wir beide ganz allein.«

Er fühlte sich ausgeruht, ganz gelöst in dem Behagen, das der Übermüdung nach Festen folgt, und wohlig eingehüllt in die Wärme des Bettes. Er empfand eine schwere Lust, da liegenzubleiben, nichts anderes mehr zu tun, als geruhsam in Annehmlichkeit zu leben. Ein unbekanntes und mächtiges Verlangen, faul zu sein, lähmte seine Seele, seinen Körper. Und ihn durchrieselte der unklare, aber anhaltende und glückliche Gedanke: Er würde reich sein, unabhängig.

Doch plötzlich ergriff ihn Angst, und er fragte ganz leise, als fürchte er, die Wände könnten seine Worte hören: »Bist du auch wirklich sicher, daß du schwanger bist?«

Sie beruhigte ihn unverzögert: »Oh, natürlich, hör mal! Ich habe mich doch nicht geirrt!«

Und ein wenig zweifelnd noch, begann er sie behutsam abzutasten. Er strich mit der Hand über ihren geschwellten Leib. »Ja, es ist wahr«, sagte er. »Aber du kommst doch nicht mehr vor dem Datum nieder. Womöglich wird uns unser Anrecht streitig gemacht?«

Über diese Befürchtung wurde sie zornig: Oh! nein, nein, auf gar keinen Fall, jetzt dürfe ihr keiner mehr kommen, nach so viel Sorgen, Kummer und Mühen! Oh, nein! – Sie hatte sich aufgesetzt, so schüttelte sie die Entrüstung.

»Laß uns sofort zu dem Anwalt gehen«, sagte sie.

Er aber meinte, sie sollten sich zuerst ein Zertifikat

vom Arzt holen. Also gingen sie noch einmal zu Doktor Lefilleul.

Er erkannte sie ohne weiteres wieder und fragte: »Nun, hatten Sie Erfolg?«

Sie wurden beide rot bis zu den Ohren, und Cora, die ein wenig aus der Fassung geriet, stotterte: »Ich glaube, ja, Monsieur.«

Der Arzt rieb sich die Hände: »Das dachte ich mir, das dachte ich mir. Das Mittel, das ich Ihnen nannte, schlägt niemals fehl, es sei denn bei radikaler Unfähigkeit eines der beiden Partner.«

Nachdem er die junge Frau untersucht hatte, erklärte er: »Es ist an dem, bravo!«

Und auf ein Blatt Papier schrieb er: »Ich, Unterzeichneter, Doktor der Medizin an der Fakultät zu Paris, bestätige hiermit, daß Madame Léopold Lesable, geborene Cachelin, alle Anzeichen einer seit etwa drei Monaten bestehenden Schwangerschaft aufweist.«

Dann fragte er Lesable: »Und Sie? Die Brust, das Herz?« Er horchte ihn ab und fand ihn gänzlich geheilt.

Glücklich und vergnügt zogen sie leichtfüßig Arm in Arm davon. Unterwegs hatte Lesable eine Idee: »Vielleicht solltest du, ehe wir zu dem Anwalt gehen, ein oder zwei Handtücher unter dein Kleid stecken, das sticht ins Auge und wirkt besser. Dann glaubt er nicht erst, daß wir Zeit schinden wollen.«

Sie gingen also heim, und er selber zog seine Frau aus, um ihr eine täuschende Polsterung anzulegen. Zehnmal nacheinander änderte er den Sitz der Tücher, trat ein paar Schritte zurück, prüfte die Wirkung, um absolute Wahrscheinlichkeit bemüht.

Als er mit dem Ergebnis zufrieden war, gingen sie wieder los, und auf der Straße gab er sich stolz, diesen gewölbten Bauch auszuführen, der seine Männlichkeit bezeugte.

Der Anwalt empfing sie voller Wohlwollen. Er hörte ihre Erklärung an, überflog das Zertifikat, und als Lesable betonte: »Im übrigen, Monsieur, genügt es, sie einen Moment zu betrachten«, warf er einen überzeugten Blick auf die volle, zugespitzte Taille der jungen Frau.

Sie warteten geängstigt; doch der Mann des Gesetzes erklärte: »Vortrefflich. Ob das Kind schon geboren ist oder erst geboren wird – es ist da, und es lebt. Somit verschieben wir den Vollzug des Testaments bis zur Niederkunft von Madame.«

Als sie das Büro verlassen hatten, fielen sie sich auf der Treppe in die Arme vor ungestümer Freude.

VII

Seit dieser glücklichen Gewißheit lebten die drei Verwandten in vollkommener Eintracht. Stets waren sie gleichbleibend froh und freundlich. Cachelin hatte seine ganze frühere Jovialität wiedergewonnen, und Cora überhäufte ihren Mann mit Fürsorglichkeiten. Auch Lesable schien ein anderer geworden, immer zufrieden und gutmütig, wie er es nie gewesen war.

Maze kam jetzt weniger oft und schien sich in der Familie nicht mehr so wohl zu fühlen; er wurde immer noch gut, aber kühler aufgenommen, denn Glück ist egoistisch und braucht andere nicht.

Cachelin schien gegen den schönen Schreiber, den er einige Monate zuvor geflissentlich im Hause eingeführt hatte, sogar eine gewisse stille Feindseligkeit zu hegen. Er war es, der dem Freund Coralies Schwangerschaft mitteilte. Er sagte ohne Umschweife: »Wissen Sie schon, meine Tochter erwartet ein Kind!«

Maze spielte den Überraschten: »Ach! da müssen Sie ja sehr glücklich sein.«

»Das will ich meinen!« antwortete Cachelin und vermerkte, daß sein Kollege durchaus nicht entzückt aussah. Männer sind selten erfreut, die Frauen, denen sie als Getreue anhingen, in diesem Zustand zu sehen, ob sie dessen Urheber sind oder nicht.

Sonntags indes kam Maze weiterhin zum Essen. Doch die Abende waren nicht mehr so vergnüglich, wiewohl nichts Ernstliches vorgefallen war; und von Woche zu Woche erhöhte sich die sonderbare Verstimmung. Einmal, nachdem er gegangen war, knurrte Cachelin mit wütender Miene: »Der fängt an, mir auf die Nerven zu gehen!«

Und Lesable erwiderte: »Tatsächlich, er gewinnt nicht, wenn man ihn zu nahe kennt.« Cora hatte die Augen niedergeschlagen. Sie äußerte keine Meinung. Es schien, als sei sie immer in Verlegenheit, wenn der lange Maze da war, der wiederum ihr gegenüber sich wie beschämt verhielt, sie nicht mehr lächelnd ansah wie früher, nicht mehr ins Theater einlud und die vorher so herzliche Vertrautheit wie eine lästige Gewohnheit fortzuführen schien.

An einem Donnerstag vor dem Abendessen, als Lesable vom Büro kam, küßte ihm Cora die Favoris schmeichlerischer als sonst und murmelte ihm ins Ohr:

»Ob du mir böse sein wirst?«

»Warum denn?«

»Weil … Monsieur Maze hat mich vorhin besucht. Aber weil ich nicht will, daß über mich geredet wird, habe ich ihn gebeten, nicht mehr zu kommen, wenn du nicht da bist. Er sah aus, als hätte er mir das übelgenommen!«

Überrascht fragte Lesable:

»Und? was hat er gesagt?«

»Oh, nicht viel, aber gefallen hat es mir trotzdem nicht, und da habe ich ihn gebeten, seine Besuche bei uns überhaupt einzustellen. Du weißt ja, daß ihr beide, Papa und du, ihn hergebracht habt, ich konnte nichts dafür. Darum hatte ich ein bißchen Angst, du wärest ärgerlich, daß ich ihm die Tür verschlossen habe.«

Freude strömte ihrem Mann ins Herz: »Das hast du gut gemacht, sehr gut! Dafür bin ich dir sogar dankbar!«

Und um das Verhältnis der beiden Männer, das sie nun im groben geklärt hatte, auch im einzelnen festzulegen, fuhr sie fort: »Im Büro kannst du ja tun, als ob du nichts davon weißt, und redest mit ihm einfach wie vorher: nur ins Haus kommt er eben nicht mehr.«

Und Lesable nahm seine Frau voll Zärtlichkeit in die Arme, küßte ihr lange Augen und Wangen ab. »Du bist ein Engel! ...« sagte er, »... ein Engel!« Und er fühlte die schon kräftige Wölbung des Kindes an seinem Bauch.

VIII

Bis zur Niederkunft ereignete sich nichts Neues.

In den ersten Septembertagen gebar Cora ein Mädchen. Es erhielt den Namen Désirée; weil die Taufe aber ein richtiges Fest werden sollte, wurde beschlossen, sie erst im folgenden Sommer auf dem Grundstück zu feiern, das sie sich kaufen wollten.

Sie entschieden sich für Asnières, an dem Höhenzug entlang der Seine.

Im Laufe des Winters hatten sich große Dinge zugetragen. Sobald die Erbschaft angetreten war, hatte Cachelin seine Kündigung eingereicht, die sofort genehmigt wurde, und ging nicht mehr ins Büro. In seiner Muße beschäftigte er sich nun, mit einer Laubsäge Zigarrenkistendeckel zu zersägen. Er bastelte Uhrgehäuse, Kästchen, Blumenständer, alle möglichen sonderbaren kleinen Dinge. Die Begeisterung für diese Tätigkeit war ihm gekommen, als er auf der Avenue de l'Opéra einem Straßenhändler zugesehen hatte, der die kleinen Holzbrettchen so bearbeitete. Und tagtäglich mußte jeder seine neuesten Schöpfungen von ausgeklügelter und kindischer Kompliziertheit bestaunen.

Er selbst wiederholte in Bewunderung vor seinem Werk unaufhörlich: »Es ist kaum zu glauben, was der Mensch alles fertigbringt!«

Der stellvertretende Chef, Monsieur Rabot, war endlich gestorben, und Lesable erfüllte dessen Amtspflichten, ohne schon den Titel zu tragen, weil die Zeit seit seiner letzten Beförderung noch zu kurz war.

Cora war augenblicklich eine andere Frau geworden, zurückhaltender, eleganter, denn sie hatte alle Umwandlungen, die ein Vermögen erfordert, begriffen, erraten, gewittert.

Aus Anlaß des Jahreswechsels machte sie der Gattin des Chefs, einer dicken Person, die nach fünfunddreißig Jahren Paris noch immer Provinzlerin war, einen Besuch und wandte bei der Bitte, die Patenschaft ihres Kindes zu übernehmen, so viel Liebenswürdigkeit und Überredung auf, daß Madame Torchebeuf zusagte. Der andere Pate wurde der Großvater.

Die Zeremonie hatte an einem strahlenden Sonntag im Juni statt. Das ganze Büro war geladen, außer dem schönen Maze, mit dem man keinen Umgang mehr pflegte.

Um neun Uhr erwartete Lesable auf dem Bahnhof den Zug aus Paris, während ein Groom in einer Livree mit dicken Goldknöpfen ein rundliches Ponny vor einem nagelneuen Korbwagen am Zügel hielt.

Die Lokomotive pfiff von weitem, dann tauchte sie mit ihrer Wagenkette im Gefolge auf, der die Fahrgäste entströmten.

Monsieur Torchebeuf stieg mit seiner Frau in großer Toilette aus einem Wagen erster Klasse, während Pitolet und Boissel aus einem Wagen der zweiten sprangen. Vater Savon hatte man nicht einzuladen gewagt, doch verstand es sich, daß man ihn am Nachmittag zufällig treffen und mit Zustimmung des Chefs zum Abendessen bitten würde.

Lesable stürzte seinem Vorgesetzten entgegen, der winzig daherschritt in seinem Frack mit dem großen Orden gleich einer erblühten roten Rose. Sein riesiger Schädel, mit einem breitkrempigen Hut darüber, erdrückte den schmächtigen Körper und gab ihm den Anblick eines Schaubudenwunders; und wenn seine Frau sich ein wenig auf die Zehenspitzen erhob, konnte sie ihm mühelos über den Kopf sehen.

Léopold strahlte, verneigte sich, dankte. Er half ihnen in seinen Korbwagen, dann lief er auf die beiden Kollegen zu, die bescheiden hinterherkamen, drückte ihnen die Hände und entschuldigte sich, daß er sie in seinem zu kleinen Gefährt nicht auch mitnehmen könne: »Aber gehen Sie immer am Ufer entlang, Sie kommen bis vor meine Tür: Villa Désirée, die vierte nach der Biegung. Und beeilen Sie sich.«

Damit stieg er in seinen Wagen, faßte die Zügel und fuhr an, während der Groom sich leichtfüßig auf den kleinen Hintersitz schwang.

Die Tauffeier fand in den besten Gegebenheiten statt. Dann ging man zum Essen. Jeder fand unter seiner Serviette eine der Bedeutung seiner Person angemessene Gabe: die Patin einen Armreif aus reinem Gold, ihr Gemahl eine rubinenbesetzte Krawattennadel, Boissel eine Brieftasche aus russischem Leder und Pitolet eine herrliche Meerschaumpfeife. Désirée, sagte man, bringe diese Geschenke ihren neuen Freunden dar.

Madame Torchebeuf streifte, rot vor Verwirrung und Freude, den glänzenden Schmuck über ihren dicken Arm, und weil der Chef eine dünne schwarze Krawatte trug, an die keine Nadel paßte, steckte er den Schmuck in den Rockaufschlag unter die Ehrenlegion wie einen zweiten Orden niederen Ranges.

Durchs Fenster sah man das breite Band des Flusses, der an den baumbestandenen Ufern hin nach Suresnes zog. Die Sonne fiel steil aufs Wasser nieder und machte es zu einem Strom aus Feuer. Anfangs verlief das Essen ernst, gedämpft durch die Gegenwart von Monsieur und Madame Torchebeuf. Dann heiterte es sich auf. Cachelin ließ Scherze vom Stapel, die er sich erlaubte, weil er reich war; und man lachte.

Pitolet oder Boissel hätten damit sicher schockiert.

Beim Nachtisch wurde das Kind gebracht, und jeder Gast küßte es. Aus einer dichten Spitzenwolke blickte es fremd und gedankenleer aus seinen blauen Augen auf diese Leute und drehte ein wenig den pausbäckigen Kopf, in dem die erste Wachheit sich zu regen schien.

In dem Durcheinander der Stimmen flüsterte Boissel seinem Nachbarn ins Ohr: »Sie sieht aus wie eine kleine Mazette.«

Anderntags machte das Wort im Ministerium die Runde.

Unterdessen läutete es zwei Uhr; die Liköre waren getrunken, und Cachelin schlug vor, das Anwesen zu besichtigen und danach einen Spaziergang entlang der Seine zu machen.

Wie eine Prozession wandelten die Gäste von Raum zu Raum, vom Keller bis zum Boden, dann durchschritten sie den Garten von Baum zu Baum, von Pflanze zu Pflanze, dann teilte man sich in zwei Gruppen zum Spaziergang.

Cachelin, der sich bei den Damen ein wenig eingeengt fühlte, zog mit Boissel und Pitolet durch die Schenken am Fluß, während die Damen Torchebeuf und Lesable mit ihren Männern das andere Ufer hinan wollten, um als ehrsame Frauen nicht zwischen die ausgelassene Sonntagswelt zu geraten.

Gemessen hielten sie sich auf dem Treidelweg, die beiden Männer hinter sich, die ernst über amtliche Dinge plauderten.

Auf dem Strom zogen Boote vorüber, von langen Riemenschlägen nacktarmiger Burschen getrieben, deren Muskeln unter der sonnverbrannten Haut rollten. Ihre Mädchen lagen auf schwarzen oder weißen Tierfellen ausgestreckt, bedienten, schläfrig unter der Sonne, das Steuer, über dem Kopf rote, gelbe oder blaue Seidensonnenschirme wie riesige auf dem Wasser schwimmende Blumen. Von Kahn zu Kahn flogen Rufe, Geschrei und Gewitzel; und ferner, anhaltender Lärm menschlichen Stimmengewirrs zeigte von weit her die wimmelnde Sonntagsmenge an.

Reihen von Anglern saßen unbeweglich den ganzen Fluß entlang, und fast nackte Schwimmer machten von schweren Fischerkähnen Kopfsprünge, kletterten zurück in die Boote, schossen erneut in die Strömung.

Verwundert schaute Madame Torchebeuf ihnen zu. »Das ist jeden Sonntag dasselbe«, sagte Cora, »es kann einem die bezaubernde Landschaft verleiden.«

Langsam näherte sich ein Kahn. Zwei Frauen ruderten für ihre am Boden liegenden beiden Kerle. Eine der beiden rief zum Ufer hin: »Ohe! ohe! ihr ehrbaren Frauen! Ich hab einen Mann zu verkaufen, gar nicht teuer, wollt ihr?«

Cora wandte sich voller Verachtung ab und schob den Arm unter den Arm ihres Gastes: »Hier kann man einfach nicht bleiben. Gehen wir. Wie schamlos diese Kreaturen sind!«

Und sie kehrten um. Monsieur Torchebeuf sagte zu Lesable: »Das steht zum 1. Januar fest. Der Direktor hat es mir amtlich zugesagt.«

Und Lesable antwortete: »Ich weiß nicht, wie ich Ihnen danken soll, lieber Meister.«

Als sie zurückkamen, trafen sie auf Cachelin, Pitolet und Boissel, die Vater Savon unter Tränenlachen fast tragen mußten; sie hatten ihn, wie sie aus Spaß behaupteten, am Ufer mit einer Kokotte aufgefunden.

Der verschreckte Alte sagte immerzu: »Das ist nicht wahr, das ist nicht wahr. Das dürfen Sie nicht sagen, Monsieur Cachelin, das dürfen Sie nicht sagen.«

Und Cachelin barst beinahe und schrie: »Ah! alter Stromer, ›mein geliebtes Gänsefederchen‹ hast du sie genannt. Ha! wir haben ihn erwischt, den Lustmolch!«

Auch die Damen lachten, so verstört sah der Alte aus.

Cachelin fuhr fort: »Wenn Monsieur Torchebeuf es erlaubt, halten wir den Gefangenen zur Strafe fest, und er muß zum Abendessen bleiben.«

Der Chef stimmte wohlwollend zu. Und es wurde weiter über die von dem Alten verlassene Dame gelacht, so untröstlich der auch gegen den schlechten Scherz protestierte.

Bis zum Abend blieb dies ein Gegenstand unerschöpflicher Witzeleien, die sogar ans Zotige grenzten.

Cora und Madame Torchebeuf saßen unter dem Zeltdach der Terrasse und blickten in den Widerschein des Abendlichts. Die Sonne strahlte purpurnen Staub ins Gezweige. Kein Hauch bewegte die Blätter; unendlicher Frieden sank von dem flammenden, stillen Himmel herab.

Noch zogen Kähne, langsamer jetzt, dem Schuppen zu.

Cora fragte: »Wie es scheint, hatte der arme Monsieur Savon eine Dirne geheiratet?«

Madame Torchebeuf, über alles im Büro auf dem laufenden, antwortete: »Ja, eine viel zu junge Waise, die ihn mit einem üblen Subjekt betrogen hat und schließlich mit ihm davongelaufen ist.« Dann setzte die dicke Frau hinzu: »Ich sage, ein übles Subjekt, dabei weiß ich nichts weiter über ihn. Es heißt, sie hätten sich sehr geliebt. Immerhin ist Vater Savon ja nicht gerade ein Verführer.«

Madame Lesable entgegnete ernst: »Das entschuldigt nichts. Der arme Mann ist zu bedauern. Unserem Nachbarn hier, einem Monsieur Barbou, geht es ebenso. Seine Frau hat sich in einen angeblichen Maler vergafft, der sich im Sommer hier herumtrieb, und ist mit ihm ins Ausland verschwunden. Ich begreife nicht, wie eine Frau so tief fallen kann. Ich finde, für solche Ehrvergessenen, die Schande über ihre Familie bringen, müßte es eine besondere Strafe geben.«

Am Ende der Allee tauchte die Amme mit der spitzenumwallten Désirée in den Armen auf. Das Kind nahte den beiden Damen über und über rosig in dem rotgoldenen Abendglanz. Es schaute nach dem feurigen Himmel mit denselben blassen, erstaunten und unbestimmten Augen, die es auf die Gesichter richtete.

Die Männer, die in einigem Abstand plauderten, kamen heran; und Cachelin ergriff seine Enkelin, streckte sie in den Armen hoch, als wollte er sie bis ans Firmament erheben. Sie zeichnete sich in den leuchtenden Horizont mit ihrem langen, bis zur Erde wallenden weißen Kleid.

Und der Großvater rief: »Das ist das Beste, was es auf Erden gibt, nicht wahr, Vater Savon?«

Und der Alte antwortete nicht, weil er nichts zu sagen wußte oder weil er zu vieles dachte.

Ein Diener öffnete die Terrassentür; er meldete: »Madame, es ist angerichtet!«

Die Pensionsmutter

Damals, erzählte Georges Kervelen, lebte ich in einer Pension in der Rue des Saints-Pères. Als meine Eltern beschlossen hatten, ich solle zum Jurastudium nach Paris gehen, begannen lange Auseinandersetzungen darüber, wie meine Existenz zu regeln sei. Anfänglich war die Summe für meinen Unterhalt auf zweitausendfünfhundert Francs festgesetzt worden, doch meine gute Mutter wurde von einer Befürchtung ergriffen, die sie meinem Vater mitteilte: »Wenn er mit seinem Geld nun aber nicht haushält und nicht zureichend ißt, leidet seine Gesundheit ernsten Schaden. Junge Leute sind doch zu allem fähig.«

Demgemäß wurde ausgemacht, mir eine Pension zu suchen, eine preiswerte, annehmliche Pension, die meine Familie allmonatlich direkt bezahlte.

Nun, ich war aus Quimper noch nie herausgekommen. Ich war auf alles begierig, was man in meinem Alter begehren kann, und gesonnen, mir's in jeder Weise lustig zu machen.

Nachbarn, die man um Rat befragte, nannten uns eine Landsmännin, eine Madame Kergaran, die Pensionäre bewirte. So verhandelte denn mein Vater brieflich mit der ehrenwerten Frau, bei der ich, in Begleitung eines Koffers, eines Abends eintraf.

Madame Kergaran war um die vierzig. Sie war kräftig

gebaut, sehr kräftig, sprach mit einer Stimme wie ein Exerziermeister und beschied alle Fragen mit einem knappen, endgültigen Wort. Ihr Haus war so schmal, daß es in jedem Stockwerk nur eine Öffnung zur Straße hin hatte und aussah wie eine Leiter mit Fenstern.

Im Erdgeschoß wohnte die Wirtin mit ihrer Bonne; im Oberstock lagen Küche und Speisezimmer; im dritten und vierten wohnten vier bretonische Pensionäre. Ich bekam die beiden Zimmer im fünften.

Eine kleine dunkle Korkenziehertreppe führte zu meinen Mansarden. Den ganzen Tag lief Madame Kergaran pausenlos die Spirale ihres Schubladengehäuses geschäftig hinauf und hinunter wie ein Kapitän an Bord. Zehnmal hintereinander betrat sie jedes Zimmer, überwachte alles mit einem erstaunlichen Wortschwall, prüfte, ob die Betten ordentlich gemacht, die Kleider gründlich gebürstet waren, ob die Bedienung auch nichts zu wünschen übrigließ. Kurz, sie umsorgte ihre Pensionäre wie eine Mutter, mehr als eine Mutter.

Die Bekanntschaft meiner vier Landsleute hatte ich bald gemacht. Zwei studierten Medizin, die anderen zwei Jura, aber alle vier beugten sich dem despotischen Regiment der Wirtin. Sie hatten Angst vor ihr wie Landstreicher vor der Flurwache.

Was mich angeht, regte sich sofort mein Unabhängigkeitswillen, ich bin aufsässig von Natur aus. Als erstes erklärte ich, ich wolle nach Hause kommen, wann es mir beliebte, denn Madame Kergaran hatte Mitternacht zur äußersten Grenze erklärt. Bei solcher Anmaßung richtete sie mehrere Sekunden ihre hellen Augen auf mich, dann entgegnete sie:

»Das ist unmöglich. Ich kann nicht zulassen, daß Annette die ganze Nacht geweckt wird. Nach einer bestimmten Stunde haben Sie außer Haus nichts mehr verloren.«

Unbeirrt gab ich zur Antwort: »Nach dem Gesetz, Madame, sind Sie verpflichtet, mir jederzeit zu öffnen. Wenn Sie sich weigern, lasse ich das vom Stadtgendarmen feststellen und übernachte auf Ihre Kosten in einem Hotel, wie es mein Recht ist. Sie müssen mir also entweder öffnen oder kündigen. Wählen Sie.«

Ich lachte ihr ins Gesicht, als ich meine Forderungen stellte. Nach der ersten Verblüffung wollte sie mich in eine Verhandlung verwickeln, aber ich zeigte mich unerschütterlich, und sie gab nach. Wir einigten uns darauf, daß ich einen Nachschlüssel erhielte, unter der strikten Bedingung freilich, daß es niemand von den andern erfuhr.

Meine Energie tat ihre heilsame Wirkung, und sie behandelte mich von da ab mit deutlicher Gunst. Sie erwies mir Aufmerksamkeiten, kleine Fürsorglichkeiten, Rücksichten und sogar eine gewisse rauhe Zärtlichkeit, die mir nicht mißfiel. Manchmal, wenn ich gut aufgelegt war, gab ich ihr überraschend einen Kuß, einzig wegen der Ohrfeige, die sie mir umgehend darauf versetzte. Gelang mir's, den Kopf schnell genug wegzuziehen, sauste ihre Hand mit der Geschwindigkeit einer Kugel über mich hin, und ich stob lachend davon, während sie mir nachrief: »Oh, die Kanaille! das sollen Sie mir büßen!«

Wir waren Freunde geworden.

Nun machte ich aber auf der Straße die Bekanntschaft einer kleinen Verkäuferin.

Sie wissen, wie diese Pariser Liebeleien sind. Eines Tages, unterwegs zum Kolleg, begegnet man einem jungen Ding, das im bloßen Haar, eingehakt mit einer Freundin herumspaziert, ehe es wieder an seine Arbeit geht. Man wechselt einen Blick und verspürt jenes leise Zucken, das manche Frauen in einem auslösen. Diese schnellen physischen Sympathien, die einer Begegnung entspringen, sind eine der Verzauberungen des Lebens, diese rasche, unbegreifliche Verführung beim Anblick eines Wesens, das geschaffen ist, zu gefallen und geliebt zu werden. Ob es viel oder wenig geliebt wird, was tut's? Es liegt in seiner Natur beschlossen, daß es dem heimlichen Liebesverlangen der unsrigen antwortet. Beim ersten Mal, da Sie dieses Gesicht, diesen Mund, dieses Haar, dieses Lächeln sehen, fühlen Sie, wie ein glückliches Hochgefühl Sie durchdringt und zugleich jäh eine noch verworrene Zärtlichkeit in Ihnen erwacht, die Sie zu der Unbekannten treibt. Es ist, als gehe von ihr ein Anruf aus, den Sie erwidern, eine Anziehungskraft, die Sie lockt; es ist, als kenne man sie seit langem, als habe man sie schon gesehen, als wisse man, was sie denkt.

Anderntags kommt man zur selben Stunde durch dieselbe Straße. Man sieht sie wieder. Also kommt man folgenden Tags und darauffolgenden Tags. Endlich spricht man sich an. Und die Liebesgeschichte nimmt ihren regelmäßigen Verlauf wie eine Krankheit.

Kurz, nach drei Wochen war ich mit Emma in einer Phase, die kurz vor dem Fall liegt. Der Fall wäre allerdings früher erfolgt, hätte ich gewußt, an welchem Ort er hätte stattfinden sollen. Meine Freundin lebte bei ihrer Familie und weigerte sich mit seltener Beharrlichkeit, die Schwelle eines Hotels zu überschreiten. Ich zermarterte mir den Kopf auf der Suche nach einer List, nach einer Gelegenheit. Endlich faßte ich den verzweifelten Entschluß, sie eines Abends, gegen elf Uhr, unter dem Vorwand einer Tasse Tee mit zu mir hinaufzunehmen. Madame Kergaran ging jeden Abend um zehn Uhr schlafen. Mit meinem Nachschlüssel könnte ich, ohne irgendwelche Aufmerksamkeit zu erregen, lautlos ins Haus gelangen. Auf dieselbe Weise würden wir es ein oder zwei Stunden später verlassen.

Emma nahm meine Einladung an, nachdem sie sich erst ein wenig geziert hatte.

Ich verbrachte keinen guten Tag. Ich war alles andre als ruhig. Ich fürchtete Schwierigkeiten, eine Katastrophe, irgendeinen fürchterlichen Skandal. Es wurde Abend. Ich ging aus, betrat eine Wirtschaft, trank zwei Tassen Kaffee und vier oder fünf Schnäpse, um mir Mut einzuflößen. Dann bummelte ich über den Boulevard Saint-Michel. Ich hörte es zehn Uhr schlagen, dann halb elf. Und verhaltenen Schrittes machte ich mich auf zu unserem Treffpunkt. Sie erwartete mich schon. Schmeichelnd hängte sie sich in meinen Arm, und sacht, ganz sacht ging es nach meiner Wohnung. Je näher ich der Haustür kam, desto heißer wurde meine Angst. Wenn bloß Madame Kergaran schon zu Bett ist, dachte ich.

Zwei- oder dreimal sagte ich zu Emma: »Seien Sie aber ganz leise auf der Treppe.«

Sie lachte: »Haben Sie solche Angst, daß jemand Sie hört?«

»Nein, aber ich will nicht, daß mein Nachbar aufwacht, er ist schwer krank.«

Schon sind wir in der Rue des Saints-Pères. Ich nähere mich dem Haus mit einem Gefühl, wie wenn man zum Zahnarzt geht. Die Fenster sind dunkel. Sicher schläft alles. Ich atme auf. Ich öffne die Tür mit der Behutsamkeit eines Diebes. Ich lasse meine Begleiterin eintreten, dann schließe ich zu und steige die Treppe auf Zehenspitzen, mit angehaltenem Atem hinauf und leuchte mit Zündhölzern, damit das Mädchen nur ja keinen falschen Schritt macht.

Als wir am Schlafzimmer der Wirtin vorübermüssen, fühle ich meinen beschleunigten Herzschlag. Endlich sind wir im Oberstock, dann im dritten, dann im fünften. Ich öffne meine Tür. Geschafft!

Freilich wagte ich nur leise zu reden und streifte die Stiefel ab, um keinen Lärm zu machen. Den Tee, den ich auf einem Weingeistkocher zubereitete, nahmen wir an einer Kommodenecke. Dann wurde ich drängend ... drängend ... und nach und nach, wie im Spiel, zog ich meiner Freundin eins ums andere die Kleider aus, was sie errötet, verwirrt und nur widerstrebend geschehen ließ, so daß der verhängnisvolle und wunderbare Augenblick immer wieder hinausgezögert wurde.

Sie hatte nur noch ein kurzes weißes Untergewand an, als plötzlich meine Tür aufging und Madame Kergaran mit einer Kerze in der Hand in genau dem gleichen Aufzug wie Emma erschien.

Mit einem Satz war ich hochgesprungen und stand und starrte erschrocken nach den beiden Frauen, die sich musterten. Was würde geschehen?

In einem hochfahrenden Ton, den ich nicht an ihr kannte, sagte die Wirtin: »Ich dulde keine Huren in meinem Haus, Monsieur Kervelen.«

»Aber, Madame Kergaran«, stotterte ich, »das Fräulein ist meine Freundin. Sie kam nur auf eine Tasse Tee.«

»Wegen einer Tasse Tee zieht man sich nicht bis aufs Hemd aus«, entgegnete die dicke Frau, »Sie schaffen mir die Person sofort aus dem Haus.«

Die bestürzte Emma fing an zu weinen und barg das Gesicht in ihrem Unterrock. Ich war kopflos, wußte nicht, was ich tun, was ich sagen sollte. Unerbittlich setzte die Wirtin hinzu: »Helfen Sie Mademoiselle beim Ankleiden und führen Sie sie augenblicklich hinunter.«

Anderes blieb mir tatsächlich nicht übrig, also hob ich das rund wie ein geplatzter Ballon am Boden liegende Kleid auf, warf es dem Mädchen über den Kopf und mühte mich unter unsäglicher Anstrengung, es zuzuhaken und zurechtzuzupfen. Sie half dabei, ohne mit dem Weinen aufzuhören, hantierte verstört und hastig, vergriff sich dauernd, fand nicht die Schnürbänder, nicht die Schnürlöcher; und Madame Kergaran stand unbeweglich mit ihrer Kerze in der Hand daneben und leuchtete uns in der Haltung des gestrengen Richters.

Emma stürzte sich in die Überkleider, stülpte mit fliegenden Händen ihren Hut auf, knöpfte, steckte, nestelte, knotete wie wütend, um nur eiligst fortzukommen; und ohne ihre Stiefeletten noch zuzuknöpfen, huschte sie an der Wirtin vorüber und die Treppe abwärts. Ich lief ihr in Pantoffeln hinterher, selber nur halb angezogen, und stotterte immerzu: »Mademoiselle, hören Sie doch, Mademoiselle.«

Ich empfand freilich, daß ich ihr etwas sagen müßte, wußte nur nicht was. Knapp vor der Haustür holte ich sie ein und wollte sie am Arm festhalten, aber sie stieß mich unwirsch zurück und stammelte mit unterdrückter, nervöser Stimme: »Lassen Sie mich … lassen Sie mich, fassen Sie mich nicht an.«

Und sie wischte zur Straße hinaus und schlug die Tür hinter sich zu.

Ich wandte mich um. Madame Kergaran stand auf dem Treppenabsatz vor ihrem Zimmer, und langsam, auf alles gefaßt, stieg ich die Stufen hinan.

Die Tür der Wirtin stand offen, sie hieß mich in strengem Ton eintreten: »Ich habe mit Ihnen zu reden, Monsieur Kervelen.«

Mit gesenktem Kopf ging ich an ihr vorbei. Sie stellte die Kerze auf den Kaminsims, dann kreuzte sie die Arme über ihrem mächtigen Busen, den ein feines weißes Kamisol unzulänglich verhüllte:

»Soso, Monsieur Kervelen, Sie halten mein Haus also für ein öffentliches!«

Ich war alles andre als stolz. »Aber nein, Madame Kergaran«, murmelte ich. »Seien Sie doch nicht böse, Sie wissen doch, wie ein junger Mann ist.«

Sie antwortete: »Ich weiß nur soviel, daß ich keine Kreaturen bei mir dulde, verstehen Sie mich. Und ich weiß, daß ich mein Dach und den guten Ruf meines Hauses respektiert zu sehen wünsche, verstehen Sie mich? Ich weiß ...«

Sie sprach mindestens zwanzig Minuten, häufte die Gründe ihrer Entrüstung, erschlug mich mit der Ehrbarkeit ihres Hauses, spießte mich mit schneidenden Vorwürfen.

Aber (der Mensch ist ein ulkiges Wesen) anstatt ihr zuzuhören, schaute ich sie an. Ich verstand kein Wort mehr, kein einziges. Sie hatte einen wunderbar schönen Busen, diese Frau, prall, weiß, üppig, ein wenig zu üppig vielleicht, aber so betörend, daß es einem Schauer über den Rücken jagte. Ich hatte wahrhaftig nie daran gedacht, daß sich unter dem Wollkleid meiner Wirtin solche Sachen verbargen. Sie schien zehn Jahre jünger in ihrer kärglichen Bekleidung. Und so kam es, daß mir ganz kurios zumute wurde, ganz ... wie soll ich sagen?... ganz aufgeregt. Ich fand mich plötzlich vor ihr in demselben Stande ... der eine Viertelstunde zuvor in meinem Zimmer unterbrochen worden war.

Und hinter ihr sah ich ihr Bett im Alkoven. Es lag halb aufgeschlagen, zerdrückt, zeigte durch die Kuhle in den Kissen das Gewicht des Körpers, der dort gelegen hatte. Und ich dachte, wie gut und warm es dadrinnen sein müßte, wärmer als in jedem anderen Bett. Warum wärmer? Was weiß ich, wahrscheinlich wegen der Fleischesfülle, die darin gelagert hatte.

Was gibt es Verwirrenderes, Berückenderes als ein offenes Bett? Dieses machte mich so von ferne trunken, daß meine Haut sich kräuselte.

Sie redete immer noch, aber milder jetzt, sie redete als rauhe, aber wohlwollende Freundin, die nur zu gern verzeihen möchte.

Ich stammelte: »Wissen Sie ... wissen Sie ... Madame Kergaran ... also ...« Und da sie nun in Erwartung meiner Antwort verstummte, schlang ich die Arme um sie und fing an, sie zu küssen, aber zu küssen wie ausgehungert, wie einer, der lange auf nichts anderes gewartet hat.

Sie wehrte sich, bog den Kopf weg, doch nicht allzu erzürnt, und wiederholte mechanisch, nach ihrer Gewohnheit: »Oh, die Kanaille! ... die Kanaille! ... die Ka ...«

Sie kam nicht dazu, das Wort zu vollenden; ich hatte sie mit einem Ruck aufgehoben und trug sie, fest an mich gepreßt, davon. Es wachsen einem in manchen Augenblicken unerhörte Kräfte!

Ich stieß an den Rand des Bettes und fiel, ohne sie loszulassen, darüber ...

Es war wirklich mächtig gut, mächtig warm in ihrem Bett.

Eine Stunde später, da die Kerze erloschen war, erhob sich meine Wirtin, um eine zweite anzuzünden. Und als sie sich danach wieder neben mich schmiegte und ihr strammes, rundes Bein unter die Decke zog, knurrte sie verschmitzt, zufrieden und vielleicht dankbar: »Oh! ... die Kanaille! ... die Kanaille! ...«

Das Fäßchen

Meister Chicot, der Gastwirt von Epreville, hielt seinen Tilbury vor dem Tor der alten Magloire. Er war ein Hüne von vierzig Jahren, rot, feist, und galt für gerissen.

Er band sein Pferd an den Zaunpfosten, dann betrat er den Hof. Er besaß ein Grundstück neben dem Besitz der Alten, der ihm seit langem in die Augen stach. Zwanzigmal hatte er versucht, ihn ihr abzukaufen, aber Mutter Magloire weigerte sich hartnäckig.

»Hier bin ich geboren, hier sterb ich«, sagte sie.

Er fand sie beim Kartoffelschälen vor der Haustür. Zweiundsiebzig war sie, dürr, runzlig, krumm, aber unermüdlich wie eine Junge. Chicot stupste sie freundschaftlich in den Rücken, dann setzte er sich zu ihr auf einen Schemel.

»Na, Mutter, und die Gesundheit, immer noch gut, ja?«

»Nicht gar so schlecht, und Ihr, Meister Prosper?«

»Je nun, so bißchen Schmerzen; sonst geht es schon.«

»Na, um so besser!«

Und weiter sagte sie nichts. Chicot sah zu, wie sie ihre Arbeit beendete. Ihre krummen, knotigen Finger, hart wie Krebsscheren, griffen zangengleich die grauen Knollen aus dem Korb, dann ließ sie sie behende kreisen, lange Schalenbänder mit der Klinge eines alten Messers abhebend, das sie in der andern Hand hielt. Und wenn die Kartoffel ganz gelb geworden war, warf sie sie in einen Eimer voll Wasser. Drei kühne Hennen wagten sich eine nach der andern bis an ihre Röcke, die Schalen aufzusammeln, und rannten mit der Beute im Schnabel davon.

Chicot, schien es, war verlegen, zaghaft, bedrückt, hatte etwas auf der Zunge, was nicht heraus wollte. Schließlich überwand er sich:

»Sagt doch, Mutter Magloire ...«

»Was steht Euch zu Diensten?«

»Euern Hof, sagt, wollt Ihr mir den immer noch nicht verkaufen?«

»Ah, nein. Das schlagt Euch aus dem Kopf. Was gesagt ist, ist gesagt, müßt nicht drauf zurückkommen.«

»Ich hab nämlich einen Weg gefunden, bei dem wir alle beide auf unsere Rechnung kämen.«

»Wie soll das sein?«

»Nämlich so: Ihr verkauft ihn mir und behaltet ihn trotzdem. Das versteht Ihr nicht? Also, gebt acht.«

Die Alte ließ ihre Kartoffeln sein und richtete ihre wachen Augen unter den knittrigen Lidern auf den Gastwirt.

Er fuhr fort: »Ich will's Euch erklären. Ich geb Euch jeden Monat hundertfünfzig Francs. Versteht Ihr wohl: jeden Monat bring ich Euch in meinem Tilbury dreißig Taler zu hundert Sous hierher. Weiter verändert sich nichts, rein gar nichts; Ihr bleibt, wo Ihr seid, Ihr kümmert Euch überhaupt nicht um mich, Ihr schuldet mir nichts. Ihr braucht bloß mein Geld zu nehmen. Gefällt Euch das?«

Er blickte sie mit fröhlicher, mit wohlgelaunter Miene an.

Die Alte musterte ihn voll Mißtrauen, suchte die Falle dahinter. Sie fragte:

»Das wär für mich; aber für Euch, das bringt Euch doch nicht meinen Hof?«

»Darüber zerbrecht Euch nicht den Kopf«, erwiderte er. »Ihr lebt hier, solange der liebe Gott Euch am Leben läßt. Ihr bleibt in Euerm Zuhause. Ihr müßtet mir nur beim Notar ein Papierchen unterschreiben, damit es nachher an mich fällt. Ihr habt keine Kinder, nur die Neffen, auf die Ihr nicht viel gebt. Gefällt Euch das nicht? Ihr behaltet Euern Hof, solange Ihr lebt, und ich geb Euch dreißig Taler zu hundert Sous im Monat. Das ist der reine Gewinn für Euch.«

Die Alte war überrascht, beunruhigt, aber in Versuchung. Sie erwiderte:

»Ich sag nicht nein. Bloß, ich muß mir das überdenken. Kommt nächste Woche noch mal, daß wir darüber reden. Dann sag ich Euch mein Wort.«

Und Meister Chicot ging zufrieden davon wie ein König, der eben ein Reich gewonnen hat.

Die alte Magloire blieb nachdenklich zurück. In der folgenden Nacht schlief sie nicht. Vier Tage fieberte sie in Erwägungen. Sie spürte deutlich, daß darin irgend etwas Ungutes für sie lauerte, aber der Gedanke an die dreißig Taler im Monat, an die schönen klingenden Silbermünzen, die ihr in die Schürze kullern, die ihr einfach so vom Himmel fallen sollten, ohne etwas dafür zu tun, machte sie toll vor Begierde.

Sie ging zum Notar und trug ihm den Fall vor. Er riet ihr, Chicots Vorschlag anzunehmen, doch sollte sie fünfzig Taler zu hundert Sous fordern statt dreißig, da ihr Anwesen wenigstens sechzigtausend Francs wert sei.

»Wenn Sie noch fünfzehn Jahre leben«, sagte der Notar, »bezahlt er es auf diese Weise trotzdem nur mit fünfundvierzigtausend Francs.«

Die Alte erbebte bei der Aussicht auf fünfzig Taler zu hundert Sous im Monat; aber sie blieb voller Mißtrauen, befürchtete tausend unvorhergesehene Dinge, verborgene Tücken, und blieb am Fragenstellen bis zum Abend, konnte sich nicht entschließen zu gehen. Endlich gab sie Anweisung, die Urkunde aufzusetzen, und kehrte so durcheinander heim, als hätte sie vier Krüge jungen Apfelwein getrunken.

Als Chicot um ihre Antwort kam, ließ sie sich lange bitten, erklärte, daß sie nicht wolle, war aber nur von der Angst zernagt, daß er fünfzig Taler zu hundert Sous nicht zahlen würde. Da er nicht nachließ, kam sie endlich mit ihrer Forderung heraus.

Er fuhr vor Entrüstung in die Höhe und lehnte ab.

Da begann sie, um ihn weichzumachen, sich über die wahrscheinliche Dauer ihres Lebens auszulassen.

»Ich hab man grade noch so fünf, sechs Jahr. Jetzt bin ich dreiundsiebzig und nicht mehr groß beieinander. Neulich abends dacht ich, nu werd ich abgehen. Mir war, als hätt mir einer den Leib ausgeleert; sie mußten mich ins Bette tragen.«

Doch Chicot ließ sich nicht fangen.

»Aber, aber, alte Kundin, Ihr seid solide wie der Kirchturm. Ihr werdet mindestens hundertzehn Jahre alt. Am Ende beerdigt Ihr mich noch, paßt mal auf.«

Noch der ganze Tag ging über Verhandlungen hin. Aber da die Alte nicht nachgab, willigte der Schankwirt schließlich ein, ihr fünfzig Taler zu zahlen.

Tags darauf unterschrieben sie den Vertrag. Und Mutter Magloire verlangte zehn Taler Aufgeld.

Drei Jahre verflossen. Die gute Frau war quick wie ein Fisch im Wasser. Sie schien nicht um einen Tag gealtert, und Chicot war am Verzweifeln. Ihm kam es vor, als zahle er diese Rente schon ein halbes Jahrhundert, als würde er betrogen, geplündert, zugrunde gerichtet. Von Zeit zu Zeit machte er der Bäuerin einen Besuch, wie man im Juli auf die Felder geht, um zu prüfen, ob das Korn reif ist für die Mahd. Sie empfing ihn mit Schalk in den Augen. Es sah aus, als beglückwünsche sie sich zu dem guten Streich, den sie ihm gespielt; und er bestieg schnell wieder seinen Tilbury, im stillen knurrend: Wann krepierst du endlich, altes Aas!

Er wußte nicht, was tun. Er hätte sie erwürgen mögen, wenn er sie nur sah. Er haßte sie mit wildem, tückischem Haß, dem Haß des bestohlenen Bauern.

Also sann er auf Mittel.

Eines Tages endlich kam er händereibend zu ihr wie das erstemal, als er ihr den Handel angetragen hatte. Und nach einer kleinen Plauderei fragte er:

»Sagt doch, Mutter, warum kommt Ihr nicht mal bei mir speisen, wenn Ihr in Epreville seid? Man redet darüber; man sagt, wir wären nicht mehr gut Freund, und das kränkt mich. Ihr müßt wissen, bei mir braucht Ihr nichts zu bezahlen. Mir kommt es auf ein Essen nicht an. Sobald Euch danach ums Herz ist, kehrt ohne Scheu bei mir ein, Ihr macht mir ein Vergnügen.«

Das ließ Mutter Magloire sich nicht zweimal sagen, und am übernächsten Tag, als sie mit ihrem Karren, den der Knecht Célestin kutschierte, zum Markt fuhr, spannte sie ihr Pferd ohne weiteres bei Meister Chicot aus und verlangte das versprochene Essen.

Der strahlende Wirt behandelte sie wie eine Dame, trug ihr Hühnchen, Weißwurst, Leberwurst, Hammelkeule und Kohl mit Speck auf. Aber sie aß so gut wie nichts, da sie von Kind auf karge Kost gewöhnt war und immer nur von wenig Suppe und Butterbrot gelebt hatte.

Chicot in seiner Enttäuschung redete ihr zu. Auch trinken wollte sie nichts. Kaffee lehnte sie ab.

»Aber einen kleinen Kognak werdet Ihr doch nehmen?« fragte er.

»Ah, das ja. Da sag ich nicht nein.«

Und er rief aus vollen Lungen durch das ganze Gasthaus: »Rosalie, bring den feinen, den extrafeinen, den zehndrähtigen.«

Und die Magd erschien mit einer schlanken Flasche, die mit einem Weinblatt aus Papier geziert war.

Er füllte zwei kleine Gläser.

»Kostet den, Mutter, der ist ganz groß.«

Und die gute Frau begann ganz bedachtsam zu trinken, in kleinen Schlückchen, damit die Freude recht lange währe.

Als sie ihr Glas geleert hatte, ließ sie es austropfen, dann erklärte sie: »Ja, der ist fein.«

Sie hatte noch nicht ausgeredet, da schenkte Chicot ihr zum zweitenmal ein. Sie wollte ablehnen, aber es war zu spät, und sie schlürfte auch diesen langsam wie den ersten.

Nun wollte er ihr einen dritten anbieten, aber sie widerstand. Er ließ nicht locker:

»Hört doch, der ist die reinste Milch; davon trink ich zehn, zwölf, ohne Beschwerden. Der geht einem runter wie Zucker. Nichts im Bauch, nichts im Kopf; als ob er auf der Zunge schmilzt. Es gibt nichts Besseres für die Gesundheit!«

Da sie nun freilich große Lust darauf hatte, gab sie nach, nahm aber nur ein halbes Gläschen.

Da rief Chicot in einem Anfall von Großmut:

»Wißt Ihr, wenn Euch der so gut schmeckt, werd ich Euch ein Fäßchen schenken, damit Ihr auch seht, daß wir zwei immer gute Freunde sind.«

Die Alte sagte nicht nein und ging, ein wenig berauscht.

Anderntags fuhr der Gastwirt in Mutter Magloires Hof ein, dann zog er aus seinem Wagen ein kleines, mit Eisenbändern beschlagenes Faß. Dann sollte sie unbedingt den Inhalt kosten, damit sie auch sähe, daß es der gleiche ist; und als sie wiederum jeder drei Gläschen getrunken hatten, erklärte er, ehe er davonfuhr:

»Und wißt Ihr, wenn der hier alle ist, ich habe immer noch welchen; braucht Euch nicht zu scheuen. Mir kommt's nicht drauf an. Je eher er weg ist, desto lieber soll mir's sein.«

Und er bestieg seinen Tilbury.

Vier Tage darauf kam er wieder. Die Alte saß vor der Tür und schnitt Brot für die Suppe.

Er trat zu ihr heran, wünschte ihr guten Tag, sprach ihr nahe ins Gesicht, um ihren Atem zu prüfen. Und er erkannte einen Hauch von Alkohol. Da hellte sich sein Gesicht auf.

»Wollt Ihr mir nicht ein Gläschen von dem Feinen anbieten?« fragte er.

Und sie hoben zwei-, dreimal das Glas auf ihre Gesundheit.

Nicht lange, und es ging in der Gegend das Gerücht, daß Mutter Magloire im stillen soff. Bald las man sie in ihrer Küche auf, bald im Hof, bald auf den umliegenden Wegen und mußte sie nach Hause tragen, bewußtlos wie eine Tote.

Chicot besuchte sie nicht mehr, und wenn man ihm von ihr berichtete, sagte er mit bekümmertem Gesicht:

»Ist das nicht traurig, in ihrem Alter sich so was anzugewöhnen? Wenn einer alt ist, gibt's da keine Abhilfe mehr. Das wird ihr noch einen bösen Streich spielen!«

Es spielte ihr einen bösen Streich, in der Tat. Im nächsten Winter, gegen Weihnachten zu, starb sie, weil sie im Rausch in den Schnee gefallen war.

Und Meister Chicot erbte den Hof und erklärte:

»Die alte Schlampe, hätte sie nicht gesoffen, hätt sie noch gut zehn Jahre leben können.«

Châli

Es schien, als wäre der Admiral de La Vallée in seinem Lehnstuhl eingeschlummert, da sagte seine Altfrauenstimme: »Ich habe einmal eine sehr merkwürdige kleine Liebesgeschichte erlebt, wollen Sie sie hören?«

Und ohne sich in dem tiefen, großen Sessel zu bewegen, mit seinem runzligen Lächeln auf den Lippen, das ihn nie verließ – ein Lächeln à la Voltaire, dessentwegen er als schlimmer Skeptiker galt –, erzählte er:

I

Ich war damals dreißig Jahre alt und Kapitänleutnant, als ich mit einer astronomischen Mission in Zentralindien betraut wurde. Die englische Regierung stellte mir alle notwendigen Mittel für mein Unternehmen zur Verfügung, und bald ging ich mit einem Gefolge mehrerer Männer auf die Reise in das unbekannte Wunderland.

Es würde zwanzig Bände füllen, wollte ich meine Erlebnisse schildern. Ich kam durch unglaublich herrliche Landschaften; ich wurde bei Fürsten von übernatürlicher Schönheit, die in unfaßlicher Pracht lebten, empfangen. Zwei Monate fühlte ich mich, als ginge ich in einer Dichtung um, als durchquerte ich auf dem Rücken von Zauberelefanten ein Feenreich. Mitten in phantastischen Wäldern traf ich auf wunderbare Ruinen; ich fand in Städten, die einem Märchen entstiegen schienen, Bauwerke, zierlich und ziseliert wie Kleinode, zart wie Spitzen und riesig wie Gebirge, göttliche Bauwerke von solcher Anmut, daß man sich in ihre Formen wie in eine Frau verlieben konnte und bei ihrem Anblick eine körperliche, eine sensuelle Lust empfand. Kurz, ich bewegte mich, wie Victor Hugo sagt, hellwach in einem Traum.

Dann erreichte ich endlich mein Ziel, die Stadt Ganhara, die früher eine der reichsten in Zentralindien war – heute ist sie recht heruntergekommen – und die von einem über die Maßen reichen Fürsten autoritär, gewalttätig, großzügig und grausam regiert wurde, dem Raja Maddan, einem echt orientalischen Herrscher, überfeinert und barbarisch, leutselig und blutrünstig, von weiblicher Grazie und erbarmungsloser Wildheit.

Die Stadt liegt am Grunde eines Tals, an einem kleinen See, der ringsum von Pagoden umgeben ist, die ihre Mauern in seinem Wasser baden.

Von weitem bildet die Stadt einen weißen Flecken, der mit dem Näherkommen wächst, und allmählich erkennt man die Kuppeln, die Nadelspitzen, die Pfeiler, all die feingeschweiften Krönungen der anmutigen indischen Bauten.

Eine Stunde vor den Toren ungefähr traf ich auf einen prächtig aufgezäumten Elefanten samt einer Ehreneskorte, die der Souverän mir entgegenschickte. Und ich wurde in großem Pomp zum Palast geleitet.

Gern hätte ich mir die Zeit genommen, mich elegant anzukleiden, doch verwehrte mir dies die königliche Ungeduld. Man wollte mich gleich erst kennenlernen, wissen, was von mir an Unterhaltung zu gewärtigen wäre; dann würde alles weitere sich ergeben.

Zwischen Soldaten in blitzenden Uniformen, die bronzenen Statuen glichen, wurde ich in einen von Galerien umgebenen großen Saal geführt, wo Männer in farbenprächtigen, mit kostbaren Steinen übersäten Gewändern standen.

Auf einer Bank, ähnlich unsern Parkbänken ohne Lehne, doch mit einem wundervollen Teppich bedeckt, erkannte ich eine glänzende Masse, etwas wie eine sitzende Sonne; es war der Raja, der unbeweglich, in einem Gewand von reinstem Kanariengelb mich erwartete. Er trug zehn bis fünfzehn Millionen Diamanten an sich, und einsam auf seiner Stirn glitzerte der sagenhafte »Stern von Delhi«, seit je Eigentum der berühmten Dynastie der Parihara von Mundore, der mein Gastgeber entstammte.

Er war ein Bursche von ungefähr fünfundzwanzig Jahren, der aussah, als habe er Negerblut in den Adern, wiewohl er reinster Hindu-Rasse war. Er hatte große, starre, undeutbar blickende Augen, vorspringende Backenknochen, dicke Lippen, trug den Bart gekräuselt, hatte eine niedrige Stirn und leuchtende, spitze Zähne, die er oft, mit mechanischem Lächeln, zeigte.

Er erhob sich, kam auf mich zu, um mir nach englischer Art die Hand zu reichen, dann wies er mir neben sich eine so hohe Bank, daß meine Füße kaum den Boden berührten. Es saß sich höchst unbequem dort.

Und sogleich schlug er mir für den nächsten Tag eine Tigerjagd vor. Jagd und Kampfspiele waren seine Hauptbeschäftigungen, und er begriff schwerlich, daß man sich mit etwas anderem befassen könne. Offensichtlich war er überzeugt, daß ich von so weit her einzig gekommen war, um ihn zu zerstreuen und ihm bei seinen Vergnügungen Gesellschaft zu leisten.

Da ich stark auf seine Unterstützung angewiesen war, gab ich mir alle Mühe, seinen Neigungen zu schmeicheln, was ihn derart befriedigte, daß er mir augenblicklich ein Spiel vorführen wollte; und so zog er mich in eine Art Arena mit, die sich im Innern des Palastes befand.

Auf sein Geheiß erschienen zwei nackte, kupferbraune Männer, die an den Händen Stahlklauen trugen; und ohne Zaudern griffen sie einander an, suchten sich mit den schneidenden Waffen zu treffen, die ihre dunkle Haut mit langen Rissen überzogen, denen Blut entquoll.

Das ging lange so. Obschon die Körper nur mehr aus Wunden bestanden, beharkten die Kämpfer ihr Fleisch immer noch mit den scharfen Klingen. Dem einen klaffte die eine Backe; dem andern war das Ohr in drei Teile zerfetzt.

Und der Fürst schaute dem mit reißender, enthusiastischer Freude zu. Er bebte vor Begeisterung, grunzte vor Lust, wobei er, ohne sein Wissen, die Bewegungen der Männer mit Beinen und Armen nachahmte und unablässig schrie: »Schlag ihn, schlag ihn.«

Einer der beiden fiel bewußtlos zu Boden; er mußte vom Platz getragen werden, der rot von Blut war, und der Raja stieß vor Bedauern, vor Kummer, daß es schon zu Ende war, einen langen Seufzer aus.

Dann wandte er sich zu mir, um meine Meinung zu hören. Ich war entrüstet, gleichwohl beglückwünschte ich ihn lebhaft; und sofort befahl er, mich zum Couch-Mahal (dem Palast der Freuden) zu führen, wo ich wohnen sollte.

Ich kam durch überirdisch schöne Gärten, wie es sie dort gibt, und gelangte zu meiner Residenz.

Der Palast, ein Kleinod am äußersten Ende des königlichen Parks, tauchte die ganze eine Mauerseite in den heiligen See von Vihara. Der Bau war viereckig und hatte an den vier Fronten drei übereinanderliegende Galerien mit göttlich gebildeten Säulenreihen. An jedem Winkel sprangen leichte, hohe oder niedrige, einzelne oder zu zweit verbundene Türmchen von ungleichem Wuchs und ganz verschiedenem Aussehen hervor, die wie natürliche Blüten dieser anmutigen Pflanze orientalischer Architektur entsprossen schienen. Alle trugen bizarre Dächer, die koketten Frisuren ähnlich sahen.

In der Mitte des Ganzen erhob sich zu einem entzükkenden schlanken Glockenturm, der von unten bis oben durchbrochen war, eine mächtige, länglichrunde Kuppel wie ein Busen aus weißem Marmor.

Und der ganze Bau war bis zum Scheitel hinauf mit Skulpturen überzogen, jenen erlesenen Arabesken, daran der Blick trunken wird, unbewegliche Prozessionen zartgliedriger Gestalten, deren in Stein gehauene Gebärden von den Sitten und Bräuchen Indiens erzählen.

Die Räume wurden durch kleinbogige Fenster mit Spitzenornamenten erhellt und blickten zum Garten. In den Marmorfußboden waren aus Onyx, Lapislazuli und Achat reizende Blumengebinde eingelassen.

Ich hatte meine Toilette kaum beenden können, als ein Würdenträger des Hofes, Haribadada, der speziell mit den Botschaften zwischen dem Fürsten und mir beauftragt war, den Besuch des Herrschers ankündigte.

Und der safranfarbene Raja erschien, drückte mir neuerlich die Hand, erzählte mir tausend Dinge, fragte mich unaufhörlich nach meiner Meinung darüber, ließ mir aber keine Zeit, sie zu äußern. Dann wollte er mich durchaus zu den Ruinen eines alten Palastes am anderen Ende des Gartens führen.

Ich erblickte einen wahren Wald aus Steinen, den eine Affensippe bewohnte. Bei unserm Nahen machten sich die Männchen die Wände hinauf davon, indem sie uns abscheuliche Grimassen schnitten; die Weibchen kehrten uns ihr kahles Hinterteil und entflohen, ihre Jungen im Arm. Der König lachte wie toll, kniff mich in die Schulter, um mir sein Ergötzen zu bezeugen, und setzte sich zwischen den Trümmern nieder, wo rings auf den Mauergraten, auf sämtlichen Vorsprüngen die Tiere mit den weißen Favoris hockten, uns die Zunge herausstreckten und die Fäuste nach uns rüttelten.

Als er von dem Schauspiel genug hatte, erhob sich der gelbe Herrscher und setzte sich würdevoll, mich immer an seiner Seite mitschleifend, in Gang, glücklich, daß er mir derartiges noch am Tag meiner Ankunft zu bieten vermochte, erinnernd, daß am nächsten Tag eine große Tigerjagd zu meinen Ehren stattfände.

Ich nahm teil an dieser Jagd wie an einer zweiten, einer dritten, an zehn, an zwanzig. Man jagte nacheinander alle Tiere, die jene Gefilde ernähren: Panther, Bären, Elefanten, Antilopen, Flußpferde, Krokodile, was weiß ich, die halbe Schöpfung. Ich war es überdrüssig bis zum Ekel, Blut fließen zu sehen, war zerschlagen und das immer gleichartige Vergnügen mehr als leid.

Endlich sänftigte sich der Eifer des Fürsten, und er ließ mir, auf meine inständigen Bitten hin, ein wenig Muße zum Arbeiten. Nun begnügte er sich, mich mit Geschenken zu überhäufen. Er schickte mir Schmuckstücke, prächtige Stoffe, dressierte Tiere, die mir Haribadada mit dem Anschein der tiefsten Ehrfurcht darbot, so als wäre ich die Sonne selber, wiewohl er mich im Grunde sehr geringschätzte.

Und jeden Tag lieferte mir ein Aufmarsch von Dienern in bedeckten Schüsseln eine Portion eines jeden Gerichts von der königlichen Tafel; jeden Tag hatte man zu erscheinen und höchliche Freude an irgendeiner neuen, für mich veranstalteten Lustbarkeit zu bekunden: an tanzenden Bajaderen, Jongleuren, Truppenparaden, an allem, was der gastfreundliche, aber lästige Raja nur ersinnen konnte, um mir sein erstaunliches Land in all seinem Zauber und seiner ganzen Pracht zu zeigen.

Sowie ich ein wenig allein sein konnte, arbeitete ich oder ging den Affen zuschauen, deren Gesellschaft mir weitaus besser behagte als die des Königs.

Eines Abends nun, als ich von einem Spaziergang wiederkehrte, fand ich vor der Tür meines Palastes Haribadada, der mir feierlich in geheimnisvollen Worten ankündigte, daß mich ein Geschenk des Fürsten in meinem Zimmer erwarte; zugleich entbot er mir die Entschuldigungen seines Herrn dafür, daß er nicht früher bedacht habe, mir etwas darzubieten, das ich doch entbehren müsse.

Nach diesen dunklen Worten verneigte sich der Botschafter und entschwand.

Ich trat ein und sah an der Wand, nach der Größe gereiht, unbeweglich sechs kleine Mädchen Seite an Seite gleich einem Stintspieß stehen. Die Älteste mochte acht Jahre alt sein, die Jüngste sechs. Im ersten Augenblick begriff ich nicht recht, weshalb dieses Pensionat bei mir eingezogen war, dann erriet ich die zartsinnige Aufmerksamkeit des Fürsten: er schenkte mir einen Harem. In allerhöchster Huld hatte er ihn überaus jung gewählt, denn je grüner dort die Frucht, desto höher ihr Wert.

Und völlig verwirrt, peinlich berührt und beschämt, stand ich vor diesen Görchen, die mich mit ihren großen, ernsten Augen anblickten und bereits zu wissen schienen, was ich von ihnen fordern konnte.

Ich wußte nicht, was ich sagen sollte. Ich hätte sie am liebsten fortgeschickt, aber ein Geschenk des Herrschers weist man nicht zurück. Es wäre eine tödliche Beleidigung gewesen. Ich mußte die Kinderschar schon bei mir behalten.

Sie standen und musterten mich weiter, harrten still meiner Befehle, suchten aus meinen Augen mein Denken zu erraten. Oh, verwünschtes Geschenk! Wie es mich bedrückte! Da ich mir allmählich lächerlich vorkam, fragte ich die Größte:

»Wie heißt du?«

»Châli«, antwortete sie.

Dieses Kind mit seiner so feinen, zart gelblichen Haut wie Elfenbein, mit seinem Antlitz aus langen, klaren Linien war ein Wunder, eine Statue.

Da fragte ich, um zu sehen, was sie wohl antworten werde, um sie verlegen zu machen vielleicht:

»Warum bist du hier?«

Mit ihrer sanften, harmonischen Stimme sagte sie: »Ich bin hier, um zu tun, was dir gefällig ist, mein Gebieter.«

Das Kind war unterrichtet.

Dieselbe Frage stellte ich der Kleinsten, und deutlich, mit ihrer höheren Stimme, antwortete sie: »Ich bin hier, um zu tun, was dir gefällig ist, mein Gebieter.«

Sie sah aus wie ein Mäuschen, die Kleine, sie war allerliebst. Ich hob sie in meinen Armen hoch und küßte sie. Die anderen machten eine Bewegung, als ob sie forthuschen wollten, da sie wohl glaubten, ich hätte meine Wahl nun getroffen, doch ich gebot ihnen zu bleiben, setzte mich nach indischer Weise, hieß sie rund um mich Platz nehmen und fing an, ihnen ein Märchen von Genien zu erzählen, denn ich sprach hinlänglich ihre Sprache.

Sie lauschten mir mit aller Aufmerksamkeit, erschauerten bei den wunderbaren Geschehnissen, bebten vor Angst, rangen die Hände. Sie dachten kaum mehr daran, wozu sie da waren, die armen Kleinen.

Als ich das Märchen beendet hatte, rief ich meinen vertrauten Diener, Latchman, und ließ Süßigkeiten, eingemachte Früchte und Backwerk kommen, woran sie sich fast krank aßen; dann, da ich dieses Abenteuer mittlerweile recht drollig fand, veranstaltete ich Spiele, um meine Damen zu unterhalten.

Besonders eines hatte einen Riesenerfolg. Ich schlug mit den Beinen eine Brücke, und meine sechs Kleinen krabbelten darunter hindurch, die Kleinste am Kopf der Reihe; und jedesmal schubste mich die Größte ein wenig an, weil sie sich nie klein genug machte. Darüber gerieten sie in ohrenbetäubendes Gelächter, und wie die jungen Stimmen unter dem niedrigen Gewölbe meines prunkvollen Palastes so widerklangen, erweckten sie ihn mit ihrer kindlichen Fröhlichkeit zum Leben.

Dann nahm ich großen Anteil an der Einrichtung des Schlafraums für meine unschuldigen Konkubinen. Endlich überließ ich sie der Obhut der vier Frauen, die der Fürst mir gleichzeitig zur Bedienung meiner Sultaninnen geschickt hatte.

Acht Tage bereitete es mir ein wahres Vergnügen, für meine Püppchen der Papa zu sein. Wir spielten herrlich Verstecken, Katz und Maus, Taler Taler, daß sie ganz außer sich waren vor Glück, denn ich machte sie jeden Tag mit einem neuen dieser furchtbar spannenden Spiele bekannt.

Mein Gehäuse glich nun einer Klasse. Und meine kleinen Freundinnen in ihren erlesenen Seidengewändern, den gold- und silberbestickten Stoffen, wirbelten wie kleine Menschentiere durch die langen Galerien und stillen Säle, durch deren Fensterbögen gedämpftes Licht fiel.

Eines Abends dann, ich weiß nicht, wie es geschah, wurde die Größte, die den Namen Châli trug und einer Statuette aus altem Elfenbein glich, tatsächlich mein Weib.

Sie war ein anbetungswürdiges kleines Wesen, süß, scheu und heiter, das mir bald glühend anhing und das ich auf seltsame Weise liebte, schamvoll, zögernd, als hätte ich die europäische Gerichtsbarkeit zu fürchten, voller Rücksichten und Skrupel und zugleich mit einer leidenschaftlichen, sinnlichen Zärtlichkeit. Ich hätschelte sie wie ein Vater und liebkoste sie wie ein Mann.

Um Vergebung, meine Damen, ich gehe ein wenig weit.

Die anderen tummelten sich unverändert in dem Palast wie eine Schar junger Katzen.

Châli wich mir nicht mehr von der Seite, außer wenn ich zum Fürsten ging.

Wir verbrachten köstliche Stunden in den Ruinen des alten Palastes, mitten unter den Affen, die unsere Freunde geworden waren.

Sie kuschelte sich auf meinen Schoß und blieb so, alles mögliche in ihrem kleinen Sphinxenkopf wälzend oder vielleicht gar nichts, immer aber in der gleichen schönen, zauberischen Pose, wie sie jenen edlen, meditativen Völkern eingeboren ist, der hieratischen Pose der heiligen Statuen.

Auf einem großen Kupfertablett hatte ich Kuchen und Früchte mitgebracht. Und die Meerkatzen rückten uns allgemach näher, ihre scheueren Jungen hinter sich; sie hockten sich um uns im Kreise, wagten sich aber nicht weiter heran, sondern warteten, bis ich mit der Verteilung der Leckerbissen begann.

Fast jedesmal kam dann als erstes ein kühnes Männchen mit ausgestreckter Hand wie ein Bittender zu mir, und ich gab ihm ein Stück, das er seinem Weibchen brachte. Sofort stimmten alle übrigen Weibchen vor Zorn und Eifersucht ein wütendes Geschrei an, und ich konnte das schreckliche Getöse nur stillen, indem ich einer jeden ihren Anteil zuwarf.

Da ich mich in diesen Ruinen so wohl fühlte, nahm ich einmal auch meine Instrumente mit, um zu arbeiten. Doch kaum hatten die Affen das Messing der Präzisionsgeräte erblickt, hielten sie sie anscheinend für Mordwerkzeuge und stoben unter entsetzlichen Klageschreien nach allen Seiten auseinander.

Oft verbrachte ich auch die Abende mit Châli, auf einer der Galerien über dem See von Vihara. Ohne zu reden, schauten wir nach dem leuchtenden Mond, wie er am Himmel sanft dahinglitt und einen schauernden Silbermantel übers Wasser breitete, und nach den vielen Pagoden fern am andern Ufer, die wie eine Reihe zierlicher Pilze mit dem Fuß im Wasser standen. Dann nahm ich den ernsten Kopf meiner kleinen Geliebten in beide Hände und küßte langsam, lange ihre blanke Stirn, ihre großen Augen, in denen das Mysterium dieses uralten, legendenumwobenen Kontinents lebte, und ihre stillen Lippen, die sich unter meiner Liebkosung öffneten. Und machtvoll überkam mich ein unnennbares Gefühl, wie wenn ich in diesem Kinde eine ganze Rasse besaß, die schöne geheimnisvolle Rasse, von der alle anderen ausgegangen sein mögen.

Indessen überraschte mich der Fürst weiterhin mit Geschenken.

Eines Tages sandte er mir einen ganz unerwarteten Gegenstand, der Châlis begeisterte Bewunderung hervorrief. Es war ein Muschelkästchen, ein Kästchen mit einer Schicht kleiner Muschelschalen, die man einfach auf die Pappe geklebt hatte. In Frankreich hätte es höchstens vierzig Sous gekostet. Aber dort unten war der Preis dieses Kleinods unschätzbar. Vermutlich war es als erstes seiner Art in das Königreich gelangt.

Ich stellte es auf ein Möbel und ließ es dort, lächelnd, daß dem Basartand solche Bedeutung beigemessen wurde.

Aber Châli konnte kein Ende finden, das Ding zu betrachten, es ehrfürchtig und hingerissen zu bestaunen. Ab und zu fragte sie mich: »Darf ich es anfassen?« Und wenn ich es erlaubt hatte, hob sie den Deckel, schloß ihn mit aller Behutsamkeit wieder, strich mit ihren feinen Fingern hauchzart über das Vlies der kleinen Muscheln, und es schien, als bereite ihr diese Berührung ein köstliches Gefühl, das ihr bis ins Herz drang.

Unterdessen gediehen meine Arbeiten zum Abschluß, und ich mußte zurück. Ich ließ mir lange Zeit, ehe ich mich dazu bereit fand, denn jetzt hielt mich die zärtliche Liebe zu meiner kleinen Freundin. Endlich mußte es sein.

Der Fürst war untröstlich, wieder organisierte er Jagden und Zweikämpfe, aber nach vierzehn Tagen dieser Lustbarkeiten erklärte ich, daß ich nicht länger säumen dürfe, und er gab mich frei.

Der Abschied von Châli war herzzerreißend. Sie lag an mich geschmiegt, den Kopf an meiner Brust, und weinte, durch und durch von Kummer geschüttelt. Ich wußte nicht, wie ich sie trösten sollte, denn meine Küsse halfen nichts.

Auf einmal kam mir eine Idee, ich ging das Muschelkästchen holen und legte es in ihre Hände. »Das ist für dich. Es gehört dir.«

Da sah ich sie zum erstenmal wieder lächeln. Ihr ganzes Gesicht erstrahlte aus innerer Freude, der tiefen Freude des unmöglichen, auf einmal wahr gewordenen Traums.

Und sie küßte mich ungestüm.

Freilich weinte sie trotzdem sehr beim letzten Lebewohl.

An meine übrigen Frauen verteilte ich väterliche Küsse und Kuchen, dann brach ich auf.

II

Zwei Jahre vergingen, abermals führten mich die Zufälle meines Dienstes nach Bombay. Infolge unvorhergesehener Umstände blieb ich dort in einem neuen Auftrag, zu dem meine Kenntnis des Landes und der Sprache mich bestimmt hatte.

Ich schloß meine Arbeiten so schnell wie möglich ab, und da ich noch drei Monate vor mir hatte, wollte ich meinem Freund, dem König von Ganhara, und meiner geliebten kleinen Châli, die ich gewiß sehr verändert vorfinden würde, einen Besuch machen.

Der Raja Maddan empfing mich mit Bekundungen ausgelassener Freude. Drei Gladiatoren mußten sich vor mir erdrosseln, und diesen ersten Tag meiner Rückkehr wich er keine Sekunde von meiner Seite.

Erst am Abend, als ich mich endlich allein fand, ließ ich Haribadada rufen, und nach allerlei verschiedenen Reden, die seinen Scharfblick irreführen sollten, fragte ich: »Und weißt du, was aus der kleinen Châli geworden ist, die der Raja mir geschenkt hatte?«

Der Mann setzte ein trauriges, verdrossenes Gesicht auf und antwortete in großer Verlegenheit:

»Man sollte besser nicht von ihr sprechen!«

»Warum nicht? Sie war ein reizendes kleines Weib.«

»Sie hat einen schlechten Weg genommen, Herr.«

»Wie, Châli? Was ist aus ihr geworden? Wo ist sie?«

»Ich wollte sagen, sie hat ein schlechtes Ende genommen.«

»Ein schlechtes Ende? Ist sie tot?«

»Ja, Herr. Sie hatte etwas Schändliches getan.«

Ich war sehr erregt, ich fühlte mein Herz klopfen, und tödliche Angst würgte meine Kehle.

»Etwas Schändliches?« fragte ich weiter. »Was hat sie getan? Was ist ihr geschehen?«

Der Mann wurde immer verlegener und murmelte: »Es ist besser, Ihr fragt nicht.«

»Doch, ich will es wissen.«

»Sie hat gestohlen.«

»Wie, Châli? Wen hat sie bestohlen?«

»Euch, Herr.«

»Mich? Wie denn das?«

»Sie hat Euch am Tag Eurer Abreise das Kästchen gestohlen, das der Fürst Euch geschenkt hatte. Man fand es in ihren Händen!«

»Welches Kästchen?«

»Das Kästchen mit den Muscheln.«

»Aber ich hatte es ihr geschenkt.«

Verblüfft hob der Inder die Augen und antwortete: »Ja, sie schwor tatsächlich alle heiligen Eide, daß Ihr es ihr geschenkt hättet. Aber wie konnte man glauben, Ihr hättet eine Gabe des Königs einer Sklavin geschenkt; darum hat der Raja sie bestrafen lassen.«

»Wie bestrafen? Was hat man ihr getan?«

»Man hat sie in einen Sack gesteckt, Herr, und in den See geworfen, von diesem Fenster, vom Fenster dieses Zimmers, wo wir uns befinden und wo sie den Diebstahl beging.«

Ich fühlte den reißendsten Schmerz, den ich je empfunden habe, und bedeutete Haribadada durch ein Zeichen, sich zurückzuziehen, damit er mich nicht weinen sähe.

Und ich blieb die ganze Nacht auf der Galerie über dem See, dort, wo ich das arme Kind so viele Male auf meinem Schoß gehalten hatte.

Und ich dachte daran, daß das Skelett seines lieblichen kleinen Körpers zerfallen dort unten lag, in einem Leinwandsack, zugebunden mit einem Strick, dort am Grund des schwarzen Wassers, auf das wir früher gemeinsam geschaut hatten.

Anderntags reiste ich ab, wie sehr der Raja mich auch bat und wie bitterlich enttäuscht er war.

Und ich glaube heute, daß ich nie eine andere Frau so geliebt habe wie Châli.

Der Trinker

I

Der Nordwind stürmte, trieb riesige Winterwolken, schwarz und schwer, über den Himmel, schleuderte wütende Regengüsse zur Erde.

Das entfesselte Meer brüllte und erschütterte die Küste, so brachen die mächtigen, gischttragenden Wogen übers Ufer und stürzten mit Detonationen wie Kanonendonner zusammen. Ganz langsam rollten sie an, eine nach der andern, hoch wie Berge, und der Gegenwind zerstäubte ihre weißen Schaumkronen in der Luft wie den Schweiß von Ungeheuern.

Der Orkan verfing sich in dem engen Tal von Yport, pfiff und winselte, riß Schindeln von den Dächern, zerschlug die Fensterläden, fällte Schornsteine, peitschte solche Windstöße durch die Straßen, daß man sich an den Mauern entlanghalten mußte und die Kinder wie Blätter aufgehoben und über die Häuser hin ins Feld geblasen worden wären.

Die Fischer hatten die Kähne bis ans Dorf heraufgezogen, weil sie fürchteten, bei Flut werde das Meer den Strand kahlfegen, und ein paar Seeleute, hinter den liegenden Schiffsbäuchen versteckt, sahen dem Wüten des Himmels und der Wasser zu.

Nach und nach zerstreuten sie sich, denn über dem Sturm sank die Nacht herein und hüllte den tobenden Ozean und all das Tosen der Elemente in Dunkel.

Zwei Männer standen noch, die Hände in den Taschen, den Rücken unter den Regenstriemen gekrümmt, die Wollmütze tief in den Augen, zwei große normannische Fischer mit hartem Seemannsbart, mit Gesichtern, die von den salzigen Winden der Ferne gegerbt waren, und mit den blauen Augen mit dem schwarzen Punkt darin, den scharfen Augen der Meerfahrer, die bis an den Horizont sehen wie Raubvögel.

Einer der beiden sagte:

»Los komm, Jérémie. Wir bringen die Zeit beim Domino rum. Ich zahle.«

Der andere zauderte noch vor der Verlockung zu Spiel und Branntwein; er wußte genau, er würde sich wieder betrinken, wenn er mitginge zu Paumelle; auch hielt ihn der Gedanke an seine Frau, die ganz allein in der Kate hockte.

Er sagte:

»Sieht ja aus, als ob du gewettet hättst, mich jeden Abend blau zu machen. Sag mal, was bringt dir das ein, wenn du immer zahlst?«

Trotzdem lachte er bei dem Gedanken an all die Schnäpse, die er auf Kosten des andern getrunken hatte; es war das zufriedene Lachen des Normannen, der freigehalten wird.

Mathurin, sein Kamerad, zog ihn weiter am Arm.

»Los komm, Jérémie. Das ist kein Abend zum Nachhausegehn mit nichts Warmem im Bauch. Vor was hast du Angst? Deine Frau wird dir 's Bett schon anwärmen, oder?«

Jérémie sagte:

»Neulich abends hab ich nicht mal mehr die Haustür gefunden ... Da mußten sie mich vorn bei uns quasi ausm Graben fischen!«

Und wieder lachte er, dieses Säuferstücks denkend, und ließ sich mittreiben in die Richtung von Paumelles

Wirtschaft, deren Fenster aus dem Dunkel leuchtete; er ging, von Mathurin gezogen und geschoben vom Wind, unfähig, den zwei Gewalten zu widerstehen.

Die niedrige Gaststube war voller Männer, Rauch und Krakeel. All die Seeleute, die da in ihrem Wollzeug saßen, die Ellbogen auf den Tischen, schrien, um sich verständlich zu machen. Je mehr Zecher dazukamen, desto lauter brüllten sie in dem Radau der Stimmen und Dominosteine, die sie auf den Marmor knallten, um noch mehr Krach zu machen.

Jérémie und Mathurin setzten sich in eine Ecke und fingen ein Spiel an, und die Schnäpse verschwanden einer nach dem andern in ihren Kehlen.

Sie spielten noch eine Partie und noch eine, tranken noch einen Schnaps und noch einen, und Mathurin goß immer nach, wobei er dem Wirt zuzwinkerte, einem dikken, feuerroten Mann, der feixte, als wüßte er um einen saftigen Spaß; und Jérémie schluckte den Branntwein, wackelte mit dem Kopf, lachte, daß es sich wie Gebrüll anhörte, und sah voll stumpfsinniger Zufriedenheit nach seinem Gevatter.

Allmählich brachen die Gäste auf. Und jedesmal, wenn einer die Außentür öffnete, fuhr ein Windstoß ins Lokal; dann wirbelte der schwere Pfeifenqualm durcheinander, die Lampen schaukelten an den Ketten, und ihre Flammen flackerten; und es war plötzlich der dumpfe Aufprall eines Brechers zu hören und das Tosen des Sturms.

Jérémie saß mit offenem Kragen da, in der Haltung des schwer Betrunkenen, ein Bein von sich gestreckt, ein Arm baumelnd; die andere Hand hielt er um die Steine.

Sie waren jetzt mit dem Wirt allein, der interessiert an ihren Tisch getreten war.

Er fragte:

»Na, Jérémie, wie geht's dir dadrin? Hast dich tüchtig begossen?«

Und Jérémie brabbelte:

»Je mehr reinkommt, desto trockner wird's.«

Der Gastwirt blinzte mit hinterhältiger Miene zu Mathurin. Er sagte:

»Und dein Bruder, Mathurin, wo ist der jetzt?«

Der Fischer lachte stumm.

»Der ist im Warmen, keine Bange.«

Und beide blickten auf Jérémie, der triumphierend die Doppelsechs auslegte und verkündete: »Da kommt der Syndikus!«

Als sic die Partie fertig hatten, erklärte der Wirt:

»Hört mal, Jungs, ich pack mich jetzt ins Futteral. Ich laß euch die Lampe brennen und die Literflasche da. Für zwanzig Sous ist noch drin. Du schließt dann von draußen die Tür ab, Mathurin, und schiebst mir den Schlüssel untern Fensterladen wie letztes Mal.«

»Keine Bange, mach ich alles«, erwiderte Mathurin.

Paumelle drückte den beiden späten Kunden die Hand, dann stapfte er schnaufend seine Holzstiege hoch. Für Minuten klang sein schwerer Schritt durch das kleine Haus; dann zeigte ein Krachen an, daß er sich ins Bett gelegt hatte.

Die beiden Männer spielten weiter. Von Zeit zu Zeit rüttelte der Orkan wütend an der Haustür, daß die Wände zitterten, und die beiden Trinker hoben die Köpfe, als erwarteten sie, daß jemand eintrete. Dann nahm Mathurin die Flasche und füllte das Glas von Jérémie. Auf einmal fing die Wanduhr über der Theke an, Mitternacht zu schlagen. Ihr rostiger Klang hörte sich an, als stießen Pfannen gegeneinander, und die Schläge vibrierten lange wie rasselndes Eisenzeug.

Da stand Mathurin auf wie ein Matrose, dessen Wache zu Ende ist:

»Los, Jérémie, laß uns abhauen.«

Der andere brachte sich mit größerer Anstrengung in

Gang, indem er sich am Tisch festklammerte; dann schob er sich zur Tür und stieß sie auf, während sein Kamerad die Lampe löschte.

Als beide draußen waren, schloß Mathurin ab, dann sagte er:

»Na, gut Nacht denn, bis morgen.«

Und er verschwand in der Finsternis.

II

Jérémie machte drei Schritte, dann taumelte er, streckte die Arme aus, fand eine Mauer, an der er sich aufrecht hielt, und setzte sich torkelnd wieder in Bewegung. Für Augenblicke warf ihn ein Windstoß, der sich in der engen Straße verfing, vorwärts, stützte ihn ein paar Schritte; aber wenn die Sturmkraft nachließ, blieb er stehen, weil er seinen Antrieb verloren hatte, und schwankte auf seinen launischen Säuferbeinen hin und her.

Instinktiv, wie ein Vogel zum Nest, bewegte er sich nach seiner Behausung. Endlich erkannte er seine Tür und begann, sie auf der Suche nach dem Schloß abzutasten, um den Schlüssel einzustecken. Aber er fand kein Schlüsselloch und fluchte halblaut vor sich hin. Da hämmerte er mit den Fäusten gegen das Holz und rief seine Frau, damit sie ihm helfe:

»Mélina! Eh! Mélina!«

Als er sich gegen den Türflügel lehnte, um nicht zu fallen, gab der nach, öffnete sich, und Jérémie, der den Halt verlor, stolperte, kullerte mitten ins Haus auf die Nase, dabei fühlte er, wie etwas Schweres ihm über den Leib strich und hinaus ins Dunkel entfloh.

Verdattert, schreckensstarr, außer sich vor Angst vorm Teufel, vor Gespenstern, vor allem Nachtgewese, verharrte er still und getraute sich lange keine Bewegung zu machen. Als er aber merkte, daß nichts sich mehr regte, kehrte ihm eine Spur Verstand, verworrener Säuferverstand, wieder.

Und ganz vorsichtig setzte er sich auf. Noch einmal wartete er lange, dann erkühnte er sich endlich und rief:

»Mélina!«

Seine Frau antwortete nicht.

Da schoß ihm mit einem Schlag ein Zweifel durch das vernebelte Hirn, ein wirrer Zweifel, ein dunkler Verdacht. Er wurde wie Stein, blieb da an der Erde im Finstern sitzen, suchte seine Gedanken zu sammeln, hakte sich an Stücken von Überlegungen fest, die schwankten wie seine Beine.

Von neuem rief er:

»Sag, wer das war, Mélina! Sag, wer das war. Ich tu dir nichts.«

Er wartete. Keine Antwort kam aus dem Dunkel. Da räsonierte er laut vor sich hin:

»Ich bin betrunken, klar! Betrunken bin ich! Das war er, der Hund, er hat mich vollgepumpt; das war er, damit ich nicht nach Haus geh. Betrunken bin ich!«

Und er fing wieder an:

»Sag, wer das war, Mélina, oder es gibt ein Unglück!«

Nachdem er noch eine Weile gewartet hatte, fuhr er mit der schwerfälligen und beharrlichen Logik des Säufers fort:

»Das war er, der mich festgehalten hat bei Paumelle, dem Tagedieb; und die andern Abende genauso, damit ich nicht nach Haus geh. Der steckt zusammen mit einem. Oh, du Aas, du!«

Langsam erhob er sich auf die Knie. Wirrer Zorn quoll in ihm hoch, mischte sich mit der Gärung des Branntweins.

Er drohte:

»Sag, wer das war, Mélina, oder ich schlag zu, ich warn dich!«

Er stand jetzt und bebte vor loderndem Zorn, als wäre der Alkohol, den er im Leib hatte, in seinen Adern in Brand geraten. Er tat einen Schritt, stieß an einen Stuhl, packte ihn, ging weiter, stieß an das Bett, tastete es ab, bis er den warmen Körper seiner Frau fühlte.

Außer sich vor Wut, brüllte er:

»Ah! da bist du, Miststück, und hast nichts gesagt!«

Da holte er hoch aus mit dem Stuhl in seiner derben Seemannsfaust und hieb ihn in rasendem Wüten nieder. Ein Schrei gellte aus dem Lager, ein entsetzter, ohrenzerreißender Schrei. Da begann er vor sich hin zu schlagen wie ein Drescher auf der Tenne. Und bald bewegte sich nichts mehr. Der Stuhl zerflog in Stücke; aber das eine Bein hielt er in der Hand und drosch keuchend weiter.

Plötzlich ließ er ab und fragte:

»Sagst du jetzt endlich, wer das war?«

Mélina antwortete nicht.

Da sackte er, kaputt vor Müdigkeit, von seiner Gewalttätigkeit stumpf, zu Boden, streckte sich und schlief ein.

Als es Tag wurde, sah ein Nachbar die Tür offenstehen und trat ins Haus. Er fand Jérémie schnarchend am Fußboden liegen, ringsum die Trümmer eines Stuhls und in dem Bett eine blutige Fleischmasse.

Haar

Die Zellenwände waren kahl, mit Kreide getüncht. Ein schmales, vergittertes Fenster, sehr hoch gesetzt, damit man es nicht erreichen könne, erleuchtete den unheimlichen engen Raum; und der Geisteskranke, der auf einem Binsenstuhl hockte, stierte mit zuckenden und gequälten Augen nach uns. Er war überaus mager, hohlwangig und hatte fast weiße Haare, die anmuteten, als wären sie in wenigen Monaten verblichen. Die Kleider wirkten zu weit für seine dürren Gliedmaßen, seine eingefallene Brust, seinen hohlen Bauch. Man spürte, dieser Mann war von einem Gedanken, dem immer gleichen Gedanken zerstört, zerfressen wie eine Frucht von einem Wurm. Sein Wahn saß dort in diesem Kopf, hartnäckig, bohrend, auszehrend. Nach und nach fraß er den ganzen Körper. Eine Idee, unsichtbar, unfaßbar, unberührbar, immateriell, verödete das Fleisch, trank das Blut, erstickte das Leben.

Welch ein Rätsel ist ein Mensch, den ein Traum tötet! Es bereitete Beklommenheit, Beängstigung und Mitleid, den Besessenen zu sehen! Was für ein seltsamer, ungeheurer und mörderischer Traum hauste hinter dieser Stirn, die er unentwegt in tiefe, dauernd bewegte Furchen legte.

Der Arzt sagte zu mir: »Er hat schreckliche Wutausbrüche. Es ist einer der merkwürdigsten Fälle, die mir je vorgekommen sind. Er leidet an einem absonderlichen erotischen Wahn, einer Art Nekrophilie. Übrigens hat er eine Niederschrift geführt, die uns seine Krankheit auf das genaueste schildert. Sein Irrsinn ist darin gleichsam mit Händen zu greifen. Wenn das Dokument Sie interessiert, können Sie es einsehen.« Ich folgte dem Doktor in seinen Arbeitsraum, und er gab mir die Aufzeichnungen des Elenden. »Lesen Sie«, sagte er, »ich möchte Ihre Meinung hören.«

Hier folgt, was das Heft enthielt:

Bis zu meinem zweiunddreißigsten Jahr lebte ich friedlich, ohne Liebe. Das Leben erschien mir sehr einfach, sehr gut und sehr leicht. Ich war reich. So viele Dinge bereiteten mir Vergnügen, daß ich für nichts Leidenschaft empfand. Es war angenehm zu leben! Froh erwachte ich jeden Morgen, tat, was mir gefiel, und ging befriedigt schlafen, voll ruhiger Hoffnung auf den nächsten Tag und eine sorglose Zukunft.

Ich hatte mehrere Geliebte gehabt, ohne daß mein Herz je vor Verlangen brannte oder daß meine Seele liebeswund war nach dem Besitz. So lebt es sich gut. Lieben ist schöner, aber grausam. Gleichwohl sollen jene, die wie alle lieben, heißes Glück empfinden dürfen, doch nicht so groß wie meines vielleicht, denn mich hat die Liebe auf eine unglaubliche Weise heimgesucht.

Da ich reich bin, sammelte ich antike Möbel und Gegenstände; und oft fragte ich mich, welche Hände diese Dinge wohl berührt, welche Augen sie bewundert, welche Herzen sie geliebt haben mochten, denn man liebt Dinge! Oft betrachtete ich versunken, Stunden um Stunden, eine kleine Uhr des vorigen Jahrhunderts. Sie war so hübsch, so allerliebst in ihrem Farbenschmelz und ihrem ziselierten Gold. Und sie ging noch genau wie an dem Tag, als sie von einer Frau in dem Entzücken, dieses feine Kleinod zu besitzen, gekauft worden war. Sie hatte nicht aufgehört zu ticken, ihr mechanisches Leben hatte nicht ausgesetzt, seit einem Jahrhundert fuhr sie in ihrem regelmäßigen Ticktack immer fort. Wer mochte sie als erste an ihrem Busen, in der Wärme der Stoffe getragen haben, der Herzschlag der Uhr am Herzen der Frau? Welche Hand hatte sie in ihren ein wenig heißen Fingerspitzen gehalten, gedreht, gewendet, dann die porzellanenen Schäfer getrocknet, die von der Feuchte der Haut eine Sekunde beschlagen waren? Welche Augen hatten auf dem umblühten Zifferblatt die erwartete Stunde, die geliebte Stunde, die göttliche Stunde erspäht?

Wie gerne hätte ich sie kennen mögen, sie sehen mögen, die Frau, die sich diesen erlesenen und seltenen Gegenstand erwählt hatte! Sie ist tot! Ich bin von dem Begehren nach den Frauen von einst besessen, ich liebe alle Liebenden aus ferner Zeit! – Über der Geschichte früherer Lieben füllt sich mein Herz mit Sehnsucht. Oh, die Schönheit, das Lächeln, die jungen Zärtlichkeiten, die Hoffnungen! Sollte all das nicht ewig sein?

Wie weinte ich ganze Nächte über die armen Frauen von einst, die so schön, so zärtlich, so süß waren, deren Arme sich öffneten zum Kuß und die gestorben sind! Er, der Kuß, ist unsterblich! Er geht von Lippe zu Lippe, von Generation zu Generation, von Jahrhundert zu Jahrhundert. – Die Menschen empfangen ihn, schenken ihn und sterben.

Die Vergangenheit zieht mich an, die Gegenwart schreckt mich, weil die Zukunft der Tod ist. Ich trauere um alles, was gewesen ist, ich weine um alle, die gelebt haben; ich wünschte, ich könnte die Zeit anhalten, anhalten die Stunde. Aber sie geht, geht hin, verrinnt, beraubt mich Sekunde um Sekunde um etwas von mir, daß es hinschwindet in das Nichts von morgen. Und nie wieder werde ich leben.

Lebt wohl, ihr Gewesenen. Ich liebe euch.

Aber ich bin nicht zu beklagen. Ich habe die Frau gefunden, die ich erwartete; und durch sie wurden mir unglaubliche Wonnen zuteil.

Ich streifte eines sonnigen Morgens festlich gestimmter Seele und fröhlichen Fußes durch Paris, betrachtete die Auslagen mit der zerstreuten Aufmerksamkeit des Flaneurs. Auf einmal fiel mir bei einem Antiquitätenhändler ein italienisches Möbel des 17. Jahrhunderts ins Auge. Es war sehr schön, sehr selten. Ich schrieb es einem derzeit berühmten venezianischen Künstler namens Vitelli zu.

Damit ging ich vorüber.

Warum wirkte die Erinnerung an dieses Möbel mit solcher Macht in mir, daß ich umkehrte? Abermals blieb ich vor dem Geschäft stehen, um es anzuschauen, und dabei fühlte ich, wie es mich in Versuchung führte.

Welch eigentümlich Ding die Versuchung ist! Man sieht einen Gegenstand, und allgemach verführt er uns, verwirrt und überwältigt uns wie das Antlitz einer Frau. Sein Zauber durchdringt uns, ein sonderbarer Zauber, der von seiner Form, seiner Farbe, seiner dinglichen Physiognomie ausgeht; und bereits liebt man ihn, verlangt nach ihm, begehrt ihn. Ein Besitzwille kommt in uns auf, leise am Anfang, wie zagend, der aber rasch anwächst, ungestüm, unwiderstehlich wird.

Und es scheint, die Händler erraten nach der Flamme des Blickes die insgeheim sich steigernde Begierde.

Ich kaufte das Möbel und ließ es sofort in meine Wohnung transportieren. Ich stellte es in meinem Schlafzimmer auf.

Oh, wie tun mir jene leid, die nicht den Honigmond des Sammlers mit seiner neuesten Erwerbung kennen! Man liebkost sie mit Augen und mit Händen, als wäre sie aus Fleisch und Blut, man mag sie keinen Augenblick lassen, man denkt immerzu nur an sie, wo man auch geht, was man auch tut. Ihr geliebtes Bild begleitet einen auf der Straße, in der Gesellschaft, allüberall; und kommt man nach Hause, eilt man, noch ehe man die Handschuhe abgestreift und den Hut abgelegt hat, sie mit der Zärtlichkeit eines Liebenden zu betrachten.

Wahrhaftig, acht Tage lang betete ich dieses Möbel an. Alle Augenblicke öffnete ich seine Türen, seine Schübe; ich berührte es voll Entzücken, genoß alle innigen Freuden seines Besitzes.

Eines Abends nun, als ich die Dicke einer Füllung betastete, stellte ich fest, daß dahinter ein Geheimfach liegen müsse. Mein Herz fing an zu klopfen, und ich brachte die ganze Nacht über der Suche nach dem Mechanismus herum, ohne daß ich ihn zu entdecken vermochte.

Es glückte mir anderntags, als ich ein Feilenblatt in einen Spalt der Boiserie grub. Eine Tafel glitt zur Seite, und ich erblickte, auf schwarzem Samt hingebreitet, die wunderbaren Haare einer Frau!

Ja, eine Haarflut, einen riesigen Zopf ins Rote spielenden blonden Haars, offensichtlich dicht an der Haut abgeschnitten und mit einer Goldschnur umwunden.

Ich starrte sprachlos, zitternd, aufgewühlt darauf! Ein nahezu unmerklicher Duft, so alt, daß er war wie die Seele eines Duftes, schwebte aus der geheimnisvollen Lade und von der überraschenden Reliquie auf.

Behutsam, beinahe frommen Gemüts faßte ich sie und zog sie aus ihrem Versteck. Sogleich entrollte sie sich, entbreitete ihre goldene Flut bis zur Erde hernieder, so dicht und leicht, geschmeidig und glänzend wie der feurige Schweif eines Kometen.

Eine merkwürdige Erregung ergriff mich. Was war das? Wann, wie, warum war dieses Haar in dieses Möbel eingeschlossen worden? Welches abenteuerliche oder dramatische Begebnis barg sich in dieser Erinnerung?

Wer hatte es abgeschnitten? Ein Liebhaber vor einem Abschied? Ein Ehemann zur Vollstreckung einer Rache? Oder diejenige selbst, die es getragen, an einem Tage der Verzweiflung?

War dieses Liebesgut vor dem Eintritt in ein Kloster dort niedergelegt worden als ein der Welt der Lebenden hinterlassenes Pfand? Hatte derjenige, der sie angebetet, ehe man über der schönen jungen Toten den Sarg verschloß, den Schmuck ihres Hauptes behalten wollen als das einzige, was er sich von ihr bewahren konnte, als den einzigen lebendigen Teil ihres Fleisches, der nicht zerfallen mußte, als das einzige von ihr, was er noch lieben und streicheln und küssen konnte in seinem rasenden Schmerz?

War es nicht seltsam, daß es diese Haarflut gab, da doch von dem Körper, aus dem sie einst wuchs, nicht eine Zelle mehr übrig war?

Sie rollte mir über die Finger, kitzelte mit eigentümlicher Zärtlichkeit, der Zärtlichkeit einer Toten, meine Haut. Ich fühlte mich angerührt, als müßte ich weinen.

Ich hielt sie lange in meinen Händen, lange, dann war mir, als senke sie eine Unruhe in mich, wie wenn sie noch beseelt wäre. Und ich legte sie auf den altersdunklen Samt zurück und schob die Lade zu, und ich verschloß das Möbel und ging fort, durch die Straßen, um mich meinem Sinnen zu überlassen.

Ich ging voller Traurigkeit vor mich hin und ebensosehr voller Wirrnis, jener Wirrnis, die einem nach einem Liebeskuß das Herz bewegt. Mir war, als hätte ich schon einmal gelebt und als müsse ich diese Frau gekannt haben.

Und die Verse Villons kamen mir auf die Lippen, wie einem ein Schluchzen aufsteigt:

Sagt mir, wo sind sie alle hin,
Die überirdisch schön man nannte?
Flora, die edle Römerin,
Thaïs und ihre Blutsverwandte,
Als Archipiada bekannte,
Und Echo, die so wunderbar
Durch Widerhall den Rufer bannte?
Wo ist der Schnee vom vorigen Jahr?

. . . .

Wo ist, die Königin Blanche hieß,
Die süßer sang als die Sirene?
Wo Bertha, Beatrice, Alice,
Wo Haremburgis, die von Maine,
Jeanne d'Arc, die Heldin der Lorraine,
Vom Feind verbrannt mit Haut und Haar?
Maria, heilige Himmelsschöne,
Wo ist der Schnee vom vorigen Jahr?

Als ich zurückkam, empfand ich ein unwiderstehliches Verlangen, meine sonderbare Trouvaille wiederum anzusehen; und ich zog sie hervor und fühlte, als ich sie nun berührte, einen langen Schauer durch meine Glieder rinnen.

Mehrere Tage blieb ich indessen in meinem üblichen Zustand, wiewohl mich der lebhafte Gedanke an diese Haarflut nicht mehr verließ.

Sowie ich heimkehrte, mußte ich sie sehen und in die Hände nehmen. Bereits den Schlüssel des Schrankes drehte ich mit ebenjenem Beben, wie wenn man die Tür der Geliebten öffnet, denn in meinen Händen und meinem Herzen war nun immer ein wirres, unerklärliches sinnliches Bedürfnis, meine Finger in diese Zauberflut toter Haare zu tauchen.

Hatte ich dann aufgehört, sie zu liebkosen, hatte ich den Schrank wieder verschlossen, fühlte ich sie noch immer dort versteckt, gefangen wie ein lebendiges Wesen; ich fühlte und begehrte sie abermals; aufs neue überkam mich das herrische Bedürfnis, sie anzufassen, sie zu berühren, mich bis zum Krankwerden durch diese kalte, gleitende, aufreizende, beängstigende, köstliche Berührung zu entnerven.

So lebte ich ein oder zwei Monate, ich weiß es nicht mehr. Sie war meine Obsession. Ich war glücklich und gequält wie in Liebeserwartung, wie nach den Geständnissen, die der Umarmung vorausgehen.

Ich schloß mich allein mit ihr ein, um sie auf meiner Haut zu fühlen, meine Lippen in sie zu graben, sie zu küssen, zu beißen. Ich rollte sie rings um mein Gesicht, ich schlürfte sie, ich tauchte meine Augen in ihre goldene Woge, um durch sie hindurch den Tag golden zu sehen.

Ich liebte sie! Ja, ich liebte sie. Ich konnte nicht mehr ohne sie sein, ich konnte keine Stunde verweilen, ohne sie zu sehen.

Und ich wartete ... wartete ... worauf? Wußte ich es nicht? – Auf sie.

Eines Nachts erwachte ich jäh mit dem Gedanken, ich sei nicht allein in meinem Zimmer.

Aber ich war allein. Doch ich konnte nicht wieder einschlafen; und da ich mich in fiebriger Schlaflosigkeit wälzte, erhob ich mich, um hinzugehen und die Haarflut zu berühren. Sie schien mir weicher als sonst, belebter. Kehren die Toten wieder? Die Küsse, mit denen ich sie erwärmte, betäubten mich vor Glück; und ich trug sie in mein Bett, und ich legte mich und preßte sie an meine Lippen wie die Geliebte, die man besitzen wird.

Die Toten kommen wieder! Sie ist gekommen. Ja, ich habe sie gesehen, ich habe sie umfangen, ich habe sie besessen, so wie sie einst im Leben war, groß, blond, üppig, die Brüste kühl, die Hüften in der Form der Lyra;

und meine Zärtlichkeit folgte den Kurvungen der göttlichen Linie des Fleisches, die von den Brüsten bis zu den Füßen verläuft.

Ja, ich habe sie besessen, alle Tage, alle Nächte. Sie ist wiedergekommen, die Tote, die schöne Tote, die Anbetungswürdige, die Rätselvolle, die Unbekannte, Nacht für Nacht.

Mein Glück war so groß, daß ich es nicht verbergen konnte. Ich fand übermenschliches Entzücken bei ihr, die tiefe, die unerklärliche Beglückung, die Unberührbare, die Unsichtbare, die Tote zu besitzen! Kein Liebhaber genoß je glühendere, schrecklichere Lust!

Ich konnte mein Glück nicht verbergen. Ich liebte sie so sehr, daß ich sie niemals missen wollte. Ich nahm sie stets und überall mit. Ich führte sie als mein Weib durch die Stadt und als meine Geliebte ins Theater, in vergitterte Logen ... Aber man hat sie gesehen ... man hat sie aufgespürt ... man hat sie mir entrissen ... Und in einen Kerker hat man mich gesperrt wie einen Missetäter. Man hat sie mir genommen ... Oh, Jammer! ...

Hier endete das Manuskript. Und plötzlich, als ich meine verstörten Augen nach dem Arzt hob, gellte ein entsetzlicher Schrei, ein Heulen ohnmächtiger Wut und verzweifelt rasender Begierde durch die Anstalt.

»Da hören Sie es«, sagte der Doktor, »man muß diesen obszönen Irren fünfmal am Tag duschen. Nicht nur der Sergeant Bertrand hat Tote geliebt.«

Vor Staunen, vor Grauen und Mitleid erschüttert, fragte ich:

»Aber ... diese Haarflut ... gibt es sie wirklich?«

Der Arzt stand auf, öffnete einen Schrank voller Medizinflaschen und Instrumente und warf mir, quer durch sein Zimmer, einen langen Schweif rotblonder Haare zu, die wie ein goldener Vogel auf mich zugeflogen kamen.

Ich erzitterte, als ich die schmeichelnde, leichte Masse in meinen Händen fühlte. Und ich verharrte mit pochendem Herzen vor Abscheu und Neugier; vor Abscheu wie bei der Berührung mit Dingen, die in Verbrechen verstrickt sind; vor Neugier wie vor der Versuchung zu etwas Schändlichem und Rätselvollem.

Schulterzuckend sagte der Arzt:

»Der menschliche Geist ist zu allem imstande.«

Spaziergang

Als der alte Leras, Buchhalter bei Labuze & Co., das Geschäft verließ, blieb er eine Weile geblendet im Glanz der Abendsonne stehen. Er hatte den ganzen Tag bei dem fahlen Gaslicht der Hinterstube gearbeitet, die nach dem engen, schachttiefen Hof hin lag. Der kleine Raum, wo er seit vierzig Jahren seine Tage zubrachte, war so finster, daß man gerade nur im Hochsommer von elf bis drei Uhr zurechtkam, ohne Licht anzuzünden.

Es war immer kalt und feucht dort; und jene Art Gruft, nach der das Fenster sich öffnete, drängte ihre Ausdünstungen in das dunkle Kontor und erfüllte es mit Schimmelgeruch und dem Gestank von Abwässern.

Monsieur Leras kam seit vierzig Jahren Morgen für Morgen um acht Uhr in diesen Kerker; und bis sieben Uhr abends saß er über seine Bücher gebeugt und schrieb mit allem Eifer des guten Angestellten.

Er verdiente jetzt dreitausend Francs im Jahr, angefangen hatte er mit fünfzehnhundert. Er war Junggeselle geblieben, weil seine Mittel ihm nicht erlaubt hatten zu heiraten. Und da er nie Genüsse gekannt hatte, gab es nicht viel, was er begehrte. Nur von Zeit zu Zeit, wenn er seine einförmige und nicht abreißende Plage einmal leid war, sprach er den platonischen Wunsch aus: »Herrgott, wenn ich fünftausend Livres Rente hätte – ich wollte mir's gut gehen lassen!«

Aber er konnte sich's nie gut gehen lassen, weil er nie mehr hatte als seine monatlichen Bezüge.

Sein Leben war ereignislos, ohne Erschütterungen und beinah ohne Hoffnungen verlaufen. Die Fähigkeit zu träumen, die jeder in sich trägt, hatte sich bei der Mittelmäßigkeit seiner Ziele nie entfaltet.

Mit einundzwanzig Jahren hatte er bei Labuze & Co. angefangen. Und dort war er geblieben.

Im Jahr 1856 hatte er seinen Vater verloren, 1859 dann seine Mutter. Und seitdem lediglich der Umzug 1868, als der Hauswirt ihm die Miete erhöhen wollte.

Alle Morgen jagte ihn sein Wecker um Punkt sechs Uhr mit schrecklichem Gerassel, als würde eine Kette abgerollt, aus dem Bett.

Zweimal hatte die Mechanik freilich ausgesetzt – das war 1866 und 1874 gewesen –, ohne daß er je herausgefunden hatte, warum. Er zog sich an, machte sein Bett, kehrte sein Zimmer, entstaubte den Sessel und die Decke auf der Kommode. Insgesamt brauchte er dafür anderthalb Stunden.

Dann ging er aus dem Haus, kaufte sich ein Croissant in der Bäckerei Lahure – sie hatte elfmal den Meister gewechselt, ohne den Namen zu ändern – und machte sich, sein Hörnchen kauend, auf den Weg.

Sein ganzes Dasein hatte sich also in dem engen, düsteren Büro zugetragen, das obendrein dunkel tapeziert war. Als Gehilfe von Monsieur Brument hatte er damals angefangen, mit dem Wunsch, einmal seine Stelle einzunehmen. Er hatte seine Stelle eingenommen und erwartete nichts mehr.

Die ganze Lebensernte an Erinnerungen, die andere Menschen im Lauf der Jahre einbringen, unverhoffte Ereignisse, glückliche oder tragische Lieben, abenteuerliche Reisen – all die Zufälle einer freien Existenz waren ihm fremd geblieben.

Tage, Wochen, Monate, Jahreszeiten, Jahre hatten sich immer gleichgesehen. Tagtäglich zur selben Stunde stand er auf, verließ seine Wohnung, betrat das Kontor, aß zu Mittag, ging heim, aß zu Abend, legte sich schlafen, ohne daß irgend etwas die geregelte Monotonie derselben Handlungen, derselben Dinge, derselben Gedanken jemals durchbrochen hätte.

Früher sah er seinen blonden Schnurrbart und seine welligen Haare in dem kleinen runden Spiegel, den sein Vorgänger hinterlassen hatte. Heute betrachtete er jeden Abend vor dem Nachhausegehen seinen weißen Schnurrbart und seine kahle Stirn in demselben Spiegel. Vierzig Jahre waren, ob lang, ob schnell, leer wie ein Tag voll Traurigkeit und gleich wie die Stunden einer schlechten Nacht verronnen! Vierzig Jahre, von denen nichts blieb, nicht einmal eine Erinnerung, nicht einmal ein Unglück seit dem Tod der Eltern. Nichts.

An diesem Tag nun blieb Monsieur Leras, geblendet vom Glanz der Abendsonne, in der Tür zur Straße stehen; und anstatt nach Hause zu gehen, kam er auf den Einfall, vor dem Abendessen einen kleinen Spaziergang zu machen, was ihm vier- oder fünfmal im Jahr widerfuhr.

Er ging nach den Boulevards, wo unter den grünenden Bäumen Menschenströme fluteten. Es war ein Frühlingsabend, einer der ersten warmen und weichen Abende, die die Herzen vor Lebenslust trunken machen.

Monsieur Leras ging in seinem tippeligen Altmännerschritt, Vergnügtheit in den Augen, selig über die allgemeine Freude und die Wärme der Luft.

Er kam auf die Champs-Elysées und wanderte, aufgelebt von den Jugendimpulsen, die jedes Lüftchen trug, weiter.

Der ganze Himmel flammte; und der Arc de Triomphe schnitt seine schwarze Masse aus dem leuchtenden Grund des Horizonts wie ein feuerumloderter Riese. Als der alte Buchhalter bis zu dem ungeheuern Monument gelangt war, spürte er, daß er Hunger hatte, und er betrat eine Weinstube, um zu Abend zu essen.

Im Freien, vor dem Lokal, wurde ihm eine Hammelhaxe in Remouladensauce, Salat und Spargel serviert, und Monsieur Leras hielt die beste Mahlzeit, die er seit langem gehalten hatte. Er feuchtete seinen Briekäse mit einer halben Flasche feinem Bordeaux, dann trank er eine Tasse Kaffee, was selten geschah, und zum Schluß ein Gläschen Weinbrand.

Als er gezahlt hatte, fühlte er sich ganz stark, ganz quick, ein bißchen beschwipst sogar. Und er sagte sich: Heute ist ein schöner Abend. Ich werde meinen Spaziergang noch ein Stückchen nach dem Bois de Boulogne ausdehnen. Das wird mir guttun.

Er brach auf. Ein altes Lied, das vorzeiten eine Nachbarin gesungen hatte, geisterte ihm beharrlich durch den Sinn:

Wird der Bois wieder grün,
löst der Liebste mir kühn
in der Laube
die Haube.

Er trällerte es ohne Ende, fing immer wieder von vorne an. Nacht war über Paris hereingesunken, eine Nacht, die kein Wind bewegte, eine Nacht wie im Treibhaus. Monsieur Leras ging die Allee zum Bois entlang und schaute nach den vorüberfahrenden Fiakern. Mit ihren Leuchtaugen kamen sie, einer nach dem andern, und ließen eine Sekunde ein umschlungenes Pärchen erkennen, eine Frau in hellem Kleid und einen dunkelgekleideten Mann.

Es war eine lange Prozession, die unter dem glühenden Sternenhimmel Liebespaare dahintrug. Es kamen immer mehr, immer mehr. Sie rollten und rollten, in die Polster hingegossen, stumm aneinandergedrängt, in den Wachtraum, den Aufruhr der Begierde, in die zitternde Vorlust der baldigen Umarmung versunken. Es war, als schwirre und schwebe es von Küssen in dem lauen Dunkel. Zärtlichkeit durchpulste die Luft, weichte sie, machte sie stickiger. All die Umschlungenen, all die von derselben Erwartung, demselben Gedanken Berauschten breiteten fiebrige Ströme um sich aus. All die Gefährte voller Liebe zogen, unsichtbare erregende Emanationen aussendend, ihre Bahn.

Des Wanderns schließlich doch ein wenig müde, ließ sich Monsieur Leras auf einer Bank nieder, um die Fiaker mit ihrer Liebesfracht defilieren zu sehen. Und wenig darauf kam eine Frau und setzte sich neben ihn.

»Guten Abend, Kleiner«, sagte sie.

Er gab keine Antwort. Sie fuhr fort:

»Läßte dich liebhaben, Schätzchen? Wirst sehn, ich bin ganz nett zu dir.«

Er sagte:

»Sie irren sich, Madame.«

Sie schob ihren Arm unter den seinen:

»Nanu, hab dich nicht dumm, weißte ...«

Er stand auf und ging mit beklommenem Herzen weiter.

Nach hundert Schritten redete ihn wieder eine Frau an:

»Wollen Sie sich nicht ein bißchen zu mir setzen, mein hübscher Knabe?«

Er sagte:

»Wozu treiben Sie dies Gewerbe?«

Sie pflanzte sich vor ihm auf, ihre Stimme wurde rauh, böse:

»Herrgottnochmal, denkste, das mach ich zum Spaß?«

Er beharrte mit sanfter Stimme:

»Warum tun Sie es dann?«

»Man muß ja wohl leben, oder?« blaffte sie.

Und trällernd stakste sie davon.

Monsieur Leras blieb verstört zurück. Andere Frauen kamen vorüber, riefen ihn an, luden ihn ein.

Es wurde ihm, als ob etwas Schwarzes sich über seinen Kopf senke, etwas Schmerzendes.

Und er setzte sich wieder auf eine Bank. Die Wagen fuhren und fuhren.

Es wäre klüger gewesen, ich wäre nicht hierhergekommen, sagte er sich, jetzt bin ich ganz kaputt, ganz unten.

Er begann über all die käufliche oder leidenschaftliche Liebe, all die bezahlten oder freiwilligen Küsse nachzusinnen, die an ihm vorüberzogen.

Liebe! er kannte sie kaum. Er hatte im ganzen Leben nur zwei, drei Frauen gehabt, durch Zufall, günstige Gelegenheit, denn seine Mittel gestatteten ihm keine Extras. Und er dachte an das Leben, das er geführt hatte, so verschieden vom Leben der anderen, an dies so düstere, so trübselige, so platte leere Leben.

Es gibt Menschen, die tatsächlich kein Glück haben. Und wie wenn plötzlich ein dichter Schleier zerrissen wäre, sah er das Elend, das endlose, das eintönige Elend seines Daseins: vergangenes Elend, gegenwärtiges Elend, zukünftiges Elend: die letzten Tage wie die ersten, nichts vor sich, nichts hinter sich, nichts um sich, nichts im Herzen, überall nichts.

Der Zug der Wagen hörte nicht auf. Immer wieder sah er in den vorbeifahrenden offenen Gefährten zwei schweigend umschlungene Wesen auftauchen und verschwinden. Es wurde ihm, als ziehe an ihm die ganze Menschheit vorüber, trunken vor Lust, vor Freude, vor Glück. Und er nur allein sehe ihr zu, er ganz allein. Und er würde morgen wieder allein sein, immer allein, allein wie niemand sonst.

Er stand auf, machte ein paar Schritte, und auf einmal

müde, als hätte er eine lange Fußwanderung vollendet, setzte er sich auf die nächste Bank.

Was erwartete er? Was erhoffte er? Nichts. Er dachte, wie gut es sein müsse, im Alter bei der Heimkehr in seine Wohnung plappernde kleine Kinder vorzufinden. Altern ist mild, wenn man von Wesen umgeben ist, die einem das Leben verdanken, die einen lieben, streicheln, einem die lieblichen und einfältigen Worte sagen, die das Herz erwärmen und über alles trösten.

Und als er an sein leeres Zimmer dachte, an sein reinliches und trauriges kleines Zimmer, das nie jemand anders als er betrat, würgte Trostlosigkeit seine Seele. Er sah es vor sich, das Zimmer, jammernswerter noch als sein kleines Kontor.

Niemand kam dorthin; niemand redete dort je. Tot war es, stumm, ohne das Echo einer Menschenstimme. Nehmen Wände nicht von denen, die darin leben, etwas an, etwas von ihrem Gebaren, ihren Gesichtern, ihren Worten? Häuser, wo glückliche Familien wohnen, sind heiterer als die Behausungen der Elenden. Sein Zimmer war so erinnerungsleer wie sein Leben. Und der Gedanke, diesen Raum wieder zu betreten, ganz allein, sich in sein Bett zu legen, wieder die allabendlichen Bewegungen und Verrichtungen zu tun, entsetzte ihn. Und wie um sich noch weiter von der unheimlichen Wohnung und dem Moment, da er zurückkehren müßte, zu entfernen, erhob er sich, und da er gerade bei der ersten Allee des Bois angelangt war, trat er durch eine Heckc ein und setzte sich ins Gras …

Um sich, über sich, von überall hörte er ein wirres, grenzenloses, anhaltendes Brausen, das sich aus unzähligen verschiedenen Geräuschen zusammensetzte, ein dumpfes Brausen nah und fern, ein unbestimmbares und ungeheuerliches Pulsieren: den Atem von Paris, den Atem eines Riesenwesens.

. . . .

Die Sonne stand schon hoch und goß Lichtfluten über den Bois de Boulogne. Einige Wagen fuhren bereits die Runden, und fröhlich tauchten Reiter auf.

Langsam ritt ein Paar durch eine einsame Allee. Plötzlich sah die junge Frau, als sie aufblickte, etwas Dunkles im Gezweige; erstaunt, beunruhigt hob sie die Hand:

»Sehen Sie doch ... was ist das?«

Dann fiel sie mit einem Aufschrei ihrem Gefährten in die Arme, der ihr zu Boden helfen mußte.

Die bald herbeigerufenen Parkwächter holten einen alten Mann von dem Baum, der sich an seinen Hosenträgern erhängt hatte.

Man stellte fest, daß der Tod am vergangenen Abend eingetreten war. Die Papiere, die man bei dem Leichnam fand, ergaben, daß er Buchhalter bei der Firma Labuze & Co. gewesen war, daß sein Name Leras war.

Es wurde Selbstmord angenommen, dessen Ursache nicht zu ergründen war. Vielleicht ein plötzlicher Anfall von Geistesstörung.

Die Schwestern Rondoli

I

»Nein, Italien kenne ich nicht«, sagte Pierre Jouvenet, »dabei habe ich zweimal versucht, es zu bereisen, aber jedesmal wurde ich an der Grenze auf solche Weise festgehalten, daß ich einfach nicht weiterkam. Immerhin erbrachten mir beide Versuche eine charmante Anschauung der Sitten in dem schönen Land. Jetzt brauche ich nur noch die Städte, Museen und Meisterwerke kennenzulernen. Demnächst will ich neuen Anlauf nehmen, in das unzugängliche Gebiet vorzudringen.

Sie verstehen mich nicht? – Ich erklär's:

Es war im Jahr 1874, als mich der Wunsch überkam, Venedig, Florenz, Rom und Neapel zu sehen. Dies Gelüst ergriff mich um den 15. Juni, wenn das pralle Frühlingssprießen einem das Herz nach Reisen und Lieben heiß macht.

Nun bin ich aber kein Reisemensch. Meinen Standort zu wechseln erscheint mir als ein unnötiger anstrengender Akt. Die Nächte auf der Eisenbahn, der geschüttelte Bahnwagenschlaf mit Kopfschmerzen und Gliederverrenkungen, das zerschlagene Erwachen in der rollenden Kiste, das Gefühl von Ruß auf der Haut, der fliegende Schmutz, der sich einem in Augen und Haare setzt, der Kohlegeruch, den man schluckt, die greulichen Diners in der Zugluft der Bahnhofsrestaurants, all das empfinde ich als Einleitung zu einer Lustpartie unausstehlich.

Nach der Ouvertüre im Schnellzug kommen die Trübseligkeiten im Hotel, ein großes Hotel, das von Menschen wimmelt und so leer ist, das gräßliche, fremde Zimmer, das verdächtige Bett! – Mein Bett geht mir über alles. Es ist das Sanktuarium des Lebens. Ihm bringt man nackt sein erschöpftes Fleisch dar, auf daß es sich neu belebe und in der Weiße der Laken und in der Daunenwärme ruhe. In ihm finden wir die süßesten Stunden unseres Seins, die Stunden der Liebe und des Schlafs. Das Bett ist heilig. Ihm gebührt unsere Achtung, Verehrung und unsere Liebe als dem Besten und Wohltätigsten, was wir auf Erden haben.

Die Decke eines Hotelbetts kann ich nicht heben, ohne daß ein Schauder mich überläuft. Was geschah vorige Nacht darin? Was für unreinliche, widerwärtige Leute haben auf diesen Matratzen geschlafen? Und ich denke an alle abstoßenden Geschöpfe, die man täglich mit dem Ärmel streift, an widerliche Buckel, picklige Häute, schmutzstarrende Hände, die an die Füße und alles übrige gemahnen. Ich denke an die, bei deren Begegnung ekelerregende Gerüche nach Knoblauch oder Leiblichkeit einem den Atem verschlagen. Ich denke an die Mißbildeten, die Eitrigen, an Krankenschweiß, an alle Häßlichkeiten und Schmutzigkeiten des Menschen.

All das ist durch das Bett gegangen, in dem ich schlafen soll. Mir wird übel, wenn ich meinen Fuß hineinsetze.

Und diese Essen im Hotel, die langen Essen an der Table d'hôte, umgeben von lauter nervtötenden oder grotesken Personen; und die scheußlichen einsamen Essen am kleinen Restauranttisch bei einem armseligen Kerzenlicht hinterm Schirm.

Und die schmerzlichen Abende in der unbekannten

Stadt! Kennen Sie etwas Kläglicheres, als wenn es über einer fremden Stadt dunkel wird? Man geht inmitten einer Bewegtheit, einer Betriebsamkeit vor sich hin, die einen verwundert wie in Träumen. Man sieht Gesichter, die man noch nie gesehen hat, die man auch nie wiedersieht, hört Stimmen Dinge sagen, die einem nichts bedeuten, in einer Sprache, die man nicht einmal versteht. Man erleidet das reißende Gefühl des Ausgestoßenen. Es drückt einem das Herz ab, die Knie sind flau, die Seele niedergeschlagen. Man geht, als fliehe man, geht, um nur nicht zurückzumüssen in das Hotel, wo man sich noch verlorener fühlen würde, weil man dort allein in einem käuflichen Allerweltszuhause ist, und schließlich fällt man auf einen Stuhl in einem hell erleuchteten Restaurant, dessen Gold und Lichter einen noch tausendmal trostloser machen als die Schatten der Straße. Da sitzt man vor einem labbrigen Bier, das einem ein rennender Ober bringt, so abgrundtief allein, daß einen etwas wie ein Koller packt, ein Drang davonzulaufen, egal wohin, um nur nicht dort an dem Marmortisch und unter den grellen Lüstern zu bleiben. Und man wird sich plötzlich bewußt, daß man tatsächlich und immer und überall allein auf der Welt ist, nur daß die vertrauten Berührungen an bekannten Orten einem wenigstens die Illusion von menschlicher Brüderlichkeit geben. Gerade in den Stunden der Verlorenheit, der schwarzen Einsamkeit in fernen Städten denkt man umfassend, klar und tief. Man übersieht mit einem Blick das ganze Leben ohne die Optik der ewigen Hoffnung, ohne den Trug der eingeschliffenen Gewohnheiten und die Erwartung des immer erträumten Glücks.

Erst wenn man weit reist, begreift man, wie nah und eng und leer alles ist; erst wenn man das Unbekannte sucht, erkennt man, wie mittelmäßig und schnell abgetan alles ist; erst wenn man durch die Welt zieht, sieht man, wie klein sie ist: überall ist es ungefähr genauso.

Oh, die düsteren Abende, wenn man aufs Geratewohl durch unbekannte Straßen läuft, ich kenne sie! Mir machen sie mehr Angst als alles andere.

Da ich folglich um keinen Preis allein auf diese Italienreise gehen wollte, beschloß ich, mir meinen Freund Paul Pavilly beizugesellen.

Sie kennen Paul. Die Welt, das Leben – für ihn sind sie das Weib. Es gibt viele Männer der Sorte. Das Dasein wird für ihn poetisiert, illuminiert durch die Existenz der Frauen. Die Erde ist überhaupt nur bewohnbar, weil es sie gibt; die Sonne leuchtet und wärmt, weil sie auf die Frauen niederstrahlt. Die Luft ist wohlig zu atmen, weil sie ihre Haut streichelt und in die Löckchen an ihren Schläfen bläst. Der Mond ist voller Zauber, weil er sie träumen macht und der Liebe schmachtenden Charme verleiht. Bestimmt hat alles, was Paul tut, seine Ursache in den Frauen; sein ganzes Denken ist auf sie gerichtet, sein ganzes Trachten, sein ganzes Hoffen.

Ein Dichter hat diese Art Männer geschildert:

Je déteste surtout le barde à l'œil humide
Qui regarde une étoile en murmurant un nom,
Et pour qui la nature immense serait vide
S'il ne portait en croupe ou Lisette ou Ninon.

Ces gens-là sont charmants qui se donnent
la peine,
Afin qu'on s'intéresse à ce pauvre univers,
D'attacher des jupons aux arbres de la plaine
Et la cornette blanche au front des coteaux verts.

Certes ils n'ont pas compris tes musiques divines,
Eternelle nature aux frémissantes voix,
Ceux qui ne vont pas seuls par les creuses ravines
Et rêvent d'une femme au bruit que font les bois!

Als ich Paul von Italien sprach, lehnte er zuerst rundheraus ab, Paris zu verlassen, aber ich fing an, ihm Reiseabenteuer zu erzählen, sagte, für wie reizvoll die Italienerinnen gelten; ich lockte ihn mit der Aussicht auf raffinierte Freuden in Neapel, auf die wir dank einer Empfehlung an einen gewissen Signor Michele Amoroso hoffen dürften, dessen Beziehungen für Reisende äußerst nützlich seien; und er ließ sich in Versuchung führen.

II

An einem Donnerstagabend, dem 26. Juni, bestiegen wir den Express. Um diese Jahreszeit reist man nicht in den Süden; wir waren allein im Abteil und beide schlecht gelaunt; wir grämten uns, von Paris wegzumüssen, ärgerten uns, daß wir uns auf diese Reiseidee eingelassen hatten, wünschten uns sehnsüchtig nach dem so frischen Marly, der so schönen Seine, den so lieblichen Ufern, nach guten verbummelten Tagen auf einem Kahn, nach guten verträumten Abenden auf dem Strom, ehe die Nacht einfällt.

Paul quetschte sich in seine Ecke und erklärte, als der Zug abfuhr:

›So was Blödsinniges, da hinzufahren.‹

Weil es zu spät war, als daß er seine Meinung hätte ändern können, versetzte ich:

›Mußtest ja nicht mitkommen.‹

Er gab keine Antwort. Aber ich hätte am liebsten losgelacht, als ich nach ihm blickte, so wütend sah er aus. Unbedingt hat er Ähnlichkeit mit einem Eichkater. Jeder von uns wahrt übrigens unter seinen Zügen, unter der menschlichen Prägung, einen tierischen Typus gleichsam als Zeichen seiner Ursprungsgattung. Wie viele Leute haben ein Gesicht wie eine Bulldogge, einen Kopf wie ein Hammel, ein Hase, ein Fuchs, ein Pferd, ein Ochse! Paul ist ein menschgewordener Eichkater. Er hat die lebhaften Augen dieses Tieres, die roten Haare, die spitze Nase, den zierlichen, geschmeidigen und behenden Körper und überdies eine seltsame Ähnlichkeit im ganzen Gebaren. Was weiß ich, vergleichbare Gesten, Bewegungen, Haltungen, man könnte meinen, sie entstammten einer Erinnerung.

Schließlich sanken wir beide in den brausenden Bahnwagenschlaf, den scheußliche Krämpfe in den Armen und im Hals und die jähen Halte des Zuges zerschneiden.

Wir erwachten, als wir längs der Rhone fuhren. Und bald trieb uns der anhaltende Ruf der Zikaden, der durchs Fenster drang, jener Ruf, der wie die Stimme des warmen Landes, der Gesang der Provence ist, die fröhliche Erregung ins Gesicht, in die Brust, in die Seele, daß wir im Süden waren, und wir spürten den würzigen Geruch des sonndurchglühten Bodens, der steinigen, hellen Heimat des gedrungenen Olivenbaums mit dem graugrünen Laub.

Als der Zug wiederum hielt, lief ein Beamter an den Wagen entlang und stieß ein klingendes ›Valence!‹ aus, ein echtes ›Valence!‹, mit Akzent, dem vollen Akzent, ein ›Valence!‹ eben, das gleich noch einmal den Provencegeschmack bekräftigte, den uns schon der schrille Zikadenruf eingegeben hatte.

Bis Marseille nichts Neues.

Wir stiegen aus und frühstückten im Bahnhofsrestaurant.

Als wir in unsern Wagen zurückkehrten, hatte sich dort eine Frau niedergelassen.

Paul warf mir einen entzückten Blick zu; und mechanisch strählten seine fünf Finger den kurzen Schnurrbart, fuhren dann, durch seinen Schopf, wie ein Kamm durch die von der Reisenacht aus der Fasson geratenen Haare. Dann nahm er gegenüber der Unbekannten Platz.

Jedesmal wenn ich mich, sei es auf Reisen, sei es in der Gesellschaft, einem neuen Gesicht gegenüberfinde, muß ich, ob ich will oder nicht, raten, was für eine Seele, was für eine Intelligenz, was für ein Charakter sich hinter den Zügen verbirgt.

Diese Frau war ganz jung, und hübsch, eine Tochter des Südens unstreitig. Sie hatte prachtvolle Augen und herrliche schwarze Haare, wellig, ein bißchen kraus und dermaßen dicht, stark und lang, daß sie schwer anmuteten, daß sie einem allein durch ihren Anblick das Empfinden der Last auf dem Kopf eingaben. Durch ihre Kleidung, die elegant, aber mit einem gewissen schlechten südländischen Geschmack durchsetzt war, wirkte sie ein wenig unedel. Ihre gleichmäßigen Gesichtszüge hatten nicht jene Grazie, jenes Vollendete edler Geschlechter, jene leichte Delikatesse, die Aristokratenkinder von Geburt an mitbringen und die gleichsam das Erbmal weniger schweren Blutes ist.

Ihre Armreifen waren zu breit, als daß sie aus Gold sein konnten, die durchsichtigen Steine ihrer Ohrringe waren zu groß, um Diamanten zu sein; in ihrer ganzen Person war etwas Plebejisches. Man konnte sich vorstellen, daß sie zu laut redete und bei jeder Gelegenheit mit übermäßigen Gebärden schrie.

Der Zug fuhr ab.

Sie blieb unbeweglich an ihrem Platz sitzen, die Augen starr geradeaus, in der verdrossenen Pose einer wütenden Frau. An uns hatte sie noch keinen Blick verschwendet.

Paul fing eine Plauderei mit mir an, sagte allerlei Gesuchtes, um Eindruck zu machen, stellte ein Schaufenster voll Konversation, um ihr Interesse anzuziehen, so wie Händler ausgewählte Gegenstände auslegen, um Wünsche zu wecken.

Sie schien nichts zu hören.

›Toulon! Zehn Minuten Aufenthalt! Restauration!‹ rief der Schaffner.

Paul machte mir ein Zeichen auszusteigen, und kaum auf dem Bahnsteig, bohrte er: ›Sag mal, was für eine Frau könnte sie sein?‹

Ich fing an zu lachen: ›Ich weiß nicht. Ist mir auch egal.‹

Er hatte ganz schön Feuer gefangen: ›Sie ist verdammt hübsch und frisch, die Kleine. Ein Paar Augen hat sie! Aber glücklich sieht sie nicht aus. Sie muß Ärger haben; sie achtet auf gar nichts.‹

Ich murmelte: ›Du stürzt dich umsonst in Unkosten.‹

Aber er erboste sich: ›Ich stürze mich nicht in Unkosten, mein Lieber; ich finde die Frau sehr hübsch, das ist alles. – Wenn man mit ihr reden könnte! Aber was soll man ihr sagen? Hast du keine Idee? Hast du keine Ahnung, was für eine sie sein könnte?‹

›Himmel, nein. Aber ich schätze, eine kleine Schauspielerin, die zurückwill zu ihrer Truppe, nachdem sie wegen einer Liebesgeschichte ausgeschert war.‹

Er machte ein beleidigtes Gesicht, als hätte ich ihn verletzt. ›Woran willst du das sehen?‹ fragte er. ›Ich finde eher, sie wirkt sehr vornehm.‹

›Sieh dir ihre Armreifen an, mein Lieber, und die Ohrringe, und die Toilette‹, sagte ich. ›Ich wäre auch nicht erstaunt, wenn sie Tänzerin wäre, oder womöglich Zirkusreiterin, aber nein, eher Tänzerin. An der ganzen Person ist etwas, das nach Theater riecht.‹

Diese Vorstellung war ihm sichtlich unangenehm: ›Sie ist zu jung, mein Lieber, kaum erst zwanzig.‹

›Aber, mein Bester, es gibt vieles, was man mit zwanzig machen kann, Tanzen, Theaterspielen zum Beispiel, anderes nicht eingerechnet, was sie vielleicht als einziges betreibt ...‹

›Reisende zum Express nach Nizza, Ventimiglia, einsteigen bitte!‹ rief der Schaffner.

Wir mußten hinein. Unsere Reisegefährtin aß eine Orange. Nein, eindeutig, sie war kein vornehmes Wesen. Sie hatte ihr Taschentuch auf dem Schoß ausgebreitet; und wie sie die goldene Schale rupfte, den Mund aufriß, um die Viertel mit den Lippen zu fassen, wie sie die Kerne zum Fenster hinausspuckte, ließ auf eine ganz gewöhnliche Erziehung schließen. Sie sah übrigens mürrischer denn je aus und stopfte sich die Frucht hastig, mit einem drolligen Wutgesicht ein.

Paul verschlang sie mit den Augen, suchte, womit er ihre Aufmerksamkeit erregen, ihre Neugierde wecken könnte. Und wieder fing er an zu plaudern, indem er eine Folge hochstehender Ideen zutage förderte und vertraulich bekannte Namen dazwischenstreute. Sie nahm von seinen Bemühungen keine Notiz.

Wir kamen durch Fréjus, Saint-Raphaël. Der Zug fuhr in jenen Garten ein, in das Paradies der Rosen, in Wälder aus prangenden Orangen- und Zitronenbäumen, die zu gleicher Zeit ihre weißen Blütenbüschel und ihre goldenen Früchte tragen, in das Reich der Düfte, die Heimat der Blumen an jenem wunderbaren Gestade, das sich von Marseille bis Genua erstreckt.

Man muß im Juni an diese Küste kommen, wo überall – frei, wild, in den engen Tälern, an den Berghängen – die allerschönsten Blumen blühen. Und immer wieder sieht man Rosen, Felder, Ebenen, Hecken, Haine voll Rosen. Sie klettern die Mauern hinan, erblühen auf den Dächern, erklimmen die Bäume, leuchten aus Laubmassen: weiße, rote, gelbe, klein oder groß, bescheiden, mit einfarbigem und einschichtigem Kleid, oder üppig, in großer Prunkaufmachung.

Und ihr machtvoller, ihr anhaltender Hauch verdichtet die Luft, erfüllt sie mit betäubender Würze. Und der noch eindringlichere Duft der blühenden Orangenbäume zuckert, was man da atmet, macht es zu einer Leckerei für den Geruchssinn.

Die hohe Küste brauner Felsen dehnt sich weithin, badet still im unbewegten Mittelmeer. Die lastende Sommersonne wirft ein Feuertuch über die Höhenrücken, die schweigenden, sandigen Ufergefilde, über das Meer in hartem, starrem Blau. Der Zug fährt und fährt, verschwindet in einem Tunnel, unter den Kaps hindurch, gleitet über welliges Hügelland, fährt auf geraden, wie gemauerten Simsen über dem Wasser, und manchmal mischt sich angenehm ein leicht salziger Geruch, ein Geruch trocknender Algen in den großen, betörenden Duft der Blumen.

Aber Paul sah nichts, spürte nichts, roch nichts. Die Mitreisende hatte seine ganze Aufmerksamkeit gebannt.

In Cannes wollte er mich wieder sprechen und machte mir abermals ein Zeichen auszusteigen.

Kaum aus dem Wagen, faßte er mich am Arm.

›Weißt du, daß sie entzückend ist! Sieh dir bloß ihre Augen an. Und ihre Haare, mein Lieber, noch nie habe ich solche Haare gesehen!‹

›Beruhige dich‹, sagte ich, ›oder greif an, wenn du Absichten hast. Sie sieht nicht uneinnehmbar aus, obwohl sie sich ein bißchen ruppig gibt.‹

›Könntest du sie nicht in ein Gespräch ziehen?‹ bat er. ›Ich weiß nicht, was ich sagen soll. Ich bin am Anfang immer von einer blödsinnigen Schüchternheit. Ich konnte noch nie eine Frau auf der Straße ansprechen. Ich laufe einer nach, umschwirre sie, nähere mich, aber finde nie die richtigen Worte. Ein einziges Mal habe ich den Ansatz zu einem Gespräch versucht. Da ich auf die offenkundigste Weise sah, daß meine Eröffnung erwartet wurde und ich unbedingt etwas sagen mußte, stotterte ich: Geht es Ihnen gut, Madame? Sie lachte mir ins Gesicht, und ich bin geflüchtet.‹

Ich versprach, meine ganze Geschicklichkeit aufzuwenden, um eine Unterhaltung in Gang zu bringen, und als wir unsere Plätze wieder eingenommen hatten, fragte ich unsere Reisegefährtin artig: ›Stört Sie Tabakrauch, Madame?‹

Sie antwortete: ›Non capisco.‹

Sie war Italienerin! Am liebsten hätte ich losgelacht.

Da Paul kein Wort dieser Sprache versteht, mußte ich den Dolmetscher für ihn spielen. Ich nahm meine Rolle an. Ich sagte also auf italienisch:

›Ich frage, Madame, ob Tabakrauch Sie im mindesten stört?‹

Wütend fauchte sie zurück: ›Che mi fa!‹

Sie hatte den Kopf nicht gewendet noch zu mir aufgeblickt, und ich war höchst verdutzt, wußte nicht, ob ich dieses ›Was macht mir das!‹ als Billigung, als Ablehnung, als echtes Zeichen von Gleichgültigkeit oder als ein schlichtes ›Lassen Sie mich in Frieden!‹ auffassen sollte.

Ich fragte abermals: ›Madame, stört Sie der Geruch vielleicht ...?‹

Darauf antwortete sie: ›Mica‹, in einem Tonfall, der einem ›Lassen Sie mich in Frieden!‹ gleichkam. Gleichwohl war es eine Erlaubnis, und ich sagte zu Paul: ›Du darfst rauchen.‹ Er sah mich mit den erstaunten Augen an, die man macht, wenn man Leute zu verstehen sucht, die neben einem in einer fremden Sprache reden. Und mit unglaublich komischer Miene fragte er:

›Was hast du zu ihr gesagt?‹

›Ich habe sie gefragt, ob wir rauchen dürfen.‹

›Also kann sie kein Französisch.‹

›Kein Wort.‹

›Was hat sie geantwortet?‹

›Daß sie uns freistellt zu tun, was uns beliebt.‹

Und ich brannte meine Zigarre an.

Paul fragte noch einmal: ›Ist das alles, was sie gesagt hat?‹

›Mein Lieber, wenn du die Wörter gezählt hättest, wäre dir aufgefallen, daß sie genau sechs gesprochen hat, zwei davon, um mir zu bedeuten, daß sie kein Französisch versteht; bleiben also vier. Nun, in vier Wörtern kann man wahrlich eine Menge ausdrücken.‹

Paul sah ganz unglücklich aus, enttäuscht, desorientiert.

Aber auf einmal fragte mich die Italienerin in demselben mürrischen Ton, der ihr eigen schien: ›Wissen Sie, wann wir in Genua ankommen?‹

Ich antwortete: ›Um elf Uhr, Madame.‹ Und nach einer Minute Schweigen setzte ich hinzu: ›Wir fahren auch nach Genua, mein Freund und ich; und falls wir Ihnen auf der Strecke in irgend etwas behilflich sein können, seien Sie bitte überzeugt, daß es uns sehr glücklich machen würde.‹

Da sie keine Antwort gab, beharrte ich: ›Sie sind allein, und wenn Sie unsere Dienste benötigen ...‹ Sie stieß ein neuerliches und so schroffes ›mica‹ aus, daß ich jäh verstummte.

›Was hat sie gesagt?‹ fragte Paul.

›Sie hat gesagt, sie findet dich hinreißend.‹

Aber er war nicht zum Scherzen aufgelegt und bat, ich solle mich nicht über ihn lustig machen. Darauf übersetzte ich ihm sowohl die Frage der jungen Frau wie mein galantes, so barsch zurückgewiesenes Anerbieten.

Er geriet tatsächlich in eine Unruhe wie ein Eichkater im Käfig. Er sagte: ›Wenn wir herausbekämen, in welchem Hotel sie absteigt, könnten wir in dasselbe gehen. Versuch doch, sie geschickt auszufragen, damit es eine neue Gelegenheit zu einem Gespräch gibt.‹

Es war wirklich nicht einfach, denn da ich nun selber begierig war, mit der schwierigen Person Bekanntschaft zu schließen, fiel mir nichts ein.

Wir kamen durch Nizza, Monaco, Menton, und der Zug hielt an der Grenze wegen der Gepäckkontrolle.

Obschon es mich vor den schlechterzogenen Leuten graust, die im Bahnabteil essen, ging ich ein ganzes Sortiment guter Dinge kaufen, um über den Appetit unserer Gefährtin mein Letztes zu versuchen. Ich spürte, daß dieses Mädchen normalerweise leicht anzusprechen war. Irgendein Groll machte sie unwirsch, aber vielleicht genügte eine Kleinigkeit, ein Anreiz ihres Begehrens, ein Wort, ein lockendes Angebot, um sie aufzuheitern, zu gewinnen und zu erobern.

Die Fahrt ging weiter. Wir blieben zu dritt. Ich breitete meine Lebensmittel auf der Bank aus, schnitt das Hühnchen auf, fächerte die Schinkenscheiben elegant auf einem Stück Papier, dann ordnete ich sorglich, nahe der jungen Frau, unser Dessert: Erdbeeren, Pflaumen, Kirschen, Kuchen und Süßigkeiten.

Als sie sah, daß wir anfingen zu essen, holte sie ihrerseits Schokolade und zwei Croissants aus einer kleinen Tasche und begann, mit ihren schönen, spitzen Zähnen das knusprige Brot wie die Tafel zu verspeisen.

Paul sagte halblaut:

›Lade sie doch ein!‹

›Eben das ist meine Absicht, mein Lieber, aber der Anfang fällt nicht leicht.‹

Indessen blickte sie manchmal von der Seite nach unseren Vorräten, und ich ahnte, daß sie schon noch Hunger hätte, wenn ihre zwei Croissants verzehrt wären. So ließ ich sie ihr schlichtes Mahl beenden. Dann sagte ich:

›Sie wären überaus liebenswürdig, Madame, wenn Sie von diesen Früchten nehmen wollten.‹

Wieder antwortete sie: ›Mica!‹, aber nicht mehr so

böse wie vorher, und ich beharrte: ›Dann erlauben Sie mir vielleicht, Ihnen ein wenig Wein anzubieten. Ich sehe, Sie haben nichts getrunken. Es ist ein Wein Ihrer Heimat, italienischer Wein, und da wir jetzt in Ihrem Lande sind, wäre es uns eine große Freude, wenn ein hübscher italienischer Mund die Gabe seiner französischen Nachbarn annehmen wollte.‹

Sie schüttelte sanft den Kopf, in dem Willen abzulehnen und dem Wunsch anzunehmen, und sprach noch ein ›mica‹, aber ein nahezu höfliches. Ich nahm die kleine, nach italienischem Brauch mit Stroh umkleidete Flasche, füllte ein Glas und reichte es ihr.

›Trinken Sie‹, sagte ich, ›es soll unser Willkommen in Ihrem Lande sein.‹

Sie nahm mit unzufriedener Miene das Glas und leerte es auf einen Zug wie jemand, den der Durst quält, dann gab sie es mir zurück, ohne danke zu sagen.

Nun bot ich ihr Kirschen an: ›Nehmen Sie, Madame, ich bitte Sie. Sie sehen gewiß, daß Sie uns großes Vergnügen bereiten.‹

Sie blickte aus ihrer Ecke auf all die neben ihr ausgebreiteten Früchte und sagte so schnell, daß ich Mühe hatte zu verstehen: ›A me non piacciono ne le ciliegie ne le susine; amo soltanto le fragole.‹

›Was sagt sie?‹ fragte Paul sofort.

›Sie sagt, sie mag weder Kirschen noch Pflaumen, sondern nur Erdbeeren.‹

Und ich schob ihr die Zeitung voller Walderdbeeren auf den Schoß. Augenblicklich fing sie an, sehr schnell zu essen, indem sie die Früchte mit den Fingerspitzen faßte und aus einigem Abstand in ihren Mund warf, der sich kokett öffnete und sie auf charmante Weise aufnahm.

Als sie das rote Häufchen verputzt hatte, das wir binnen Minuten unter der hurtigen Bewegung ihrer Hände schmelzen und verschwinden sahen, fragte ich: ›Und was darf ich Ihnen jetzt anbieten?‹

Sie antwortete: ›Ich möchte gern ein bißchen Huhn.‹

Und sie verschlang sicher die Hälfte des Geflügels, das sie nach Manier eines Fleischfressers in große Bissen zerteilte. Dann nahm sie Kirschen, die sie nicht mochte, dann Pflaumen, dann Kuchen, dann sagte sie: ›Jetzt ist es genug‹, und drückte sich in ihre Ecke.

Allmählich amüsierte ich mich höchlich und vervielfachte die Komplimente und Angebote, um sie zu überreden, daß sie noch mehr aß. Aber sie wurde plötzlich wütend und schleuderte mir ein so scharf wiederholtes ›mica‹ ins Gesicht, daß ich mich nicht mehr getraute, ihre Verdauung zu stören.

Ich wandte mich an meinen Freund: ›Mein armer Paul, ich glaube, mehr ist ihr nicht abzuringen.‹

Es wurde Abend, ein warmer Sommerabend, der langsam niedersank, seine linden Schatten über die brennende, sonnensatte Erde breitete. Fern, da und dort am Meer hin, flammten auf den Kaps, auf dem Gipfel der Vorgebirge Lichter auf, und am dunkelnden Horizont begannen Sterne zu glimmen, und manchmal verwechselte ich sie mit den Leuchtfeuern.

Der Duft der Orangenblüten wurde stärker, man atmete ihn berauscht, spannte die Lungen weit, um ihn tief in sich einzuschlürfen. Etwas Süßes, Köstliches, Göttliches lag in der aromengesättigten Luft.

Und plötzlich sah ich unter den Bäumen längs der Strecke, im nun schon tiefschwarzen Schatten, etwas wie einen Sternenregen. Wie Lichttropfen sah es aus, die hüpfen, wirbeln, spielen und sich tummeln im Laub, winzige Sterne, vom Himmel gefallen, um einen Ausflug über die Erde zu machen. Es waren Glühwürmchen, jene selbstleuchtenden Insekten, die in der duftschweren Nacht ihren seltsamen Funkentanz vollführten.

Eines geriet zufällig in unseren Wagen und schwirrte nun hierhin und dorthin mit seinem immer aussetzenden, ebenso rasch erloschenen wie entzündeten Licht. Ich deckte unsere Lampe mit ihrem blauen Tuch ab und sah den phantastischen Kapricen des feurigen Fluges zu. Auf einmal ließ sich das Tier in den schwarzen Haaren unserer nach dem Essen entschlummerten Gefährtin nieder. Und Paul verharrte in Ekstase, die Augen gebannt von dem leuchtenden Punkt, der auf der Stirn der Schlafenden wie ein lebendiger Edelstein glomm.

Die Italienerin erwachte gegen dreiviertel elf, immer noch das Glühwürmchen im Haar. Als ich sah, daß sie sich regte, sagte ich: ›Wir treffen gleich in Genua ein, Madame.‹

Ohne zu antworten, wie besessen von einem unabwendbaren, quälenden Gedanken, murmelte sie: ›Was mach ich jetzt bloß?‹

Dann plötzlich fragte sie mich:

›Soll ich mit Ihnen mitkommen?‹

Ich war dermaßen baff, daß ich nicht verstand.

›Wie, mit uns? Was meinen Sie damit?‹

Sie wiederholte mit immer wütenderer Miene:

›Ob Sie wollen, daß ich gleich mit Ihnen mitkomme?‹

›Ja, gerne; nur, wo wollen Sie denn hin? Wohin soll ich Sie begleiten?‹

Sie zuckte in überragendem Gleichmut die Schultern.

›Wohin Sie wollen! Ist mir egal.‹

Sie wiederholte ihr ›Che mi fa?‹ gleich noch einmal.

›Aber, wir gehen ins Hotel.‹

In dem verächtlichsten Ton sagte sie: ›Bitte, gehen wir ins Hotel.‹

Ich wandte mich an Paul:

›Sie fragt, ob wir wollen, daß sie mitkommt.‹

Die fassungslose Überraschung meines Freundes brachte mich wieder zu Verstand. Er stotterte:

›Mit uns? Aber wohin? Warum? Wie denn?‹

›Was weiß ich? Sie hat mir dieses sonderbare Angebot soeben in dem ärgerlichsten Ton gemacht. Ich antwortete ihr, wir gingen ins Hotel; sie sagte: Bitte, gehen wir ins Hotel. Sie scheint keinen Sou zu haben. Wie immer, sie hat eine merkwürdige Art, Bekanntschaft zu schließen.‹

Bebend vor Aufgeregtheit, rief Paul: ›Aber ja, natürlich will ich, sag ihr, daß wir sie mitnehmen, wohin sie nur will.‹ Dann zögerte er eine Sekunde und setzte mit unsicherer Stimme hinzu: ›Nur müßte man wissen, mit wem sie gehen will, mit dir oder mit mir?‹

Ich wandte mich an die Italienerin, die uns gar nicht zu hören schien, so tief war sie wieder in Abwesenheit versunken, und sagte zu ihr: ›Es macht uns sehr glücklich, Madame, Sie mitnehmen zu dürfen. Nur möchte mein Freund wissen, ob Sie sich lieber auf meinen oder auf seinen Arm stützen wollen.‹

Sie richtete ihre großen schwarzen Augen auf mich und antwortete voller Verwunderung: ›Che mi fa?‹

Ich erläuterte: ›In Italien nennt man, glaube ich, den Freund, der sich sämtlicher Wünsche einer Frau annimmt und all ihre Kapricen befriedigt, einen *patito.* Wen von uns beiden wählen Sie zu Ihrem *patito*?‹

Ohne Zögern kam die Antwort: ›Sie!‹

Ich drehte mich um zu Paul: ›Sie wählt mich, mein Lieber, du hast kein Glück.‹

Mit wutflammender Miene erklärte er: ›Wie schön für dich!‹

Nach ein paar Minuten Überlegung dann: ›Willst du dieses Flittchen unbedingt mitnehmen? Sie wird uns die ganze Reise versauen. Was sollen wir mit einer Frau anfangen, die nach was weiß ich aussieht? Mit der läßt man uns nicht mal in ein anständiges Hotel!‹

Aber nun fand ich die Italienerin schon viel besser, als

ich sie anfangs eingeschätzt hatte; und ich wollte, ja, ich wollte sie unbedingt mitnehmen. Ich war von der Vorstellung geradezu entzückt und spürte bereits jene zarten Schauer der Erwartung, die einem bei der Aussicht auf eine Liebesnacht durch die Adern rieseln.

Ich antwortete: ›Mein Lieber, wir haben zugesagt. Es ist zu spät, davon abzustehen. Du warst der erste, der mich ja sagen hieß.‹

›So was Blödsinniges‹, knurrte er. ›Na ja, mach, wie du willst.‹

Der Zug pfiff, verlangsamte, hielt.

Ich stieg aus dem Wagen, dann reichte ich meiner neuen Freundin die Hand. Leichtfüßig sprang sie zu Boden, und ich bot ihr meinen Arm, den sie nur mit Abscheu zu nehmen schien. Nachdem unser Gepäck bestätigt und ausgefordert war, ging es in die Stadt. Paul wahrte Schweigen, tänzelte nervös. ›In welches Hotel sollen wir gehen? Es ist vielleicht keine so gute Idee, mit einer Frau, dieser Italienerin vor allem, ins Cité de Paris zu kommen.‹

Paul schnitt mir das Wort ab: ›Ja, einer Italienerin, die mehr nach einer Nutte als nach einer Herzogin aussieht! Na ja, was geht es mich an. Mach, wie du willst.‹

Ich war ratlos. Ich hatte ans Cité de Paris geschrieben und unser Appartement bestellt … und jetzt … ich wußte nicht mehr, wie ich verfahren sollte.

Zwei Gepäckträger folgten uns mit den Koffern. Ich sagte: ›Du könntest doch vorausgehen. Sag, daß wir kommen, und gib dem Patron zu verstehen, daß ich eine … eine Freundin mitbringe und daß wir ein völlig gesondertes Appartement für uns drei wünschen, um nicht mit den übrigen Gästen zu speisen. Das wird er verstehen, und wir entscheiden das Weitere nach seiner Antwort.‹

Aber Paul brummte: ›Besten Dank für den Auftrag,

die Rolle paßt mir nicht. Ich bin nicht mit hergekommen, um deine Appartements und deine Vergnügungen zu arrangieren.‹

Aber ich drang in ihn: ›Bitte, mein Lieber, werde doch nicht böse. Es ist bestimmt besser, in einem guten Hotel einzukehren als in einem schlechten, und es ist doch kein Unding, den Patron um drei getrennte Zimmer mit einem Speisezimmer zu bitten.‹

Ich betonte drei, und er ließ sich gewinnen.

Er ging also voraus, und ich sah ihn unter dem großen Portal eines schönen Hotels verschwinden, während ich auf der anderen Straßenseite blieb, meine stumme Italienerin im Schlepp und zwei Gepäckträger Schritt um Schritt im Gefolge.

Endlich kam Paul mit ebenso mauligem Gesicht wie das meiner Begleiterin zurück: ›Wir können kommen‹, sagte er, ›aber es gibt nur zwei Zimmer. Du mußt zusehen, wie du dich einrichtest.‹ Und ich folgte ihm, beschämt über meine anrüchige Gesellschaft, ins Hotel.

Wir bekamen tatsächlich nur zwei Zimmer mit einem kleinen Speiseraum dazwischen. Ich bestellte ein kaltes Abendessen, dann wandte ich mich, ein wenig betreten, an die Italienerin.

›Wir konnten nur zwei Zimmer erhalten, Madame, bitte wählen Sie, welches Sie möchten.‹

Sie antwortete mit ihrem ewigen ›Che mi fa‹. Da nahm ich ihren kleinen schwarzen Holzkasten, einen richtigen Domestikenkoffer, und trug ihn in das rechte Zimmer, das ich für sie … für uns bestimmte. Eine französische Hand hatte auf ein aufgeklebtes Papierrechteck geschrieben: Mademoiselle Francesca Rondoli, Genua.

›Sie heißen Francesca?‹ fragte ich.

Sie bejahte wortlos, durch Kopfnicken.

Ich sagte: ›Wir werden gleich zur Nacht essen. Vielleicht möchten Sie vorher Toilette machen?‹

Sie antwortete mit einem ›mica‹, dem ihrem Munde ebenso geläufigen Wort wie das ›che mi fa‹. Ich beharrte: ›Nach einer Bahnreise ist es angenehm, sich zu reinigen.‹

Dann dachte ich, sie habe womöglich nicht die einer Frau notwendigen Gegenstände bei sich, denn sie schien sich in einer ziemlich sonderbaren Lage zu befinden, wie wenn irgendein unangenehmes Abenteuer hinter ihr läge, und ich brachte ihr mein Necessaire.

Ich tippte auf alle die kleinen Reinlichkeitsinstrumente, die es enthielt: eine Nagelbürste, eine Zahnbürste, eine neue – denn ich trage stets mehrere bei mir –, eine Schere, Feilen und Schwämme. Ich entkorkte eine Flasche Eau de Cologne, eine Flasche Ambralavendel, eine kleine Flasche Newmownhay, um ihr freie Wahl zu lassen. Ich öffnete meine Büchse Reispuder mit dem leichten Bausch darin. Ich hängte eins meiner feinen Handtücher rittlings über die Wasserkanne und legte ein Stück frische Seife neben die Waschschüssel.

Sie verfolgte meine Verrichtungen mit ihren großen, erbosten Augen, ohne erstaunt oder froh zu wirken, daß ich sie versorgte.

Ich sagte: ›Hier haben Sie alles, was Sie brauchen, ich benachrichtige Sie, wenn das Essen bereitsteht.‹

Und ich zog mich in den Salon zurück. Paul hatte von dem andern Zimmer Besitz ergriffen und sich eingeschlossen, ich wartete also allein.

Ein Zimmerkellner kam und ging, brachte Teller, Gläser. Langsam deckte er den Tisch, stellte dann ein kaltes Huhn darauf und verkündete, es sei angerichtet.

Leise klopfte ich an die Tür der Signorina Rondoli. ›Herein‹, rief sie. Ich trat ein. Ein erstickender Parfumgeruch schlug mir entgegen, das gewalttätige, dichte Geruchsdurcheinander von Friseurläden.

Die Italienerin saß in der Pose einer zürnenden Denkerin oder entlassenen Bonne auf ihrem Koffer. Mit einem Blick vermochte ich abzuschätzen, was sie unter Toilettemachen verstand. Das Handtuch hing noch ebenso gefaltet auf der noch ebenso vollen Wasserkanne. Die Seife lag trocken, unberührt neben der leeren Schüssel; aber dafür sah es aus, als hätte die junge Person die Hälfte der Essenzflaschen ausgetrunken. Einzig das Eau de Cologne war schonender weggekommen; es fehlte nur etwa ein Viertel des Inhalts; zum Ausgleich hatte sie einen erstaunlichen Gebrauch von dem Ambralavendel und dem Newmownhay gemacht. Eine Wolke von Reispuder, ein dünner weißer Nebel, schien noch in der Luft zu schweben, so reichlich hatte sie sich damit Gesicht und Hals beschmiert. Etwas wie Schnee klebte in ihren Wimpern, Brauen und an den Schläfen, während die Wangen zugegipst waren und man noch dikkere Schichten in allen Vertiefungen des Gesichts gewahrte, auf den Nüstern, in der Kinngrube, in den Augenwinkeln.

Als sie aufstand, verbreitete sie eine so heftige Geruchswolke, daß ich einen Anfall von Migräne bekam.

So setzten wir uns zum Essen. Paul war unausstehlich geworden. Ich konnte ihm nichts als Worte der Mißbilligung, gereizte Wertungen oder unfreundliche Komplimente aus der Nase ziehen.

Signorina Francesca aß wie ein Schlund. Sowie sie die Mahlzeit für sich beendet hatte, kauerte sie sich auf ein Kanapee. Unterdessen sah ich voller Besorgnis dem entscheidenden Moment in der Zimmerfrage entgegen. Ich entschloß mich, die Sache beim Schopf zu packen, setzte mich neben die Italienerin und küßte ihr voller Galanterie die Hand.

Sie öffnete spaltweit ihre müden Augen, warf mir zwischen den halbgehobenen Lidern einen schon schlafenden und unverändert grollenden Blick zu.

›Da wir nur zwei Zimmer haben‹, sagte ich, ›erlauben Sie, daß ich mit in Ihr Zimmer komme?‹

Sie antwortete: ›Machen Sie, was Sie wollen. Mir ist das egal. – Che mi fa?‹

Solche Gleichgültigkeit kränkte mich: ›Also ist es Ihnen nicht unangenehm, daß ich mit Ihnen komme?‹

›Ist mir doch egal, machen Sie, wie Sie wollen.‹

›Wollen Sie sofort zu Bett gehen?‹

›Ja, ich will, ich bin müde.‹

Sie stand auf, gähnte, gab Paul die Hand, der sie wütend nahm, und ich leuchtete ihr in unser Zimmer.

Aber eine Unruhe ließ mich nicht los: ›Hier‹, sagte ich aufs neue, ›hier ist alles, was Sie brauchen.‹

Und ich trug Sorge, ihr eigenhändig Wasser in die Schüssel zu gießen und das Handtuch neben die Seife zu legen.

Dann ging ich zu Paul. Sowie er meiner ansichtig wurde, rief er aus: ›Da hast du ja ein hübsches Kamel angeschleppt!‹ Lachend gab ich zurück: ›Mein Lieber, mach die Trauben nicht schlecht, die zu sauer sind!‹

Er erwiderte mit einer hinterhältigen Boshaftigkeit:

›Du wirst schon sehen, was du dir dabei ausbrütest, mein Guter.‹

Ich erzitterte, und mich packte die quälende Angst, die einen nach verdächtigen Liebeleien befällt, jene Angst, die jedes charmante Treffen, jeden unverhofften Erfolg, jegliche abenteuerlich gepflückten Früchte vergällt. Trotzdem spielte ich den Tapferen: ›Ach was, dieses Mädchen ist keine Strichhure.‹

Aber er hatte mich, der Schuft! Er hatte den Schatten der Sorge über mein Gesicht fallen sehen: ›Ach! so gut kennst du sie, ja? Ich finde dich umwerfend. Du gabelst in einem Bahnabteil eine allein reisende Italienerin auf; sie erbietet sich mit einem wahrhaft einzigartigen Zynismus, mit dir ins erstbeste Hotel schlafen zu gehen. Du nimmst sie mit. Und du behauptest, sie ist keine Nutte! Und du bist überzeugt, du läufst heute nacht keine größere Gefahr, als wenn du dich ins Bett einer … einer von der Syphilis infizierten Person legen wolltest.‹

Und er lachte sein böses, grätziges Lachen. Angstgepeinigt setzte ich mich. Was sollte ich tun? Denn er hatte ja recht. Und ein schrecklicher Kampf zwischen Furcht und Begehren riß mich hin und her.

›Mach, was du willst‹, fuhr er fort, ›ich habe dich gewarnt; beklage dich dann nicht über die Folgen.‹

Doch sah ich in seinen Augen eine so diebische Freude, eine solche Rachbegier; er machte sich so ungescheut über mich lustig, daß ich nicht länger zauderte. Ich reichte ihm die Hand. ›Gute Nacht‹, sagte ich und zitierte:

Sieg ohne Gefahr ist Triumph ohne Ruhm.

›Und dieser Sieg, mein Lieber, lohnt die Gefahr!‹

Und festen Schrittes betrat ich das Gemach der Francesca.

Auf der Schwelle hielt ich überrascht, überwältigt inne. Sie schlief bereits völlig nackt auf dem Bett. Der Schlummer hatte sie beim Entkleiden übermannt; und da lag sie in der bezaubernden Pose der großen Venus des Tizian.

Sie schien sich aus Trägheit langgestreckt zu haben, als sie ihre Strümpfe auszog, denn sie waren auf der Decke liegengeblieben; dann hatte sie wahrscheinlich an etwas gedacht, etwas Angenehmes sicherlich, denn sie hatte, ehe sie sich wieder aufrichtete, ein wenig verweilt, um ihre Träumerei sich vollenden zu lassen, aber als sie sanft die Augen schloß, hatte sich ihr Bewußtsein verflüchtigt. Ein Nachthemd mit besticktem Kragen, fertig in einem Warenhaus gekauft, Debütantinnenluxus, lag auf einem Stuhl.

Sie war wunderschön, jung, fest und frisch.

Was gibt es Reizenderes als eine schlafende Frau? Dieser Körper, dessen sämtliche Umrisse weich sind, der mit allen Rundungen verführt, mit allen Wölbungen das Herz erregt, scheint für die ruhende Haltung geschaffen. Die wellige Linie, die sich in der Flanke höhlt, ansteigt zur Hüfte, dann den leichten, anmutigen Hang des Beins niederfällt, um so kokett in der Fußspitze auszulaufen, zeichnet sich in ihrem ganzen erlesenen Liebreiz wahrhaftig am reinsten auf den Tüchern eines Lagers ab.

Binnen einer Sekunde wären die vorsichtigen Ratschläge meines Freundes vergessen gewesen; aber plötzlich sah ich zum Toilettentisch und fand alles, wie ich es verlassen hatte; und ich setzte mich, völlig verängstigt und kaputt vor Unentschlossenheit.

Bestimmt habe ich lange so gesessen, sehr lange, eine Stunde vielleicht, ohne mich für irgend etwas entscheiden zu können, ob für Kühnheit oder die Flucht. Ein Rückzug war ohnedies ausgeschlossen, ich mußte die Nacht entweder im Sessel zubringen oder mich auf mein Risiko ins Bett legen.

An Schlafen, hier wie dort, war überhaupt nicht zu denken, mein Kopf war zu aufgewühlt, mein Auge zu beschäftigt.

Ich war in unaufhörlicher Bewegung, bebend, fiebernd, bis zum äußersten entnervt. Dann baute ich mir eine Kapitulationserklärung: Es verpflichtet mich zu gar nichts, wenn ich mich hinlege; es ruht sich immerhin besser auf einer Matratze als in einem Stuhl.

Und langsam entkleidete ich mich; dann stieg ich über die Schläferin und legte mich zur Wand, der Versuchung den Rücken kehrend.

Und abermals verharrte ich lange, sehr lange, ohne zu schlafen.

Auf einmal erwachte meine Gefährtin. Sie öffnete erstaunt und immer noch mürrisch die Augen, dann, als sie merkte, daß sie nackt war, stand sie auf und zog seelenruhig, mit ebenso großem Gleichmut, wie wenn ich nicht dagewesen wäre, ihr Nachthemd über.

Da ... nun ... da nützte ich die Gelegenheit, ohne daß sie sich im geringsten darum zu bekümmern schien. Und sie entschlief friedevoll, den Kopf auf meinem rechten Arm.

Ich aber begann über die Leichtfertigkeit und die Schwäche des Menschen nachzusinnen. Dann schlief ich endlich ein.

Sie stand frühzeitig auf, gewöhnt an morgendliche Arbeiten. Die Unruhe, die sie dabei machte, weckte mich; und ich beobachtete sie aus halbgeöffneten Lidern.

Sie kam und ging, ohne zu eilen, wie verwundert, daß sie nichts zu tun hatte. Dann entschloß sie sich, dem Toilettentisch näher zu treten, und leerte binnen einer Minute alles, was an Parfums in den Flaschen geblieben war. Sie benutzte auch Wasser, zugegeben, aber wenig.

Als sie fertig angezogen war, setzte sie sich wieder auf ihren Koffer und sann vor sich hin, ein Knie in den Händen.

Nun tat ich, als erblickte ich sie eben erst, und sagte: ›Guten Morgen, Francesca.‹

Sie muffelte, nicht liebenswürdiger als am Vortag: ›Guten Morgen.‹

Ich fragte: ›Haben Sie gut geschlafen?‹

Sie nickte stumm; und ich sprang aus dem Bett und ging zu ihr, um sie zu küssen.

Sie hielt mir ihr Gesicht mit der Miene eines maulenden Kindes entgegen, das gegen seinen Willen liebkost wird. Da nahm ich sie zärtlich in die Arme (da der Wein einmal abgezogen war, wäre ich dumm gewesen, ihn nicht zu trinken) und legte meine Lippen sacht auf ihre großen schmollenden Augen, die sie gelangweilt unter meinen Küssen schloß, auf ihre blühenden Wangen, auf ihre fülligen Lippen, die sie abwendete.

Ich fragte: ›Mögen Sie es nicht, daß man Sie küßt?‹

Sie antwortete: ›Mica.‹

Ich setzte mich neben sie auf den Koffer und schob meinen Arm unter den ihren: ›Mica! mica! mica! immer dasselbe. Ich werde Sie nur noch Mademoiselle Mica nennen.‹

Zum erstenmal meinte ich den Anflug eines Lächelns über ihren Mund spielen zu sehen, doch verflog es so schnell, daß ich mich auch getäuscht haben konnte.

›Wenn Sie immer nur *mica* sagen, weiß ich ja nicht mehr, was ich mir ausdenken soll, um Ihr Gefallen zu finden. Also, was wollen wir heute anfangen?‹

Sie zögerte, wie wenn die Spur eines Wunsches ihr in den Sinn gekommen wäre, dann sagte sie lässig: ›Ist mir egal, was Sie wollen.‹

›Nun, Mademoiselle Mica, dann nehmen wir uns einen Wagen und fahren spazieren.‹

Sie murmelte: ›Wie Sie wollen.‹

Paul erwartete uns im Speisezimmer mit der verdrossenen Miene eines Dritten in Liebesangelegenheiten. Ich setzte ein strahlendes Gesicht auf und drückte ihm mit Nachdruck, voll triumphaler Geständnisse, die Hand.

Er fragte: ›Was hast du vor?‹

Ich antwortete: ›Wir sehen uns zuerst ein bißchen in der Stadt um, später können wir einen Wagen nehmen und irgendeine Sehenswürdigkeit der Umgebung besichtigen.‹

Das Frühstück verlief schweigend, dann zogen wir durch die Straßen zu den Museen. Ich schleifte Francesca an meinem Arm von Palazzo zu Palazzo. Wir durchwanderten den Palazzo Spinola, den Palazzo Doria, den Palazzo Marcello Durazzo, den Palazzo Rosso und den Palazzo Bianco. Sie sah sich meistens gar nichts an, hob nur manchmal ihren überdrüssigen und ungerührten Blick nach den Meisterwerken. Paul folgte uns, außer sich vor Entrüstung, murmelte unangenehme Sachen. Dann fuhr uns ein Wagen hinaus in die Landschaft, alle drei stumm.

Dann kehrten wir zurück zum Essen.

Anderntags war es dasselbe und tags darauf wieder dasselbe.

Am dritten Tag sagte Paul: ›Hör mal, ich reise ab; ich bleibe doch nicht drei Wochen hier, um zuzusehen, wie du mit deiner Nutte da Liebe machst.‹

Ich war höchst betroffen, höchst peinlich berührt, denn zu meiner großen Überraschung hing ich auf eigentümliche Weise an Francesca. Der Mensch ist schwach und dumm, durch ein Nichts verführbar und feige jedesmal, wenn seine Sinne erregt oder beherrscht werden. Ich hing an diesem Mädchen, das ich gar nicht kannte, an diesem schweigsamen, mißmutigen Mädchen. Ich liebte ihr mürrisches Gesicht, ihren Schmollmund, ihren gelangweilten Blick; ich liebte ihre trägen Gesten, ihre verächtlichen Zustimmungen, sogar die Gleichgültigkeit ihrer Liebeserweisung. Ein geheimes Band, das unergründliche Band der tierischen Liebe, die rätselhafte Fessel des unbefriedigten Besitzes hielt mich bei ihr fest. Ich sagte es Paul, ganz offen. Er nannte mich einen Idioten, dann sagte er: ›Na gut, nimm sie mit.‹

Aber sie weigerte sich hartnäckig, Genua zu verlassen, wollte aber nicht sagen, warum. Ich versuchte es mit Bitten, Begründungen, Versprechungen; nichts half.

Und ich blieb.

Paul erklärte, er werde allein weiterreisen. Er packte sogar seinen Koffer, aber er blieb auch.

Und so vergingen vierzehn Tage.

Immer verschwiegen und reizbar, lebte Francesca

mehr neben als mit mir, antwortete auf alle meine Wünsche, Fragen, Vorschläge mit ihrem ewigen ›che mi fa‹ oder dem nicht minder ewigen ›mica‹.

Mein Freund kam aus seiner Wut nicht mehr heraus. Auf alle seine Zornesausbrüche antwortete ich: ›Du kannst doch abreisen, wenn du dich langweilst, ich halte dich nicht zurück.‹

Dann beschimpfte er mich, überschüttete mich mit Vorwürfen, schrie: ›Wo soll ich denn jetzt noch hinfahren? Wir hatten drei Wochen zur Verfügung, und nun sind schon vierzehn Tage herum! Wie kann ich die Reise jetzt noch groß fortsetzen! Und denkst du, ich fahre allein nach Venedig, Florenz und Rom? Aber das bezahlst du mir, und teurer, als du denkst! Man lotst einen Menschen nicht von Paris mit, um ihn in Genua mit einem italienischen Flittchen in ein Hotel einzusperren.‹

Ruhig sagte ich: ›Gut, dann fahr nach Paris zurück.‹ Und er schrie: ›Das tue ich auch, spätestens morgen!‹

Aber am nächsten Tag blieb er wie alle Tage vorher, immer wütend und fluchend.

Man kannte uns jetzt schon in der Stadt, wo wir von morgens bis abends durch die engen Straßen ohne Gehsteige irrten, wie in einem riesigen Steinlabyrinth mit Korridoren, die an unterirdische Gänge gemahnen. Wir trabten durch Passagen, wo grimmige Luftzüge fauchen, durch die schmalen Gassen zwischen so hohen Mauern, daß man kaum den Himmel sieht. Manchmal drehten sich Franzosen nach uns um, verwundert, Landsleute in Gesellschaft dieses mauligen Mädchens in den auffälligen Kleidern zu sehen, das tatsächlich von sonderbarer Art schien, bloßstellend, nicht zu uns gehörig.

Sie ging an meinem Arm und sah nichts. Warum sie bei mir, bei uns blieb, die ihr anscheinend so wenig Annehmliches boten? Wer sie war? Woher sie kam? Was sie machte? Ob sie einen Vorsatz, einen Plan hatte oder aufs Geratewohl von Begegnungen und Zufällen lebte? Ich versuchte umsonst, sie zu begreifen, zu erkennen, zu erklären. Je länger ich sie beobachtete, desto mehr erstaunte sie mich und blieb ein Rätsel. Zweifellos war sie keine, die die Liebe zum Gewerbe macht. Eher kam sie mir wie ein Kind armer Leute vor, das verführt, entführt, dann sitzengelassen wurde und nun verloren war. Aber was hatte sie vor? Worauf wartete sie? Denn sie machte überhaupt keine Anstrengungen, mich zu erobern oder irgendwelchen ganz reellen Nutzen aus mir zu ziehen.

Ich versuchte sie auszufragen, nach ihrer Kindheit, ihrer Familie. Sie gab keine Antwort. Und ich blieb bei ihr, das Herz frei und das Fleisch in Zangen, niemals müde, dieses mürrische, prachtvolle Weibchen in den Armen zu fühlen, kopuliert wie ein Tier, durch die Sinne gefangen oder vielmehr gebannt, unterjocht durch eine Art leiblichen Zauber, den jungen, gesunden, mächtigen Zauber, der von ihr ausging, von ihrer köstlichen Haut, den derben Linien ihres Körpers.

Noch acht Tage verstrichen. Das Ende meiner Reise nahte, denn ich mußte am 11. Juli wieder in Paris sein. Paul hatte sich allmählich in das Abenteuer geschickt, gleichwohl beschimpfte er mich weiter. Und ich, ich dachte mir Vergnügungen, Zerstreuungen, Spazierfahrten aus, um meine Geliebte und meinen Freund bei Laune zu halten; ich gab mir außerordentliche Mühe.

Eines Tages schlug ich einen Ausflug nach Santa Margherita vor. Die hübsche kleine Stadt, mitten in Gärten gelegen, versteckt sich am Fuß eines Höhenzuges, der sich fern bis ins Meer hinausschiebt, bis zu dem Dorf Portofino. Wir fuhren zu dritt die wunderbare Straße, die an dem Gebirge entlangführt. Plötzlich sagte

Francesca: ›Morgen kann ich nicht mit Ihnen spazierenfahren. Ich geh meine Familie besuchen.‹

Mehr sagte sie nicht. Ich fragte nicht nach, gewiß, daß sie doch nicht antworten würde.

Wirklich stand sie am nächsten Morgen sehr früh auf. Da ich liegenblieb, setzte sie sich an mein Fußende und sagte zögernd, mit verlegener, verärgerter Miene: ›Wenn ich heute abend nicht zurück bin, kommen Sie mich dann holen?‹

Ich antwortete: ›Aber ja, bestimmt. Wo soll ich hinkommen?‹

Sie erklärte: ›Sie gehen Via Vittorio Emanuele, dann durch die Galleria Falcone, dann die Querstraße San Raffaele, da gehen Sie in das Haus des Möbelhändlers, dann auf den Hof bis ganz hinten, da fragen Sie im Gebäude rechts nach Signora Rondoli. Da ist es.‹

Und sie brach auf. Sehr überrascht blieb ich zurück.

Als Paul mich allein sah, stotterte er verblüfft: ›Wo ist denn Francesca?‹ Und ich erzählte ihm, was vorgefallen war.

Er schrie: ›Na los, mein Lieber, nütz die Gelegenheit, und verduften wir. Unsere Zeit ist sowieso um. Zwei Tage mehr oder weniger ändern auch nichts. Komm, komm, pack deinen Koffer, auf!‹

Ich wehrte ab: ›Aber, mein Lieber, ich kann das Mädchen wirklich nicht auf solche Weise versetzen, nachdem ich fast drei Wochen mit ihr zusammen war. Ich muß ihr doch adieu sagen, muß ihr etwas schenken; nein, ich würde mich ja wie ein Schwein benehmen.‹

Aber er wollte nichts einsehen, er drängte und quengelte. Trotzdem gab ich nicht nach.

Ich verließ den ganzen Tag nicht das Haus, sondern wartete auf Francescas Rückkehr. Sie kam nicht.

Beim Abendessen triumphierte Paul: ›Sie hat dich versetzt, mein Lieber. Ha, ist das komisch, ist das komisch!‹

Ich war verwundert, ich gebe es zu, und sogar ärgerlich. Er lachte mir ins Gesicht, höhnte mich: ›Das Mittel ist übrigens nicht schlecht, wenn auch primitiv. ‚Warten Sie auf mich, ich komme wieder.' Willst du lange auf sie warten? Wer weiß, womöglich hättest du noch die Naivität, sie an der genannten Adresse suchen zu gehen: ‚Signora Rondoli, bitte?' – ‚Hier nicht, Monsieur.' Ich wette, du gingst am liebsten hin?‹

Ich protestierte: ›Aber nein, mein Lieber, und ich versichere dir, wenn sie bis morgen früh nicht wieder da ist, nehme ich den Acht-Uhr-Express. Dann habe ich vierundzwanzig Stunden gewartet. Das genügt, und mein Gewissen ist beruhigt!‹

Den ganzen Abend brachte ich in halb trauriger, halb nervöser Unruhe zu. Ich hatte tatsächlich etwas für sie im Herzen. Um Mitternacht legte ich mich ins Bett. Ich schlief kaum.

Um sechs Uhr war ich auf. Ich weckte Paul, packte meinen Koffer, und zwei Stunden später nahmen wir gemeinsam den Zug nach Frankreich.

III

Nun geschah es, daß ich im folgenden Jahr, genau um dieselbe Zeit, wie von einem periodischen Fieber wieder von dem Wunsch erfaßt wurde, Italien zu sehen. Ich war sofort zur Reise entschlossen, denn Florenz, Venedig und Rom zu kennen gehört ganz unstreitig zur Bildung eines wohlerzogenen Menschen. Außerdem ergibt es eine Unmenge Gesprächsstoff in der Gesellschaft und gestattet, Banalitäten über Kunst zu schwätzen, die stets tiefgründig erscheinen.

Diesmal reiste ich allein und kam zur selben Stunde in Genua an wie im Vorjahr, aber ohne jegliches Abenteuer. Ich kehrte im selben Hotel ein, und zufällig bekam ich dasselbe Zimmer!

Kaum aber in diesem Bett, suchte mich die Erinnerung an Francesca, die übrigens schon seit dem Vortag in meinen Gedanken spukte, mit sonderbarer Beharrlichkeit heim.

Kennen Sie diese Obsession einer Frau lange nachher, wenn man an die Orte zurückkehrt, wo man sie geliebt und besessen hat?

Es ist eine der heftigsten und quälendsten Empfindungen, die ich kenne. Immer scheint es, man werde sie hereintreten, lächeln, die Arme ausbreiten sehen. Ihr Bild steht bald flüchtig, bald deutlich vor einem, vergeht, kehrt wieder, verschwindet. Sie foltert einen wie ein Alp, läßt einen nicht los, erfüllt einem das Herz, erregt mit ihrer unwirklichen Gegenwart die Sinne. Das Auge sieht sie; der Duft ihres Parfums verfolgt einen; man spürt den Geschmack ihrer Küsse auf den Lippen und die Liebkosung ihres Fleisches auf der Haut. Dabei ist man allein, man weiß es, man leidet an der seltsamen Verstörung durch das beschworene Phantom. Und schwere, schmerzliche Traurigkeit hüllt einen ein. Es ist, als wäre man soeben für immer verlassen worden. Alle Gegenstände nehmen eine trostlose Sinnhaftigkeit an, treiben einem ein scheußliches Gefühl von Einsamkeit, von Verlassenheit in die Seele, ins Herz. Oh! besuchen Sie nie mehr die Stadt, das Haus, das Zimmer, den Wald, den Garten, die Bank, wo Sie eine geliebte Frau in den Armen hatten!

Kurz, ich wurde die ganze Nacht von der Erinnerung an Francesca verfolgt; und allmählich wuchs in mir der Wunsch, sie wiederzusehen, ein undeutlicher Wunsch zuerst, dann lebhafter, dann schneidend, brennend. Und ich beschloß, den nächsten Tag noch in Genua zu bleiben und sie zu suchen. Gelänge es nicht, würde ich den Abendzug nehmen.

So machte ich mich andernmorgens auf den Weg. Ich entsann mich genau der Weisung, die sie mir beim Abschied gegeben hatte: Via Vittorio Emanuele – Galleria Falcone – Querstraße San Raffaele – Haus des Möbelhändlers – Hinterhof, Gebäude rechts.

Nicht ohne Mühe fand ich alles und klopfte an die Tür eines baufälligen Gartenhauses. Es öffnete eine dicke Frau, die einmal sehr schön gewesen sein muß und nur noch sehr schmutzig war. Bei allem Fett wahrten ihre Linien eine beachtliche Majestät. Die ungekämmten Haare fielen ihr strähnig in die Stirn und auf die Schultern, und unter dem fleckenübersäten Hauskleid sah man ihren ganzen dicken Körper wabbeln. Sie trug ein mächtiges vergoldetes Kollier um den Hals und an beiden Handgelenken prachtvolle Armreifen aus Genueser Filigran.

In feindseligem Ton fragte sie: ›Was wollen Sie?‹

Ich sagte: ›Wohnt hier nicht Signorina Francesca Rondoli?‹

›Was wollen Sie von ihr?‹

›Ich hatte im vergangenen Jahr das Vergnügen, sie kennenzulernen, und würde sie gerne wiedersehen.‹

Die alte Frau sah mich mit ihren mißtrauischen Augen forschend an: ›Sagen Sie erst, wo Sie sie kennengelernt haben.‹

›Hier, in Genua!‹

›Wie heißen Sie?‹

Ich zögerte eine Sekunde, dann nannte ich meinen Namen. Kaum hatte ich ihn ausgesprochen, riß die Italienerin die Arme hoch, als wollte sie mich umhalsen: ›Ah! Sie sind der Franzose; wie freue ich mich, Sie zu sehen! Wie freue ich mich! Ach, was haben Sie dem armen Kind Kummer gemacht! Sie hat einen Monat auf Sie gewartet, Monsieur! Ja, einen Monat! Den ersten Tag glaubte sie fest, daß Sie kommen und sie abholen würden. Sie wollte sehen, ob Sie sie lieben! Wenn Sie wüßten, wie sie geweint hat, als sie merkte, daß Sie nicht kommen würden. Ja, Monsieur, und wie sie geweint hat! Und dann ist sie im Hotel gewesen. Sie waren abgereist. Da hat sie gedacht, Sie machen Ihre Reise durchs Land und kommen wieder über Genua und holen sie ab auf der Rückreise, weil sie nicht mit Ihnen mitwollte. Und sie hat gewartet, ja, Monsieur, über einen Monat; und so traurig war sie, wissen Sie, so traurig. Ich bin ihre Mutter!‹

Ich fühlte mich tatsächlich ein bißchen aus der Fassung. Doch gewann ich meine Sicherheit wieder und fragte: ›Ist sie jetzt da?‹

›Nein, Monsieur, sie ist in Paris, mit einem Maler, einem prächtigen Jungen, der sie liebt, Monsieur; es ist die große Liebe, und sie kriegt alles, was sie will. Hier, sehen Sie, was sie mir geschickt hat, mir, ihrer Mutter. Ist das nett, was?‹

Und mit aller südländischen Beweglichkeit zeigte sie mir ihre dicken Armreifen und das schwere Halsband. Sie fuhr fort: ›Ohrringe mit Steinen habe ich auch bekommen, und ein Seidenkleid und Ringe; aber die trage ich morgens nicht, erst nachher, wenn ich mich zurechtmache. Oh, sie ist sehr glücklich, Monsieur, sehr glücklich! Was wird sie sich freuen, wenn ich ihr schreibe, daß Sie gekommen sind! Aber treten Sie doch ein, Monsieur, setzen Sie sich. Sie nehmen doch eine Kleinigkeit, treten Sie ein.‹

Ich lehnte ab, denn nun wollte ich mit dem nächsten Zug weiterreisen. Aber sie hatte mich am Arm gefaßt und zog mich ins Haus: ›Kommen Sie doch herein, Monsieur, ich muß ihr doch sagen, daß Sie gekommen sind und uns besucht haben.‹

Und ich betrat einen ziemlich dunklen kleinen Raum, nur mit einem Tisch und ein paar Stühlen möbliert.

Sie fuhr fort: ›Oh! sie ist jetzt sehr glücklich, sehr glücklich. Als Sie sie auf der Eisenbahn getroffen haben, hatte sie ja großen Kummer. Ihr Freund hatte sie in Marseille verlassen. Und da kam sie zurück, das arme Kind. Sie hat Sie gleich gerne gehabt, aber sie war doch noch ein bißchen traurig, verstehen Sie. Jetzt fehlt es ihr an nichts mehr; sie schreibt mir alles, was sie macht. Er heißt Bellemin. Er soll ja ein großer Maler bei Ihnen sein. Er hat sie hier, auf der Straße, im Vorbeigehn gesehen, ja, Monsieur, auf der Straße, und hat sie gleich geliebt. Aber trinken Sie nicht ein Glas Fruchtsaft? Er schmeckt sehr gut. Sind Sie dies Jahr ganz alleine?‹

Ich antwortete: ›Ja, ich bin ganz allein.‹

Jetzt kam mich langsam die Lust zu lachen an, die im selben Maße zunahm, wie meine erste Enttäuschung sich mit den Erklärungen von Signora Rondoli verflüchtigte. Ich mußte also ein Glas Fruchtsaft trinken.

Sie fuhr fort: ›Wie, Sie sind ganz alleine? Oh! das tut mir aber leid, daß Francesca nicht mehr da ist; sie hätte Ihnen die Zeit über Gesellschaft geleistet, wo Sie hier in der Stadt bleiben. Es macht doch keinen Spaß, ganz allein herumzulaufen; und ihr wird es auch sehr leid tun.‹

Als ich dann aufstand, rief sie aus: ›Aber wenn Sie wollen, kann Carlotta mit Ihnen gehen; sie kennt alles, was zu besichtigen ist, sehr gut. Sie ist meine andere Tochter, Monsieur, die zweite.‹

Offenbar nahm sie meine Verdutztheit für Zustimmung, denn sie stürzte nach der inneren Tür, riß sie auf und rief ins Dunkel einer unsichtbaren Treppe: ›Carlotta! Carlotta! komm schnell herunter, komm schnell, mein Herzenskind.‹

Ich wollte Einspruch erheben; sie erlaubte es nicht: ›Nein, sie leistet Ihnen Gesellschaft; sie ist sehr nett und lustiger als die andere; sie ist eine gute Tochter, eine sehr gute Tochter, die ich sehr liebe.‹

Ich hörte das Schlappen von Pantoffelsohlen auf den Stiegen; und ein großes Mädchen, braun, schlank und hübsch, aber auch ungekämmt, erschien in einem alten Kleid ihrer Mutter, das ihren geschmeidigen jungen Körper ahnen ließ.

Signora Rondoli setzte sie augenblicks in Kenntnis über meine Lage: ›Das ist der Franzose von Francesca, der vom vorigen Jahr, du weißt schon. Er wollte sie abholen; er ist ganz alleine, der arme Herr. Na, da hab ich ihm gesagt, dann wirst du eben mitgehen und ihm Gesellschaft leisten.‹

Carlotta sah mich mit ihren schönen braunen Augen an, und leise, mit einem beginnenden Lächeln, sagte sie: ›Wenn er will, von mir aus gern.‹

Wie hätte ich ablehnen sollen? ›Aber sicher will ich‹, erklärte ich.

Und Signora Rondoli schob sie hinaus: ›Geh dich rasch anziehen, schnell, schnell, nimm das blaue Kleid und setz den Blumenhut auf, beeil dich.‹

Sowie ihre Tochter hinaus war, erklärte sie: ›Ich habe noch zwei, aber jünger. Das kostet was, wissen Sie, vier Kinder aufziehen! Ein Glück, daß die Älteste jetzt untergebracht ist.‹

Und dann erzählte sie mir von ihrem Leben, von ihrem verstorbenen Mann, der bei der Eisenbahn war, und pries mir alle Vorzüge ihrer zweiten Tochter Carlotta.

Diese kam wieder, in einem leuchtenden, sonderbaren Kleid, nach dem Geschmack der Älteren.

Ihre Mutter musterte sie von Kopf bis Fuß, fand sie schön und sagte zu uns beiden: ›So, nun geht, meine Kinder.‹

Dann, nur zu ihrer Tochter: ›Aber komm nicht später als zehn Uhr nach Hause; du weißt, dann ist die Haustür abgeschlossen.‹

Carlotta antwortete: ›Keine Bange, Mama.‹

Sie nahm meinen Arm, und nun schlenderte ich mit ihr durch die Straßen wie im Vorjahr mit ihrer Schwester.

Zum Essen ging ich ins Hotel, dann fuhr ich mit meiner neuen Freundin nach Santa Margherita, wiederholte mit ihr den letzten Ausflug, den ich mit Francesca gemacht hatte.

Und am Abend ging sie nicht nach Hause, obschon die Tür um zehn Uhr abgeschlossen wurde.

Und die ganzen vierzehn Tage, die ich hatte, führte ich Carlotta in der Umgebung von Genua spazieren. Sie gab mir keinen Grund, die andere zu vermissen.

Am Morgen meiner Abreise blieb sie in Tränen aufgelöst zurück, mit einem Geschenk für sie und vier Armbändern für ihre Mutter.

Und ich glaube, ich werde eines Tages wieder nach Italien fahren, wobei ich mit einer gewissen erwartungsvollen Unruhe daran denke, daß Signora Rondoli noch zwei Töchter hat.«

Das Verbrechen von Papa Boniface

Als der Landbriefträger Boniface an dem Tag das Postgebäude verließ, stellte er fest, daß seine Tour diesmal kürzer sein würde als gewöhnlich, und darüber freute er sich sehr. Sein Bereich war die ganze Gegend rund um den Marktflecken Vireville, und wenn er abends in seinem langen, müden Schritt nach Hause kam, hatte er manchmal über vierzig Kilometer in den Beinen.

Also, das Austragen würde schnell gehen; er konnte unterwegs sogar ein bißchen bummeln und trotzdem gegen drei Uhr nachmittags zu Hause sein. So ein Glück!

Er marschierte auf dem Weg, der nach Sennemare führt, aus der kleinen Stadt und begann seine Arbeit. Es war Juni, der Monat, da alles grünt und blüht in der Flur.

In seiner blauen Bluse, das schwarze Käppi mit der roten Kordel auf dem Kopf, trabte der Alte auf schmalen Pfaden durch die Felder, durch Raps, Hafer oder Weizen, bis zu den Schultern im Getreide versunken; und sein Kopf, der über die Ähren ragte, sah aus, als treibe er auf einem stillen, grünen Meer, das unter der leichten Brise träge wogt.

Durch das Holzgatter zwischen den Hecken, über die der Schatten zweier Buchenreihen fiel, betrat er die Gehöfte, und während er jeden Bauern mit dem Namen begrüßte: »Guten Morgen, Meister Chicot«, überreichte er ihm seine Zeitung, »Le Petit Normand«. Der Bauer wischte sich die Hand am Hosenboden ab, nahm das Blatt entgegen und schob es in seine Tasche, um es nach Mittag in Ruhe zu lesen. Der Hund kläffte wütend aus seiner Tonne unter einem niederhängenden Apfelbaum und zerrte an der Kette; und ohne sich umzudrehen, schritt der Briefträger in seiner militärischen Haltung, weit ausgreifend mit den langen Beinen, davon, den linken Arm auf seiner Tasche, in der rechten den Stock schwenkend, der genauso stetig und forsch marschierte wie er selbst.

Er verteilte seine Drucksachen und Briefe im Weiler Sennemare, dann trabte er weiter durch die Felder, um dem Steuereinnehmer die Post zu bringen, der ein alleinstehendes kleines Haus, einen Kilometer vom Städtchen, bewohnte.

Es war ein neuer Steuereinnehmer, Monsieur Chapatis mit Namen, erst letzte Woche hier eingezogen und jung verheiratet.

Er hielt sich eine Pariser Tageszeitung, und manchmal, wenn der Briefträger Boniface dazu Zeit fand, warf er einen Blick in das Blatt, ehe er es dem Empfänger aushändigte.

Er öffnete also seine Tasche, suchte das Blatt heraus, zog es aus seiner Banderole, entfaltete es und fing mitten im Gehen zu lesen an. Die erste Seite interessierte ihn wenig; Politik ließ ihn kalt; die Finanzseiten überschlug er auch immer, aber die Faits divers waren seine Leidenschaft.

An dem Tag brachten sie sehr viel. Der Bericht über ein Verbrechen, das im Haus eines Forsthegers begangen worden war, fesselte ihn sogar so sehr, daß er mitten in einem Kleefeld stehenblieb, um alles langsam zu lesen. Die Angaben waren furchtbar. Ein Holzfäller, der morgens an dem Waldhaus vorübergekommen war, hatte auf der Schwelle Blutflecke bemerkt, so als hätte jemand aus der Nase geblutet. Der Heger wird nachts ein Kaninchen geschossen haben, dachte er; doch als er näher trat, sah er, daß die Haustür angelehnt stand und das Schloß aufgebrochen war.

Da lief er voller Angst ins Dorf, um es dem Bürgermeister zu melden; der nahm zur Verstärkung den Flurhüter und den Lehrer mit, und die vier Männer begaben sich gemeinsam hin. Sie fanden den Förster erdrosselt vor dem Kamin, seine Frau erwürgt unter dem Bett und ihre kleine Tochter, sechs Jahre alt, erstickt zwischen zwei Matratzen.

Der alte Boniface war so erschüttert, als er sich diesen Mordfall in sämtlichen Einzelheiten, eine um die andere, vor Augen führte, daß er eine Schwäche in den Beinen fühlte und laut vor sich hin sprach:

»Mann o Mann, was gibt es für schlechte Menschen!«

Dann steckte er die Zeitung wieder in ihren Papiergürtel und ging weiter, den Kopf voll mit der Vision des Verbrechens. Bald war er an dem Grundstück von Monsieur Chapatis; er öffnete die Zauntür vor dem kleinen Garten und ging auf das Haus zu. Es war ein niedriger Bau, nur einstöckig, mit einem Mansardendach darüber. Das nächste Haus stand mindestens fünfhundert Meter entfernt.

Der Postbote stieg die zwei Stufen der Freitreppe hinauf, legte die Hand auf die Klinke, um die Tür zu öffnen, und stellte fest, daß sie verschlossen war. Nun sah er, daß die Fensterläden gar nicht aufgeklappt waren und daß an diesem Morgen noch niemand das Haus verlassen hatte.

Unruhe befiel ihn, denn seit Monsieur Chapatis hier wohnte, war er stets sehr früh auf gewesen. Boniface zog seine Taschenuhr. Es war erst zehn Minuten nach sieben, er war also fast eine Stunde früher da als sonst. Tut nichts, der Steuereinnehmer hätte schon auf sein müssen.

Er machte einen Rundgang um das Gebäude, wobei er behutsam auftrat, als liefe er irgendeine Gefahr. Er bemerkte nichts Verdächtiges, außer männlichen Fußtapfen in einem Erdbeerbeet.

Aber als er an einem Fenster vorüberging, erstarrte, vereiste er vor Schreck. In dem Haus stöhnte jemand!

Er näherte sich, überkletterte eine Thymianrabatte und legte das Ohr an einen Fensterflügel, um genauer zu horchen; tatsächlich, jemand stöhnte. Er hörte ganz deutlich lange, schmerzliche Seufzer, eine Art Röcheln, Kampfgeräusche. Dann wurde das Stöhnen lauter, öfter, noch lauter und wandelte sich in Schreie.

Nun gab es für Boniface keinen Zweifel mehr, daß in diesem Augenblick bei dem Steuereinnehmer ein Verbrechen geschehe, und so schnell er konnte, lief er aus dem kleinen Garten, hastete durch die Flur, durch die Felder, lief, daß er kaum Luft bekam, schüttelte seine Tasche durch und durch, die ihm gegen die Rippen schlug, und kam ausgelaugt, keuchend und in großer Aufregung bei der Gendarmerie an.

Der Brigadier Malautour reparierte mit Nägeln und Hammer einen zerbrochenen Stuhl. Gendarm Rautier hatte das kaputte Möbel zwischen seine Knie geklemmt und hielt einen Nagel auf die Bruchstelle; dann klopfte der Brigadier schnurrbartkauend, mit runden, vor Aufmerksamkeit feuchten Augen, Schlag um Schlag seinem Untergebenen auf die Finger.

Kaum daß er die beiden erblickte, schrie der Briefträger: »Kommen Sie schnell, Steuereinnehmers werden ermordet, schnell, schnell!«

Die beiden Männer hielten in ihrem Geschäft inne und hoben ihre Köpfe mit den erstaunten Gesichtern von Leuten, denen man ins Haus fällt.

Boniface, der sie mehr überrascht als eilbeflissen sah, wiederholte:

»Schnell, schnell! Die Räuber sind in dem Haus, ich hab das Schreien gehört, es ist höchste Zeit!«

Der Brigadier legte seinen Hammer zu Boden und fragte:

»Wer hat Ihnen das zur Kenntnis gegeben?«

Der Postbote antwortete:

»Ich wollte ihnen die Zeitung und zwei Briefe bringen, da merkte ich, daß die Haustür verschlossen und der Steuereinnehmer nicht auf war. Ich ging ums Haus, um nachzusehen, und hörte, wie drinnen jemand stöhnte, als wenn man ihn erwürgt oder ihm die Kehle durchschneidet, da bin ich schnellstens losgelaufen, um Sie zu holen. Es ist höchste Zeit.«

Der Brigadier richtete sich hoch auf und sagte:

»Und Sie sind nicht persönlich eingeschritten?«

Der erschrockene Postbote antwortete:

»Ich dachte, ich bin nicht in genügender Anzahl.«

Nun überzeugt, verkündete der Gendarm:

»Ich zieh mich bloß an und komme.«

Und er trat in die Wachtstube, von seinem Soldaten gefolgt, der den Stuhl hinterhertrug.

Fast augenblicklich erschienen sie wieder, und zu dritt machten sie sich im Laufschritt auf den Weg zum Tatort.

Als sie in die Nähe des Hauses kamen, verlangsamten sie das Tempo aus Vorsicht, und der Brigadier zog seinen Revolver, dann schlichen sie sich durch den Garten zum Haus. Keine frische Spur deutete darauf hin, daß die Übeltäter fort waren. Tür und Fenster waren wie zuvor verschlossen.

»Die haben wir«, murmelte der Brigadier.

Mit Herzklopfen vor Aufregung wies ihn Papa Boniface nach der Hausseite und deutete auf ein Fenster.

»Da war es«, sagte er.

Und der Brigadier schritt ganz allein vor und legte sein Ohr an den Ladenflügel. Die beiden anderen standen wartend, zu allem bereit, und ließen kein Auge von ihm.

Er horchte lange, ohne sich zu rühren. Um seinen Kopf dichter an das Holz zu legen, hatte er den Dreispitz abgenommen und hielt ihn in der rechten Hand.

Was er hörte? Kein Zucken in seinem Gesicht verriet es, doch auf einmal hoben sich seine Schnurrbartspitzen, seine Backen falteten sich wie zu einem verschwiegenen Lächeln; er kletterte zurück über die Buchsbaumeinfassung und trat zu den beiden Männern, die ihn verblüfft ansahen.

Er machte ihnen ein Zeichen, ihm auf Zehenspitzen zu folgen, und wieder vor dem Hauseingang angelangt, bedeutete er Boniface, Zeitung und Briefe unter der Tür hindurchzuschieben.

Sprachlos, aber gehorsam, tat der Briefträger, wie ihm geheißen.

»Und jetzt ab«, raunte der Brigadier.

Aber sowie sie die Gartentür verschlossen hatten, wandte er sich nach dem Postboten um und sagte mit verschmitzter Miene, die Lippen in breitem Schmunzeln, die Augen hochgezogen und freudefunkelnd:

»Na, Sie sind mir ein Spaßvogel, was?«

»Wieso?« fragte der Alte. »Ich hab es gehört, ich schwör Ihnen, ich hab es gehört.«

Aber der Gendarm, der nicht mehr an sich halten konnte, platzte los vor Lachen. Er lachte, als ob er erstikken sollte, krümmte sich, beide Hände auf dem Bauch, die Augen dick voll Tränen, mit schrecklichen Zuckungen um die Nase. Und die beiden anderen starrten ihn verdattert an.

Aber da er weder reden noch aufhören konnte zu lachen, noch ihnen anders begreiflich zu machen wußte, was er hatte, führte er mit den Händen eine allgemeinverständliche anzügliche Bewegung vor.

Als sie immer noch nicht begriffen, wiederholte er sie mehrmals nacheinander, wobei er mit dem Kopf nach dem verschlossenen Hause wies.

Und sein Soldat, der plötzlich auch verstand, brach in ein ungeheuerliches Gelächter aus.

Verständnislos stand der Alte zwischen den beiden sich windenden Männern.

Endlich beruhigte sich der Brigadier und versetzte dem Alten vor lauter Vergnügen einen großen Stoß in den Bauch.

»Ah! so ein Spaßvogel, so ein Spaßvogel verflixter«, rief er aus, »das vergeß ich mein Lebtag nicht, das Verbrechen von Papa Boniface!«

Der Alte sperrte die Augen riesig auf.

»Aber ich schwör Ihnen, ich hab es gehört«, wiederholte er.

Der Brigadier lachte von neuem los. Der Gendarm hatte sich ins Gras am Wegrain fallen lassen, um sich gehörig auszuschütten.

»Ah, hat der Mensch Töne! Und deine Frau, ermordest du die so, hä, alter Witzbold du?«

»Meine Frau? ...«

Und er überlegte eine lange Weile, dann meinte er:

»Meine Frau ... Na, die brüllt, wenn ich der 'n paar klebe ... Aber die brüllt denn eben. Soll denn Monsieur Chapatis die seinige verhauen haben?«

Da faßte ihn der Brigadier, hingerissen vor Vergnügen, bei den Schultern, ließ ihn wie eine Puppe kreiseln und flüsterte ihm etwas ins Ohr, wonach der Alte baff vor Staunen stand.

Dann murmelte er nachdenklich:

»Nein ... doch nicht so ... doch nicht so ... doch nicht

so … da sagt meine nichts … Das hätt ich nie geglaubt … daß das sein kann … man hätt schwören können, es geschieht ein Martyrium …«

Und verwirrt, verstört und beschämt trabte er seine Tour weiter querfeldein, während der Gendarm und der Brigadier, die immer noch lachten und ihm von weitem saftige Kasernenworte nachriefen, sein schwarzes Käppi auf dem friedlichen Ährenmeer davonschaukeln sahen.

Bett 29

WENN Hauptmann Epivent auf der Straße vorüberging, drehten sich alle Frauen um. Er war ein Bild von einem Husarenoffizier. Darum paradierte und stolzierte er unentwegt, hochgemut und hauptbeschäftigt mit seinen Schenkeln, seiner Taille, seinem Schnurrbart. Freilich waren sie auch prachtvoll, der Schnurrbart, die Taille und die Schenkel. Ersterer war blond, sehr dicht, fiel in einem schönen Würstchen von der Farbe reifen Getreides martialisch über die Lippe, aber edel, sorgsam gebogen, und schwang sich zu beiden Seiten des Mundes dann in zwei gewaltigen Haarspitzen vollends verwegen auf. Die Taille war so schmal, als trüge er ein Korsett, und darüber verbreiterte sich die herrlich gewölbte, kraftvolle Männerbrust. Sein Schenkel war bewundernswert, der Schenkel eines Gymnasten, eines Tänzers, und durch das enganliegende Tuch der roten Hose zeichnete sich jede Bewegung des muskulösen Fleisches ab.

Er ging mit durchgedrückten Kniekehlen und abgespreizten Füßen und Armen, in jenem leicht wiegenden Reiterschritt, der Beine und Oberkörper unnachahmlich in Geltung setzt, der in Uniform sieghaft wirkt, im Gehrock allerdings vulgär.

Wie vielen Offizieren stand dem Hauptmann Epivent der Zivilanzug schlecht. War er in graues oder schwarzes

Tuch gekleidet, sah er nicht besser aus als ein Ladengehilfe. Doch in Kluft triumphierte er. Er hatte übrigens ein hübsches Gesicht, eine schmale, gebogene Nase, blaue Augen, eine schmale Stirn. Allerdings war sie kahl, ohne daß er sich je denken konnte, warum ihm die Haare ausgefallen waren. Er tröstete sich mit der Feststellung, daß ein wenig schütteres Haar durch den großen Schnurrbart nicht übel aufgewogen werde.

Er verachtete alle Welt im allgemeinen, mit vielen Abstufungen der Verachtung im besonderen.

Erst einmal gab es die Bürger für ihn überhaupt nicht. Er sah sie, wie man Tiere sieht, ohne ihnen mehr Aufmerksamkeit als Spatzen oder Hühnern zu erweisen. Allein Offiziere zählten in der Welt, aber er hegte nicht die gleiche Wertschätzung für alle Offiziere. Letztlich respektierte er nur die schönen Männer, da ihm Stattlichkeit als echte und einzige Tugend eines Militärs galt. Ein Soldat hatte ein Kerl zu sein, zum Teufel, ein toller Bursche, geschaffen zu Krieg und Liebe, ein Mann mit Schneid, mit Mark und Kreuz und sonst gar nichts. Er stufte die Generäle der französischen Armee nach Taille, Haltung und dem furchteinflößenden Anblick ihrer Gesichter ein. Bourbaki war für ihn der größte Kriegsmann der modernen Zeiten.

Viel lachte er über die Linienoffiziere die klein und dick sind und beim Marschieren schnaufen, aber vornehmlich hegte er unbesiegliche Geringschätzung, die schon an Verabscheuung grenzte, für die armen Hänflinge, die von der Ecole Polytechnique kamen, diese kärglichen Männchen mit Brille, linkisch, unbeholfen, für die Uniform ebenso geschaffen wie ein Karnickel zum Messelesen, behauptete er. Es entrüstete ihn, daß diese Verdirblinge mit den dürren Beinchen, die wie Krebse gehen, die nicht trinken, nicht tafeln und von Gleichungen mehr zu halten scheinen als von schönen Mädchen, in der Armee geduldet wurden.

Hauptmann Epivent hatte stete Erfolge, Triumphe vielmehr beim schönen Geschlecht.

Jedesmal wenn er in Gesellschaft einer Frau soupierte, war er sich gewiß, die Nacht im Tête-à-tête auf derselben Matratze zu beschließen, und wenn einmal unüberwindliche Hindernisse seinem Sieg am selben Abend entgegenstanden, konnte er immerhin die Fortsetzung für tags darauf festmachen. Die Kameraden brachten ihn nicht gern mit ihren Geliebten zusammen, und Händler mit hübschen Frauen hinter der Ladenkasse kannten, fürchteten und haßten ihn aus Herzensgrund.

Wenn er vorüberging, wechselte die Kaufmannsfrau unwillkürlich einen Blick mit ihm durch das Schaufenster; einen der Blicke, die mehr wiegen als Worte, die Anruf und Antwort sind, Begehren und Geständnis. Und der Ehemann, der, wie von einem Instinkt gewarnt, sich plötzlich umsah, warf einen wütenden Blick nach der stolzen, geschniegelten Silhouette des Offiziers. Und wenn der Hauptmann, lächelnd und zufrieden mit seiner Wirkung, vorüber war, erklärte der Händler, indem er mit nervöser Hand die vor ihm hingebreiteten Dinge schubste: »Ist das ein Truthahn! Wann hört man bloß endlich auf, diese vielen Tagediebe durchzufüttern, die ihren Klempnerladen durch die Straßen schleifen? Wenn man mich fragt, mir ist ein Metzger lieber als ein Soldat. Wenn an dessen Schürze Blut klebt, ist es wenigstens bloß Tierblut; und der ist nütze zu was; und das Messer, das er trägt, ist nicht dazu da, daß er Menschen umbringt. Ich begreife nicht, wie man zulassen kann, daß diese öffentlichen Mörder ihre Mordwerkzeuge auf allen Promenaden spazierenführen. Sicherlich werden sie gebraucht, ich weiß, aber dann soll man sie wenigstens verstecken und nicht noch anziehen wie zur Maskerade, mit roten Hosen und blauen Jacken. Im allgemeinen wird der Henker nicht aufgeputzt, nicht wahr?«

Ohne zu antworten, zuckte die Frau unmerklich die Schultern, und der Mann, der die Geste nicht sah, aber ahnte, schrie:

»Man muß schon sehr dumm sein, wenn man da hinrennt, um sich die Hähne bei der Parade anzusehen!«

Der Ruf des Eroberers blieb Hauptmann Epivent in der ganzen französischen Armee unbestritten.

Im Jahr 1868 nun bezog sein Regiment, das 102. Husarenregiment, in Rouen Garnison.

Bald war er stadtbekannt. Allabendlich erschien er gegen fünf Uhr auf dem Cours Boieldieu, um im Café de la Comédie den Absinth zu nehmen, doch bevor er das Lokal betrat, hatte er acht, eine Runde über die Promenade zu machen, um seine Beine, seine Taille und seinen Schnurrbart zu zeigen.

Die Kaufleute der Stadt, die, Hände auf dem Rücken, in ihre Geschäfte vertieft, ebenfalls promenierten und über Hausse und Baisse redeten, verschwendeten gleichwohl einen Blick an ihn und murmelten:

»Donnerschlag, ein schöner Mann!«

Dann, als sie ihn kannten:

»Sieh an, der Hauptmann Epivent! Das ist wenigstens ein Kerl!«

Eine ganz drollige kleine Kopfbewegung hatten die Frauen, wenn sie ihm begegneten, eine Art schamhaftes Erschauern, wie wenn sie sich vor ihm schwach oder ausgezogen fühlten. Mit dem Schatten eines Lächelns auf den Lippen senkten sie leicht den Kopf, in dem Wunsch, er möge sie reizend finden und ihnen einen Blick schenken. Ging er mit einem Kameraden, verfehlte der nie, mit neidischer Eifersucht zu murmeln:

»Hat dieser Epivent ein Glück!«

Unter den ausgehaltenen Mädchen der Stadt war ein Wettkampf, ein Wettrennen ausgebrochen, welche ihn für sich schnappen würde. Alle waren sie um fünf Uhr, zur Stunde der Offiziere, auf dem Cours Boieldieu und schleiften je zu zweit ihre Röcke von einem Ende des Corso zum andern, während die Leutnants, Hauptleute und Obersten, auch je zu zweit, ihre Säbel übers Pflaster schleiften, ehe sie das Café betraten.

Eines Abends nun ließ die schöne Irma – wie es hieß, die Geliebte des Herrn Templier-Papon, eines reichen Fabrikbesitzers – ihren Wagen vor dem Komödienhaus halten und tat, als wolle sie bei Monsieur Paulard, dem Graveur, Papier kaufen oder Visitenkarten bestellen, extra nur, um an den Offizierstischen vorbeizugehen und dem Hauptmann Epivent einen Blick zuzuwerfen, der so klar besagte: »Wann immer Sie wollen ...«, daß Oberst Prune, der mit seinem Oberstleutnant bei dem grünen Likör saß, sich nicht enthalten konnte zu grunzen:

»Ah, Sauerei! Hat der Kerl ein Glück, was?«

Das Wort des Obersten ging herum; und Hauptmann Epivent, von dieser allerhöchsten Anerkennung geleitet, promenierte anderntags in großer Gala mehrmals nacheinander unter den Fenstern der Schönen.

Sie sah ihn, zeigte sich, lächelte.

Am selben Abend wurde er ihr Liebhaber.

Sie ließen sich öffentlich sehen, stellten sich zur Schau, kompromittierten sich gegenseitig, einer so stolz wie der andere auf ein solches Abenteuer.

Das Stadtgespräch kreiste nur noch um die Liebe der schönen Irma zu dem Offizier. Einzig Monsieur Templier-Papon wußte nichts.

Der Hauptmann strahlte vor Seligkeit; und alle Augenblicke ging es nun: »Irma hat vorhin gesagt ... Irma sagte mir heut nacht ... gestern, als ich mit Irma speiste ...«

Über ein Jahr führte er diese Liebe durch Rouen, breitete sie aus, entfaltete sie wie eine dem Feind abgerungene Standarte. Er fühlte sich durch diese Eroberung gewachsen, beneidet, der Zukunft sicherer, gewiß, eines Tages das so sehnlich begehrte Ehrenkreuz zu erhalten, denn alle Welt schaute auf ihn, und wer genügend im Blickfeld steht, wird nicht vergessen.

Da aber brach der Krieg aus, und das Regiment des Hauptmanns wurde mit den ersten an die Front geschickt. Der Abschied war jammernswert. Er dauerte eine ganze Nacht.

Säbel, rote Hosen, Käppi, Dolman von einer Stuhllehne gerutscht; Kleider, Röcke, Seidenstrümpfe überall verstreut, auch heruntergefallen, mit der Uniform vermengt, das Zimmer um und um gestürzt wie nach einer Schlacht: Irma, von Sinnen, mit zerlösten Haaren, schlang dem Offizier ihre verzweifelten Arme um den Hals, erdrückte ihn, dann ließ sie ihn los, wälzte sich am Fußboden, stieß Möbel um, riß Fransen von den Sesseln, biß in deren Beine, während der Hauptmann, stark bewegt, aber zu Tröstungen außerstande, immerzu sagte:

»Irma, meine kleine Irma, da kann man nichts machen, es muß sein.«

Und manchmal wischte er sich mit der Fingerspitze eine Träne weg, die in seinem Augenwinkel gesprossen war.

Bei anbrechendem Tag schieden sie voneinander. Sie fuhr ihrem Liebsten im Wagen bis zur ersten Etappe nach. Und vor der Trennung küßte sie ihn fast im Angesicht des ganzen Regiments. Man fand sogar das sehr hübsch, sehr würdig, sehr in Ordnung, und die Kameraden drückten dem Hauptmann die Hand und sagten:

»Glückspilz, sie hatte Herz, die Kleine.«

Man sah darin etwas wirklich Patriotisches.

Das Regiment wurde während des Feldzugs hart geprüft. Der Hauptmann betrug sich heldenhaft und erhielt endlich das Kreuz, und als der Krieg aus war, kam er wieder nach Rouen in Garnison.

Kaum zurück, erkundigte er sich nach Irma, doch konnte ihm niemand Genaues von ihr sagen.

Die einen meinten, sie habe sich mit dem preußischen Generalstab eingelassen.

Die andern meinten, sie habe sich zu ihrer Familie, Ackerbauern in der Nähe von Yvetot, zurückgezogen.

Er schickte seinen Burschen sogar zur Bürgermeisterei, um das Sterberegister einzusehen. Der Name seiner Geliebten stand nicht darin.

Und er hatte großen Kummer, den er zur Schau trug. Er setzte sein Unglück dem Feind auf die Rechnung, schrieb den Preußen, die Rouen besetzt hatten, das Verschwinden seiner Liebsten zu und erklärte:

»Dafür sollen die mir im nächsten Krieg bezahlen, die Schufte.«

Eines Morgens nun, als er zur Essensstunde das Offizierskasino betrat, überbrachte ihm ein Bote, ein alter Mann in Dienstkittel und Wachstuchmütze, einen Umschlag. Er öffnete und las:

»Mein Liebster,
ich liege sehr, sehr krank im Hospital. Kommst du mich besuchen? Du würdest mir so große Freude machen!

Irma.«

Der Hauptmann wurde blaß, und von Mitleid bewegt, erklärte er:

»Mann o Mann, das arme Mädchen. Gleich nach dem Essen gehe ich hin.«

Und die ganze Zeit erzählte er am Tisch der Offiziere, daß Irma im Krankenhaus lag; aber er würde sie da herausholen, verdammtnochmal. Auch das war die Schuld dieser gottverdammten Preußen. Sie muß sich sehr allein gefühlt haben, ohne Geld, dem Elend ausgesetzt, denn bestimmt hatten sie ihr Mobiliar geplündert.

»Oh, die Schweinehunde!«

Alle hörten ihm teilnahmsvoll zu.

Kaum hatte er seine Serviette in den Holzring gesteckt, erhob er sich; er pflückte seinen Säbel vom Garderobenständer, und die Brust wölbend, um sich schlank zu machen, schloß er sein Koppel, dann brach er in schleunigem Schritt nach dem Zivilhospital auf.

Aber der Eintritt zu dem Krankengebäude, den er sich unverzögert erwartet hatte, wurde ihm streng untersagt, und er mußte erst seinen Oberst aufsuchen, seinen Fall auseinandersetzen, um sich mit ein paar Zeilen an den Direktor zu wappnen.

Dieser ließ den schönen Hauptmann geraume Zeit in seinem Vorzimmer posieren, ehe er ihm schließlich eine Erlaubnis aushändigte, was er mit kaltem und mißbilligendem Gruß begleitete.

Von der Tür an fühlte er sich bedrückt in diesem Asyl des Elends, der Leiden und des Todes. Ein Bediensteter führte ihn.

Um keinen Lärm zu machen, ging er auf Zehenspitzen durch die langen Korridore, die ein fader Geruch von Moder, Krankheit und Medikamenten erfüllte. Nur für Augenblicke trübte ein Stimmengemurmel die große Stille.

Manchmal sah der Hauptmann durch eine offene Tür einen Krankensaal, eine Bettenreihe, wo die Decken von der Form der Leiber erhoben waren. Genesende, die an ihrem Fußende auf Stühlen saßen, nähten, sie hatten einheitliche Kleidung aus grauer Leinwand an und auf dem Kopf eine weiße Haube.

Mit einemmal hielt sein Führer vor einer dieser Galerien voll Kranken inne. An der Tür stand in großen Buchstaben: »Syphilitikerinnen«. Der Hauptmann fuhr zusammen; dann wurde er rot. Zu Eingang, auf einem kleinen Holztisch, bereitete eine Krankenschwester ein Medikament.

»Ich führe Sie«, sagte sie, »es ist Bett 29.«

Und sie schritt vor dem Offizier einher.

Dann wies sie auf ein Lager:

»Dort ist es.«

Man sah nichts als das aufgebauschte Bettzeug. Sogar der Kopf stak unter der Decke.

Überall aus den Lagern richteten sich Gestalten auf, bleiche, erstaunte Gestalten, die nach der Uniform starrten, junge und alte Frauen, die alle häßlich und gewöhnlich aussahen unter dem vorgeschriebenen demütigen Leinen.

Der völlig verwirrte Hauptmann, der mit einer Hand seinen Säbel festhielt, in der andern die Mütze trug, murmelte:

»Irma.«

In dem Bett entstand große Bewegung, und das Gesicht seiner Geliebten kam hervor, aber so verwandelt, so ausgezehrt, so mager, daß er es nicht wiedererkannte.

Mit stockendem Atem vor Erregung hechelte sie:

»Albert! … Albert! … Du bist es! … Oh! … wie gut … wie gut …«

Und Tränen quollen aus ihren Augen.

Die Schwester brachte einen Stuhl:

»Nehmen Sie Platz, Monsieur.«

Er setzte sich und betrachtete das fahle, so elende Gesicht des Mädchens, das er so schön und so frisch verlassen hatte.

»Was hast du eigentlich?« fragte er.

Sie antwortete, weiter weinend:

»Hast es doch gesehen, es steht an der Tür.«

Und sie zog den Deckenrand über ihre Augen.

Betroffen, schamvoll fuhr er fort:

»Wie hast du dir das geholt, mein armes Kind?«

»Das waren die Preußen, die Schweine«, murmelte sie. »Die haben mich mit Gewalt gezwungen und haben mich angesteckt.«

Er fand nichts hinzuzufügen. Er betrachtete sie und drehte seine Mütze auf den Knien.

Die anderen Kranken begafften ihn, und er meinte, einen Verwesungsgeruch zu spüren, einen Geruch nach faulem Fleisch und Schande in diesem Saal voller Frauen, die von der widerlichen und schrecklichen Krankheit befallen waren.

Sie murmelte:

»Ich glaube, ich komm nicht davon. Der Arzt sagt, es wär sehr ernst.«

Dann erkannte sie den Orden an der Brust des Offiziers und rief:

»Oh! du hast das Kreuz gekriegt? Ich freue mich! Ich freue mich! Oh! wenn ich dich küssen könnte?«

Vor Angst und Ekel bei dem Gedanken an diesen Kuß lief dem Hauptmann ein Schauder über die Haut.

Am liebsten wäre er jetzt gegangen, um an die Luft zu kommen, diese Frau nicht mehr zu sehen. Aber er blieb, weil er nicht wußte, wie er es anfangen sollte, aufzustehen und ihr Lebewohl zu sagen. Er stammelte:

»Daß du dich nicht ausgeheilt hast.«

Es flammte in Irmas Augen: »Nein, ich wollte mich rächen, egal ob ich dran krepier! Und ich hab sie angesteckt, alle, alle, so viel wie ich konnte. Solange sie in Rouen waren, hab ich mich nicht ausgeheilt.«

In peinlich berührtem Ton, in dem ein klein wenig Vergnügtheit mitschwang, erklärte er:

»Wenn es so ist – das hast du gut gemacht.«

Sie belebte sich, bekam rote Flecken an den Schläfen:

»Oh, ja, durch mich geht von denen mehr als einer drauf, sag ich dir. Das kannst du glauben, ich hab mich gerächt.«

»Desto besser«, sagte er.

Dann stand er auf:

»Also, ich verlaß dich jetzt, ich muß um vier Uhr beim Oberst sein.«

Sie geriet in große Aufregung:

»Schon! du willst schon gehen! Oh! du bist doch kaum erst gekommen! ...«

Aber er wollte um jeden Preis fort.

Er sagte:

»Du hast doch gesehn, ich bin gleich hier gewesen; aber ich muß um vier unbedingt beim Oberst sein.«

»Ist das immer noch Oberst Prune?« fragte sie.

»Immer noch. Er ist zweimal verwundet worden.«

»Und deine Kameraden, sind welche gefallen?«

»Ja, Saint-Timon, Savagnat, Poli, Sapreval, Robert, de Courson, Pasafil, Santal, Caravan und Poivrin sind tot. Sahel hat es einen Arm abgerissen, und Courvoisin ist ein Bein abgequetscht worden. Paquet hat das rechte Auge verloren.«

Sie lauschte voller Anteilnahme. Dann plötzlich stammelte sie:

»Umarmst du mich, eh du gehst, bitte? Madame Langlois ist gerade nicht da.«

Und trotz des Ekels, der ihm in die Lippen stieg, drückte er den Mund auf die blasse Stirn, während sie ihn mit ihren Armen umklammerte und in verzweifelter Hast das blaue Tuch seines Dolmans küßte.

Sie fragte:

»Kommst du wieder, sag, kommst du wieder? Versprich mir, daß du wiederkommst.«

»Ja, ich versprech es dir.«

»Wann? Kannst du Donnerstag?«

»Ja, Donnerstag.«

»Donnerstag, zwei Uhr.«

»Ja, Donnerstag, zwei Uhr.«

»Versprichst du's?«

»Ich versprech's dir.«

»Auf Wiedersehn, mein Liebster.«

»Auf Wiedersehn.«

Und verstört ging er unter den Blicken des Krankensaals davon, seinen hohen Wuchs einknickend, um sich klein zu machen; und als er auf der Straße stand, atmete er auf.

Am Abend fragten ihn die Kameraden:

»Na, und Irma?«

Er antwortete in betretenem Ton:

»Sie hat eine Lungenentzündung, es geht ihr sehr schlecht.«

Aber ein kleiner Leutnant, der seiner Miene etwas abwitterte, holte Erkundigungen ein, und anderntags, als der Hauptmann das Kasino betrat, wurde er mit einer Salve von Witzeleien und Gelächter empfangen. Endlich konnte man sich rächen.

Im weiteren brachte man in Erfahrung, daß Irma mit dem preußischen Generalstab wilde Gelage gefeiert hatte, daß sie mit einem Oberst der blauen Husaren und noch mit vielen anderen zu Pferde durchs Land gejagt war und daß sie in Rouen nur mehr die »Preußenhure« hieß.

Acht Tage lang war der Hauptmann das Opfer des Regiments. Mit der Post wurden ihm enthüllende Einzelheiten, Rezepturen, fachärztliche Indikationen zugestellt, sogar Medikamente erhielt er, deren Bestimmung auf der Sendung stand.

Und der Oberst, als er davon unterrichtet wurde, erklärte in strengem Ton:

»Na, da hat der Hauptmann ja eine hübsche Bekanntschaft. Ich werde ihm meine Glückwünsche aussprechen.«

Zwölf Tage darauf bat ihn Irma in einem neuen Brief, zu ihr zu kommen. Er zerriß ihn voller Wut und antwortete nicht.

Acht Tage später schrieb sie ihm wiederum, es gehe ihr sehr schlecht, sie wolle ihm adieu sagen.

Er antwortete nicht.

Nach abermals einigen Tagen suchte ihn der Geistliche des Hospitals auf.

Die Ledige Irma Pavolin auf ihrem Totenbett flehe ihn an zu kommen.

Er getraute sich nicht, nein zu sagen, aber sein Herz quoll über vor bösem Groll, verletzter Eitelkeit und gedemütigtem Stolz, als er das Krankenhaus betrat.

Er fand sie kaum verändert und meinte, sie habe ihn an der Nase herumgeführt.

»Was willst du von mir?« fragte er.

»Ich wollte dir adieu sagen. Es sieht aus, als ob ich ganz am Ende bin.«

Er glaubte ihr nicht.

»Hör mal, du machst mich zum Gespött des ganzen Regiments, und ich will, daß damit Schluß ist.«

»Aber was hab ich dir denn getan?« fragte sie.

Gereizt, weil er darauf keine Antwort hatte, fuhr er fort:

»Bilde dir bloß nicht ein, daß ich noch mal hicrherkomme, damit sich alle Welt über mich lustig macht.«

Sie sah ihn mit ihren erloschenen Augen an, in denen sich Zorn entzündete, und fragte noch einmal:

»Aber was hab ich dir getan? War ich vielleicht nicht lieb zu dir? Hab ich jemals was von dir verlangt? Ohne dich wäre ich bei Monsieur Templier-Papon geblieben und läge heute nicht hier. Nein, nein, siehst du, wenn einer mir Vorwürfe machen kann – du nicht.«

Er erwiderte in bebendem Ton:

»Ich mache dir keine Vorwürfe, aber ich will nicht mehr herkommen; denn wie du dich mit den Preußen aufgeführt hast, das war die Schande der ganzen Stadt.«

Sie setzte sich mit einem Ruck in ihrem Bett auf:

»Wie ich mich mit den Preußen aufgeführt habe? Aber ich sage dir doch, daß sie mich gezwungen haben, und ich sage dir auch, ich hab mich nicht ausgeheilt, weil ich sie anstecken wollte. Klar hätt ich mich heilen können, das wär nicht schwer gewesen, verdammt! aber ich wollte sie umbringen, und das hab ich geschafft, das kannst du mir glauben!«

Er stand noch immer.

»Auf alle Fälle ist es eine Schande«, sagte er.

Ihr stockte der Atem, dann fuhr sie fort:

»Was ist eine Schande, daß ich mich hops gehn lassen hab, um die auszurotten, ja? So hast du doch nicht geredet, als du zu mir in die Rue Jeanne d'Arc gekommen bist? Ah! eine Schande ist es! Das hättest du nicht fertiggebracht, du mit deinem Kreuz! Das hätt ich eher verdient als du, weißte, eher als du, ich hab mehr Preußen umgebracht! ...«

Verblüfft stand er und bebte vor Entrüstung.

»Sei still ... hörst du ... sei still ... diese ... diese Dinge ... die hast du nicht anzutasten ...«

Aber sie hörte nicht mehr:

»Ich möchte wissen, was ihr denen groß Schlimmes getan habt, den Preußen! Wäre das überhaupt geschehen, wenn ihr sie gehindert hättet, nach Rouen zu kommen? Ihr hättet sie aufhalten müssen, verstehst du. Ich hab ihnen mehr Schaden gebracht als du, ich, jawohl, mehr Schaden als du, weil ich nämlich dran sterbe, während du bummeln gehst und den Schönen spielst, um die Frauen einzuwickeln ...«

Aus jedem Bett hatte sich ein Kopf erhoben, und aller Augen starrten nach dem stotternden Mann in Uniform.

»Sei still … hörst du … sei still …«

Aber sie war nicht still. Sie schrie:

»Ah! ein schöner Angeber bist du. Ich kenn dich, geh! Ich kenn dich. Ich sag dir, ich hab denen mehr Schlimmes getan als du; ich hab mehr getötet als dein ganzes Regiment zusammen … hau ab … Kapaun du!«

Er ging tatsächlich, er flüchtete mit langen Beinen, mitten durch die beiden Bettreihen mit den Syphilitikerinnen. Und er hörte Irmas hechelnde, pfeifende Stimme ihm nachschreien:

»Mehr als du, jawohl, ich hab mehr als du umgebracht, mehr als du …«

Er hastete die Treppe, immer vier Stufen auf einmal, hinunter und lief, sich zu Hause einzuschließen.

Anderntags hörte er, daß sie tot war.

Der Tic

Allmählich strömten die Gäste in den großen Speisesaal des Hotels und nahmen ihre Plätze ein. Langsam begannen die Bedienten mit dem Servieren, um den Verspäteten noch einen Aufschub zu gönnen und die Gerichte nicht ein zweites Mal hereintragen zu müssen; und die eingewohnten Kurgänger, die Stammgäste, deren Zeit schon vorgerückt war, blickten jedesmal, wenn die Tür sich öffnete, dorthin in dem Wunsch, neue Gesichter auftauchen zu sehen.

Denn das ist die große Zerstreuung der Badeorte. Man wartet auf das Diner, um die Neuankömmlinge des Tages zu mustern, zu rätseln, wer sie sind, was sie tun und was sie denken. Durch unsern Sinn streunt das stetige Verlangen nach angenehmen Begegnungen, erfreulichen Bekanntschaften, nach Lieben womöglich. In diesem Leben auf Ellbogennähe haben die Nachbarn, die Unbekannten höchste Wichtigkeit. Die Neugier ist auf der Lauer, die Sympathie in Erwartung, die Geselligkeit in Bereitschaft.

Man hat Einwochenantipathien und Einmonatsfreundschaften, man sieht die Menschen mit anderen Augen, unter der speziellen Optik der Badeortbekanntschaft. Plötzlich entdeckt man an Leuten in einer Plauderstunde, abends, nach dem Diner, unter den Parkbäumen, wo die Heilquelle sprudelt, eine überragende

Intelligenz, erstaunliche Verdienste, und einen Monat später hat man diese neuen, in den ersten Tagen so reizenden Freunde vollständig vergessen.

Doch bilden sich dort auch dauer- und ernsthafte Bande schneller als sonst irgendwo. Man sieht sich den ganzen Tag, lernt sich sehr schnell kennen; und in die beginnende Zuneigung mengt sich etwas von der Süße und Preisgabe langer Verbundenheit. Später hegt man die teure und gerührte Erinnerung an diese ersten Stunden einer Freundschaft, an die ersten Plaudereien, in denen die Seele sich erschließt, an die ersten abtastenden Blicke, die auf die Fragen und geheimen Gedanken antworten, die der Mund noch nicht sagt, an die erste herzliche Vertraulichkeit, jene selige Empfindung, jemandem sein Herz zu öffnen, der einem auch das seine zu öffnen scheint.

Und die Ödnis des Kurorts, die Einförmigkeit der immer gleich verlaufenden Tage bewirkt, daß die Neigung sich von Stunde zu Stunde vollkommener entfaltet.

An jenem Abend nun erwarteten wir, wie alle Abende, das Eintreffen neuer Gesichter.

Es kamen nur zwei, aber sehr sonderbare, ein Mann und eine Frau: Vater und Tochter. Sie wirkten auf mich sofort wie Gestalten von Edgar Allan Poe; und es war ein Zauber an ihnen, aber ein unglücklicher; ich stellte sie mir als Opfer des Verhängnisses vor. Der Mann war sehr groß und hager, leicht gebeugt, mit ganz weißen Haaren, zu weiß für seine noch junge Physiognomie; und er hatte in Gang und Haltung etwas Ernstes, jene strenge Würde, die Protestanten haben. Die Tochter, vielleicht vierundzwanzig, fünfundzwanzig Jahre alt, war klein, auch sehr mager, sehr blaß, und ihr Ausdruck war matt, erschöpft, niedergeschlagen. Man begegnet bisweilen solchen Menschen, die für die Pflichten und

Notwendigkeiten des Lebens zu schwach erscheinen, zu schwach, sich zu bewegen, zu gehen, all das zu tun, was wir tagtäglich zu tun haben. Sie war recht hübsch, die Kleine, sie hatte die durchsichtige Schönheit einer Erscheinung; und sie aß mit äußerster Langsamkeit, wie wenn sie kaum imstande wäre, die Arme zu heben.

Unstreitig war sie es, die das Wasser nahm.

Sie saßen mir gegenüber, auf der anderen Seite der Tafel; und ich bemerkte schnell, daß der Vater einen sehr merkwürdigen nervösen Tic hatte.

Jedesmal wenn er einen Gegenstand fassen wollte, beschrieb seine Hand einen raschen Haken, eine Art hilfloses Zickzack, ehe ihm zu ergreifen gelang, was er wollte. Nach wenigen Sekunden störte mich diese Bewegung derart, daß ich den Blick abwandte, um sie nicht mehr zu sehen.

Ich bemerkte auch, daß das junge Mädchen beim Essen einen Handschuh an der linken Hand anbehielt.

Nach dem Diner machte ich einen Rundgang durch den Park des Thermalbades. Es trug sich dies in einem kleinen Kurort der Auvergne zu, in Châtelguyon, das versteckt in einer Schlucht am Fuß des Hochgebirges liegt, wo den tiefen Herdstätten der einstigen Vulkane so viele heiße Quellen entspringen. Hoch über uns erhoben die Kegel der erloschenen Krater ihre stumpfen Häupter über die lange Bergkette. Denn Châtelguyon liegt am Anfang des Landes der Kegel, deren höchster der Puy de Dôme ist.

Weiter entfernt erstreckt sich das Land der »pics« mit dem Pic du Sancy, noch weiter das Land der »plombs« mit dem Plomb du Cantal.

Es war sehr warm an jenem Abend. Ich ging die dämmrige Allee auf und nieder und hörte von dem Hügel, der den Park überragt, die Kapelle des Kasinos ihre ersten Lieder spielen.

Und ich sah, wie mir langsamen Schrittes der Vater und die Tochter entgegenkamen. Ich grüßte sie, wie man an Kurorten seine Hotelnachbarn grüßt; und der Mann, der sofort stehenblieb, fragte mich:

»Könnten Sie uns nicht, Monsieur, einen kurzen, leichten, möglichst hübschen Spazierweg nennen? Entschuldigen Sie bitte meine Aufdringlichkeit.«

Ich erbot mich, sie nach dem Tal des schmalen Flüßchens zu führen, einem tiefen Tal, einer engen Schlucht zwischen zwei hohen bewaldeten Felshängen.

Sie nahmen an.

Und natürlich redeten wir über die Heilkraft der Quellen.

»Oh«, sagte er, »meine Tochter hat eine seltsame Krankheit, deren Herd man nicht kennt. Sie leidet an unerklärlichen nervösen Anfällen. Bald glaubt man, es sei das Herz, bald die Leber, bald das Rückenmark. Heute teilt man dem Magen, dem großen Dampfkessel und Regulator des Körpers, dieses Proteus-Leiden der tausend Formen und Attacken zu. Deshalb sind wir hier. Ich glaube ja eher, daß es die Nerven sind. In jedem Falle ist es recht traurig.«

Mir trat sofort der heftige Tic seiner Hand vor Augen, und ich fragte:

»Aber liegt da nicht vielleicht Erblichkeit vor? Haben Sie nicht selber ein wenig kranke Nerven?«

Ruhig antwortete er:

»Ich? … Ach nein … ich hatte immer sehr gute Nerven …«

Auf einmal, nach einem Schweigen, setzte er hinzu:

»Ah! Sie denken an den Krampf meiner Hand, immer wenn ich etwas ergreifen will? Nun, das rührt von einem schrecklichen Erlebnis her: Stellen Sie sich vor, dieses Kind war einmal lebendig begraben!«

Vor Überraschung und Schreck brachte ich nichts als ein »Ah!« heraus.

Er fuhr fort:

»Was geschah, ist einfach. Juliette hatte seit einiger Zeit schwere Herzanfälle. Wir glaubten an eine Krankheit dieses Organs und waren auf alles gefaßt.

Eines Tages brachte man sie kalt, leblos, entseelt ins Haus. Sie war im Garten umgefallen. Der Arzt stellte den Tod fest. Ich wachte einen Tag und zwei Nächte bei ihr; ich legte sie selber in den Sarg, den ich zum Friedhof begleitete, wo er in unserer Familiengruft beigesetzt wurde.

Es war mitten auf dem Land, in Lothringen.

Ich hatte gewollt, daß sie mit ihrem Schmuck: Armbändern, Ketten und Ringen begraben werde, lauter Geschenken, die sie von mir erhalten hatte, und in ihrem ersten Ballkleid.

Sie müssen bedenken, wie es um mein Herz und um meine Seele bestellt war, als ich heimkehrte. Ich hatte nur noch sie gehabt, denn meine Frau war schon lange tot. Alleine, halb wahnsinnig, entkräftet, ging ich nach meinem Zimmer und fiel in meinen Lehnstuhl, ohne zu denken, ohne die Energie, irgendeine Bewegung zu machen. Ich war nur noch eine schmerzende, vibrierende Maschine, ein Gehäuteter; meine Seele glich einer offenen Wunde.

Mein alter Kammerdiener Prosper, der mir geholfen hatte, Juliette in den Sarg zu betten und für den letzten Schlaf zu schmücken, trat lautlos herein und fragte:

›Will Monsieur nicht etwas zu sich nehmen?‹

Ich schüttelte wortlos den Kopf.

Er beharrte:

›Monsieur hat unrecht. Monsieur wird sich ein Leiden zuziehen. Soll ich Monsieur zu Bett bringen?‹

›Nein, laß mich‹, wehrte ich ab.

Und er zog sich zurück.

Wie viele Stunden verrannen, weiß ich nicht. Oh, welche Nacht! welch eine Nacht! Es war kalt; das Feuer im großen Kamin war erloschen; und der Wind, Winterwind, eisig, scharf und voller Frost, stieß mit unheimlichem, unablässigem Getöse gegen die Fenster.

Wie viele Stunden verrannen? Ich saß da, ohne zu schlafen, zusammengesunken, erschlagen, mit offenen Augen, die Beine von mir gestreckt, der Körper schlaff, tot, der Geist in Verzweiflung versickert. Plötzlich erscholl die große Glocke der Eingangstür, die große Glocke der Halle.

Ich schrak derart zusammen, daß der Sitz unter mir knackte. Der ernste, gewichtige Ton tönte in dem leeren Schloß wie in einem Grabgewölbe. Ich wandte mich, um zu sehen, welche Stunde meine Wanduhr anzeigte. Es war zwei Uhr morgens. Wer konnte um diese Zeit kommen?

Und jäh gab die Glocke zwei neue Anschläge. Offensichtlich getrauten sich die Bediensteten nicht, aufzustehen. Ich nahm eine Kerze und ging hinunter. Fast hätte ich gefragt: Wer ist da?

Dann schämte ich mich für meine Schwäche; und langsam zog ich die schweren Riegel zurück. Mein Herz hämmerte; ich hatte Angst. Mit einem Ruck öffnete ich die Tür und sah im Dunkel eine weiße Gestalt stehen, etwas wie ein Gespenst.

Starr vor Grauen, trat ich zurück, stammelte:

›Wer … wer … wer sind Sie?‹

Eine Stimme antwortete:

›Ich bin es, Vater.‹

Es war meine Tochter.

Wirklich, ich glaubte, ich sei irre geworden; und ich wich hausein vor dem Gespenst, das da hereintrat; ich schritt rückwärts und machte, wie um es zu verjagen, mit der Hand jene Geste, die Sie vorhin an mir sahen; jene Geste, die mich nicht mehr verließ.

Die Erscheinung sagte:

›Hab keine Angst, Papa; ich bin nicht tot. Man hat mir meine Ringe stehlen wollen und mir einen Finger abgeschnitten; so fing das Blut an zu fließen, und das hat mich aufgeweckt.‹

Und tatsächlich sah ich, daß sie voller Blut war.

Erstickend, schluchzend, röchelnd brach ich in die Knie.

Dann, als ich meine Gedanken wieder ein wenig gefaßt hatte, aber noch dermaßen außer mir, daß ich das schreckliche Glück, das mir geschah, schwer begriff, ließ ich sie hinaufsteigen nach meinem Zimmer, ließ sie in meinen Lehnstuhl niedersitzen; dann läutete ich mit fliegenden Händen nach Prosper, damit er Feuer mache, damit er zu trinken bereite und Hilfe hole.

Der Mann trat ein, erblickte meine Tochter, riß in einem Krampf vor Schreck und Grausen den Mund auf und fiel steif auf den Rücken, tot.

Er war es gewesen, der die Gruft erbrochen, mein Kind verstümmelt und dann liegengelassen hatte: denn er konnte die Spuren des Raubes nicht verwischen. Er hatte nicht einmal achtgetragen, den Sarg wieder in sein Gehäuse zu stellen, überzeugt im übrigen, daß er von mir nicht würde verdächtigt werden, da er mein volles Vertrauen genoß.

Sie sehen, Monsieur, wir sind recht unglückliche Menschen.«

Er schwieg.

Dunkel war über das verlassene und traurige kleine Tal hereingesunken, und eine rätselvolle Furcht, mich in Gesellschaft dieser sonderbaren Wesen, dieser auferstandenen Toten und dieses Vaters mit der erschreckenden Geste zu befinden, würgte mich.

Ich wußte nichts zu sagen. Ich murmelte:

»Wie furchtbar ...«

Dann, nach einer Minute, setzte ich hinzu:

»Vielleicht sollten wir umkehren, mir scheint, es wird kühl.«

Und wir gingen zurück nach dem Hotel.

Das Geständnis

Die Mittagssonne flutet nieder auf die Felder. Sie dehnen und wellen sich um die Baumgebinde der Höfe, und die verschiedenen Fruchtstände, gelber Roggen, reifender Weizen, hellgrüner Hafer und sattgrüner Klee, breiten einen großen weichen Streifenmantel über den nackten Leib der Erde.

Weit hinten auf einer Anhöhe weiden und malmen die Kühe wie Soldaten in endloser Linie, auf einem Kleeschlag, so groß wie ein See, die einen im Liegen, die andern im Stehen, und blinkern in dem brennenden Licht mit ihren großen Augen.

Und zwei Frauen, Mutter und Tochter, ziehen im Schaukelschritt, eine hinter der andern, einen schmalen, durch die Felder getretenen Pfad nach dem Regiment der Tiere hinan.

Sie tragen jede zwei Zinkeimer, die ihnen ein Jochholz vom Leibe hält; und bei jedem Schritt, den sie machen, flammt das Metall weiß und blendend unter der auftreffenden Sonne.

Sie reden kein Wort. Sie gehen die Kühe melken. Sie kommen an, stellen die Eimer zu Boden und nähern sich den ersten beiden Tieren, die sie durch einen Rippenstoß mit den Holzklotzen zum Aufstehen bringen. Das Tier hebt sich langsam erst auf die Vorderbeine, dann stemmt es mit größerer Anstrengung seine breite

Kruppe hoch, die durch das riesige Euter aus baumelndem, hellem Fleisch noch schwerer aussieht.

Und die beiden Malivoires, Mutter und Tochter, knien sich jede unter den Bauch einer Kuh und streichen mit behendem Zug die geschwellten Zitzen, die bei jedem Druck einen dünnen Milchstrahl in den Eimer schießen. Der gelbliche Schaum steigt am Rand auf, und die Frauen gehen von Tier zu Tier bis ans Ende der langen Reihe.

Haben sie eins fertig gemolken, führen sie es zum Weiden auf ein frisches Stück Grün.

Dann machen sie sich, langsamer unter der Milchlast, auf den Rückweg, die Mutter vorn, die Tochter hintennach.

Aber die bleibt auf einmal stehen, stellt ihre Bürde ab, setzt sich und fängt an zu weinen.

Als Mutter Malivoire nicht mehr gehen hört, dreht sie sich um und guckt verdutzt.

»Was hast du?« fragte sie.

Und die Tochter, Céleste, eine große Rotblonde mit sonnverbrannten Haaren, sonnverbrannten Backen, mit Sommersprossen, wie wenn ihr eines Tages beim Plakken in der Sonnenglut Feuertröpfchen ins Gesicht gefallen wären, wimmerte leise wie ein geschlagenes Kind:

»Ich kann die Milch nich mehr tragen!«

Die Mutter betrachtete sie mit argwöhnischer Miene. Noch einmal fragte sie:

»Was hast denn?«

Céleste, die sich an der Erde zwischen ihren Eimern zusammenkrümmte und die Augen in der Schürze versteckte, jammerte:

»Das zerrt mich so, ich kann nich.«

Zum drittenmal fragte die Mutter:

»Was hast denn bloß?«

Und die Tochter greinte:

»Ich glaub, ich bin schwanger.«

Und sie schluchzte los.

Nun stellte die Alte selber ihre Bürde ab, dermaßen verdattert, daß es ihr die Sprache verschlug. Endlich stotterte sie:

»Du … du … du … du bist schwanger, Trine, is das denn die Möglichkeit?«

Die Malivoires waren reiche Pächter, gutgestellte, wohlhabende Leute, geachtet, gerissen und einflußreich.

Céleste heulte:

»Ich glaub bestimmt, es is so.«

Fassungslos starrte die Mutter auf die Tochter nieder, die da am Boden zuckte und schluchzte. Nach Sekunden schrie sie los:

»Du bist schwanger? Du bist schwanger? Wo hast dir das denn aufgeschnappt, Schlampe?«

Und vor Kummer durch und durch geschüttelt, murmelte Céleste:

»Ich glaub, bei Polyte in der Kutsche.«

Die Alte suchte zu verstehen, suchte zu erraten, suchte auszufinden, wer ihrer Tochter das Unglück angetan haben könnte. Wenn es ein reicher und gut angesehener Bursche war, würde man eben zusehen, wie man sich einigte. Das wäre immer noch halb so schlimm; Céleste war nicht die erste, der das zustieß; aber es grämte sie trotzdem, wenn sie an das Gerede dachte und an ihr Ansehn.

Sie fragte:

»Und wer isses, der dir das gemacht hat, Luder?«

Und Céleste, entschlossen, alles zu sagen, stammelte:

»Ich glaub, Polyte war es.«

Da fiel die alte Malivoire, vor Zorn außer sich, über ihre Tochter her und begann mit solchem Ingrimm auf sie einzuprügeln, daß sie ihre Haube verlor.

Sie drosch ihr mit dicken Faustschlägen auf den Kopf,

auf den Rücken, überallhin; und Céleste lag ganz lang zwischen ihren beiden Eimern, die sie ein bißchen schützten, und deckte nur ihr Gesicht mit den Händen.

Alle Kühe hatten verwundert aufgehört zu mahlen und sich umgedreht und glotzten aus ihren großen Augen. Die hinterste reckte das Maul brüllend nach den beiden Frauen.

Als Mutter Malivoire geprügelt hatte, bis ihr der Atem ausging, hielt sie schnaufend inne; und wie sie sich endlich ein bißchen faßte, wollte sie über die Sache genauen Bescheid.

»Polyte! Is das denn gottesmöglich! Wie hast denn das machen können, mit dem Kutscher! Hast denn den Verstand verloren gehabt? Der muß dich doch behext haben, der Taugenichts?«

Und Céleste, die immer noch dalag, murmelte in den Sand:

»Ich hab nich zahlen müssen fürs Fahren.«

Und die alte Normannin begriff.

Alle Wochen, mittwochs und samstags, brachte Céleste die Erzeugnisse der Ferme zum Markt, Geflügel, Rahm und Eier.

Um sieben Uhr morgens zog sie los mit ihren zwei großen Henkelkörben am Arm, im einen die Milchsachen, im andern die Hühner; und vorn an der Landstraße wartete sie auf den Postwagen nach Yvetot.

Sie stellte ihre Waren auf die Erde und setzte sich an den Rain, und die Hühner mit dem kurzen spitzen Schnabel und die Enten mit dem breiten platten Schnabel steckten die Köpfe durch die Weidenstäbe und guckten blöde staunend aus ihren runden Augen.

Bald kam die Kutsche, ein klappriger gelber Kasten mit einer schwarzen Ledermütze, hinternwackelnd im Trott einer weißen Mähre angezuckelt.

Und Polyte, der Kutscher, ein Bruder Lustig, dickbäuchig, so jung er war, und so von der Sonne geschmort, vom Wind gegerbt, vom Regen gewässert und gefärbt vom Branntwein, daß sein Gesicht und Hals ziegelrot leuchteten, ließ seine Peitsche knallen und rief schon von weitem:

»Guten Morgen, Mam'zelle Céleste. Gehts der Gesundheit gut?«

Sie streckte ihm ihre Körbe hinauf, die er auf dem Verdeck verstaute; dann hob sie das Bein, um das hohe Trittbrett zu erreichen, und zeigte dabei ihre stramme Wade im blauen Strumpf.

Und jedesmal machte Polyte denselben Scherz: »Allewetter, sie is kein bißchen abgemagert.«

Und Céleste fand das ulkig und lachte.

Dann brachte er mit einem »Hü, Cocotte« sein mageres Pferd wieder in Gang. Céleste zog das Portemonnaie aus ihrer tiefen Tasche, suchte bedachtsam zehn Sous heraus, sechs Sous für sie und vier für die Körbe, und reichte Polyte die Münzen über seine Schulter hinweg. Er nahm sie und sagte dabei:

»Na, wie wärs heut mitm kleinen Spaß?«

Und dann lachte er aus voller Kehle und drehte sich zu ihr um und betrachtete sie mit Behagen.

Es kostete sie jedesmal etwas, diesen halben Franc für die drei Kilometer herauszurücken. Und wenn sie kein Kleingeld hatte, schmerzte es sie noch mehr, weil sie sich nur schwer überwinden konnte, ein Silberstück zu wechseln.

Und eines Tages, als es ans Bezahlen ging, fragte sie:

»Ob Sie für eine gute Kundin wie mich nich bloß sechs Sous nehmen könnten?«

Er lachte los:

»Sechs Sous, meine Schöne, Sie sind aber mehr wert, aber allemal!«

Sie beharrte:

»Das macht für Sie nich mal zwei Francs weniger im Monat.«

»Na gut«, rief er und peitschte seinen Gaul, »ich bin kulant, fürn kleinen Spaß erlaß ichs Ihnen.«

Mit einfältiger Miene fragte sie:

»Was meinen Sie damit?«

Das fand er so komisch, daß er sich vor lauter Lachen verschluckte.

»Ein kleiner Spaß, na, das isn kleiner Spaß, liebe Zeit, Mädel und Bursche und vornweg die Musik.«

Sie verstand, wurde rot und erklärte:

»Für das Spiel bin ich nich zu haben, Monsieur Polyte.«

Aber das schüchterte ihn nicht ein, und immer vergnügter versicherte er:

»Sie kommen schon noch drauf, Mädel und Bursche und vornweg die Musik!«

Und seitdem hatte er sich angewöhnt, sie jedesmal, wenn sie bezahlte, zu fragen:

»Na, wie wärs heut mitm kleinen Spaß?«

Bald ging sie ein auf den Scherz und antwortete:

»Heut noch nich, Monsieur Polyte, aber Samstag bestimmt!«

Und er rief, weiter lachend:

»Einverstanden, denn Samstag, meine Schöne.«

Sie aber rechnete sich im stillen aus, daß sie seit den zwei Jahren, die das so ging, schon achtundvierzig Francs an Polyte gezahlt hatte, und achtundvierzig Francs auf dem Land, die findet einer nicht in der Ackerfurche; und sie rechnete sich auch aus, daß es in nochmal zwei Jahren fast hundert Francs wären.

So kam es, daß sie eines Tages im Frühling, als sie allein waren und er nach seiner Gewohnheit fragte: »Na, wie wärs heut mitm kleinen Spaß?«, zur Antwort gab:

»Wie Sie belieben, Monsieur Polyte.«

Er wunderte sich gar kein bißchen, sondern kletterte über die Rücklehne.

»Na denn«, grunzte er vergnügt, »hab ichs nich gesagt, daß wir noch drauf kommen?«

Und das alte weiße Pferd fiel in eine so sanfte Gangart, als ob es auf der Stelle tänzelte, taub für die Stimme, die ihm dann und wann aus dem Wageninnern zurief: »Hü doch, Cocotte, hü doch!«

Drei Monate später merkte Céleste, daß sie schwanger war.

Das alles hatte sie mit weinerlicher Stimme ihrer Mutter erzählt. Und die Alte fragte, blaß vor Zorn:

»Und wieviel hat das nu gebracht?«

»Vier Monate, das macht acht Francs, bestimmt.«

Da brach die Wut der Bäuerin rasend los, sie stürzte sich noch mal auf ihre Tochter und schlug sie, bis ihr keine Luft mehr blieb. Dann, als sie wieder aufrecht stand, fragte sie:

»Hast ihm gesagt, daß du schwanger bist?«

»Na nein doch.«

»Warum hast ihm das nich gesagt?«

»Weil er mich denn vielleicht wieder hätt zahlen lassen.«

Und die Alte stand nachdenklich; schließlich nahm sie ihre Eimer:

»Los, steh auf, und sieh, daß du nachkommst.«

Dann, nach einem Schweigen, setzte sie hinzu:

»Und daß du ihm nichts sagst, solang wie ers nich sieht; daß wir so sechs, acht Monate rausholen!«

Und Céleste, die aufgestanden war und, zerzaust und verquollen, weiter flennte, setzte sich schwerfüßig in Gang.

»Ich werd schon nichts sagen«, schnuffelte sie, »bestimmt nich.«

Die Angst

Der Zug flog mit Volldampf durch die Finsternis. Ich reiste allein, einem alten Herrn gegenüber, der zum Fenster hinaussah. Es roch stark nach Phenol in diesem Wagen des Paris–Lyon–Méditerranée, also war er aus Marseille gekommen.

Die Nacht war mondlos, schwül, erstickend, kein Stern zu sehen. Der hereingeschleuderte Lokomotivenrauch warf uns etwas Warmes, Schlaffes, Erdrückendes vor, nicht zum Atmen.

Seit drei Stunden fuhren wir von Paris dem Herzen Frankreichs zu und konnten nichts von den durchquerten Landschaften erkennen.

Plötzlich eine phantastische Erscheinung: bei einem großen Feuer in einem Wald zwei Männer.

Das Bild hatte eine Sekunde gedauert: es schienen zwei zerlumpte Gestalten gewesen zu sein, rot im grellen Licht des Brandes, mit bärtigen, uns zugewandten Gesichtern, und um sie herum, gleich einer Theaterdekoration, die grünen Bäume, in helleuchtendem Grün, die Stämme vom lebhaften Schein der Flammen bestrahlt, das Laub von dem drinnen flutenden Licht durchschimmert und beträuft.

Dann war wieder alles schwarz.

Wirklich, es war eine merkwürdige Vision gewesen! Was taten die zwei Kerle da in dem Wald? Warum ein Feuer in solcher erstickenden Nacht?

Mein Nachbar zog seine Uhr und sagte:

»Es ist genau Mitternacht, Monsieur, wir haben soeben etwas wie ein Wunder gesehen.«

Ich stimmte ihm bei, und wir begannen zu plaudern, suchten zu raten, was diese zwei wohl sein mochten: Missetäter, die Beweise verbrannten, oder Hexer, die einen Zaubertrank bereiteten? Niemand zündet doch mitternachts, mitten im Sommer, mitten im Wald, ein solches Feuer an, um Suppe zu kochen? Was also taten sie? Wir konnten nichts Wahrscheinliches finden.

Und mein Nachbar begann zu erzählen ... Er war ein alter Mann, dessen Beruf zu bestimmen mir nicht gelang. Ein Original zweifellos, höchst gebildet, ein wenig verschroben vielleicht.

Aber wer weiß denn, welches die Weisen, welches die Narren in diesem Leben sind, wo die Vernunft nicht selten Dummheit, wo Torheit Genie heißen müßte?

So sprach er:

»Ich freue mich, das gesehen zu haben. Für einige Minuten wurde mir ein längst entschwundenes Gefühl zuteil!

Wie muß die Welt erregend gewesen sein, als sie noch voller Geheimnisse war!

Je mehr man die Schleier des Unbekannten lüftet, je ärmer wird des Menschen Phantasie. Finden Sie nicht, Monsieur, daß die Nacht ziemlich leer und von recht vulgärem Schwarz ist, seit sie keine Gespenster mehr birgt?

Man sagt sich: Vorbei das Phantastische, vorbei aller sonderbare Glauben, alles Unerklärliche ist erklärbar. Das Übernatürliche versinkt wie ein See, den ein Kanal erschöpft; die Wissenschaft zieht dem Wunderbaren mit jedem Tag engere Grenzen.

Aber ich, Monsieur, ich gehöre zu der alten Rasse, die

gerne glaubt. Ich gehöre zu den naiven Alten, die es gewöhnt sind, nicht zu verstehen, nicht zu forschen, nicht zu wissen, die selbstverständlich mit den uns umgebenden Mysterien leben und sich gegen die simple, klare Wahrheit sträuben.

Ja, Monsieur, man hat unsere Vorstellungswelt entvölkert, als man das Unsichtbare ausmerzte. Unsere heutige Erde kommt mir vor wie eine verlassene, leere und nackte Welt. Die Glaubensbilder, die sie poetisch machten, sind erloschen.

Wie gern möchte ich, wenn ich abends ausgehe, in jener Furcht erschauern, die alte Frauen sich vor den Friedhofsmauern bekreuzigen läßt und die letzten Abergläubigen vor den seltsamen Dämpfen der Sümpfe und den phantastischen Irrlichtern in die Flucht treibt! Wie möchte ich an jenes Unbestimmbare und Erschreckende glauben, davon man wähnte, daß es einen im Finsteren umstreiche.

Wie muß das Nachtdunkel in früheren Zeiten düster und schrecklich gewesen sein, als es voller Fabelwesen und böser Geister war, von denen niemand wußte, wie sie aussahen, die zu spüren das Herz vereiste, deren unheimliche Macht die Grenzen allen Denkens überstieg und mit denen aneinanderzugeraten unvermeidlich schien?

Mit dem Übernatürlichen ist die eigentliche Angst aus der Welt verschwunden, denn wahre Angst hat man nur vor dem, was man nicht begreift. Sichtbare Gefahren können verwirren, erschrecken, erschüttern! Aber was ist das gegen die Konvulsionen, die eine Seele bei der Vorstellung durchzucken, daß man einem irrenden Gespenst begegnet, daß man von einem Toten umarmt wird, daß man auf eines jener entsetzlichen Tierwesen trifft, die der Furcht des Menschen entsprangen? Alle Finsternis scheint mir hell, seit sie nicht mehr durchspukt ist.

Und der Beweis dafür: Wenn wir plötzlich allein in jenen Wald versetzt wären, würde uns das Bild dieser beiden rätselhaften Wesen, die uns vorhin im grellen Widerschein ihrer Feuerstätte erschienen, weit stärker beschäftigen als die Furcht vor irgendeiner wirklichen Gefahr.«

»Wahre Angst«, wiederholte er, »hat man nur vor dem, was man nicht begreift.«

Und plötzlich trat mir eine Geschichte in die Erinnerung, die uns Turgenjew eines Sonntags bei Gustave Flaubert erzählte.

Ob er sie irgendwo aufgeschrieben hat, weiß ich nicht.

Kein anderer konnte so wie der große russische Romancier den Schauder des Unheimlichen in die Seele senken und uns im Helldunkel einer sonderbaren Geschichte eine ganze Welt beunruhigender, ungewisser, bedrohlicher Dinge erahnen lassen.

Bei ihm fühlt man sie wirklich, die wirre Angst vor dem UNSICHTBAREN, die Angst vor dem Unbekannten, das hinter der Wand, hinter der Tür, hinter dem sichtbaren Leben lauert. Bei ihm werden wir jäh von Lichtern durchflackert, die nur eben so viel erhellen, daß unsere Angst sich erhöht.

Manchmal scheint er uns die Bedeutung bizarrer Zufälle aufzuzeigen, unerwarteter, scheinbar gewaltsamer Zusammentreffen, die aber von einem verborgenen heimtückischen Willen herbeigeführt sein könnten. Bei ihm glaubt man einen unmerklichen Faden zu spüren, der uns auf geheimnisvolle Weise durchs Leben leitet wie durch einen verworrenen Traum, dessen Sinn uns unentwegt entfällt.

Er begibt sich nie kühn ins Übernatürliche hinein wie Edgar Allan Poe oder Hoffmann; er erzählt einfache Geschichten, in die sich nur etwas mischt, das ein wenig unbestimmbar, ein wenig beunruhigend ist.

Auch er sagte uns an jenem Tag: »Wahre Angst hat man nur vor dem, was man nicht begreift.«

Er saß oder vielmehr ruhte in einen großen Lehnsessel versunken, die Arme zur Seite hängend, die Beine ausgestreckt und entspannt, der Kopf ganz weiß in der wallenden Flut des Bartes und der silbernen Haare, die ihm den Anblick eines Ewigen Vaters oder eines Ovidischen Flußgottes gaben.

Er sprach langsam, mit einer gewissen Trägheit, die den Sätzen Zauber verlieh, und einem gewissen Zögern der ein wenig schwerfälligen Zunge, das die farbenreiche Genauigkeit der Wörter unterstrich. Seine blassen, groß geöffneten Augen spiegelten, wie die Augen eines Kindes, alle Empfindungen seines Gemüts und seines Denkens.

Er erzählte uns dies:

Einmal, als er noch ein junger Mann war, jagte er in einem Wald in Rußland. Er war den ganzen Tag auf den Beinen gewesen und gelangte zu Ende des Nachmittags an den Rand eines stillen Stroms.

Er floß unter Bäumen, zwischen Bäumen, mit schwimmenden Blättern bedeckt, tief, kalt und klar.

Ein gebieterisches Verlangen, in dieses durchsichtige Wasser zu tauchen, ergriff den Jäger. Er entkleidete sich und warf sich hinein. Er war ein sehr großer, sehr kräftiger Bursche, ein starker und kühner Schwimmer.

Sacht ließ er sich treiben, die Seele friedevoll, gestreichelt von den Blättern und Wurzeln, glücklich, das sanfte Gleiten der Schlingpflanzen an seiner Haut zu fühlen.

Plötzlich legte sich ihm eine Hand auf die Schulter.

Mit einem Ruck drehte er sich um und sah ein greuliches Wesen, das ihn lüstern betrachtete.

Es sah nach einem Weib oder einer Äffin aus. Es hatte

ein riesiges, runzliges Gesicht, das grimassierte und lachte. Zwei unbeschreibliche Dinge, Zitzen zweifellos, trieben ihm voraus, und überlange, verfilzte und von der Sonne rotgebrannte Haare umgaben das Gesicht und schwammen auf dem Rücken.

Turgenjew fühlte die grausige Angst, die eisige Angst vor dem Übernatürlichen.

Ohne zu überlegen, ohne zu denken, ohne zu begreifen, begann er wie rasend nach dem Ufer zu schwimmen. Aber das Ungeheuer war noch schneller und betatschte ihn am Halse, am Rücken, an den Beinen, mit kleinen Juchzern vor Lust. Irrwitzig vor Schrecken, erreichte der junge Mann endlich das Ufer und stürzte, so schnell er konnte, durch den Wald davon, ohne nur im mindesten daran zu denken, seine Kleider und seine Flinte zu suchen.

Das gräßliche Wesen folgte ihm ebenso schnell und hörte nicht auf zu grunzen.

Fast wäre der Flüchtige, am Ende seiner Kräfte und gelähmt vor Schrecken, gestürzt, als ein Kind, das Ziegen hütete, ihm mit einer Peitsche zu Hilfe eilte; es schlug auf das abscheuliche Menschentier ein, daß es Schmerzensschreie ausstieß und entfloh. Und Turgenjew sah es im Dickicht gleich einem Gorillaweibchen verschwinden.

Es war eine Irre, die seit über dreißig Jahren in diesem Wald von der Mildtätigkeit der Schäfer lebte und halbe Tage damit zubrachte, in dem Strom zu schwimmen.

»Nie in meinem Leben«, schloß der große russische Schriftsteller, »habe ich eine solche Angst ausgestanden, weil ich nicht begriff, was für ein Monster dies sein mochte.«

Mein Reisegefährte, dem ich das Abenteuer erzählte, sagte:

»Ja, wahre Angst hat man nur vor dem, was man nicht begreift. Den grausigen Krampf der Seele, der sich Entsetzen nennt, empfindet man wahrhaftig nur, wenn sich in die Angst eine Spur des abergläubigen Schreckens vergangener Zeiten mengt. Ich habe dies Entsetzen in all seiner Scheußlichkeit kennengelernt, und um einer so simplen, so dummen Sache willen, daß ich sie kaum zu sagen wage.

Ich reiste durch die Bretagne, ganz allein, immer zu Fuß. Ich wanderte durch das Finistère, trostloses Ödland, kahles Gefilde, wo einzig nur Stechginster wächst um die hohen heiligen Steine, die Geistersteine. Tags zuvor hatte ich die schaurige Pointe du Raz besichtigt, das Ende der alten Welt, wo ewig zwei Meere zusammenschlagen: der Ärmelkanal und der Atlantik; ich hatte den Kopf voll von Sagen und Geschichten über dieses Land des Glaubens und Aberglaubens, die ich gelesen oder erzählen gehört.

Und ich marschierte abends von Penmarch nach Pont-l'Abbé. Kennen Sie Penmarch? Ein flacher Küstenstrich, ganz flach, ganz tief gelegen, tiefer als das Meer scheinbar. Man sieht es überall drohend und grau, das Meer, voll gischtender Riffe wie wilde Tiere.

Ich hatte in einer Fischerschenke zu Abend gegessen und wanderte nun eine gerade Landstraße durch die Heide. Es war sehr finster.

Ab und zu stand ein Druidenstein wie ein Gespenst, das meinen Gang verfolgte, und allmählich überkam mich eine vage Bangigkeit. Wovor? Ich wußte es nicht. Es gibt Abende, da man Geister um sich streichen wähnt, da die Seele grundlos erschaudert, das Herz unter der dumpfen Furcht vor etwas Unsichtbarem klopft, das ich, ja, das ich zurückwünsche.

Sie kam mir lang vor, die Straße, endlos lang und leer.

Kein Laut war zu hören als nur das Grollen der Wogen weit hinter mir, und manchmal schien das einförmige, drohende Geräusch ganz nahe zu sein, so nahe, daß ich glaubte, sie wären mir auf den Fersen, wälzten sich heran über die Ebene mit ihren Schaumkronen, daß ich am liebsten gerannt wäre, so schnell ich konnte, um mich zu retten.

Der Wind, ein flacher Wind, der in Böen blies, winselte um mich in den Ginsterbüschen. Und obschon ich sehr schnell ging, saß mir Kälte in den Armen und Beinen: die häßliche Kälte der Angst.

Oh! wie gern hätte ich jemand begegnen, mit jemand reden mögen!

Es war so schwarz, daß ich kaum mehr die Straße erkannte.

Und plötzlich hörte ich vor mir, noch weit entfernt, ein Rollen. Ah, ein Wagen, dachte ich. Dann hörte ich nichts mehr.

Eine Minute später vernahm ich dasselbe Geräusch deutlich näher.

Licht sah ich keines; doch ich sagte mir: Sie werden keine Laterne haben. Was ist daran Besonderes in diesem gottverlassenen Land.

Das Geräusch verstummte abermals, dann begann es wieder. Es war zu dünn, als daß es ein Karren hätte sein können; außerdem hörte ich keinen Pferdetrab, was mich wunderte, denn die Nacht war still.

Ich fragte mich: Was ist das?

Es kam näher; und plötzlich ergriff mich eine dumpfe, stupide, unbegreifliche Furcht. Was konnte das sein? Es kam näher, schnell, sehr schnell! Und ich hörte wirklich nur ein Rad – keinen Hufschlag, keine Schritte, nichts. Was war das?

Es kam noch näher, ganz nahe; ich stürzte aus einer Regung instinktiver Angst in den Straßengraben – und sah eine Schubkarre an mir vorüberrollen, die ... ganz allein fuhr, die niemand schob ... Ja ... eine Schubkarre ... ganz allein ...

Mein Herz begann so wild zu springen, daß ich ins Gras niedersank, und ich hörte das Rad davonrollen, sich zum Meer hin entfernen. Und ich wagte nicht mehr aufzustehen, nicht weiterzugehen noch überhaupt eine Bewegung zu machen; denn wäre es wiedergekommen, hätte es mich verfolgt, ich wäre vor Entsetzen tot umgefallen.

Ich brauchte lange, ehe ich mich ermannte, sehr lange. Und ich legte den Rest des Weges mit einer solchen Angst in der Seele zurück, daß mir bei dem mindesten Geräusch der Atem stockte.

Wie dumm, nicht wahr? Aber welch eine Angst! Als ich später darüber nachdachte, begriff ich; sicherlich hatte ein barfüßiges Kind diese Schubkarre geführt; und ich, ich suchte den Kopf eines Mannes in der üblichen Höhe!

Verstehen Sie ... wenn man den Schauder des Übernatürlichen schon im Herzen hat ... und dann eine Schubkarre, die ... die von allein fährt ... Oh, die Angst!«

Er schwieg eine Sekunde, dann fuhr er fort:

»Sehen Sie, Monsieur, wir wohnen einem denkwürdigen Schauspiel des Schreckens bei: dem Einbruch der Cholera!

Sie riechen das Phenol, mit dem die Bahnwagen vergiftet wurden, und das, weil SIE irgendwo lauert.

Sie sollten jetzt Toulon sehen. Ha, man spürt leibhaftig, daß SIE da ist. Und es ist nicht die Angst vor der Krankheit, die die Menschen so toll macht. Die Cholera ist etwas anderes, sie ist das UNSICHTBARE, eine Geißel von alters her, aus früheren Jahrhunderten, etwas wie ein böser Geist, der umgeht und der uns ebensosehr verwundert wie entsetzt, weil er, wie man glaubte, einer lange versunkenen Zeit angehört.

Über die Ärzte mit ihrer Mikrobe kann ich nur lachen. Ein Insekt wird doch die Menschen nicht derart entsetzen, daß sie aus den Fenstern springen; nein, die CHOLERA ist es, ein Wesen des unsagbaren Schreckens, das aus dem fernen Orient über uns gekommen ist.

Gehen Sie durch Toulon, man tanzt auf den Straßen.

Wie man in Tagen des Todes tanzen kann? Auf dem Land rings um die Stadt brennt man Feuerwerke ab; man entzündet Freudenfeuer; Kapellen spielen auf allen öffentlichen Promenaden lustige Musik.

Und das, weil SIE da ist, weil man IHR trotzen will, nicht einer Mikrobe, sondern der CHOLERA, weil jeder vor ihr den Unerschrockenen spielen will, wie wenn man einen Feind im Hinterhalt verborgen weiß. Für sie tanzt, lacht und schreit man, läßt Feuer prasseln und spielt Walzer, für sie, die Todesbotin, die man überall unsichtbar drohend gegenwärtig fühlt, wie einen jener alten Geister des Bösen, die die heidnischen Priester beschworen ...«

Heimkehr

Das Meer peitscht die Küste mit kurzem, gleichtönigem Wellenschlag. Vor dem schnellen Wind treiben kleine weiße Wolken am hohen blauen Himmel wie Vögel; und das Dorf in der Falte des Tals, das zum Ozean niederfällt, wärmt sich in der Sonne.

Zu Eingang des Ortes steht ganz für sich am Straßenrand das Haus der Martin-Lévesques; eine kleine Fischerhütte mit Lehmmauern und Strohdach, auf dem First blaue Schwertlilien wie ein Helmbusch. Vor der Tür liegt ein schnupftuchgroßer Garten, wo Zwiebeln, ein bißchen Kohl, Petersilie und Kerbel wachsen. Eine Hecke schließt ihn vom Weg ab.

Der Mann ist auf Fischfang, die Frau bessert vor der Hütte die Maschen des großen braunen Netzes aus, das sich über die Mauer spannt wie ein riesiges Spinngewebe. Am Gartentor sitzt auf einem Binsenstuhl ein vierzehnjähriges Mädchen, hintergelehnt, mit dem Rükken am Gatter, und flickt Wäsche, Armeleutewäsche, die schon oft geflickt und gestopft worden ist. Ein anderes Mädchen, ein Jahr jünger, wiegt ein kleines Kind in den Armen, das noch nicht läuft und noch nicht spricht; und zwei Knirpse von zwei und drei Jahren, die Nase an Nase auf der blanken Erde sitzen, gärtnern mit ungeschickten Händen und werfen sich gegenseitig Händevoll Sand ins Gesicht.

Keiner sagt etwas. Nur der Säugling, der schlafen soll, weint in einem fort mit dünner, durchdringender Stimme. Eine Katze schläft auf dem Fenstersims; und üppige Levkojen breiten am Fuß der Mauer ein weißes Blütenpolster hin, über dem ein Insektenschwarm summt.

Plötzlich ruft das Mädchen, das am Eingang näht:

»Mama!«

»Was hast du?« fragt die Mutter.

»Da ist er wieder.«

Seit dem Morgen sind sie geängstigt, weil ein Mann um das Haus streicht: ein alter, ärmlich aussehender Mann. Sie hatten ihn schon gesehen, als sie den Vater zum Kahn begleiteten, um ihm bei der Ausfahrt zu helfen. Er saß auf der Grabenböschung, gegenüber ihrer Tür. Als sie vom Strand zurückkamen, saß er immer noch da und blickte zum Haus hinüber.

Er schien krank und sehr elend zu sein. Über eine Stunde hatte er sich nicht von der Stelle gerührt; dann, als er sah, daß man ihn beobachtete wie einen Übeltäter, war er aufgestanden und fortgegangen, wobei er ein Bein nachzog.

Aber bald hatten sie ihn wiederkommen sehen mit seinem langsamen, müden Schritt; und er hatte sich wieder hingesetzt, diesmal ein Stückchen weiter weg, als wolle er sie ausspähen.

Die Mutter und die Mädchen hatten Angst. Besonders die Mutter war in Unruhe, weil sie von Natur furchtsam war und ihr Mann, Lévesque, nicht vor Einbruch der Nacht vom Fang zurück sein konnte.

Ihr Mann hieß Lévesque; sie aber wurde Martin genannt, und so hatte man beide die Martin-Lévesques getauft. Das war so gekommen: sie hatte in erster Ehe einen Fischer namens Martin geheiratet, der alle Sommer auf Kabeljaufang nach Neufundland fuhr. Nach zweijähriger Ehe bekam sie von ihm ein kleines Mädchen, und sie war zum zweitenmal im sechsten Monat schwanger, als das Schiff, das ihren Mann trug – die »Zwei Schwestern«, eine Dreimastbark aus Dieppe –, nicht wiederkehrte.

Nie mehr gab es irgendeine Nachricht von dem Schiff; keiner von der Besatzung kam zurück; es galt mit Mann und Gut als verschollen.

Die Martin wartete zehn Jahre auf ihren Mann und zog mit großer Not die zwei Kinder auf; dann, da sie eine tapfere und gute Frau war, hielt der Fischer Lévesque, ein Witwer aus dem Dorf mit einem Jungen, um sie an. Sie heiratete ihn und bekam von ihm noch zwei Kinder in drei Jahren.

Sie lebten ärmlich und arbeitsam. Das Brot war teuer und Fleisch in ihrem Haushalt fast unbekannt. Manchmal, im Winter, in der Sturmzeit, mußten sie beim Bäkker anschreiben lassen. Die Kleinen gediehen trotz allem. Im Dorf hieß es: »Das sind tüchtige Leute, die Martin-Lévesques. Die Martin kann hart zupacken, und dem Lévesque macht beim Fang keiner was vor.«

Das Mädchen am Zaun sagte erneut: »Der sieht aus, als ob er uns kennt. Vielleicht ist es ein Bettler aus Epreville oder Auzebosc.«

Aber das glaubte die Mutter nicht. Nein, nein, das war keiner aus der Gegend hier, bestimmt nicht!

Da er sich sowenig rührte wie ein Zaunpfahl und hartnäckig nach der Wohnung der Martin-Lévesques hinstarrte, wurde die Martin zornig, und da die Angst ihr Mut gab, ergriff sie eine Schaufel und ging vor die Tür.

»Was machen Sie da?« rief sie dem Vagabunden zu.

Er antwortete mit rostiger Stimme: »Frische Luft holen! Stört Sie das?«

Sie rief zurück: »Was lungern Sie hier vor meinem Haus rum wie ein Spion?«

Der Mann erwiderte: »Ich tu niemand was. Ist an der Straße sitzen verboten?«

Da sie nichts zu antworten wußte, ging sie wieder hinein.

Der Tag verstrich langsam. Um Mittag verschwand der Mann. Aber gegen fünf kam er wieder. Den Abend lang war er nicht mehr zu sehen.

Lévesque kam nach Einbruch der Dunkelheit heim. Sie erzählten ihm die Sache. Er meinte:

»Das ist irgendein Ausreißer oder einer, der sich 'n Spaß macht.«

Und er legte sich unbesorgt schlafen, während die Frau an den Landstreicher denken mußte, der sie mit so seltsamen Augen angesehen hatte.

Als es tagte, war starker Wind, und da der Fischer sah, daß er nicht ausfahren konnte, half er seiner Frau beim Netzeflicken.

Gegen neun Uhr kam das älteste Mädchen, eine Martin, die Brot holen war, verstört ins Haus gelaufen und rief: »Mama, er ist wieder da!«

Die Mutter geriet in Erregung, und ganz bleich sagte sie zu ihrem Mann: »Geh, red mit ihm, Lévesque, damit er uns nicht so anstiert, es dreht mir den Verstand um.«

Und Lévesque, ein großer Seemann mit ziegelroter Haut und dichtem rotem Bart, das blaue Auge von einem schwarzen Punkt durchbohrt, den starken Hals immer in Wolle gewickelt gegen Regen und Wind auf dem Meer, trat ruhig hinaus und ging auf den Landstreicher zu.

Und sie begannen miteinander zu reden.

Mutter und Kinder blickten ängstlich und zitternd von weitem zu ihnen hinüber.

Mit einemmal stand der Fremde auf und kam mit Lévesque auf das Haus zu.

Die Martin wich erschrocken zurück. Ihr Mann sagte zu ihr:

»Gib ihm ein Stück Brot und ein Glas Apfelwein. Er hat seit vorgestern nichts gegessen.«

Und sie gingen beide voran in die Küche; die Frau und die Kinder folgten ihnen. Der Landstreicher setzte sich und begann mit gesenktem Kopf unter all den Blikken zu essen.

Die Mutter stand dabei und blickte ihn prüfend an; die beiden großen Mädchen, die Martins, die eine mit dem jüngsten Kind auf dem Arm, lehnten an der Tür und hefteten ihre neugierigen Augen auf ihn, und die beiden Kleinen, die in der Asche vorm Herd hockten, hatten aufgehört, mit dem schwarzen Kessel zu spielen, als müßten auch sie den Fremden betrachten.

Lévesque, der einen Stuhl genommen hatte, fragte ihn:

»Da kommen Sie wohl von weit?«

»Ich komme von Sète.«

»Zu Fuß, den ganzen Weg?! ...«

»Ja, zu Fuß. Wenn man die Mittel nicht hat, muß man.«

»Wo wollen Sie nu hin?«

»Ich komm hierher.«

»Kennen Sie hier wen?«

»Wird so sein.«

Sie schwiegen. Er aß langsam, so ausgehungert er war, und trank nach jedem Bissen Brot einen Schluck Wein. Er hatte ein verbrauchtes Gesicht, faltig, ganz eingefallen, und schien viel erlitten zu haben.

Mit einemmal fragte Lévesque:

»Wie heißen Sie?«

»Ich heiß Martin«, antwortete er, ohne aufzusehen.

Ein seltsamer Schauer durchfuhr die Mutter. Sie tat einen Schritt, wie um den Landstreicher näher zu besehen, und blieb mit hängenden Armen und offenem Mund vor ihm stehen. Niemand sagte mehr ein Wort. Schließlich fragte Lévesque wieder:

»Sind Sie von hier?«

»Ich bin von hier«, antwortete er.

Und wie er endlich den Kopf hob, begegneten sich die Augen der Frau und seine und blieben fest ineinander gerichtet, als hätten sich ihre Blicke verhakt.

Und plötzlich sagte sie mit veränderter Stimme, leise, bebend:

»Bist du das, mein Mann?«

Langsam sagte er:

»Das bin ich.«

Er rührte sich nicht, kaute nur weiter sein Brot.

Mehr staunend als bewegt, stammelte Lévesque:

»Das bist du, Martin?«

Der andere sagte einfach:

»Ja, das bin ich.«

Und der zweite Ehemann fragte:

»Wo kommst du denn jetzt her?«

Der erste erzählte:

»Von der afrikanischen Küste. Wir waren auf eine Bank aufgelaufen. Wir haben uns gerettet zu dritt, Picard, Vatinel und ich. Da haben uns Wilde gefangengenommen, die haben uns zwölf Jahre dabehalten. Picard und Vatinel sind gestorben. Mich hat ein englischer Reisender gefunden und hat mich bis nach Sète mitgenommen. Und da bin ich.«

Die Martin hatte ihr Gesicht in der Schürze geborgen und weinte.

Lévesque sagte:

»Was sollen wir denn nu machen?«

Martin fragte:

»Bist du jetzt ihr Mann?«

Lévesque antwortete:

»Ja, das bin ich.«

Sie blickten sich an und schwiegen.

Nun musterte Martin die Kinder im Kreis um ihn und wies mit dem Kopf auf die beiden Mädchen.

»Sind das meine?«

Lévesque sagte:

»Das sind deine.«

Er stand nicht auf; er küßte sie nicht; er stellte nur fest:

»Mein Gott, sind die groß!«

Lévesque wiederholte:

»Was sollen wir nu machen?«

Martin war ratlos, er wußte es auch nicht. Endlich faßte er einen Entschluß:

»Ich mach, wie du willst. Ich will dir kein Unrecht tun. Trotzdem ist es ärgerlich, wegen dem Haus. Ich hab zwei Kinder, du hast drei, jeder hat seine. Die Mutter – gehört sie dir, gehört sie mir? Ich bin einverstanden, wie du willst; aber das Haus, das ist meins, das hat mir mein Vater hinterlassen, da bin ich geboren, und da liegen Papiere für beim Notar.«

Die Martin weinte immer noch mit leisem Schluchzen in das blaue Schürzentuch. Die beiden großen Mädchen waren näher getreten und betrachteten voll Unruhe ihren Vater.

Er hatte aufgehört zu essen. Jetzt sagte er seinerseits:

»Was sollen wir nu machen?«

Lévesque hatte einen Gedanken:

»Laß uns zum Pfarrer gehen, er soll entscheiden.«

Martin stand auf, und wie er auf seine Frau zuging, warf sie sich schluchzend an seine Brust:

»Mein Mann! bist du da! Martin, mein armer Martin, bist du da!«

Und sie hielt ihn mit beiden Armen umschlungen, jäh durchbebt vom Ansturm der Vergangenheit, von Erinnerungen an die Zeit, als sie zwanzig war, an ihre ersten Umarmungen.

Martin, auch er bewegt, küßte sie auf ihre Haube. Die beiden Kinder vorm Herd fingen gleichzeitig zu brüllen an, weil sie ihre Mutter weinen hörten, und das Letztgeborene in den Armen der jüngeren Martin schrie wie eine verstimmte Querpfeife.

Lévesque stand wartend da:

»Komm«, sagte er, »laß uns das klarmachen.«

Martin ließ seine Frau los, und da er seine beiden Mädchen ansah, sagte die Mutter zu ihnen:

»Gebt euerm Vater wenigstens einen Kuß.«

Sie traten gleichzeitig heran, mit trockenem Auge, staunend, ein wenig furchtsam. Und er küßte sie eine nach der anderen auf beide Backen, mit kräftigem Bauernkuß. Das Kleine, als es den Fremden nahe kommen sah, schrie so gellend, daß es fast Krämpfe bekam.

Dann gingen die beiden Männer gemeinsam hinaus.

Als sie am Café du Commerce vorüberkamen, fragte Lévesque:

»Nehmen wir erst einen Tropfen?«

»Ich will schon«, sagte Martin.

Sie traten ein, setzten sich in die noch leere Gaststube.

»He, Chicot! Zwei Sechsdrähtige, den Guten, weil: Martin ist zurück, Martin, der von meiner Frau, du weißt doch, Martin von den ›Zwei Schwestern‹, die verschollen war.«

Und der Wirt, drei Gläser in der einen Hand, die Karaffe in der andern, kam dickbäuchig, rot, fettschwer heran und fragte in ruhigem Ton:

»Sieh an! du bist zurück, Martin?«

Martin antwortete:

»Ich bin zurück! ...«

Das Grab

Am siebzehnten Juli achtzehnhundertdreiundachtzig um halb drei Uhr morgens wurde der Friedhofswärter von Béziers, der ein kleines Haus am Rande des Totenackers bewohnte, von dem Gekläff seines Hundes geweckt, der in der Küche eingeschlossen war.

Er stand auf und sah, daß das Tier am unteren Türspalt schnupperte und dabei wütend bellte, als streiche irgendein Vagabund um das Haus. Der Wärter Vincent nahm sein Gewehr und trat umsichtig hinaus ins Dunkel.

Sein Hund rannte in Richtung der General-Bonnet-Allee davon und verhielt plötzlich vor dem Grab von Madame Tomoiseau.

Der Wächter, der sich nun mit Vorsicht weiterbewegte, erkannte bald ein kleines Licht nach der Malenvers-Allee zu. Er schlängelte sich zwischen den Totenmälern hindurch und wurde Zeuge eines abscheulichen Profanationsverbrechens.

Ein Mann hatte den Leichnam einer jungen Frau, die am Vortag beerdigt worden war, ausgegraben und zerrte ihn aus dem Sarg.

Eine kleine Blendlaterne, die auf einem Erdhaufen stand, beleuchtete die abscheuliche Szene.

Der Wärter Vincent stürzte sich auf den Elenden, konnte ihn überwältigen und mit gefesselten Händen der Polizei übergeben.

Der Mann war ein junger Advokat der Stadt, reich, sehr angesehen, mit Namen Courbataille.

Er wurde angeklagt. Der Staatsanwalt erinnerte an die monströsen Taten des Sergeanten Bertrand und empörte das Auditorium.

Schauder der Entrüstung liefen durch die Menge. Als der Anwalt sich setzte, forderten Schreie: »Die Todesstrafe! Die Todesstrafe!« Der Präsident hatte große Mühe, die Ruhe wiederherzustellen.

Dann sprach er in ernstem Ton:

»Angeklagter, was haben Sie zu Ihrer Verteidigung vorzubringen?«

Courbataille, der keinen Verteidiger gewollt hatte, erhob sich: ein schöner Bursche, groß, brünett, mit offenem Gesicht, energischen Zügen, kühnem Blick.

Pfiffe gellten aus dem Publikum.

Er ließ sich nicht beirren und sprach mit leicht verschleierter, anfangs ein wenig zu leiser Stimme, die sich nach und nach festigte.

»Hohes Gericht,

ich habe nur ganz wenig zu sagen. Die Frau, deren Grab ich erbrochen habe, war die Frau, die ich liebte.

Ich liebte sie, nicht allein mit sinnlicher Liebe, nicht mit der schlichten Zärtlichkeit von Herz und Seele, sondern mit unbedingter, vollkommener Liebe, mit äußerster Leidenschaft.

Hören Sie mich an.

Als ich ihr zum erstenmal begegnete, hatte ich ein merkwürdiges Gefühl. Es war nicht Erstaunen, nicht Bewunderung, es war nicht, was man das ›Vom-Blitz-Getroffen-Sein‹ nennt, sondern ein Gefühl köstlichen Wohlbehagens, als hätte man mich in ein warmes Bad getaucht. Ihre Gesten bannten mich, ihre Stimme entzückte mich, der Anblick ihrer ganzen Person bereitete mir grenzenlose Freude. Zugleich schien es mir, daß ich sie seit langem kannte, daß ich sie bereits gesehen hatte. In sich trug sie etwas von mir, in ihrem Geist etwas von meinem Geist. Sie erschien mir wie die Antwort auf den Ruf, der von meiner Seele ausgegangen war, jenen so unbestimmten wie andauernden Ruf, den wir unser ganzes Leben lang nach der Hoffnung aussenden. Als ich sie ein wenig besser kannte, erregte der bloße Gedanke, sie wiederzusehen, tief in mir eine wunderbare Wirrnis; ihre Hand in meiner Hand zu fühlen bereitete mir eine so selige Empfindung, wie ich sie mir bis dahin niemals hatte vorstellen können, ihr Lächeln goß eine ausgelassene Heiterkeit in meine Augen, machte mir Lust, zu laufen, zu tanzen, mich auf der Erde zu wälzen.

Sie wurde meine Geliebte.

Sie wurde mehr als das, sie wurde mein Leben. Ich erwartete nichts mehr von der Welt, ich hatte keine Wünsche mehr offen, keine. Nichts erregte mehr meinen Neid.

Eines Abends nun, als wir ein wenig weit am Fluß spazierengegangen waren, überraschte uns der Regen. Sie erkältete sich.

Anderntags brach eine Lungenentzündung aus. Acht Tage darauf starb sie.

In den Stunden der Agonie hinderte mich das Staunen, das Erschrecken, die Wahrheit zu begreifen, überhaupt nachzudenken. Als sie tot war, betäubte mich die brutale Verzweiflung derart, daß ich zu keinem Denken mehr fähig war. Ich weinte. Während all der grausigen Vorgänge um die Bestattung war mein scharfer, wilder Schmerz noch der Schmerz des Wahnsinnigen, ein sensueller, ein körperlicher Schmerz.

Dann, als sie fort war, als sie in der Erde lag, klärte sich mein Geist mit einemmal, und mich befiel ein ganzes Gefolge so qualvoller moralischer Leiden, daß die

Liebe, die sie mir gegeben hatte, mich teuer zu stehen kam. Da geschah es, daß die Vorstellung: ›Ich sehe sie nie wieder‹, mich übermannte.

Wer darüber einen vollen, ganzen Tag nachdenkt, den reißt der Wahnsinn fort! Denken Sie: da ist ein Wesen, das Sie über alles lieben, ein einzigartiges Wesen, denn auf der ganzen weiten Erde gibt es kein zweites, das ihm gleicht. Dieses Wesen hat sich Ihnen geschenkt, es schafft mit Ihnen jene rätselvolle Verbindung, die man Liebe nennt. Sein Auge dünkt Ihnen tiefer als der Himmelsraum, bezaubernder als die Welt, dies klare Auge, aus dem alle Zärtlichkeit lächelt. Dieses Wesen liebt Sie. Wenn es zu Ihnen spricht, durchflutet seine Stimme Sie mit Glück.

Und plötzlich ist es nicht mehr da! Denken Sie das: es ist nicht allein für Sie nicht mehr da, sondern für immer. Es ist tot. Können Sie dieses Wort fassen? Nie, nie, niemals und nirgendwo wird es dieses Wesen mehr geben. Niemals wird sein Auge mehr etwas sehen; niemals mehr wird eine Stimme, wie diese ganz und gar einmalige unter allen menschlichen Stimmen, auf dieselbe Weise eines der Worte sprechen, die die ihrige sprach.

Nie mehr wird es ein Gesicht gleich dem ihrigen geben. Nie mehr, nie mehr! Von Statuen bewahrt man die Gußformen; man bewahrt Abdrücke, aus denen die Gegenstände mit gleichen Umrissen und gleichen Farben herstellbar sind. Aber dieser Körper und dieses Gesicht werden nie mehr auf der Erde erschaffen. Und doch werden Tausende von Geschöpfen, Millionen, Milliarden auf ihr geboren, und noch viel mehr, aber unter allen zukünftigen Frauen wird diese eine sich nie mehr wiederfinden. Kann das sein? Man wird wahnsinnig, wenn man es ausdenkt. Sie hat zwanzig Jahre gelebt, nicht länger, und ist für immer entschwunden, für immer!

Sie dachte, sie lächelte, sie liebte mich. Vorbei. Die Fliegen, die im Herbst sterben, sind der Schöpfung ebensoviel wie wir. Und ich dachte, daß ihr Körper, ihr frischer, warmer Körper, so süß, so weiß, so schön, nun in einem Kasten unter der Erde in Verwesung übergehen werde. Aber ihre Seele, ihr Denken, ihre Liebe?

Sie nie mehr wiedersehen! Sie nie mehr wiedersehen! Die Vorstellung dieses zerfallenden Körpers, den ich doch vielleicht noch erkennen könnte, ließ mich nicht los.

Und ich wollte ihn noch einmal sehen!

Ich ging mit Spaten, Laterne, Hammer los. Ich kletterte über die Friedhofsmauer. Ich fand die Grube wieder; man hatte sie noch nicht ganz zugeschaufelt.

Ich legte den Sarg frei. Und ich hob eine Planke an. Ein abscheulicher Geruch, die eklen Dünste der Zersetzung stiegen mir ins Gesicht. Oh, ihr irisduftendes Bett!

Trotzdem öffnete ich den Sarg, und ich senkte meine brennende Laterne hinein, und ich sah sie. Ihr Gesicht war blau, aufgequollen, schaudervoll! Eine schwarze Flüssigkeit war aus ihrem Mund geronnen.

Das war sie! sie! Entsetzen ergriff mich. Dennoch streckte ich den Arm aus und umfaßte ihr Haar, um das entstellte Antlitz an mich zu ziehen!

Darüber wurde ich festgenommen.

Die ganze Nacht – wie man den Duft einer Frau nach der Umarmung bewahrt – bewahrte ich diesen schändlichen Verwesungsgeruch, den Geruch meiner Geliebten!

Sie können mit mir tun, was Sie wollen.«

Ein seltsames Schweigen lastete über dem Saal. Es schien, als warte man noch auf etwas. Die Geschworenen zogen sich zur Beratung zurück.

Als sie nach einigen Minuten wiederkamen, wirkte der Angeklagte furchtlos, fühllos sogar.

Der Präsident verkündete in den gebräuchlichen Formeln, daß das Gericht ihn freispreche.

Er rührte sich nicht, das Publikum applaudierte.

Die Beichte

Als Hauptmann Hector-Marie de Fontenne und Mademoiselle Laurine d'Estelle heirateten, glaubten Verwandte und Freunde, diese Ehe könne nicht gut werden.

Mademoiselle Laurine, hübsch, zierlich, blond und selbstbewußt, hatte mit zwölf Jahren die Sicherheit einer Dreißigjährigen. Sie war eine der frühreifen kleinen Pariserinnen, die anscheinend mit allem Wissen des Lebens, allen weiblichen Listen, allen gedanklichen Kühnheiten, mit der tiefen Schläue und Geschmeidigkeit des Geistes geboren sind, kraft deren manche Wesen wie vom Schicksal vorbestimmt sind, bei allem, was sie anfangen, die anderen an der Nase herumzuführen und zu übertölpeln. All ihr Tun wirkt vorbedacht, all ihre Schritte berechnet, all ihre Worte sorgsam erwogen, ihr Dasein nur wie eine Rolle, die sie vor ihresgleichen spielen.

Dabei war sie entzückend; sehr lachlustig, so lachlustig, daß sie nicht an sich halten, sich nicht bezähmen konnte, wenn sie etwas amüsant oder komisch fand. Sie lachte den Leuten auf die schamloseste Weise ins Gesicht, aber mit so viel Grazie, daß niemand es übelnahm.

Sie war reich, sehr reich. Ein Priester führte die Unterhandlungen bei ihrer Eheschließung mit dem Hauptmann de Fontenne. Und der Offizier, der in einem religiösen Hause die strengste Erziehung erhalten hatte, bewahrte im Regiment die gleichen klösterlichen Sitten und unumstößlichen Prinzipien und eine völlige Unduldsamkeit. Er war einer der Männer, die unfehlbar entweder Heilige oder Nihilisten werden, deren eingefahrene Vorstellungen die absolute Herrschaft über sie behaupten; deren Glaubenssätze unbeugsam und deren Entschlüsse unerschütterlich sind.

Er war ein hochgewachsener, brünetter Bursche, ernst, streng, naiv, schlichten, engen und starren Geistes, einer der Menschen, die durchs Leben gehen, ohne je etwas von seinen Kehrseiten, Abwandlungen und Spitzfindigkeiten zu verstehen, die nichts erraten, nichts argwöhnen und die nicht dulden, daß jemand anders denke, urteile, glaube oder handle als sie selbst.

Mademoiselle Laurine sah ihn, durchschaute ihn sofort und nahm ihn zum Gatten.

Sie führten eine ausgezeichnete Ehe. Die junge Frau war anpassungsfähig, geschickt und klug, verstand sich zu geben, wie sie sein sollte, stets zu guten Werken wie zu Festlichkeiten aufgelegt, beflissen in der Kirche wie im Theater, mondän und sittenstreng, mit einem Anflug von Ironie, einem Sprühen in den Augen, wenn sie ernst mit ihrem ernsten Gatten sprach. Sie erzählte ihm von ihren Wohltätigkeitsveranstaltungen mit sämtlichen Abbés des Sprengels und der Umgebung und benutzte ihre frommen Pflichten, um von morgens bis abends außer Haus zu sein.

Manchmal aber, mitten im Berichten einer mildtätigen Unternehmung, kam sie plötzlich ein tolles Lachen an, ein nervöses Lachen, das sie unmöglich zu unterdrücken vermochte. Der Hauptmann schaute verwundert, unsicher, ein wenig schockiert auf seine Gemahlin, die vor Lachen erstickte. Sobald sie sich ein wenig besänftigt hatte, fragte er: »Was haben Sie nur, Laurine?« Sie antwortete: »Es hat nichts auf sich! Mir ist nur etwas Komisches eingefallen.« Und sie erzählte ihm irgendeine Geschichte.

Im Sommer des Jahres 1883 nun nahm Hauptmann Hector de Fontenne am großen Manöver des 32. Armeekorps teil.

Eines Abends, als man nach zehn Tagen Zelt und freiem Feld, zehn Tagen der Erschöpfung und der Entbehrungen, in der Nähe einer Stadt kampierte, beschlossen die Kameraden des Hauptmanns, ein gutes Diner zu halten.

Anfangs lehnte es Monsieur de Fontenne ab, daran teilzunehmen; doch als seine Absage Verwunderung hervorrief, erklärte er seine Zustimmung.

Sein Tischnachbar, Major Favré, schenkte ihm, ganz ins Plaudern über militärische Aktionen vertieft – das einzige, was den Hauptmann begeisterte –, ein Glas nach dem anderen ein. Der Tag war sehr heiß gewesen, eine schwere, trockene Hitze, die Durst machte; und der Hauptmann trank, ohne zu überlegen, ohne zu merken, daß allgemach eine neue Fröhlichkeit ihn überkam, eine gewisse hellbrennende Freude, eine Lebenslust voll erwachender Begierden, unbekannter Wünsche, dunkler Erwartungen.

Beim Dessert war er berauscht. Er redete, lachte, gestikulierte in lärmender Trunkenheit, der tollen Trunkenheit eines für gewöhnlich enthaltsamen und ruhigen Menschen.

Jemand schlug vor, den Abend im Theater zu beschließen; er begleitete die Kameraden. Einer von ihnen erkannte eine Schauspielerin wieder, die er einmal geliebt hatte; und so wurde ein Souper veranstaltet, an dem ein Teil des weiblichen Personals der Komödiantentruppe teilnahm.

Andernmorgens erwachte der Hauptmann in einem fremden Schlafzimmer und in den Armen einer kleinen blonden Frau, die, als er die Augen aufschlug, »Guten Morgen, mein Kater!« zu ihm sagte.

Er begriff anfänglich nicht; dann kehrten die Erinnerungen nach und nach wieder, ein wenig verworren freilich.

Er erhob sich wortlos, kleidete sich an und leerte auf dem Kaminsims seine Börse.

Scham ergriff ihn, als er sich in Uniform, den Säbel zur Seite, in diesem Mietzimmer mit den knittrigen Vorhängen stehen sah, mit dem verdächtigen, von Flecken marmorierten Kanapee; und er wagte nicht hinauszugehen, die Treppe hinunter, wo er Leute treffen mußte, vorüber am Concierge, und vor allem, unter den Augen von Passanten und Nachbarn aus der Haustür zu treten.

Die Frau redete unentwegt: »Was ist denn mit dir los? Hast du die Sprache verloren? Gestern abend konntest du doch nicht genug reden! So ein Muffel!«

Er grüßte zeremoniös, entschloß sich zur Flucht und erreichte mit langen Schritten sein Quartier, überzeugt, daß jeder seinem Gebaren, seiner Haltung, seinem Gesicht ansehen werde, daß er von einer Hure kam.

Und das schlechte Gewissen quälte ihn, das nicht ablassende schlechte Gewissen eines sittenstrengen Mannes.

Er beichtete, erhielt Absolution; aber er blieb im unreinen mit sich, immer die Erinnerung an seinen Fall und das Gefühl einer Schuld im Sinn, einer heiligen Schuld vor seiner Frau.

Er sah sie erst nach Monatsfrist wieder, denn sie hatte die Zeit des großen Manövers bei ihren Eltern verbracht.

Sie kam mit offenen Armen, lächelnden Lippen auf

ihn zu. Er empfing sie mit der verlegenen Haltung des Schuldigen; und bis zum Abend verbot er sich fast, mit ihr zu sprechen.

Sowie sie allein waren, begann sie zu fragen:

»Was haben Sie nur, mein Freund, ich finde Sie ganz verändert.«

In betretenem Ton antwortete er:

»Aber nichts habe ich, meine Liebe, absolut nichts.«

»Pardon, ich kenne Sie gut, und ich bin sicher, daß Sie etwas haben, eine Sorge, einen Kummer, einen Ärger, was weiß ich.«

»Nun gut, ja, ich habe eine Sorge.«

»Ah! Und was für eine?«

»Ich kann es Ihnen unmöglich sagen.«

»Mir? Warum nicht? Sie beunruhigen mich.«

»Ich muß keine Gründe nennen. Ich kann es Ihnen unmöglich sagen.«

Sie hatte sich auf eine Causeuse gesetzt, er schritt, die Hände auf dem Rücken, umher und mied den Blick seiner Frau. Sie fuhr fort:

»Nun, dann muß ich Ihnen die Beichte abnehmen, das ist meine Pflicht, und ich verlange die Wahrheit von Ihnen; das ist mein Recht. Sie können ebensowenig ein Geheimnis vor mir haben, wie ich eines vor Ihnen haben darf.«

Ihr den Rücken zukehrend, umrahmt von dem hohen Fenster, sagte er: »Meine Liebe, es gibt Dinge, die man besser nicht sagt. Das, was mich quält, gehört zu diesen.«

Sie erhob sich, durchmaß das Zimmer, faßte ihn am Arm, und da sie ihn genötigt hatte, sich umzudrehen, legte sie ihm beide Hände auf die Schultern, dann bat sie lächelnd, schelmisch, mit erhobenen Augen:

»Bitte, Marie (sie nannte ihn in den Stunden der Liebe Marie), Sie dürfen mir nichts verheimlichen. Ich würde glauben, Sie hätten etwas Schlimmes getan.«

»Ich habe etwas sehr Schlimmes getan«, murmelte er.

»Oh! wirklich so schlimm?« fragte sie weiter. »Das erstaunt mich von Ihnen.«

Lebhaft versetzte er: »Mehr werde ich Ihnen nicht sagen, Sie beharren vergebens.«

Aber sie zog ihn zum Lehnstuhl, zwang ihn, sich niederzulassen, setzte sich auf sein rechtes Bein, und mit einem leichten kleinen Kuß, einem raschen, geflügelten Kuß auf die gezwirbelte Spitze seines Schnurrbarts:

»Wenn Sie es mir nicht sagen, sind wir für immer verzankt.«

Vom schlechten Gewissen gepeinigt und voller Bedrängnis, murmelte er: »Wenn ich Ihnen sage, was ich getan habe, werden Sie mir nie verzeihen.«

»Im Gegenteil, mein Freund, ich verzeihe Ihnen sofort.«

»Nein, unmöglich.«

»Ich verspreche es Ihnen.«

»Ich sage Ihnen, es ist unmöglich.«

»Ich schwöre, daß ich Ihnen verzeihe.«

»Nein, meine liebe Laurine, Sie könnten es nicht.«

»Wie töricht Sie sind, mein Freund, um nicht einfältig zu sagen! Indem Sie sich weigern, mir zu sagen, was Sie getan haben, lassen Sie mich abscheuliche Dinge glauben; und immer werde ich daran denken und Ihnen ebensosehr Ihr Schweigen verübeln wie Ihre mir unbekannte Missetat. Wenn Sie hingegen ganz offen sprechen, habe ich es morgen bereits vergessen.«

»Es ist ...«

»Was?«

Er errötete bis zu den Ohren, und seine Stimme war streng:

»Also beichte ich Ihnen, wie ich einem Priester beichten würde, Laurine.«

Auf ihre Lippen trat ein rasches Lächeln, wie sie es

manchmal hatte, wenn sie ihm zuhörte, und ein wenig mokant sagte sie:

»Ich bin ganz Ohr.«

Er fuhr fort:

»Sie wissen, meine Liebe, wie enthaltsam ich bin. Ich trinke nur gerötetes Wasser, niemals Liköre, wie Sie wissen.«

»Ja, ich weiß.«

»Nun, stellen Sie sich vor, eines Abends, gegen Ende des großen Manövers, ließ ich mich verleiten, ein wenig zu trinken, als ich sehr durstig und sehr müde war ...«

»Sie haben sich betrunken? Pfui, wie häßlich!«

»Ja, ich habe mich betrunken.«

Sie nahm eine strenge Miene an:

»Wie denn, völlig betrunken, gestehen Sie, so betrunken, daß Sie nicht mehr gehen konnten?«

»O nein! so sehr nicht. Ich hatte den klaren Verstand verloren, aber nicht das Gleichgewicht. Ich redete, lachte, ich war toll.«

Da er verstummte, fragte sie:

»Ist das alles?«

»Nein.«

»Ah! und ... dann?«

»Dann ... habe ich ... habe ich eine Schändlichkeit begangen.«

Sie sah ihn unruhig an, ein wenig verwirrt, auch erregt.

»Was denn, mein Freund?«

»Wir soupierten mit ... mit Schauspielerinnen ... und, ich weiß nicht, wie es kam, ich habe Sie betrogen, Laurine!«

Er hatte in ernstem, feierlichem Ton gesprochen.

Ein kleines Zucken durchflog sie, und ihre Augen hellten sich zu einer jähen Heiterkeit, einer tiefen, unwiderstehlichen Heiterkeit.

Sie sagte: »Sie ... Sie ... Sie haben mich ...«

Und ein Auflachen, trocken, nervös, stieß ihr dreimal nacheinander zwischen die Zähne und schnitt ihr das Wort ab.

Sie mühte sich, wieder ernst zu werden; aber sobald sie nur ein Wort sprechen wollte, brodelte das Lachen tief in ihrer Kehle, sprudelte empor, brach, schnell verhalten, immer aufs neue aus wie das Gas aus einer entkorkten Champagnerflasche, deren Schaum man nicht mehr bändigen kann. Sie legte die Hand vor die Lippen, um sich zu beruhigen, um diese unseligen Heiterkeitsausbrüche in ihrem Mund zu begraben; aber das Lachen glitt ihr zwischen den Fingern hindurch, schüttelte ihre Brust, schoß gegen ihren Willen heraus. Sie stotterte: »Sie ... Sie ... haben mich betrogen ... – Ah! ... ah! ah! ah! ... ah! ah! ah!«

Und sie sah ihn auf seltsame Weise an, so spöttisch, ohne es zu wollen, daß er sprachlos, verblüfft schaute.

Und auf einmal, da sie nicht mehr an sich halten konnte, platzte sie los ... Sie fing so zu lachen an, daß es einer Nervenkrise glich. Abgerissene kleine Schreie gellten aus ihrem Mund, und es war, als kämen sie tief aus ihrer Brust; und beide Hände auf die Magengrube gepreßt, lachte sie in langen Ketten bis zum Ersticken, wie bei einem Keuchhustenanfall.

Und jede Anstrengung, sich zu beruhigen, führte einen neuen Anfall herauf, jedes Wort, das sie sagen wollte, steigerte ihr Gelächter.

»Mein ... mein ... mein ... armer Freund ... ah! ah! ah! ... ah! ah! ah!«

Er stand auf, ließ sic allein in dem Sessel und sagte, mit einemmal sehr bleich:

»Laurine, Ihr Benehmen ist mehr als unschicklich.«

Sie stammelte in fesselloser Heiterkeit:

»Oh ... nicht, nein ... ich ... ich ... ich kann nicht ... wie ... wie komisch Sie sind ... ah! ah! ah! ah! ...«

Er wurde totenblaß und blickte sie jetzt mit starren Augen an, in denen ein seltsamer Gedanke erwachte. Plötzlich öffnete er den Mund, als wollte er schreien, gab aber keinen Laut von sich, sondern kehrte auf den Absätzen um und verließ, die Tür hinter sich schließend, den Raum.

Gekrümmt, erschöpft, am Ende ihrer Kräfte, wurde Laurine von ihrem nun ersterbenden Lachen geschüttelt, das noch ein paarmal aufzüngelte wie die Flamme eines fast erloschenen Brandes.

Der Verstoßene

Wahrhaftig, meine Teure, du mußt nicht gescheit sein, daß du bei solchem Wetter durch die Landschaft traben willst. Du kommst seit zwei Monaten überhaupt auf seltsame Ideen. Du schleppst mich, ob ich will oder nicht, mit ans Meer; nach solcher Narretei hat es dich in den fünfundvierzig Jahren unserer Ehe nicht gelüstet. Du versteifst dich darauf, nach Fécamp zu gehen, diesem öden Kaff, und nun bist du obendrein von solcher Wanderwut befallen, du, die sich nie vom Fleck rühren wollte, daß du am heißesten Tag des Jahres querfeldein laufen willst. Frag d'Apreval, ob er dich begleitet, er macht ja alle deine Launen mit. Ich jedenfalls gehe hinauf und halte Siesta.«

Madame de Cadour wandte sich an ihren alten Freund:

»Kommen Sie mit, d'Apreval?«

Lächelnd, mit altmodischer Galanterie, verneigte er sich: »Wo Sie hingehn, da will auch ich hingehn«, sagte er.

»Nur zu, holen Sie sich einen Sonnenstich«, erklärte Monsieur de Cadour. Damit betrat er das Strandhotel, um sich ein oder zwei Stunden auf sein Bett zu strecken.

Sowie die alte Frau und ihr alter Freund allein waren, machten sie sich auf den Weg. Mit einem Händedruck dankte sie ihm leise: »Endlich! – Endlich!«

Er murmelte: »Sie sind töricht. Ich versichere Sie, Sie sind töricht. Bedenken Sie, in welche Gefahr Sie sich begeben. Wenn dieser Mann …«

Sie zuckte zusammen: »Oh, Henri, sagen Sie nicht: *dieser Mann,* wenn Sie von ihm sprechen.«

Schroff fuhr er fort: »Gut, gut! wenn unser Sohn etwas argwöhnt, wenn er uns verdächtigt, hat er Sie in der Hand, hat er uns in der Hand. Sie konnten volle vierzig Jahre leben, ohne ihn zu sehen. Was ficht Sie denn heute an?«

Sie waren die lange Straße gegangen, die vom Strand nach der Stadt führt. Sie bogen rechts ab, um den Küstenhang nach Etretat hinauf zu nehmen. Der weiße Weg dehnte sich unter glühender Sonnenflut.

Sie gingen langsam, mit kleinen Schritten, in der brennenden Hitze. Sie hatte sich bei ihrem Freund eingehakt und blickte unnachgiebig, besessen vor sich hin.

»Demnach haben Sie ihn auch nie mehr gesehen?« sagte sie.

»Nein, nie mehr!«

»Wie kann das sein?«

»Meine liebe Freundin, lassen wir doch diesen ewig gleichen Streit. Ich habe Frau und Kinder, wie Sie einen Mann haben; wir hatten einer wie der andere die öffentliche Meinung zu fürchten.«

Sie gab keine Antwort. Sie war in Gedanken an ihre ferne Jugend, an vergangene, so traurige Dinge versunken.

Man hatte sie verheiratet, wie junge Mädchen verheiratet werden; sie kannte ihren Bräutigam, einen Diplomaten, kaum und lebte dann das Leben aller Frauen der Gesellschaft mit ihm.

Da geschah es, daß ein junger Mann, Monsieur d'Apreval, ebenso wie sie verheiratet, ihr eine tiefe Leidenschaft entgegenbrachte; und während einer langen

Abwesenheit von Monsieur de Cadour, der in politischer Mission nach Indien gereist war, erlag sie.

Hätte sie widerstehen können? sich versagen? Hätte sie die Kraft, die Willensstärke aufgebracht, nicht nachzugeben, da auch sie ihn liebte? Nein, ein für allemal nein! Es wäre zu hart gewesen! sie hätte zu sehr gelitten! Wie böse und heimtückisch das Leben ist! Kann man gewisse Anfechtungen des Schicksals meiden, kann man der Fügung des Verhängnisses entlaufen? Wenn man ein Weib, allein, verlassen, ohne zärtliche Liebe, ohne Kinder ist, kann man da immer eine Leidenschaft fliehen, die einen übermannt? Wäre das nicht, als flöhe man das Sonnenlicht, um bis zum Tod in Finsternis zu leben?

Wie entsann sie sich aller Einzelheiten, seiner Küsse, seines Lächelns, wie er in der Tür verhielt, um sie anzuschauen, wenn er zu ihr kam. Ach, glückliche Tage, die einzigen schönen Tage ihres Lebens, und so schnell vorbei!

Dann stellte sie fest, daß sie schwanger war! was für tödliche Ängste!

Oh! die Reise in den Süden, die lange Reise, die Leiden, die nie verstummenden Schrecken, das versteckte Leben in dem einsamen Landhaus am Mittelmeer, tief in einem Garten, den sie nicht zu verlassen wagte!

Wie entsann sie sich der langen Tage, die sie liegend unter einem Orangenbaum zubrachte, die Augen nach den roten, runden Früchten in dem grünen Laub erhoben! Wie gern wäre sie hinaus-, hinuntergegangen ans Meer, dessen Frische nur über die Mauer zu ihr drang, dessen kurze Wellen sie am Strand anrauschen hörte! Sie träumte sich seine große blaue Fläche aus, glitzernd in der Sonne, mit weißen Segeln und einem Bergzug am Horizont. Aber sie getraute sich nicht, aus der Tür zu treten. Wenn jemand sie erkannt hätte in ihrer Verunstaltung, wie sie ihre Schande in dem schweren Leib zur Schau trug!

Und die Tage der Erwartung, die letzten qualvollen Tage! die Wehen! das drohende Leiden! dann die schreckliche Nacht! Was hatte sie ausgestanden!

Welch eine Nacht war das! Wie hatte sie gewimmert, geschrien! Sie sah noch das bleiche Antlitz ihres Liebsten, der ihr jede Minute die Hand küßte, das bartlose Gesicht des Arztes, die weiße Haube der Wärterin.

Und wie hatte es sie ins Herz getroffen, als sie das zarte Greinen des Kindes hörte, ein Mauzen, erste Anstrengung einer Menschenstimme!

Und der Tag dann! der Tag! der einzige Tag ihres Lebens, an dem sie ihren Sohn gesehen und geküßt hatte, denn nie mehr seitdem hatte sie ihn auch nur von weitem sehen dürfen!

Und danach lange leere Jahre, in denen das Denken immer und immer wieder um das Kind kreiste. Sie hatte es nicht wiedergesehen, kein einziges Mal, das kleine Wesen, das aus ihr hervorgegangen war, ihren Sohn! Man hatte ihn ihr weggenommen, davongetragen, versteckt. Sie wußte nur, daß er bei normannischen Bauern aufgewachsen, selber Bauer geworden und verheiratet war, gut verheiratet, und daß er gut dotiert worden war von seinem Vater, dessen Namen er nicht kannte.

Wie oft in den vierzig Jahren hatte sie losreisen wollen, ihn zu sehen, ihn zu umarmen. Sie konnte sich nicht vorstellen, daß er jetzt groß sein sollte! Sie hatte immer die kleine Menschenlarve vor Augen, die sie einen Tag in den Armen halten und an ihren gemarterten Leib schmiegen durfte.

Wie oft hatte sie zu ihrem Geliebten gesagt: »Ich halte es nicht mehr aus, ich will ihn sehen; ich fahre zu ihm.«

Immer wieder hatte er es ihr ausgeredet, sie zurückgehalten. Sie würde sich nicht mäßigen, sich nicht bemeistern können; er würde es erraten, sie erpressen. Sie wäre verloren.

»Wie sieht er aus?« fragte sie.

»Das weiß ich nicht. Ich habe ihn auch nicht mehr gesehen.«

»Kann das denn sein? Einen Sohn haben und ihn nicht kennen? Angst vor ihm haben, ihn von sich tun wie eine Schande?«

Es war furchtbar.

Sie gingen die lange Straße in der lastenden Sonnenglut, immer den endlosen Hang hinan.

»Ist es nicht wie eine Strafe?« sprach sie weiter. »Ich habe kein Kind mehr bekommen. Nein, ich konnte dem Verlangen, ihn zu sehen, das mich seit vierzig Jahren quält, nicht länger widerstehen. Das begreift ihr Männer nicht. Bedenken Sie, wie nah ich dem Tod bin. Und ich sollte ihn nicht wiedersehen! ... nicht wiedersehen, kann das denn sein? Wie habe ich so lange warten können? Mein ganzes Leben habe ich an ihn gedacht. Was für ein Dasein hat mir das bereitet! Nicht einmal bin ich aufgewacht, nicht einmal, hören Sie, ohne daß mein erster Gedanke zu ihm ging, zu ihm, meinem Kind. Wie sieht er aus? Oh! wie schuldig ich mich vor ihm fühle! Darf man in solchem Fall die Gesellschaft fürchten? Ich hätte alles aufgeben und mit ihm weggehen müssen, ihn aufziehen, ihn lieben. Ich wäre bestimmt glücklicher geworden. Ich habe mich nicht getraut. Feige bin ich gewesen. Wie habe ich dafür gelitten! Oh, die armen verstoßenen Kinder, wie müssen sie ihre Mütter hassen!«

Sie blieb stehen, Schluchzen würgte sie. Das ganze kleine Tal lag einsam und stumm unter der erdrückenden Helle des Tages. Nur Heuschrecken stießen ihr dünnes Zirpen aus dem spärlichen gelben Gras zu beiden Seiten des Weges.

»Ruhen Sie ein wenig aus«, sagte er.

Sie ließ sich an den Wegrain führen und sank zusammen, das Gesicht in den Händen. Ihre weißen Haare, die um das Gesicht zu Korkenziehern gedreht waren, lösten sich auf, und sie weinte, von tiefem Gram zerrissen.

Besorgt blieb er vor ihr stehen, wußte nicht, was er sagen sollte. »Nur Mut …«, murmelte er, »nur Mut …«

Sie erhob sich: »Den will ich haben.« Sie trocknete ihre Augen und setzte sich in ihrem zuckelnden Greisenschritt wieder in Gang.

Die Landstraße senkte sich ein Ende weiter zu einer Gruppe von Bäumen hinab, unter denen sich erste Häuser bargen. Nun hörten sie den klingenden, regelmäßigen Aufschlag eines Schmiedehammers.

Und bald sahen sie zur Rechten, vor einem niedrigen Gebäude, einen Karren halten und unter einem Schuppendach zwei Männer, die ein Pferd beschlugen.

Monsieur d'Apreval ging hinüber.

»Wo ist der Hof von Pierre Bénédict?« rief er.

Einer der Männer antwortete: »Gehen Sie den Weg links, gegenüber von der kleinen Wirtschaft, und dann immer geradeaus, der dritte nach dem von Poret. Am Zaun steht eine kleine Fichte. Können Sie gar nicht verfehlen.«

So hielten sie nach links. Sie ging jetzt ganz langsam, denn die Beine wurden ihr schwach, und das Herz schlug ihr so im Hals, daß sie kaum Luft bekam.

Bei jedem Schritt ächzte sie wic ein Gebet: »Mein Gott! oh, mein Gott!« Und eine schreckliche Erregung verengte ihre Brust, und sie wankte auf den Füßen, als hätte man ihr die Kniekehlen durchgeschnitten.

Nervös und ein wenig blaß herrschte Monsieur d'Apreval sie an: »Wenn Sie sich nicht zusammenreißen, verraten Sie sich sofort. Versuchen Sie doch, sich zu bezwingen.«

»Kann ich denn?« stammelte sie. »Mein Kind! Denken Sie, ich soll mein Kind sehen!«

Sie folgten einer der kleinen Dorfgassen, die sich zwischen den Gehöften hinziehen, unter einer Doppelreihe Buchen längs den Gräben.

Und plötzlich standen sie vor einem Holzzaun mit einer kleinen Fichte dahinter.

»Hier ist es«, sagte er.

Mit einem Ruck hielt sie inne und schaute.

Der Hof war groß, mit Apfelbäumen bepflanzt, und erstreckte sich bis zu dem kleinen strohgedeckten Wohnhaus. Gegenüber der Pferdestall, die Scheune, der Kuh-, der Hühnerstall. Unter einem Schuppendach die Fuhrwerke, Leiterwagen, Karren, Kabriolett. Vier Kälber malmten saftiges Gras unterm Schutz der Bäume. Die schwarzen Hühner trippelten in allen Ecken der Umfriedung.

Alles still. Die Haustür stand offen. Aber niemand war zu sehen.

Sie traten ein. Sofort sprang ein schwarzer Hund aus einem Faß, das unter einem großen Birnbaum lag, und fing wütend an zu kläffen.

An der Hausmauer reihten vier auf Brettern stehende Bienenkörbe ihre Strohkuppeln.

Vor dem Haus rief Monsieur d'Apreval: »Ist hier jemand?« Ein Kind erschien; ein vielleicht zehnjähriges kleines Mädchen in Hemd und Wollrock, mit schmutzigen nackten Beinen, schüchtern, argwöhnisch. Es blieb in der Tür stehen, als wollte es den Eingang verteidigen.

»Was wollen Sie?« fragte es.

»Ist dein Vater zu Hause?«

»Nein.«

»Wo ist er?«

»Weiß nich.«

»Und deine Mama?«

»Is bein Kühen.«

»Kommt sie bald wieder?«

»Weiß nich.«

Und plötzlich, als fürchtete die alte Frau, man könnte sie gewaltsam von hier fortschleppen, sagte sie mit überstürzter Stimme:

»Ich gehe nicht weg, ehe ich ihn nicht gesehen habe.«

»Wir warten auf ihn, meine liebe Freundin.«

Als sie sich umwandten, sahen sie eine Bäuerin auf das Haus zukommen. Sie trug zwei sichtlich schwere Zinkeimer, in denen sich für Augenblicke mit blendender Flamme die Sonne spiegelte.

Sie hinkte auf dem rechten Bein, und in dem braunen Stricktuch, das sie um die Brust geknotet trug und das vom Regen ausgeblichen, in vielen Sommern verschossen war, sah sie aus wie eine arme, elende, schmutzige Magd.

»Da is Mama«, sagte die Kleine.

Als die Frau dicht am Haus war, äugte sie mit böser, mißtrauischer Miene nach den Fremden; dann trat sie ein, als hätte sie niemanden gesehen.

Sie wirkte alt, ihr Gesicht war ausgezehrt, gelb, hart, ein hölzernes Bauerngesicht.

Monsieur d'Apreval rief sie an.

»Hören Sie, Madame, wir sind hereingekommen, um zu fragen, ob Sie uns wohl zwei Gläser Milch verkaufen könnten.«

Sie kam unter die Tür zurück, nachdem sie ihre Eimer abgesetzt hatte, und grummelte:

»Ich hab keine Milch zu verkaufen.«

»Aber wir haben großen Durst. Madame ist alt und sehr erschöpft. Könnten wir nicht irgend etwas zu trinken bekommen?«

Die Bäuerin musterte sie mit unruhigem und argwöhnischem Auge.

Endlich überwand sie sich.

»Wo Sie schon da sind, werd ich Ihnen wohl was geben«, sagte sie.

Und sie verschwand in der Wohnung.

Dann kam das Kind heraus, brachte zwei Stühle, die es unter einen Apfelbaum stellte; und die Mutter kam mit zwei Bols voll schäumender Milch hinterher, die sie den Besuchern in die Hände gab.

Dann blieb sie vor ihnen stehen, wie um sie zu bewachen und hinter ihre Absichten zu kommen.

»Sie sind von Fécamp?« fragte sie.

»Ja, über den Sommer wohnen wir in Fécamp«, sagte Monsieur d'Apreval. Dann fuhr er nach einem Schweigen fort:

»Könnten Sie uns jede Woche Hühner verkaufen?«

Die Bäuerin zauderte, dann antwortete sie:

»Könnt wohl sein. Wollen Sie denn junge?«

»Gewiß, junge.«

»Wieviel zahlen Sie da aufm Markt für?«

D'Apreval, der es nicht wußte, wandte sich an seine Freundin:

»Was bezahlen Sie für Geflügel, meine Liebe, für junges Geflügel?«

Die Augen voll Tränen, erwiderte sie:

»Vier Francs und vier Francs fünfzig.«

Die Bäuerin musterte sie erstaunt aus dem Augenwinkel, dann fragte sie:

»Is sie krank, die Dame, daß sie weint?«

Er wußte nicht, was er antworten sollte, und stotterte:

»Nein … nein … aber sie … sie hat unterwegs ihre Uhr verloren, eine schöne Uhr, und das bekümmert sie. Sollte jemand sie finden, geben Sie uns bitte Nachricht.«

Mutter Bénédict, der das faul vorkam, unterließ jede Antwort.

Auf einmal sagte sie:

»Da is mein Mann!«

Nur sie hatte ihn kommen sehen, weil sie mit dem Gesicht zum Zaun stand.

D'Apreval fuhr zusammen. Madame de Cadour schoß fast vom Stuhl, als sie sich überstürzt umwandte.

Da war zehn Schritt vor ihnen ein Mann, der gebückt und keuchend eine Kuh am Strick hinter sich herzog.

Ohne sich um die Gäste zu kümmern, fluchte er:

»Donnerschlag! Mistvieh, das!«

Und er zog an ihnen vorüber, zum Stall hin, in dem er verschwand.

Die Tränen der alten Frau waren plötzlich gestockt, und sie starrte wortlos, fühllos: ihr Sohn, der da – ihr Sohn!

D'Apreval, den der gleiche Schrecken getroffen hatte, brachte mit unsicherer Stimme hervor:

»Ist das Monsieur Bénédict?«

Die Bäuerin fragte mißtrauisch:

»Wer hat Ihnen den Namen gesagt?«

Er erklärte:

»Der Schmied vorn an der Straße.«

Dann blieben alle stumm, alle Augen hingen an der Stalltür, die ein schwarzes Loch in der Mauer des Gebäudes bildete. Hineinsehen konnte man nicht, nur unbestimmte Geräusche waren zu hören, Bewegungen, Schritte, die durch das ausgestreute Stroh auf dem Boden gedämpft wurden.

Er erschien auf der Schwelle, wie er sich die Stirn wischte, und kam langsam, in großen federnden Schritten auf das Haus zu.

Wieder ging er an den Fremden vorüber, ohne daß er sie zu bemerken schien, und sagte zu seiner Frau:

»Zieh mir 'n Krug Zider ab, ich hab Durst.«

Damit betrat er das Haus. Die Bäuerin ging in den Keller und ließ die Pariser allein.

Und Madame de Cadour stammelte verstört:

»Lassen Sie uns gehn, Henry, lassen Sie uns gehn.«

D'Apreval faßte ihren Arm, half ihr aufzustehen und stützte sie mit aller Kraft, denn er spürte, daß sie sonst umfallen würde, und er zog sie davon, nachdem er fünf Francs auf einen Stuhl geworfen hatte.

Als sie zum Tor hinaus waren, begann sie, von Schmerz geschüttelt, tief aufzuschluchzen und stammelte:

»Oh! oh! das haben Sie aus ihm gemacht? ...«

Er war sehr bleich. Mit tonloser Stimme antwortete er:

»Ich habe getan, was ich konnte. Sein Hof hat einen Wert von achtzigtausend Francs. Eine solche Dotation erhalten nicht einmal alle Bürgerkinder.«

Und sie gingen ganz langsam davon, ohne noch ein Wort zu wechseln. Sie weinte immer weiter. Unaufhaltsam flossen die Tränen aus ihren Augen und rollten über ihre Wangen.

Endlich versiegten sie, Fécamp war erreicht.

Monsieur de Cadour erwartete sie zum Abendessen. Als er sie sah, fing er an zu lachen und rief:

»Na großartig, meine Frau hat sich einen Sonnenstich geholt. Ich bin entzückt. Wahrhaftig, es kommt mir schon geraume Weile vor, als ob sie den Kopf verliert!«

Keiner der beiden entgegnete ihm, und als der Ehemann, seine Hände reibend, fragte: »Haben Sie wenigstens einen hübschen Spaziergang gemacht?«, antwortete d'Apreval:

»Wunderbar, mein Lieber, ganz wunderbar.«

Yvette

I

Als sie das Café Riche verließen, sagte Jean de Servigny zu Léon Saval: »Wenn du willst, gehen wir zu Fuß. Es ist so schön, daß man keinen Wagen nehmen sollte.« Und sein Freund sagte: »Von mir aus gern.« – »Es ist gerade erst elf«, setzte Jean hinzu, »wir sind weit vor Mitternacht dort, wir können uns Zeit lassen.«

Auf dem Boulevard wimmelte eine angeregte Menge, die trinkende, raunende, wie ein Strom flutende Menge der Sommernächte, voller Wohlbehagen und Freude. In Abständen fiel aus den Cafés rotes Licht auf die gedrängt an kleinen, mit Flaschen und Gläsern bestellten Tischen Sitzenden, deren dichte Ansammlung die Passantenflut staute. Und auf der Fahrbahn glitten die Fiaker mit ihren roten, blauen oder grünen Augen jäh in den starken Schein der erleuchteten Fronten, zeigten sekundenlang den mageren trottenden Schattenriß des Pferdes, die erhöhte Silhouette des Kutschers und den dunklen Wagenkasten. Die von der »Urbaine« bildeten rasche helle Flecke mit ihren vom Licht getroffenen gelben Seitflächen.

Die beiden Freunde gingen in schlenderndem Schritt, eine Zigarre im Mund, im bloßen Anzug, den Überzieher auf dem Arm, eine Blüte im Knopfloch und den Hut leicht geneigt, wie man ihn aus Lässigkeit manchmal trägt, wenn man gut gespeist hat und die Luft mild ist.

Sie waren sich seit dem Gymnasium in verläßlicher, ergebener Neigung zugetan.

Jean de Servigny, klein, schlank, ein bißchen kahl, ein bißchen schmächtig, sehr elegant, mit krausem Schnurrbart, hellen Augen, feingeschnittenem Mund, war einer der Nachtmenschen, die, scheint es, auf dem Boulevard geboren und groß geworden sind, unermüdlich, obwohl er stets übermüdet aussah, elastisch, aber blaß, einer der zierlichen Pariser, denen Gymnastik, Fechten, kalte Duschen und Schwitzbäder eine nervöse, künstliche Kraft verliehen haben. Für seine Nachtbummeleien war er ebenso bekannt wie für seinen Witz, sein Vermögen, seine Verbindungen, für jene Zugänglichkeit, Liebenswürdigkeit und weltläufige Galanterie, die gewissen Männern eignet.

Als echter Pariser leichtsinnig, skeptisch, wechselhaft, schnell mitzureißen, energisch und unentschlossen, zu nichts und allem fähig, egoistisch aus Prinzip und großmütig aus Anwandlung, verzehrte er seine Zinsen mit Maß und amüsierte sich mit Zurückhaltung. So gleichmütig wie rasch begeistert, hörte er nie auf, sich gehenzulassen und sich zu straffen, von gegensätzlichen Instinkten besiegt und allen folgend, um letzten Endes seiner wendigen Lebemannsvernunft zu gehorchen, deren Wetterfahnenlogik darin bestand, mit dem Wind zu gehen und jede günstige Gelegenheit zu nutzen, ohne daß er sich die Mühe gemacht hätte, eine solche herbeizuführen.

Sein Begleiter Léon Saval, auch ein Reicher, war einer der prächtigen Riesen, nach denen die Frauen sich auf der Straße umdrehen. Er gemahnte an ein menschgewordenes Denkmal, ein Musterexemplar der menschlichen Rasse wie jene Vorzeigestücke, die man auf Ausstellungen schickt. Zu schön, zu groß, zu breit, zu stark, litt seine Wirkung ein wenig unter der Überfülle von alldem, unter dem Übermaß seiner Vorzüge. Er hatte unzählige Leidenschaften geweckt.

Sie waren am Vaudeville, als er fragte:

»Hast du die Erlaubnis der Dame, mich in ihr Haus zu bringen?«

Servigny lachte auf.

»Erlaubnis, bei der Marquise Obardi! Fragst du einen Omnibuskutscher um Erlaubnis, ehe du an der Ecke des Boulevards in seinen Wagen springst?«

Leicht verwundert, fragte Saval:

»Wer ist denn die Frau?«

Und sein Freund antwortete:

»Eine Hochstaplerin, eine Freibeuterin, ein charmantes Weib, das weiß ich woher eines schönen Tages weiß ich wie in der Welt der Abenteurer auftauchte und dort Figur zu machen versteht. Aber was kümmert uns das. Man sagt, ihr richtiger Name, ihr Jungfernname – denn Jungfer blieb sie, mit allen Attributen außer dem der Unschuld – ist Octavie Bardin, daher Obardi, indem der erste Buchstabe des Vornamens beibehalten und der letzte des Familiennamens gestrichen wurde.

Davon abgesehen ist sie eine liebenswerte Frau, deren Liebhaber du infolge deiner Leiblichkeit unfehlbar werden wirst. Man führt nicht Herkules zu Messalina, ohne daß etwas geschieht. Indessen muß ich noch bemerken, daß zwar der Eintritt zu dem Hause frei ist wie zum Basar, daß aber niemand strikt gezwungen ist zu kaufen, was sich dort feilhält. Man führt Liebe und Karten, nötigt jedoch weder zum einen noch zum andern. Auch der Ausgang ist frei.

Vor drei Jahren bezog sie das Quartier de l'Etoile, ein verdächtiges Viertel, und öffnete ihre Salons all dem Schaum der Kontinente, der sich in Paris sammelt, um seine verschiedenen zwielichtigen oder kriminellen Talente zu üben.

Ich ging hin. Wieso, weiß ich nicht mehr. Ich ging hin, wie wir alle hingehen, weil dort gespielt wird, weil die Frauen unkompliziert und die Männer keine Ehrenmänner sind. Ich liebe diese Welt der Piraten mit der Ordensbrust, lauter Ausländer, alle adlig, alle von Rang, alle unbekannt in ihren Botschaften, ausgenommen die Spione. Alle sprechen bei jeder Nichtigkeit von Ehre, berufen wegen nichts ihre Ahnen, erzählen bei jeder Lappalie ihre Lebensgeschichte: Aufschneider, Lügner, Gauner, gefährlich wie ihre Karten, falsch wie ihre Namen, tapfer, wenn's sein muß, nach Art der Räuber, die den Leuten nur dann an den Beutel kommen, wenn sie ihr Leben riskieren. Kurz: eine Bagno-Aristokratie.

Ich bete sie an. Es ist interessant, diese Typen zu studieren, interessant, sie kennenzulernen, vergnüglich, ihnen zu lauschen, oft sind sie geistreich, nie banal wie französische Staatsbeamte. Die Frauen sind durchweg hübsch, mit einem Schuß exotischen Anruchs, dem Rätsel ihrer Vergangenheit, die vermutlich zur Hälfte in einer Besserungsanstalt verlief. Meist haben sie wundervolle Augen und unvergleichliches Haar, echte Gewerbssinnlichkeit, eine betörende Grazie, eine Verführungskraft, die zu Tollheiten treibt, einen unwiderstehlichen morbiden Charme! Es sind Eroberinnen nach Art der Wegelagerer von einst, Raubvögel, die Weibchen der Geier. Auch sie bete ich an.

Die Marquise Obardi ist das Glanzstück dieser Luxushuren. Reif und immer noch schön, berückend und katzenhaft – man spürt, sie ist lasterhaft bis ins Mark. Man amüsiert sich sehr gut bei ihr, man spielt, tanzt, tafelt ... kurz, tut alles, was die Freuden des mondänen Lebens ausmacht.«

»Warst oder bist du ihr Geliebter?« fragte Léon Saval.

»Weder war noch bin ich es und werd es auch nicht sein«, antwortete Servigny. »Ich besuche das Haus vornehmlich wegen der Tochter.«

»Ah! eine Tochter hat sie?«

»Und was für eine Tochter! Ein Wunder, mein Lieber. Sie ist mittlerweile die Hauptattraktion dieser Höhle. Groß, prächtig gewachsen, gerade erst reif, achtzehn Jahre, ebenso blond wie ihre Mutter braun ist, immer bei Laune, immer zum Feiern aufgelegt, lacht immer aus voller Kehle und ist beim Tanzen nicht zu halten. Wer sie bekommt? oder wer sie gehabt hat? Niemand weiß es. Wir sind unser zehn, die harren und hoffen.

Ein Mädchen wie dies in den Händen einer Frau wie der Marquise ist ein Vermögen. Und sie spielen auf Nummer Sicher, die zwei! Man kommt ihnen nicht dahinter. Vielleicht warten sie auf eine gute Gelegenheit ... eine bessere als mich. Aber ich versichere dir, ich packe zu ... falls die Gelegenheit sich mir bietet.

Dieses Mädchen, Yvette, wirft übrigens all meine Begriffe durcheinander. Sie ist mir ein Rätsel. Wenn sie nicht das vollendetste Monster an Verschlagenheit und Verdorbenheit ist, das ich je sah, ist sie unstreitig ein Mirakel an Unschuld. Sie lebt in diesem ehrlosen Milieu mit einem seelenruhigen, triumphierenden Behagen, unfaßlich verrucht oder naiv.

Ob Wundersproß einer Abenteuerin und auf dem Dung dieser Welt da wie eine herrliche Pflanze gediehen, die sich von Fäulnis nährt, oder Kind irgendeines hervorragenden Mannes, eines großen Künstlers oder eines Grandseigneurs, eines Fürsten oder Königs, der der Mama eines Abends ins Bett gefallen ist – man begreift nicht, was sie ist noch was sie denkt. Aber du siehst sie gleich selber.«

Saval fing an zu lachen.

»Du bist in sie verliebt«, sagte er.

»Nein. Ich gehöre zu den Bewerbern, das ist nicht dasselbe. Meine ernsthaftesten Mitanwärter werde ich dir übrigens vorstellen. Aber ich habe deutliche Chancen. Ich werde begünstigt, man bezeigt mir einige Huld.«

»Du bist verliebt«, wiederholte Saval.

»Nein. Sie verwirrt, verführt, beunruhigt mich, sie zieht mich an und erschreckt mich. Ich mißtraue ihr wie einer Falle und habe Verlangen nach ihr, wie man Lust auf ein Sorbet hat, wenn's einen dürstet. Ich bin ihrem Zauber verfallen und begegne ihr stets mit Vorbehalten wie einem Menschen, den man als geschickten Dieb verdächtigt. In ihrer Nähe fühle ich mich unvernünftig hingerissen nach ihrer möglichen Reinheit und voll eines sehr vernünftigen Argwohns gegen ihre nicht minder mögliche Durchtriebenheit. Ich fühle mich in Berührung mit einem anormalen Wesen, jenseits der natürlichen Regeln, erlesen oder verabscheuenswürdig. Ich weiß es nicht.«

Zum drittenmal sagte Saval:

»Ich sage dir, du bist verliebt. Du sprichst von ihr mit der Emphase eines Dichters und dem Lyrismus eines Troubadours. Komm, geh in dich, prüfe dein Herz und gesteh.«

Servigny machte einige Schritte, ohne Antwort zu geben, dann sagte er:

»Möglich ist es schon. Jedenfalls beschäftigt sie mich sehr. Ja, kann sein, daß ich verliebt bin. Ich denke zu oft an sie. Ich denke beim Einschlafen an sie und beim Aufwachen auch ... das ist ernst genug. Ihr Bild folgt mir, verfolgt mich, begleitet mich überallhin, es ist unentwegt vor mir, um mich, in mir. Ist das Liebe, solch physische Obsession? Ihr Gesicht ist so tief in meinen Blick eingegraben, daß ich es sehe, kaum daß ich die Augen schließe. Ich bekomme jedesmal Herzklopfen, wenn ich sie erblicke, ich leugne es nicht. Also liebe ich sie, aber auf merkwürdige Weise. Ich begehre sie mit aller Heftigkeit, aber die Vorstellung, sie zu meiner Frau zu machen, erschiene mir total verrückt, blödsinnig, eine Ungeheuerlichkeit. Mir ist auch ein bißchen angst vor ihr, so wie dem Vogel, über dem ein Sperber kreist. Und eifersüchtig bin ich auf sie, eifersüchtig auf all das Unbekannte in diesem unbegreiflichen Herzen. Und immer wieder frage ich mich: Ist sie ein bezauberndes Kind oder eine niederträchtige Bübin? Sie sagt Dinge, daß es eine Armee schaudern könnte; Papageien nicht minder. Manchmal ist sie so bedenken- oder schamlos, daß ich an ihre unbefleckte Reinheit glaube, ein andermal so naiv, von so unfaßlicher Naivität, daß ich zweifle, ob sie je keusch gewesen ist. Sie provoziert mich, reizt mich auf wie eine Kurtisane, zugleich hält sie sich in acht wie eine Jungfrau. Sie scheint mich zu lieben und macht sich lustig über mich; sie gibt sich öffentlich, als wäre sie meine Mätresse, und behandelt mich, wenn wir allein sind, als wäre ich ihr Bruder oder ihr Diener.

Manchmal glaube ich, sie hat genauso viele Liebhaber wie ihre Mutter. Dann wieder bilde ich mir ein, daß sie vom Leben keine Ahnung hat, aber auch gar keine, verstehst du?

Übrigens ist sie eine wilde Romanleserin. Ich bin, in Erwartung von etwas Besserem, ihr Bücherbeschaffer. Sie nennt mich ihren ›Bibliothekar‹.

Jede Woche schickt ihr die Librairie Nouvelle in meinem Namen sämtliche Neuerscheinungen, und ich glaube, sie liest alles bunt durcheinander.

Das muß einen ziemlichen Salat in ihrem Kopf geben.

Vielleicht trägt auch dieser Lektüremischmasch ein bißchen Schuld an ihrem sonderbaren Betragen. Wenn man das Dasein durch die Brille von fünfzehntausend Romanen betrachtet, muß man es wohl in einem ulkigen Licht sehen und sich allerhand verstiegene Vorstellungen von den Dingen machen.

Doch wie dem sei, ich warte. Fest steht einerseits, daß ich noch nach keiner Frau so verrückt war wie nach ihr.

Fest steht andrerseits, daß ich sie nicht heiraten werde.

Folglich, wenn sie schon Liebhaber hatte, vermehre ich deren Zahl. Hatte sie noch keine, fällt mir die Nummer eins zu wie bei der Trambahn.

Der Fall ist einfach. Sie wird mit Sicherheit niemals heiraten. Denn wer nähme die Tochter einer Marquise Obardi, einer Octavie Bardin? Niemand, und mit tausend Gründen.

Woher sollte ein Ehemann für sie kommen? Aus der Gesellschaft? Nie. Das Haus der Mutter ist ein öffentliches Haus, dem die Tochter die Kundschaft zuzieht. In solche Verhältnisse heiratet man nicht.

Aus dem Bürgertum? Noch weniger. Und zudem ist die Marquise keine Frau schlechter Abschlüsse; sie wird Yvette endgültig nur einem Mann in großer Position geben, und den wird sie nicht finden.

Aus dem Volk etwa? Noch weniger. Also: kein Ausweg. Diese Demoiselle gehört weder zur guten Gesellschaft noch zum Bürgertum noch zum Volk, sie kann sich in keine dieser Klassen einbinden.

Sie ist durch ihre Mutter, durch ihre Geburt, durch ihre Erziehung, durch ihr Erbe, durch ihre Manieren, durch ihre Gewohnheiten zur vergoldeten Prostitution bestimmt.

Der wird sie nicht entgehen, außer wenn sie Nonne würde, was kaum wahrscheinlich ist, zieht man in Betracht, wie sie lebt und was sie liebt. Ihr bleibt folglich als einzig möglicher Stand: die Liebe. Und dahin wird sie gelangen, falls sie nicht schon dabei ist. Sie kann ihrem Schicksal nicht entrinnen. Die kleine Dame wird ganz einfach Dirne. Und ich wäre zu gern der Drehzapfen dieser Wandlung.

Ich warte. Die Freier sind zahlreich. Es haben, wie du sehen wirst, ein Franzose, Monsieur de Belvigne, ein

Russe, Prinz Kravalow genannt, und ein Italiener, der Chevalier Valreali, ihre Kandidatur eindeutig gemeldet, und sie manövrieren entsprechend. Dazu zählen wir um sie herum etliche Marodeure minderen Gewichts.

Die Marquise lauert. Aber ich glaube, sie hat es auf mich abgesehen. Sie weiß, daß ich sehr reich bin, und hätschelt die andern weniger.

Übrigens ist ihr Salon der bemerkenswerteste, den ich in dem Genre kenne. Man trifft dort sogar höchst wohlerzogene Männer, da wir ja hingehen, und wir sind nicht die einzigen. Was die Frauen betrifft, hat sie das Beste aufgetrieben oder vielmehr sorgfältig ausgesucht, was in der Kiepe der Börsenplünderinnen zu finden war. Wo sie die entdeckt hat? Niemand weiß es. Das ist eine Welt neben der echten käuflichen, neben der Bohème, neben allem. Dabei hatte sie einen Genieblitz, nämlich speziell Abenteuerinnen im Besitz von Kindern, vorzüglich Töchtern, auszuwählen. So könnte ein Esel wähnen, dort unter ehrbaren Frauen zu sein!«

Sie hatten die Champs-Elysées erreicht. Durch die Blätter ging eine milde Brise, strich für Momente über die Gesichter, als schwinge ein Riesenfächer irgendwo im Himmelsraum. Stumme Schatten wandelten unter den Bäumen; andere bildeten auf Bänken dunkle Flekken. Und diese Schatten redeten ganz leise, wie wenn sie sich wichtige oder beschämende Geheimnisse anvertrauten.

Servigny sprach weiter:

»Du kannst dir nicht vorstellen, was für eine Kollektion von Phantasietiteln du in dem Bau hören wirst.

Apropos, weißt du, ich stelle dich am besten als Graf Saval vor. Saval so nackt und bloß würde sich nicht gut ausnehmen, gar nicht gut.«

»Auf keinen Fall!« rief sein Freund. »Ich will nicht,

daß man mich, auch nicht an einem Abend, auch nicht bei den Leuten da, der Lächerlichkeit zeihen könnte, mir einen Titel anzumaßen. Nein, ausgeschlossen.«

Servigny lachte.

»Sei nicht stur. Mich haben sie dadrinnen Herzog von Servigny getauft. Ich weiß nicht, wieso und warum. Gleichwohl bin und bleibe ich der Herzog von Servigny, ohne mich zu beklagen oder zu protestieren. Es stört mich nicht. Anders würde ich fürchterlich von oben herab betrachtet werden.«

Aber Saval ließ sich nicht überzeugen.

»Du bist adlig, da geht das. Aber nicht bei mir, nein, und wäre ich der einzige Bürgerliche in dem Salon, mein Pech oder Glück. Mag das meine Auszeichnung ... mein Rang sein.«

Servigny beharrte: »Glaub mir, das geht unmöglich, ganz unmöglich, hörst du? Es würde geradezu monströs erscheinen. Du würdest dastehen wie ein Lumpensammler unter lauter Kaisern. Laß mich das machen, ich stelle dich als Vizekönig von Ober-Mississippi vor, und kein Mensch wird sich wundern. Wenn man sich Würden beilegt, kann man nicht hoch genug greifen.«

»Nein, ich sage dir, ich will nicht.«

»Bitte. Ich bin wahrhaftig schön dumm, daß ich dich zu überreden suche. Ich wette, du kommst dort sowieso nicht hinein, ohne daß man dich mit einem Titel dekoriert, wie man den Damen an der Schwelle mancher Kaufhäuser Veilchensträuße überreicht.«

Sie bogen nach rechts in die Rue de Berri, stiegen zur ersten Etage eines schönen modernen Hauses empor und überließen vier Domestiken in kurzer Kniehose ihre Überzieher und Stöcke. Warmer Festgeruch, Düfte von Blumen, Parfums und Frauen schwerten die Luft, und dichtes, anhaltendes Gemurmel drang aus den benachbarten Räumen, die man voller Menschen fühlte.

Eine Art Zeremonienmeister, hochgewachsen, geradrückig, bäuchig und würdevoll, das Gesicht von weißen Favoris gerahmt, näherte sich den Besuchern und fragte nach einem knappen stolzen Gruß:

»Wen darf ich melden?«

Servigny sagte: »Monsieur Saval.«

Der Mann, indem er die Salontür öffnete, rief mit tönender Stimme in die Menge der Gäste:

»Der Herzog von Servigny. Der Baron Saval.«

Der erste Salon war voller Frauen. Was man zuerst sah, war eine Ausstellung nackter Busen über einem Gewoge schimmernder Stoffe.

Die Hausherrin, die plaudernd mit drei Freundinnen stand, wandte sich und kam majestätisch und anmutvoll, ein Lächeln auf den Lippen, herangeschritten.

Über ihrer schmalen, sehr niedrigen Stirn wölbte sich die Masse ihrer glänzend schwarzen Haare dicht wie ein Tierfell, fraß sich sogar ein wenig in die Schläfen.

Sie war groß, ein wenig zu stark, ein wenig zu üppig, ein wenig sehr reif, aber sehr schön, eine schwere, heiße, machtvolle Schönheit. Unter dem Getürm der Haare, die träumen, die lächeln, die sie rätselhaft begehrenswert machten, öffneten sich riesige, ebenso schwarze Augen. Die Nase war ein wenig schmal, der Mund groß, unendlich verführerisch, geschaffen zu sprechen und zu erobern.

Ihr stärkster Zauber aber lag in ihrer Stimme. Sie kam wie Quellwasser aus diesem Mund, so natürlich, so leicht, so wohlklingend, so klar, daß es sinnliche Lust bereitete, ihr zu lauschen. Es war eine Freude zu hören, wie die behenden Wörter ihm entflossen, und es war eine Augenweide zu sehen, wie diese schönen, ein wenig zu roten Lippen sich auftaten, um ihnen Durchlaß zu gewähren.

Sie gab Servigny die eine Hand, die er küßte, und

reichte, ihren Fächer an einer ziselierten Goldkette niederlassend, die andere Saval, indem sie zu ihm sagte:

»Seien Sie willkommen, Baron, alle Freunde des Herzogs sind hier zu Hause.«

Dann umfing ihr leuchtender Blick den Riesen, den man ihr präsentierte. Auf ihrer Oberlippe lag ein feiner schwarzer Flaum, der Anflug eines Schnurrbarts, der dunkelte, wenn sie sprach. Wohlgeruch, ein starkes, betäubendes Parfum Amerikas oder Indiens, umgab sie.

Andere Gäste kamen, Marquis, Grafen, Prinzen. Voll mütterlicher Liebenswürdigkeit sagte sie zu Servigny:

»Sie finden meine Tochter im nächsten Salon. Amüsieren Sie sich, meine Herren, das Haus gehört Ihnen.«

Und sie verließ die beiden, um den Letztgekommenen entgegenzugehen, und warf Saval jenen flüchtigen, lächelnden Blick zu, mit dem Frauen bekunden, daß man ihnen gefallen hat.

Servigny nahm den Arm seines Freundes.

»Ich werde dich lotsen«, sagte er. »In diesem Salon hier die Frauen, der Tempel des Fleisches, ob frisch oder nicht. Angebote aus zweiter Hand, neuwertig oder noch besser, hoch notiert, zur Pacht frei. Links das Spiel, der Tempel des Geldes. Das kennst du. Dort hinten, wo getanzt wird, der Tempel der Unschuld, das Sanktuarium, der Jungmädchenmarkt. Dort werden in jederlei Hinsicht die Erzeugnisse jener Damen ausgestellt. Man wäre sogar zu legitimierten Bindungen bereit! Dort liegt die Zukunft, die Hoffnung … unserer Nächte. Und zugleich sind sie das Interessanteste in diesem Museum unserer moralischen Gebresten, diese kleinen Mädchen, deren Seele so locker ist wie die Glieder der von Seiltänzern entsprossenen kleinen Clowns. Laß sie uns ansehen.«

Galant, ein Kompliment auf den Lippen, grüßte er nach rechts, nach links, mit flinkem Liebhaberblick auf jedes Dekolleté, das er kannte.

Die Kapelle, im Hintergrund des nächsten Salons, spielte einen Walzer; und sie verhielten auf der Schwelle, um zu schauen. An fünfzehn Paare drehten sich; die Männer ernst, die Tänzerinnen mit einem erstarrten Lächeln auf den Lippen. Sie zeigten viel Haut, wie ihre Mütter; und da bei einigen das Mieder nur durch ein dünnes, den Armansatz umschließendes Band gehalten wurde, glaubte man für Momente, eine Dunkelheit unter den Achseln wahrzunehmen.

Plötzlich kam aus dem hinteren Teil des Raumes, mitten durchs Gedränge ein großes Mädchen herangeeilt, die Tänzer beiseite schubsend und die überlange Schleppe ihres Kleides in der linken Hand. Sie kam mit hurtigen kleinen Schritten, wie Frauen in einer Menge laufen, und rief:

»Ah, Muscade ist da! Seien Sie gegrüßt, Muscade!«

Ihre Züge blühten vor Leben, leuchteten festlich vor Glück. Ihre übergoldete weiße Haut, die Haut der Rotblonden, schien Strahlen auszusenden. Und das Gehäuf ihres Haars, das sich auf ihrem Kopf wand – im Feuer gerötetes, flammendes Haar –, wog schwer auf ihrer Stirn, lastete auf ihrem noch ein wenig dünnen, biegsamen Hals.

Sie schien zur Bewegung geschaffen, wie ihre Mutter zum Sprechen, so natürlich, nobel und schlicht waren ihre Gebärden. Es mußte Freude und ein sinnliches Behagen bereiten, zu sehen, wie sie ging, sich umtat, den Kopf neigte, die Arme hob.

Noch einmal sagte sie:

»Ah, Muscade, guten Abend, Muscade.«

Servigny schüttelte ihr kräftig, wie einem Mann, die Hand und stellte vor:

»Mam'zelle Yvette, mein Freund Baron Saval.«

Sie nickte dem Fremden zu, dann musterte sie ihn:

»Guten Abend, Monsieur. Sind Sie alle Tage so groß?«

Servigny antwortete in dem spöttelnden Ton, den er ihr gegenüber anschlug, um seinen Argwohn und seine Unsicherheiten zu verbergen:

»Nein, Mam'zelle. Er hat seine äußersten Dimensionen angenommen, um Ihrer Mama zu gefallen, die den Massen hold ist.«

Und mit komischer Ernsthaftigkeit sagte das junge Mädchen:

»Na schön! Aber wenn Sie meinetwegen kommen, machen Sie sich bitte ein bißchen kleiner; ich bevorzuge die Mittleren. Sehen Sie, Muscade hat genau meine Maße.«

Und sie streckte dem Neuling ihre offene kleine Hand hin. Dann fragte sie:

»Tanzen Sie, Muscade? einen Walzer, ja?«

Ohne zu antworten, mit raschem Schwung umfaßte Servigny ihre Taille, und schon waren sie in wildem Wirbel davon.

Sie tanzten schneller als alle andern, drehten, drehten sich, schwangen sich hingerissen um die eigene Achse, einander haltend, daß sie wie eins waren, mit geradem Körper, fast unbewegten Beinen, als lasse eine unsichtbare, unter ihren Füßen versteckte Mechanik sie derart um sich selber kreisen.

Sie waren unermüdlich. Die anderen Tänzer setzten nach und nach aus. Sie blieben in ihrem endlosen Walzer allein. Sie sahen aus, als wüßten sie nicht mehr, wo sie waren noch was sie taten, als wären sie sehr weit fort von diesem Ball, aufgebrochen in die Ekstase. Und die Kapelle spielte, ohne aufzuhören, die Blicke auf dem entfesselten Paar; und alle schauten ihnen zu, und als sie endlich innehielten, applaudierte man.

Sie war jetzt ein wenig rot, und ihre Augen blickten fremd, brennende, scheue Augen, nicht mehr verwegen wie vorhin, verwirrte und so blaue Augen, mit einer so schwarzen Pupille darin, daß sie nicht mehr natürlich anmuteten.

Servigny war wie betrunken. Er lehnte sich an eine Tür, um sein Gleichgewicht wiederzufinden.

Sie sagte:

»Keine Festigkeit, mein armer Muscade, da bin ich solider.«

Er antwortete mit einem nervösen Lächeln, und sein Blick verschlang sie, tierhafte Gier im Auge und in der Lippenfaltung.

Sie blieb mit ihrer entblößten Brust, die der Atem hob, vor ihm stehen.

»Manchmal sehen Sie aus wie eine Wildkatze, die gleich die Leute anspringt«, sagte sie. »Kommen Sie, geben Sie mir den Arm, wir gehen Ihren Freund suchen.«

Wortlos bot er ihr den Arm, und sie durchschritten den großen Saal.

Saval war nicht mehr allein. Die Marquise Obardi hatte sich zu ihm gesellt. Mit ihrer verzaubernden Stimme redete sie zu ihm über mondäne Dinge, banale Dinge. Und während sie auf den Grund seiner Gedanken blickte, schien sie ihm andere Worte zu sagen, als ihr Mund sprach. Sie bemerkte Servigny, und schnell nahm ihr Gesicht eine lächelnde Miene an.

»Wissen Sie, mein lieber Herzog«, sagte sie, »ich habe in Bougival ein Landhaus gemietet, um zwei Monate dort zu verbringen. Ich rechne damit, daß Sie mich besuchen. Bringen Sie Ihren Freund mit. Warten Sie – ich ziehe Montag hinaus, wollen Sie am nächsten Samstag beide zum Diner kommen? Ich behalte Sie den ganzen folgenden Tag dort.«

Servignys Kopf fuhr herum nach Yvette. Sie lächelte ruhig, heiter und sagte mit einer Sicherheit, die kein Zögern gestattete:

»Natürlich kommt Muscade nächsten Samstag zum

Diner. Da gibt es gar kein langes Fragen. Und dann machen wir einen Haufen Dummheiten auf dem Land.«

Er meinte, in ihrem Lächeln ein Versprechen zu sehen und eine Absicht aus ihrer Stimme zu hören.

Die Marquise hob ihre großen schwarzen Augen zu Saval.

»Sie auch, Baron?«

Und ihr Lächeln ließ keinen Zweifel offen. Er verbeugte sich:

»Mit dem größten Vergnügen, Madame.«

Yvette flüsterte voll naiver oder tückischer Schalkheit:

»Dort schockieren wir alle Leute, nicht wahr, Muscade? Und machen mein Regiment verrückt.«

Und ihr flinker Blick bezeichnete einige Männer, die sie von weitem beobachteten.

Servigny antwortete:

»Soviel Sie wollen, Mam'zelle.«

Wenn er mit ihr sprach, sagte er aus vertraulicher Kameraderie nie Mademoiselle.

Und Saval fragte:

»Warum nennt Mademoiselle Yvette meinen Freund Servigny immer Muscade?«

Das junge Mädchen setzte eine Unschuldsmiene auf:

»Weil er einem dauernd aus den Händen gleitet, Monsieur. Man denkt, man hat ihn, aber schon ist er verschwunden.«

Die Marquise, die offenbar einem anderen Gedanken nachhing, sagte, ohne Saval aus den Augen zu lassen, in gedehntem Ton:

»Unfaßlich, diese Kinder.«

Yvette erboste sich:

»Ich bin nicht unfaßlich, ich bin offen! Ich mag Muscade, aber er entwischt mir immer, das ist doch blöd.«

Servigny machte eine tiefe Verbeugung:

»Ich werde Sie nie mehr verlassen, Mam'zelle, weder Tag noch Nacht.«

Sie wehrte mit einer Schreckensgeste ab:

»Ah, nein, nein! das nicht! Am Tag gerne, aber nachts würden Sie mich stören.«

»Warum denn?« fragte er voll Impertinenz.

Und sie antwortete seelenruhig und kühn:

»Weil Sie ausgezogen bestimmt nicht so gut aussehen.«

Die Marquise, ohne daß sie erschüttert wirkte, rief aus:

»Das sind ja Ungeheuerlichkeiten! Man kann doch nicht derart einfältig sein.«

Und Servigny kommentierte spöttelnd:

»Das meine auch ich, Marquise.«

Yvette richtete die Augen auf ihn, und hochfahrend, verletzt antwortete sie:

»Sie haben eine Grobheit begangen, das unterläuft Ihnen allzuoft in letzter Zeit.«

Und sich umdrehend, rief sie:

»Chevalier, kommen Sie und verteidigen Sie mich, man beschimpft mich.«

Ein hagerer, brünetter Mann mit langsamem Gebaren näherte sich.

»Wer ist der Schuldige?« fragte er, gezwungen lächelnd.

Sie wies mit dem Kopf auf Servigny:

»Er ist es; aber ich mag ihn trotzdem lieber als Sie alle, weil er nicht so langweilig ist.«

Der Chevalier Valreali verneigte sich:

»Man tut, was man kann. Wir sind vielleicht weniger unterhaltend, aber nicht weniger ergeben.«

Ein hochgewachsener Mann mit großem Bauch und grauen Favoris kam laut tönend heran:

»Mademoiselle Yvette, ich stehe zu Ihren Diensten.«

»Ah! Monsieur de Belvigne«, rief sie.

Und sich Saval zuwendend, stellte sie vor:

»Mein bestallter Prätendent, groß, dick, reich und dumm. So liebe ich sie. Ein richtiger Tambourmajor ... bei Tische. Oh, aber Sie sind ja noch größer als er. Wie soll ich Sie taufen? ... Ja, ich werde Sie Herr von Rhodos der Jüngere nennen, wegen des Koloß, der bestimmt Ihr Vater war. Sie beide müssen sich, über die Köpfe der andern hinweg, interessante Dinge zu sagen haben, guten Abend.«

Und sie lief davon zur Kapelle, um bei den Musikern eine Quadrille zu bestellen.

Madame Obardi wirkte zerstreut. Um nicht stumm zu bleiben, sagte sie mit langsamer Stimme zu Servigny:

»Sie sticheln sie immer, Sie werden ihr noch einen bösen Charakter und allerlei Häßlichkeiten beibringen.«

»Haben Sie ihre Erziehung denn nicht beendet?« versetzte er.

Sie tat, als verstehe sie nicht, und fuhr fort, wohlwollend zu lächeln.

Doch bemerkte sie, daß ein ordenübersäter Herr feierlich auf sie zuschritt, und eilte ihm entgegen:

»Ah, Prinz, Prinz! welche Freude!«

Servigny nahm den Arm von Saval und zog ihn fort:

»Das ist der letzte der ernsthaften Freier, Prinz Kravalow. Ist sie nicht prachtvoll?«

Und Saval antwortete:

»Prachtvoll finde ich alle beide. Mir würde die Mutter vollauf genügen.«

Servigny verneigte sich:

»Zu deiner Verfügung, mein Lieber.«

Sie wurden von den Tänzern beiseite gedrängt, die sich je zu zweit und in zwei einander zugewandten Reihen zur Quadrille aufstellten.

»Laß uns ein bißchen nach den Falschspielern sehen«, sagte Servigny.

Und sie betraten den Spielsaal.

Rund um jeden Tisch hielt sich ein Kreis zuschauender Männer. Gesprochen wurde wenig, und in Abständen ließ sich zwischen dem Gemurmel der Spieler der leichte metallische Klang des Goldes hören, das aufs Tuch geworfen oder brüsk aufgenommen wurde, so als erhebe das Geld seine Stimme unter den Menschenstimmen.

Diese Männer waren sämtlich mit verschiedenen ausgefallenen Ordensbändern geziert und legten alle, bei unterschiedlichem Aussehn, das gleiche würdig-strenge Gebaren an den Tag. Am ehesten kannte man sie nach der Barttracht auseinander.

Der steife Amerikaner trug sein Hufeisen, der hochnäsige Engländer den auf der Brust gespreizten Fächer, der Spanier sein schwarzes Vlies, das ihm bis unter die Augen reichte, der Römer jenen Riesenschnurrbart, mit dem Viktor Emanuel Italien beschenkt hat, der Österreicher seine Favoris über dem rasierten Kinn, ein russischer General schien seine Oberlippe mit zwei Lanzen aus gezwirbelten Haaren gewaffnet zu haben; so bezeugten alle, unter den Franzosen mit dem galanten Schnurrbart, den Einfallsreichtum sämtlicher Barbiere der Welt.

»Spielst du?« fragte Servigny.

»Nein, du?«

»Hier nie. Wollen wir gehen? Wir kommen an einem ruhigeren Tag wieder. Es sind zu viel Leute da, es läßt sich nichts anfangen.«

»Gehen wir.«

Und sie verschwanden durch eine Tür, die ins Vestibül führte.

Sowie sie auf der Straße waren, fragte Servigny:

»Nun, was sagst du?«

»Es ist wirklich interessant. Aber die Frauen sind mir lieber als die Männer.«

»Du hast recht. Diese Frauen sind das Beste, was es für unsereinen in der Branche gibt. Findest du nicht, daß es bei ihnen nach Liebe riecht wie in einem Friseurladen nach Parfums? Dies sind tatsächlich die einzigen Häuser, wo man sich wirklich amüsiert für sein Geld. Und was für Praktikerinnen, mein Lieber! Was für Künstlerinnen! Hast du mal Kuchen vom Bäcker gegessen? Das sieht gut aus, taugt aber nichts. Der Mann, der ihn gebacken hat, kann nur Brot kneten. So erinnert mich die Liebe einer Frau der normalen Gesellschaft immer an Kuchen vom Brotbäcker, während die Liebe, die man bei diesen Marquisen Obardi findet, weißt du – das ist: Hmm! Oh, sie verstehen sich auf feine Kuchen, sie sind Meisterinnen der Konditorkunst! Bei ihnen zahlt man fünf Sous für etwas, das woanders zwei Sous kostet, voilà.«

»Wer ist derzeit der Herr im Haus?« fragte Saval.

Servigny zuckte die Achseln.

»Darüber weiß ich nichts. Der letzte, den ich kannte, war ein englischer Peer, der vor drei Monaten abgereist ist. Heute wird sie wohl von der Hand in den Mund leben, vom Spiel vielleicht oder von den Spielern, denn sie hat Kapricen. Aber sag mal, es ist doch abgemacht, daß wir Samstag zu ihr nach Bougival fahren, nicht wahr? Auf dem Land ist man ungezwungener, und ich komme wohl endlich dahinter, was Yvette im Sinn hat!«

»Sehr gern«, antwortete Saval, »ich habe an dem Tag nichts vor.«

Als sie die Champs-Elysées unter dem Feuerfeld der Sterne hinuntergingen, scheuchten sie ein Liebespaar von einer Bank auf, und Servigny sagte:

»Wie dumm und bedeutend in einem! wie banal, amüsant, immer gleich und immer anders die Liebe ist! Und der arme Hund, der diesem Mädchen da zwanzig Sous gibt, verlangt von ihr nichts andres, als was ich irgendeiner Obardi, die vielleicht nicht jünger und nicht weniger dumm ist als die Nutte da, mit zehntausend Francs bezahle. So ein Blödsinn!«

Eine Weile schwieg er, dann fing er wieder an:

»Tut nichts, es wäre schon eine tolle Chance, Yvettes erster Liebhaber zu sein. Oh, dafür gäbe ich ... gäbe ich ...«

Er fand nicht, was er geben würde. Und Saval sagte ihm an der Ecke der Rue Royale gute Nacht.

II

Der Tisch war auf der Veranda gedeckt, die den Strom überschaute. Die von der Marquise Obardi gemietete Villa Printemps lag am Uferhang, auf halber Höhe, genau im Scheitel der Seine-Schleife, denn der Strom wendete vor der Gartenmauer, um weiter nach Marly zu fließen.

Gegenüber dem Haus begrenzte die Insel Croissy den Horizont durch hohe Bäume, ein grünes Massiv, und man blickte auf ein weites Stück des breiten Flusses bis hin nach dem schwimmenden Lokal »La Grenouillère«, das unter Bäumen versteckt lag.

Der Abend fiel ein, einer der stillen Abende am Wasser, farbenreich und mild, einer der friedlichen Abende, die einem das Gefühl von Glück schenken. Kein Lufthauch bewegte die Zweige, kein Schauer strich über die glatte, klare Fläche der Seine. Doch war es nicht zu warm, es war lind, es war gut. Die wohltätige Frische des Ufers stieg in den reinen Himmel.

Die Sonne ging hinter den Bäumen nach anderen Erdstrichen davon, und es war, als trinke man das Behagen der schon eindämmernden Erde, als trinke man in dem friedevollen Raum das bedenkenlose Leben der Welt.

Als sie aus dem Salon traten, um sich zu Tisch zu setzen, gerieten alle in Entzücken. Gerührte Fröhlichkeit befiel die Herzen; jeder fühlte, wie gut man es hatte, dort zu speisen, inmitten dieser Landschaft mit dem großen Strom und diesem Tagesende als Dekor und in dieser reinen, würzigen Luft.

Die Marquise hatte den Arm von Saval genommen, Yvette den von Servigny.

Sie waren nur zu viert.

Beide Frauen schienen ganz anders zu sein als in Paris, Yvette vor allem.

Sie redete kaum, wirkte gelöst und gesetzt.

Saval, der sie nicht wiedererkannte, fragte:

»Was haben Sie nur, Mademoiselle? Ich finde Sie seit der vorigen Woche ganz verändert. Sie sind eine so vernünftige Person geworden.«

Sie antwortete:

»Das hat das Land aus mir gemacht. Ich bin nicht mehr dieselbe. Ich fühle mich ganz komisch. Übrigens bin ich mir nie an zwei Tagen hintereinander gleich. Heute mag ich Ihnen verrückt vorkommen und morgen elegisch; ich ändere mich wie das Wetter, ich weiß nicht warum. Wissen Sie, ich bin zu allem fähig, das kommt auf den Augenblick an. Es gibt Tage, da könnte ich Leute umbringen, keine Tiere, Tiere würde ich nie töten, aber Menschen, ja, und dann gibt es Tage, da weine ich um nichts und wieder nichts. Mir gehen immer so viel verschiedene Gedanken durch den Kopf. Es hängt auch davon ab, wie man aufsteht. Ich könnte Ihnen jeden Morgen beim Aufwachen sagen, wie ich bis Abend sein werde. Vielleicht sind es die Träume, die uns so bestimmen. Aber es hängt auch von dem Buch ab, das ich gerade lese.«

Sie war durchgehend in weißen Flanell gekleidet, der sie mit gleitender Schmiegsamkeit umhüllte. Ihr weites, in große Falten gelegtes Mieder ließ ihre festen und schon reifen Brüste erkennen, ohne sie zu betonen noch einzuzwängen. Und ihr zierlicher Hals stieg aus einem Schnee grober Spitzen auf, bog sich in gemilderten Bewegungen, heller als das Kleid, ein Kleinod lebendigen Fleisches, das die Bürde der Goldhaare trug.

Servigny sah sie lange an.

»Sie sehen heute abend anbetungswürdig aus, Mam'zelle«, sagte er. »Ich wünschte, Sie wären immer so.«

Mit ein klein wenig ihrer üblichen Schalkheit erwiderte sie:

»Machen Sie mir keine Erklärung, Muscade. Heute brächte ich es fertig, sie ernst zu nehmen, und das käme Sie teuer zu stehen!«

Die Marquise wirkte glücklich, sehr glücklich. Ganz in Schwarz, nobel in ein strenges Kleid drapiert, das ihre vollen Linien nachzeichnete, ein wenig Rot am Mieder, eine Girlande roter Nelken, die vom Gürtel wie eine Kette niederfiel und an der Hüfte wieder befestigt war, in den dunklen Haaren eine rote Rose, so lag in ihrer ganzen Person, in dieser schlichten Toilette, auf der die Blumen gleichsam bluteten, in ihrem Blick, der an diesem Abend dunkel an den Menschen hing, in ihrer getragenen Stimme, ihren wenigen Bewegungen etwas Glühendes.

Auch Saval wirkte ernst, in sich gekehrt. Von Zeit zu Zeit faßte er mit familiärer Geste seinen braunen Bart, den er, nach Heinrich III., spitz trug, und schien tiefen Dingen nachzuhängen.

Eine Weile sprach niemand.

Dann, als die Forellen gereicht wurden, sagte Servigny:

»Manchmal hat Schweigen etwas Gutes. Oft ist man sich näher, wenn man schweigt, als wenn man redet, nicht wahr, Marquise?«

Sie wandte sich leicht nach ihm und antwortete:

»Das ist wahr. Es ist so süß, gemeinsam an angenehme Dinge zu denken.«

Und sie hob ihren heißen Blick zu Saval; und sie blickten sich sekundenlang in die Augen.

Eine kleine, fast unmerkliche Bewegung geschah unter dem Tisch.

Servigny fuhr fort:

»Mam'zelle Yvette, ich werde am Ende noch glauben, daß Sie verliebt sind, wenn Sie sich weiter so brav benehmen wie jetzt. Nur, in wen könnten Sie verliebt sein? Überlegen wir zusammen, wenn Sie wollen. Ich lasse die Armee der niederen Anbeter beiseite und nenne nur die Häupter: in Prinz Kravalow?«

Bei dem Namen wurde Yvette munter:

»Mein armer Muscade, was denken Sie! Der Prinz sieht doch aus wie ein Russe aus dem Wachsfigurenkabinett, der eine Medaille im Friseurwettbewerb errungen hat.«

»Schön. Streichen wir den Prinzen; also haben Sie den Vicomte Pierre de Belvigne ausgezeichnet.«

Sie fing an zu lachen und fragte:

»Sehen Sie mich am Hals von Raisiné (denn sie taufte ihn, je nach Tag, Raisiné, Malvoisie, Argenteuil, weil sie allen Leuten Spitznamen gab) und ihm unter die Nase flüstern: Mein süßer kleiner Pierre, oder mein göttlicher Pedro, mein angebeteter Pietro, mein herzallerliebster Pierrot, gib deinen guten dicken Wuschelkopf deiner süßen kleinen Frau, daß sie dich küßt?«

Servigny rief:

»Scheiden zwei aus. Bleibt der Chevalier Valreali, den die Marquise zu favorisieren scheint.«

Yvette fand ihre ganze Lustigkeit wieder:

»Träne-im-Aug? aber der ist doch Klageweib an der Madeleine. Er folgt den Begräbnissen erster Klasse. Jedesmal, wenn er mich anguckt, fühle ich mich gestorben.«

»Numero drei. Dann hat Sie der Blitz für den hier anwesenden Baron getroffen.«

»Für Herrn von Rhodos den Jüngeren, nein, er ist zu gewaltig. Ich käme mir vor, als liebte ich den Arc de Triomphe.«

»Dann, Mam'zelle, ist es unzweifelhaft, daß Sie in mich verliebt sind, denn ich bin der einzige Ihrer Anbeter, den wir noch nicht besprochen haben. Ich hatte mich aus Bescheidenheit aufgespart, und aus Vorsicht. Bleibt mir nur, Ihnen zu danken.«

Mit vergnügter Grazie antwortete sie:

»In Sie, Muscade? Ah, aber nein! Ich habe Sie lieb ... aber ich liebe Sie nicht ... warten Sie, ich will Sie nicht entmutigen: Ich liebe Sie ... noch nicht. Aussichten haben Sie ... vielleicht. Bleiben Sie beharrlich, Muscade, seien Sie ergeben, beflissen, unterwürfig, fürsorglich, rücksichtsvoll, meinen mindesten Kapricen gehorsam, zu all und jedem bereit, um mir zu gefallen ... und wir werden sehen ... später.«

»Aber Mam'zelle, alles, was Sie da verlangen, würde ich Ihnen lieber nachher als vorher erweisen, wenn es Ihnen nichts ausmacht.«

Unbefangen, im Soubrettenton, fragte sie:

»Nachher, Muscade? ...«

»Nachdem Sie mich überzeugt haben, daß Sie mich lieben, natürlich.«

»Ah! dann tun Sie, als liebte ich Sie, und glauben Sie es, wenn's Ihnen Spaß macht ...«

»Aber das ...«

»Still, Muscade, genug zu dem Thema.«

Er grüßte militärisch und verstummte.

Die Sonne war hinter der Insel versunken, aber der ganze Himmel lohte wie eine Glutstatt, und das stille

Wasser des Stroms war wie in Blut verwandelt. Der Widerschein des Horizonts rötete die Häuser, die Dinge, die Menschen. Und die Scharlachrose im Haar der Marquise sah aus, als wäre ein Purpurtropfen aus den Wolken auf ihre Stirn gefallen.

Da Yvette ins Weite schaute, legte ihre Mutter, wie aus Versehen, ihre bloße Hand auf die Hand von Saval; aber als das junge Mädchen eine Bewegung machte, flog die Hand der Marquise auf und zupfte an den Falten ihres Mieders.

Servigny, der es gesehen hatte, sagte:

»Wenn Sie wollen, Mam'zelle, machen wir nach dem Essen eine Runde über die Insel?«

Der Vorschlag stimmte sie fröhlich:

»O ja, wie schön; da gehen wir ganz allein, nicht wahr, Muscade?«

»Ja, ganz allein, Mam'zelle.«

Dann war wieder Stille.

Das große Schweigen des Horizonts, die schläfrige Abendruhe umhüllte die Herzen, die Körper, die Stimmen. Es gibt friedevolle Stunden, gesammelte Stunden, da es fast unmöglich wird zu sprechen.

Die Bedienten servierten lautlos. Der Brand des Firmaments verlosch, und langsam entfaltete die Nacht ihre Schatten über der Erde.

»Gedenken Sie lange in dieser Gegend zu bleiben?« fragte Saval.

Und die Marquise antwortete, indem sie jedes Wort betonte: »Ja. Solange ich hier glücklich bin.«

Als man nichts mehr sah, wurden die Lampen gebracht. Unter der großen Dunkelheit des Raumes breiteten sie ein seltsam fahles Licht über den Tisch; und schon fielen regengleich Fliegen auf das Tischtuch herab. Es waren ganz kleine Fliegen, die sich verbrannten, wenn sie über die Glaszylinder flogen, und sich dann, mit gerösteten Flügeln und Beinen, als eine Art hüpfender grauer Staub über den Damast, die Speisen, die Getränke ausstreuten.

Man schluckte sie mit dem Wein, man aß sie mit den Soßen, man sah sie auf dem Brot kribbeln. Und immerzu wurden Gesicht und Hände von unzähligen schwirrenden Mengen der winzigen Insekten gekitzelt.

Immer wieder mußte man die Gläser ausschütten, die Teller bedecken und essen, indem man die Gerichte mit unendlicher Umsicht schützte.

Yvette belustigte das Spiel, denn Servigny beeilte sich, alles abzudecken, was sie zum Mund führte, ihr Glas zu behüten, seine gebreitete Serviette wie ein Dach über ihren Kopf zu halten. Aber die Marquise war angewidert, wurde nervös, und die Mahlzeit fand ein schnelles Ende.

Yvette, die Servignys Vorschlag nicht vergessen hatte, sagte: »Jetzt gehen wir zur Insel.«

Ihre Mutter empfahl in gedehntem Ton: »Aber bleibt nicht zu lange. Wir begleiten euch bis zum Fährmann.«

Und je zu zweit brachen sie auf, das junge Mädchen und ihr Freund gingen auf dem Treidelweg voraus. Hinter sich hörten sie die Marquise und Saval sprechen, leise, sehr leise, sehr schnell. Alles war schwarz, tiefschwarz, schwarz wie Tinte. Aber der Himmel wimmelte von feurigen Körnern, die er in den Fluß zu streuen schien, denn das dunkle Wasser war übersät mit Sternen.

Die Frösche quakten, ließen ihre nicht endenden eintönigen Rufe längs den Ufern ertönen.

Und unzählige Nachtigallen warfen ihre leichten Gesänge in die stille Luft.

Auf einmal sagte Yvette:

»Nanu! es geht keiner mehr hinter uns. Wo sind sie?«

Und sie rief: »Mama!«

Keine Stimme gab Antwort.

»Sie können doch aber nicht weit sein«, sagte das junge Mädchen. »Ich habe sie eben noch gehört.«

Servigny murmelte: »Sie werden umgekehrt sein. Vielleicht war Ihrer Mutter kühl.«

Und er zog sie mit sich weiter.

Vor ihnen leuchtete ein Licht. Es war der Gasthof von Martinet, dem Restaurateur und Fischer. Auf den Ruf der jungen Leute trat ein Mann aus dem Haus, und sie bestiegen einen großen Kahn, der im Schilf vertäut lag.

Der Fährmann nahm die Kellen, und wie die schwere Barke vorwärts glitt, weckte sie die auf dem Wasser schlafenden Sterne, ließ sie einen ausgelassenen Tanz vollführen, der sich hinter dem Gefährt nach und nach besänftigte.

Sie stießen ans andere Ufer und stiegen unter den großen Bäumen aus.

Die Kühle der feuchten Erde lagerte unter dem hohen, dichten Gezweige, das so viele Nachtigallen wie Blätter zu tragen schien.

Irgendwo weit spielte ein Piano einen bekannten Walzer.

Servigny hatte Yvettes Arm genommen, und ganz sacht umfaßte seine Hand mit sanftem Druck ihre Taille.

»Woran denken Sie?« fragte er.

»Ich? an nichts. Ich bin ganz glücklich!«

»Dann lieben Sie mich gar nicht?«

»Aber ja liebe ich Sie, Muscade, ich liebe Sie sehr; nur lassen Sie mich damit in Frieden. Es ist zu schön, um Ihr Geschwätz anzuhören.«

Er drückte sie an sich, obwohl sie sich mit kleinen Rucken loszumachen suchte, und durch den weichen und unter der Berührung samtigen Flanell fühlte er die Wärme ihres Körpers.

»Yvette!« stammelte er.

»Ja, was?«

»Yvette, ich liebe Sie.«

»Das meinen Sie doch nicht ernst, Muscade.«

»Aber ja: ich liebe Sie schon lange.«

Sie versuchte weiter, sich von ihm zu lösen, mühte sich, ihren Arm, der zwischen den beiden Körpern eingezwängt war, frei zu machen. Und sie konnten, durch sein Umfassen und ihre Bewegungen behindert, kaum gehen und liefen im Zickzack wie Betrunkene.

Er wußte nicht mehr, was er ihr sagen sollte, denn er spürte wohl, daß er mit einem jungen Mädchen nicht wie mit einer Frau sprechen konnte, und überlegte verwirrt, was er tun sollte, fragte sich, ob sie einwilligte oder ihn gar nicht verstand, zerbrach sich den Kopf, um die richtigen, die entscheidenden zärtlichen Worte zu finden, die es jetzt brauchte.

Alle Sekunden wiederholte er:

»Yvette! Ach, Yvette!«

Dann plötzlich, aufs Geratewohl, setzte er einen Kuß auf ihre Wange. Sie machte eine kleine Seitbewegung und sagte ärgerlich:

»Oh, sind Sie albern! Wollen Sie mich jetzt wohl in Frieden lassen?«

Ihr Ton ließ nicht erkennen, was sie dachte, was sie wollte; und da er sie nicht allzu erbost sah, drückte er die Lippen auf den Ansatz ihres Halses, auf den ersten goldenen Flaum der Haare, an jene bezaubernde Stelle, die ihn so lange schon verlockte.

Da wehrte sie sich mit einem großen Aufzucken, um ihm zu entwischen. Aber er hielt sie fest, und indem er mit der anderen Hand ihre Schulter faßte, drehte er sich mit Gewalt ihren Kopf zu und stahl ihrem Mund eine tiefe, betäubende Liebkosung.

Mit einer flinken Wellenbewegung des ganzen Körpers entglitt sie seinen Händen, tauchte an seiner Brust herab unter und verschwand, seiner Umarmung jäh entwunden, mit lautem Röckerauschen im Dunkel, als fliege ein Vogel auf.

Zuerst stand er starr, verblüfft durch ihre Geschmeidigkeit und ihr Verschwinden, dann, als er nichts mehr hörte, rief er halblaut:

»Yvette!«

Sie antwortete nicht. Er begann zu laufen, durchforschte die Finsternis mit den Augen, suchte in den Büschen nach dem weißen Fleck, den ihr Kleid abgeben mußte. Alles war schwarz. Und lauter rief er:

»Mam'zelle Yvette!«

Die Nachtigallen verstummten.

Er beschleunigte, dunkel beunruhigt, die Schritte und rief immer lauter:

»Mam'zelle Yvette! Mam'zelle Yvette!«

Nichts; er hielt an, horchte. Die ganze Insel war still; kaum ein Blätterrascheln über seinem Kopf. Nur die Frösche hörten nicht auf mit ihrem monotonen Quaken.

Er hastete von Gebüsch zu Gebüsch, suchte das ganze steile, gestrüppbedeckte Ufer der Seine ab, kehrte über die flache, kahle Seite des toten Flußarms wieder um. Er lief bis gegenüber von Bougival und zurück bis zur Grenouillère, durchstöberte alle Hecken und Sträucher und rief immerzu:

»Mam'zelle Yvette, wo sind Sie? Antworten Sie doch! Das war doch ein Scherz! Bitte, antworten Sie! Lassen Sie mich nicht so suchen!«

Ein ferner Glockenturm begann zu schlagen. Er zählte mit: es war Mitternacht. Seit zwei Stunden durchstreifte er die Insel. Womöglich war sie längst zu Hause, fiel ihm ein, und sehr geängstigt nahm er den Rückweg über die Brücke.

Im Vestibül war ein Bedienter überm Warten in einem Sessel eingeschlafen.

Servigny weckte ihn:

»Ist Mademoiselle Yvette schon lange wieder zu Hause? Ich verließ sie am Ortsausgang, weil ich einen Besuch zu machen hatte.«

Und der Diener antwortete:

»Oh! ja, Monsieur, Mademoiselle ist vor zehn Uhr heimgekommen.«

Er ging auf sein Zimmer und legte sich ins Bett.

Er blieb mit offenen Augen liegen, ohne einschlafen zu können. Der gestohlene Kuß hatte ihn aufgewühlt. Und er grübelte. Was wollte sie? was dachte sie? was wußte sie? Wie hübsch, wie aufreizend sie war!

Seine Begierden, die durch das Leben, das er geführt, durch all die Frauen, die er bekommen, durch all die Lieben, die er ausprobiert hatte, erschöpft waren, erwachten neu vor diesem sonderbaren, so frischen, aufregenden und unbegreiflichen Kind.

Er hörte es ein Uhr schlagen, dann zwei. Er konnte nicht schlafen, ausgeschlossen. Ihm war heiß, er schwitzte, er fühlte sein Herz schnell in den Schläfen pochen und stand auf, das Fenster zu öffnen.

Frische flutete herein, die er in langen Zügen trank. Das dichte Dunkel war stumm, tiefschwarz, ohne Bewegung. Plötzlich sah er in der Finsternis des Gartens einen glimmenden Punkt, wie ein kleines Stück Kohlenglut. Ah, eine Zigarre, dachte er, das kann nur Saval sein. Und er rief leise:

»Léon!«

Eine Stimme antwortete:

»Bist du's, Jean?«

»Ja. Warte, ich komme hinunter.«

Er zog sich an und ging hinunter zu seinem Freund, der rittlings auf einem Eisenstuhl saß und rauchte.

»Was machst du denn um diese Zeit hier?«

»Ich ruhe mich aus!« antwortete Saval. Und er lachte.

Servigny drückte ihm die Hand.

»Alle Komplimente, mein Lieber. Und ich … ich öde mich.«

»Das heißt …«

»Daß Yvette und ihre Mutter sich nicht gleichen.«

»Was ist denn passiert, sag mal?«

Servigny berichtete seine Versuche und deren Fehlschlag, dann fuhr er fort:

»Wirklich, die Kleine bringt mich um den Verstand. Stell dir vor, ich habe nicht einschlafen können. Komisch, so ein kleines Mädchen, alles sieht so einfach aus, aber man weiß nichts von ihr. Eine Frau, die gelebt, die geliebt hat, die das Leben kennt, durchschaut man sehr bald. Aber handelt es sich um so eine Jungfer, stehst du ratlos. Ich glaube beinahe, daß sie mich an der Nase herumführt.«

Saval wiegte sich auf seinem Stuhl. Sehr bedächtig sagte er:

»Paß auf, mein Lieber, sie schleift dich zum Altar. Erinnere dich illustrer Beispiele. Durch die gleichen Manöver wurde Mademoiselle de Montijo, die immerhin von Stand war, Kaiserin. Spiel nicht den Napoleon.«

Servigny murmelte: »Was das betrifft, hab keine Bange, ich bin weder ein Trottel noch ein Kaiser. Für solche Idiotien müßte man schon eins oder das andre sein. Aber sag mal, ist dir nach Schlafen?«

»Nein, gar nicht.«

»Wollen wir einen Gang am Wasser machen?«

»Gerne.«

Sie öffneten die Gartentür und nahmen den Weg nach Marly.

Es war die kühle Stunde vor Tagwerden, die Stunde des großen Schlafes, der großen Ruhe, der tiefen Stille. Selbst die leichten Nachtgeräusche waren verstummt. Die Nachtigallen sangen nicht mehr; die Frösche hatten ihren Lärm eingestellt, einzig ein unbekanntes Tier, vielleicht ein Vogel, machte irgendwo ein Geräusch wie das Kreischen einer Säge, schwach, eintönig und regelmäßig wie eine mechanische Verrichtung.

Servigny, der mitunter poetisch, sogar philosophisch gestimmt war, begann plötzlich:

»Ja, dieses Mädchen bringt mich völlig durcheinander. In der Arithmetik ist eins und eins zwei. In der Liebe sollte eins und eins eins ergeben, trotzdem bleiben es zwei. Hast du das jemals empfunden? Dieses Bedürfnis, eine Frau ganz in dich einzusaugen, oder in ihr aufzugehen? Ich spreche nicht von dem animalischen Bedürfnis nach Umarmung, sondern von dem schmerzhaften seelischen wie geistigen Verlangen, mit einem Wesen eins zu werden, dir seine ganze Seele aufzuschließen, sein ganzes Herz und sein ganzes Denken bis an den Grund zu durchdringen. Und nie erfährst du etwas von ihm, nie entdeckst du all die Schwankungen seines Willens, seiner Wünsche, seiner Meinungen. Nie errätst du, nicht einmal ein klein wenig, von all dem Unbekannten, Verschwiegenen einer Seele, die du so nahe fühlst; einer Seele, die sich hinter zwei Augen verbirgt, die dich ansehen, durchsichtig wie Wasser und klar, als gäbe es kein Geheimnis dahinter; einer Seele, die aus einem geliebten Mund zu dir spricht, der dir bestimmt zu sein scheint, so sehr begehrst du ihn; einer Seele, die dir durch Worte stückchenweise ihre Gedanken mitteilt und die gleichwohl weiter von dir entfernt bleibt als die Sterne dort einer vom andern, und unerforschlicher als sie! Ist das nicht verrückt?«

»Ich verlange nicht so viel«, antwortete Saval. »Ich blicke nicht hinter die Augen. Mich beschäftigt weniger der Gehalt als vielmehr das Gefäß.«

Und Servigny murmelte: »Das kommt eben, weil Yvette ein ungewöhnliches Mädchen ist. Wie wird sie mich heute wohl empfangen?«

Als sie nach der Wassermaschine von Marly gelangten, sahen sie den Himmel verblassen.

Die Hähne in den Ställen fingen an zu krähen; noch klangen ihre Stimmen gedämpft durch die Mauerdicke. Ein Vogel in einem Park linker Hand piepte mit ständigen Wiederholungen ein kleines Ritornell von naiver und komischer Einfachheit.

»Es ist Zeit umzukehren«, sagte Saval.

Sie gingen den Weg zurück. Und als Servigny sein Zimmer betrat, sah er den ganzen Horizont durch das offengebliebene Fenster sich röten.

Er schloß seine Läden, kreuzte die schweren Vorhänge, legte sich nieder und schlief endlich ein.

Durch seinen ganzen Schlaf träumte er von Yvette.

Ein leichtes Geräusch weckte ihn. Er setzte sich im Bett auf, horchte, hörte nichts mehr. Dann prasselte es plötzlich an seine Fensterläden, wie wenn es hagelte.

Er sprang aus dem Bett, stieß das Fenster auf und sah Yvette, die auf dem Gartenweg stand und ihm aus voller Hand Sand ins Gesicht warf.

Sie war rosa gekleidet, trug einen großen Strohhut mit einer Musketierfeder darüber und lachte hinterhältig und verschmitzt:

»Nanu, Muscade, Sie schlafen noch? Was haben Sie denn letzte Nacht getrieben, daß Sie so spät aufwachen? Waren Sie auf Abenteuer aus, mein armer Muscade?«

Er war von der heftigen Tageshelle geblendet, die jäh in seine noch schlaftrunkenen Augen schlug, und überrascht von ihrem spöttelnden Gleichmut.

Er rief:

»Ich komme, ich komme, Mam'zelle. Lassen Sie mich nur die Nase ins Wasser stecken, dann bin ich da.«

Sie rief zurück:

»Beeilen Sie sich, es ist zehn Uhr. Und dann habe ich Ihnen einen großen Plan mitzuteilen, wir müssen ein

Komplott schmieden, vergessen Sie nicht, um elf Uhr wird gegessen.«

Er fand sie auf einer Bank, mit einem Buch auf dem Schoß, irgendeinem Roman. Sie faßte ihn freundschaftlich beim Arm, so unbefangen und froh, als wäre am Vorabend nichts geschehen, und zog ihn mit zum Ende des Gartens.

»Mein Plan ist so: Wir werden Mama ungehorsam sein, und Sie führen mich nachher zur Grenouillère. Ich will das sehen. Mama sagt, anständige Frauen gehen da nicht hin. Aber was schert mich das, ob man da hingeht oder nicht. Sie nehmen mich mit, nicht wahr, Muscade? Und dann machen wir einen Heidentamtam mit den Ruderern.«

Sie roch gut, ohne daß er ausmachen konnte, was für ein Duft sie umschwebte. Es war keines der schweren Parfums ihrer Mutter, sondern ein kaum merklicher Hauch, in dem er eine Spur Irispuder wahrzunehmen meinte, vielleicht auch ein wenig Verbene.

Woher kam dieser ungreifbare Duft? Aus ihrem Kleid, aus dem Haar oder von ihrer Haut? Und während er sich das fragte, traf ihn, da sie ganz nahe zu ihm sprach, ihr frischer Atem ins Gesicht, der ihn ebenso köstlich anmutete. Und er dachte, daß jenes flüchtige Parfum, das er zu erkennen suchte, vielleicht nur ein Erzeugnis seiner verzauberten Augen sei und allcin diesem jungen, verführerischen Liebreiz entspringe.

Sie sagte:

»Einverstanden, nicht wahr, Muscade? ... Da es nachmittags sehr heiß wird, will Mama sicher nicht ausgehen. Sie ist sehr träg, wenn es so warm ist. Wir lassen sie mit Ihrem Freund hier, und Sie entführen mich. Wir werden vorgeben, in den Wald hinaufzugehen. Wenn Sie wüßten, wie ich mich freue, die Grenouillère zu sehen!«

Sie traten durch das Gartentor, hinter dem die Seine

lag. Die Sonne flutete auf den dösigen, gleißenden Strom. Leichter Hitzedampf stand darüber, Wasserdunst, der ein feines Schillern über seine Oberfläche breitete.

Dann und wann zog ein Boot vorüber, eine geschmeidige Jolle oder ein schwerfälliger Kahn, und von fern war kurzes oder längeres Pfeifen zu hören, das der Züge, die allsonntäglich das Volk von Paris auf das umgebende Land ausschütteten, und das der Dampfschiffe, die sich warnend meldeten, wenn sie der Schleuse von Marly nahe kamen.

Doch eine kleine Glocke erklang.

Es wurde zu Tisch gerufen. Sie gingen zurück.

Die Mahlzeit verlief schweigsam. Der Julimittag lastete auf der Erde, erdrückte alles Leben. Die Hitze lagerte wie geballt, lähmte Geist und Glieder. Die ersterbenden Worte wollten nicht von den Lippen, und jede Bewegung kostete Mühe, als wäre die Luft voller Widerstände und schwer zu durchstoßen.

Einzig Yvette, wenn sie auch stumm blieb, wirkte lebendig, kribblig vor Ungeduld.

Sowie das Dessert beendet war, fragte sie:

»Könnten wir jetzt nicht in den Wald gehen? Es wäre angenehm unter den Bäumen.«

Die Marquise, die sehr matt aussah, murmelte:

»Bist du bei Troste? Wer wird denn bei solchem Wetter aus dem Haus gehen?«

Und das junge Mädchen entgegnete entzückt:

»Gut, dann lassen wir dir den Baron zur Gesellschaft. Muscade und ich klettern den Hügel hinauf und setzen uns ins Gras zum Lesen.«

Und zu Servigny gewandt:

»Nicht? Ist doch abgemacht?«

»Zu Ihren Diensten, Mam'zelle«, antwortete er.

Und sie lief ihren Hut holen.

Die Marquise zuckte die Schultern und seufzte:

»Sie ist närrisch, wahrhaftig.«

Dann streckte sie mit aller Trägheit, aller Müdigkeit in ihrer verliebten, lässigen Gebärde ihre schöne, blasse Hand dem Baron hin, der sie bedachtsam küßte.

Yvette und Servigny brachen auf. Zuerst folgten sie dem Fluß, überquerten die Brücke zur Insel, dann ließen sie sich auf dem hohen Ufer unter den Weiden nieder, denn noch war es zu früh, nach der Grenouillère zu gehen.

Und sofort zog das junge Mädchen ein Buch aus der Tasche und sagte:

»Muscade, jetzt lesen Sie mir vor.«

Und sie hielt ihm den Band hin.

Er machte eine abwehrende Bewegung.

»Ich, Mam'zelle? ich kann nicht lesen!«

Ernsthaft beharrte sie:

»Bitte keine Entschuldigungen, keine Ausreden. Sie sind mir ein schöner Anbeter. Alles umsonst ist Ihre Devise, wie?«

Er nahm das Buch, schlug es auf und sah erstaunt: es war eine Abhandlung der Insektenkunde. Eine Geschichte der Ameisen von einem englischen Autor. Und als Servigny sich nicht rührte, weil er meinte, sie wolle ihn aufziehen, wurde sie ungeduldig:

»Nun lesen Sie.«

»Haben Sie gewettet, oder ist das eine bloße Marotte?« fragte er.

»Nein, mein Lieber, ich habe dieses Buch bei einem Buchhändler gesehen. Man sagte mir, es sei das Beste, was es über die Ameisen gibt, und ich dachte mir, es wäre interessant, das Leben dieser kleinen Wesen kennenzulernen, während man sie durchs Gras laufen sieht. Lesen Sie.«

Sie legte sich lang auf den Bauch, die Ellbogen auf die

Erde, den Kopf in die Hände gestützt und die Augen im Gras.

Er las:

»Unstreitig sind unter allen Tieren die Menschenaffen in ihrem anatomischen Bau dem Menschen am ähnlichsten; betrachten wir indessen die Lebensweise der Ameisen, ihre Organisation in Gesellschaften, ihre großen Gemeinwesen, ihre Gewohnheit, andere Tiere zu domestizieren und wohl gar zu versklaven, müssen wir einräumen, daß ihnen ein Recht zusteht, auf der Stufenleiter der Intelligenz einen Platz nächst dem Menschen zu beanspruchen …«

So las er mit monotoner Stimme weiter, von Zeit zu Zeit unterbrechend, um zu fragen:

»Genügt das?«

Sie schüttelte verneinend den Kopf; und da sie an einem ausgerupften Grashalm eine irrende Ameise krabbeln hatte, ergötzte sie sich damit, das Insekt von einem Halmende zum andern laufen zu lassen, indem sie ihn umdrehte, sobald das Tier eine Spitze erklomm. Sie lauschte mit gesammelter, stummer Aufmerksamkeit all den wunderlichen Einzelheiten über das Leben dieser winzigen Geschöpfe, über ihre unterirdischen Bauten, über ihre Fähigkeit, Blattläuse aufzuziehen, einzuschließen und zu ernähren, um die süße Flüssigkeit zu trinken, die jene absondern, so wie wir Kühe in unseren Ställen halten; über ihren Brauch, kleine blinde Insekten zu zähmen, die ihnen den Bau säubern, und in den Krieg zu ziehen, um Sklaven zu erbeuten, die dann die Betreuung der Sieger mit solcher Fürsorge übernehmen, daß jene sogar die Gewohnheit verlieren, allein zu fressen.

Und nach und nach, als sei mütterliche Zärtlichkeit für das so winzige und so intelligente Tierchen in ihrem Herzen erwacht, ließ Yvette es auf ihren Finger laufen und beobachtete es mit bewegtem Blick, als hätte sie es am liebsten umarmt.

Und als Servigny vorlas, wie sie in Gemeinschaft leben, wie sie miteinander spielen, freundschaftliche Kämpfe um Stärke und Geschicklichkeit austragen, wollte das begeisterte Mädchen das Insekt küssen, das ihr aber entwischte und nun über ihr Gesicht lief. Da stieß sie einen durchdringenden Schrei aus, als drohe ihr furchtbare Gefahr, und schlug sich vor Schreck auf die Wange, um das Tier zu verscheuchen. Servigny, der in helles Lachen ausbrach, erwischte es dicht vor ihren Haaren und setzte an die Stelle, wo er es gegriffen hatte, einen langen Kuß, ohne daß Yvette die Stirn wegzog.

Dann stand sie auf und erklärte:

»Mir gefällt so ein Buch besser als ein Roman. Gehen wir jetzt zur Grenouillère.«

Sie gelangten nach dem parkartig angelegten Teil der Insel, der von hohen Bäumen beschattet ist. Paare wandelten unter dem Blätterdach an der Seine, auf der Boote dahinglitten. Es waren Dirnen mit jungen Herren, Arbeiterinnen mit ihren Liebsten, die in Hemdsärmeln gingen, den Rock überm Arm, den hohen Hut im Nacken, angetrunkene und übermüdete Gestalten, Kleinbürger mit ihren Familien, die Frauen sonntäglich geputzt, die Kinder wie eine Kükenbrut um die Eltern trippelnd.

Schon von weitem kündigte anhaltendes Stimmengewirr, ein dumpfer, dröhnender Lärm, das beliebte Lokal der Ruderer an.

Auf einmal konnten sie es sehen. Ein riesiger Kahn mit Sonnendach, der am Ufer festgemacht lag, trug ein Gewühl von Weibchen und Männchen, die trinkend an Tischen saßen oder standen, und schrien, sangen, grölten, und zu dem Geklimper eines wimmernden, verstimmten und wie ein Dampfkessel ächzenden Klaviers tanzten und sprangen.

Große rothaarige Mädchen, die nach vorn wie nach hinten ihre doppelte Herausforderung von Busen und Kruppe ausstellten, trieben sich mit anschmeißendem Blick, roten Lippen herum, zu drei Vierteln betrunken, obszöne Reden im Mund.

Andere hopsten ausgelassen im Tanz mit halbnackten Kerlen in leinenen Kniehosen und Baumwolltrikots, bunte Käppis auf dem Kopf wie Jockeimützen.

Und das alles verströmte einen Geruch nach Schweiß und Reispuder, nach Ausdünstungen der Parfümerie und der Achseln.

Die Trinker an den Tischen schluckten weiße, rote, gelbe, grüne Getränke und schrien, krakeelten ohne Grund, einzig aus dem gewalttätigen Drang, Krach zu machen, dem Drang Abgestumpfter, sich Ohren und Hirn voll Radau zu schlagen.

Alle Sekunden sprang ein Schwimmer vom Dach ins Wasser, daß ein Regen von Spritzern über die nächstsitzenden Gäste fiel, die in wildes Geheul ausbrachen.

Und auf dem Fluß eine Flotte von Booten. Die schmalen, langen Jollen flitzten vorbei, von kräftigen Kellenschlägen der nacktarmigen Ruderer getrieben, deren Muskeln unter der sonnverbrannten Haut rollten. Die Rudermädchen in blauem oder rotem Flanell, die unter aufgespanntem Schirm, auch rot oder blau, und grell in der blendenden Sonne, in ihrem Sessel im Heck der Kähne saßen, schienen in ihrer untätigen, verschlafenen Pose übers Wasser zu schweben. Schwere Dampfer kamen langsam heran, mit Menschen beladen. Ein beschwipster Gymnasiast, der sich großtun wollte, ruderte mit Bewegungen wie Windmühlenflügel und rammte sämtliche Boote, daß alle Ruderer ihn anblafften, und nachdem er zwei Schwimmer fast ertränkt hätte, machte er sich unter den Beschimpfungen der dichten Menge des großen schwimmenden Lokals erschrocken davon.

Yvette ging strahlend an Servignys Arm durch das bunte, lärmende Getriebe, schien glücklich inmitten der anrüchigen Berührungen, musterte die Dirnen mit friedlichem, wohlwollendem Blick.

»Sehen Sie mal die, Muscade, was für hübsche Haare sie hat! Sie scheinen sich alle sehr zu amüsieren.«

Als der Klavierspieler, ein Ruderer in rotem Trikot, mit einer Art Riesensonnenhut aus Stroh auf dem Kopf, einen Walzer anstimmte, faßte Yvette ihren Gefährten plötzlich bei den Seiten und riß ihn mit der heißen Lust, die sie ins Tanzen legte, mit sich fort. Sie tanzten so lange und besessen, daß alle schauten. Die Gäste stiegen auf die Tische und schlugen den Takt mit den Füßen; andere klopften ihn mit ihren Gläsern; und der Musikant schien rasend zu werden, hämmerte mit fliegenden Fingern unter närrischen Verrenkungen des ganzen Körpers auf die Elfenbeintasten und wiegte selbstvergessen seinen Kopf mit der Riesenbedeckung.

Plötzlich hörte er auf und rutschte längelang zu Boden, begraben unter seinem Hut, als wäre er vor Erschöpfung tot umgefallen. Großes Gelächter brach aus im Lokal, und alles klatschte.

Vier Freunde stürzten herbei, als wäre ein Unfall geschehen, und trugen ihren Kameraden an allen vieren davon, nachdem sie ihm seine Kopfbedeckung auf den Bauch gelegt hatten.

Ein Spaßmacher, der ihnen folgte, stimmte das »De profundis« an, und eine Prozession bildete sich hinter dem falschen Toten, die sich über die Wege der Insel zog und Gäste, Spaziergänger, alle Leute mitschleifte, denen man begegnete.

Yvette lief entzückt mit den andern, lachte aus vollem Herzen, schwatzte mit jedem, ganz aufgedreht durch all den Wirbel und Lärm. Junge Männer stierten ihr in die Augen, drängten sich hitzig neben sie, schienen sie zu beschnüffeln, mit dem Blick zu entkleiden; und Servigny fürchtete, das Abenteuer werde ein böses Ende nehmen.

Die Prozession ging immer weiter, immer schneller, denn die vier Träger waren in Laufschritt gefallen, und die johlende Menge hinterdrein. Plötzlich schwenkten sie nach dem Ufer hin, verhielten kurz, als sie am Rand anlangten, schaukelten ihren Kameraden ein paarmal, dann ließen alle vier zugleich los und warfen ihn in den Fluß.

Riesiges Freudengeschrei brandete aus allen Mündern, während der Pianist benommen planschte, fluchte, hustete, Wasser spuckte und sich mühte, aus dem mulmigen Schlamm an Land zu klettern.

Sein Hut, der mit der Strömung davontrieb, wurde von einem Boot zurückgeholt.

Yvette tanzte vor Vergnügen, klatschte in die Hände und rief immerzu:

»Oh, Muscade, macht das einen Spaß! macht das einen Spaß!«

Servigny, dem es ein bißchen peinlich war, den es ein wenig verletzte, daß sie sich in diesem vulgären Milieu so wohl fühlte, war ernst geworden und beobachtete sie. Etwas empörte sich in ihm, der Instinkt des Schicklichen, der einen wohlerzogenen Menschen nicht verläßt, auch wenn er sich gehenläßt, jener Instinkt, der ihn allen zu groben Vertraulichkeiten und zu beschmutzenden Berührungen fernhält.

Staunend sagte er sich: Hast du eine Rasse, Mädchen!

Und er hatte Lust, sie tatsächlich zu duzen, wie in seinen Gedanken, wie man eine Frau, die allen gehört, beim ersten Sehen duzt. Er unterschied sie kaum mehr von den rothaarigen Kreaturen, die an ihnen vorüberstrichen und mit rostiger Stimme schamlose Worte schrien. Die kursierten in der Menge, diese groben Wörter, kurz und klangvoll, schwirrten über sie hin wie aus dem

Dung gekrochene Fliegen. Sichtlich schockierten sie niemand, noch überraschten sie irgendwen. Yvette schien sie nicht zu hören.

»Muscade, ich will baden«, sagte sie. »Stürzen wir uns ins Wasser.«

»Zu Ihren Diensten«, antwortete er. Und sie gingen zum Badebüro, sich Anzüge auszuleihen. Sie war als erste umgekleidet, stand schon am Strand und erwartete ihn, lächelnd unter all den Blicken. Dann schwammen sie Seite an Seite in das laue Wasser hinaus.

Sie schwamm beseligt, berauscht, ganz umkost von der Flut, bebend vor sinnlicher Lust, schnellte bei jedem Stoß empor, als erhöbe sie sich aus der Strömung. Er folgte ihr mühevoll, kurzatmig und mißvergnügt, daß er der Unterlegene war. Doch sie verlangsamte ihr Tempo, drehte sich unvermittelt und machte toten Mann mit gekreuzten Armen, offenen Augen hinauf zum Himmelsblau. Er sah die Wellenlinie ihres Körpers über der Wasserfläche, die festen Brüste, die unter dem leichten Stoff ihre runde Form und ihre aufspringenden Gipfel abbildeten, den leicht gewölbten Bauch, den halb eingetauchten Schenkel, die nackte Wade, die durchs Wasser schimmerte, und den herausragenden niedlichen Fuß.

Er sah sie ganz, als stelle sie sich absichtlich zur Schau, um ihn zu verlocken, um sich anzubieten oder um abermals nur mit ihm zu spielen. Und das Verlangen nach ihr überkam ihn mit aller leidenschaftlichen Glut und erbitterten Erregung. Plötzlich wandte sie sich um, sah ihn und fing an zu lachen.

»Sie machen vielleicht ein Gesicht«, sagte sie.

Ihr Spott reizte, stachelte ihn, trieb ihn in den bösen Zorn des verhöhnten Verliebten, und jäh gab er einem dunklen Vergeltungsdrang nach, dem Wunsch, sich zu rächen, sie zu verletzen:

»So ein Leben wär was für Sie, wie?«

Sie machte große Augen.

»Was für ein Leben?« fragte sie.

»Ah, machen Sie sich nicht lustig über mich, Sie wissen ganz gut, was ich meine.«

»Nein, Ehrenwort.«

»Also, beendigen wir diese Komödie. Wollen Sie oder wollen Sie nicht?«

»Ich verstehe überhaupt nichts.«

»So dumm sind Sie doch nicht. Außerdem habe ich es Ihnen gestern abend gesagt.«

»Was denn? ich hab's vergessen.«

»Daß ich Sie liebe.«

»Sie?«

»Ich.«

»Sie machen Witze.«

»Ich schwöre.«

»Gut, dann beweisen Sie es.«

»Das ist alles, was ich will!«

»Was, das?«

»Es beweisen.«

»Dann tun Sie es doch.«

»So haben Sie gestern abend nicht gesprochen.«

»Sie haben mir nichts vorgeschlagen.«

»Unsinn!«

»Und außerdem müssen Sie sich nicht an mich wenden.«

»Es wird immer schöner! An wen sonst?«

»Na, an Mama selbstverständlich.«

Er brach in lautes Lachen aus.

»An Ihre Mutter? Nein, das ist zu stark!«

Sie wurde auf einmal sehr ernst und blickte ihm in die Augen:

»Horen Sie, Muscade, wenn Sie mich wirklich so lieben, daß Sie mich heiraten wollen, sprechen Sie erst mit Mama, ich antworte Ihnen hinterher.«

Er meinte, sie mokiere sich aufs neue über ihn, und fauchte wütend: »Mam'zelle, Sie verwechseln mich.«

Sie sah ihn mit ihren sanften, klaren Augen an. Dann sagte sie zögernd:

»Ich verstehe Sie einfach nicht!«

Lebhaft versetzte er, mit etwas Schroffem, Bösem in der Stimme:

»Hören Sie, Yvette, beenden wir diese lächerliche Komödie, die schon allzu lange dauert. Sie spielen das unwissende kleine Mädchen, aber die Rolle paßt nicht zu Ihnen, glauben Sie mir. Sie wissen recht gut, daß es sich zwischen uns nicht um Heirat handeln kann ... sondern um Liebe. Ich habe Ihnen gesagt, daß ich Sie liebe – es ist die Wahrheit – und ich wiederhole: ich liebe Sie. Tun Sie nicht so, als verstünden Sie nicht, und behandeln Sie mich nicht wie einen Trottel.«

Sie hielten sich, einer dem andern gegenüber, nur durch kleine Handbewegungen aufrecht im Wasser. Einige Sekunden blieb sie starr, als könne sie sich nicht entschließen, den Sinn seiner Worte zu fassen, dann wurde sie plötzlich rot, errötete bis unter die Haare. Ihr ganzes Gesicht flammte jäh, vom Hals bis in die Ohren, die fast violett wurden, und ohne ein Wort zu erwidern, rettete sie sich aus aller Kraft mit großen hastigen Stößen nach dem Ufer. Er konnte sie nicht einholen und schwamm japsend hinter ihr her.

Er sah sie an Land gehen, ihren Bademantel aufraffen und nach der Kabine laufen, ohne sich umzudrehen.

Er brauchte lange zum Ankleiden, fragte sich ganz bestürzt, was er nun tun, was er ihr sagen, ob er sich entschuldigen oder beharren solle.

Als er nach draußen kam, war sie fort, allein aufgebrochen.

Langsam machte er sich auf den Rückweg, bedrückt und verwirrt.

Die Marquise erging sich an Savals Arm rund um den Rasen. Als sie Servigny erblickte, sagte sie in dem lässigen Ton, den sie seit dem Vortag hegte:

»Habe ich nicht gesagt, daß man bei solcher Hitze nicht ausgeht? Da hat Yvette nun den Sonnenstich. Sie ist schlafen gegangen. Sie war glühendrot, die Arme, und hat schreckliche Migräne. Sie müssen doch in der prallen Sonne gewesen sein und Dummheiten gemacht haben, was weiß ich? Jedenfalls sind Sie genauso unvernünftig wie sie.«

Zum Diner erschien Yvette nicht. Als man ihr zu essen bringen wollte, antwortete sie durch die Tür, sie habe keinen Hunger, denn sie hatte sich eingeschlossen und bat, sie in Frieden zu lassen. Die jungen Männer fuhren mit dem Zehnuhrzug ab, unter dem Versprechen, am nächsten Donnerstag wiederzukommen, und die Marquise setzte sich verträumt ans offene Fenster, wo ferne die Kapelle vom Ball der Ruderer zu hören war, die ihre hüpfenden Rhythmen in das große feierliche Schweigen der Nacht schickte.

Hingerissen von der Liebe und durch die Liebe wie andere vom Rennsport oder Rudern, erlag sie jähen Leidenschaften, die sie wie eine Krankheit befielen, sie mit aller Macht ergriffen, sie gänzlich beseelten, toll machten, entnervten oder niederwarfen, je nachdem ob sie exaltierten, heftigen, dramatischen oder sentimentalen Charakters waren.

Sie war eine der Frauen, die geschaffen sind, zu lieben und geliebt zu werden. Aus sehr niedrigem Stand ausgebrochen, hochgekommen durch die Liebe, aus der sie beinahe unwissentlich, eher aus Instinkt, aus eingeborenem Geschick ein Gewerbe gemacht hatte, nahm sie Geld wie Küsse ohne Unterschied, ganz natürlich, indem sie ihren ausgeprägten Spürsinn ohne viel Bedenken gebrauchte, einfach wie ein Tier, das die Notwendigkeiten der Existenz gewitzigt haben. Viele Männer waren durch ihr Bett gegangen, ohne daß sie irgendwelche Zärtlichkeit für sie empfunden noch Widerwillen vor ihrer Berührung verspürt hatte.

Den beliebigen Umarmungen überließ sie sich mit dem ruhigen Gleichmut, mit dem man auf Reisen aus allen Küchen ißt, weil man ja leben muß. Aber von Zeit zu Zeit entzündeten sich ihr Herz oder ihr Fleisch, und sie verfiel einer großen Leidenschaft, die ein paar Wochen oder ein paar Monate anhielt, je nach den körperlichen oder moralischen Qualitäten des Liebhabers.

Das waren die Hoch-Zeiten ihres Lebens. Sie liebte mit ganzer Seele, ganzem Leib, voller Begeisterung, voller Ekstase. Sie ergab sich der Liebe, wie man sich in einen Fluß stürzt, um zu ertrinken oder sich tragen zu lassen, todesbereit, falls es sein müßte, berauscht, kopflos, unendlich glücklich. Sie bildete sich jedesmal ein, nie zuvor Derartiges gefühlt zu haben, und wäre sehr verwundert gewesen, hätte man sie erinnert, von wieviel verschiedenen Männern sie bereits hingegeben ganze Nächte im Anblick der Sterne geträumt hatte.

Saval hatte sie erobert, hatte sie mit Leib und Seele in Besitz genommen. Sie dachte an ihn, von seinem Bild und seiner Nähe umschmiegt, in der stillen Hochstimmung des vollendeten, des gegenwärtigen und gewissen Glücks.

Ein Geräusch hinter ihr ließ sie herumfahren. Yvette war eingetreten, noch im selben Kleid wie am Tag, aber blaß jetzt und mit brennenden Augen wie nach einer großen Erschöpfung.

Sie lehnte sich an das offene Fenster, vor dem ihre Mutter saß.

»Ich muß mit dir reden«, sagte sie.

Die Marquise sah sie verwundert an. Sie liebte Yvette als egoistische Mutter, auf ihre Schönheit stolz wie auf ein

Vermögen, selbst noch zu schön, um Neid zu fühlen, zu gleichmütig, um jene Pläne zu schmieden, die man ihr unterstellte, zu hellsichtig indessen, um sich dieses Schatzes nicht bewußt zu sein.

»Ich höre, mein Kind, was gibt es?« fragte sie.

Yvette blickte ihr forschend in die Augen, als wolle sie am Grund ihrer Seele lesen, als wolle sie jede Regung erfassen, die sie mit ihren Worten hervorrufen würde.

»Es ist vorhin etwas Außergewöhnliches geschehen.«

»Was denn?«

»Monsieur de Servigny hat mir gesagt, daß er mich liebt.«

Die Marquise wartete beunruhigt. Da Yvette nicht weitersprach, fragte sie:

»Wie hat er dir das gesagt? Erklär dich!«

Das junge Mädchen setzte sich ihrer Mutter in einer einschmeichelnden Pose zu Füßen und drückte ihre Hände.

»Er will mich heiraten.«

Madame Obardi machte eine schroffe Geste der Verblüffung.

»Servigny? du bist ja verrückt!« rief sie aus.

Yvette hatte die Augen nicht vom Gesicht der Mutter gelassen, um ihre Gedanken und ihre Überraschung zu erspähen. Ernst fragte sie:

»Warum bin ich verrückt? Warum sollte Monsieur de Servigny mich nicht heiraten?«

Die Marquise stammelte verwirrt:

»Du hast dich getäuscht, das kann nicht sein. Du hast falsch gehört oder falsch verstanden. Monsieur de Servigny ist zu reich für dich … und zu … zu … zu sehr Pariser, um sich zu verheiraten.«

Yvette war langsam aufgestanden.

»Aber wenn er mich liebt, wie er sagt, Mama?«

Die Mutter antwortete mit leichter Ungeduld:

»Ich dachte, du wärest groß und unterrichtet genug über das Leben, um dir keine solchen Ideen zu machen. Servigny ist ein Lebemann und ein Egoist. Er wird nur eine Frau seiner Welt und seines Vermögens heiraten. Wenn er gesagt hat, er wolle dich heiraten ... dann will er ... dann will er ...«

Außerstande, ihren Verdacht auszusprechen, schwieg die Marquise eine Sekunde, dann setzte sie hinzu:

»Komm, laß mich in Frieden und geh schlafen.«

Und die Tochter, als wisse sie jetzt, was sie wissen wollte, antwortete folgsam:

»Ja, Mama.«

Sie küßte ihrer Mutter die Stirn und entfernte sich in sehr beherrschtem Schritt.

Als sie in der Tür war, rief die Marquise sie zurück:

»Und dein Sonnenstich?«

»Ich hatte gar nichts. Es war nur das, was mich ganz umgeworfen hatte.«

Und die Marquise sagte:

»Wir sprechen noch darüber. Aber bleib vorläufig nicht mehr mit ihm allein, und sei dir ganz sicher, daß er dich nicht heiraten will, hörst du, und daß er nur eins will ... dich kompromittieren.«

Sie hatte nichts Besseres gefunden, ihren Gedanken auszudrücken. Und Yvette ging auf ihr Zimmer.

Madame Obardi begann zu grübeln.

Da sie seit Jahren ohne Liebes- und Geldprobleme lebte, hatte sie aus ihrem Geist sorgfältig alle Überlegungen verbannt, die sie beschweren, beunruhigen oder traurig machen konnten. Stets hatte sie sich gescheut, sich zu fragen, was aus Yvette werden sollte; es wäre immer noch früh genug, daran zu denken, wenn die Schwierigkeiten sich einstellten. Ihr Kurtisanengespür sagte ihr freilich, daß ihre Tochter einen reichen Mann der Gesellschaft einzig durch einen völlig unwahrscheinlichen Zufall heiraten konnte, durch eine der Überraschungen der Liebe, die eine Abenteuerin auf einen Thron setzen. Damit rechnete sie keineswegs, zu beschäftigt überdies mit sich selber, um Pläne auszutüfteln, die sie nicht unmittelbar betrafen.

Kein Zweifel, Yvette würde es machen wie ihre Mutter und eine Frau der Liebe werden. Warum nicht? Aber nie hatte die Marquise gewagt, sich zu fragen, wann noch wie dies geschehen würde.

Und da, plötzlich, ohne Vorwarnung, stellte die Tochter ihr eine der Fragen, auf die man nicht antworten konnte, und zwang sie, eine Haltung zu beziehen in einer so schwierigen, so heiklen, in jeder Hinsicht so gefahrvollen und das Gewissen so belastenden Sache, das Gewissen, das man zeigen mußte, wenn es um das eigene Kind und jene Dinge ging.

Sie hatte zu viel natürlichen Scharfsinn, einen schlummernden, aber nie entschlafenen Scharfsinn, um sich auch nur eine Minute über Servignys Absichten zu täuschen, denn sie kannte die Männer aus Erfahrung, und vornehmlich Männer seiner Art. Darum hatte sie bei Yvettes ersten Worten ungewollt ausgerufen: »Servigny, dich heiraten? Du bist verrückt!«

Wie hatte er zu diesem alten Mittel greifen können, er, der mit allen Wassern gewaschen war, dieser Roué, dieser Wein-und-Weiber-Mann. Worauf hatte er es als nächstes abgesehen? Und wie sollte sie die Kleine deutlicher warnen, sie vor ihm schützen?

Immerhin konnte Yvette sich zu großen Dummheiten hinreißen lassen.

Hätte man aber auch für möglich gehalten, daß dieses große Mädchen so einfältig, so unwissend und ungeweckt war?

Und völlig hilflos und schon müde vom Grübeln, überlegte die Marquise, was sie tun sollte, ohne daß ihr etwas einfiel, denn die Situation erschien ihr ziemlich ausweglos.

Und des ganzen Ärgers leid, dachte sie: Bah! ich werde gut aufpassen, ich werde je nach den Umständen handeln. Wenn es sein muß, spreche ich mit Servigny, der nicht auf den Kopf gefallen ist und mich mit halbem Wort verstehen wird.

Sie fragte sich nicht, was sie ihm sagen noch was er ihr antworten würde, noch welche Art Übereinkommen sich zwischen ihnen herstellen ließe, sondern ergab sich, glücklich, die Sorge los zu sein, ohne irgendeinen Entschluß gefaßt zu haben, wieder ihren Gedanken an den schönen Saval; die Augen hinaus ins Dunkel, rechter Hand nach dem Lichtschein über Paris gewandt, warf sie mit beiden Händen Küsse nach der großen Stadt, fliegende Küsse, die sie einen um den andern, ohne zu zählen, in die Nacht entsandte, und ganz leise, als rede sie noch zu ihm, murmelte sie:

»Ich liebe dich, ich liebe dich!«

III

Auch Yvette schlief nicht. Wie ihre Mutter stützte sie sich am offenen Fenster auf, und Tränen, ihre ersten traurigen Tränen, stiegen ihr in die Augen.

Bis dahin war ihr Leben in der unbesonnenen, heiteren Zutraulichkeit glücklicher Jugend verlaufen. Warum hätte sie grübeln, nachdenken, forschen sollen? Warum hätte sie nicht ein junges Mädchen sein sollen wie andere? Warum hätten Zweifel, warum Befürchtungen, warum quälende Verdächtigungen in ihr aufkommen sollen?

Sie wirkte über alles unterrichtet, weil sie die Gewohnheit hatte, über alles zu reden, weil sie den Ton, die Ausdrucksweise, die gewagten Worte der Menschen angenommen hatte, unter denen sie lebte. Aber sie wußte über all das kaum mehr als ein Mädchen, das in einem Kloster erzogen worden ist, denn die verwegenen Worte entsprangen ihrem Gedächtnis, ihrer Nachahmungsgabe und Anpassungsfähigkeit, wie Frauen sie haben, und nicht einem wissenden und verwegen gewordenen Denken.

Sie redete von der Liebe, wie der Sohn eines Malers oder eines Musikers mit zehn, zwölf Jahren von Malerei oder Musik redet. Sie wußte oder vielmehr ahnte wohl, welche Art Geheimnis sich hinter diesem Wort verbarg – zu viele Scherze hatte man in ihrem Beisein geflüstert, als daß ihrer Unschuld nicht einige Lichter aufgesteckt worden wären –, aber wie hätte sie daraus schließen können, daß ihre Familie nicht wie andere war?

Man küßte ihrer Mutter mit sichtbarem Respekt die Hand; alle Freunde des Hauses trugen Titel; alle waren oder gaben sich reich; alle schienen vertraut mit Prinzen königlichen Geblüts. Sogar zwei Königssöhne waren an mehreren Abenden bei der Marquise zu Gast gewesen! Wie hätte sie zweifeln sollen?

Und sie war unbekümmert von Natur. Sie mißtraute nicht, sie spürte die Menschen nicht aus wie ihre Mutter. Sie lebte unbefangen, zu lebenslustig, als daß sie sich beunruhigte um Dinge, die einem kühleren, nachdenklicheren und verschlosseneren, nicht so expansiven und selbstvergnügten Wesen vielleicht verdächtig erschienen wären.

Aber nun hatte Servigny plötzlich, durch ein paar Worte, deren Brutalität sie gefühlt hatte, ohne sie zu begreifen, eine jähe, zuerst unklare Unruhe, dann furchtbare Beängstigung in ihr erweckt.

Sie war nach Hause gelaufen, hatte sich geflüchtet wie

ein verwundetes Tier. Und verwundet war sie tatsächlich tief durch diese Worte, die sie sich unaufhörlich wiederholte, um hinter ihren Sinn zu kommen, ihre ganze Tragweite zu erraten: »Sie wissen recht gut, daß es sich zwischen uns nicht um Heirat handeln kann ... sondern um Liebe.«

Was hatte er gemeint? Und warum diese Beleidigung? Also gab es etwas, wovon sie nichts wußte, irgendein Geheimnis, irgend etwas Schändliches? Offenbar war sie die einzige, die nichts wußte? Aber was? Sie war entsetzt, niedergeschmettert, wie wenn man auf eine heimliche Niedertracht stößt, auf den Verrat eines geliebten Wesens, eine der Katastrophen des Herzens, die einen außer sich bringen.

Und sie hatte gegrübelt, gebrütet, sich den Kopf zermartert, geweint, sich in Ängsten und Befürchtungen verzehrt. Doch da ihre fröhliche junge Seele dabei nicht haltmachte, hatte sie sich in abenteuerliche, dramatische Deutungen gerettet, die sie aus den Erinnerungen an die wirklichkeitsfremden Romane bezog, die sie gelesen hatte. Sie entsann sich erschütternder Wendungen des Schicksals, düsterer und rührender Geschichten, die sie mischte und aus denen sie ihre eigene Geschichte zusammenbraute, wobei sie das geahnte Geheimnis, das ihr Leben umgab, verschönte.

Schon war sie nicht mehr trostlos unglücklich, sie träumte, sie entschleierte, sie stellte sich unwahrscheinliche Verstrickungen, tausenderlei sonderbare, schreckliche, aber durch ihre Seltsamkeit anziehende Dinge vor.

Sollte sie etwa die natürliche Tochter eines Prinzen sein? Und ihre arme Mutter, von einem König, König Viktor Emanuel vielleicht, verführt und verlassen und zur Marquise erhoben, hatte vor dem Zorn ihrer Familie fliehen müssen?

Oder war sie ein Kind, das von seinen Eltern, von

hochadligen, sehr illustren Eltern, preisgegeben worden war, Frucht einer schuldigen Liebe, und von der Marquise angenommen, adoptiert und aufgezogen?

Immer andere Vermutungen schwirrten ihr durch den Kopf, die sie verwendete oder verwarf, wie es ihrer Phantasie gefiel. Sie bedauerte sich selber, im Grunde glücklich und traurig zugleich, befriedigt vor allem, nun eine Art Romanheldin zu sein, die sich zu beweisen, sich darzustellen, eine edle und ihrer würdige Haltung einzunehmen hatte. Und sie dachte sich die Rolle aus, die sie, dem Erratenen entsprechend, zu spielen hätte. Sie sah diese ihre Rolle ungefähr wie eine bei Scribe oder George Sand, gemischt aus Ergebenheit, Stolz, Selbstverleugnung und Seelengröße, aus Zärtlichkeit und schönen Worten. Ihr beweglicher Sinn fand beinahe Vergnügen an dieser neuen Existenz.

Bis zum Abend hatte sie darüber gerätselt, was sie tun, wie sie es anstellen könnte, um der Marquise die Wahrheit zu entreißen.

Und als die tragischen Lebenslagen günstige Nacht kam, war sie schließlich auf die so einfache wie geschickte List verfallen, ihrer Mutter brüsk zu sagen, Servigny habe um ihre Hand angehalten.

Bei dieser Nachricht würde der Marquise Obardi vor Überraschung ganz gewiß ein Wort, ein Aufschrei entfahren, der Licht in den Geist ihrer Tochter würfe.

Und Yvette hatte ihren Plan sofort ausgeführt.

Sie war auf eine Explosion des Staunens gefaßt gewesen, auf überströmende Liebe, auf vertrauensvolle Enthüllungen mit den zugehörigen Gesten und Tränen.

Aber nun hatte sich die Mutter, ohne irgend verblüfft oder untröstlich zu erscheinen, lediglich gelangweilt gezeigt; und als nach dem genierten, unzufriedenen und verlegenen Ton ihrer Antwort dem Mädchen, in dem plötzlich aller Scharfsinn, alles Feingespür und alle weibliche Schläue erwachten, klargeworden war, daß man hier besser nicht insistierte, daß das Geheimnis anderer, peinlicherer Art war und daß man es ganz allein entschlüsseln müsse, war Yvette mit bedrücktem Herzen nach ihrem Zimmer hinaufgegangen, die Seele in Trauer, niedergeschlagen nun von dem Vorgefühl eines wirklichen Unheils, ohne genau zu wissen, woher noch warum ihr dieses Gefühl kam. Und sie weinte, den Kopf in den Händen, an ihrem Fenster.

Sie weinte lange, ohne sich jetzt noch etwas auszudenken, ohne noch hinter irgend etwas kommen zu wollen; und als allmählich die Müdigkeit sie übermannte, fielen ihr die Augen zu. Dann döste sie für Minuten in dem anstrengenden Schlaf der Erschöpften, die nicht die Kraft aufbringen, sich auszukleiden und ihr Bett aufzusuchen, in dem schweren und – wenn der Kopf den Händen entgleitet – von jähem Erwachen zerrissenen Schlaf.

Erst beim anhebenden Frühlicht kroch sie in ihre Decken, als die Morgenkühle ihr die Glieder vereiste und sie zwang, das Fenster zu verlassen.

An diesem wie am darauffolgenden Tag blieb sie abwesend und melancholisch. Doch vollzog sich eine nicht abreißende, rasche Arbeit in ihr, die Arbeit der Reflexion; sie lernte zu spähen, zu erraten, zu kombinieren. Ein noch undeutliches Licht schien ihr die Menschen und Dinge um sie auf neue Weise zu beleuchten; und sie schöpfte Verdacht gegen alle, gegen alles, was sie bisher geglaubt hatte, gegen ihre Mutter. Alle Mutmaßungen traf sie in diesen zwei Tagen. Sie bedachte alle Möglichkeiten, stürzte sich mit dem Ungestüm ihres wechselhaften und maßlosen Wesens in die wildesten Entschlüsse. Am Mittwoch erdachte sie einen Plan: eine Verhaltensmaßregel und ein Spionagesystem. Am Donnerstagmorgen stand sie mit dem Vorsatz auf, gerissener als ein Polizist und zum Krieg gegen alle gewaffnet zu sein.

Sogar einen Wahlspruch stellte sie für sich auf: »Ich allein« und probierte über eine Stunde, wie die zwei Worte auf ihrem Briefpapier um ihre Anschrift anzuordnen wären, damit sie sich wirkungsvoll ausnähmen.

Saval und Servigny trafen um zehn Uhr ein. Yvette gab ihnen reserviert, ohne Verlegenheit die Hand und grüßte in familiärem, aber ernstem Ton:

»Guten Tag, Muscade, wie geht es Ihnen?«

»Guten Tag, Mam'zelle, nicht übel, und Ihnen?«

Er sah sie prüfend an.

Was für eine Komödie wird sie mir heute spielen? fragte er sich.

Da die Marquise sich bei Saval einhängte, nahm er Yvettes Arm, und sie wandelten, alle Weile hinter Hekken und Baumgruppen auftauchend und verschwindend, rund um den Rasen.

Yvette ging mit sinnender Miene, die Augen auf dem Kies des Weges, hörte anscheinend kaum zu, was ihr Gefährte sagte, und antwortete nur sparsam. Plötzlich fragte sie:

»Sind Sie wirklich mein Freund, Muscade?«

»Unbedingt, Mam'zelle.«

»Aber auch wirklich, wirklich, ganz und gar?«

»Ganz und gar Ihr Freund, Mam'zelle, mit Haut und Haaren.«

»Und Sie würden mich nicht belügen, auch kein einziges Mal?«

»Auch kein einziges Mal.«

»Und mir die ganze Wahrheit sagen, die ganze schmutzige Wahrheit?«

»Ja, Mam'zelle.«

»Gut, also was halten Sie im Grunde, ganz im Grunde, von dem Prinzen Kravalow?«

»Ah, Teufel!«

»Sehen Sie, schon nehmen Sie Anlauf zu lügen.«

»Nein, aber mir fehlen die Worte, die treffenden Worte. Mein Gott, dieser Prinz Kravalow ist ein Russe ... ein echter Russe, der russisch spricht, der in Rußland geboren ist, der vielleicht einen Reisepaß erhalten hat, um nach Frankreich zu fahren, und an dem nichts weiter falsch ist als sein Name und sein Titel.«

Sie blickte ihm in die Augen.

»Sie meinen, er ist ...«

Nach kurzem Zögern entschloß er sich:

»Ein Abenteurer, ja, Mam'zelle.«

»Danke. Und der Chevalier Valreali ist auch nicht besser, nicht wahr?«

»Sie sagen es.«

»Und Monsieur de Belvigne?«

»Mit dem ist es ein wenig anders. Er ist ein Mann der Gesellschaft ... der Provinzgesellschaft, ehrenwert ... bis auf einen gewissen Punkt ... einen nur ein klein bißchen gebrannten Punkt ... weil er den Besen zu scharf gebraten hat ...«

»Und Sie?«

Ohne zu zögern, antwortete er:

»Ich, ich bin, was man einen Lebemann nennt, ein Bursche aus guter Familie, der über Intelligenz verfügte und sie mit Sprüchedrechseln vergeudet hat, der Gesundheit besaß und sie durch seine Nachtbummeleien verloren hat, der – vielleicht – einigen Wert hatte und ihn durch Nichtstun verschleudert hat. Was mir zu guter Letzt übrigbleibt, ist ein Vermögen, eine gewisse Lebenserfahrung, eine ziemlich vollständige Freiheit von Vorurteilen, eine ausgedehnte Verachtung für die Menschheit, Frauen inbegriffen, ein tiefes Gefühl der Nutzlosigkeit meines Tuns und eine große Toleranz für die allgemeine Lumperei. Immerhin bin ich für Augenblicke noch ehrlich, wie Sie sehen, und sogar fähig zu lieben, wie Sie sehen könnten. Samt diesen Mängeln und Vorzügen stelle ich mich moralisch und physisch Ihnen zu Diensten, Mam'zelle, auf daß Sie nach Lust und Laune über mich verfügen, voilà.«

Sie lachte nicht; sie lauschte den Worten und ihren Betonungen.

»Was denken Sie über die Comtesse de Lammy?« fragte sie weiter.

Lebhaft versetzte er:

»Sie werden erlauben, meine Meinung über die Frauen nicht zu äußern.«

»Über keine?«

»Über keine.«

»Also ist Ihr Urteil sehr schlimm ... über alle. Aber, überlegen Sie, machen Sie nicht vielleicht doch eine Ausnahme?«

Er lachte mit jener Insolenz, die er fast ständig wahrte, und versetzte mit der brutalen Unverblümtheit, die er als seine Macht, seine Waffe gebrauchte:

»Anwesende nimmt man immer aus.«

Sie wurde ein bißchen rot, fragte aber mit großer Beherrschung:

»Gut, und was halten Sie von mir?«

»Sie wollen es? Schön. Ich halte Sie für eine Person mit großer Vernunft, großer Praxis oder, wenn Sie das lieber mögen, großer praktischer Vernunft; eine, die ihr Spiel bestens zu mischen versteht, sich lustig macht über die Leute, ihre Absichten verbirgt, ihre Fäden spannt und ohne Eile abwartet ... was sich so bietet.«

»Ist das alles?« fragte sie.

»Alles.«

Und voll ernster Würde entgegnete sie:

»Ich werde Sie eine andere Meinung von mir lehren, Muscade.«

Dann näherte sie sich ihrer Mutter, die ganz langsam, mit gesenktem Kopf, in jenem schweigenden Schlenderschritt ging, den man annimmt, wenn man beim Spazieren sehr leise über sehr intime, sehr süße Dinge plaudert. Mitten im Gehen malte die Marquise mit der Spitze ihres Sonnenschirms Figuren in den Sand, Buchstaben vielleicht, und sprach, ohne Saval anzusehen, sprach lange, gedehnt, auf seinen Arm gestützt, an ihn gedrängt. Yvette heftete plötzlich die Augen auf sie, und ein Verdacht, so dunkel, daß sie ihn nicht in Worte faßte, eher eine Empfindung als ein Zweifel, glitt durch ihren Sinn, wie der Schatten einer vom Wind getriebenen Wolke über die Erde gleitet.

Die Glocke rief zum Essen.

Es verlief schweigsam, fast trübselig.

Es lag, wie man sagt, Gewitter in der Luft. Dicke, unbewegliche Wolken ballten sich lauernd am Horizont, stumm und schwer, aber sturmgeladen.

Als der Kaffee auf der Terrasse getrunken war, fragte die Marquise:

»Sag, Kleine, machst du jetzt einen Spaziergang mit deinem Freund Servigny? Heute ist das richtige Wetter, um sich unter den Bäumen zu erfrischen.«

Yvette warf einen raschen, schnell abgewendeten Blick nach ihr:

»Nein, Mama, ich gehe heute nicht aus.«

Die Marquise schien unmutig, sie beharrte:

»Mach doch einen Gang, Kind, es wird dir wirklich guttun.«

Und Yvette entgegnete schroff:

»Nein, Mama, ich bleibe zu Haus, und du weißt warum, ich habe es dir neulich abend gesagt.«

Ganz in dem Wunsch befangen, mit Saval alleine zu bleiben, hatte Madame Obardi daran nicht mehr gedacht.

Sie errötete vor Verlegenheit und Unruhe in eigener Sache, da sie nicht wußte, wie sie ein oder zwei Stunden ungestört sein konnte, und stammelte nervös:

»Ja, stimmt, das hatte ich vergessen, du hast recht. Ich weiß gar nicht, wo ich meinen Kopf hatte.«

Und Yvette holte eine Stickarbeit vor, die sie »öffentliche Wohlfahrt« nannte und an der sie fünf-, sechsmal im Jahr, an Tagen völliger Windstille, ihre Finger übte, setzte sich auf einen Schemel neben ihre Mutter, während die beiden jungen Männer rittlings auf Klappstühlen ihre Zigarre rauchten.

Die Stunden vergingen in träger und immer wieder ersterbender Plauderei. Entnervt warf die Marquise hilflose Blicke nach Saval und fand keinen Vorwand, kein Mittel, ihre Tochter loszuwerden. Als sie endlich begriff, daß es ihr nicht gelingen würde, und da ihr keine andere List einfiel, sagte sie zu Servigny:

»Wissen Sie, mein lieber Herzog, ich werde Sie heute abend beide hierbehalten, dann gehen wir morgen nach Chatou und speisen im Gasthof Fournaise.«

Er verstand, lächelte und verneigte sich:

»Ich stehe zur Verfügung, Marquise.«

Und der Tag verrann quälend unter der Drohung des Gewitters.

Langsam kam die Stunde des Abendessens heran. Der schwüle Himmel füllte sich mit schleppenden, schweren Wolken. Kein Lufthauch kühlte die Haut.

Auch die Abendmahlzeit ging wortkarg vonstatten. Ein Unbehagen, eine Beklommenheit, etwas wie dumpfe Furcht schien beiden Männern und Frauen die Sprache zu verlegen.

Nachdem der Tisch abgedeckt war, blieben sie auf der Terrasse sitzen, redeten aber nur in langen Abständen. Die Nacht fiel ein, eine erstickende Nacht. Plötzlich wurde der Horizont von einem endlosen feurigen Haken zerrissen, der die schon ins Dunkel getauchten vier Gesichter mit seiner blendenden fahlen Flamme erleuchtete. Dann ging ein ferner Lärm, ein schwacher, dumpfer Lärm, wie wenn ein Wagen über eine Brücke rollt, über die Erde; und es war, als verdichte sich die Wärme der Atmosphäre, als würde die Luft auf einmal noch drückender, das Schweigen des Abends noch tiefer.

Yvette erhob sich.

»Ich gehe schlafen«, sagte sie, »mir ist unwohl durch das Gewitter.«

Sie bot der Marquise ihre Stirn, gab den jungen Männern die Hand und ging.

Da ihr Zimmer genau über der Terrasse lag, füllten sich die Blätter eines großen Kastanienbaums, der vor dem Haus stand, bald mit grüner Helle; die Augen auf diesen blassen Schein im Laub geheftet, saß Servigny und meinte, dann und wann einen Schatten darübergleiten zu sehen. Aber das Licht erlosch. Madame Obardi seufzte tief auf.

»Meine Tochter ist zu Bett«, sagte sie.

Servigny erhob sich.

»Ich werde das gleiche tun, wenn Sie erlauben, Marquise.«

Er küßte ihr die Hand und verschwand ebenfalls.

Und sie blieb mit Saval in der Dunkelheit allein.

Und schon war sie in seinen Armen, umhalste, umschlang ihn. Dann, obwohl er sie daran zu hindern suchte, sank sie vor ihm auf die Knie und murmelte: »Ich will dich im Licht der Blitze ansehen.«

Aber Yvette war, nachdem sie die Kerze gelöscht hatte, mit nackten Füßen, lautlos wie ein Geist, auf den Balkon getreten und lauschte, von ihrem unklaren, schmerzlichen Verdacht zernagt.

Sie konnte nichts sehen, weil sie sich über den beiden, auf dem Dach der Terrasse befand.

Sie hörte nichts als ein Raunen; und ihr Herz klopfte so stark, daß es ihr in den Ohren dröhnte. Ein Fenster wurde über ihr geschlossen. Also war Servigny hinaufgegangen. Ihre Mutter war allein mit dem anderen.

Ein zweiter Blitz spaltete den Himmel und ließ die ganze ihr vertraute Landschaft sekundenlang in gewaltsamer und unheimlicher Klarheit aufscheinen; und sie sah den breiten Strom in der Farbe geschmolzenen Bleis, wie man Flüsse in phantastischen Ländern träumt. Eine Stimme unter ihr sagte: »Ich liebe dich!«

Weiter hörte sie nichts. Ein sonderbarer Schauder war ihr durch den Leib gefahren, und ihr Geist schwamm in furchtbarer Wirrsal.

Und schweres, grenzenloses Schweigen, als wäre es das Schweigen der Ewigkeit, schwebte über der Welt. Sie bekam keine Luft mehr, die Kehle war ihr zugeschnürt von etwas Unbekanntem und Abscheulichem. Noch ein Blitz entflammte den Raum, erleuchtete eine Sekunde den Horizont, dann folgten ihm fast pausenlos andere und wieder andre.

Und die Stimme, die sie bereits gehört hatte, erhob sich lauter: »Oh, wie ich dich liebe! wie ich dich liebe!« Und Yvette kannte sie gut, die Stimme ihrer Mutter.

Ein dicker warmer Wassertropfen fiel ihr auf die Stirn, und durchs Laub lief ein kleines, fast unmerkliches Rieseln, das Rieseln des anhebenden Regens.

Dann kam ein Rauschen von fernher, ein dunkles Rauschen, wie der Lärm des Windes in den Zweigen; es war der große Guß, der wie ein riesiges Tuch niederschlug auf die Erde, auf den Strom, auf die Bäume. In wenigen Sekunden prasselte das Wasser über sie herab, klatschte auf sie nieder, durchtränkte sie wie ein Bad. Sie rührte sich nicht, sie dachte nur an das, was auf der Terrasse geschah.

Sie hörte, wie beide aufstanden und nach den Zimmern hinaufgingen. Türen schlossen sich im Innern des Hauses; und aus dem unwiderstehlichen Drang zu wissen, der sie bis zum Unsinnigen peinigte, hastete sie hinaus, die Treppe hinunter, öffnete leise die Tür zum Garten, rannte unter dem wütenden Schütten quer über den Rasen zu einem bergenden Gebüsch, um die Fenster zu sehen.

Nur eins war erleuchtet, das ihrer Mutter. Und plötzlich zeigten sich zwei Schatten in dem hellen Viereck, zwei Schatten nebeneinander. Sie näherten sich, bildeten nur mehr einen; und als ein neuer Blitz einen raschen, blendenden Feuerschein auf die Fassade warf, sah sie, daß sie sich umschlungen küßten.

Da schrie sie, ohne zu überlegen, ohne zu wissen, was sie tat, schrie aus aller Kraft, mit gellender Stimme: »Mama!«, wie man schreit, um jemanden vor einer tödlichen Gefahr zu warnen.

Ihr verzweifelter Schrei verlor sich im Geprassel des Wassers, aber das umschlungene Paar trennte sich beunruhigt. Und einer der Schatten verschwand, während der andere forschend in die Finsternis des Gartens schaute.

Vor Angst, überrascht zu werden und ihrer Mutter in diesem Augenblick zu begegnen, stürzte Yvette nach dem Haus, flog die Treppe hinan, hinter sich ein Rinnsal lassend, das von Stufe zu Stufe troff, und riegelte sich in ihrem Zimmer ein, entschlossen, niemand ihre Tür zu öffnen.

Und ohne das durchweichte und an der Haut klebende Kleid auszuziehen, fiel sie mit gefalteten Händen auf die Knie und erflehte in ihrer Todtraurigkeit irgendeinen überirdischen Schutz, den mysteriösen Beistand des Himmels, die unbekannte Hilfe, die man anruft in Stunden der Tränen und der Verzweiflung.

Alle Sekunden warfen große Blitze ihren bleichen Widerschein ins Zimmer, und plötzlich sah sie sich im

Spiegel ihres Schrankes mit den zerlösten, triefenden Haaren, sich selber dermaßen fremd, daß sie sich nicht erkannte.

Lange kniete sie so; das Gewitter entfernte sich, ohne daß sie es gewahr wurde. Der Regen hörte auf, der noch von dunklen Wolken belagerte Himmel wurde heller, und milde Kühle, würzig und köstlich, die Frische der Gräser und des nassen Laubs wehte zum offenen Fenster herein.

Yvette stand auf, zog die durchweichten kalten Kleider aus, ohne achtzugeben, was sie tat, und legte sich ins Bett. Sie lag mit offenen Augen nach dem anhebenden Morgen. Dann weinte sie wieder, dann grübelte sie.

Ihre Mutter! ein Liebhaber! welche Schande! Aber sie hatte so viele Bücher gelesen, wo Frauen, auch Mütter, sich so aufgaben, um auf den Schlußseiten zur Ehre zurückzufinden, daß es sie nicht übermäßig wunderte, sich in ebensolch ein Drama verwickelt zu finden. Die Heftigkeit des ersten Schmerzes, das grausame Entsetzen des Schocks linderten sich bereits ein wenig bei der undeutlichen Erinnerung vergleichbarer Situationen. Ihr Denken war schon in so tragischen, von Romanciers geknüpften Abenteuern umhergeschweift, daß die abscheuliche Entdeckung ihr allmählich vorkam wie die natürliche Fortsetzung eines am Vorabend begonnenen Feuilletonromans.

Ich muß meine Mutter retten, sagte sie sich.

Und beinahe heiter geworden durch diesen Heroinenentschluß, fühlte sie sich stark, erwachsener und auf einmal bereit, Opfer und Kampf auf sich zu nehmen. Und sie überlegte, welche Mittel sie anwenden könnte. Ein einziges schien ihr gut, es entsprach ihrem romantischen Wesen. Und sie bereitete, wie ein Schauspieler die Szene, die er spielen soll, das Gespräch vor, das sie mit der Marquise führen wollte.

Die Sonne war aufgegangen. Die Bedienten bewegten sich durchs Haus. Die Kammerfrau kam mit der Schokolade. Yvette ließ das Tablett auf den Tisch stellen und sagte:

»Bestellen Sie meiner Mutter, ich bin krank, ich bleibe bis zur Abreise der Herren im Bett; ich konnte nachts nicht schlafen und möchte nicht gestört werden; ich will versuchen, meinen Schlaf nachzuholen.«

Die überraschte Dienerin sah das nasse Kleid wie einen Lumpen auf dem Teppich liegen.

»War Mademoiselle aus dem Haus?« fragte sie.

»Ja, ich bin im Regen spazierengegangen, um mich zu erfrischen.«

Und die Bonne hob die schmutzigen Röcke, Strümpfe und Stiefel auf; dann ging sie, die tropfenden Sachen mit angewiderter Vorsicht über dem Arm, als wären es die Fetzen eines Ertrunkenen.

Und Yvette wartete, gewiß, daß ihre Mutter kommen würde.

Die Marquise trat ein; sie war bei den ersten Worten der Kammerfrau aus dem Bett gesprungen, denn der Schrei in der Nacht hatte Besorgnis in ihr hinterlassen.

»Was hast du?« fragte sie.

Yvette starrte sie an und stotterte: »Ich habe ... ich habe ...« Dann fing sie, von jäher, schrecklicher Erregung übermannt, zu schluchzen an.

Verwundert fragte die Marquise von neuem:

»Was hast du denn?«

Und alle vorbereiteten Pläne und Reden vergessend, schlug Yvette die Hände vors Gesicht und stammelte:

»Oh, Mama! Oh, Mama!«

Madame Obardi blieb vor dem Bett stehen, zu erschrocken, um zu begreifen, aber mit dem feinen Instinkt, der ihre Stärke war, erriet sie fast alles.

Da Yvette vor Schluchzen nicht sprechen konnte,

fragte ihre Mutter schließlich entnervt und in dem sicheren Gefühl, daß die gefürchtete Erklärung nun auf sie zukam, mit einiger Schroffheit:

»Willst du mir jetzt sagen, was mit dir los ist?«

Yvette konnte kaum sprechen:

»Oh, diese Nacht ... ich habe ... ich habe dein Fenster gesehen.«

Die Marquise wurde sehr blaß.

»Ja und! was?« fragte sie scharf.

Schluchzend wiederholte die Tochter:

»Oh, Mama! Oh, Mama!«

Madame Obardi, deren Furcht und Verlegenheit in Zorn umschlugen, zuckte die Achseln und wandte sich zum Gehen:

»Ich glaube tatsächlich, du bist verrückt. Wenn das aufgehört hat, laß es mich wissen.«

Aber das Mädchen nahm plötzlich die Hände von dem tränenüberströmten Gesicht.

»Nein! ... hör zu ... ich muß mit dir reden ... hör zu ... Versprich mir, daß wir weggehen alle beide, weit weg, irgendwo aufs Land, und dann leben wir wie Bäuerinnen: und niemand wird erfahren, was aus uns geworden ist! Willst du, Mama, bitte, ich flehe dich an, willst du?«

Die Marquise stand sprachlos im Zimmer. Sie hatte das Blut des Volkes in den Adern, aufbrausendes Blut. Aber die Scham der Mutter mischte sich in das dumpfe Angstgefühl und die Erbitterung der leidenschaftlichen Frau, die ihre Liebe bedroht sieht, und sie bebte, ebenso bereit, um Verzeihung zu bitten wie sich in größte Heftigkeit zu stürzen.

»Ich verstehe dich nicht«, sagte sie.

Yvette fuhr fort:

»Ich habe dich gesehen, Mama ... heute nacht ... Das darf nicht mehr ... wenn du wüßtest ... laß uns weggehen alle beide … ich will dich so liebhaben, daß du vergißt …«

Madame Obardi sagte mit zitternder Stimme:

»Höre, Tochter, es gibt Dinge, die du noch nicht verstehst. Darum … vergiß nicht … vergiß nicht … daß ich dir verbiete … mir noch jemals … so etwas … so etwas vorzureden.«

Aber die Tochter wollte nun die Rolle der Retterin spielen, die sie sich vorbereitet hatte:

»Nein, Mama, ich bin kein Kind mehr und habe das Recht zu wissen. Und ich weiß, daß wir übel beleumundete Leute empfangen, Abenteurer, und weiß auch, daß man uns deswegen nicht achtet. Ich weiß noch anderes. So, und das geht nicht so weiter, hörst du? ich will es nicht. Wir gehen weg; du verkaufst deinen Schmuck; wir arbeiten, wenn es sein muß, und leben wie ehrbare Frauen irgendwo weit weg. Und wenn ich mich verheiraten kann, desto besser …«

Ihre Mutter blickte sie mit ihren erregten schwarzen Augen an.

»Du bist ja verrückt«, antwortete sie. »Und du wirst jetzt gefälligst aufstehen und mit allen zum Essen kommen.«

»Nein, Mama. Da ist jemand, den ich nicht mehr sehen will, du verstehst mich schon. Ich verlange, daß er geht, oder ich gehe. Du kannst wählen zwischen ihm und mir.«

Sie hatte sich im Bett aufgesetzt und die Stimme erhoben, sprach wie auf der Bühne, endlich in dem Drama, das sie sich ausgemalt hatte, und vergaß über ihrer Mission beinahe ihren Kummer.

Vor Verblüffung sagte die Marquise abermals: »Du bist wirklich verrückt …«, da sie nichts andres zu sagen fand.

Yvette fuhr mit theatralischer Energie fort:

»Nein, Mama, dieser Mann verläßt unser Haus, oder ich gehe, denn nachgeben werde ich nicht.«

»Und wo willst du hin? ... Was willst du anfangen?«

»Das weiß ich noch nicht, ist doch egal ... Ich will, daß wir ehrbare Frauen werden.«

Dieses wiederkehrende Wort »ehrbare Frauen« brachte die Marquise in Wut, die Wut der Dirne, und sie schrie:

»Jetzt halte den Mund! ich erlaube dir nicht, so mit mir zu reden. Ich bin genausoviel wert wie jede andere Frau, verstanden? Ja, ich bin eine Kurtisane, und ich bin stolz darauf; die ehrbaren Frauen können mir nicht das Wasser reichen.«

Yvette blickte entgeistert; sie stammelte:

»Oh, Mama!«

Aber die erregte Marquise steigerte sich weiter in ihren Zorn:

»Ja, ich bin eine Kurtisane! Na und? Wenn ich keine Kurtisane geworden wäre, wärst du heute Köchin, so wie ich früher, und dürftest den ganzen Tag für dreißig Sous schuften und Geschirr abwaschen, und deine Herrin würde dich zum Metzger schicken, verstehst du, und sie würde dich an die Luft setzen, wenn du herumtrödelst, während du den ganzen Tag vertrödeln kannst, weil ich eine Kurtisane bin. So. Wenn man bloß Dienstmädchen ist, ein armes Mädchen mit fünfzig Francs Erspartem, muß man zusehen, wie man sich aus dem Dreck zieht, wenn man nicht in der Haut eines Hungerleiders krepieren will; und es gibt keine andere Wahl für unsereins, keine, verstehst du, wenn man Dienstmädchen ist! Wir können kein Vermögen machen mit Ämtern und Börsenspekulationen. Wir haben nur unsern Körper, nichts als unseren Körper.«

Sie schlug sich auf die Brust wie eine Büßerin, die sich bekennt, und schritt, rot, hocherregt, auf das Bett zu:

»Was hilft es, daß man ein schönes Mädchen ist, man muß davon leben, oder sein ganzes Leben Not leiden … sein ganzes Leben … da bleibt keine Wahl.«

Und sie kam jäh auf ihren wunden Punkt zurück:

»Denen geht nichts ab, den ehrbaren Frauen! Die sind nämlich die Huren, verstehst du, weil nichts sie zwingt. Die haben Geld, wovon sie leben und sich amüsieren können, und nehmen sich Männer aus Laster. Die sind die Huren!«

Sie stand dicht vor dem Lager der bestürzten Yvette, die am liebsten um Hilfe geschrien hätte und weggelaufen wäre und laut weinte wie ein Kind, das geschlagen wird.

Die Marquise verstummte, blickte auf ihre Tochter, und als sie sah, wie sie vor Verzweiflung außer sich war, brachen in ihr selber Schmerz, Reue, Rührung und Mitleid empor, und sie warf sich aufschluchzend, mit ausgebreiteten Armen auf das Bett:

»Meine arme Kleine, meine arme Kleine, wenn du wüßtest, wie weh du mir tust.«

Und sie weinten alle beide sehr lange.

Aber die Marquise, deren Kummer nicht anhielt, erhob sich weich. Und leise sagte sie:

»Das ist nun mal so, mein Liebchen, was willst du. Jetzt kann man nichts mehr daran ändern. Jeder muß das Leben nehmen, wie es kommt.«

Yvette hörte nicht auf zu weinen. Der Schlag war zu hart und zu unerwartet gewesen, als daß sie überlegen und sich fassen konnte.

Ihre Mutter fuhr fort:

»Nun steh auf und komm essen, damit die andern nichts merken.«

Das Mädchen schüttelte verneinend den Kopf, außerstande zu reden; endlich sagte sie mit ziehender, von Schluchzern unterbrochener Stimme:

»Nein, Mama, du weißt, was ich dir gesagt habe, ich lasse davon nicht ab. Ich gehe nicht aus meinem Zimmer, bis sie weg sind. Ich will von diesen Männern keinen mehr sehen, niemals mehr, niemals. Wenn sie noch mal kommen, dann ... dann ... dann siehst du mich nicht wieder.«

Die Marquise hatte sich die Augen getrocknet und murmelte, müde von der Erregung: »Überleg doch, sei vernünftig«, und setzte nach kurzem Schweigen hinzu:

»Ja, es ist besser, du bleibst heute vormittag im Bett. Am Nachmittag komme ich dich besuchen.«

Und nachdem sie ihre Tochter auf die Stirn geküßt hatte, ging sie, wieder beruhigt, hinaus, um sich anzukleiden.

Sowie ihre Mutter fort war, erhob sich Yvette und lief, den Riegel vorzuschieben, um allein zu sein, ganz allein, dann begann sie zu grübeln.

Gegen elf Uhr klopfte die Bonne und sagte durch die Tür:

»Madame läßt fragen, ob Mademoiselle etwas braucht und was sie zum Essen haben möchte.«

»Ich habe keinen Hunger. Ich möchte nur, daß ich nicht gestört werde«, antwortete Yvette.

Und sie blieb im Bett, als wäre sie sehr krank.

Gegen drei Uhr wurde wieder geklopft.

»Wer ist da?« fragte sie.

Es war die Stimme ihrer Mutter:

»Ich bin's, Liebchen, ich will sehen, wie es dir geht.«

Sie zögerte. Was sollte sie tun? Sie öffnete, kroch aber wieder ins Bett.

Die Marquise kam heran und fragte mit gedämpfter Stimme, wie bei einer Schwerkranken:

»Nun, fühlst du dich besser? Willst du nicht ein Ei essen?«

»Nein, danke, gar nichts.«

Madame Obardi hatte sich neben das Bett gesetzt. So blieben beide, ohne etwas zu sagen; dann endlich, da die Tochter sich nicht rührte und ihre Hände wie leblos auf der Decke ließ, fragte die Mutter:

»Willst du nicht aufstehen?«

»Ja, gleich«, antwortete Yvette.

Dann begann sie ernst und getragen:

»Ich habe viel nachgedacht, Mama, und ... und mein Beschluß ist der: Vergangen ist vergangen, reden wir nicht mehr davon. Aber die Zukunft muß anders werden ... oder ... oder ich weiß, was ich tue. Jetzt soll es damit genug sein.«

Die Marquise, die geglaubt hatte, die Aussprache sei beendet, fühlte Ungeduld in sich aufsteigen. Das reichte nun wohl.

Hätte diese große Schnepfe von Tochter nicht längst Bescheid wissen können? Aber sie behielt ihre Antwort für sich und wiederholte:

»Stehst du auf?«

»Ja, ich bin soweit.«

Da diente ihr die Mutter als Zofe, brachte ihr Strümpfe, Röcke, das Korsett, dann gab sie ihr einen Kuß.

»Wollen wir vor dem Abendessen einen Spaziergang machen?«

»Ja, Mama.«

Und sie gingen am Wasser hin, ohne anderes miteinander zu reden als ganz belanglose Dinge.

IV

Am folgenden Tag ging Yvette gleich morgens allein nach dem Platz, wo ihr Servigny aus der Geschichte der Ameisen vorgelesen hatte.

Ich gehe hier nicht weg, ehe ich nicht zu einem Entschluß gekommen bin, sagte sie sich.

Zu ihren Füßen floß das schnelle Wasser des Seine-Arms voller Strudel und großer Blasen, die aus tiefen Wirbeln in stummer Flucht vorübereilten.

Sie hatte bereits alle Seiten der Situation und alle Mittel, sich daraus zu befreien, überlegt.

Was würde sie aber tun, wenn ihre Mutter nicht gewissenhaft die Bedingung erfüllte, wenn sie nicht ihrem Leben, ihrer Welt und dem allem entsagte, um sich mit ihr irgendwo weit fort im Land zu verbergen?

Sie konnte alleine weggehen ... fliehen. Aber wohin? Und wie? Wovon sollte sie leben?

Arbeiten? Aber was? An wen konnte sie sich wenden, um eine Arbeit zu finden? Und dann erschien ihr das trübsinnige und demütige Dasein der Arbeiterinnen, der Mädchen aus dem Volk, doch ein wenig beschämend, ihrer unwürdig. Hauslehrerin konnte sie werden, wie die jungen Personen in den Romanen, und geliebt und geheiratet werden vom Sohn des Hauses. Aber dazu müßte sie aus großer Familie sein, damit sie dem erbitterten Vater, wenn er ihr vorwürfe, daß sie die Liebe seines Sohnes gestohlen habe, mit stolzer Stimme erwidern könnte: »Ich heiße Yvette Obardi.« Das konnte sie nicht. Das wäre auch wieder banal und abgenutzt.

Ins Kloster gehen wäre nicht viel besser. Außerdem empfand sie keinerlei Berufung zum religiösen Leben, denn fromm war sie nur vorübergehend und gelegentlich. Niemand konnte sie durch eine Heirat retten, weil sie war, was sie war! Von keinem Menschen stand Hilfe zu erwarten, es war kein Ausweg, keine endgültige Rettung möglich!

Und dann wollte sie ja etwas Energisches, wirklich Großes, wirklich Starkes, das als Beispiel dastehen konnte; und sie entschied sich für den Tod.

Sie entschied sich ganz plötzlich dafür, seelenruhig, als handele es sich um eine Reise, ohne nachzudenken, ohne sich den Tod vorzustellen, ohne zu begreifen, daß er das Ende ohne neuen Anfang ist, die Abreise ohne Rückkehr, der Abschied auf ewig von der Erde, vom Leben.

Sie war sofort zu diesem Äußersten bereit, mit der ganzen Leichtigkeit ihrer exaltierten jugendlichen Seele.

Und sie überlegte, welches Mittel sie wählen sollte. Alle kamen ihr qualvoll und in der Ausführung unzuverlässig vor und verlangten zudem eine Gewalttätigkeit, vor der sie sich scheute.

Dolch und Revolver waren schnell ausgeschieden, denn sie konnten womöglich nur verletzen, verstümmeln oder entstellen und erforderten eine geübte, sichere Hand; ebenso der vulgäre Strick, der lächerliche und häßliche Selbstmord des Armen; und das Wasser, weil sie schwimmen konnte. Blieb also nur Gift, aber welches? Fast alle bereiten Leiden und Brechreiz. Aber sie wollte weder leiden noch sich übergeben. Da fiel ihr ein, daß sie in einer Zeitung gelesen hatte, eine junge Frau habe sich durch Chloroform umgebracht.

Und schon empfand sie etwas wie Freude über ihren Entschluß, ein Hochgefühl, eine Wallung von Stolz. Man würde schon sehen, wozu sie fähig war.

Sie ging nach Bougival und erbat sich bei einem Apotheker ein wenig Chloroform für einen Zahn, der sie schmerze. Der Mann, der sie kannte, gab ihr ein kleines Fläschchen des Narkotikums.

Darauf ging sie zu Fuß nach Croissy, wo sie sich ein zweites Fläschchen Gift verschaffte. Ein drittes erhielt sie in Chatou, ein viertes in Rueil, und sie kam zu spät zum Mittagessen. Da sie nach ihrem Rundgang großen Hunger hatte, aß sie viel, mit der Lust des Menschen, dem körperliche Anstrengung den Magen gehöhlt hat.

Ihre Mutter, die sich freute, sie bei so gutem Appetit zu sehen, und sich endlich beruhigt fühlte, sagte ihr, als sie vom Tisch aufstanden:

»Alle unsere Freunde werden den Sonntag bei uns verbringen. Ich habe den Prinzen, den Chevalier und Monsieur de Belvigne eingeladen.«

Yvette wurde ein wenig blaß, erwiderte jedoch nichts.

Kurz danach ging sie zum Bahnhof und löste ein Billett nach Paris.

Und den ganzen Nachmittag lief sie von Apotheke zu Apotheke und kaufte in jeder ein paar Tropfen Chloroform.

Abends kam sie, die Taschen voll kleiner Fläschchen, zurück.

Das gleiche wiederholte sie tags darauf, und als sie zufällig an einen Drogisten geriet, erhielt sie ein viertel Liter auf einmal.

Am Samstag ging sie nicht aus dem Haus. Es war bedeckt, aber warm; sie verbrachte den ganzen Tag in einem Liegestuhl aus Korbgeflecht auf der Terrasse.

Sie dachte beinahe nichts, war sehr entschlossen, sehr ruhig.

Am Sonntag zog sie ein blaues Kleid an, das ihr sehr gut stand, denn sie wollte schön sein.

Während sie sich im Spiegel begutachtete, dachte sie plötzlich: Morgen bin ich tot. Und ein seltsamer Schauder lief ihr durch den ganzen Körper. ›Tot! Ich werde nicht mehr sprechen, nicht mehr denken, niemand kann mich mehr sehen. Und auch ich, ich werde das alles nicht mehr sehen!‹

Aufmerksam betrachtete sie ihr Gesicht, als hätte sie es noch nie gesehen, blickte besonders in ihre Augen, entdeckte tausend Dinge an sich, einen verborgenen Zug ihrer Physiognomie, den sie noch nicht kannte, staunte über ihren Anblick, als hätte sie eine fremde Person, eine neue Freundin vor sich.

Das bin ich, was ich hier im Spiegel sehe, sagte sie sich. Wie komisch es ist, sich selber so zu betrachten. Aber ohne Spiegel würden wir uns nie kennenlernen. Alle andern wüßten, wie wir aussehen, nur wir selber nicht.

Sie nahm ihr langes, in Zöpfe geflochtenes Haar und legte es auf ihre Brust, wobei sie mit dem Auge jede ihrer Gesten, jede Bewegung, jede Veränderung ihrer Pose verfolgte.

Wie hübsch ich bin! dachte sie. Morgen liege ich dort tot in meinem Bett.

Sie schaute nach ihrem Bett, und ihr schien, sie sähe sich dort weiß wie das Laken liegen.

›Tot. In acht Tagen ist dies Gesicht, sind diese Augen, diese Wangen nur noch ein schwärzlicher Brei in einem Kasten, tief in der Erde.‹

Und gräßliche Angst befiel ihr Herz.

Die helle Sonne flutete draußen übers Land, und die süße Morgenluft wehte zum Fenster herein.

Sie setzte sich und dachte: Tot. Das war, als würde die Welt mit ihr sterben; aber nein, nichts in der Welt würde anders sein, nicht einmal ihr Zimmer. Ja, ihr Zimmer würde genauso bleiben, mit demselben Bett, denselben Stühlen, demselben Toilettentisch, aber sie wäre für immer weg, sie, und niemand wäre traurig, nur ihre Mutter vielleicht.

Man würde sagen: Wie hübsch sie war, die kleine Yvette! Das wäre alles. Und während sie ihre Hand ansah, die auf der Sessellehne lag, dachte sie wieder, daß ihr Fleisch sich in Fäulnis, in schwarze, stinkende Verwesung zersetzen würde. Und ein neuer großer Schrekkensschauder überlief ihren ganzen Körper, und sie konnte es nicht fassen, daß sie verschwinden könnte, ohne daß die ganze Erde verlosch, so sehr fühlte sie sich zugehörig zu allem, zu der Landschaft, der Luft, der Sonne, dem Leben.

Lachen erschallte im Garten, großes Gelärm und Gerufe, die laute Fröhlichkeit einer beginnenden Landpartie, und sie erkannte an seinem sonoren Organ Monsieur de Belvigne, der sang:

> O laß der Laute Klingen
> Ins Herz, Feinslieb, dir dringen.

Ohne zu überlegen, stand sie auf und ging gucken. Alles applaudierte. Da standen sie alle fünf, mit noch zwei Herren, die sie nicht kannte.

Jäh wich sie zurück, von dem Gedanken zerrissen, daß diese Männer herkamen, um sich bei ihrer Mutter, einer Kurtisane, zu amüsieren.

Die Glocke läutete zum Mittagessen.

Denen werde ich zeigen, wie man stirbt, sagte sie sich.

Und mit festem Schritt ging sie hinunter, mit der Entschlossenheit einer christlichen Märtyrerin beim Eintritt in den Zirkus, wo die Löwen auf sie warten.

Lächelnd drückte sie allen die Hände, liebenswürdig, aber ein wenig von oben herab. Servigny fragte:

»Nun, sind Sie heute weniger brummig, Mam'zelle?«

In einem strengen, eigenartigen Ton erwiderte sie:

»Heute bin ich zu Tollheiten aufgelegt. Ich bin in meiner Pariser Laune. Hüten Sie sich.«

Und Monsieur de Belvigne zugewandt:

»Sie werden mein *patito* sein, mein kleiner Malvoisie. Nach dem Essen entführe ich Sie allesamt zum Fest in Marly.«

In Marly war wirklich ein Fest. Man stellte ihr die zwei Neuen vor, den Comte de Tamine und den Marquis de Briquetot.

Während der Mahlzeit sprach sie kaum, sondern

spannte ihren Willen an, um am Nachmittag vergnügt zu sein, damit man ihr nichts anmerke, damit man desto mehr staune und sage: Wer hätte das gedacht? Sie war doch so fröhlich, so vergnügt! Was geht in solchem Kopf nur vor?

Sie bemühte sich, nicht an den Abend, nicht an die bestimmte Stunde zu denken, wenn sie alle auf der Terrasse wären.

Sie trank Wein, soviel sie konnte, um sich in Schwung zu bringen, dazu zwei Gläschen Fine Champagne, und war rot, als sie vom Tisch aufstand, ein bißchen taumelig, heiß im Kopf und heiß in den Gliedern, wie ihr schien, verwegen nun und zu allem entschlossen.

»Auf geht's!« rief sie.

Sie nahm den Arm von Monsieur de Belvigne und ordnete den Marsch der andern:

»So, Sie sind alle mein Bataillon! Servigny, Sie ernenne ich zum Sergeanten, Sie marschieren rechts außen. Lassen Sie an der Spitze die ausländische Garde marschieren, die beiden Exoten, den Prinz und den Chevalier, dahinter die beiden Rekruten, die heute die Waffen aufgenommen haben. Und los!«

Sie brachen auf. Und Servigny ahmte den Trompeter nach, während die beiden Neuen taten, als schlügen sie die Trommel. Monsieur de Belvigne sagte leise und ein wenig betreten:

»Mademoiselle Yvette, bitte seien Sie doch vernünftig, Sie werden sich kompromittieren.«

»Kompromittieren werde ich Sie, Raisiné«, antwortete sie. »Was mich betrifft, darauf pfeif ich. Morgen denkt keiner mehr daran. Pech für Sie, man geht nicht mit Mädchen wie mir aus.«

Sie durchquerten Bougival, vorbei an den gaffenden Spaziergängern. Alles drehte sich um; die Einwohner traten vor die Türen; die Fahrgäste der kleinen Eisenbahn, die von Rueil nach Marly fährt, pfiffen; die Männer auf den Plattformen schrien: »Ans Wasser! ... ans Wasser!«

Yvette marschierte in militärischem Schritt, Belvigne fest am Arm, wie man einen Gefangenen abführt. Sie lachte nicht, ihr Gesicht wahrte einen bleichen Ernst, eine fast unheimliche Starre. Servigny unterbrach sein Trompeten, um Kommandos zu brüllen. Der Prinz und der Chevalier amüsierten sich höchlich, fanden das sehr witzig und scharf. Die beiden jungen Männer trommelten ununterbrochen.

Als sie auf den Festplatz kamen, erregten sie großes Aufsehen. Dirnen applaudierten; junge Männer spotteten; ein dicker Herr, mit seiner Frau am Arm, erklärte, Neid in der Stimme: »Die langweilen sich wenigstens nicht.«

Yvette erspähte ein Kinderkarussell und zwang Belvigne, rechts neben ihr auf ein Holzpferd zu steigen, während ihr Detachement auf die kreisenden Tiere dahinter kletterte. Als die Rundfahrt zu Ende war, wollte sie durchaus nicht herunter, sondern zwang ihre Eskorte, fünfmal nacheinander in den Kindersätteln sitzen zu bleiben, zum großen Gaudi des Publikums, das ihnen Witzeleien zuschrie. Monsieur de Belvigne war blaß, und ihm war übel, als er abstieg.

Dann streifte sie durch die Buden. Sie zwang all ihre Männer, sich mitten in einem Kreis von Zuschauern wiegen zu lassen. Sie nötigte sie, lächerliches Spielzeug zu kaufen und es im Arm zu tragen. Der Prinz und der Chevalier fanden, der Spaß gehe allmählich zu weit. Allein Servigny und die beiden Trommler waren nicht zu entmutigen.

Schließlich kamen sie ans Ende der Ortschaft. Da betrachtete sie ihr Gefolge mit eigenartiger Miene, mit hinterhältigem, bösem Blick; und einer ausgefallenen Laune folgend, die ihr in den Kopf gekommen war, ließ sie die Männer am rechten Ufer, das über dem Strom liegt, antreten.

»Wer mich am meisten liebt, springe ins Wasser«, sagte sie.

Keiner sprang. Eine Anrottung bildete sich hinter ihnen. Zwei Frauen in weißer Schürze schauten sprachlos. Zwei Soldaten in roter Hose lachten dumm.

Sie sagte:

»Also ist keiner von Ihnen fähig, sich auf meinen Wunsch ins Wasser zu stürzen?«

»Na wennschon«, murmelte Servigny und sprang aus dem Stand in den Fluß.

Sein Eintauchen jagte Spritzer auf bis zu Yvettes Füßen. Ein Gemurmel voll Staunen und Heiterkeit lief durch die Menge.

Da las das junge Mädchen ein kleines Stück Holz von der Erde auf und rief, indem sie es ins Wasser schleuderte:

»Such!«

Und der junge Mann schwamm los, faßte das schwimmende Brett wie ein Hund mit dem Mund, kehrte zurück, kletterte ans Ufer und kniete sich vor sie hin, um es ihr darzubieten.

Yvette nahm es.

»Brav gemacht«, sagte sie.

Und sie fuhr mit einem freundschaftlichen Klaps über seine Haare.

Eine dicke Dame erklärte entrüstet:

»Ist das denn die Möglichkeit!«

Eine andere sagte:

»Wie man sich derart amüsieren kann!«

Ein Mann sagte laut:

»Na, ich wär nicht baden gegangen wegen 'ner Puppe.«

Sie hakte sich wieder bei Belvigne ein, wobei sie ihm ins Gesicht rief:

»Sie sind ein Schafskopf, mein Freund; Sie wissen nicht, was Sie sich verscherzt haben.«

Die Truppe kehrte um. Yvette warf den Passanten gereizte Blicke zu.

»Wie blöd all diese Leute aussehen«, sagte sie.

Und die Augen nach dem Gesicht ihres Begleiters hebend:

»Sie übrigens auch.«

Monsieur de Belvigne salutierte. Als sie sich umdrehte, sah sie, daß der Prinz und der Chevalier verschwunden waren. Servigny spielte nicht mehr Trompeter; trübsinnig und triefend, marschierte er mit trauriger Miene neben den beiden ermüdeten jungen Männern, die auch nicht mehr Trommler spielten.

Sie lachte trocken:

»Es scheint, Sie haben genug. Aber das nennen Sie doch Sich-Amüsieren, nicht wahr? Dazu sind Sie doch gekommen; ich habe Ihnen etwas geboten für Ihr Geld.«

Dann ging sie, ohne noch ein Wort zu sagen; und plötzlich bemerkte Belvigne, daß sie weinte. Erschrokken fragte er:

»Was haben Sie?«

»Lassen Sie mich, das geht Sie nichts an«, murmelte sie.

Aber er beharrte wie ein Dummkopf:

»Oh, Mademoiselle, was haben Sie denn? Hat Sie jemand gekränkt?«

Ungeduldig fuhr sie ihn an:

»Seien Sie doch still!«

Plötzlich, der verzweifelten Traurigkeit, die ihr Herz überschwemmte, nicht mehr Herr, begann sie so heftig zu schluchzen, daß sie nicht weitergehen konnte.

Sie schlug beide Hände vors Gesicht und keuchte

nach Luft, Röcheln in der Brust, gewürgt, erstickt durch die Gewalt ihrer Verzweiflung.

Belvigne blieb völlig verdutzt neben ihr stehen.

»Das verstehe ich nicht«, erklärte er.

Aber Servigny trat rasch heran:

»Kommen Sie nach Hause, Mam'zelle, damit man Sie auf der Straße nicht weinen sieht. Warum fangen Sie solche Sachen an, wenn Sie das traurig macht?«

Und er zog sie am Ellbogen mit sich. Aber kaum am Tor der Villa angelangt, lief sie davon, durchquerte den Garten, eilte die Treppe hinauf und riegelte sich ein.

Sie erschien erst zum Diner wieder, sehr blaß, sehr ernst. Aber alle waren fröhlich. Servigny hatte sich bei einem Händler im Dorf Arbeiterkleider gekauft, eine Samthose, eine geblümte Weste, ein Trikot, ein Kittelhemd, und er sprach wie die Leute aus dem Volk.

Yvette drängte es, vom Tisch zu kommen, weil sie spürte, wie ihr Mut schwächer wurde. Sowie der Kaffee getrunken war, verschwand sie.

Unter ihrem Fenster hörte sie die vergnügten Stimmen. Der Chevalier machte lose Scherze, Wortspiele eines Ausländers, grob und ungeschickt.

Sie hörte es verzweifelt. Servigny, der ein wenig beschwipst war, ahmte einen betrunkenen Arbeiter nach, nannte die Marquise »Patronin«. Und plötzlich rief er Saval:

»He, Patron!«

Es gab großes Gelächter.

Da entschied sich Yvette. Zuerst nahm sie ein Blatt ihres Briefpapiers und schrieb:

»Bougival, Sonntag, neun Uhr abends

Ich sterbe, weil ich keine ausgehaltene Dirne werden will.

Yvette«

Dann, als Postskriptum:

»Leb wohl, liebe Mama, verzeih mir.«

Sie klebte den Umschlag zu, adressierte ihn an die Frau Marquise Obardi.

Dann rollte sie ihre Chaiselongue an das Fenster, zog ein Tischchen in Reichweite ihrer Hand und stellte die große Flasche Chloroform darauf, neben eine Handvoll Watte.

Ein großer, blütenübersäter Rosenstrauch, der von der Terrasse bis zu ihrem Fenster hinankletterte, verströmte einen zarten süßen Duft, der sie in leichten Wellen erreichte, und sie sog ihn einige Sekunden ein. Der Mond im ersten Viertel schwamm an dem schwarzen Himmel, links ein wenig angenagt und manchmal von kleinem Gewölk überzogen.

Jetzt sterbe ich! jetzt sterbe ich! dachte Yvette. Und ihr von Schluchzern geschwelltes, vor Gram berstendes Herz erdrückte sie. Sie fühlte ein Bedürfnis in sich, jemanden um Gnade zu bitten, gerettet, geliebt zu werden.

Servignys Stimme ließ sich vernehmen. Er erzählte eine schlüpfrige Geschichte, die alle Augenblicke von schallendem Gelächter unterbrochen wurde. Die Marquise lachte lauter als die andern. Immerzu wiederholte sie:

»So was kann nur er erzählen! Ha, ha, ha!«

Yvette nahm die Flasche, entkorkte sie und goß ein wenig Flüssigkeit auf die Watte. Ein mächtiger, süßlicher, eigentümlicher Geruch verbreitete sich; und als sie das Wattestück ihren Lippen näherte, schluckte sie auf einmal den beißenden Geschmack, der sie zum Husten reizte.

Da begann sie ihn mit geschlossenem Mund einzuatmen. Sie trank den tödlichen Dunst in langen Zügen, machte die Augen zu und bemühte sich, jeden Gedanken in sich auszulöschen, um nichts mehr zu denken, nichts mehr zu wissen.

Zuerst kam es ihr vor, als weite sich ihre Brust, vergrößere sich, und ihre eben noch erdrückte, kummerschwere Seele wurde leicht, leicht, wie wenn das Gewicht, das auf ihr gelastet hatte, aufgehoben, verflüchtigt, weggeflogen wäre.

Etwas Lebhaftes, Angenehmes durchdrang sie bis in alle Glieder, bis in die Zehenspitzen und Hände und trat in ihr Fleisch, eine Art dumpfer Rausch, ein sanftes Fieber.

Sie merkte, daß die Watte trocken war, und staunte, daß sie noch lebte. Ihre Sinne kamen ihr geschärft vor, feiner, wacher.

Sie hörte die leisesten, auf der Terrasse gesprochenen Worte. Der Prinz Kravalow erzählte, wie er einen österreichischen General im Duell getötet hatte.

Dahinter, aus der weiten Landschaft, hörte sie die Geräusche der Nacht, das unterbrochene Bellen eines Hundes, den kurzen Ruf der Frösche, das kaum wahrnehmbare Rauschen der Blätter.

Wieder nahm sie die Flasche, tränkte noch einmal das kleine Wattestück und atmete ein. Mehrere Augenblicke fühlte sie nichts mehr; dann kehrte jenes schleichende und bezaubernde Wohlbehagen wieder, das ihr bereits bekannt war.

Zweimal goß sie Chloroform nach, gierig nun auf diese physische und moralische Empfindung, auf diese träumerische Betäubung, in der ihre Seele schwelgte.

Ihr schien, sie habe keine Knochen, kein Fleisch, keine Beine, keine Arme mehr. Das hatte man ihr alles ganz sacht weggenommen, ohne daß sie es merkte. Das Chloroform hatte ihren Körper ausgeleert, ihr nur ein wacheres, lebhafteres Denken gelassen, weiter und freier, als sie es je empfunden hatte.

Sie erinnerte sich tausend vergessener Dinge, kleiner Einzelheiten aus ihrer Kindheit, Belanglosigkeiten, die ihr Freude machten. Ihr Geist war auf einmal mit unbekannter Beweglichkeit begabt, sprang in den verschiedensten Vorstellungen umher, durchlief tausend Abenteuer, tummelte sich in der Vergangenheit und erging sich in erhofften Ereignissen der Zukunft. Und ihr tätiges und unbekümmertes Denken hatte einen sinnlichen Zauber; so zu träumen bereitete ihr eine göttliche Lust.

Noch immer hörte sie die Stimmen, aber sie verstand keine Worte mehr, und sie bekamen für sie einen anderen Sinn. Sie versank, verlor sich in einer Art seltsamer und farbenreicher Märchenwelt.

Sie war auf einem großen Schiff, das an einem schönen, ganz mit Blumen bedeckten Land hinfuhr. Sie sah Menschen am Ufer, und die Menschen redeten sehr laut; dann war sie auf festem Boden, ohne zu wissen wie; und Servigny, als Prinz gekleidet, kam sie holen, um sie zu einem Stierkampf zu führen.

Die Straßen waren voll schwatzender Passanten, und sie hörte ihre Reden, die sie gar nicht erstaunten, als kennte sie die Personen, denn durch ihren Traum hörte sie die Freunde ihrer Mutter auf der Terrasse weiter lachen und plaudern.

Dann wurde alles undeutlich.

Sie erwachte köstlich gelöst und hatte ein bißchen Mühe, sich zu erinnern.

Sie war also noch nicht tot.

Aber sie fühlte sich so ausgeruht, so wohlig, so voller Behagen an Leib und Seele, daß sie keine Eile hatte, dem ein Ende zu machen! Am liebsten wäre sie immer in diesem erlesenen Dämmerzustand geblieben.

Sie atmete langsam und schaute nach dem Mond über den Bäumen. Etwas hatte sich verändert in ihrem Geist. Sie dachte nicht mehr wie vorher. Das Chloroform hatte ihren Körper und ihre Seele entspannt, hatte ihren Gram beschwichtigt und ihren Willen zu sterben eingeschläfert.

Warum sollte sie nicht leben? Warum sollte sie nicht geliebt werden? Warum sollte sie kein glückliches Leben haben? Alles schien ihr jetzt möglich, und leicht, und gewiß. Alles war süß, alles war gut, alles war wunderbar im Leben. Aber da sie noch weiterträumen wollte, begoß sie die Watte noch einmal mit dem Träumewasser und begann erneut, es einzuatmen, wobei sie das Gift öfter weghielt von ihren Nüstern, damit sie nicht zu viel aufnehme, damit sie nicht sterbe.

Sie betrachtete den Mond und sah eine Gestalt darin, eine Frauengestalt. Wieder erhob sie sich in die bilderreiche Welt, die das Opiat ihr zauberte. Die Gestalt schaukelte mitten am Himmel, und dann sang sie, sang mit einer wohlvertrauten Stimme das »Halleluja der Liebe«

Es war die Marquise, die hineingegangen war und sich am Klavier begleitete.

Yvette hatte jetzt Flügel. Sie flog durch die Nacht, eine schöne klare Nacht, über Wälder und Flüsse. Sie flog voller Seligkeit, ihre Schwingen breitend, flügelschlagend, vom Wind wie von Zärtlichkeit getragen. Sie rollte sich in der Luft, die ihre Haut küßte, und schwebte so schnell, so schnell, daß sie keine Zeit fand, irgend etwas unter sich wahrzunehmen, und fand sich an einem Teich sitzen, mit einer Angel in der Hand; sie fischte.

Etwas zappelte an der Leine, die sie aus dem Wasser zog und die ihr ein wunderbares Perlenhalsband zuführte, das sie sich vor kurzem gewünscht hatte. Sie staunte kein bißchen über den Fund und sah Servigny, der neben ihr war, ohne daß sie wußte wie, und der auch fischte und aus dem Fluß ein Holzpferd zog.

Dann hatte sie wieder das Gefühl zu erwachen und hörte, daß man sie von unten rief.

»Lösch doch deine Kerze«, hatte ihre Mutter gesagt.

Dann erklang hell und komisch Servignys Stimme:

»Löschen Sie doch Ihre Kerze, Mam'zelle Yvette.«

Und alle riefen im Chor:

»Mam'zelle Yvette, löschen Sie Ihre Kerze.«

Noch einmal goß sie Chloroform auf die Watte, aber weil sie nicht sterben wollte, hielt sie den Bausch weit genug von ihrem Gesicht ab, um frische Luft zu atmen, während zugleich ihr Zimmer sich mit dem betäubenden Geruch des Narkotikums füllte, denn nun wußte sie, daß man heraufkommen würde; und sie nahm eine Lage, ganz wie eine Tote, ein und wartete.

Die Marquise sagte:

»Ich bin ein bißchen unruhig! Dieses Dummchen ist eingeschlafen, ohne das Licht auf ihrem Tisch auszublasen. Ich werde Clémence hinaufschicken, daß sie es löscht und das Balkonfenster schließt, denn es steht ja weit offen.«

Und bald klopfte die Kammerfrau an die Tür und rief:

»Mademoiselle! Mademoiselle!«

Nach einer kurzen Weile fing sie wieder an:

»Mademoiselle, die Frau Marquise bittet Sie, Ihre Kerze zu löschen und Ihr Fenster zu schließen.«

Clémence wartete noch ein bißchen, dann klopfte sie stärker und schrie:

»Mademoiselle! Mademoiselle!«

Da Yvette nicht antwortete, ging die Dienerin hinunter und sagte der Marquise:

»Mademoiselle muß fest schlafen; ihr Riegel ist vor, und ich kann sie nicht wachkriegen.«

Madame Obardi murmelte:

»Aber man kann sie doch nicht so lassen?«

Alle versammelten sich nun auf Servignys Rat unter ihrem Fenster und brüllten im Chor:

»Hipp, hipp, hurra – Mam'zelle Yvette!«

Ihr Geschrei stieg in die stille Nacht, flog unterm Mond durch die klaren Lüfte, schwebte hin über das schlafende Land und verlor sich wie das Geräusch eines davoneilenden Zuges.

Da Yvette keine Antwort gab, sagte die Marquise:

»Wenn ihr nur nichts passiert ist; allmählich wird mir bange.«

Da pflückte Servigny die roten Rosen von dem großen Strauch an der Hauswand, auch die noch nicht erblühten Knospen, und fing an, sie durch das Fenster in das Zimmer hinauf zu werfen.

Bei der ersten, die sie abbekam, schrak Yvette zusammen, daß sie fast aufgeschrien hätte. Manche fielen auf ihr Kleid oder auf ihre Haare, andere flogen über ihren Kopf hinweg bis zum Bett und bestreuten es mit einem Blumenregen.

Die Marquise rief nun mit beklommener Stimme:

»Bitte, Yvette, antworte mir.«

Servigny erklärte:

»Wirklich, das geht nicht mit rechten Dingen zu, ich klettere zum Balkon hinauf.«

Doch der Chevalier entrüstete sich:

»Nein, nein, erlauben Sie, das ist eine große Gunst, die ich beanspruche; das ist ein zu gutes Mittel … ein zu guter Augenblick … um sich ein Rendezvous zu sichern!«

Alle andern, die an einen Scherz des jungen Mädchens glaubten, riefen:

»Wir protestieren. Das ist ein abgekartetes Spiel. Es wird nicht hochgestiegen. Es wird nicht hochgestiegen.«

Doch die aufgeregte Marquise wiederholte:

»Aber es muß jemand nach ihr sehen.«

Der Prinz erklärte mit dramatischer Gebärde:

»Sie favorisiert den Herzog. Wir sind verraten.«

»Werfen wir Krone oder Zahl, wer hinaufsteigt«, verlangte der Chevalier.

Und er holte ein Hundertfrancsstück aus der Tasche.

Er begann mit dem Prinzen.

»Krone«, sagte der.

Es war Zahl.

Nun warf der Prinz das Geldstück und sagte zu Saval:

»Ihr Wort, Monsieur!«

»Zahl«, sagte Saval.

Es war Krone.

Darauf stellte der Prinz den anderen dieselbe Frage. Alle verloren.

Servigny, der als letzter vor ihm übrigblieb, erklärte in seiner unverschämten Art:

»Bei Gott, er schummelt!«

Der Russe legte die Hand aufs Herz und hielt dem Rivalen die Münze hin:

»Werfen Sie selbst, mein lieber Herzog.«

Servigny nahm sie, warf sie hoch mit dem Schrei »Zahl!«

Es war Krone.

Er salutierte und wies mit der Hand nach dem Balkonpfeiler:

»Steigen Sie hinauf, Prinz.«

Aber der Prinz blickte unruhig um sich.

»Was suchen Sie?« fragte der Chevalier.

»Ich ... ich ... ich hätte gern ... eine Leiter.«

Allgemeines Gelächter prasselte. Und Saval trat heran:

»Wir helfen Ihnen.«

Er stemmte ihn in seinen Herkulesarmen hinauf mit der Empfehlung:

»Klammern Sie sich am Balkon fest.«

Der Prinz klammerte sich an, und als Saval ihn losließ, hing er und strampelte mit den Füßen im Leeren. Da faßte Servigny die irrenden Beine, die einen Halt suchten, und zog daran aus aller Kraft; die Hände gaben nach, und der Prinz fiel wie ein Klotz auf den Bauch von Monsieur de Belvigne, der vorgeeilt war, um ihn abzufangen.

»Wer will jetzt?« fragte Servigny.

Niemand meldete sich.

»Los, Belvigne, nur Mut.«

»Danke, mein Lieber, mir sind meine heilen Knochen lieb.«

»Bitte, Chevalier, Sie haben doch sicher Übung im Fassadenklettern.«

»Ich trete Ihnen den Platz ab, mein lieber Herzog.«

»Ho! ... ho! ... so verrückt bin ich darauf auch nicht.«

Und Servigny umkreiste mit spähendem Auge den Pfeiler.

Dann, mit einem Sprung sich am Balkon anklammernd, zog er sich an den Handgelenken hinauf, machte einen Klimmzug wie ein Turner und schwang sich über die Brüstung.

Alle Zuschauer standen, Nase in der Luft, und klatschten Beifall. Doch schon kehrte er sich um und schrie:

»Kommen Sie schnell! Schnell! Yvette ist bewußtlos!«

Die Marquise stieß einen Schrei aus und eilte ins Treppenhaus.

Das junge Mädchen lag mit geschlossenen Augen wie eine Tote. Ihre Mutter stürzte in Ängsten herein und warf sich über sie:

»Was hat sie? was hat sie?«

Servigny hob die Chloroformflasche auf, die zu Boden gefallen war.

»Sie hat sich vergiftet«, sagte er.

Und er legte das Ohr an ihr Herz, dann sagte er:

»Aber sie ist nicht tot; wir beleben sie wieder. Haben Sie Ammoniak?«

Die verstörte Kammerfrau fragte:

»Was wollen Sie ... was wollen Sie, Monsieur?«

»Wundwasser.«

»Ja, Monsieur.«

»Holen Sie es schnell und lassen Sie die Tür offen, damit die Luft abzieht.«

Die Marquise war schluchzend auf die Knie gefallen.

»Yvette! Yvette! mein Mädchen, mein kleines Mädchen, höre, antworte mir, Yvette, mein Kind. Oh, mein Gott! mein Gott! was hat sie bloß?«

Und die erschrockenen Männer liefen müßig herum, brachten Wasser herbei, Handtücher, Gläser, Essig.

Einer sagte: »Man muß ihr die Kleider ausziehen!«

Und die Marquise, die nicht mehr wußte, was sie tat, versuchte, ihre Tochter zu entkleiden; aber sie beherrschte ihre Bewegungen nicht. Ihre Hände zitterten, vergriffen, überstürzten sich, und sie wimmerte: »Ich ... ich ... ich kann nicht, ich kann nicht ...«

Die Kammerfrau war mit einer Apothekerflasche wiedergekommen, die Servigny entkorkte, um die Hälfte daraus auf ein Handtuch zu gießen. Er hielt es Yvette unter die Nase, und sie rang nach Luft.

»Sie atmet«, sagte er, »es wird wieder.«

Und er rieb ihr die Schläfen, die Wangen, den Hals mit der scharf riechenden Flüssigkeit ein.

Dann gab er der Kammerfrau ein Zeichen, das junge Mädchen aufzuschnüren, und als sie nur noch einen Rock über dem Hemd anhatte, hob er sie in den Armen hoch und trug sie zu ihrem Bett, bebend, aufgewühlt von dem Geruch dieses fast nackten Körpers, von der Berührung mit diesem Fleisch, von der zarten Feuchtigkeit der kaum verborgenen Brüste.

Als sie gebettet war, richtete er sich sehr blaß auf. »Sie kommt gleich wieder zu sich«, sagte er, »es ist nichts.« Denn er hatte sie durchgehend und gleichmäßig atmen hören. Aber als er gewahrte, wie all die Männer die in ihrem Bett liegende Yvette anstarrten, schoß eifersüchtige Gereiztheit in ihm hoch, und auf die andern zugehend, sagte er:

»Meine Herrn, wir sind zu viele in diesem Zimmer; wollen Sie uns, Monsieur Saval und mich, mit der Marquise bitte allein lassen.«

Er sprach in knappem, gebieterischem Ton. Die anderen verließen den Raum.

Madame Obardi hatte ihren Liebhaber mit beiden Armen umfaßt und rief, den Kopf zu ihm erhoben:

»Retten Sie sie ... Oh, retten Sie sie! ...«

Aber Servigny, der sich umgeblickt hatte, sah auf dem Tisch einen Brief liegen. Rasch nahm er ihn, las die Anschrift. Er begriff und dachte: Vielleicht muß die Marquise davon nichts wissen. Er riß den Umschlag auf und überflog mit einem Blick die zwei Zeilen:

»Ich sterbe, weil ich keine ausgehaltene Dirne werden will.

Yvette

Leb wohl, liebe Mama, verzeih mir.«

Teufel, dachte er, das verlangt Überlegung.

Und er steckte den Brief in seine Tasche.

Dann näherte er sich dem Bett, und sofort kam ihm der Gedanke, das junge Mädchen sei wieder bei Bewußtsein, wage aber vor Scham, vor Demütigung, aus Furcht vor Fragen nicht, es zu zeigen.

Die Marquise war in die Knie gesunken und weinte, den Kopf auf dem Fußende des Bettes. Plötzlich rief sie: »Einen Arzt, wir brauchen einen Arzt.«

Aber Servigny, der leise mit Saval gesprochen hatte, sagte: »Nein, seien Sie ruhig. Bitte, gehen Sie eine Minute hinaus, nur eine Minute, und ich verspreche Ihnen, daß sie Sie umarmt, wenn Sie wiederkommen.« Und der Baron hob die Marquise auf und führte sie hinaus.

Servigny setzte sich neben das Bett, faßte Yvettes Hand und sagte: »Mam'zelle, hören Sie mich …«

Sie antwortete nicht. Sie fühlte sich so gut, so süß, so warm gebettet, daß sie am liebsten nie mehr sich bewegt, nie mehr geredet, nur immer so gelegen hätte. Ihr war unendlich wohl, so wohl, wie sie es noch niemals gefühlt hatte.

Die linde Nachtluft, die in leichten Wellen, samtigen Wellen heranwehte, glitt ihr dann und wann weich und köstlich übers Gesicht. Es war eine Liebkosung, etwas, als küsse sie der Wind, als umschwebe sie das kühlende Flattern eines Fächers aus allen Blättern der Wälder und allen Schatten der Nacht, dem Nebel über den Flüssen und auch allen Blumen, denn die Rosen, die in ihr Zimmer und auf ihr Bett gefallen waren, und die Rosen, die am Balkon emporrankten, mischten ihren schmeichelnden Duft in die gesunde Würze der nächtlichen Brise.

Sie trank die gute Luft mit geschlossenen Augen, das Herz noch von dem anhaltenden Opiumrausch umfangen, und hatte gar nicht mehr den Wunsch zu sterben, sondern den starken, gebieterischen Drang zu leben, glücklich zu sein, gleichviel wie, und geliebt zu werden, ja, geliebt.

Servigny wiederholte:

»Mam'zelle Yvette, hören Sie mich?«

Und sie entschloß sich, die Augen aufzuschlagen. Er sah sie wiederbelebt und fuhr fort:

»Na aber, aber, was sind denn das für Geschichten?«

»Ach, Muscade, ich hatte so großen Kummer«, murmelte sie.

Er drückte ihr väterlich die Hand.

»Der hat Sie aber weit gebracht! So, und nun versprechen Sie mir, daß Sie das nicht noch einmal tun?«

Sie gab keine Antwort, machte aber eine kleine Kopfbewegung, die ein Lächeln andeutete, das eher zu spüren als zu sehen war.

Er zog den Brief aus der Tasche, den er auf dem Tisch gefunden hatte.

»Müssen wir das Ihrer Mutter zeigen?«

Sie schüttelte den Kopf.

Mehr hatte er dazu nicht zu sagen, denn er wußte keinen Ausweg. Er murmelte:

»Meine liebe Kleine, man muß sich mit den quälendsten Dingen abfinden. Ich begreife ja Ihren Schmerz, und ich verspreche Ihnen …«

»Sie sind gut …«, stammelte sie.

Beide schwiegen. Er blickte sie an. Sie hatte etwas Gerührtes, Nachgebendes in den Augen; und auf einmal hob sie die Arme, als wolle sie ihn zu sich herunterziehen. Er beugte sich über sie, fühlend, daß sie ihn rief; und ihre Lippen vereinigten sich.

Lange blieben sie so, mit geschlossenen Augen. Aber da er spürte, wie er nahe daran war, den Kopf zu verlieren, richtete er sich auf. Sie lächelte ihn jetzt voll wirklicher Zärtlichkeit an und hielt ihn mit beiden Händen an seinen Schultern.

»Ich gehe Ihre Mutter holen«, sagte er.

»Noch eine Sekunde«, flüsterte sie, »mir ist so gut.« Und nach einem Schweigen sagte sie leise, so leise, daß er es kaum hörte:

»Werden Sie mich sehr liebhaben?«

Er kniete sich neben das Bett und küßte ihr Handgelenk, das sie ihm ließ:

»Ich bete Sie an.«

Aber es ging jemand vor der Tür. Er sprang auf und rief mit seiner normalen, stets ein wenig ironischen Stimme:

»Sie dürfen eintreten. Es ist vollbracht.«

Die Marquise stürzte mit offenen Armen zu ihrer Tochter, umhalste sie stürmisch und bedeckte ihr Gesicht mit Tränen, während Servigny strahlender Seele, erregten Fleisches auf den Balkon hinaustrat, um die freie, frische Nachtluft zu atmen, und summte:

Ach, wie so trügerisch
sind Weiberherzen …

Wahnsinn?

Als jemand mir sagte: »Wußten Sie, daß Jacques Parent geistig umnachtet in einer Irrenanstalt gestorben ist?«, lief ein schmerzvoller Schauder, ein Schauder der Angst und der Beklemmung durch meine Glieder; und jäh sah ich den langen, seltsamen Burschen vor mir, der vielleicht früher schon wahnsinnig war, beunruhigend, erschreckend jedenfalls, absonderlich sogar.

Er war ein Mann von vierzig Jahren, hochgewachsen, hager, leicht gekrümmt, und hatte die Augen eines Visionärs, schwarze Augen, so schwarz, daß man die Pupillen nicht erkannte, unstete Augen, flackernd, krank, besessen. Welch eigentümliches, bedrückendes Wesen, das immer Unbehagen mit sich brachte, um sich ausbreitete, ein dumpfes Unbehagen der Seele, des Leibes, eine jener unbegreiflichen Nervenschwächungen, die an übernatürliche Einflüsse glauben lassen!

Er hatte einen peinlichen Tic: die Angewohnheit, seine Hände zu verstecken. Fast nie ließ er sie, wie das jeder tut, über Gegenstände, über Tische schweifen. Nie handhabte er herumliegende oder -stehende Dinge mit den Gesten, die sonst den Menschen eigen sind. Nie ließ er sie bloß, seine langen, knochigen, feinen, ein wenig fiebrigen Hände. Er stopfte sie in seine Taschen, steckte sie unter die Rockaufschläge; er verbarg sie, die Arme kreuzend, unter den Achselhöhlen. Er erweckte den Eindruck, als habe er Angst, sie könnten gegen seinen Willen etwas Verbotenes tun, könnten etwas Beschämendes oder Lächerliches begehen, wenn er sie frei und ihren eigenen Bewegungen überließe.

War er genötigt, sich ihrer zu ganz gewöhnlichen Verrichtungen des Lebens zu bedienen, tat er es mit schroffen, ruckhaften Bewegungen, mit raschen Schwüngen der Arme, wie wenn er ihnen keine Zeit lassen wollte, selbsttätig zu werden, sich seinem Willen zu verweigern, ihm zuwiderzuhandeln. Bei Tisch ergriff er Glas, Gabel oder Messer so geschwind, daß man nie vorauszusehen vermochte, was er vorhatte, bevor es nicht getan war.

Eines Abends nun erhielt ich die Erklärung seiner verwunderlichen seelischen Krankheit.

Er besuchte mich von Zeit zu Zeit für einige Tage auf dem Land, und an jenem Abend wirkte er besonders erregt!

Ein Unwetter zog erstickend und schwarz nach einem Tag mörderischer Hitze am Himmel auf. Kein Hauch bewegte die Blätter. Ofenglut quoll einem ums Gesicht, die Brust japste nach Luft. Ich fühlte mich unwohl, unruhig und wollte zu Bett.

Als Jacques Parent sah, daß ich mich zum Fortgehen erhob, packte er erschrocken meinen Arm.

»Oh, nicht! bleib noch ein bißchen«, sagte er.

Überrascht sah ich ihn an und brummte:

»Dieses Gewitter zerrt an meinen Nerven.«

Er wimmerte, oder vielmehr er schrie:

»Und an meinen erst! Oh, bleib, ich bitte dich! laß mich nicht allein!«

Er sah hilflos aus vor Angst.

»Was hast du?« fragte ich. »Drehst du durch?«

»Ja, manchmal, an Abenden wie diesem, Abenden voller Elektrizität … ich … ich … ich habe Angst … ich habe Angst vor mir … verstehst du mich nicht? Ich habe eine Fähigkeit ... nein ... eine Macht ... nein ... eine Kraft ... Ach, ich kann nicht sagen, was es ist, aber ich habe eine so außerordentliche magnetische Anziehung in mir, daß ich Angst habe, ja, daß ich Angst vor mir selber habe, wie ich dir eben sagte!«

Und mit wildem Schaudern steckte er seine bebenden Hände unter die Aufschläge seines Jacketts. Und ich selber fühlte mich plötzlich ganz in einer wirren, mächtigen, unheimlichen Furcht zittern. Ich hätte am liebsten weggehen, mich retten mögen, um ihn nicht mehr zu sehen, nicht mehr zu sehen, wie sein irres Auge über mich hinhetzte, dann sich flüchtete, an der Decke kreiste, irgendeine dunkle Ecke des Raumes suchte, um sich dort festzuhaken, als wolle er auch seinen furchtbaren Blick verbergen.

Ich stammelte:

»Das hast du mir nie gesagt!«

»Kann ich denn jemand davon reden?« erwiderte er. »Bleib, hör mir zu, heute abend kann ich nicht schweigen. Und besser, du weißt alles; außerdem kannst du mir helfen.

Magnetismus! Weißt du, was das ist? Nein. Niemand weiß es. Aber man stellt ihn fest. Man erkennt ihn, Ärzte arbeiten sogar mit ihm; einer der berühmtesten, Monsieur Charcot, bekennt es; also kein Zweifel, daß es ihn gibt.

Ein Mensch, ein Lebewesen, hat die erschreckende und unbegreifliche Macht, kraft seines Willens ein anderes Wesen einzuschläfern und ihm, während es schläft, sein Denken zu stehlen, wie man eine Geldbörse stiehlt. Er stiehlt sein Denken, das heißt seine Seele – die Seele, das Allerheiligste, den geheimen Ort des Ich, die Seele, den Grund des Menschen, den man unerforschlich wähnte, die Seele, die Heimstatt der uneingestandenen Vorstellungen, alles dessen, was man verbirgt, was man liebt, alles dessen, was man keinem Menschen enthüllen will; er öffnet sie, vergewaltigt sie, stellt sie aus, wirft sie einer Öffentlichkeit vor! Ist das nicht abscheulich, verbrecherisch, schändlich?

Warum und wie das geschieht? Weiß man es? Aber was weiß man?

Es ist alles Geheimnis. Wir kommunizieren mit den Dingen nur vermittels unserer elenden, unvollkommenen, schwächlichen Sinne, so schwach, daß sie kaum festzustellen vermögen, was uns umgibt. Es ist alles Geheimnis. Denk an die Musik, diese göttliche Kunst, diese Kunst, die die Seele ergreift, davonträgt, berauscht, betört, was ist das? Nichts.

Du verstehst mich nicht? Hör zu. Zwei Körper stoßen zusammen. Die Luft vibriert. Die Vibrationen sind mehr oder minder zahlreich, mehr oder minder schnell, mehr oder minder stark, je nach Art des Zusammenstoßes. Nun, im Ohr haben wir ein Häutchen, das diese Schwingungen der Luft auffängt und sie dem Gehirn als Ton übermittelt. Stell dir vor, ein Glas Wasser verwandelt sich in deinem Mund in Wein. Diese unglaubliche Metamorphose vollbringt das Trommelfell, dieses unfaßliche Wunder, Bewegung in Töne zu verwandeln. Das ist es.

Die Musik, diese vielgestaltige und rätselvolle Kunst, genau wie Algebra und vage wie der Traum, die aus Mathematik und Luftbewegung erschaffene Kunst, rührt also einzig von der sonderbaren Fähigkeit einer kleinen Haut her. Gäbe es diese Haut nicht, gäbe es auch keinen Ton, weil er an sich lediglich eine Vibration ist. Würde man ohne das Ohr Musik wahrnehmen? Nein. Da siehst du es! wir sind von Dingen umgeben, die wir niemals mutmaßen werden, weil uns die Organe fehlen, die sie uns enthüllen.

Vielleicht ist der Magnetismus so etwas. Wir können diese Macht nur ahnen, nur zitternd die Nachbarschaft der Geister versuchen, dies neue Geheimnis der Natur nur vermutend umkreisen, weil wir das erkennende Instrument dafür nicht in uns haben.

Ich freilich ... ich freilich bin mit einer furchtbaren Kraft begabt. Man könnte meinen, es wäre noch ein anderes Wesen in mir eingeschlossen, das immerzu entweichen, das ohne mein Wollen handeln will, das keine Ruhe gibt, mich auszehrt, mich erschöpft. Was es ist? Ich weiß es nicht, aber wir sind zu zweit in meinem armen Leib, und oft ist der andre der Stärkere von uns beiden, wie heute abend.

Ich brauche Menschen nur anzusehen, um sie zu betäuben, als hätte ich ihnen Opium eingeflößt. Ich brauche die Hände nur auszustrecken, um ... um ... um schreckliche Dinge zu bewirken. Wenn du wüßtest, oh, wenn du wüßtest! Meine Macht erstreckt sich nicht nur auf Menschen, sondern auch auf Tiere und sogar ... auf Gegenstände ...

Das peinigt und entsetzt mich. Ich könnte mir manchmal die Augen ausstechen und die Handgelenke zerschneiden.

Aber ich werde ... ich will, daß du alles weißt. Gib acht. Ich werde es dir vorführen ... nicht an menschlichen Geschöpfen, das wird überall gemacht, sondern an ... an ... Tieren.

Ruf Mirza.«

Er ging mit großen Schritten, mit dem Aussehn eines Halluzinierten umher und holte seine an der Brust verborgenen Hände hervor. Mich grauste bei ihrem Anblick, als hätte er zwei Schwerter entblößt.

Und willenlos gehorchte ich, wie unterjocht, bebend vor Schrecken und wie von dem gebieterischen Wunsch zu sehen verzehrt. Ich öffnete die Tür und pfiff meiner Hündin, die im Vestibül schlief. Sogleich hörte ich das eilige Geräusch ihrer Krallen auf den Treppenstufen, und fröhlich, schweifwedelnd kam sie herein.

Ich machte ihr das Zeichen, sich auf einen Sessel zu legen; sie sprang hinauf, und Jacques, den Blick auf sie gerichtet, fing an, sie zu streicheln.

Anfangs wirkte sie unwillig; sie schüttelte sich, wandte den Kopf ab, um den festen Blick des Mannes zu fliehen, und schien von einer wachsenden Furcht erregt. Auf einmal begann sie zu zittern, wie Hunde zittern. Ihr ganzer Körper vibrierte unter langen Schauern, und sie versuchte zu entwischen. Aber er legte die Hand auf den Schädel des Tieres, das unter seiner Berührung ein langgezogenes Jaulen ausstieß, wie man es bei Nacht auf dem Lande hört.

Ich selber fühlte mich betäubt, schwindlig, wie wenn ich einen Kahn bestiege. Ich sah die Möbel sich neigen, die Wände wanken. »Genug, Jacques, genug«, stammelte ich. Aber er hörte nicht mehr, er blickte unausgesetzt in erschreckender Weise auf Mirza. Jetzt schloß sie die Augen und ließ den Kopf sinken, wie man es im Einschlafen tut. Er wandte sich zu mir um.

»Es ist soweit«, sagte er, »jetzt gib acht.«

Er warf sein Taschentuch nach der anderen Seite des Raums und rief: »Such!«

Da erhob sich das Tier, und schwankend, strauchelnd, als wäre sie blind, die Pfoten bewegend wie ein Paralytiker die Beine, ging die Hündin auf das Stück Wäsche zu, das vor der Wand einen weißen Fleck bildete. Mehrmals versuchte sie, es mit der Schnauze zu fassen, biß aber daneben, als sähe sie es nicht. Endlich faßte sie es und kam in demselben schaukelnden, schlafwandelnden Gang zurück.

Es war erschreckend. Er befahl: »Kusch!« Sie legte sich nieder. Da berührte er ihre Stirn, sagte: »Ein Hase, schnapp ihn, schnapp ihn!« Und das Tier, das auf der Flanke liegen blieb, versuchte zu rennen, strampelte wie Hunde, die träumen, und gab, ohne die Schnauze aufzutun, seltsame kleine Bellaute von sich, ein Bellen aus dem Bauch.

Jacques schien wahnsinnig geworden. Der Schweiß lief über seine Stirn. Er schrie: »Beiß, beiß Herrchen!« Zwei-, dreimal zuckte sie schrecklich auf. Man hätte geschworen, daß sie sich wehrte, daß sie kämpfte. Er wiederholte: »Beiß ihn.« Da erhob sich meine Hündin, kam auf mich zu. Und ich wich gegen die Wand zurück, bebend vor Entsetzen, den Fuß erhoben, um sie zu treten, sie wegzustoßen.

Aber Jacques befahl: »Hierher, sofort.« Sie kehrte sich zu ihm um. Und mit seinen beiden großen Händen begann er über ihren Kopf zu streichen, wie wenn er sie aus unsichtbaren Banden löse.

Mirza öffnete die Augen. »Das war's«, sagte er.

Ich wagte sie nicht anzurühren und stieß die Tür auf, damit sie verschwinde. Sie ging langsam, zitternd, erschöpft, und wieder hörte ich ihre Krallen auf den Stufen.

Aber Jacques kam auf mich zu: »Das ist nicht alles. Was mich am meisten erschreckt, ist dies, siehst du: Die Dinge gehorchen mir.«

Auf meinem Tisch lag eine Art Dolchmesser, das ich zum Bücheraufschneiden benutzte. Er streckte seine Hand danach aus, ließ sie gleichsam kriechen, ganz langsam; und plötzlich sah ich, ja, ich sah das Messer erzittern, dann ruckte es, dann glitt es sacht, von ganz allein, über das Holz, auf seine verharrende Hand zu, die es erwartete, und legte sich unter seine Finger.

Ich schrie auf vor Entsetzen. Ich meinte, ich würde selber verrückt, aber der gelle Ton meiner Stimme beruhigte mich jäh.

Jacques fuhr fort:

»So kommen alle Gegenstände auf mich zu. Deshalb verstecke ich meine Hände. Was ist das? Magnetismus,

Elektrizität, Anziehung? Ich weiß es nicht, aber es ist unheimlich.

Und weißt du, warum es unheimlich ist? Wenn ich allein bin, sobald ich irgend allein bin, kann ich mich nicht entschlagen, alles, was mich umgibt, anzuziehen.

Und ich verbringe ganze Tage, Dinge von der Stelle zu rücken, und kann es nie satt werden, diese furchtbare Macht zu versuchen, wie um mir zu bezeugen, daß sie mich nicht verlassen hat.«

Er hatte seine großen Hände wieder in die Taschen gesteckt und schaute hinaus in die Nacht. Ein feines Geräusch, ein leichtes Prickeln strich durch die Bäume.

Es war das beginnende Gewitter.

»Das ist furchtbar«, murmelte ich.

Er wiederholte: »Es ist unheimlich.«

Ein Rauschen wie ein Windstoß lief durch das Laub. Es war der Regen, dicht, prasselnd, eine Flut.

Jacques zog die Luft in großen Zügen ein, die seine Brust hoben.

»Geh jetzt«, sagte er, »der Regen wird mich beruhigen. Laß mich allein.«

Die Mitgift

Niemand wunderte sich über die Heirat von Maître Simon Lebrument und Mademoiselle Jeanne Cordier. Maître Lebrument hatte die Anwaltspraxis von Maître Papillon erworben; natürlich war Geld nötig, um sie zu bezahlen; und Mademoiselle Jeanne Cordier verfügte über flüssige dreihunderttausend Francs, in Banknoten und Inhaberpapieren.

Maître Lebrument war ein schöner Bursche, einer mit Chic, einem notariellen, einem provinziellen Chic, aber mit Chic immerhin, was selten war in Boutigny-le-Rebours.

Mademoiselle Cordier hatte Anmut und Frische, eine etwas linkische Anmut und eine etwas angestaubte Frische; aber alles in allem war sie ein begehrenswertes und huldigungswürdiges schönes Mädchen.

Die Hochzeitsfeierlichkeiten stellten ganz Boutigny auf den Kopf.

Man erging sich in Bewunderung der Neuvermählten, die nach der Trauung heimkehrten, ihr Glück im ehelichen Domizil zu verbergen, und die nach einigen Tagen des Beisammenseins einfach nur eine kleine Reise nach Paris machen wollten.

Es war wunderbar, dieses Beisammensein, denn Maître Lebrument hatte es verstanden, sich der ersten Beziehungen zu seiner Gattin mit einer Geschicklichkeit, einem Zartgefühl und einer Trefflichkeit anzunehmen, die bemerkenswert waren. Seine Devise lautete: »Alles kommt, wenn man warten kann.« Er wußte behutsam und tatkräftig zugleich zu sein. Der Erfolg kam schnell und vollständig.

Nach vier Tagen betete Madame Lebrument ihren Gatten an. Sie mochte nicht mehr ohne ihn sein, sie mußte ihn den ganzen Tag bei sich haben, um ihn zu streicheln, zu küssen, ihm die Hände, den Bart, die Nase etc. zu kraulen. Sie setzte sich auf seinen Schoß, faßte ihn an den Ohren, sagte: »Mach den Mund auf und schließ die Augen.« Er öffnete vertrauensvoll den Mund, schloß halb die Augen und empfing einen guten, ganz innigen, ganz langen Kuß, unter dem süße Schauer ihm den Rücken hinunterrannen. Und er selber hatte nicht genug Zärtlichkeiten, nicht genug Lippen, nicht genug Hände, nicht genug seiner ganzen Person, um sein Weibchen von morgens bis abends und von abends bis morgens zu feiern.

Als die erste Woche verflossen war, sagte er zu seiner Gefährtin:

»Wenn du willst, fahren wir nächsten Dienstag nach Paris. Wir machen es wie die Liebesleute, die nicht verheiratet sind, gehen in Restaurants, ins Theater, in Tanzcafés, überall, überallhin.«

Sie hüpfte vor Freude.

»O ja! o ja! laß uns so schnell wie möglich fahren.«

Er sagte weiter:

»Und damit nichts vergessen wird, bitte deinen Vater, deine Mitgift bereitzuhalten; ich werde sie mitnehmen und bei der Gelegenheit gleich Maître Papillon bezahlen.«

»Ich sage es ihm morgen früh«, versprach sie.

Und er nahm sie in die Arme, das kleine Spiel der

Zärtlichkeiten neu zu beginnen, das sie seit acht Tagen so sehr liebte.

Am darauffolgenden Dienstag begleiteten der Schwiegervater und die Schwiegermutter ihre Tochter und ihren Schwiegersohn, die nach der Hauptstadt reisten, zum Bahnhof.

Der Schwiegervater sagte: »Ich schwöre Ihnen, es ist unvorsichtig, so viel Geld in der Aktentasche bei sich zu haben.«

Und der junge Anwalt lächelte.

»Machen Sie sich keine Sorgen, Schwiegerpapa, an so etwas bin ich gewöhnt. In meinem Beruf, sehen Sie, habe ich manches Mal fast eine Million bei mir. Schließlich vermeiden wir auf diese Weise eine Menge Formalitäten und eine Menge Verspätungen. Machen Sie sich keine Sorgen.«

Der Schaffner rief:

»Reisende nach Paris, einsteigen bitte!«

Sie sprangen in einen Wagen, wo zwei alte Damen saßen. Lebrument flüsterte seiner Frau zu:

»Wie ärgerlich, nun kann ich nicht rauchen.«

»Mich ärgert es auch, aber nicht wegen deiner Zigarre«, flüsterte sie zurück.

Der Zug pfiff und setzte sich in Bewegung. Während der Fahrt, die eine Stunde dauerte, redeten sie nicht viel, denn die beiden Alten schliefen nicht.

Als sie in die Halle des Bahnhofs Saint-Lazare kamen, sagte Maître Lebrument zu seiner Frau:

»Wenn du willst, mein Liebes, frühstücken wir erst einmal auf dem Boulevard, dann holen wir hier in Ruhe unsern Koffer ab und bringen ihn ins Hotel.«

Sie war sofort einverstanden.

»O ja, wir frühstücken im Restaurant. Ist das weit?«

»Ein Stückchen, ja«, sagte er, »aber wir nehmen den Omnibus.«

Sie wunderte sich:

»Warum nehmen wir keine Droschke?«

Lächelnd schalt er sie:

»Wenn das deine Sparsamkeit ist, eine Droschke für fünf Minuten Fahrt, sechs Sous für eine Minute! Dir ist wohl das Beste gerade gut genug.«

»Du hast recht«, sagte sie ein wenig betreten.

Ein großer Omnibus kam im Trott dreier Pferde vorüber. Lebrument rief:

»Schaffner! he, Schaffner!«

Der schwerfällige Wagen hielt. Und der junge Anwalt schob seine Frau vor sich her und sagte rasch:

»Geh du ins Innere, ich klettere hinauf, um vor dem Essen wenigstens eine Zigarette zu rauchen.«

Sie fand keine Zeit zu antworten; der Schaffner hatte sie beim Arm gefaßt, um ihr die Stufen hinaufzuhelfen, und schob sie ins Wageninnere; sprachlos fiel sie auf eine Bank und sah durch das Hinterfenster voller Verblüffung die Füße ihres Mannes nach dem Verdeck hinansteigen.

Und unbeweglich blieb sie zwischen einem dicken Herrn, der nach Pfeife roch, und einer alten Frau, die nach Hund roch, sitzen.

Alle übrigen Fahrgäste in stummer Reihe – ein Krämergehilfe, eine Arbeiterin, ein Sergeant der Infanterie, ein Herr mit Goldbrille und einem Seidenhut mit breitem, gebogenem Rand wie eine Regenrinne, zwei Damen mit wichtiger und griesgrämiger Miene, die zu sagen schien: ›Wir fahren hier mit, aber wir sind etwas Besseres‹, zwei barmherzige Schwestern, ein billiges Mädchen in bloßem Haar und ein Totengräber – sahen aus wie eine Karikaturensammlung, ein Groteskenmuseum, eine Musterauswahl des menschlichen Antlitzes, ähnlich den komischen Holzpuppen, die man auf Jahrmärkten mit Bällen umschießt.

Das Wagenholpern schaukelte leicht die Köpfe, schüttelte sie, ließ die schlaffe Backenhaut bibbern; und da das Rädergeruckel sie abstumpfte, glichen sie Schlafenden und Idioten.

Die junge Frau saß reglos.

Warum ist er nicht bei mir? fragte sie sich. Eine dunkle Traurigkeit bedrückte sie. Er hätte diese Zigarette wirklich verschmerzen können.

Die barmherzigen Schwestern machten das Zeichen zu halten, dann stiegen sie nacheinander aus und ließen den faden Geruch alter Röcke hinter sich.

Die Fahrt ging weiter, dann wieder ein Halt. Eine rotgesichtige, schnaufende Köchin stieg ein. Sie setzte sich und stellte ihren Einkaufskorb auf ihren Schoß. Ein starker Abwaschgeruch verbreitete sich im Omnibus.

Das ist weiter, als ich geglaubt hätte, dachte Jeanne.

Der Totengräber stieg aus und wurde von einem Kutscher ersetzt, der nach Pferdestall roch. Das Mädchen im bloßen Haar hatte zum Nachfolger einen Handelsvertreter, dessen Füße den Duft seiner Märsche verströmten.

Die Anwaltsfrau fühlte sich unwohl, angewidert, dem Weinen nah, ohne zu wissen warum.

Andere Personen stiegen aus, neue ein. Der Omnibus fuhr immer weiter durch endlose Straßen, hielt an den Stationen, setzte sich wieder in Fahrt.

Wie weit das ist! dachte Jeanne. Wenn er sich bloß nicht versehen hat, wenn er bloß nicht eingeschlafen ist! Er hat sich in den letzten Tagen nicht viel Ruhe gegönnt.

Nach und nach stiegen alle Fahrgäste aus. Sie blieb allein, ganz allein. Der Schaffner rief:

»Vaugirard!«

Als sie sich nicht rührte, wiederholte er:

»Vaugirard!«

Sie sah ihn an, begriff, daß das Wort an sie gerichtet

war, weil sie keine Nachbarn mehr hatte. Und der Mann sagte zum drittenmal:

»Vaugirard!«

Da fragte sie:

»Wo sind wir?«

Er antwortete in mürrischem Ton:

»Na, in Vaugirard doch, zum Donner, das schrei ich nun schon zwanzigmal!«

»Ist das weit vom Boulevard?« fragte sie.

»Welchem Boulevard?«

»Dem Boulevard des Italiens.«

»Der ist lange vorbei!«

»Ah, würden Sie bitte meinem Mann Bescheid sagen?«

»Ihrem Mann? Wo ist der?«

»Auf dem Oberdeck.«

»Auf dem Oberdeck! da ist längst keiner mehr.«

Sie fuhr zusammen vor Schreck.

»Wieso? Das ist nicht möglich. Er ist mit mir eingestiegen. Sehen Sie nach, er muß dort sein!«

Der Schaffner wurde grob:

»So, mal Schluß mit dem Gefasel, Kleine, einer verloren, zehn gefunden. Hauen Sie ab, hier ist Pause. Auf der Straße gibt's neue!«

Die Tränen stiegen ihr in die Augen.

»Aber, Monsieur, Sie irren sich«, beharrte sie, »ich versichere Sie, daß Sie sich irren. Er hatte eine große Aktentasche unter dem Arm.«

Der Beamte fing an zu lachen:

»Eine große Aktentasche, ah ja! der ist an der Madeleine ausgestiegen. Na, der hat Sie aber sitzenlassen! hahaha! ...«

Der Wagen hatte gehalten. Sie stieg aus und spähte unwillkürlich nach dem Dach des Omnibusses hinauf. Es war vollständig leer.

Sie fing an zu weinen und sprach ganz laut vor sich hin, ohne zu bedenken, daß man sie hörte und begaffte:

»Was mache ich jetzt?«

Der Stationsinspektor kam heran:

»Was ist los?«

Der Schaffner antwortete in spöttelndem Ton:

»Hier ist eine Dame, die ihr Mann unterwegs versetzt hat.«

»Soso, hat nichts zu sagen, kümmern Sie sich um Ihren Dienst«, raunzte der andere.

Und er machte auf den Absätzen kehrt.

Sie begann vor sich hin zu laufen, zu erschrocken, zu fassungslos, um überhaupt zu begreifen, was ihr geschehen war. Wohin sollte sie gehen? Was sollte sie tun? Was war ihm zugestoßen? Wie hatte ein solcher Irrtum passieren können, eine solche Vergeßlichkeit, ein solches Mißverständnis, eine so unglaubliche Zerstreutheit?

Sie fand zwei Francs in ihrer Tasche. An wen sollte sie sich wenden? Und plötzlich kam sie auf ihren Vetter Barral, der stellvertretender Abteilungsleiter im Marineministerium war.

Sie besaß gerade noch genug Geld, um eine Droschke zu bezahlen; sie ließ sich zu ihm hinfahren. Und sie traf ihn, als er eben nach seinem Ministerium aufbrach. Er trug, genau wie Lebrument, eine dicke Aktenmappe unter dem Arm.

Sie sprang aus dem Wagen.

»Henry!« rief sie.

Verblüfft blieb er stehen:

»Jeanne? … Sie hier? … und ganz allein? … Was tun Sie hier, wo kommen Sie her?«

Die Augen voller Tränen, stammelte sie:

»Mein Mann ist eben verlorengegangen.«

»Verlorengegangen? Wo?«

»In einem Omnibus.«

»In einem Omnibus? … Oh! …«

Und weinend erzählte sie ihr Abenteuer.

Er hörte nachdenklich zu.

»War er heute morgen bei klarem Kopf?« fragte er.

»Ja.«

»Hatte er viel Geld bei sich?«

»Ja, meine Mitgift.«

»Ihre Mitgift? … die ganze?«

»Ja, die ganze … er wollte nachher seine Praxis bezahlen.«

»Nun, meine liebe Cousine, dann dürfte Ihr Gatte zu dieser Stunde nach Belgien verduften.«

Sie begriff immer noch nicht. Sie stotterte:

»… Was dürfte … mein Mann bitte? …«

»Ich meine, er hat Ihr … Ihr Kapital geklaut … ganz einfach.«

Sie stand starr, rang nach Atem, murmelte:

»Dann ist er … ist er … ist er ein Schurke! …«

Und vor Erschütterung sank sie ihrem Vetter schluchzend an die Weste.

Da Leute stehenblieben und nach ihnen schauten, schob er sie ganz sacht in seinen Hauseingang und half ihr, indem er sie bei der Taille hielt, die Treppe hinaufzusteigen, und als seine sprachlose Bonne die Tür öffnete, befahl er:

»Sophie, laufen Sie ins Restaurant und holen Sie ein Frühstück für zwei. Ich geh heute nicht ins Ministerium.«

Mohammed-Fripouille

Trinken wir den Kaffee auf dem Dach?« fragte der Hauptmann. – »Unbedingt«, antwortete ich. Er erhob sich. Schon dunkelte es in dem Raum, der sein Licht einzig vom Innenhof empfing, wie es in maurischen Häusern der Brauch ist. Vor den Spitzbogenfenstern fielen Lianen von der großen Terrasse nieder, wo man die warmen Sommerabende verbringt. Auf der Tafel waren nur noch die Früchte übrig, die riesigen Früchte Afrikas, pflaumengroße Weinbeeren, weiche Feigen mit violettem Fleisch, gelbe Birnen, pralle längliche Bananen und Datteln aus Tuggurt in einem Alfa-Korb.

Der bedienende Mulatte öffnete die Tür, und ich stieg die Treppe mit den azurfarbenen Wänden hinan, die nur das milde Licht des sterbenden Tages von oben erhellte.

Und bald, auf der Terrasse angelangt, stieß ich vor Glück einen tiefen Seufzer aus. Ich überschaute ganz Algier, den Hafen, die Reede, bis hin zu den fernen Höhenzügen.

Dieses Haus, das der Hauptmann durch Kauf erworben hatte, war ein altes arabisches Gemäuer im Zentrum der Altstadt, mitten in den labyrinthischen Gassen gelegen, die von den fremdgesichtigen Bewohnern der afrikanischen Küsten wimmeln.

Unter uns stuften sich die flachen, viereckigen Dächer, gigantischen Treppen gleich, hinab zu den schrägen Dächern der Europäerstadt. Dahinter sah man die Maste der vor Anker liegenden Schiffe ragen, dann das Meer, das weite Meer, blau und still unter dem blauen und stillen Himmel.

Wir streckten uns lang hin auf Matten, den Kopf von Kissen gestützt, und während wir langsam den würzigen Kaffee schlürften, den man dort unten bereitet, sah ich im dunkelnden Azur die ersten Sterne aufglimmen. Noch waren sie eher zu ahnen, so fern waren sie, so blaß, kaum erst entzündet.

Leichte Wärme, geflügelte Wärme liebkoste unsere Haut. Und manchmal war es, als trügen heißere, schwere Schwaden, die einen unbestimmbaren Geruch, den Geruch Afrikas, mitführten, den Atem der nahen Wüste über die Gipfel des Atlas zu uns heran. Der Hauptmann, lang auf dem Rücken, sagte gedehnt:

»Was für ein Land, mein Lieber! Wie süß das Leben hier ist! Hier hat die Ruhe etwas ganz Eigenes und Köstliches! Wie ist so ein Abend zum Träumen geschaffen!«

Ich schaute weiter der Geburt der Sterne zu, mit einer ungespannten und gleichwohl wachen Neugier, voll linden Glücks.

Ich murmelte: »Sie sollten mir etwas aus Ihrem Leben im Süden erzählen.«

Hauptmann Marret war einer der ältesten »Afrikaner« der Armee, ein Offizier der Fortune, vom kleinen Spahi durch geglückte Säbelstreiche emporgestiegen.

Er hatte mir vermöge seiner Verbindungen, seiner Freundschaften eine wunderbare Reise durch die Wüste ermöglicht, und ich war an diesem Abend gekommen, ihm zu danken, bevor ich wieder nach Frankreich fuhr.

Er sagte: »Was für eine Geschichte wollen Sie? Mir sind in meinen zwölf Dienstjahren so viele Abenteuer begegnet, daß ich kein einziges mehr weiß.«

Und ich bat: »Erzählen Sie mir von den arabischen Frauen.«

Er antwortete nicht. Sinnend, die Arme und Hände unter dem Kopf verschränkt, lag er da, und ich roch für Momente den Duft seiner Zigarre, deren Rauch in der windstillen Nacht senkrecht in den Himmel stieg.

Auf einmal fing er an zu lachen.

»Ah, ja! Ich werde Ihnen eine kuriose Geschichte aus meinen ersten Zeiten in Algerien erzählen.

Wir hatten in der Armee damals allerhand ausgefallene Typen, wie es sie heute gar nicht mehr gibt, Typen, die Ihnen solchen Spaß gemacht hätten, daß Sie Ihr Leben lang in diesem Land geblieben wären.

Ich war einfacher Spahi, ein kleiner Spahi von zwanzig Jahren, hellblond und ein Draufgänger, geschmeidig und kräftig, mein Lieber, der echte Algerien-Soldat. Man hatte mich dem Militärkommando von Boghar unterstellt. Sie kennen Boghar, das man den ›Balkon des Südens‹ nennt. Sie haben vom Festungsturm den Beginn dieses Feuerlandes gesehen, ausgedörrt, nackt, zerschunden, felsig und rot. Es ist wirklich der Vorsaal der Wüste, die lodernde, phantastische Grenze vor der endlosen Region der gelben Einsamkeiten.

Wir waren in Boghar an die vierzig Spahis, eine Kompanie ›Zephire‹, dazu eine Schwadron Afrikajäger, als gemeldet wurde, daß der Stamm der Ouled-Berghi einen englischen Reisenden ermordet habe, der weiß ich wie in die Gegend geraten war, denn die Engländer haben den Teufel im Leib.

Es galt also, Gerechtigkeit zu schaffen für dies an einem Europäer begangene Verbrechen; aber der Festungskommandant zögerte, eine Kolonne auszuschikken, weil er fand, wegen eines Engländers lohne soviel Bewegung nicht.

Während er nun mit dem Hauptmann und dem Leutnant den Fall beredete, erbot sich auf einmal ein Quartiermeister der Spahis, der zum Rapport gekommen war, den Stamm zu bestrafen, wenn man ihm nur sechs Mann mitgeben wolle.

Sie müssen wissen, im Süden ist man im Umgang freier als in den Stadtgarnisonen, und zwischen Offizier und Soldat besteht eine Art Kameradschaft, wie man sie sonst nirgends findet.

Der Hauptmann lachte:

›Du, Kerl?‹

›Ja, Herr Hauptmann, und wenn Sie wollen, bringe ich Ihnen den ganzen Stamm gefangen her.‹

Der Kommandant, der für Verrücktheiten zu haben war, nahm ihn beim Wort: ›Gut, zieh morgen mit sechs Mann deiner Wahl los, aber wenn du dein Versprechen nicht erfüllst, hüt dich!‹

Der Unteroffizier lächelte in seinen Schnurrbart.

›Keine Sorge, Herr Kommandant. Sie haben die Gefangenen spätestens Mittwoch mittag.‹

Dieser Quartiermeister, Mohammed-Fripouille, wie er genannt wurde, war tatsächlich ein erstaunlicher Bursche, ein Türke, ein echter Türke, der nach reichlich umgetriebenem und sicher nicht ganz lauterem Leben in französischen Dienst getreten war. Er war durch viele Länder gekommen, Griechenland, Kleinasien, Ägypten, Palästina, und muß auf seinem Weg nicht wenige Gewalttaten hinterlassen haben. Er war ein echter Baschibozuk, verwegen, versoffen, grausam und lustig, aber in der stillen Weise des Orientalen. Er war dick, sehr dick, dabei behend wie ein Affe, und konnte sich wundervoll aufs Pferd schwingen. Sein unwahrscheinlich dichter, langer Schnurrbart erinnerte mich immer irgendwie an Mondsichel und Sarraß. Er hegte erbitterten Haß gegen die Araber und behandelte sie mit einer furchtbaren hinterhältigen Grausamkeit, ersann unaufhörlich neue Listen und ausgeklügelte schreckliche Tükken gegen sie.

Dazu verfügte er über unglaubliche Kraft und eine unvorstellbare Verwegenheit.

Der Kommandant forderte ihn auf: ›Also wähl deine Männer, Kerl.‹

Und Mohammed nahm mich. Er vertraute mir, und ich war ihm mit Leib und Seele ergeben für seine Wahl, die mich genauso freute wie später das Ehrenkreuz.

Wir zogen also am nächsten Morgen mit Sonnenaufgang los, sieben Mann, nur wir sieben. Meine Kameraden waren lauter solche Banditen, solche Freibeuter, die sich erst durch alle möglichen Länder schlagen und räubern und zu guter Letzt in irgendeiner Fremdenlegion hängenbleiben. Unsere Afrika-Armee war damals voll von dem Pack – ausgezeichnete Soldaten, aber nicht eben skrupulös.

Mohammed hatte uns jedem an zehn Stricke, ungefähr einen Meter lang, gegeben. Dazu hatte ich, weil ich der jüngste und leichteste war, ein Hundertmeterseil zu tragen. Als er gefragt wurde, was er mit all dem Geschnüre vorhabe, antwortete er auf seine verschlagene, stille Art: ›Das ist für den Araberfang.‹

Und er zwinkerte verschmitzt mit einem Auge, was er sich von einem alten Pariser Afrikajäger abgeguckt hatte.

Er ritt an der Spitze unserer Truppe, auf dem Kopf einen roten Turban, den er bei jedem Feldzug trug, und lächelte vergnügt in seinen riesigen Schnurrbart hinein.

Er gab tatsächlich ein schönes Bild ab, dieser fette Türke mit seinem gewaltigen Bauch, seinen Riesenschultern und seiner sanften Miene. Er ritt ein weißes Pferd, nur mittelhoch, aber robust; und der Reiter schien zehnmal so dick wie das Tier.

Wir hatten den Weg durch ein steiniges, ganz gelbes kleines Tal eingeschlagen, das in das weite Tal des Chélif niederfällt. Meine Kameraden sprachen mit allen möglichen Akzenten, es waren ein Spanier, zwei Griechen, ein Amerikaner und drei Franzosen. Was Mohammed-Fripouille angeht, der redete überhaupt auf die unwahrscheinlichste Art.

Die Sonne, die grausame Sonne des Südens, die man auf der anderen Seite des Mittelmeeres nicht kennt, fiel auf unsere Schultern, und wir bewegten uns im Schritt vorwärts, wie es da unten nicht anders geht.

Den ganzen Tag dauerte der Marsch, ohne daß wir auf einen Baum noch einen Araber trafen.

Gegen ein Uhr mittags hatten wir an einer kleinen Quelle, die zwischen den Steinen rieselte, das Brot und das getrocknete Hammelfleisch aus unseren Säcken gegessen und waren nach zwanzig Minuten Rast weitergezogen.

Gegen sechs Uhr abends endlich, nach einem langen Umweg, den unser Truppführer angeordnet hatte, entdeckten wir hinter einer Bergkuppe einen lagernden Stamm. Die niedrigen braunen Zelte bildeten dunkle Flecke auf der gelben Erde wie große Pilze, die unter diesem roten, von der Sonne ausgeglühten Hügel der Wüste entsprossen waren.

Es waren unsere Leute. Wenig entfernt, am Rand einer dunkelgrünen, alfabewachsenen Ebene weideten die angepflockten Pferde.

Mohammed befahl: ›Galopp!‹, und wir jagten wie ein Wirbelsturm in das Lager. Die erschrockenen Frauen mit ihren weißen Fetzen, die um sie flatterten und flogen, flüchteten kriechend, gebückt und schreiend wie gejagte Tiere in ihre Leinwandhöhlen. Die Männer dagegen kamen überall hervor in der Absicht, sich zu verteidigen.

Wir hielten auf das höchste Zelt zu, das des Agha.

Wir ließen die Säbel in der Scheide, nach dem Vorbild Mohammeds, der auf eigentümliche Weise galoppierte. Er saß völlig unbewegt und ganz gerade auf seinem kleinen Pferd, das sich wie wild unter ihm abplagte, um seine Massen zu tragen. Und die Ruhe des Reiters mit den langen Schnurrbartenden bildete einen sonderbaren Kontrast zu der Lebhaftigkeit des Gauls.

Das Oberhaupt der Eingeborenen trat aus dem Zelt, als wir davor anlangten. Er war ein großer hagerer Mann, schwarz, mit funkelnden Augen, vorspringender Stirn, zum Bogen gewölbten Brauen. Auf arabisch rief er:

›Was wollt ihr?‹

Mohammed, der sein Pferd sauber zügelte, fragte in seiner Sprache:

›Hast du den englischen Reisenden getötet?‹

Deutlich, mit starker Stimme, erwiderte der Agha:

›Von dir muß ich mich nicht verhören lassen.‹

Um uns grollte es wie Gewitter. Von überall kamen die Araber gelaufen, umdrängten, umzingelten uns mit wütendem Geschrei. Sie sahen aus wie Raubvögel mit ihren gebogenen Nasen, ihren hageren Gesichtern mit den vorspringenden Knochen und in den weiten, durch ihre Gebärden geschüttelten Gewändern.

Mohammed lächelte, den Turban schief, das Auge funkelnd, und ich sah etwas wie Vergnügensschauer über seine faltigen, fleischigen Hängebacken gleiten.

›Tod dem, der getötet hat!‹ rief er mit donnernder Stimme, die das Geschrei übertönte.

Und er richtete seinen Revolver auf das braune Gesicht des Agha. Ich sah ein bißchen Rauch aus dem Lauf kommen; dann schoß ein rosafarbener Schaum von Gehirn und Blut aus der Stirn des Häuptlings. Er fiel wie gemäht auf den Rücken und breitete die Arme, die seinen losen Burnus wie Schwingen hoben.

Ich dachte wirklich, meine letzte Stunde hätte geschlagen, so tobte der Tumult um uns.

Mohammed hatte den Säbel gezogen. Wir zogen blank wie er. Mit einer ›Mühle‹ all die abschlagend, die ihn am dichtesten umringten, schrie er:

›Sicherheit für alle, die sich ergeben! Tod den andern!‹

Und den nächstbesten mit seiner herkulischen Faust packend, warf er ihn vor sich auf den Sattel und band ihm die Hände, während er uns zubrüllte:

›Macht es wie ich, säbelt alles nieder, was sich widersetzt.‹

Binnen fünf Minuten hatten wir an zwanzig Araber in solide Fesseln gelegt. Dann verfolgten wir die Flüchtigen; denn beim Anblick der gezogenen Säbel war um uns alles auseinandergestoben. Wir fingen noch einmal an dreißig Männer ein.

Über die ganze Ebene sah man Weißes laufen. Die Frauen schleppten unter gellenden Schreien ihre Kinder mit sich. Die schakalähnlichen gelben Hunde umkreisten uns bellend und bleckten gegen uns die fahlen Fangzähne.

Mohammed, als wäre er vor Freude verrückt geworden, sprang mit einem Satz vom Pferd und griff sich den Strick, den ich hergetragen hatte.

›Aufgepaßt, Kinder‹, rief er, ›zwei Mann absitzen!‹

Und er machte etwas so Schreckliches wie Komisches: einen Rosenkranz von Gefangenen, oder vielmehr von Gehängten. Er hatte dem ersten Gefangenen beide Fäuste fest zusammengebunden, dann legte er ihm eine gleitende Schlinge um den Hals mit demselben Strick, der wieder dem folgenden die Handgelenke fesselte und sich danach um dessen Kehle schlang. Bald fanden sich unsere fünfzig Gefangenen auf eine Weise gebunden, daß der kleinste Fluchtversuch des einen sowohl ihn wie seine beiden Nachbarn erdrosselt hätte. Jede Bewegung, die einer machte, zog an dem gleitenden Knoten um seinen Hals, und sie mußten alle im gleichen Schritt gehen, ohne sich um das mindeste voneinander zu entfernen, wollten sie nicht augenblicklich fallen wie ein Hase in der Schlinge.

Als dieses sonderbare Werk vollbracht war, lachte Mohammed auf seine schweigsame Art, die ihm den Bauch schüttelte, ohne daß ein Laut aus seinem Munde kam.

›So, das ist die arabische Kette‹, sagte er.

Auch wir fingen an, uns vor den verstörten und erbärmlichen Gesichtern, die die Gefangenen machten, vor Lachen zu biegen.

›Jetzt einen Pfahl an jedes Ende, Kinder‹, rief unser Anführer, ›und schön festbinden.‹

Und es wurde ein Pfahl an jedem Ende der Schärpe aus gespensterweißen Gefangenen befestigt, die still und starr aushielten, als wären sie in Stein verwandelt.

›Und jetzt wird gegessen‹, sagte der Türke.

Wir entfachten ein Feuer und brieten einen Hammel, den wir mit den Händen zerkleinerten. Dann aßen wir Datteln, die wir in den Zelten gefunden hatten; dazu tranken wir auf dieselbe Weise erbeutete Milch und lasen einige von den Fliehenden vergessene silberne Schmuckstücke auf.

Gemächlich beendeten wir unsere Mahlzeit, als ich auf dem Hügel eine seltsame Ansammlung bemerkte. Es waren die Frauen, die sich vorher gerettet hatten, nichts als Frauen. Und sie kamen im Laufschritt zu uns herunter.

Ich zeigte sie Mohammed-Fripouille.

Er lächelte.

›Das ist das Dessert!‹ sagte er.

Von wegen, Dessert!

Sie kamen herab wie die Rasenden, und bald wurden

wir mit Steinen befeuert, die sie mitten im Lauf nach uns schleuderten, dazu sahen wir, daß sie mit Messern, Zeltpfählen und altem Geschirr bewaffnet waren.

Mohammed schrie: ›Auf die Pferde!‹ Und es war höchste Zeit. Der Angriff war furchtbar. Sie wollten die Gefangenen befreien und versuchten, den Strick zu zerschneiden. Der Türke, der die Gefahr begriff, wurde wild und brüllte: ›Säbelt! – Los, säbelt! – Säbelt sie nieder!‹ Und da wir, vor dieser neuartigen Aufgabe stockend, uns nicht rührten und uns scheuten, Frauen zu töten, stürzte er sich allein in die angreifende Schar.

Ganz allein nahm er es mit diesem Bataillon zerlumpter Weiber auf und säbelte drauflos, der Hund, säbelte wie ein Besessener, mit einer solchen Rage, einem solchen Grimm, daß man jedesmal, wenn sein Arm niederschlug, einen weißen Körper fallen sah.

Er war dermaßen schrecklich, daß die Frauen entsetzt genauso schnell davonstoben, wie sie gekommen waren, und auf dem Platz ungefähr ein Dutzend Tote und Verwundete zurückließen, deren rotes Blut die bleichen Kleider fleckte.

Und Mohammed kam mit zerstörtem Gesicht zu uns.

›Abhauen, abhauen, Jungs‹, sagte er, ›die kommen wieder.‹

Und wir traten den Rückzug an, langsam, im Schritt unserer Gefangenen, die die Angst vor der Erdrosselung lähmte.

Anderntags läutete es eben zwölf, als wir mit unserer Gehängtenkette in Boghar einzogen. Nur sechs waren unterwegs gestorben. Aber wir hatten reichlich oft die Knoten von einem Ende des Zuges zum anderen lokkern müssen, denn jede Erschütterung würgte auf einen Schlag an zehn Gefangene.«

Der Hauptmann verstummte. Ich sagte nichts. Ich sann über dieses seltsame Land nach, wo man solche Dinge erleben konnte, und betrachtete die blinkende Sternenherde an dem schwarzen Himmel.

Das Legat

MONSIEUR und Madame Serbois saßen mit trüben Mienen einander beim Essen gegenüber.

Madame Serbois, eine kleine Blondine mit rosiger Haut, blauen Augen, weichen Bewegungen, aß langsam, ohne den Kopf zu heben, als werde sie einen traurigen, lastenden Gedanken nicht los.

Serbois, groß, kräftig, mit Backenbart und dem Aussehn eines Ministers oder Geschäftsmannes, wirkte nervös und beunruhigt.

Endlich sagte er, als spräche er zu sich selber:

»Ich muß gestehen, es ist schon sehr verwunderlich!«

»Was, mein Freund?« fragte seine Frau.

»Daß Vaudrec uns nichts hinterlassen hat.«

Madame Serbois errötete; sie errötete jäh, wie wenn plötzlich ein rosa Schleier, vom Hals zum Gesicht aufsteigend, ihre Haut überzöge, und sagte:

»Vielleicht liegt ein Testament bei seinem Anwalt, nur wissen wir noch nichts davon.«

Und sie machte den Eindruck, als wisse sie es sehr gut.

»Freilich, das kann sein«, erwog Serbois, »denn schließlich war er unser beider bester Freund. Er war bei uns wie zu Hause, speiste alle Abende bei uns; natürlich, ich weiß, daß er dir viele Geschenke gebracht hat und daß das seine Art war, unsere Gastfreundschaft zu vergelten, aber wirklich, wenn man Freunde wie uns hat, bedenkt man sie im Testament. Bestimmt hätte ich, wenn ich mich krank gefühlt hätte, etwas für ihn getan, obschon du meine natürliche Erbin bist.«

Madame Serbois schlug die Augen nieder. Und da ihr Mann eben ein Huhn zerteilte, schneuzte sie sich, wie man sich schneuzt, wenn man weint.

Er fuhr fort: »Nun ja, es ist wohl möglich, daß bei seinem Anwalt ein Testament mit einem kleinen Legat für uns liegt. Es ginge mir ja um nichts Großes, nur um ein Andenken, nichts weiter als ein Andenken, nur zum Beweis, daß er unser gedacht hat.«

Mit zögernder Stimme erwiderte seine Frau: »Wenn du willst, sprechen wir nach dem Essen bei Maître Lamaneur vor; dann wissen wir, woran wir sind.«

»Ja«, sagte er, »das ist wohl das beste.«

Und da er sich um den Hals eine Serviette gebunden hatte, um seine Kleider nicht mit Soße zu bekleckern, sah er aus wie ein Enthaupteter, der redet, mit seinen schönen Favoris, die sich schwarz von dem weißen Wäschestück abhoben, und mit seinem Gesicht eines noblen Maître d'hôtel.

Als sie die Kanzlei von Maître Lamaneur betraten, ging ein leichtes Raunen unter den Angestellten um, und als Monsieur Serbois sich bemüßigt fühlte, seinen Namen zu nennen, obschon man ihn sehr gut kannte, erhob sich der erste Schreiber mit betonter Eilfertigkeit, während der zweite grinste.

Und beide Ehegatten wurden in das Arbeitszimmer des Anwalts geführt.

Es war ein kleiner, runder Mann, rund überall. Sein Kopf wirkte wie eine Kugel, die auf eine zweite Kugel genagelt ist, die von zwei so kleinen, so kurzen Beinen getragen wurde, daß auch sie sich fast wie Kugeln ausnahmen.

Er grüßte, bot ihnen Platz und sagte, indem er sich mit einem leisen Blick des Einverständnisses an Madame Serbois wandte:

»Gerade wollte ich Sie durch ein Schreiben bitten, in meiner Kanzlei vorzusprechen, um Sie in Kenntnis des Testamentes von Monsieur Vaudrec zu setzen, das Sie betrifft.«

Monsieur Serbois konnte sich nicht enthalten auszurufen:

»Ah, hatte ich es doch geahnt!«

Der Anwalt fügte hinzu:

»Ich werde Ihnen das übrigens sehr kurze Schriftstück vorlesen.«

Er nahm ein vor ihm liegendes Papier und las:

»Ich, Unterzeichneter, Paul-Emile-Cyprien Vaudrec, im Vollbesitz meiner körperlichen und geistigen Kräfte, gebe hiermit meinen letzten Willen kund:

Da uns der Tod jeden Augenblick dahinraffen kann, will ich in dieser Voraussicht mein Testament abfassen, das bei Maître Lamaneur hinterlegt wird.

Da ich keine direkten Erben habe, hinterlasse ich mein gesamtes Vermögen, bestehend aus Börsenaktien über vierhunderttausend Francs und Liegenschaften im Wert von ungefähr sechshunderttausend Francs, Madame Claire-Hortense Serbois, ohne jegliche Belastung oder Bedingung. Ich bitte sie, diese Schenkung eines verstorbenen Freundes als den Beweis einer ergebenen, tiefen und ehrerbietigen Zuneigung anzunehmen.

Ausgefertigt zu Paris am 15. Juni 1883.

Gezeichnet: Vaudrec«

Madame Serbois hatte die Stirn gesenkt und saß ohne Bewegung da, während ihr Gatte verblüfft, mit rollenden Augen, zwischen dem Anwalt und seiner Frau hin und her blickte.

Maître Lamaneur setzte nach kurzem Schweigen hinzu:

»Es ist selbstverständlich, Monsieur, daß Madame dieses Legat ohne Ihre Einwilligung nicht annehmen darf.«

Monsieur Serbois erhob sich. »Ich bitte mir Bedenkzeit aus«, sagte er.

Der Anwalt, der mit einer gewissen Hintergründigkeit lächelte, verneigte sich: »Ich begreife den Skrupel, der Sie zögern heißt, lieber Herr, die Gesellschaft trifft manchmal unfreundliche Urteile. Wollen Sie morgen zur selben Stunde wiederkommen, um mir Ihre Entscheidung bekanntzugeben?«

Monsieur Serbois verneigte sich: »Ja, Monsieur, bis morgen.«

Er grüßte steif, bot seiner Gattin, die röter als eine Pfingstrose geworden war und die Augen beharrlich niederhielt, den Arm und schritt mit so hochfahrender Miene hinaus, daß die Schreiber betroffen aufblickten.

Sowie sie in ihre Wohnung zurückgekehrt waren, sagte Monsieur Serbois, nachdem er die Tür geschlossen hatte, mit tonloser Stimme:

»Du warst Vaudrecs Geliebte.«

Seine Frau, die ihren Hut abnahm, drehte sich mit einem Ruck um.

»Ich? Oh!«

»Ja, du! ... Man hinterläßt nicht sein gesamtes Vermögen einer Frau, ohne daß ...«

Sie war tiefblaß geworden, und ihre Hände zitterten leicht, als sie die langen Hutbänder hochnehmen wollte, damit sie nicht am Boden schleiften.

Nach einem Moment Besinnung sagte sie: »Also höre ... du bist ja verrückt ... du bist ja verrückt ... hast du vorhin nicht selber noch gehofft, daß ... daß er dir etwas hinterlassen hätte? ...«

»Ja, mir durfte er etwas hinterlassen ... mir ... mir, verstehst du, aber nicht dir ...«

Sie blickte ihm tief in die Augen, als forsche sie darin, als wolle sie in jenes Unbekannte des anderen eindringen, das man nie ergründet, von dem man in raschen Sekunden kaum etwas erahnt, in Momenten der Unvorsicht oder des Sichgehenlassens oder der Unaufmerksamkeit, die wie offengelassene Türen vor den geheimen Bereichen der Seele sind; und langsam artikulierend, sagte sie:

»Mir scheint immerhin, daß ... daß ... daß man mindestens ebenso befremdlich ein Legat solcher Höhe ... von ihm an dich gefunden hätte.«

Mit der Heftigkeit des in seinen Erwartungen Verletzten fragte er schroff:

»Warum das?«

»Weil ...«, sagte sie, wandte den Kopf wie in Verlegenheit ab und verstummte.

Er hatte begonnen, mit langen Schritten auf und ab zu wandeln.

»Du kannst nicht annehmen«, erklärte er.

Gleichmütig erwiderte sie:

»Schön. Nur brauchen wir dann nicht bis morgen zu warten und können Maître Lamaneur gleich benachrichtigen.«

Serbois hielt vor ihr inne, und sie standen sich einige Sekunden Auge in Auge ganz nah gegenüber, und jeder suchte in dem anderen zu lesen, ihn zu fassen, zu entdekken, ihn auszuspüren bis an den Grund seines Denkens, ihm beizukommen in einem jener brennenden, stummen Verhöre zweier Wesen, die, obschon sie miteinander leben, sich immer Unbekannte bleiben, aber unablässig einander beargwöhnen, verdächtigen, belauern.

Plötzlich murmelte er ihr mit unterdrückter Stimme ins Gesicht:

»Gibst du zu, daß du Vaudrecs Geliebte warst?«

Sie zuckte die Schultern: »Bist du albern? ... Ich glaube, daß Vaudrec mich geliebt hat, aber nie hat er mich besessen ... niemals.«

Er stampfte mit dem Fuß auf: »Du lügst, das kann nicht sein.«

Ruhig entgegnete sie: »Es ist aber so.«

Und wieder lief er auf und ab; erneut innehaltend, forderte er: »Dann erkläre mir, warum er dir sein gesamtes Vermögen hinterlassen hat ...«

»Ganz einfach«, erwiderte sie leicht. »Wie du vorhin selber sagtest, hatte er nur uns zu Freunden; er lebte genausoviel bei uns wie bei sich zu Haus, und bei seinem Testament dachte er an uns. Aber aus Galanterie hat er meinen Namen auf das Papier gesetzt, weil eben mein Name ihm in die Feder kam, ganz natürlich, genauso wie er mir Geschenke mitbrachte und nicht dir, nicht wahr? Er hatte es sich zur Gewohnheit gemacht, mir Blumen mitzubringen, mir an jedem Fünften eines Monats irgendeine kleine Kostbarkeit zu schenken, weil wir uns an einem fünften Juni kennengelernt hatten ... Das weißt du doch. Aber dir schenkte er fast nie etwas, es fiel ihm gar nicht ein. Geschenke bringt man den Frauen und nicht den Männern; nun, und genauso hat er sein letztes Gedenken an mich gerichtet und nicht an dich, das ist doch ganz einfach.«

Sie sprach so ruhig, so natürlich, daß Serbois unsicher wurde.

»Trotzdem«, sagte er, »es würde einen sehr schlechten Eindruck machen. Alle würden dasselbe glauben. Wir können nicht annehmen.«

»Meinetwegen lehnen wir ab, mein Freund. Es ist nur eine Million weniger in unserer Kasse, weiter nichts.«

Er fing an zu reden, wie man redet, wenn man laut denkt, ohne sich direkt an seine Frau zu wenden.

»Ja, eine Million – unmöglich – wir würden unseren Ruf verlieren – schade – wenn er mir die Hälfte verschrieben hätte, ja, damit wäre alles klar.«

Und er setzte sich, kreuzte die Beine und begann seine Favoris zu strählen, wie er es in Stunden angestrengten Grübelns zu tun pflegte.

Madame Serbois hatte ihren Handarbeitskorb geöffnet; sie zog eine Stickerei heraus und sagte, während sie sich ans Werk machte:

»Ich bestehe nicht darauf. Es ist an dir, das zu entscheiden.«

Lange gab er keine Antwort, dann sagte er zögernd:

»Tja, vielleicht gäbe es einen Weg, nämlich wenn du mir die Hälfte der Erbschaft durch Schenkung zu Lebzeiten abtreten würdest. Wir haben keine Kinder, also kannst du es tun. Auf die Weise würde allen der Mund geschlossen.«

Ernst fragte sie: »Ich verstehe nicht, wieso damit allen der Mund geschlossen würde?«

Er wurde zornig: »Bist du aber dumm! Wir sagen, wir hätten jeder zur Hälfte geerbt; und es wäre die Wahrheit. Wir müssen doch niemand erklären, daß das Testament nur auf deinen Namen lautete.«

Wieder sah sie ihn mit einem durchdringenden Blick an: »Wie du willst, ich bin einverstanden.«

Er stand auf und lief wieder hin und her. Noch einmal schien er zu zögern, obwohl sein Gesicht strahlte: »Nein ... vielleicht sollte man doch besser verzichten ... es ist würdiger ... Immerhin ... Auf die Weise gäbe es kein Gerede ... Sogar die skrupulösesten Leute wären gezwungen, sich zu beugen ... Ja, das begradigt alles ...«

Er blieb vor seiner Frau stehen: »Also, wenn du willst, Liebchen, gehe ich noch einmal allein zu Maître Lamaneur, um ihn zu Rate zu ziehen und ihm die Dinge auseinanderzusetzen. Ich werde sagen, du habest das aus

Schicklichkeit gutgeheißen, damit es keinen Klatsch gibt. Mit dem Moment, da ich die Hälfte dieser Erbschaft annehme, ist doch offenkundig, daß ich meiner Sache sicher bin, daß ich Herr der Situation bin, daß ich weiß, es geht alles mit rechten Dingen zu, es ist nichts Ehrenrühriges daran. Das heißt soviel, als wenn ich dir sagte: ›Nimm auch du an, meine Liebe, da ich annehme, ich, dein Gatte!‹ Anders, wirklich, anders wäre es einfach nicht würdig.«

Madame Serbois sagte schlicht: »Wie du willst.«

Mit großem Wortaufwand fuhr er nun fort: »Ja, es wird alles ganz klar, wenn man die Erbschaft teilt. Wir erben von einem Freund, der keinen Unterschied zwischen uns machen wollte, der keine Unterscheidung zwischen uns treffen wollte, der nicht den Anschein erwecken wollte, als sagte er: ›Ich bevorzuge den einen oder andern nach meinem Tod, wie ich ihn im Leben bevorzugt habe.‹ Und sei versichert, hätte er nur richtig nachgedacht, er hätte genauso gehandelt. Er hat nicht überlegt, er hat die Folgen nicht bedacht. Wie du schon sehr treffend sagtest, Geschenke machte er stets nur dir. Dir hat er sein letztes Andenken widmen wollen ...«

Sie unterbrach ihn mit einem Unterton von Ungeduld: »Ja, gewiß. Ich habe verstanden. Du brauchst nicht so viele Erklärungen zu machen. Geh gleich zu dem Anwalt.«

Plötzlich verwirrt, errötend, stammelte er: »Du hast recht. Ich gehe.«

Er nahm seinen Hut, kam mit gespitzten Lippen, um sie zu küssen, und murmelte:

»Bis bald, mein Liebes.«

Sie bot ihm die Stirn und erhielt einen dicken Kuß, bei dem seine Favoris ihre Wangen kitzelten.

Dann ging er freudigen Gesichts hinaus.

Und Madame Serbois ließ ihre Arbeit sinken und begann zu weinen.

Der Heger

Nach dem Diner wurden Jagdabenteuer erzählt. Ein alter Freund von uns allen, Monsieur Boniface, ein tüchtiger Jäger und tüchtiger Weintrinker, ein robuster, fröhlicher Mann, voller Witz, Empfindung und Weisheit, einer ironischen und resignierten Weisheit, die sich in beißendem Humor, nie in Trübsinn bekundete, sagte plötzlich:

»Ich weiß eine Jagdgeschichte, ein Jagddrama vielmehr, ein ziemlich eigenartiges. Es ist völlig anders als alles in dem Genre Bekannte; darum habe ich es nie erzählt, denn ich meinte, es amüsiere niemanden.

Es ist keine sympathische Geschichte, verstehen Sie? Ich will sagen, sie ist nicht von der Art, die mitreißt, oder bezaubert, oder angenehm aufregt.

Gut, zur Sache also:

Ich war damals wohl fünfunddreißig Jahre alt und jagte wie ein Wilder.

Zu der Zeit besaß ich ein ziemlich abgelegenes Landgebiet in der Umgebung von Jumièges, mitten in Wäldern und ideal für Hasen und Kaninchen. Ich war dort nur vier, fünf Tage im Jahr, ganz allein, weil die Räumlichkeiten nicht ausreichten, einen Freund mitzubringen.

Als Wildheger hatte ich einen ehemaligen Gendarm

im Ruhestand eingesetzt, einen redlichen Mann, heftig, gesetzesstreng, ein Schrecken der Wilddiebe und ohne alle Furcht. Er bewohnte ganz allein, fern vom Dorf, ein kleines Haus, oder besser, eine Kate, die zwei Räume im Erdgeschoß, die Küche und ein Vorratsgelaß, und zwei Kammern im Oberstock hatte. Eine davon, eine Art Abschlag, gerade groß genug für ein Bett, einen Schrank, einen Stuhl, war mir vorbehalten.

Die andere hatte Vater Cavalier inne. Wenn ich sagte, daß er allein in dem Gehäuse lebte, habe ich mich falsch ausgedrückt. Er hatte seinen Neffen zu sich genommen, eine Art Schnapphahn von vierzehn Jahren, der dem Alten die Vorräte aus dem drei Kilometer entfernten Dorf heranschaffte und ihm bei den täglichen Verrichtungen half.

Dieser Bengel, mager, lang und ein bißchen krumm, hatte helle, so fusselige Haare, daß sie aussahen wie Hühnerflaum, aber so schütter, daß er kahl wirkte. Dazu verfügte er über gewaltige Füße und Riesenhände, Hände wie ein Koloß.

Er schielte ein bißchen und sah einem nie gerade in die Augen. Mir machte er den Eindruck, als sei er in der menschlichen Gattung, was bei den Tieren die Stinker sind. Er war ein Iltis oder Fuchs, der Schlingel.

Er schlief in einer Art Loch oberhalb der kleinen Treppe, die zu den beiden Kammern führte.

Aber während meiner kurzen Aufenthalte im ›Pavillon‹ – ich hatte die Kate ›Pavillon‹ getauft – überließ Marius seinen Verschlag einer alten Frau aus Ecorcheville, Céleste mit Namen, die mir die Küche machen kam, weil der Fraß des alten Cavalier doch zu unmöglich war.

Nun kennen Sie die Personen und die Örtlichkeit. Jetzt das Abenteuer:

Es war im Jahr 1854, am 15. Oktober – ich weiß das Datum noch genau und werde es nie vergessen.

Ich brach von Rouen zu Pferde auf, gefolgt von meinem Hund Bock, einem großen Poitou-Bracken, mit breiter Brust und starker Schnauze, der im Dornengestrüpp stöberte wie ein Pont-Audemer-Spaniel.

Ich hatte meinen Reisesack auf der Kruppe und mein Gewehr umgehängt. Es war ein kalter Tag, ein Tag mit großem, traurigem Wind und düsteren, unterm Himmel galoppierenden Wolken.

Als ich den Hang von Canteleu hinanritt, sah ich das weite Seine-Tal unter mir, das der Strom mit seinen Schlangenwindungen bis an den Horizont durchzog. Zur Linken reckte Rouen seine Glockentürme in den Himmel, zur Rechten schweifte der Blick bis nach den fernen bewaldeten Höhenzügen. Dann durchquerte ich, bald im Schritt, bald im Trab, den Wald von Roumare und traf gegen fünf Uhr am Pavillon ein, wo der alte Cavalier und Céleste mich erwarteten.

Seit zehn Jahren stellte ich mich zur selben Jahreszeit auf dieselbe Weise ein, und dieselben Münder begrüßten mich mit denselben Worten:

›Guten Tag, unser Herr. Ist die Gesundheit zufriedenstellend?‹

Cavalier hatte sich kaum verändert. Er trotzte der Zeit wie ein alter Baum; aber Céleste war, seit vier Jahren vor allem, kaum wiederzuerkennen.

Sie war ganz krumm geworden, und obwohl immer geschäftig, ging sie mit dem Oberkörper so nach vorn gebeugt, daß er mit den Beinen fast einen rechten Winkel bildete.

Die sehr ergebene alte Frau schien jedesmal ganz gerührt, wenn sie mich wiedersah, und bei jedem Abschied sagte sie zu mir: ›Ich muß ja doch denken, daß es das letzte Mal sein kann, unser lieber Herr.‹ Und das trostlose, furchtsame Lebewohl der armen Dienerin, ihre verzweifelte Fügsamkeit vor dem unvermeidlichen Tod, der ihr natürlicherweise sehr nahe war, faßte mir jedes Jahr seltsam ans Herz.

Ich stieg also vom Pferd, und während Cavalier, dem ich die Hand gedrückt hatte, mein Tier in den kleinen Schuppen führte, der als Pferdestall diente, trat ich, von Céleste gefolgt, in die Küche, die zugleich Eßzimmer war.

Dann kam der Heger zu uns. Auf den ersten Blick erkannte ich, daß er nicht wie sonst aussah. Er wirkte bedrückt, unbehaglich, unruhig.

›Na, Cavalier‹, sagte ich, ›geht denn alles nach Ihrem Wunsch?‹

›Das eine ja, das andre nicht‹, murmelte er. ›Da ist schon so manches, was mir nicht paßt.‹

›Was ist es denn?‹ fragte ich. ›Erzählen Sie es mir.‹

Aber er schüttelte den Kopf:

›Nein, noch nicht, Herr. Ich will Sie nicht so bei der Ankunft mit meinem Ärger beschütten.‹

Ich beharrte, aber er war absolut nicht gewillt, mich vor dem Abendessen aufzuklären. Sein Aussehen verriet mir jedoch, daß es um etwas Ernstes ging.

Da ich nichts weiter zu sagen wußte, fragte ich:

›Und das Wild? Haben wir welches?‹

›Oh, was das Wild angeht, ja, das haben wir, das haben wir! Sie finden so viel, wie Sie wollen. Gott sei Dank, ich hab 's Auge draufgehabt.‹

Das sagte er mit so tiefem Ernst, einem so schwer betrübten Ernst, daß es komisch wirkte. Sein großer grauer Schnurrbart sah aus, als sinke er ihm von den Lippen.

Plötzlich fiel mir auf, daß ich seinen Neffen noch nicht gesehen hatte.

›Und Marius, wo ist er? Warum läßt er sich nicht blikken?‹

Der Heger fuhr zusammen, dann sah er mir brüsk ins Gesicht:

›Na gut, Herr, ich will's Ihnen lieber gleich sagen; ja, lieber gleich: es ist wegen ihm, daß ich was auf dem Herzen habe.‹

›Aha! aha! Aber wo ist er denn?‹

›Im Pferdestall ist er, Herr; ich wollt bloß die Zeit abwarten, daß ich ihn hol.‹

›Was hat er denn angestellt?‹

›Die Sache ist die, Herr ...‹

Der Heger zauderte, mit veränderter, zitternder Stimme; sein Gesicht war plötzlich eingefallen, von tiefen Falten, Greisenfalten gefurcht.

Langsam setzte er neu an:

›Es war so. Ich hab diesen Winter ganz gut gesehen, daß einer im Wald von Les Roseraies Schlingen legte, aber ich konnt dem Mann nicht auf die Spur kommen. Ich war ganze Nächte dort, Herr, Nächte und Nächte. Aber nichts. Und in derselben Zeit legt einer doch drüben Schlingen, nach Ecorcheville zu. Ich bin abgemagert vor Verdruß. Aber den Räuber fassen, unmöglich! Es sah glattweg aus, als ob der über meine Schritte Bescheid wußte, der Strolch, und über meine Pläne.

Na, und eines Tages, als ich die Hosen von Marius ausbürste, seine Sonntagshosen, find ich in seiner Tasche vierzig Sous. Wo hat er die her, der Bengel?

Ich grübele wohl so gute acht Tage und seh, daß er immer wegging; er ging immer weg, wenn ich zum Schlafen nach Hause kam, ja, Herr.

Da hab ich ihm draufgesehen, aber ohne jeden Verdacht in der Sache, oh, ohne jeden Verdacht! Und wie ich mich einen Morgen vor ihm zu Bett gelegt hatte, bin ich gleich wieder aufgestanden und ihm nachgegangen. Im Schleichen gibt's keinen zweiten wie mich, Herr.

Na, und so hab ich ihn erwischt, ja, Marius, wie er auf

Ihrem Besitz, Herr, gewildert hat, er, mein Neffe, von mir, Ihrem Heger!

Mir hat das Blut gebraust, und es hat nicht viel gefehlt, daß ich ihn auf der Stelle umgebracht hätt, so hab ich zugeschlagen. Au, was ich zugeschlagen hab, aber wie! Und ich hab ihm versprochen, daß er noch mal eine Züchtigung kriegt, wenn Sie da sind, in Ihrem Beisein, von meiner Hand, zum Exempel.

Das ist es; abgemagert bin ich vor Kummer. Sie wissen, wie das ist, wenn man sich so grämen muß. Aber was hätten Sie gemacht? Er hat keinen Vater, keine Mutter mehr, der Junge, er hat bloß noch mich von seinem Blut, ich hab ihn aufgenommen, ich konnt ihn doch nicht wegjagen, nicht?

Aber ich hab ihm gesagt, wenn er das noch mal macht, ist es aus, aus, ohne Erbarmen. So war das. Hab ich's richtig gemacht, Herr?‹

Ich antwortete, indem ich ihm die Hand gab:

›Das war sehr gut gemacht, Cavalier; Sie sind ein braver Mann.‹

Er stand auf.

›Besten Dank, Herr. Jetzt geh ich ihn holen. Die Züchtigung muß er haben, zum Exempel.‹

Ich wußte, es war vergebens, wenn ich versuchte, den Alten von seinem Vorhaben abzubringen. Also ließ ich ihn nach seinem Dafürhalten handeln.

Er ging den Burschen holen und brachte ihn, indem er ihn am Ohr hereinzog.

Ich saß mit ernster Richtermiene auf einem Binsenstuhl.

Mir kam Marius gewachsen vor, er war noch häßlicher als im Vorjahr mit seinem bösen, verschlagenen Blick, und seine großen Hände sahen monströs aus.

Sein Onkel stieß ihn vor sich her und befahl mit seiner soldatischen Stimme:

›Bitte den Besitzer um Verzeihung!‹

Der Junge sagte kein Wort.

Da hob ihn der alte Gendarm vom Boden hoch, indem er ihn unter den Armen packte, und begann ihm das Gesäß mit solcher Heftigkeit zu versohlen, daß ich aufstand, um Einhalt zu gebieten.

Der Junge heulte:

›Gnade! – Gnade! – Gnade! – Ich verspreche ...‹

Cavalier setzte ihn zu Boden und sagte, indem er ihn durch einen Druck auf die Schultern zum Knien zwang:

›Bitte um Verzeihung!‹

Der Bursche murmelte mit gesenkten Augen:

›Ich bitte um Verzeihung.‹

Darauf hieß der Onkel ihn aufstehen und entließ ihn mit noch einer Ohrfeige, daß er sich beinahe überschlagen hätte.

Er entwischte, und ich sah ihn den ganzen Abend nicht mehr.

Aber Cavalier war niedergeschmettert.

›Er hat keine gute Natur‹, sagte er.

Und während des ganzen Abendessens wiederholte er:

›Oh! das tut mir weh, Herr. Sie wissen nicht, wie mir das weh tut.‹

Ich versuchte ihn zu trösten, aber umsonst.

Und zeitig kroch ich ins Bett, um bei Tagesanbruch auf die Jagd zu gehen.

Mein Hund schlief schon auf den Dielen an meinem Fußende, als ich die Kerze ausblies.

Um die Mitte der Nacht wurde ich von Bocks wütendem Gebell geweckt. Und sofort merkte ich, daß meine Kammer voll dickem Rauch war. Ich sprang von meinem Lager, entzündete das Licht und lief zur Tür. Als ich sie aufriß, schlug mir ein Flammenwirbel entgegen. Das Haus brannte.

Schnell schloß ich den schweren Eichenflügel, und nachdem ich in die Hosen gefahren war, ließ ich zuerst meinen Hund mittels einem Seil aus dem zusammengedrehten Laken durchs Fenster hinunter, und als ich Kleider, Jagdtasche und Flinte nachgeworfen hatte, flüchtete ich auf dieselbe Weise.

Dann fing ich aus Leibeskräften an zu schreien:

›Cavalier! – Cavalier! – Cavalier!‹

Aber der Heger wachte nicht auf. Er hatte den schweren Schlaf des alten Gendarmen.

Indessen sah ich durch die unteren Fenster, daß das ganze Erdgeschoß nur mehr ein flammender Glutherd war; im übrigen konnte ich sehen, daß es mit Stroh angefüllt worden war, um den Brand zu begünstigen.

Also war das Feuer gelegt worden!

Wieder fing ich an zu schreien:

›Cavalier!‹

Mir kam der Gedanke, daß der Rauch ihn betäubt haben könnte. So schob ich zwei Patronen in meine Flinte und schoß mitten in sein Fenster.

Die sechs kleinen Scheiben zersprangen in der Kammer zu Glasstaub. Diesmal hatte der Alte gehört, und verschreckt, im Nachthemd, kam er ans Fenster gestürzt, wie von Sinnen vor allem durch das Licht, das die ganze Front seiner Hütte gewaltsam erhellte.

Ich schrie ihm zu:

›Ihr Haus brennt. Springen Sie herunter, schnell, schnell!‹

Die Flammen, die durch die unteren Öffnungen schlugen, leckten die Hauswand hinan, erreichten ihn schon, waren kurz davor, ihn einzuzingeln. Er sprang und fiel auf die Füße wie eine Katze.

Es war höchste Zeit. Das Strohdach brach über der Treppe, die dem Feuer von unten her gewissermaßen einen Schornstein gebildet hatte, mittendurch, und eine riesige rote Lohe stieß in die Luft, entfaltete sich wie die Krone eines Wasserspiels und säte ihren Funkenregen rings um die Kate nieder.

Und binnen weniger Sekunden war sie nur mehr ein Flammenbündel.

Niedergeschmettert fragte Cavalier:

›Wie ist das gekommen?‹

Ich antwortete:

›Jemand hat in der Küche Feuer gelegt.‹

Er murmelte:

›Wer hat da Feuer legen können?‹

Und plötzlich erleuchtet, sagte ich:

›Marius!‹

Und der Alte begriff. Er stammelte:

›Oh, Jesus Maria! Deswegen ist er nicht nach Haus gekommen!‹

Doch mir schoß ein grausiger Gedanke durch den Kopf. Ich schrie:

›Und Céleste? Céleste?‹

Er gab keine Antwort, und das Haus fiel vor unseren Augen in sich zusammen, war schon nichts mehr als eine dichte Glutstatt, grell, blendend, blutigrot, ein riesiger Scheiterhaufen, worin die arme Frau wohl selber nur noch rotglühende Kohle war, Kohle aus menschlichem Fleisch.

Wir hatten keinen einzigen Schrei gehört.

Aber da das Feuer auf den nahen Schuppen übergriff, fiel mir plötzlich mein Pferd ein, und Cavalier lief, um es herauszuholen.

Kaum hatte er die Tür zum Pferdestall geöffnet, als ein geschmeidiger Körper ihm rasch zwischen den Beinen hindurchschoß, so daß er auf die Nase stürzte. Es war Marius, der, so schnell er konnte, entfloh.

In einer Sekunde war der Alte auf. Er wollte rennen, um den Halunken einzuholen; aber begreifend, daß er es nicht schaffen konnte, und außer sich vor unwiderstehlichem, rasendem Zorn, in einer der unbedachten Augenblicksregungen, die man weder voraussehen noch verhindern kann, griff er mein Gewehr, das dicht bei ihm am Boden lag, und ehe ich auch nur eine Bewegung machen konnte, schoß er, ohne überhaupt zu wissen, ob die Waffe geladen war.

Eine der Patronen, die ich hineingetan hatte, um das Feuer zu melden, war ja nicht abgegangen; und die Ladung, die den Flüchtling mitten in den Rücken traf, warf ihn blutüberströmt aufs Gesicht. Sofort scharrte er mit Händen und Knien die Erde, als wollte er noch auf allen vieren davon, wie ein zu Tod getroffener Hase, der den Jäger kommen sieht.

Ich rannte zu ihm hin. Der Junge röchelte schon. Er starb, noch ehe das Haus erloschen war, und ohne ein Wort zu sagen.

Cavalier stand, immer noch im Nachthemd, auf nackten Füßen dabei, ohne eine Bewegung, ohne Sprache.

Als die Leute aus dem Dorf anlangten, wurde mein Heger wie ein Wahnsinniger weggeschafft.

Ich trat bei dem Prozeß als Zeuge auf und erzählte in allen Einzelheiten, was geschehen war, ohne etwas zu verändern. Cavalier wurde freigesprochen. Aber er verschwand noch am selben Tag aus der Gegend.

Ich habe ihn nie wiedergesehen.

Das, meine Herren, ist meine Jagdgeschichte.«

Berthe

Mein alter Freund (man hat manchmal Freunde, die weit älter sind als man selbst), mein alter Freund, Doktor Bonnet, hatte mich oft eingeladen, eine Zeit in seinem Heim in Riom zu verbringen. Ich kannte die Auvergne noch nicht und entschloß mich Mitte des Sommers 1876, ihn zu besuchen.

Mit dem Frühzug traf ich ein, und das erste Gesicht, das ich auf dem Bahnsteig erblickte, war das des Doktors. Er war grau gekleidet und trug einen runden schwarzen Hut aus weichem Filz mit breitem Rand und sehr hohem Kopf, der sich wie ein Kaminrohr verengte, einen echten Auvergnatenhut, der an einen Köhler gemahnte. So gewandet, sah der Doktor aus wie ein alter junger Mann mit seinem schmächtigen Körper unter dem hellen Jackett und seinem dicken Kopf mit den weißen Haaren.

Er umarmte mich mit der sichtlichen Freude, die Leute aus der Provinz bewegt, wenn sie lange entbehrte Freunde eintreffen sehen, und die Hand um sich ausstreckend, rief er voll Stolz: »Das ist die Auvergne!« Ich sah nichts als eine Bergkette vor mir, deren Gipfel, abgestumpften Kegeln gleich, einstige Vulkane sein mußten.

Und indem er mit erhobenem Finger auf den Namen der Station wies, der an der Front des Bahnhofsgebäudes stand, sagte er: »Riom, Heimat der Magistrate, Stolz der Magistratur, aber es sollte weit treffender Heimstatt der Mediziner heißen.«

Ich fragte: »Warum?«

Lachend erwiderte er: »Warum? Drehen Sie den Namen um, und Sie erhalten *mori, mourir* ... Darum, junger Mann, habe ich mich in dieser Gegend niedergelassen.« Und entzückt über seinen Scherz, zog er mich händereibend mit sich fort.

Kaum hatte ich eine Tasse Milchkaffee geschlürft, mußte ich die alte Stadt besichtigen. Ich bewunderte das Haus des Apothekers und die anderen berühmten Häuser, altersschwarz allesamt, aber hübsch wie kleine Kostbarkeiten mit ihren reich skulptierten Steinfassaden. Ich bewunderte die Statue der Jungfrau, Schutzpatronin der Metzger, und vernahm dazu auch gleich eine spaßige Geschichte, die ich eines Tages erzählen werde; dann sagte Doktor Bonnet: »Jetzt erbitte ich mir fünf Minuten Urlaub, um eine Kranke zu besuchen, danach führe ich Sie auf den Hügel von Châtelguyon, damit Sie vor dem Mittagessen noch ein Gesamtbild der Stadt und der Bergkette des Puy-de-Dôme gewinnen. Sie können mich ruhig auf dem Gehsteig erwarten, ich springe nur hinauf und bin sofort wieder da.«

Er ließ mich stehen gegenüber einem der alten Provinzpalais, düster, unzugänglich, stumm, trostlos. Dieses erschien mir freilich besonders unheimlich, und bald entdeckte ich dafür den Grund. Alle großen Fenster des Erdgeschosses waren bis zur Hälfte mit Läden aus massivem Holz verschlossen. Nur darüber waren sie offen, als wolle man verhindern, daß die in diesem riesigen steinernen Kasten eingesperrten Menschen auf die Straße blickten.

Als der Doktor wiederkam, teilte ich ihm meine Beobachtung mit. Er versetzte: »Darin täuschen Sie sich nicht; das arme, dort drinnen gehaltene Wesen darf nie sehen, was draußen geschieht. Es ist eine Wahnsinnige, oder vielmehr eine Idiotin, oder besser gesagt eine Schwachsinnige: das, was ihr Normannen eine ›Niente‹ nennt.

Ach, wissen Sie, das ist eine schlimme Geschichte und zugleich ein merkwürdiger pathologischer Fall. Soll ich Ihnen das erzählen?«

Ich bejahte, und er begann:

»Vor nunmehr zwanzig Jahren wurde den Besitzern dieses Hauses, Patienten von mir, ein Kind geboren, ein kleines Mädchen wie andere auch.

Aber bald stellte ich fest, daß es zwar körperlich wunderbar gedieh, seine Intelligenz hingegen stumpf blieb.

Es lief sehr zeitig, wollte aber absolut nicht sprechen. Zunächst hielt ich es für taubstumm; dann bemerkte ich, daß es vortrefflich hörte, jedoch nicht begriff. Bei heftigen Geräuschen erschrak es und geriet ins Zittern, ohne daß es die Ursache erfaßte.

Die Kleine wuchs heran, prächtig, aber stumm, stumm aus mangelnder Intelligenz. Mit allen Mitteln versuchte ich, diesem Kopf einen Ansatz von Denken beizubringen; nichts glückte. Ich meinte bemerkt zu haben, daß sie ihre Ernährerin erkannt hatte; einmal entwöhnt, erkannte sie die Mutter nicht mehr. Nie konnte sie das Wort sprechen, das alle Kinder als erstes und alle sterbenden Soldaten auf dem Schlachtfeld als letztes sagen: ›Mama.‹ Hin und wieder versuchte sie ein Stammeln, ein Klagen, mehr nicht.

Bei schönem Wetter lachte sie immerzu und stieß Laute aus, die ungefähr wie Vogelgezwitscher klangen; wenn es regnete, weinte und winselte sie so erbärmlich, so unheimlich wie Hunde, die auf den Tod jaulen.

Sie rollte sich gern im Gras wie junge Tiere, lief wie

verrückt, und wenn morgens die Sonne in ihr Zimmer schien, klatschte sie in die Hände. Öffnete man ihr Fenster, klatschte sie in die Hände und zappelte in ihrem Bett, damit man sie rasch anzog.

Übrigens schien sie zwischen den Menschen, ihrer Mutter und ihrer Bonne, ihrem Vater und mir, dem Kutscher und der Köchin keinen Unterschied zu treffen.

Ich liebte ihre so unglücklichen Eltern und besuchte sie fast täglich. Oft speiste ich abends auch bei ihnen, was mir zu beobachten gestattete, daß Berthe – man hatte sie Berthe getauft – die Gerichte auseinanderzuhalten und die einen den andern vorzuziehen schien.

Damals war sie zwölf Jahre alt. Sie war entwickelt wie ein Mädchen von achtzehn und größer als ich.

Mir kam nun die Idee, ihre Naschhaftigkeit zu fördern, um vielleicht auf diesem Wege ihrem Geist Nuancierungen einzuprägen, ihn durch den unterschiedlichen Geschmack, durch die Würzeskalen wenn nicht zu Schlußfolgerungen, so zumindest zu instinktiven Unterscheidungen zu zwingen, die gleichwohl bereits eine Art materieller Denkarbeit darstellen.

Danach mußte man, indem man an ihre Leidenschaften appellierte und sorgfältig diejenigen auswählte, die uns dienlich sein konnten, eine irgendwie geartete Rückwirkung vom Körper auf die Intelligenz erreichen und nach und nach das unmerkliche Funktionieren ihres Gehirns erhöhen.

Ich stellte eines Tages also zwei Teller vor sie hin, einen mit Suppe, den anderen mit sehr süßem Vanillerahm. Abwechselnd ließ ich sie vom einen und vom andern kosten. Dann ließ ich sie frei wählen. Sie aß den Rahm.

In kurzer Zeit machte ich sie sehr gefräßig, so gefräßig, daß sie nur noch die Idee oder vielmehr den

Wunsch zu essen im Kopf zu haben schien. Sie erkannte genau die Gerichte, streckte die Hand nach denen aus, die sie gern mochte, und bemächtigte sich ihrer mit Gier. Nahm man sie ihr weg, weinte sie.

Danach wollte ich ihr beibringen, auf das Glockenzeichen hin zum Essen in das Speisezimmer zu kommen. Es dauerte lange; aber es gelang. Vermutlich stellte sich in ihrer wirren Wahrnehmung eine Beziehung zwischen Ton und Geschmack her, vielleicht eine Beziehung zwischen den beiden Sinnesorganen, ein Appell des einen an das andere und infolgedessen eine gewisse Verkettung von Ideen – sofern man so einen instinktiven Bindestrich zwischen zwei organischen Funktionen als Idee bezeichnen kann.

Ich trieb mein Experiment noch weiter und lehrte sie – aber mit wieviel Mühe! –, die Stunde der Mahlzeiten am Zifferblatt der Standuhr zu erkennen.

Lange blieb es unmöglich, ihre Aufmerksamkeit auf die Zeiger zu lenken, doch gelang es mir, sie für das Läuten empfänglich zu machen. Das Mittel, das ich gebrauchte, war einfach: ich schaffte das Glockenzeichen ab, und alle gingen zu Tisch, wenn der kleine Kupferhammer zwölf Uhr mittags schlug.

Umsonst freilich mühte ich mich, ihr beizubringen, daß sie die Schläge zählte. Sie stürzte jedesmal nach der Tür, wenn sie das Klingen hörte; aber allmählich mußte sie sich klarwerden, daß nicht jedes Läuten denselben Wert hinsichtlich der Mahlzeiten hatte; und ihr Auge, vom Gehör geführt, heftete sich oft an das Zifferblatt.

Als ich das beobachtete, trug ich Sorge, täglich um zwölf Uhr mittags und um sechs Uhr abends vor die Uhr zu treten und meinen Finger auf die Zwölf oder die Sechs zu legen, sowie der von ihr erwartete Moment eintrat; und bald stellte ich fest, daß sie den Gang der kleinen Kupferzeiger, die ich in ihrer Gegenwart oft hatte kreisen lassen, gebannt verfolgte.

Sie hatte verstanden! ich sollte besser sagen: sie hatte erfaßt. Denn was ich ihr beigebracht hatte, war die Kenntnis der Stunde, vielmehr das Empfinden der Stunde, so wie man sie Karpfen beibringt – die indessen nicht das Hilfsmittel Uhr haben –, indem man ihnen täglich zur selben Zeit zu fressen gibt.

Als es dahin gelangt war, nahmen alle Instrumente der Uhrmacherkunst, die es im Hause gab, ihre Aufmerksamkeit in ausschließlicher Weise gefangen. Sie verbrachte ihre Zeit damit, sie anzustarren, auf sie zu horchen, die vollen Stunden zu erwarten. Es geschah sogar etwas ganz Drolliges. Als das Geläut einer hübschen Louis-Seize-Wanduhr, die über ihrem Bett hing, versagte, bemerkte sie es. Sie wartete seit zwanzig Minuten, das Auge auf dem Zeiger, daß das Geläut zehn Uhr ankündige. Aber als der Zeiger die Zahl überschritten hatte, schaute sie verblüfft, weil sie nichts gehört hatte, derart verblüfft, daß sie sich hinsetzte, offenbar von so heftigen Emotionen getroffen, wie sie uns angesichts großer Katastrophen erschüttern. Und sie hatte die erstaunliche Geduld, vor der kleinen Mechanik bis elf Uhr auszuharren, um zu sehen, was geschehen werde. Wiederum hörte sie natürlich nichts; da plötzlich, sei es von dem wilden Zorn gepackt, betrogen zu sein, sei es von der Furcht des erschrockenen Wesens vor einem unheimlichen Geheimnis, sei es von der wütenden Ungeduld der leidenschaftlichen Natur, die auf Widerstand trifft, nahm sie die Kaminzange und schlug mit solcher Kraft auf die Uhr ein, daß sie binnen einer Sekunde in Stücken lag.

Also funktionierte und kalkulierte ihr Gehirn, auf unerkenntliche Weise freilich und in einem sehr begrenzten Bereich, denn ich konnte sie nicht dazu bringen, daß sie die Personen ebenso unterschied wie die Stunden. Um eine Regung ihrer Intelligenz zu bewirken, mußte man an ihre Leidenschaften im materiellen Sinne des Wortes appellieren.

Dafür erhielten wir bald einen neuen Beweis, einen furchtbaren, leider!

Sie hatte sich prachtvoll entwickelt; sie war wirklich ein Urbild unserer Gattung, eine Art Venus, so bewunderungswürdig wie stumpf.

Sie war jetzt sechzehn Jahre alt, selten sah ich solche Vollkommenheit der Formen, solche Geschmeidigkeit und solche Regelmäßigkeit der Züge. Eine Venus, sagte ich, ja, eine blonde Venus, üppig, kraftvoll, mit großen Augen, hell und leer und blau wie Flachsblüten, und einem großen Mund mit runden Lippen, einem begehrlichen Mund, einem sinnlichen Mund zum Küssen.

Eines Morgens nun kam ihr Vater mit eigentümlicher Miene zu mir und begann, nachdem er sich gesetzt, ohne auch nur meinen Gruß zu erwidern:

›Ich muß etwas sehr Ernstes mit Ihnen besprechen ... Kann man ... kann man Berthe verheiraten?‹

Ich fuhr auf vor Staunen und rief: ›Berthe verheiraten? ... aber unmöglich!‹

Er versetzte: ›Ja ... ich weiß ... aber überlegen Sie, Doktor ... weil ... vielleicht ... wir hatten gehofft ... wenn sie Kinder bekäme ... es wäre eine große Erschütterung für sie, ein großes Glück und ... wer weiß, ob ihr Geist in der Mutterschaft nicht erwacht? ...‹

Ich war völlig baff: Das war wohl richtig. Es könnte sein, daß dieses so Neue, daß der wunderbare Mutterinstinkt, der im Herzen der Tiere ebenso lebt wie im Herzen der Frauen, der die Henne sich vor die Hundeschnauze werfen läßt, um ihre Küken zu verteidigen, einen Umschwung, eine Umwälzung in diesem stumpfen Hirn herbeiführen und den reglosen Mechanismus des Denkens in Gang setzen würde.

Ich entsann mich überdies sofort einer persönlichen Erfahrung. Ich hatte einige Jahre zuvor eine kleine Jagdhündin gehabt, die so dumm war, daß sich nichts mit ihr anfangen ließ. Sie bekam Junge und wurde von einem Tag auf den andern nicht eben intelligent, aber vielen wenig entwickelten Hunden nahezu gleichwertig.

Kaum war diese Möglichkeit mir aufgegangen, entstand in mir der Wunsch, Berthe zu verheiraten, nicht vordringlich aus Freundschaft für sie und ihre armen Eltern denn aus wissenschaftlicher Neugier. Was würde geschehen? Es war ein seltenes Problem!

So antwortete ich dem Vater:

›Vielleicht haben Sie recht … man könnte es versuchen … Versuchen Sie es … nur … nur … Sie werden keinen Mann finden, der darein willigt.‹

Halblaut antwortete er:

›Ich habe einen.‹

Ich war verblüfft. ›Jemand Geeigneten?‹ stammelte ich, ›… einen Mann Ihres … Ihres Standes? …‹

Er antwortete: ›Ja, so ist es.‹

›Ah! Und … darf ich seinen Namen wissen?‹

›Ich kam, um es Ihnen zu sagen und Sie um Rat zu fragen. Es ist Monsieur Gaston du Boys de Lucelles!‹

Fast hätte ich ausgerufen: Der Schurke!, aber ich unterdrückte es, und nach einer Weile Schweigen brachte ich hervor:

›Ja, sehr schön. Ich sehe kein Hindernis.‹

Der arme Vater drückte meine Hände: ›Wir verheiraten sie im kommenden Monat‹, sagte er.

Monsieur Gaston du Boys de Lucelles war ein Taugenichts aus guter Familie, der, nachdem er die väterliche Erbschaft durchgebracht und mit tausend undelikaten

Geschichten sich Schulden aufgehalst hatte, irgendein Mittel suchte, an neues Geld zu kommen.

Er hatte dieses gefunden.

Ein schöner Bursche sonst, gut beisammen, aber die verkommene, die widerwärtige Sorte Lebemann, wie die Provinz sie erzeugt; gleichwohl versprach ich mir einen unseren Zwecken genügenden Ehemann von ihm, dessen man sich nachher mittels einer Pension entledigen würde.

Er kam ins Haus, um vor dem schönen idiotischen Mädchen, das ihm übrigens zu gefallen schien, seinen Bückling zu machen und radzuschlagen. Er brachte Blumen, küßte ihr die Hände, setzte sich zu ihren Füßen und blickte sie mit zärtlichen Augen an; aber sie nahm keine Notiz von seinen Aufmerksamkeiten und unterschied ihn in nichts von den anderen um sie lebenden Personen.

Die Hochzeit hatte statt.

Sie verstehen, bis zu welchem Grad meine Neugier entzündet war.

Ich besuchte Berthe tags darauf, um ihrem Gesicht abzuschauen, ob irgend etwas in ihr sich gerührt hatte. Doch fand ich sie genauso wie alle Tage vorher einzig mit der Pendüle und dem Diner beschäftigt. Er hingegen schien von ihr äußerst eingenommen und suchte die Fröhlichkeit und Neigung seiner Frau durch Spielchen und Neckereien zu erregen, wie man sie mit jungen Katzen treibt.

Er war auf nichts Besseres gekommen.

Ich machte den Jungvermählten nun regelmäßige Besuche und stellte bald fest, daß die junge Frau ihren Mann erkannte und ihm die gierigen Blicke zuwarf, die sie bislang nur für süße Speisen gehabt hatte.

Sie folgte seinen Bewegungen, erkannte seinen Schritt auf der Treppe oder in den Nebenzimmern, klatschte in die Hände, wenn er eintrat, und eine Flamme tiefen Glücks und Begehrens erleuchtete ihr verwandeltes Gesicht.

Sie liebte ihn mit ihrem ganzen Leib, aus ganzer Seele, ihrer ganzen armen, kranken Seele, aus ganzem Herzen, dem ganzen armen Herzen eines dankbaren Tieres.

Wahrhaftig, es war ein wunderbares und naives Bild der ursprünglichen Leidenschaft, der fleischlichen und gleichwohl schamhaften Leidenschaft, so wie die Natur sie in ihren Geschöpfen angelegt hatte, bevor sie der Mensch um alle Stufungen des Sentiments komplizierte und entstellte.

Er aber wurde der schönen glühenden und stummen Kreatur bald satt. Er verbrachte nur noch wenige Stunden des Tages mit ihr, fand hinreichend, daß er ihr seine Nächte gab.

Und sie begann zu leiden.

Von früh bis spät wartete sie auf ihn und ließ die Augen nicht von der Wanduhr, wollte von keinen Mahlzeiten mehr wissen, denn er speiste immer auswärts, in Clermont, in Châtelguyon, in Royat, gleich wo, um nicht nach Hause zu müssen.

Sie magerte ab.

Jedes andere Denken, jeder andere Wunsch, jede andere Erwartung, jede andere noch so wirre Hoffnung schwanden aus ihrem Sinn; und die Stunden, da sie ihn nicht sah, wurden für sie Stunden grausamer Folter. Bald kam er auch zur Nacht nicht mehr nach Hause, sondern verbrachte die Abende im Casino von Royat mit Frauen und stellte sich erst in der Morgenfrühe ein.

Sie weigerte sich, schlafen zu gehen, bevor er da war. Reglos blieb sie auf einem Stuhl sitzen, die Augen unverwandt auf den kleinen Kupferzeigern, die langsam, langsam ihren regelmäßigen Weg rund um das fayencene Zifferblatt abschritten, wo die Stunden eingezeichnet standen.

Sie hörte den Trab seines Pferdes schon von weitem und schoß in die Höhe; und wenn er dann in ihr Zimmer trat, hob sie gleich einem Gespenst den Finger nach der Uhr, wie um ihm zu sagen: Sieh, wie spät es ist! Und er bekam es mit der Angst vor der liebenden und eifersüchtigen Idiotin; er wurde wütend wie alle Rohlinge. Eines Abends prügelte er sie.

Man holte mich. Heulend, in einer furchtbaren Krise von Schmerz, Zorn, Leidenschaft, was weiß ich, schlug sie um sich. Wer kann denn sagen, was in solchen rudimentären Hirnen vorgeht?

Ich beruhigte sie durch Morphiuminjektionen und verbot, daß sie diesen Mann wiedersah, weil ich begriff, daß die Ehe unfehlbar zu ihrem Tod geführt hätte.

Von da an wurde sie verrückt! Ja, mein Lieber, die Idiotin ist verrückt geworden. Immer denkt sie an ihn und wartet auf ihn. Sie wartet den ganzen Tag, die ganze Nacht, im Wachen, im Schlafen, zu dieser Stunde, unablässig. Als ich sah, wie sie magerer und magerer wurde und wie ihr beharrlicher Blick nicht mehr vom Zifferblatt der Uhren wich, ließ ich alle Zeitmesser aus dem Haus entfernen. Damit ist ihr die Möglichkeit genommen, die Stunden zu zählen und endlos in dunklen Erinnerungen zu suchen, um welche Zeit er früher nach Hause kam. Ich hoffe, die Erinnerung auf die Dauer in ihr abzutöten, jenen Schein von Denken, den ich mit so viel Mühe entzündet hatte, wieder auszulöschen.

Und neulich machte ich einen Versuch. Ich hielt ihr meine Uhr hin. Sie nahm sie, betrachtete sie eine Weile; dann fing sie auf das grausamste an zu schreien, als hätte der Anblick des kleinen Instrumentes ihr Gedenken, das bereits zu entschlummern begann, plötzlich wieder geweckt.

Mager ist sie jetzt, mager zum Erbarmen, mit hohlen, glasigen Augen. Und unaufhörlich geht sie herum wie ein Tier im Käfig.

Ich habe die Fenster vergittern, hohe Holzläden davorsetzen und die Stühle am Parkett befestigen lassen, damit sie nicht auf die Straße blicken kann, um zu sehen, ob er kommt!

Oh! die armen Eltern! Was müssen sie durchgemacht haben!«

Wir waren auf dem Hügel angelangt, der Doktor wandte sich und sagte: »Nun betrachten Sie Riom von hier.«

Die dunkle Stadt sah aus wie alle alten Städte. Dahinter dehnte sich, so weit das Auge reicht, eine grüne Ebene mit Wäldern, Dörfern und Städten, die in einem zartblauen Dunst verschwammen, der dem Bild Charme gab. In der Ferne, zu meiner Rechten, erstreckte sich eine hohe Bergkette mit einer Folge runder oder wie mit dem Säbel abgehauener Gipfel.

Der Doktor begann, die Namen der Dörfer und Berge herzusagen und mir die Geschichte der einen und der anderen zu erzählen.

Aber ich hörte nicht zu, meine Gedanken waren bei der Schwachsinnigen, ich sah nur sie. Es war, als schwebe sie gleich einem klagenden Geist über dem ganzen weiten Land.

Unvermittelt fragte ich:

»Was ist aus dem Mann geworden?«

Mein Freund, ein wenig verdutzt zuerst, antwortete nach kurzem Zögern: »Er lebt in Royat von der Pension, die man ihm ausgesetzt hat. Es geht ihm gut, er feiert seine Freiheit.«

Als wir, beide betrübt und wortkarg, langsam den Weg zurückgingen, kam hinter uns ein Tilbury und zog im hurtigen Trab eines Vollbluts an uns vorüber.

Der Doktor faßte mich am Arm.

»Das ist er«, raunte er.

Ich sah nur einen grauen Filzhut, schräg auf einem Ohr, und breite Schultern in einer Staubwolke entschwinden.

Bombard

SIMON Bombard fand das Leben oft böse! Er war mit einer unglaublichen Eignung zum Nichtstun und dem vordringlichen Wunsch geboren, diese Berufung nicht zu durchkreuzen. Jegliche moralische oder körperliche Anstrengung, jegliche um einer Pflicht willen vollbrachte Bewegung ging über seine Kräfte. Sowie er von ernsthaften Dingen sprechen hörte, irrte sein Geist ab, zu einer Straffung oder auch bloßer Aufmerksamkeit außerstande.

Da aber seine Eltern stetig näher dem Konkurs als dem großen Reichtum blieben, litt er fürchterlich unter Geldknappheit.

Groß, feist, ein schmucker Bursche, schon mit Bauchansatz, mit roten Favoris nach Normannenart, blühenden Farben, die Augen blau, dumm und lustig, kleidete er sich mit der schreienden Eleganz des Kleinstädters zum Feiertag. Er lachte, schrie, gestikulierte bei jedem Wort und verbreitete seine lautstarke gute Laune mit der Selbstsicherheit eines Handlungsreisenden. Für ihn war das Leben einzig zum Nachtbummeln und Scherzen da, und sobald er seiner krakeeligen Vergnügtheit Zügel anlegen mußte, verfiel er in eine Art stumpfsinniges Dösen, denn sogar zum Traurigsein war er nicht imstande.

Da der Geldmangel ihm keine Ruhe ließ, gab er oft den unter seinen Kameraden berühmt gewordenen Satz von sich: »Für zehntausend Francs Rente könnt ich Henker werden.«

Nun fuhr er jedes Jahr auf vierzehn Tage nach Trouville, was er »seine Saison machen« nannte.

Er quartierte sich bei Vettern ein, die ihm eine Kammer abließen, und vom Tag seiner Ankunft bis zum Abreisetag spazierte er die Steige, die den langen Sandstrand säumen, auf und ab.

Die Hände in den Taschen oder auf dem Rücken, ging er mit selbstsicherem Schritt, immer in weiten Kleidern, hellen Westen und grellen Krawatten, den Hut auf dem Ohr und die Ein-Sou-Zigarre im Mundwinkel.

Und wie er so ging, streifte er die eleganten Frauen, musterte abschätzig die Männer, als toller Kerl, der allemal eine Prügelei riskiert, und suchte ... suchte ... denn er suchte.

Eine Frau suchte er, seines Aussehens und seiner Leiblichkeit gewiß.

Zum Teufel, hatte er sich gesagt, bei dem Haufen Frauen, die da kommen, muß sich doch schließlich finden lassen, was ich brauche! Und er suchte mit der Witterung eines Jagdhunds, der Witterung des Normannen, überzeugt, daß er auf den ersten Blick diejenige herauskennen werde, die ihn reich machen sollte.

Es war an einem Montagmorgen, als er zu sich sagte: »Da sieh. – Sieh. – Sieh.«

Es war prächtiges Wetter, ein Wetter gelb und blau, ein Juliwetter, da es sozusagen Hitze regnete. Der große Strand voller Menschen, Toiletten, Farben sah aus wie ein Garten der Frauen; und die Fischerboote mit den braunen Segeln, die fast reglos auf dem blauen Wasser lagen, das sie von oben bis unten spiegelte, schienen unter der heißen Zehn-Uhr-Sonne zu schlafen. Da lagen sie vor der hölzernen Mole, die einen ganz nahe, die anderen weiter weg, andere noch weiter, ohne sich zu rühren, wie von der Trägheit des Sommertags überwältigt, zu faul, um aufs offene Meer zu ziehen oder auch nur in den Hafen heimzukehren. Und fern erkannte man, undeutlich im Dunst, die Küste von Le Havre mit zwei weißen Spitzen auf dem Gipfel, den Leuchttürmen von Sainte-Adresse.

Sieh, sieh, sieh! hatte er sich gesagt, da begegnete er ihr zum drittenmal und fühlte ihren Blick auf sich, den Blick einer reifen, erfahrenen und mutigen Frau, die sich anbietet.

Schon an den Tagen zuvor hatte er sie bemerkt, denn auch sie schien auf der Suche. Es war eine ziemlich lange Engländerin, ein bißchen mager, die verwegene Engländerin, die Reisen und Lebensumstände zu einer Art Mann gemacht haben. Dabei war sie nicht übel, ging forsch, in straffem Schritt, einfach gekleidet, nüchtern sogar, aber einen tollen Kopfputz trug sie wie alle ihre Landsmänninnen. Sie hatte ziemlich schöne Augen, vorspringende Backenknochen, die ein bißchen zu rot, und Zähne, die zu lang waren und immer im Wind standen.

Als er in Hafennähe kam, machte er schnell kehrt, um zu sehen, ob er ihr nicht noch einmal begegnen werde. Er begegnete ihr und warf ihr einen flammenden Blick zu, einen Blick, der besagte: Da bin ich!

Aber wie sie nun ansprechen?

Zum fünften Mal hatte er kehrtgemacht und war sie ihm wieder entgegengekommen, da ließ sie ihren Sonnenschirm fallen.

Er stürzte herzu, hob ihn auf und reichte ihn ihr:

»Bitte sehr, Madame …«

»Aoh, Sie sind überaus liebensuürdig«, antwortete sie.

Und sie sahen sich an. Sie wußten sich mehr nicht zu sagen. Aber rot war sie geworden.

Da faßte er sich ein Herz und sagte:

»Schönes Wetter heute.«

Sie murmelte:

»Aoh, uundervoll!«

Und sie blieben weiter voreinander stehen, verlegen, aber einer wie der andere ohne jeden Gedanken fortzugehen. Sie hatte die Kühnheit, ihn zu fragen:

»Ueilen Sie lange in dieser Gegend?«

Lächelnd antwortete er:

»Oh, ja, so lange, wie ich will!«

Brüsk schlug er vor:

»Wollen Sie mit zur Mole kommen? Dort ist es hübsch an solchen Tagen!«

Sie sagte einfach:

»Ish uill gerne.«

Und sie gingen Seite an Seite, sie in ihrem straffen, geraden Schritt, er schaukelnd wie ein Truthahn, der sein Rad schlägt.

Drei Monate später wurde den Kaufleuten von Caen eines Morgens ein großer weißer Brief zugesandt, der lautete:

»Monsieur und Madame Prosper Bombard geben sich die Ehre, Ihnen die Verehelichung ihres Sohnes Simon Bombard mit der verwitweten Madame Kate Robertson bekanntzugeben.«

Und auf der Rückseite stand:

»Madame Kate Robertson gibt sich die Ehre, Ihnen ihre Verehelichung mit Monsieur Simon Bombard bekanntzugeben.«

Sie nahmen Wohnung in Paris.

Das Vermögen der Gattin belief sich auf netto fünfzehntausend Francs Rente; Simon verlangte vierhundert Francs pro Monat für seine persönliche Schatulle. Er mußte beweisen, daß seine Zärtlichkeit dies Opfer wert war; er bewies es mit Leichtigkeit und bekam, was er wollte.

In der ersten Zeit ging alles gut.

Die junge Madame Bombard war freilich nicht mehr jung, und ihre Frische hatte Einbußen erlitten; doch hatte sie eine Art, das Ihre zu fordern, daß man es ihr nicht verweigern konnte.

Sie sagte in ihrem eigenwilligen und tiefernsten englischen Tonfall: »Oh! Simon, uir uollen schlafen gehen«, daß Simon zu Bette ging wie ein Hund, dem man befiehlt: Kusch, in die Hütte! Und sie verstand in allem, bei Tag wie bei Nacht, auf eine Weise zu wollen, daß jeglicher Widerstand brach.

Sie wurde nicht böse; sie machte keine Szenen; sie keifte nie; sie zog nie eine gereizte oder beleidigte oder gekränkte Miene. Sie verstand zu reden, weiter nichts; und sie redete ohne Umschweife in einem Ton, daß keine Gegenrede aufkam.

Mehr als einmal war Simon versucht zu zögern; doch gab er den gebieterischen, knappen Wünschen dieser merkwürdigen Frau schließlich immer nach.

Indessen fand er die ehelichen Küsse einförmig und mager, und weil er Geld in der Tasche hatte, sich dickere zu kaufen, leistete er sich deren bald zur Genüge, unter tausend Vorsichtsmaßregeln freilich.

Madame Bombard kam dahinter, ohne daß er erriet, wie; und eines Abends verkündete sie ihm, sie habe ein Haus in Mantes gemietet, wo sie künftig leben würden.

Das Dasein wurde härter. Er versuchte es mit diesen und jenen Zerstreuungen, die aber das Verlangen nach weiblichen Eroberungen, das ihm zusetzte, nicht stillten.

Er angelte, kannte sämtliche Wasser, die der Gründling liebt, die der Karpfen oder die Plötze bevorzugen, kannte die von der Brasse begünstigten Ufer und alle Arten Köder für die verschiedenen Fische.

Doch wenn er seinen Schwimmer im Wasserlauf zittern sah, spukten ihm andere Visionen durch den Sinn.

Er befreundete sich mit dem Bürochef der Unterpräfektur und dem Gendarmeriehauptmann; und abends spielten sie Whist im Café du Commerce, aber während sein trübes Auge die Kreuzkönigin oder die Karodame entkleidete, brachte das Problem der fehlenden Beine an diesen zweiköpfigen Gestalten die Bilder in seinem Kopf völlig in Aufruhr.

Also faßte er einen Plan, einen echten, schlauen Normannenplan. Er veranlaßte, daß seine Frau eine Bonne nahm, die ihm gefiel; kein schönes Mädchen etwa, kein kokettes, hübsch geputztes, sondern eine derbe, rote, vierschrötige Person, die keinen Verdacht erwecken konnte und die er mit aller Sorgfalt für seine Zwecke vorbereitet hatte.

Sie wurde ihnen ihm Vertrauen vom Direktor des Zollamts, einem Komplizen und gefälligen Freund, überlassen, der sich in jeder Hinsicht für sie verbürgte. Und Madame Bombard nahm guten Glaubens den Schatz, den man ihr bot.

Simon wurde glücklich, glücklich mit aller Vorsicht, in aller Furcht und unter unglaublichen Schwierigkeiten.

Er stahl der unruhigen Wachsamkeit seiner Frau nur kurze Augenblicke hier und da, und ohne innere Ruhe.

Er suchte einen Trick, einen Einfall; und schließlich kam er drauf, und der glückte auch vollkommen.

Madame Bombard, die nichts zu tun hatte, ging frühzeitig zu Bett, während Bombard, der im Café du Commerce Whist spielte, jeden Abend um Punkt halb zehn nach Hause kam. Er hatte sich nun ausgedacht, daß Victorine im Hausflur, auf den Treppenstufen, im Dunkeln auf ihn warte.

Er hatte höchstens fünf Minuten Zeit, denn es war stets mit einer Überraschung zu rechnen; aber fünf Minuten dann und wann genügten letztlich seiner Glut, und für sein Vergnügen war er spendabel: er steckte der Magd, die darauf ganz schnell nach ihrer Bodenkammer hochstieg, einen Louisdor in die Hand.

Und er kicherte, triumphierte in sich hinein, er wiederholte sich lauthals, wie der Barbier von König Midas im Schilf, wenn er am Fluß den Weißfisch fing:

»Reingefallen, Gnädigste.«

Und das Vergnügen, Madame Bombard hereinzulegen, wog für ihn ganz bestimmt alles auf, was an seiner Mieteroberung unvollkommen und unzureichend war.

Eines Abends nun fand er Victorine wie üblich im Treppenhaus, doch kam sie ihm lebhafter, beseelter vor als üblich, und er verweilte an zehn Minuten bei dem Stelldichein im Flur.

Als er das eheliche Schlafzimmer betrat, war Madame Bombard nicht zu sehen. Er fühlte, wie ein großer kalter Schauder ihm über den Rücken glitt, und sank vor Ängsten auf einen Stuhl.

Sie erschien mit einem Leuchter in der Hand.

Zitternd fragte er:

»Warst du draußen?«

Ruhig antwortete sie:

»Ish uar in die Küche, ein Glas Uasser trinken.«

Er gab sich große Mühe, den Argwohn, den sie haben könnte, zu beschwichtigen; doch sie schien unbesorgt, glücklich, vertrauensvoll; und er beruhigte sich wieder.

Anderntags, als sie das Speisezimmer zum Mittagessen betraten, stellte Victorine die Koteletts auf den Tisch.

Wie sie sich aufrichtete, hielt ihr Madame Bombard einen Louisdor hin, den sie delikat mit zwei Fingern gefaßt hatte, und sagte in ihrem ruhigen, tiefernsten Ton:

»Hier, mein Kind, haben Sie die zuanzig Francs, um die ish Sie gestern abend brachte. Ish ersetze sie Ihnen.«

Und sprachlos nahm die Bonne das Goldstück, auf das sie mit blöder Miene glotzte, während der erschrockene Bombard aus riesigen Augen seine Frau anstarrte.

Das Geständnis

Ganz Véziers-le-Réthel hatte am Leichenzug und an der Beerdigung von Monsieur Badon-Leremincé teilgenommen, und die letzten Worte der Grabrede des Abgesandten der Präfektur waren in aller Gedächtnis geblieben: »Wir sind ärmer um einen Ehrenmann!«

Ein Ehrenmann war er in all seinem wahrnehmbaren Tun und Lassen gewesen, in seinen Worten, seinem Beispiel, seiner Haltung, seinem Auftreten, seinen Unternehmungen, im Schnitt seines Bartes und in der Form seiner Hüte. Nie hatte er einen Satz gesprochen, der nicht ein Exempel enthielt, nie ein Almosen gespendet, ohne es mit einem guten Rat zu begleiten, nie die Hand gereicht, ohne daß er gleichsam einen Segen zu erteilen schien.

Er hinterließ zwei Kinder: einen Sohn und eine Tochter; sein Sohn war Generalrat, seine Tochter, die einen Anwalt, Monsieur Poirel de La Voulte, geehelicht hatte, spielte die erste Geige in Véziers.

Sie waren untröstlich über den Tod ihres Vaters, denn sie liebten ihn aufrichtig.

Nach der Feierlichkeit kehrten sie in das Haus des Verstorbenen zurück, und nachdem sie sich zu dritt eingeschlossen hatten, der Sohn, die Tochter und der Schwiegersohn, öffneten sie das Testament, das von ihnen allein und erst, nachdem sein Sarg in die Erde gebettet war, eröffnet werden sollte. Ein Vermerk auf dem Umschlag bekundete diesen Willen.

Monsieur Poirel de La Voulte, der in solchen Operationen geübte Anwalt, riß das Papier auf, und nachdem er seine Brille vor den Augen geradegerückt hatte, verlas er mit seiner klanglosen, zur detaillierten Darlegung von Kontrakten geschaffenen Stimme:

»Meine Kinder, meine lieben Kinder, ich könnte nicht ruhig sein in meinem ewigen Schlaf, wenn ich euch von der anderen Seite des Grabes her nicht ein Geständnis ablegte, das Geständnis eines Verbrechens, für das ich mein Leben lang büßen sollte. Ja, ich habe ein Verbrechen begangen, ein furchtbares, abscheuliches Verbrechen.

Ich war damals sechsundzwanzig Jahre alt und debütierte im Anwaltsstand zu Paris, wo ich das Leben eines verlorenen jungen Provinzlers ohne Bekanntschaften, ohne Freunde, ohne Verwandte führte.

Ich nahm mir eine Geliebte. Wie viele Leute entrüsten sich bei dem bloßen Wort ›Geliebte‹, aber es gibt Menschen, die nicht allein leben können. Zu diesen gehöre ich. Mich erfüllt die Einsamkeit mit einer grausigen Angst, die Einsamkeit in der Behausung, des Abends am Feuer. Mir ist dann, als wäre ich allein auf der Welt, furchtbar allein, von dunklen Gefahren, unbekannten, schrecklichen Dingen umdroht; und die Wand, die mich vom Nachbarn trennt, den ich nicht kenne, macht ihn mir ferner als die Sterne, die ich von meinem Fenster sehe. Eine Art Fieber befällt mich, ein Fieber der Unrast und Furcht; und das Schweigen der Wände flößt mir Entsetzen ein. Das Schweigen eines Zimmers, darin man alleine lebt, ist so tief und so traurig! Es ist nicht nur das Schweigen, das man um den Körper, sondern das man um die Seele verspürt, und wenn ein Möbel knackt, zuckt man zusammen bis ins Herz, denn in solch trübseligen Räumen ist man auf kein Geräusch gefaßt.

Wie oft habe ich, entnervt, beängstigt durch diese stumme Reglosigkeit, zu reden angefangen, laut zu reden, Worte ohne Sinn, nur um ein Geräusch zu machen. Dann hörte sich meine Stimme mir so fremd an, daß ich selbst davor erschrak. Gibt es etwas Kläglicheres, als allein mit sich in einem leeren Haus zu reden? Die Stimme scheint die eines andern, eines Unbekannten zu sein, der grundlos spricht, ohne ein Ohr, ihn zu hören, denn ehe sie in die einsame Wohnung fallen, weiß man die Worte, die dem Munde entschlüpfen werden. Und wenn sie unheimlich in der Stille ertönen, sind sie nur mehr ein Echo der Worte, die in Gedanken, ganz im geheimen gesprochen waren.

Ich nahm mir eine Geliebte, ein junges Mädchen, wie all die jungen Mädchen, die in Paris von einer Arbeit leben, die sie nicht ernährt. Sie war sanft, gut und schlicht; ihre Eltern wohnten in Passy. Von Zeit zu Zeit blieb sie ein paar Tage bei ihnen.

Ein Jahr lebte ich ganz ruhig mit ihr, dabei gewillt, sie zu verlassen, sobald ich eine junge Person gefunden hätte, die mir hinreichend gefiele, um sie zu heiraten. Der anderen gedachte ich dann eine kleine Rente auszusetzen, da man in unserer Gesellschaft gehalten ist, die Liebe einer Frau zu bezahlen, mit Geld, wenn sie arm, mit Geschenken, wenn sie reich ist.

Eines Tages aber kündigte sie mir an, sie sei schwanger. Ich war niedergeschmettert und überschaute in Sekundenschnelle die ganze Katastrophe meiner Existenz. Ich sah die Kette, die ich bis an mein Lebensende zu schleppen hätte, überall, in meiner zukünftigen Familie, im Alter, unaufhörlich: die Kette der durch das Kind an mein Leben gefesselten Frau, die Kette des Kindes, das es aufzuziehen, zu hüten, zu schützen gälte, und dies, indem ich mich vor ihm verstecken und das Kind vor der Gesellschaft verstecken müßte. Mein Gemüt war durch diese Nachricht in Aufruhr geraten, und ein dunkler Wunsch, den ich nicht in Worte faßte, den ich aber im Herzen spürte, bereit, sich zu enthüllen – wie ein hinter Türen lauernder Mann, der nur unserer Aufforderung hervorzutreten harrt –, ein verbrecherischer Wunsch trieb am Grunde meines Denkens! Könnte nicht ein Unfall geschehen? So viele dieser kleinen Kreaturen sterben ja, noch ehe sie geboren werden!

Oh, ich wünschte nicht meiner Geliebten den Tod. Das arme Mädchen hatte ich wirklich gern! Aber dem anderen Wesen wünschte ich wohl den Tod, bevor ich es gesehen hatte.

Es wurde geboren. In mein kleines Junggesellenheim bekam ich eine Familie, ein Provisorium mit Kind, etwas Abscheuliches. Es war wie alle Neugeborenen. Ich mochte es nicht. Ein Vater liebt erst später. Er hat die instinktive, heiße Zärtlichkeit der Mütter nicht; seine Zuneigung muß wohl allmählich erst erwachen, sein Geist durch die Bande sich verhaften, die mit jedem Tag zwischen den gemeinsam Lebenden entstehen.

Noch ein Jahr verrann: ich floh meine zu kleine Wohnung, wo Wäsche, Windeln, Strümpfe, lang wie ein Handschuh, wo tausend Dinge aller Art auf Möbeln, Sessellehnen, überall herumlagen. Ich floh vornehmlich, um es nicht schreien zu hören; denn es schrie bei jeder Gelegenheit: wenn man seine Windeln wechselte, wenn man es wusch, wenn man es berührte, wenn man es schlafen legte, wenn man es hochnahm, immer.

Ich hatte einige Bekanntschaften gewonnen und begegnete in einem Salon derjenigen, die eure Mutter werden sollte. Ich verliebte mich in sie, und in mir entstand der Wunsch, sie zu heiraten. Ich machte ihr den Hof; ich hielt um ihre Hand an; man gab sie mir.

Und ich sah mich in der Falle: das junge Mädchen, das ich anbetete, zu heiraten, indem ich mein Kind verschwieg – oder die Wahrheit zu gestehen und auf sie, auf das Glück, die Zukunft, auf alles zu verzichten, denn ihre Eltern, sittenstrenge und skrupulöse Leute, hätten sie mir nicht gegeben, wenn sie davon gewußt hätten.

Ich verbrachte einen furchtbaren Monat in Ängsten, moralischen Qualen; einen Monat, da tausend schlimme Gedanken mich zernagten; und ich fühlte, wie der Haß gegen meinen Sohn in mir wuchs, gegen dieses kleine Stück lebendigen, schreienden Fleisches, das mir im Wege war, das mein Leben zerschnitt, mich zu einer Existenz ohne Erwartung, ohne all die schönen Hoffnungen, die den Zauber der Jugend ausmachen, verdammte.

Da nun erkrankte die Mutter meiner Freundin, und ich blieb mit dem Kind allein.

Es war Dezember. Bittere Kälte herrschte. Welch eine Nacht! Meine Geliebte war vor kurzem aufgebrochen. Ich hatte allein in meinem schmalen Speisezimmer zu Abend gegessen und betrat leise die Kammer, wo der Kleine schlief.

Ich setzte mich in den Sessel am Feuer. Der Wind blies, daß die Fensterscheiben knackten, scharfer Frostwind, und durchs Fenster sah ich die Sterne in dem harten Licht glitzern, das sie in Eisnächten haben.

Wieder stahl sich die Obsession, die mich seit einem Monat durchbebte, in meinen Kopf. Sowie ich still saß, kam sie über mich, machte sich in mir breit und höhlte mich aus. Sie fraß sich in mich hinein, wie fixe Ideen fressen, wie wohl der Krebs das Fleisch aufzehrt. Sie war in meinem Kopf, in meinem Herzen, in meinem ganzen Leibe, schien mir; und sie verschlang mich wie ein Tier. Ich wollte sie verjagen, sie wegstoßen, meine Gedanken anderen Dingen, neuen Hoffnungen zuwenden, wie man des Morgens dem frischen Wind die Fenster öffnet, um die verdorbene Luft der Nacht zu vertreiben; aber ich konnte sie mir nicht einmal für Sekunden aus dem Kopfe schlagen. Ich weiß nicht, wie ich diese Folter in Worte fassen soll. Sie zerfetzte mir die Seele; und ich fühlte mit gräßlichem Schmerz, mit einem echten körperlichen und moralischen Schmerz, einen jeden ihrer Bisse.

Meine Karriere war zu Ende. Wie sollte ich aus dieser Situation herausfinden? Wie zurückweichen, wie gestehen?

Und ich liebte diejenige, die eure Mutter werden sollte, mit einer Leidenschaft, die sich durch das unüberwindliche Hindernis nur noch hitziger steigerte.

In mir wuchs ein schrecklicher Zorn, er drückte mir die Kehle ab, ein Zorn, der an Wahnwitz grenzte ... an Wahnwitz, ja! Ich war unzurechnungsfähig an jenem Abend!

Das Kind schlief. Ich stand auf und sah ihm zu. Dieser Mißling, diese Larve, dieses Nichts war es, das mich zu unwiderruflichem Unglück verurteilte.

Es schlief mit offenem Munde, warm eingehüllt in seine Decken, in seiner Wiege, dicht bei meinem Bett, wo ich keinen Schlaf finden würde!

Wie konnte ich tun, was ich tat? Weiß ich es? Welche Kraft trieb mich, von welcher bösen Macht war ich besessen? Oh! die Versuchung des Verbrechens kam, ohne daß sie sich mir angekündet hätte. Ich entsinne mich nur, daß mein Herz schrecklich klopfte. Es klopfte so laut, daß ich es hörte wie Hammerschläge hinter einer Wand. Nur das erinnere ich! wie mein Herz klopfte! In meinem Kopf war eine sonderbare Wirrsal, ein Aufruhr, eine wilde Flucht jeglicher Vernunft, jeglicher kühlen Überlegung. Ich befand mich in einer solchen Verwirrung und Halluzination, wie sie den Menschen in jenen Stunden beherrschen, da er seiner Handlungen sich nicht mehr bewußt ist, seinen Willen nicht mehr zu lenken vermag.

Sacht hob ich die Decken, die den Körper meines Kindes bargen; ich warf sie ans Fußende der Wiege und sah es ganz nackt daliegen. Es erwachte nicht. Da ging ich leise, ganz leise zum Fenster und öffnete es.

Die Eisluft brach herein wie ein Mörder, so kalt, daß ich zurückwich; und beide Kerzen flackerten. Und ich blieb am Fenster und wagte nicht, mich umzuwenden, als wollte ich nicht sehen, was hinter mir geschah, und fühlte immerzu über Stirn, Wangen, Hände die eindringende tödliche Luft streichen. Das ging lange so.

Ich dachte nicht, ich überlegte nicht. Plötzlich jagte ein kleines Husten mir einen grausigen Schauder über den ganzen Leib, einen Schauder, den ich noch in diesem Augenblick in den Haarwurzeln fühle. Und mit überstürzter Bewegung schlug ich die beiden Fensterflügel zu und wandte mich, lief zu der Wiege.

Das Kind schlief noch immer mit offenem Mund, ganz nackt. Ich berührte die Beine; sie waren eiskalt, und ich deckte sie wieder zu.

Plötzlich rührte sich mein Herz, wurde weich, füllte sich mit Zärtlichkeit, Mitleid, Liebe für das arme unschuldige Wesen, das ich hatte töten wollen. Lange küßte ich die feinen Härchen: dann setzte ich mich wieder vors Feuer.

Mit Verblüffung, mit Grauen dachte ich an das, was ich getan hatte, fragte mich, woher solche Stürme der Seele rühren, da der Mensch jeglichen Begriff der Dinge, jegliche Herrschaft über sich selbst verliert und in einer Art panischem Rausch handelt, ohne zu wissen, was er tut, ohne zu wissen, wohin er gerät, wie ein Schiff im Sturm.

Wieder hustete das Kind, und es zerriß mich bis ins Herz. Wenn es sterben müßte! mein Gott! mein Gott! was sollte dann aus mir werden?

Ich stand auf, um nach ihm zu sehen, und beugte mich, eine Kerze in der Hand, über es. Ich sah es ruhig atmen, beschwichtigte mich, da hustete es zum drittenmal; und ich fühlte einen solchen Schock, ich machte einen solchen Satz rückwärts, wie wenn der Anblick von etwas Furchtbarem uns entsetzt, daß ich die Kerze fallen ließ.

Ich hob sie auf, da spürte ich, daß meine Schläfen in Schweiß standen, jenem zugleich heißen und eisigen Schweiß, wie ihn Todesängste hervortreiben, so als dringe etwas von dem furchtbaren moralischen Leiden, von dieser unsäglichen Peinigung, die tatsächlich brennt wie Feuer und kältet wie Eis, durch Knochen und Haut des Schädels nach außen.

Und ich saß bis zum Morgen über meinen Sohn gebeugt, beruhigte mich, wenn er lange Zeit still blieb, und wurde von grauenvollen Schmerzen durchschnitten, wenn ein dünner Husten aus seinem Munde brach.

Er erwachte mit roten Augen, rasselndem Atem, leidendem Gesicht.

Als meine Wirtschafterin kam, schickte ich schnell nach einem Arzt. Er kam eine Stunde später und fragte, nachdem er das Kind untersucht hatte:

›Hat es sich nicht erkältet?‹

Ich fing an zu zittern, wie sehr alte Menschen zittern, und stammelte:

›Nein, nein, ich glaube nicht.‹

Dann fragte ich:

›Was hat es? Ist es etwas Schlimmes?‹

›Ich weiß es noch nicht‹, antwortete er. ›Ich sehe heut abend wieder nach ihm.‹

Am Abend kam er.

Mein Sohn hatte fast den ganzen Tag in einem unbesieglichen Dämmern hingebracht, das dann und wann von Husten unterbrochen wurde.

In der Nacht stellte sich eine Lungenentzündung heraus.

Und sie dauerte zehn Tage. Ich kann nicht ausdrükken, was ich in den endlosen Stunden litt, die den Morgen vom Abend und den Abend vom Morgen trennten.

Er starb.

. . . .

Und seitdem ... seit jener Zeit hatte ich nicht eine Stunde, ja, nicht eine Stunde, ohne daß die qualvolle, brennende Erinnerung, die verschlingende Erinnerung, die unseren Geist, wenn sie ihn frißt, gleichsam zerwühlt, zerschleudert, in mir nicht wachte wie ein bissiges Tier im Käfig meiner Seele.

Oh, hätte ich wahnsinnig werden können! ...«

Monsieur Poirel de La Voulte setzte seine Brille mit der ihm eigenen Geste ab, wenn er die Lesung eines Kontraktes beendigt hatte; und die drei Erben des Toten blickten sich bleich und regungslos an, ohne ein Wort hervorzubringen.

Nach einer Minute sagte der Anwalt:

»Wir müssen das vernichten.«

Die beiden andern nickten stumm zum Zeichen des Einverständnisses. Er zündete eine Kerze an, trennte sorgfältig die Seiten mit dem gefährlichen Bekenntnis von den Seiten mit den finanziellen Verfügungen, dann hielt er sie über die Flamme und warf sie in den Kamin.

Und alle drei sahen zu, wie die weißen Blätter sich verzehrten. Bald bildeten sie nur mehr ein brüchiges schwarzes Geschiebe. Und da einzelne Buchstaben, sich nun weiß abzeichnend, noch erkennbar blieben, zertrat die Tochter mit der Fußspitze die dünne Kruste des verbrannten Papiers und mischte sie unter die alte Asche.

Dann starrten sie alle drei noch einige Zeit darauf nieder, als fürchteten sie, das verbrannte Geheimnis könne durch den Kamin auffliegen.

Revanche

Erste Szene

Monsieur de Garelle *allein, in einem Lehnstuhl*: Da bin ich in Cannes nun als Junggeselle, putzig. Ich bin Junggeselle! In Paris war mir das kaum bewußt. Auf Reisen sieht die Sache anders aus. Herrje, ich beklage mich nicht.

Und meine Gemahlin ist wieder verheiratet!

Ob er, mein Nachfolger, glücklich ist? Glücklicher als ich? Muß das ein Idiot sein, sie nach mir zu nehmen! Aber schließlich war ich nicht minder blöd, daß ich sie als erster nahm. Qualitäten hatte sie allerdings ... beträchtliche ... körperliche Qualitäten, aber ebenso gewichtige moralische Mängel.

Wie durchtrieben sie war, und wie verlogen, und wie kokett, und wie entzückend, für die andern, die nicht mit ihr verheiratet waren! Ob ich Hahnrei war? Verdammt die Tortur, sich das von früh bis spät zu fragen und nie Gewißheit zu erhalten!

Was habe ich nicht angestellt, um ihr aufzulauern, ohne je etwas herauszufinden. Nun, gleichviel – war ich Hahnrei, bin ich dank Naquet keiner mehr. Wie einfach so eine Scheidung ist! Mich hat sie eine Reitpeitsche zu zehn Francs und eine Steife im rechten Arm gekostet, ungerechnet das Vergnügen, eine Frau, die ich dringend des Betrugs verdächtigte, nach Herzenslust zu verprügeln.

War das eine Tracht! War das eine Tracht! ...

Lachend steht er auf und geht ein paar Schritte, dann setzt er sich wieder.

Allerdings fiel das Urteil zu ihren Gunsten und zu meinem Schaden aus – aber was für eine Tracht!

Jetzt verlebe ich den Winter als Junggeselle im Süden! So ein Glück! Ist es nicht herrlich, wieder in der ewigen Hoffnung auf die große Liebe unterwegs zu sein? Was wird mir wohl hier in diesem Hotel begegnen, oder auf der Croisette, oder auf der Straße vielleicht? Wo ist diejenige, die mich morgen lieben wird und die ich lieben werde? Wie mögen ihre Augen, ihre Lippen, ihre Haare, ihr Lächeln sein? Wie mag sie sein, die erste Frau, die ihren Mund mir entgegenhebt und die ich in die Arme schließe? Braun oder blond? groß oder klein? lustig oder ernst? füllig oder ...? Füllig muß sie sein!

Oh, wie tun mir alle leid, die den köstlichen Zauber der Erwartung nicht, oder nicht mehr, kennen. Die große Liebe, das ist die Unbekannte, die Erahnte, die Ersehnte, die mein Herz beunruhigt, ohne daß meine Augen ihre Gestalt kennen, und deren Verführungskraft um so größer wird, als sie alle erträumten Vollkommenheiten in sich vereinigt. Wo mag sie sein? In diesem Hotel? Hinter jener Tür? In einem der Zimmer dieses Hauses, ganz nah oder noch ganz fern? Was tut das, wenn ich sie nur begehre, wenn ich nur sicher bin, daß ich sie finde! Und bestimmt finde ich sie heut oder morgen, diese Woche oder die nächste, früher oder später; aber finden werde ich sie!

Und voll auskosten werde ich die wunderbare Lust des ersten Kusses, der ersten Liebkosungen, den ganzen Taumel der ersten verliebten Entdeckungen, das ganze Geheimnis des Unerforschten, das am ersten Tag nicht weniger bezaubernd ist als eine eroberte Jungfräulichkeit! Oh, die Tröpfe, die nicht von der wundervollen Erregung wissen, wenn man zum erstenmal den Schleier lüftet! Oh, die Tröpfe, die sich verehelichen … denn so einen Schleier … darf man nicht zu oft aufheben … vor demselben Schauspiel …

Sieh an, eine Frau! …

Eine Frau, elegant, fein, mit geschweifter Taille, geht hinten durch die Wandelhalle.

Junge, eine Taille hat die, und einen Gang! Versuchen wir, mehr zu erwischen … das Gesicht?

Sie kommt dicht an ihm vorüber, ohne ihn in seinem tiefen Sessel zu bemerken. Er murmelt:

Ach du Heiliger, es ist meine Frau! Meine Frau, oder vielmehr nein, die Frau von Chantever. Aber hübsch ist das Luder …

Ob ich Lust hätte, sie jetzt noch einmal zu heiraten? … Ah, sie hat sich hingesetzt und nimmt den »Gil Blas«. Ich stell mich tot.

Meine Frau! Wie seltsam mich das aufgeregt hat. Meine Frau! Genaugenommen ist sie seit einem Jahr, seit mehr als einem Jahr nicht mehr meine Frau … Ja, körperliche Qualitäten hatte sie … beträchtliche; Beine! Mich überläuft es, wenn ich nur daran denke. Und Brüste, wundervoll. Uff! In der ersten Zeit spielten wir Exerzieren – links – rechts – links – rechts – was für Brüste! Links wie rechts, eine wie die andere.

Aber was für ein Biest … im Moralischen.

Ob sie Liebhaber hatte? Was habe ich unter dem Zweifel gelitten! Schluß damit! das geht mich nichts mehr an.

Ich habe nie ein verführerischeres Wesen gesehen, wenn sie ins Bett kam. Sie hatte eine Art, draufzuhopsen und sich unter die Decke zu schmiegen …

Oh, ich sehe, ich verliebe mich wieder in sie …

Ob ich sie anspreche? … Aber was soll ich ihr sagen?

Womöglich schreit sie um Hilfe wegen der Tracht! Was für eine Tracht! Vielleicht war ich doch ein bißchen zu brutal?

Ob ich sie anspreche? Es wäre ulkig, und verdammt frech nach alledem. Zum Donner, ja, ich spreche sie an, und wenn ich wirklich Mumm habe … Wir werden ja sehen …

Zweite Szene

Er nähert sich der jungen Frau, die aufmerksam im »Gil Blas« liest, und sagt mit sanfter Stimme:

Erlauben Sie, Madame, daß ich mich in Erinnerung bringe?

Madame de Chantever hebt brüsk den Kopf, schreit auf und will flüchten. Er versperrt ihr den Weg und sagt demütig:

Sie haben nichts zu befürchten, Madame, ich bin nicht mehr Ihr Gatte.

MADAME DE CHANTEVER: Oh! Sie wagen es? Nach … nach allem, was geschehen ist?

MONSIEUR DE GARELLE: Ich wag es … und wag es nicht … Erklären Sie es sich, wie Sie wollen: Als ich Sie erkannte, konnte ich nicht anders und mußte Sie anreden.

MADAME DE CHANTEVER: Ich hoffe, damit ist dieser Scherz beendet?

MONSIEUR DE GARELLE: Es ist kein Scherz, Madame.

MADAME DE CHANTEVER: Dann eine Wette, falls es nicht pure Unverschämtheit ist. Immerhin ist ein Mann, der eine Frau schlägt, zu allem fähig.

MONSIEUR DE GARELLE: Sie sind hart, Madame. Sie sollten mir jedoch, meine ich, dies Betragen heute nicht mehr vorwerfen, das ich immerhin bedaure. Vielmehr, ich gesteh es, war ich Ihrerseits auf Dankbarkeit gefaßt.

Madame de Chantever *verblüfft*: Wie, sind Sie verrückt? oder machen Sie sich wie ein Grobian über mich lustig?

Monsieur de Garelle: Mitnichten, Madame, und da Sie es nicht begreifen, müssen Sie sehr unglücklich sein.

Madame de Chantever: Was meinen Sie damit?

Monsieur de Garelle: Wenn Sie mit demjenigen glücklich wären, der meinen Platz eingenommen hat, wüßten Sie mir Dank für die Gewalttat, die Ihnen diese neue Verbindung ermöglicht hat.

Madame de Chantever: Das heißt den Scherz zu weit treiben, Monsieur. Wollen Sie mich bitte allein lassen.

Monsieur de Garelle: Dennoch, Madame, denken Sie nach; wenn ich nicht die Niedertracht begangen hätte, Sie zu schlagen, würden wir unsere Ketten heute noch schleppen …

Madame de Chantever *verletzt*: Tatsächlich haben Sie mir damit einen Riesendienst erwiesen!

Monsieur de Garelle: Nicht wahr? Einen Dienst, der Besseres verdient als Ihren Empfang soeben.

Madame de Chantever: Mag sein. Aber Ihr Gesicht ist mir so unangenehm …

Monsieur de Garelle: Was ich von dem Ihren nicht sagen kann.

Madame de Chantever: Ihre Galanterien mißfallen mir ebenso wie Ihre Brutalitäten.

Monsieur de Garelle: Ich bitte Sie, Madame; Sie zu schlagen, habe ich kein Recht mehr: somit muß ich mich liebenswürdig zeigen.

Madame de Chantever: Das ist wenigstens offen. Aber wenn Sie wirklich liebenswürdig sein wollen, gehen Sie jetzt.

Monsieur de Garelle: So weit treibe ich den Wunsch, Ihnen zu gefallen, noch nicht.

Madame de Chantever: Was wollen Sie dann?

Monsieur de Garelle: Mein Unrecht gutmachen, indem ich eingestehe, daß ich unrecht hatte.

Madame de Chantever *entrüstet*: Wie! indem Sie eingestehen, daß Sie unrecht hatten? Verlieren Sie den Verstand? Sie haben mich mit Schlägen überfallen und fanden womöglich, Sie hätten sich gegen mich auf das beste der Welt betragen?

Monsieur de Garelle: Vielleicht!

Madame de Chantever: Wie, vielleicht?

Monsieur de Garelle: Also, ja, Madame. Sie kennen doch die Komödie »Der geprügelte und zufriedene Hahnrei«. Nun, war ich Hahnrei oder nicht, das ist die Frage! Jedenfalls aber sind Sie es, die geprügelt wurde und nicht zufrieden war ...

Madame de Chantever *sich erhebend*: Monsieur, Sie beschimpfen mich.

Monsieur de Garelle *lebhaft*: Bitte, hören Sie mir eine Minute zu. Ich war eifersüchtig, sehr eifersüchtig, was beweist, daß ich Sie liebte. Ich habe Sie geschlagen, was es noch kräftiger beweist, und schrecklich geschlagen, was es unumstößlich bewiesen hat. Wenn Sie nun treu waren und geschlagen wurden, sind Sie wahrhaftig zu beklagen, voll und ganz zu beklagen, ich gestehe es zu, und ...

Madame de Chantever: Beklagen Sie mich nicht.

Monsieur de Garelle: Wie meinen Sie das? Man kann es auf zwei Arten auslegen. Entweder soll es heißen, daß Sie mein Mitleid verschmähen, oder daß es unverdient ist. Wenn aber das Mitleid, dessen ich Sie würdig erachte, unverdient ist, waren die Schläge ... die schrecklichen Schläge, die Sie von mir erhielten, mehr als verdient.

Madame de Chantever: Legen Sie es aus, wie Sie wollen.

Monsieur de Garelle: Schön, ich verstehe. Also war ich dank Ihnen, Madame, ein Hahnrei.

Madame de Chantever: Das habe ich nicht gesagt.

Monsieur de Garelle: Sie geben es zu verstehen.

Madame de Chantever: Ich gebe zu verstehen, daß ich Ihr Mitleid nicht brauche.

Monsieur de Garelle: Spielen wir nicht mit Worten, und geben Sie offen zu, daß ich …

Madame de Chantever: Sprechen Sie dieses abscheuliche Wort nicht aus, das mich empört und anwidert.

Monsieur de Garelle: Ich erlasse Ihnen das Wort, aber bekennen Sie die Sache.

Madame de Chantever: Niemals. Es ist nicht wahr.

Monsieur de Garelle: Dann beklage ich Sie von ganzem Herzen, und der Vorschlag, den ich Ihnen machen wollte, ist gegenstandslos geworden.

Madame de Chantever: Was für ein Vorschlag?

Monsieur de Garelle: Es ist unnötig, ihn zu sagen, weil er nur Sinn hat, wenn Sie mich betrogen hätten.

Madame de Chantever: Gut, dann setzen Sie einen Augenblick den Fall, ich hätte Sie betrogen.

Monsieur de Garelle: Das genügt nicht. Ich brauche ein Geständnis.

Madame de Chantever: Ich gestehe es.

Monsieur de Garelle: Das genügt nicht. Ich brauche Beweise.

Madame de Chantever *lächelnd*: Da verlangen Sie zuviel.

Monsieur de Garelle: Nein, Madame. Ich wollte Ihnen, sagte ich, einen ernsten, einen ganz ernsten Vorschlag machen, ohne den ich Sie nicht so aufgesucht hätte nach alledem, was wir uns angetan haben, zunächst Sie mir, und dann ich Ihnen. Dieser Vorschlag, der für uns beide die ernsthaftesten Folgen haben könnte, ist wertlos, wenn Sie mich nicht betrogen hätten.

Madame de Chantever: Sie sind erstaunlich. Was verlangen Sie denn noch? Ich habe Sie betrogen, also?

Monsieur de Garelle: Ich verlange Beweise.

Madame de Chantever: Aber was für Beweise soll ich Ihnen geben? Ich habe keine bei mir, oder besser, ich habe keine mehr.

Monsieur de Garelle: Gleichviel, wo sie sind, ich brauche sie.

Madame de Chantever: Aber man hebt Beweise solcher Art nicht auf ... und ... sofern nicht in flagranti ... *Nach kurzem Schweigen:* Mir scheint, mein Wort dürfte Ihnen genügen.

Monsieur de Garelle *sich verneigend*: Dann sind Sie bereit, es zu beschwören?

Madame de Chantever *die Hand hebend*: Ich schwöre.

Monsieur de Garelle *ernst*: Ich glaube Ihnen, Madame. Und mit wem haben Sie mich betrogen?

Madame de Chantever: Oh! nun verlangen Sie aber wirklich zuviel.

Monsieur de Garelle: Es ist unerläßlich, daß ich seinen Namen erfahre.

Madame de Chantever: Es ist mir unmöglich, ihn zu nennen.

Monsieur de Garelle: Warum?

Madame de Chantever: Weil ich eine verheiratete Frau bin.

Monsieur de Garelle: Ja und?

Madame de Chantever: Und das Amtsgeheimnis?

Monsieur de Garelle: Richtig.

Madame de Chantever: Übrigens habe ich Sie mit Monsieur de Chantever betrogen.

Monsieur de Garelle: Das kann nicht sein.

Madame de Chantever: Warum nicht? ...

Monsieur de Garelle: Weil er Sie dann nicht geheiratet hätte.

MADAME DE CHANTEVER: Unverschämter! Und Ihr Vorschlag? ...

MONSIEUR DE GARELLE: Ist folgender: Da Sie soeben gestanden, daß ich, dank Ihnen, eines jener lächerlichen Wesen war – immer verhöhnt, was sie auch tun, komisch, wenn sie schweigen, und noch alberner, wenn sie zornig werden –, die man betrogene Ehemänner nennt, und da es, Madame, doch unstreitig ist, daß die paar Schläge mit der Reitpeitsche nicht im entferntesten die Kränkung und den Ehekummer aufwiegen, die ich durch Sie erlitten habe, ist es nicht minder unstreitig, daß Sie mir eine ernstlichere und andersgeartete Wiedergutmachung schulden, jetzt, da ich nicht mehr Ihr Ehemann bin.

MADAME DE CHANTEVER: Sie sind nicht bei Troste. Was meinen Sie?

MONSIEUR DE GARELLE: Ich meine, Madame, daß Sie mir heute jene bezaubernden Stunden zurückgeben sollten, die Sie, als ich Ihr Gatte war, mir stahlen, um sie weiß ich wem zu schenken.

MADAME DE CHANTEVER: Sie sind verrückt.

MONSIEUR DE GARELLE: Mitnichten. Ihre Liebe gehörte mir, nicht wahr? Ihre Küsse schuldeten Sie mir, alle Ihre Küsse, ausnahmslos. Ist das richtig? Sie aber zweigten mir einen Teil davon zu eines anderen Gunsten ab! Nun kommt es darauf an, kommt es mir darauf an, daß eine Rückerstattung erfolgt, eine Rückerstattung ohne Skandal, hübsch heimlich, so wie man es bei beschämendem Diebstahl zu tun pflegt.

MADAME DE CHANTEVER: Wofür halten Sie mich?

MONSIEUR DE GARELLE: Für die Gattin von Monsieur de Chantever.

MADAME DE CHANTEVER: Das ist wirklich zu stark.

MONSIEUR DE GARELLE: Mit Verlaub, derjenige, der mich betrog, nahm Sie doch auch für die Gattin von Monsieur de Garelle? Es ist nur gerecht, daß jetzt ich an die Reihe komme. Zu stark ist hier nur die Weigerung, das rückzuerstatten, was man rechtmäßig schuldet.

MADAME DE CHANTEVER: Und wenn ich ja sagte ... könnten Sie ...

MONSIEUR DE GARELLE: Aber gewiß.

MADAME DE CHANTEVER: Wozu haben wir uns dann aber scheiden lassen?

MONSIEUR DE GARELLE: Um unsere Liebe neu zu beleben.

MADAME DE CHANTEVER: Sie haben mich nie geliebt.

MONSIEUR DE GARELLE: Ich gebe Ihnen gleichwohl den Beweis des Gegenteils.

MADAME DE CHANTEVER: Welchen?

MONSIEUR DE GARELLE: Wie? Welchen? Wenn ein Mann verrückt genug ist, einer Frau vorzuschlagen, zuerst sie zu heiraten und danach ihr Liebhaber zu werden, beweist das, daß er sie liebt, oder ich kenne mich in der Liebe schlecht aus.

MADAME DE CHANTEVER: Oh, verwechseln wir die Dinge nicht! Eine Frau heiraten, das beweist Liebe oder Begehren, aber sie zur Geliebten nehmen, das beweist nichts ... als Verachtung. Im ersten Falle übernimmt man alle Lasten, alle Pflichten und alle Verantwortlichkeiten dieser Liebe; im zweiten Fall läßt man diese Bürden dem legitimen Eigentümer und behält sich nur das Vergnügen vor, einschließlich der Möglichkeit, an dem Tage zu verschwinden, da die Person aufhört, einem zu gefallen. Das eine läßt sich dem andern kaum vergleichen.

MONSIEUR DE GARELLE: Meine liebe Freundin, Sie argumentieren sehr schlecht. Wenn man eine Frau liebt, sollte man sie nicht heiraten; denn heiratet man sie, kann man gewiß sein, daß sie einen betrügen wird, wie Sie es mit mir taten. Den Beweis haben wir. Hingegen ist es unzweifelhaft, daß eine Geliebte ihrem Liebhaber mit all derselben Beharrlichkeit treu bleibt, die sie daransetzt, ihren Mann zu hintergehen. Stimmt das nicht? Wenn Sie wollen, daß eine Bindung zwischen einer Frau und Ihnen unlöslich werde, lassen Sie sie von einem anderen heiraten – denn die Ehe ist nur ein Faden, den man je nach Laune zerreißt – und werden Sie der Liebhaber dieser Frau: die freie Liebe ist eine Kette, die man nicht zerbricht. – Wir haben den Faden zerrissen, ich biete Ihnen die Kette.

MADAME DE CHANTEVER: Das klingt lustig. Aber ich lehne ab.

MONSIEUR DE GARELLE: Dann warne ich Monsieur de Chantever.

MADAME DE CHANTEVER: Wovor wollen Sie ihn warnen?

MONSIEUR DE GARELLE: Ich sage ihm, daß Sie mich betrogen haben.

MADAME DE CHANTEVER: Daß ich Sie betrogen habe … Sie …

MONSIEUR DE GARELLE: Ja, als Sie meine Frau waren.

MADAME DE CHANTEVER: Ja und?

MONSIEUR DE GARELLE: Er wird es Ihnen nicht verzeihen.

MADAME DE CHANTEVER: Er?

MONSIEUR DE GARELLE: Parbleu! Es ist nicht angetan, ihn zu versichern.

MADAME DE CHANTEVER *lachend*: Tun Sie das nicht, Henry.

Eine Stimme im Treppenhaus ruft »Mathilde«.

MADAME DE CHANTEVER *leise*: Das ist mein Mann! Leben Sie wohl.

MONSIEUR DE GARELLE *sich erhebend*: Ich führe Sie zu ihm und stelle mich vor.

MADAME DE CHANTEVER: Tun Sie das nicht.

MONSIEUR DE GARELLE: Sie werden ja sehen.

Madame de Chantever: Ich bitte Sie.

Monsieur de Garelle: Dann nehmen Sie die Kette an.

Die Stimme: Mathilde!

Madame de Chantever: Lassen Sie mich.

Monsieur de Garelle: Wo sehe ich Sie wieder?

Madame de Chantever: Hier – heute abend – nach dem Essen.

Monsieur de Garelle *ihr die Hand küssend*: Ich liebe Sie …

Sie läuft davon. Monsieur de Garelle kehrt seelenruhig zu seinem Lehnstuhl zurück und läßt sich hineinfallen.

Ja, wahrhaftig, die neue Rolle gefällt mir besser als die vorige. Weil sie charmant ist, höchst charmant, und noch viel charmanter, seit ich die Stimme von Monsieur de Chantever »Mathilde« rufen hörte, in jenem Ton des Besitzers, wie ihn Ehemänner haben.

Gerichtstag auf dem Land

Der Gerichtssaal von Gorgeville steht voll Bauern, die rings um den Raum unbeweglich der Verhandlungseröffnung harren.

Es sind große und kleine, rote dicke und dürre, die Apfelstämmen gleichen. Sie haben ihre Körbe zu Boden gestellt und warten still und stumm, vertieft in ihre Angelegenheiten. Sie haben ihre Gerüche nach Stall und Schweiß, nach saurer Milch und Dung mitgebracht. Fliegen summen unter der weißgeschlämmten Decke. Durch die offene Tür hört man die Hähne krähen.

Auf einer Art Estrade steht ein langer Tisch mit einem grünen Tuch darüber. Am äußersten linken Ende schreibt ein runzliger alter Mann. Am äußersten rechten Ende sitzt ein Gendarm steif auf seinem Stuhl und guckt in die Luft. Und an der kahlen Wand windet sich ein großer hölzerner Christus in einer Schmerzenspose, als böte er sein ewiges Leiden dar, um die Klagen dieser rohen Menschheit mit den tierischen Ausdünstungen noch zu unterstützen.

Endlich tritt der Friedensrichter ein. Er hat einen großen Bauch, blühende Farben und schüttelt im hurtigen Schritt des eiligen Dicken seinen weiten, schwarzen Talar: er setzt sich, legt sein Barett auf den Tisch und blickt mit einem Ausdruck tiefer Verachtung auf die Umstehenden.

Er ist ein Provinzgelehrter, der Schöngeist des Arrondissements, einer von denen, die Horaz übersetzen, sich an Voltaires kleinen Versen ergötzen und »Vert-Vert« ebenso auswendig kennen wie die schlüpfrigen Gedichtchen von Parny.

Er sagt laut und deutlich:

»Auf geht's, Monsieur Potel, rufen Sie mir die Kläger!«

Und lächelnd murmelt er:

»Quidquid tentabam dicere versus erat.«

Der Gerichtsschreiber hebt die kahle Stirn und schnarrt mit unverständlicher Stimme: »Madame Victoire Bascule gegen Isidore Paturon.«

Eine gewaltige Frau tritt vor, eine Dame vom Land, eine Dame des Kantonshauptortes, mit einem Schleifenhut, einer baumelnden Uhrkette, Ringen an den Fingern und Ohrringen, die wie brennende Lichter funkeln.

Der Friedensrichter grüßt sie mit einem vertraulichen Blick, in dem ein kleines Spottlachen blitzt, und sagt:

»Madame Bascule, tragen Sie Ihre Klage vor.«

Die Gegenpartei hat sich auf der andern Seite formiert. Sie besteht aus drei Personen. In der Mitte ein junger Bauer von fünfundzwanzig Jahren, pausbäckig wie ein Apfel und rot wie Klatschmohn. Rechts von ihm seine ganz junge Frau, mager und klein wie eine Cayenne-Henne, mit dünnem, plattem Kopf, den wie ein Hahnenkamm eine rosarote Haube krönt. Sie macht wundernde und zornige runde Augen und guckt von einer Seite wie ein Huhn. Links von dem Burschen steht sein Vater, ein krummer Alter, dessen schiefe Gestalt unter dem gestärkten Kittel verschwindet wie unter einer Glocke.

Madame Bascule erklärt:

»Herr Friedensrichter, fünfzehn Jahre sind es nun,

seit ich diesen Jungen bei mir aufgenommen habe. Ich habe ihn erzogen und geliebt wie eine Mutter, ich habe alles für ihn getan und einen Mann aus ihm gemacht. Er hat mir versprochen, hat mir geschworen, daß er mich nicht verlassen wird, sogar ein Schriftstück hat er mir darüber ausgestellt, vermittels desselben ich ihm ein kleines Stück Land, meinen Acker in Bec-de-Mortin, geschenkt habe, der seine sechstausend wert ist. Und jetzt kommt da so ein kleines Ding, so eine Kleine von Habenichts, so ein kleines Miststück …«

Der Friedensrichter: Mäßigen Sie sich, Madame Bascule.

Madame Bascule: So ein … ein … Sie verstehn, was ich meine, und hat ihm den Kopf verdreht, hat ihm ich weiß nicht was angetan, nein, ich weiß wirklich nicht … und er, der Dummkopf, der große Esel, geht und heiratet sie und bringt ihr mein Land in die Ehe, meinen Acker in Bec-de-Mortin … Also nein! Nein, nein, also! … Sehen Sie, ich hab das Schriftstück hier … Dann soll er mir mein Land wiedergeben. Wir haben ein gerichtliches Papier gemacht über das Land und ein privates Papier über die Freundschaft. Das eine ist so gut wie das andre. Jedem sein Recht, nicht wahr?

Sie streckt dem Friedensrichter ein offenes gestempeltes Schreiben hin.

Isidore Paturon: Das is gelogen.

Der Friedensrichter: Schweigen Sie. Sie reden erst, wenn Sie an der Reihe sind. *Er liest vor:*

»Ich, unterzeichneter Isidore Paturon, verspreche durch vorliegendes Schreiben meiner Wohltäterin, Madame Bascule, sie, so lange ich lebe, nicht zu verlassen und ihr ergeben zu dienen. Gorgeville, 5. August 1883.«

Statt einer Unterschrift steht ein Kreuz da; können Sie nicht schreiben?

Isidore: Nein, kann ich nich.

DER RICHTER: Haben Sie das Kreuz dahingesetzt?

ISIDORE: Nein, ich nich.

DER RICHTER: Wer hat es dann gemacht?

ISIDORE: Das war sie.

DER RICHTER: Können Sie beschwören, daß das Kreuz nicht von Ihnen stammt?

ISIDORE *mit größter Geschwindigkeit*: Bei dem Haupt von mein' Vater, mein' Mutter, mein' Großvater, mein' Großmutter und vom lieben Gott, welcher mich hört, schwör ich, daß es nich von mir is. *Er hebt die Hand und spuckt zur Bekräftigung seines Eides auf die Seite.*

DER FRIEDENSRICHTER *lachend*: In welchen Beziehungen standen Sie zu der hier anwesenden Madame Bascule?

ISIDORE: Gehurt hat se mit mir. *Gelächter im Publikum.*

DER RICHTER: Mäßigen Sie Ihre Worte. Wollen Sie sagen, daß Ihre Beziehungen nicht so rein waren, wie sie behauptet?

DER ALTE PATURON *ergreift das Wort*: Keine fünfzehn Jahre isser gewesen, keine fünfzehn Jahre, Herr Friedensrichter, wo se'n mir ausgeschweift hat …

DER RICHTER: Sie meinen, zur Ausschweifung verführt hat?

DER ALTE: Was weiß ich! Keine fünfzehn Jahre war er noch nich. Da hat se'n schon gut viere aufgezogen gehabt aufn Spieß und hat'n gestopft wie'n Masthuhn, daß er bald geplatzt is vor Fett, mit Verlaub zu sagen. Und wie se denn gemeint hat, die Zeit is reif, da hat se'n rangeführt …

DER RICHTER: Verführt … Und das haben Sie zugelassen?

DER ALTE: Na, ob die oder 'ne andre, kommen hat's ja doch müssen! …

DER RICHTER: Worüber beklagen Sie sich dann?

DER ALTE: Wegen nichts, oh! wegen nichts beklag ich

mich, wegen gar nichts! Bloß daß er se nich mehr will und daß er woll frei is. Ich verlang Schutz vom Gesetz.

Madame Bascule: Diese Leute überschütten mich mit Lügen, Herr Friedensrichter. Ich habe einen Mann aus ihm gemacht.

Der Richter: Richtig!

Madame Bascule: Und er verleugnet mich, er verläßt mich, er stiehlt mir mein Hab und Gut …

Isidore: Das is gelogen, Herr Richter. Ich hab weggewollt vor fünf Jahren, angesichts daß sie so fett geworden is, was mir nich behagt hat. Es hat mir eben nich gefallen, na und? Also, ich ihr gesagt, daß ich wegwill. Da fängt sie an und flennt wie 'ne Traufe und hat mir ihren Acker in Bec-de-Mortin versprochen, damit ich noch paar Jahre bleib, vier oder fünfe bloß noch. Ich, na, ich hab ja gesagt, Mann! Was hätten Sie gemacht, hä?

Fünf Jahre bin ich geblieben, Tag für Tag, Stunde für Stunde. Ich bin quitt. Jedem seines. Das war's wohl wert! *Die Frau von Isidore, bis dahin stumm, ruft mit schrillender Papageienstimme:* »Gucken Sie se doch an, gucken Sie se doch an, Herr Richter, die Scheune, und denn sagen Sie mal, ob's nich das wert war?«

Der Alte *nickt bekräftigend und wiederholt:* Mann, ja, das war's ja wohl wert! *Madame Bascule sinkt auf die Bank und fängt an zu schluchzen.*

Der Friedensrichter *väterlich*: Was wollen Sie, werte Dame, daran kann ich nichts ändern. Sie haben ihm Ihren Acker in Bec-de-Mortin durch eine vollkommen reguläre Akte zum Geschenk gemacht. Er gehört ihm, unstreitig ihm. Er hat das unanfechtbare Recht, damit zu tun, was er getan hat, nämlich ihn seiner Frau als Mitgift einzubringen. Ich bin nicht befugt, mich in Fragen des … des … des Zartsinns … einzumischen. Ich darf die Tatsachen einzig vom Standpunkt des Gesetzes betrachten. Ich kann nichts für Sie tun.

Der alte Paturon *mit stolzer Stimme*: Können wir jetzt gehn?

Der Richter: Selbstverständlich. *Sie verlassen den Saal unter den beifälligen Blicken der Bauern als Leute, die ihren Fall gewonnen haben. Madame Bascule schluchzt auf ihrer Bank.*

Der Friedensrichter *lächelnd*: Nun fassen Sie sich doch, werte Dame. Na, na! na, na! fassen Sie sich doch ... und ... wenn ich Ihnen einen Rat geben darf, suchen Sie sich einen neuen ... einen neuen Schüler ...

Madame Bascule *unter Tränen*: Ich find doch keinen mehr ... keinen ...

Der Richter: Es tut mir leid, daß ich Ihnen keinen zu nennen vermag. *Sie wirft einen verzweifelten Blick nach dem schmerzensreichen, an seinem Kreuz sich windenden Christus, dann erhebt sie sich und geht mit Trippelschrittchen und Schluckauf vor Kummer hinaus, das Gesicht in ihrem Taschentuch bergend.*

Der Friedensrichter *wendet sich seinem Schreiber zu und flüstert mit unterdrücktem Lachen*: Kalypso, untröstlich über die Abreise des Odysseus ... *Dann ernst:* Rufen Sie die folgenden Parteien.

Der Gerichtsdiener *schnarrend*: Célestin Polyte Lecacheur. – Prosper Magloire Dieulafait ...

Zimmer 11

Wie! Sie wissen nicht, warum der Herr Gerichtspräsident Amandon versetzt wurde?« – »Nein, durchaus nicht.« – »Er hat es übrigens selber nie erfahren. Aber es ist eine kuriose Geschichte.«

»Erzählen Sie.«

»Sie erinnern sich doch der hübschen kleinen Madame Amandon, einer zierlichen Brünetten, die so fein und vornehm war, daß man sie in ganz Perthuis-le-Long nur Madame Marguerite nannte.«

»Ja, richtig.«

»Nun hören Sie: Gewiß erinnern Sie sich auch, wie geachtet, wie hochrespektiert sie war, beliebter als irgend sonst jemand in der Stadt; sie verstand zu empfangen, ein Fest oder eine Wohltätigkeitsveranstaltung zu organisieren, Geld für die Armen aufzutreiben und die jungen Leute auf tausenderlei Weise zu zerstreuen.

Dabei war sie sehr elegant und sehr kokett, aber mit der platonischen Koketterie und der entzückenden Eleganz der Provinz, denn eine Provinzlerin war sie, die kleine Frau, eine erlesene Provinzlerin.

Die Herren Schriftsteller, die sämtlich Pariser sind, preisen uns die Pariserin in allen Tönen, weil sie nichts anderes kennen; ich hingegen erkläre die Provinzlerin für hundertmal interessanter, sofern sie höheres Format besitzt.

Die raffinierte Provinzlerin hat ein ganz eigenes Gebaren, diskreter als die Pariserin, bescheidener; es verspricht nichts, hält aber viel, während die Pariserin meistens viel verspricht und, entkleidet, nichts hält.

Die Pariserin ist der elegante und unverfrorene Triumph des Falschen. Die Provinzlerin ist die Bescheidenheit des Echten.

Eine gewitzte kleine Provinzlerin mit ihrem Gehaben einer Bürgersfrau, ihrer trügerischen Pensionatsunschuld, ihrem nichts verratenden Lächeln und ihren guten kleinen schlauen, aber ausdauernden Leidenschaften muß tausendmal mehr List, Geschmeidigkeit und weibliche Erfindungsgabe aufwenden als alle Pariserinnen zusammen, um ihre Gelüste oder ihre Laster zu befriedigen, ohne daß sie in der kleinen Stadt, die aus allen Augen und allen Fenstern auf sie schaut, Verdacht erweckt und Klatsch oder gar einen Skandal verursacht.

Madame Amandon war ein Typus dieser seltenen, charmanten Rasse. Nie hatte man sie beargwöhnt, nie wäre man auf den Gedanken verfallen, daß ihr Lebenswandel nicht ebenso lauter wäre wie ihr Blick, ein kastanienbrauner Blick, schimmernd und warm, und so ehrbar – nicht zu fassen!

Nun, sie hatte einen bewundernswerten Trick, aus erstaunlichem Ideenreichtum geboren, fabelhaft ingeniös und unglaublich einfach.

Alle ihre Liebhaber holte sie sich aus der Armee und behielt sie drei Jahre, solange ihr Aufenthalt in der Garnison währte. Voilà. – Sie war nicht verliebt, sie hatte Sinne.

Sowie ein neues Regiment in Perthuis-le-Long eintraf, zog sie Erkundigungen über alle Offiziere zwischen dreißig und vierzig Jahren ein – denn unter dreißig ist man noch nicht verschwiegen. Nach vierzig lassen vielleicht die Kräfte nach.

Oh, sie kannte die Personalakten ebensogut wie der Oberst. Sie wußte alles, alles, intime Gewohnheiten, den Bildungsstand, die Erziehung, die körperlichen Eigenschaften, wie groß die Widerstandskraft gegen Müdigkeit, ob der Charakter geduldig oder heftig, wie groß das Vermögen, ob Neigung zu Sparsamkeit oder Verschwendung. Dann traf sie ihre Wahl. Vorzüglich nahm sie Männer besonnener Gemütsart, wie sie selber war, nur schön mußten sie sein. Außerdem durften sie keine bekannt gewordene Liaison gehabt haben, keine Leidenschaft, die Spuren hinterlassen hatte oder irgendwie ins Gerede gekommen war. Denn ein Mann, dessen Liebesgeschichten jeder kennt, kann niemals ein sonderlich verschwiegener Mensch sein.

Nachdem sie denjenigen herausgefunden hatte, der sie für die drei Jahre seines vorschriftsmäßigen Bleibens lieben sollte, galt es nur mehr, ihm das Taschentuch hinzuwerfen.

Wie viele Frauen hätten sich damit in Peinlichkeiten gestürzt, hätten die üblichen Mittel ergriffen, von allen befolgte Wege beschritten, hätten sich den Hof machen lassen mit allen erkenntlichen Etappen der Eroberung und des Widerstands, hätten den einen Tag sich die Finger küssen lassen, am nächsten Tag die Innenhand, tags darauf die Wange, dann den Mund, und dann das übrige.

Sie hatte eine schnellere, diskretere und zuverlässigere Methode. Sie gab einen Ball.

Der erwählte Offizier forderte die Hausherrin zum Tanz auf. Beim Walzen, im Schwung der wirbelnden Bewegung, im betörenden Rausch des Tanzes schmiegte sie sich an ihn, wie um sich hinzugeben, und drückte nervös und anhaltend seine Hand.

Begriff er nicht, war er ein Dummkopf, und sie ging zum nächsten über, der als Numero zwei auf ihrer Wunschliste stand.

Begriff er, war die Sache gemacht, ohne Aufsehn, ohne bloßstellende Galanterien, ohne viele Besuche.

Was gibt es Einfacheres und Praktischeres?

Wie gut wäre es, die Frauen machten uns immer auf solche Weise begreiflich, daß wir ihnen gefallen! Wie viele Schwierigkeiten, Unsicherheiten, Worte, Bewegungen, Besorgnisse, Verlegenheiten, Mißverständnisse blieben uns erspart! Wie oft gehen wir an einem möglichen Glück vorbei, ohne es zu ahnen, denn wer vermöchte das Mysterium der Gedanken, die stillen Willensbekundungen, die stummen Anrufungen des Fleisches, das unbekannte Seelenland einer Frau zu erkennen, deren Mund stumm, deren Auge undurchdringlich und klar bleibt.

Wenn er begriffen hatte, bat er sie um ein Rendezvous. Und stets ließ sie ihn erst vier bis sechs Wochen warten, um ihn zu beobachten, ihn besser kennenzulernen und notfalls sich zurückzuziehen, sollte er irgendeinen gefährlichen Fehler begehen.

Währenddessen zerbrach er sich den Kopf, wo sie sich ohne Gefahr treffen könnten, tüftelte schwierige und wenig sichere Möglichkeiten aus.

Bei irgendeinem offiziellen Fest dann raunte sie ihm zu:

›Gehen Sie Dienstag abend um neun Uhr ins Hotel zum Goldenen Roß bei den Wällen, an der Straße nach Vouziers, und fragen Sie nach Mademoiselle Clarisse. Ich erwarte Sie dort, aber kommen Sie in Zivil.‹

Tatsächlich hielt sie sich schon acht Jahre ein möbliertes Zimmer in dem unbekannten Gasthof. Es war die Idee ihres ersten Liebhabers gewesen; sie hatte sie praktisch gefunden, und als der Mann ausflog, blieb ihr das Nest.

Oh! kein besonderes Nest, vier Wände mit Papiertapete, hellgrau, geblümt, ein Fichtenholzbett unter Musselinvorhängen, ein Lehnstuhl, den in ihrem Auftrag der Wirt gekauft hatte, zwei Stühle, ein Bettvorleger und ein paar für die Toilette notwendige Gefäße! Was brauchte es mehr?

An den Wänden drei große Photographien. Drei Oberste zu Pferde; die Oberste ihrer Liebhaber! Warum? Vielleicht hatte sie diesen Umweg gewählt, weil sie die Bilder selbst, die direkten Erinnerungen, nicht aufhängen konnte?

Und sie ist nie von irgend jemandem erkannt worden bei all ihren Besuchen im Goldenen Roß, werden Sie fragen?

Niemals! Von niemandem!

Das Mittel, das sie gebrauchte, war so bewundernswert wie einfach. Sie hatte ganze Reihen von Wohltätigkeitsveranstaltungen erdacht und organisiert, zu denen sie oft ging und wo sie bisweilen fehlte. Da der Ehemann um ihre frommen Werke, die ihn sehr teuer zu stehen kamen, wußte, lebte er ohne Argwohn.

War nun das Rendezvous einmal ausgemacht, sagte sie vor den Bediensteten beim Diner: ›Ich gehe heute abend zur Vereinigung der Flanellgürtel für gelähmte Alte.‹

Und sie verließ gegen acht Uhr das Haus, begab sich zu der Veranstaltung, verschwand dort gleich wieder, ging durch mehrere Straßen, und sobald sie auf einer Gasse allein war, nahm sie in einem dunklen Winkel ohne Straßenlaterne ihren Hut ab, ersetzte ihn durch eine Mägdehaube, die sie unter der Mantille mitgebracht hatte, entfaltete eine auf dieselbe Weise versteckte weiße Schürze, band sie um ihre Taille und trippelte verwegen, den Stadthut und das Gewand, das ihre Schultern eben noch bedeckte, in einem Tuch, mit bloßen Hüften los, eine kleine Bonne, die einen Auftrag besorgt; manchmal lief sie sogar, als hätte sie es sehr eilig.

Wer hätte in der hurtigen, schmalen Dienerin je die Frau Gerichtspräsidentin Amandon erkannt?

Sie kam zum Goldenen Roß, stieg nach ihrem Zimmer hinauf, zu dem sie den Schlüssel bei sich hatte; und wenn der dicke Wirt, Meister Trouveau, sie an seinem Kontor vorübergehen sah, murmelte er: ›Ah, Mam'zelle Clarisse geht wieder auf Liebeswegen.‹

Er hatte wohl etwas erraten, der dicke Schlauberger, mühte sich indessen nicht, mehr zu wissen, und er war sicherlich höchst überrascht, als er erfuhr, daß seine Kundin Madame Amandon war, Madame Marguerite, wie man sie in Perthuis-le-Long nannte.

Nun hören Sie, wie die furchtbare Entdeckung geschah.

Nie kam Mademoiselle Clarisse zu ihren Rendezvous an zwei Abenden nacheinander, niemals, niemals, dazu war sie viel zu schlau und zu vorsichtig. Und das wußte Meister Trouveau gut, denn kein einziges Mal in den acht Jahren hatte er sie am Tag nach einem Besuch wiederkommen sehen. Oft hatte er darum in Druckzeiten für eine Nacht über das Zimmer verfügt.

Im letzten Sommer nun verreiste Herr Gerichtspräsident Amandon für eine Woche. Es war Juli; Madame stand in Glut, und da man nicht fürchten mußte, überrascht zu werden, fragte sie ihren Liebhaber, den schönen Major de Varangelles, an einem Dienstagabend, als sie von ihm ging, ob er sie tags darauf wiedersehen wolle, und er antwortete:

›Wie kannst du fragen!‹

Und es wurde ausgemacht, sich am Mittwoch zur gewohnten Stunde zu treffen. Sie flüsterte ihm zu:

›Wenn du als erster da bist, Liebster, lege dich hin und warte im Bett auf mich.‹

Nach Küssen trennten sie sich.

Am nächsten Morgen nun, so gegen zehn Uhr, las Meister Trouveau die ›Tablettes de Perthuis‹, die republikanische Zeitung der Stadt; auf einmal rief er seiner Frau, die im Hof ein Geflügel rupfte, von weitem zu:

›Die Cholera ist im Land! In Vauvigny ist gestern ein Mann daran gestorben.‹

Dann vergaß er das, weil er das Haus voller Gäste hatte und das Geschäft sehr gut ging.

Zu Mittag stellte sich ein Wandersmann ein, der sich ein gutes Essen auftischen ließ, nachdem er zwei Absinth getrunken hatte. Und da es sehr heiß war, trank er dazu ein Liter Wein und mindestens zwei Liter Wasser.

Danach nahm er seinen Kaffee und sein Likörchen, drei Likörchen vielmehr. Da er sich nun ein wenig schwer fühlte, verlangte er ein Zimmer, um ein oder zwei Stunden zu schlafen.

Nur ein einziges war aber noch frei, und der Wirt, nachdem er sich mit seiner Frau beraten hatte, gab ihm das von Mademoiselle Clarisse.

Der Wandersmann betrat es; aber da man ihn nicht wieder gesehen hatte, ging der Wirt gegen fünf Uhr hinauf, ihn zu wecken.

Aber wie staunte er, der Mann war tot!

Der Wirt suchte eiligst seine Frau:

›Sag mal, mir scheint, der Verrückte, dem ich Zimmer elf gegeben hatte, ist tot.‹

Sie hob die Arme.

›Nich möglich! Herrmeingott! Is das etwa die Cholera?‹

Meister Trouveau schüttelte den Kopf:

›Ich glaub eher, ein Schlaganfall, der is schwarz wie Weinhefe.‹

Aber die erschrockene Frau wiederholte:

›Bloß nich sagen, bloß nich sagen, sonst denken alle, es is die Cholera. Geh deine Erklärung machen und red nich drüber. Laß ihn bei Nacht wegbringen, damit's keiner sieht. Und nich gekannt, nich gesehn, das is am besten.‹

Der Mann flüsterte:

›Mam'zelle Clarisse war gestern da, das Zimmer ist heut abend frei.‹

Und er ging den Arzt holen, der Tod durch Schlaganfall nach üppiger Mahlzeit feststellte. Dann wurde mit dem Polizeikommissar vereinbart, den Leichnam um Mitternacht fortzuschaffen, damit niemand im Hotel beunruhigt werde.

Es war noch nicht neun Uhr, als Madame Amandon beschwingt die Treppe im Goldenen Roß hinaufeilte, ohne an diesem Tag von jemand gesehen zu werden. Sie kam an ihr Zimmer, öffnete die Tür, trat ein. Auf dem Kamin brannte eine Kerze. Sie wandte sich um nach dem Bett. Der Major hatte sich schon hingelegt, aber er hatte die Vorhänge zugezogen.

›Eine Minute, Liebster, ich komme‹, sagte sie.

Und sie entkleidete sich mit fieberhaftem Ungestüm, warf die Stiefeletten auf die Erde und das Korsett auf den Lehnstuhl. Dann, als das schwarze Kleid und die gelösten Röcke im Kreis um sie gefallen waren, stieg sie in ihrem roten Seidenhemd gleich einer eben erblühten Blume daraus hervor.

Da der Major noch kein Wort gesagt hatte, fragte sie:

›Schläfst du, mein Alter?‹

Er gab keine Antwort, und sie sagte sich kichernd: Wirklich, er schläft, es ist zu komisch!

Sie hatte die Strümpfe anbehalten, durchbrochene schwarze Seidenstrümpfe, so lief sie zum Bett, schlüpfte rasch hinein und umschlang mit beiden Armen und küßte mit vollen Lippen – um ihn aus dem Schlaf zu reißen – den eiskalten toten Wandersmann!

Eine Sekunde blieb sie starr, zu erschrocken, um irgend etwas zu verstehen. Aber mit der Kälte des leblosen Körpers drang in den ihren ein grausiges Entsetzen, noch ehe ihr Verstand überhaupt hätte anfangen können zu denken.

Mit einem Satz war sie aus dem Bett, von Kopf bis Fuß zitternd; und sie lief, holte die Kerze vom Kamin, dann sah sie! Da war ein gräßliches Gesicht, das sie gar nicht kannte, schwarz, aufgequollen, mit geschlossenen Augen, abscheulich grinsenden Kiefern.

Sie stieß einen Schrei aus, einen schrillen, endlosen Schrei, wie Frauen ihn ausstoßen im Schrecken, und die Kerze fallen lassend, riß sie die Tür auf und floh, weiter fürchterlich schreiend, in ihrer Blöße über den Flur.

Ein Handlungsreisender, der Zimmer Numero vier innehatte, kam auf Strümpfen herausgestürzt und fing sie in seinen Armen auf. Erschrocken fragte er:

›Was ist los, schönes Kind?‹

Außer sich, stotterte sie:

›Da … da … da … ist jemand umgebracht worden … in … in meinem Zimmer …‹

Andere Gäste erschienen. Der Wirt kam angelaufen.

Und plötzlich zeigte sich die hohe Gestalt des Majors am Flurende.

Kaum hatte sie ihn erblickt, warf sie sich schreiend ihm entgegen:

›Retten Sie mich, retten Sie mich, Gontran … In unserm Zimmer hat man jemand umgebracht.‹

Die Aufklärung war schwierig. Monsieur Trouveau sagte zwar die Wahrheit und verlangte, Mademoiselle Clarisse augenblicklich gehen zu lassen, er bürge mit seinem Kopf für sie, aber der Handlungsreisende auf Strümpfen, der den Leichnam in Augenschein genommen hatte, behauptete, es sei ein Verbrechen geschehen, und bestimmte die übrigen Gäste, zu verhindern, daß Mademoiselle Clarisse und ihr Liebhaber entkamen.

Sie mußten warten, bis der Polizeikommissar eintraf, der ihnen die Freiheit wiedergab, der aber nicht schweigen konnte.

Einen Monat später erhielt Herr Gerichtspräsident Amandon seine Beförderung und einen neuen Amtssitz.«

Der Schrank

NACH dem Diner kam die Unterhaltung auf Prostituierte, denn worüber reden Männer unter sich? »Da ist mir doch eine ulkige Geschichte passiert«, sagte einer von uns. Und er erzählte:

Eines Abends im vergangenen Winter erfaßte mich mit einemmal so ein trübseliger, niederdrückender Verdruß, wie er von Zeit zu Zeit über Leib und Seele kommt. Ich war ganz allein und spürte deutlich, daß, wenn ich weiter so zu Haus bliebe, eine scheußliche Schwermut mich befallen würde, eine Schwermut, die bis zum Selbstmord führen kann, wenn sie oft wiederkehrt.

Ich warf den Mantel über und verließ die Wohnung, ohne irgend zu wissen, was ich anfangen würde. Ich trabte nach den Boulevards und irrte an den fast leeren Cafés vorüber, denn es regnete, es fiel so ein dünner Regen, der einem das Gemüt ebenso durchnäßt wie die Kleider, keiner der guten Güsse, die in Kaskaden niederprasseln und die atemlosen Passanten unter die Torwege jagen, nein, so ein feines Nieseln, daß man die Tropfen nicht spürt, ein feuchtes Gestäube, das ohne Unterlaß seine winzigen Perlchen auf einem ablegt und die Kleider bald mit eisiger Feuchte durchzieht.

Was tun? Ich lief, kehrte um, suchte etwas, wo sich

zwei Stunden herumbringen ließen, und entdeckte zum erstenmal, daß es in Paris keinen Ort gibt, wo man sich abends zerstreuen kann. Schließlich entschied ich mich für den Dirnenmarkt der Folies-Bergères.

Im großen Saal kaum Leute. In der langen hufeisenförmigen Wandelhalle nur schäbige Individuen, deren Gewöhnlichkeit sich durch Gang, Kleidung, Haarschnitt und Bart, den Hut, die Haut verriet. Mit knapper Not entdeckte man von Zeit zu Zeit einen Mann, der gewaschen aussah, richtig gewaschen, und dessen Kleidung annähernd zusammenpaßte. Was die Mädchen angeht, immer dieselben widerwärtigen Huren, die Sie kennen, häßlich, übermüdet, schlaff, und immer hin und her auf der Jagd, mit dieser stumpfsinnig geringschätzigen Miene, die sie weiß ich wieso aufsetzen.

Ich sagte mir, daß von diesen formlosen Geschöpfen, mehr fett als üppig, hier schwabblig, dort mager, mit Bäuchen wie Domherren und stelzigen X-Beinen, tatsächlich keins den einen Louis wert wäre, den sie bestenfalls bekommen, nachdem sie fünf gefordert haben.

Aber auf einmal fällt mir eine Kleine ins Auge, die annehmbar erschien, nicht mehr ganz jung, aber frisch, drollig, provokant. Ich sprach sie an und machte dumm, ohne nachzudenken, meinen Preis für die Nacht. Ich wollte nicht allein, so fürchterlich allein nach Hause; lieber ließ ich mich auf die Gesellschaft und Umarmung dieser Kleinen ein.

Und ich ging mit ihr mit. Sie wohnte in einem großen, großen Haus, Rue des Martyrs. Das Gas im Treppenhaus war schon gelöscht. Langsam stieg ich, alle Augenblicke ein Zündholz anreißend, mit den Füßen an die Stufen stoßend, stolpernd und mißvergnügt hinter dem Rock hinauf, dessen Geräusche ich vor mir hörte.

Im fünften Stock hielt sie inne und fragte, nachdem sie eine Außentür geschlossen hatte:

»Also, du bleibst bis morgen?«

»Ja doch. So haben wir uns geeinigt.«

»Ist gut, Katerchen, ich wollt's bloß wissen. Wart hier 'ne Minute, ich komm gleich wieder.«

Damit ließ sie mich im Dunkeln stehen. Ich hörte, wie zwei Türen geschlossen wurden, dann kam es mir vor, als spreche sie mit jemand. Ich stutzte beunruhigt. Der Gedanke an einen Zuhälter streifte mich. Aber meine Fäuste und mein Kreuz sind solide. Wir werden ja sehn, sagte ich mir.

Ich horchte mit aller Gespanntheit meiner Ohren und Sinne. Man bewegte sich dadrinnen, ging leise, mit großer Vorsicht hin und her. Dann wurde noch eine Tür geöffnet, und mir schien, als hörte ich wiederum reden, aber ganz unterdrückt.

Dann kam sie mit einer brennenden Kerze.

»Kannst reinkommen«, sagte sie.

Dieses Duzen war Besitznahme. Ich trat ein, und nachdem ich ein Speisezimmer durchschritten hatte, dem man ansah, daß dort nie jemand speiste, betrat ich ein Zimmer, wie sie es alle haben, das möblierte Zimmer mit den Ripsvorhängen und der dunkelroten Bettdecke mit den verdächtigen Flecken.

»Mach dir's bequem, Katerchen«, sagte sie.

Ich musterte den Raum mit argwöhnischen Augen. Aber nichts wirkte mir bedrohlich.

Sie war so schnell ausgezogen, daß sie im Bett lag, noch ehe ich meinen Überzieher abgelegt hatte. Sie lachte:

»Nanu, was haste denn? Biste zur Salzsäule erstarrt? Los, hopp, beeil dich.«

Ich tat es und stieg zu ihr.

Fünf Minuten später hatte ich die größte Lust, mich anzuziehn und zu verschwinden. Aber der erdrückende Überdruß, der mich zu Hause gepackt hatte, hielt mich fest, nahm mir die Kraft, mich auch nur zu rühren, und ich blieb trotz des Ekels, der mich in dem öffentlichen Bett überkam. Der sinnliche Charme, den ich unter den Lüstern des Theaters in diesem Geschöpf gesehen zu haben meinte, war in meinen Armen verschwunden, und ich lag, Fleisch an Fleisch, nur mehr mit der vulgären Hure, einer wie alle, deren gleichgültige Gefälligkeit einen Beigeschmack von Knoblauch hatte.

So begann ich, mit ihr zu reden.

»Wohnst du schon lange hier?« fragte ich.

»Am 15. Januar wird es 'n halbes Jahr.«

»Wo hast du vorher gewohnt?«

»Rue Clauzel. Aber die Concierge hat mich schikaniert, und da hab ich gekündigt.«

Und sie begann mir eine endlose Geschichte von dieser Hausbewahrerin und ihren Klatschereien zu erzählen.

Plötzlich hörte ich, wie ganz dicht bei uns sich etwas regte. Zuerst etwas wie ein Seufzen, dann ein leises, aber doch deutliches Geräusch, wie wenn sich jemand auf einem Stuhl umdreht.

Ich setzte mich im Bett auf und fragte:

»Was ist das?«

Seelenruhig antwortete sie:

»Mach dir keine Sorgen, Katerchen, das ist die Nachbarin. Die Wand ist so dünn, daß man alles durchhört, als ob's hier drin wär. Das ist bloß Pappe.«

Meine Trägheit war so groß, daß ich wieder unter die Decke kroch. Und wir redeten weiter. In der dummen Neugier, die alle Männer treibt, diese Geschöpfe nach ihrem ersten Abenteuer auszufragen, hinter das Geheimnis ihres ersten Fehltritts zu gelangen, als wünschte man sich, eine Spur ihrer fernen Unschuld zu entdekken, damit man sie, durch ein ehrliches Wort bewegt, in der flüchtigen Erinnerung an ihre einstige Reinheit und

Scham vielleicht liebgewinnen könne, bedrängte ich sie mit Fragen nach ihren ersten Liebhabern.

Daß sie lügen würde, wußte ich. Aber was tat das? Unter all den Lügen geriete ich vielleicht an etwas, das aufrichtig und anrührend war.

»Und nun sage mir, wer war dein erster?«

»Das war ein Ruderer, mein Katerchen.«

»Ah! erzähle. Wo war das?«

»Als ich in Argenteuil war.«

»Was hast du dort gemacht?«

»Ich war Küchenmädchen in einem Gasthaus.«

»Welchem Gasthaus?«

»Im ›Süßwassermatrosen‹. Kennst du das?«

»Natürlich, bei Bonanfan.«

»Ja, bei dem.«

»Und wie hat der Ruderer dir den Hof gemacht?«

»Als ich sein Bett gemacht hab. Er hat mich einfach genommen.«

Doch blitzhaft entsann ich mich der Theorie eines mir befreundeten Mediziners, eines Beobachters und Philosophen, den der ständige Dienst in einem großen Krankenhaus in täglichen Umgang mit ledigen Müttern und öffentlichen Mädchen bringt, mit aller Schande und allem Elend der Frauen, der armen Frauen, die dem mit Geld in der Tasche umherschweifenden Männchen zur Beute gefallen sind.

»Immer«, hatte er mir gesagt, »immer ist ein Mädchen zum erstenmal durch einen Mann seiner Klasse und seines Standes ausgerutscht. Ich habe darüber Bände von Beobachtungen gesammelt. Man klagt die Reichen an, die unschuldige Blume der Kinder des Volkes zu pflükken. Es ist nicht wahr. Die Reichen zahlen für den gepflückten Strauß! Sie pflücken auch, aber die zweite Blüte; nie brechen sie die erste.«

Lachend wandte ich mich zu ihr um:

»Hör mal, die kenne ich, deine Geschichte. Nicht der Ruderer hat dich als erster gehabt.«

»Oh, doch, mein Katerchen, ich schwör's dir.«

»Du lügst, mein Kätzchen.«

»Oh, nein, Ehrenwort.«

»Du lügst. Komm schon, sag mir alles.«

Sie staunte, zögerte.

»Ich kann zaubern, mein schönes Kind«, fuhr ich fort. »Ich bin ein Hexer. Wenn du mir nicht die Wahrheit sagst, schläfere ich dich ein, und dann erfahre ich alles.«

Dumm wie die meisten ihresgleichen, bekam sie es mit der Angst zu tun.

»Wie hast du das rausgekriegt?« stotterte sie.

»Nun rede schon«, beharrte ich.

»Oh, das erstemal, das war so gut wie nichts. Es war zum Dorffest. Sie haben 'n extra Koch kommen lassen, Monsieur Alexandre. Sowie er da war, hat er im Haus gemacht, was er wollte. Allen hat er Befehle gegeben, dem Chef, der Chefin, als ob er 'n König wär ... Es war 'n großer, schöner Mann, den hat's keinen Augenblick still gehalten an seinem Herd. Immerzu schrie er: ›Hopp, Butter – Eier – Madeira.‹ Und man mußte rennen und ihm alles bringen, sonst ist er wütend geworden und hat einem Sachen gesagt, daß man rot wurde bis unter die Röcke.

Als der Tag rum war, hat er vor der Tür seine Pfeife geraucht. Und wie ich mitm Stapel Teller an ihm vorbeigeh, sagt er zu mir: ›Na, Göre, kommste mit ans Wasser und zeigst mir die Gegend?‹ Ich mit wie 'ne Gans; und kaum waren wir am Ufer, da hat er mich so rasch genommen, daß ich nicht mal wußte, was er mit mir macht. Und dann ist er mit dem Morgenzug, neun Uhr, weggefahren. Ich hab 'n danach nicht wiedergesehen.«

»Ist das alles?« fragte ich.

Sie stotterte:

»Na ja, ich glaub schon, daß Florentin von ihm ist.«

»Wer ist Florentin?«

»Das ist mein Junge.«

»Ah, sehr schön! Und dem Ruderer hast du vorgemacht, daß er der Vater wär, stimmt das?«

»Mann!«

»Hatte der Ruderer Geld?«

»Ja, er hat mir für Florentin 'ne Rente von dreihundert Francs ausgesetzt.«

Die Sache fing an, mir Spaß zu machen.

»Sehr gut, mein Mädchen, sehr gut«, fuhr ich fort, »ihr seid doch alle gar nicht so auf den Kopf gefallen, wie man glaubt. Und wie alt ist Florentin jetzt?«

»Zwölf ist er«, sagte sie, »im Frühjahr geht er zur Erstkommunion.«

»Na fein, und seitdem treibst du gewissenhaft dein Gewerbe?«

Sie seufzte ergeben:

»Man tut, was man kann ...«

Da ließ ein lautes Geräusch, im Zimmer selbst, mich mit einem Satz aus dem Bett fahren, das Geräusch eines fallenden Körpers und an einer Wand sich hochtastender Hände.

Ich hatte die Kerze gegriffen und sah mich, so erschreckt wie wütend, rundherum um. Sie war auch aufgestanden, suchte mich zu beschwichtigen, mich abzuhalten, wobei sie mir zuflüsterte:

»Das ist nichts, mein Katerchen, kannst mir glauben, es ist nichts.«

Aber ich hatte entdeckt, von wo das sonderbare Geräusch ausgegangen war. Ich lief stracks auf eine Tapetentür zu, die Tür eines Wandschranks hinter dem Kopfende des Bettes, riß sie auf ... und sah einen armen kleinen Jungen, blaß und mager, der zitternd, mit erschrockenen glänzenden Augen nach mir aufsah und neben einem großen Binsenstuhl kauerte, von dem er heruntergefallen war.

Sowie er mich erblickte, fing er an zu greinen und hob die Arme nach seiner Mutter:

»Ich kann nichts dafür, Mama, ich kann nichts dafür. Ich bin eingeschlafen, und da bin ich gefallen. Schimpf mich nicht aus, ich kann nichts dafür.«

Ich drehte mich zu der Frau um. Streng fragte ich:

»Was hat das zu bedeuten?«

Sie sah betreten, verzweifelt aus. Mit stockender Stimme stieß sie hervor:

»Was haste denn? Ich verdien nicht genug, um ihn in Pension zu geben! Ich muß ihn bei mir behalten, und ich hab kein Geld, mir noch 'n Zimmer zu leisten, verdammt. Er schläft bei mir, wenn keiner da ist. Wenn einer für ein oder zwei Stunden kommt, kann er so lange im Schrank bleiben, da hält er sich stille, er kennt das. Aber wenn einer die ganze Nacht bleibt, so wie du, da muß dem Jungen ja das Kreuz durchbrechen, wenn er aufm Stuhl schläft … Dafür kann er doch nicht … Ich möcht mal dich sehen … die ganze Nacht aufm Stuhl … Da würdste anders reden …«

Sie erregte sich, keifte, schrie.

Und das Kind weinte. Ein armes, kränkliches, scheues Kind. Ja, es war wirklich das Kind aus dem Schrank, aus dem kalten, dunklen Schrank, das Kind, das sich von Zeit zu Zeit ein bißchen aufwärmen durfte, wenn das Bett einmal leer blieb.

Auch mir war zum Weinen zumute.

Und ich ging nach Hause, schlafen.

Die Gefangenen

Lautlose Stille im Wald, nur das Rieseln des Schnees in den Bäumen. Seit Mittag fiel er in feinen kleinen Flocken, die das Geäst mit eisigem Schaum bepuderten, übers tote Laub des Dickichts zerbrechliche Silberdächer bauten und einen weichen, weißen Teppich auf die Wege breiteten, der das grenzenlose Schweigen des Bäumemeeres noch dichter machte.

Vor dem Forsthaus hackte eine junge Frau bloßarmig mit einer Axt Holz auf dem Hauklotz. Groß war sie, schlank und kräftig, ein Kind der Wälder, die Tochter des Försters und Förstersfrau.

Aus dem Innern des Hauses rief eine Stimme:

»Wir sind heut abend allein, Berthine, komm rein, es wird dunkel; wer weiß, ob nicht Preußen oder Wölfe herumstreunen.«

Die Holzhauerin, während sie einen Stubben mit tüchtigen Schlägen zerspaltete, die bei jeder Hebung der Arme ihre Brust spannten, rief zurück:

»Ich bin fertig, Mama. Ich komm schon, ich komm schon, hab keine Bange; es ist noch hell genug.«

Dann trug sie ihre Bündel und Scheite ins Haus und stapelte sie längs dem Kamin, ging noch einmal hinaus, um die Fensterläden zu schließen, mächtige Fensterläden aus Eichenkernholz, und stieß endlich von drinnen die schweren Türriegel zu.

Ihre Mutter, die das Alter runzlig und furchtsam gemacht hatte, spann am Feuer.

»Ich hab's nicht gern«, sagte sie, »wenn der Vater draußen ist. Zwei Weiber, was ist das schon.«

Die Junge antwortete:

»Oh, wenn's sein muß, schieß ich dir allemal einen Wolf oder einen Preußen.«

Und sie wies mit dem Auge nach dem großen Revolver, der über dem Herd hing.

Ihr Mann war zu Beginn der preußischen Invasion zur Armee eingezogen worden, und die beiden Frauen waren mit dem Vater allein geblieben, dem alten Heger Nicolas Pichon, l'Echasse genannt, der sich hartnäckig geweigert hatte, sein Haus zu verlassen und in die Stadt zu ziehen.

Die nächstliegende Stadt war Rethel, eine alte Feste auf einem Felsenberg. Dort war man Patriot, und die Bürger hatten beschlossen, den Eindringlingen Widerstand zu leisten, sich in den Häusern zu verschanzen und nach alter Tradition des Burgfleckens eine Belagerung durchzustehen. Schon zweimal, unter Heinrich IV. und Ludwig XIV., hatten sich die Bewohner von Rethel durch ihre heroische Verteidigung Ruhm erworben. Sie würden es diesmal nicht anders halten, Donnerschlag, man müßte sie denn aus ihren Mauern räuchern!

Also hatten sie Kanonen und Gewehre gekauft, eine Bürgerwehr aufgestellt, Bataillone und Kompanien gebildet und exerzierten den ganzen Tag auf der Place d'Armes. Alle, ob Bäcker, Krämer, Metzger, Notare, Advokaten, Tischler, Buchhändler, die Apotheker sogar, manövrierten abwechselnd, zu regelmäßigen Stunden, unter dem Befehl von Monsieur Lavigne, einem ehemaligen Unteroffizier der Dragoner und heutigen Krämer, da er die Tochter von Monsieur Ravaudan dem Älteren geheiratet und seinen Laden geerbt hatte.

Er hatte sich zum Platzkommandanten ernannt und, weil sämtliche jungen Männer im Krieg waren, alle übrigen, die sich begeistert zum Widerstand bekannten, unter seine Order gestellt. Dicke liefen nur mehr im Gymnastenschritt durch die Straßen, um ihr Fett zu schmelzen und ihre Puste zu verlängern; Schwache schleppten Lasten, um ihre Muskeln zu kräftigen.

Im übrigen wartete man auf die Preußen. Aber die Preußen zeigten sich nicht. Dabei waren sie gar nicht weit; denn zweimal bereits waren ihre Aufklärer durch den Wald bis ans Forsthaus von Nicolas Pichon, genannt l'Echasse, vorgedrungen.

Der alte Heger, der wie ein Fuchs lief, war gekommen und hatte die Stadt gewarnt. Man hatte die Kanonen gerichtet, aber der Feind war ausgeblieben.

Das Haus von l'Echasse diente als Vorposten im Wald von Aveline. Zweimal in der Woche kam der Alte einkaufen und brachte den Städtern die neuesten Nachrichten vom Land.

An diesem Tag nun war er aufgebrochen, um zu melden, daß ein kleines Detachement deutscher Infanterie am Vortag, gegen zwei Uhr nachmittags, bei seinem Haus gehalten habe und wenig darauf weitermarschiert sei. Der Unteroffizier, der befehligte, hatte französisch gesprochen.

Immer wenn der Alte so davonging, nahm er seine beiden Hunde mit, zwei Hirtenhunde mit Löwenmäulern, weil die Wölfe anfingen, reißend zu werden, und gebot seinen beiden Frauen, sich im Haus zu verbarrikadieren, sobald es dunkel würde.

Die Junge fürchtete sich vor nichts, aber die Alte zitterte bei jeder Kleinigkeit und barmte: »Das nimmt kein gutes Ende, ihr werdet sehn, das nimmt kein gutes Ende.«

An diesem Abend war sie noch bänglicher als sonst.

»Weißt du, wann der Vater wiederkommt?« fragte sie.

»Oh, vor elf bestimmt nicht. Wenn er beim Kommandanten speist, kommt er immer später.«

Und sie hakte eben überm Feuer den Kessel ein, um die Abendsuppe zu kochen, als sie in der Bewegung innehielt, weil durch die Kaminesse ein undeutliches Geräusch zu ihr drang.

Sie murmelte:

»Da gehen welche im Wald, so an sieben, acht Mann.«

Die Mutter hielt erschrocken ihr Rad an und stammelte:

»Oh, mein Gott! und der Vater ist nicht da!«

Sie hatte noch nicht ausgeredet, als heftige Schläge gegen die Haustür hallten.

Da die Frauen nicht antworteten, schrie eine kräftige, gutturale Stimme:

»Öffnen Sie!«

Nach kurzer Stille wiederholte dieselbe Stimme:

»Öffnen Sie, oder ich schlage die Tür ein!«

Berthine schob den dicken Revolver vom Kamin in ihre Rocktasche, dann ging sie, legte das Ohr gegen den Türbalken und fragte:

»Wer sind Sie?«

Die Stimme antwortete:

»Das Detachement von gestern.«

Die junge Frau fragte:

»Was wollen Sie?«

»Ich habe mich heute morgen mit meinen Leuten im Wald verirrt. Öffnen Sie, oder ich schlage die Tür ein.«

Die Försterin hatte keine Wahl; schnell zog sie die großen Riegel zurück, dann öffnete sie die schwere Tür und sah im fahlen Schneedunkel sechs Männer stehen, sechs preußische Soldaten, dieselben, die am Vortag dagewesen waren. In resolutem Ton fragte sie:

»Was haben Sie um die Zeit hier zu suchen?«

Der Unteroffizier wiederholte:

»Ich habe mich verirrt, vollständig verirrt, ich habe das Haus wiedererkannt. Wir haben seit heute morgen nichts gegessen, meine Abteilung und ich.«

Berthine erklärte:

»Ich bin heute abend ganz allein mit Mama.«

Der Soldat, der ein braver Mann zu sein schien, antwortete:

»Das hat nichts zu sagen. Ich tue Ihnen nichts, aber machen Sie uns etwas zu essen. Wir fallen um vor Hunger und Müdigkeit.«

Die Försterin wich zurück.

»Kommen Sie rein«, sagte sie.

Schnee auf den Mänteln, traten sie ein, etwas wie Schlagsahne auf den Helmen, die Meringeln glichen, und alle wirkten ausgelaugt, erschöpft.

Die junge Frau wies auf die Holzbänke zu beiden Seiten des langen Tisches.

»Setzen Sie sich«, sagte sie, »ich koche Ihnen Suppe. Sie sehen wirklich kaputt aus.«

Dann schob sie die Türriegel wieder zu.

Sie goß Wasser nach in den Kessel, warf noch einmal Butter und Kartoffeln hinein, dann hakte sie ein Stück Speck los, das im Rauchfang hing, schnitt die Hälfte davon ab und gab sie an die Brühe.

Die sechs Männer verfolgten all ihre Bewegungen mit frisch erwachtem Hunger in den Augen. Sie hatten ihre Waffen und Helme in einer Ecke abgestellt und warteten, artig wie Kinder auf der Schulbank.

Die Mutter hatte sich wieder ans Spinnen gemacht, warf aber alle Weile verstörte Blicke nach den eingedrungenen Soldaten. Nichts war zu hören, nur das leise Schnurren des Rades und das knisternde Feuer und das Singen des siedenden Wassers.

Plötzlich ließ ein seltsames Geräusch sie alle zusammenfahren, etwas wie ein rauhes Schnaufen am unteren Türspalt, der starke, schnarchende Atem eines Tieres.

Der deutsche Unteroffizier hatte einen Sprung nach den Gewehren getan. Die Försterin beschwichtigte ihn mit einer Geste.

»Das sind die Wölfe«, sagte sie lächelnd, »die sind wie Sie, streunen herum und haben Hunger.«

Der ungläubige Mann wollte sich überzeugen, und kaum hatte er die Tür geöffnet, sah er zwei große, graue Tiere in behende ausgreifendem Schritt flüchten.

Er setzte sich wieder.

»Ich hätt's nicht geglaubt«, murmelte er.

Und er wartete, bis das Mahl fertig war.

Sie aßen gierig, mit bis zu den Ohren klaffenden Mündern, um soviel wie möglich zu verschlingen, mit runden Augen, die sie zugleich mit den Kiefern aufrissen, und mit Geräuschen in der Kehle wie das Glucksen einer Regentraufe.

Stumm schauten die beiden Frauen dem hurtigen Auf und Ab der großen roten Bärte zu; und die Kartoffeln sahen aus, als ob sie von selber sich in die beweglichen Vliese stürzten.

Aber da sie auch Durst hatten, stieg die Försterin in den Keller, um ihnen Apfelwein abzuziehen. Sie blieb lange dort unten; es war ein kleines Gewölbe, das während der Revolution sowohl als Gefängnis wie als Unterschlupf gedient haben soll. Man gelangte auf einer schmalen gewundenen Stiege hinunter, die durch eine Klappe im Küchenfußboden zu schließen war.

Als Berthine wieder auftauchte, lachte sie, lachte still in sich hinein, Heimtücke im Auge. Und sie gab den Deutschen den Krug zum Trinken.

Dann aß auch sie mit der Mutter am andern Ende der Küche ihre Suppe.

Die Soldaten hatten aufgegessen und schliefen alle sechs am Tisch ein. Von Zeit zu Zeit fiel mit dumpfem Geräusch eine Stirn auf die Platte, und der jäh erwachte Mann richtete sich auf.

Berthine sagte zu dem Unteroffizier:

»Legen Sie sich doch vors Feuer, herrje, da ist reichlich Platz für sechs. Ich gehe mit Mama in meine Kammer hoch.«

Und die beiden Frauen stiegen nach dem Oberstock hinauf. Man hörte, wie sie ihre Tür abschlossen, noch eine Weile hin und her gingen; dann gaben sie kein Geräusch mehr.

Die Preußen streckten sich auf dem Ziegelboden lang, die Füße zum Feuer, den Kopf auf die zusammengerollten Mäntel gepackt, und bald schnarchten alle sechs in sechs verschiedenen Tonlagen, ob hoch, ob tief, jedenfalls anhaltend und gewaltig.

Sie schliefen sicherlich eine ganze Zeit, als ein Schuß so laut schallte, daß man glauben mußte, es wäre auf das Haus geschossen worden. Die Soldaten fuhren in die Höhe. Da knallten zwei neue Detonationen, von noch dreien gefolgt.

Die Tür im Oberstock ging plötzlich auf, und die junge Försterin kam auf nackten Füßen, im Nachthemd, einen kurzen Rock darüber und eine Kerze in der Hand, mit bestürzter Miene herunter. Sie stammelte:

»Das sind Franzosen, mindestens zweihundert. Wenn die Sie hier finden, brennen sie uns das Haus ab. Gehen Sie rasch in den Keller runter und machen Sie keinen Lärm. Wenn Sie Lärm machen, sind wir alle erledigt.«

Der erschrockene Unteroffizier murmelte:

»Aber gern, aber gern. Wo geht es hinunter?«

Die junge Frau hob in aller Geschwindigkeit die schmale, viereckige Klappe hoch, und die sechs Männer verschwanden auf der gewundenen kleinen Stiege, die sich in die Erde grub, einer nach dem andern rückwärtsgehend, um die Stufen mit dem Fuß zu ertasten.

Kaum aber war die letzte Helmspitze untergetaucht, ließ Berthine die schwere Eichenplanke herab, die dick wie eine Mauer, hart wie Stahl und durch Scharniere und ein Kerkerschloß verwahrt war, drehte zweimal den Schlüssel um, dann lachte sie ein stummes, entzücktes Lachen voll heißer Freude und tanzte über den Köpfen der Gefangenen.

Sie machten keinen Lärm, die dort unten wie in einer Kiste Eingeschlossenen, einer Kiste aus Stein, die nur durch eine Luke mit eisernen Gitterstäben Luft empfing.

Berthine zündete ihr Feuer gleich noch einmal an, hängte den Kessel ein und kochte neue Suppe.

»Der Vater wird müde sein heut nacht«, murmelte sie.

Dann setzte sie sich und wartete. Allein das klingende Pendel der Wanduhr schwang sein regelmäßiges Ticktack durch die Stille.

Von Zeit zu Zeit warf die junge Frau einen ungeduldigen Blick nach dem Zifferblatt, der zu sagen schien: Schnell geht das aber nicht!

Bald indes schien ihr, als raune es unter ihren Füßen. Dumpfes, unverständliches Reden gelangte durch das Deckengewölbe des Kellers zu ihr herauf. Die Preußen begannen ihre List zu erraten, und nach kurzem kletterte der preußische Unteroffizier die kleine Stiege hinan und klopfte mit der Faust an die Klappe. Wieder rief er:

»Öffnen Sie.«

Sie erhob sich, trat heran und fragte, indem sie seinen deutschen Akzent nachahmte:

»Was wollen Sie?«

»Öffnen Sie.«

»Ich öffne nicht.«

Der Mann wurde böse.

»Öffnen Sie, oder ich schlage die Tür ein.«

Sie fing an zu lachen:

»Dann schlag, mein Junge, immer schlag.«

Und er begann mit dem Gewehrkolben gegen die Eichenbohlen über seinem Kopf zu donnern. Die aber hätten Katapultschüsse ausgehalten.

Die Försterin hörte ihn wieder hinuntergehen. Dann kamen die Soldaten einer nach dem andern herauf, ihre Kraft zu erproben und den Verschluß zu inspizieren. Aber da sie ihre Versuche offenbar als vergeblich erkannten, begaben sich alle wieder in den Keller und redeten erneut untereinander.

Die junge Frau horchte, dann ging sie, öffnete die Haustür und lauschte in die Nacht.

Ein fernes Bellen erreichte sie. Sie pfiff, wie es die Jäger tun, und fast umgehend tauchten aus dem Dunkel zwei riesige Hunde auf und sprangen sie schweifwedelnd an. Sie griff sie beim Hals und hielt sie fest, damit sie nicht wieder fortliefen. Dann rief sie aus voller Kraft:

»Ohe, Vater?«

Eine Stimme antwortete von sehr weit:

»Ohe, Berthine.«

Sie wartete einige Sekunden, dann rief sie wieder:

»Ohe, Vater.«

Die Stimme rief von näher:

»Ohe, Berthine.«

Die Försterin rief wieder:

»Geh nicht an der Kellerluke vorbei. Es sind Preußen unten.«

Und auf einmal zeichnete sich zur Linken, zwischen zwei Baumstämmen verhaltend, die hohe Silhouette des Mannes ab.

Unruhig fragte er:

»Preußen im Keller? Was tun sie da?«

Die junge Frau lachte:

»Es sind die von gestern. Sie hatten sich im Wald verirrt. Ich hab sie kaltgestellt im Keller.«

Und sie erzählte, wie sie die fremden Soldaten mit Revolverschüssen erschreckt und ins Gewölbe gesperrt hatte.

Der immer noch besorgte Alte fragte:

»Und was sollen wir jetzt mit ihnen anfangen?«

Sie antwortete:

»Geh Monsieur Lavigne mit seiner Truppe holen. Sie können sie gefangennehmen. Er wird sich freuen.«

Und Vater Pichon lächelte:

»Das ist wahr, und wie er sich freuen wird!«

Seine Tochter fuhr fort:

»Ich hab Suppe für dich, iß sie schnell, dann gehst du noch mal los.«

Der alte Heger setzte sich zu Tisch und begann seine Suppe zu löffeln, nachdem er seinen Hunden zwei volle Schalen auf den Boden gestellt hatte.

Die Preußen waren verstummt, als sie oben sprechen hörten.

Eine Viertelstunde später brach l'Echasse zum zweitenmal auf. Und Berthine wartete, den Kopf in den Händen.

Die Gefangenen begannen wieder sich zu regen. Sie schrien jetzt, riefen um Hilfe, donnerten unablässig mit wütenden Kolbenschlägen gegen den unerschütterlichen Gewölbeverschluß.

Dann fingen sie an, aus der Kellerluke zu schießen, sicherlich in der Hoffnung, gehört zu werden, wenn irgendeine deutsche Abteilung in die Nähe käme.

Die Försterin rührte sich nicht mehr; aber der viele Krach ärgerte und reizte sie. Böser Zorn erwachte in ihr;

sie hätte die Kerle umbringen mögen, damit sie still würden.

Als ihre Unruhe wuchs, begann sie auf die Uhr zu starren und die Minuten zu zählen.

Der Vater war seit anderthalb Stunden wieder fort. Er mußte jetzt in der Stadt sein. Sie meinte zu sehen, wie er Monsieur Lavigne die Sache erzählte, wie der vor Aufregung blaß wurde und nach seiner Bonne klingelte, damit sie ihm die Uniform und seine Waffen brächte. Sie glaubte zu hören, wie der Trommler durch die Straßen lief. Erschrockene Köpfe erschienen an den Fenstern. Die Bürgersoldaten stürzten halb angezogen, atemlos ihre Koppel schließend, aus den Türen und eilten im Laufschritt zum Haus des Kommandanten.

Dann setzte sich die Truppe, l'Echasse an der Spitze, durch die Nacht, durch den Schnee, in Marsch nach dem Wald.

Sie schaute auf die Wanduhr. »In einer Stunde können sie hier sein.«

Nervöse Unruhe befiel sie. Die Minuten erschienen ihr endlos. Wie lange das dauerte!

Endlich wurde die Zeit, die sie für ihre Ankunft festgesetzt hatte, vom Zeiger erreicht.

Und sie öffnete von neuem die Tür, um zu hören, ob sie kamen. Sie erspähte einen vorsichtig nahenden Schatten. Sie erschrak und schrie auf. Es war ihr Vater.

Er sagte:

»Sie schicken mich vor, um zu sehen, ob alles beim alten ist.«

»Ja, alles.«

Nun stieß er einen langen, gellenden Pfiff in die Nacht. Und bald sah man unter den Bäumen etwas Dunkles heranschleichen: die Avantgarde, bestehend aus zehn Mann.

L'Echasse wiederholte alle Augenblicke:

»Geht nicht an der Kellerluke vorbei.«

Und die Erstgekommenen zeigten den Nachkömmlingen das gefürchtete Viereck.

Endlich langte das Gros der Truppe an, zweihundert Mann insgesamt, jeder mit zweihundert Schuß Pulver.

Der aufgeregt bebende Monsieur Lavigne stellte sie so auf, daß sie das Haus gänzlich umzingelten und lediglich vor dem kleinen schwarzen Loch zu ebener Erde, durch das der Keller Luft bekam, einen breiten Raum frei ließen.

Dann betrat er das Haus und erkundigte sich über Stärke und Verfassung des Feindes, der dermaßen stumm geworden war, daß man glauben mochte, er habe sich durch das Luftloch davongemacht, verflüchtigt, in Rauch aufgelöst.

Monsieur Lavigne stampfte mit dem Fuß auf die Bohlenklappe und rief:

»Herr preußischer Offizier?«

Der Deutsche antwortete nicht. Der Kommandant rief wieder:

»Herr preußischer Offizier?«

Es war umsonst. Ganze zwanzig Minuten forderte er den schweigsamen Offizier auf, sich mit Waffen und Gepäck zu ergeben, indem er sich für sein Leben und die militärischen Ehren sowohl für ihn wie für seine Soldaten verbürgte, erhielt aber kein Zeichen, weder von Zustimmung noch von Feindseligkeit. Die Lage wurde schwierig.

Die Bürgersoldaten hackten mit den Absätzen in den Schnee, klopften sich mit großen Armschwüngen die Schultern, wie Kutscher, um sich warm zu machen, und beäugten die Luke mit der wachsenden, kindischen Begier, daran vorbeizulaufen.

Einer, Potdevin hieß er, ein sehr geschmeidiger, getraute sich's schließlich. Er nahm Anlauf und wetzte wie ein Hirsch. Der Versuch glückte. Die Gefangenen schienen gestorben zu sein.

Eine Stimme rief:

»Da ist überhaupt keiner.«

Und noch ein Soldat überquerte den freien Raum vor dem gefährlichen Loch. Dann wurde es ein Spiel. Alle Minuten lief ein Mann von einem Truppenteil zum andern hinüber wie Kinder, die Fischer, Fischer spielen, und schleuderte Schneeklümpchen hinter sich her, so geschwind setzte er die Füße. Um sich zu wärmen, hatte man große Feuer aus totem Reisig angezündet, und jeder rennende Scherenschnitt eines Nationalgardisten auf der raschen Reise vom rechten Feldlager zum linken Feldlager wurde illuminiert.

Einer schrie:

»Jetzt du, Maloison!«

Maloison war ein dicker Bäckermeister, dessen Bauch den Kameraden zu lachen gab.

Er zauderte. Die andern schraubten ihn. Da gab er sich einen Ruck, setzte sich schnaufend in gleichmäßigen kleinen Laufschritt, der seinen mächtigen Bauch schüttelte.

Die ganze Mannschaft lachte Tränen. Alles schrie, um ihn anzufeuern.

»Bravo, bravo, Maloison!«

Er war ungefähr im zweiten Drittel der Strecke, als eine lange rote Flamme aus der Luke sprang. Ein Schuß knallte, und der gewaltige Bäckermeister schlug mit einem Entsetzensschrei auf die Nase.

Keiner sprang ihm zu Hilfe. Man sah ihn wimmernd auf allen vieren durch den Schnee kriechen, und als er aus der gefährlichen Zone war, wurde er ohnmächtig.

Eine Kugel steckte ihm im Schenkelfett, ganz oben.

Nach der ersten Überraschung und dem ersten Schrecken fing neues Gelächter an.

Aber Kommandant Lavigne erschien auf der Schwelle des Forsthauses. Er hatte seinen Angriffsplan fertig. Mit bebender Stimme befahl er:

»Klempner Planchut und seine Gesellen!«

Drei Männer traten heran.

»Holen Sie die Regenrinnen vom Haus herunter.«

Und binnen einer Viertelstunde wurden zwanzig Meter Regenrinne zum Kommandanten geschleppt.

Nun ließ er unter tausend Vorsichtsmaßnahmen in den Rand der Eichenklappe ein kleines rundes Loch bohren, und während er eine Wasserleitung von der Pumpe zu dieser Öffnung herstellen ließ, erklärte er mit verzückter Miene:

»Wir werden den Herren Deutschen etwas zu trinken anbieten.«

Ein frenetisches Hurra der Bewunderung brandete auf, dem Freudengebrüll und ausgelassenes Gelächter folgten. Und der Kommandant stellte Arbeitsmannschaften auf, die sich alle fünf Minuten abzulösen hatten. Dann befahl er:

»Pumpen!«

Und als der Eisenschwengel auf und nieder ging, lief ein kleines Geräusch durch die Röhren und fiel bald von Stufe zu Stufe hinab in den Keller wie das Plätschern einer Kaskade, das Plätschern in einem Goldfischbassin.

Man wartete.

Eine Stunde verging, dann zwei, drei.

Fiebrig lief der Kommandant in der Küche auf und ab, klebte sein Ohr von Zeit zu Zeit an den Boden, um dahinterzukommen, was der Feind mache und ob er wohl bald kapitulieren werde.

Jetzt kam er in Bewegung, der Feind. Man hörte Fässer rollen, reden, Wasser planschen.

Gegen acht Uhr morgens meldete sich eine Stimme aus der Luke:

»Ich möchte den Herrn französischen Offizier sprechen.«

Lavigne antwortete vom Fenster, ohne den Kopf zu weit herauszustecken.

»Ergeben Sie sich?«

»Ich ergebe mich.«

»Dann reichen Sie Ihre Waffen heraus.«

Und wirklich sah man sogleich eine Waffe aus dem Loch kommen und in den Schnee fallen, dann zwei, drei, bis es alle waren. Und dieselbe Stimme erklärte:

»Wir haben keine mehr. Beeilen Sie sich. Wir ertrinken.«

Der Kommandant befahl:

»Aufhören.«

Der Pumpenschwengel fiel bewegungslos herunter.

Und nachdem Monsieur Lavigne die Küche mit Soldaten vollgestellt hatte, die Gewehr bei Fuß warteten, hob er langsam die Eichenklappe.

Vier nasse Köpfe zeigten sich, vier helle Köpfe mit langen blonden Haaren, und einer nach dem andern stiegen die sechs Deutschen schlotternd, triefend und verschreckt herauf.

Sie wurden ergriffen und gefesselt. Und weil eine Überraschung zu befürchten war, brach man sofort in zwei Zügen auf, der eine mit den Gefangenen, der andere trug auf einer auf Stangen gelegten Matratze Maloison.

Sie zogen im Triumph nach Rethel ein.

Monsieur Lavigne wurde für die Gefangennahme einer preußischen Vorhut ausgezeichnet, und der dicke Bäckermeister erhielt die Kriegsverdienstmedaille für Verwundung vor dem Feind.

Anmerkungen

51 *»Codex des Duells«* – Gemeint ist der »Essai sur le duel« (1836) des Grafen Chatauvillard; der erste Teil dieses Bandes erschien 1839 unter dem Titel »Duell-Codex« in deutscher Übersetzung.

Baron de Vaux – Ludovic de Vaux, Autor von Werken über die Jagd, das Reiten und die Fechtkunst, hatte 1883 »Die Pistolenschützen« veröffentlicht, mit einem Vorwort von Maupassant.

Gastinne-Renette – einer der berühmtesten Pariser Büchsenmacher.

65 *regelt ja der Staatsrat* – In Frankreich übte der Conseil d'Etat seit Napoleon I. neben der beratenden Tätigkeit auch eine richterliche Funktion in Verwaltungsrechtssachen aus.

66 *ein radikales Blatt* – Die »Radikalen« bildeten den kleinbürgerlichen Flügel der republikanischen Fraktion.

77 *Monopolhölzer* – Herstellung und Verkauf von Zündhölzern waren in Frankreich seit 1875 Staatsmonopol.

113 *darum Nicolas Toussaint getauft* – Toussaint = (franz.) Allerheiligen.

123 *Ein großer Dichter hat gesagt …* – Victor Hugo in seinem Gedicht »Der schlafende Boas« (1859).

146 *Selig sind, die geistig arm sind* – frei nach Matthäus 5,3.

147 *Wer kommt? …* – Alfred de Musset, »Die Mainacht«.

149 *Les caresses …* – (franz.) Zärtlichkeiten sind nichts als unruhvolle Aufwallungen, fruchtlose Versuche der ohnmäch-

tigen Liebe, die die unmögliche Vereinigung der Seelen durch die Leiber erstrebt. (Sully Prudhomme, »Zärtlichkeiten«; aus der Gedichtsammlung »Einsamkeiten«, 1869)

153 *die vier anderen zusammen* – Die vier anderen Kriegshäfen waren Brest, Cherbourg, Lorient und Rochefort.

158 *Verwundungen in Senegal, in Cochinchina* – Frankreich, das ab 1638 die ersten Stützpunkte an der Senegalmündung geschaffen hatte, dehnte von 1826 bis 1842 seinen Besitz in Senegal aus; seit der Mitte des 19. Jahrhunderts drangen die französischen Eroberer (unter Gouverneur Faidherbe) immer weiter ins Binnenland vor. – Die französische Intervention in Cochinchina begann 1858.

167 *ein Schriftsteller* – Jules Janin (1804–1874).

171 *das Eden* – das 1883 eröffnete Eden-Theater.

181 *den beiden Türmen des Trocadéro* – Zwei minarettartige Türme von 32 Meter Höhe flankierten den für die Weltausstellung 1878 errichteten Rundbau des Trocadéro, der 1937 dem heutigen Palais de Chaillot weichen mußte.

187 *de visu* – (lat.) vom eigenen Sehen.

208 *Wenn wenigstens die Scheidung möglich wäre* – In Frankreich war die Scheidung 1792 von der Revolution eingeführt und 1816 unter der Restauration abgeschafft worden; erst durch ein Gesetz vom Juli 1884 wurde sie wieder möglich.

255 *wie Victor Hugo sagt* – wahrscheinlich eine Anspielung auf einen Vers aus »Ruy Blas«.

281 *Sagt mir, wo sind sie alle hin ...* – aus Villons »Ballade von den edlen Frauen vergangener Zeiten«; deutsch von Martin Remané.

283 *Sergeant Bertrand* – Die Geschichte des monomanischen Grabschänders François Bertrand füllte um 1848/49 die Spalten der Zeitungen.

296 *Je déteste surtout ...* – (franz.) Abscheu heg ich besonders vor dem Barden, der, mit feuchtem Auge, nach einem Stern aufblickend, einen Namen raunt und dem die unermeßliche Natur leer wär, trüg er nicht auf der Kruppe sei's Lisette, sei's Ninon. Nette Leute, die sich der Mühe unterziehen, damit man Anteil nehme an dem armen All, Unterröcke den Bäumen in der Ebene und grünen Hängen die

weiße Haube anzuheften. Wahrlich, sie haben deine göttlichen Musiken nicht begriffen, ewige, vielstimmige Natur, die nie einsam durch Bergbachtäler gehn und die beim Wälderrauschen träumen von einer Frau! (Louis Bouilhet, »Ich liebte. Wer liebte nicht?…«, enthalten in der Sammlung »Festons und Astragale«, 1859)

303 *Non capisco* – (ital.) Ich verstehe nicht.

Mica – (ital.) Nein, überhaupt nicht.

315 *Sieg ohne Gefahr ist Triumph ohne Ruhm* – Corneille, »Der Cid«, II/2.

Venus des Tizian – die »Venus von Urbino« (Galerie der Uffizien, Florenz).

339 *Bourbaki* – Charles Bourbaki (1816–1897), französischer General.

Ecole Polytechnique – die älteste Technische Hochschule der Welt, 1894 in Paris gegründet.

371 *Turgenjew* – Maupassant hatte Turgenjew 1876 bei Flaubert kennengelernt.

382 *Sète* – Hafenstadt an der Mittelmeerküste.

412 *Urbaine* – bekannteste Pariser Mietdroschkengesellschaft, deren Wagen gelb waren.

427 *schon ist er verschwunden* – »Muscade« bezeichnet im Französischen einen kleinen Korkball, wie Gaukler ihn bei ihren Taschenspielertricks verwenden.

429 *wegen des Koloß* – Anspielung auf den »Koloß von Rhodos«, die (nach Plinius) 70 Ellen hohe griechische Bronzestatue, die den Sonnengott Helios darstellte und zu den sieben Weltwundern der Antike gezählt wurde.

443 *Mademoiselle de Montijo* – Eugénia Maria de Montijo du Guzmán (1826–1920) wurde die Frau Napoleons III. und Kaiserin der Franzosen (Kaiserin Eugénie).

448 *Abhandlung der Insektenkunde* – Maupassant zitiert im folgenden aus dem 1883 erschienenen Werk »Ameisen, Bienen und Wespen, Experimentalstudien über die Organisation und Lebensweise der Hautflügler«.

452 *»De profundis«* – der mit den Worten »De profundis clamavi ad te, Domine« – (lat.) Aus der Tiefe rufe ich, Herr, zu dir – beginnende 130. Psalm.

464 *König Viktor Emanuel* – Viktor Emanuel II., König von Italien von 1861 bis 1878.

487 *O laß der Laute Klingen ...* – Ständchen des Don Giovanni unter dem Fenster der Donna Elvira in Mozarts Oper.

496 *»Halleluja der Liebe«* – Klavierstück von Gustave Lange (1875).

508 *Charcot* – Jean-Martin Charcot (1825–1893), französischer Arzt; durch seine Arbeiten über Nervenkrankheiten bekannt geworden.

524 *»Zephire«* – leichte Infanterietruppen in Afrika.

525 *Baschibozuk* – Soldat der türkischen Armee.

552 *Magistratur* – die Angehörigen des Richterstandes und der Staatsanwaltschaft.

mori, mourir – (lat., franz.) sterben.

570 *wie der Barbier von König Midas im Schilf* – Vgl. Ovid, »Metamorphosen«, XI/180–193.

582 *dank Naquet* – Der Arzt und Chemiker Alfred Naquet (1834–1916) setzte sich in der Deputiertenkammer für das Gesetz über die Scheidung ein (vgl. Anm. zu S. 208).

595 *»Vert-Vert«* – anzügliche Verserzählung von Jean-Baptiste Gresset (1733).

Parny – Evariste-Désiré de Parny (1753–1814), französischer Dichter.

Quidquid tentabam ... – (lat.) Und was zu schreiben ich mich mühete, wurde zum Vers. (Ovid, Gedichte der Trauer, IV/10, 26)

599 *Kalypso, untröstlich über die Abreise des Odysseus* – Zitat aus Fénelons »Abenteuer des Telemachos« (1699).

Inhalt

Ober, ein Bock! 5
Garçon, un bock!
Der Alte 13
Le Vieux
Die Taufe 23
Le Baptême
Coco 29
Coco
Misti. *Erinnerungen eines Junggesellen* 35
Misti. Souvenirs d'un garçon
Ein Feigling 42
Un lâche
Rose 53
Rose
Der Empfehler 61
Le Protecteur
Der Regenschirm 68
Le Parapluie
Idyll 79
Idylle
Das Halsband 85
La Parure
Ein Verkauf 96
Une vente

Mutter Sauvage 103
La Mère Sauvage
Der Bettler 113
Le Gueux
Begegnung 120
Rencontre
Das Glück 131
Le Bonheur
Adieu 139
Adieu
Einsamkeit 145
Solitude
Die Erbschaft 152
L'Héritage
Die Pensionsmutter 238
La Patronne
Das Fäßchen 247
Le Petit Fût
Châli 254
Châli
Der Trinker 268
L'Ivrogne
Haar 275
La Chevelure
Spaziergang 285
Promenade
Die Schwestern Rondoli 293
Les Sœurs Rondoli
Das Verbrechen von Papa Boniface 330
Le Crime au père Boniface
Bett 29 338
Le Lit 29
Der Tic 353
Le Tic

Das Geständnis 361
L'Aveu
Die Angst 368
La Peur
Heimkehr 378
Le Retour
Das Grab 386
La Tombe
Die Beichte 392
La Confession
Der Verstoßene 401
L'Abandonné
Yvette 412
Yvette
Wahnsinn? 506
Un fou?
Die Mitgift 514
La Dot
Mohammed-Fripouille 522
Mohammed-Fripouille
Das Legat 533
Le Legs
Der Heger 541
Le Garde
Berthe 551
Berthe
Bombard 564
Bombard
Das Geständnis 572
La Confession
Revanche 582
La Revanche
Gerichtstag auf dem Land 594
Tribunaux rustiques

Zimmer 11 600
La Chambre 11
Der Schrank 610
L'Armoire
Die Gefangenen 618
Les Prisonniers

Anmerkungen 633